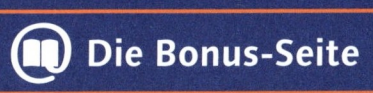

Die Bonus-Seite

Ihr Vorteil als Käufer dieses Buches

Auf der Bonus-Webseite zu diesem Buch finden Sie zusätzliche Informationen und Services. Dazu gehört auch ein kostenloser **Testzugang** zur Online-Fassung Ihres Buches. Und der besondere Vorteil: Wenn Sie Ihr **Online-Buch** auch weiterhin nutzen wollen, erhalten Sie den vollen Zugang zum **Vorzugspreis**.

So nutzen Sie Ihren Vorteil

Halten Sie den unten abgedruckten Zugangscode bereit und gehen Sie auf **www.sap-press.de**. Dort finden Sie den Kasten **Die Bonus-Seite für Buchkäufer**. Klicken Sie auf **Zur Bonus-Seite/Buch registrieren**, und geben Sie Ihren **Zugangscode** ein. Schon stehen Ihnen die Bonus-Angebote zur Verfügung.

Ihr persönlicher **Zugangscode**: yiaw-83v4-p5hx-sjkg

André Faustmann, Michael Greulich,
André Siegling, Torsten Urban

SAP® BusinessObjects™ – Systemadministration

Bonn • Boston

Liebe Leserin, lieber Leser,

vielen Dank, dass Sie sich für ein Buch von SAP PRESS entschieden haben.

Die SAP-Produktfamilie wächst, die Frontend-Reporting-Tools von SAP BusinessObjects werden inzwischen von immer mehr SAP-Kunden eingesetzt. Mit SAP Crystal Reports, dem SAP BusinessObjects Explorer oder Web Intelligence wird auch häufig ein neuer Server in Unternehmen in Betrieb genommen: der SAP BusinessObjects BI-Plattform-Server, der Ihnen vielleicht auch noch unter dem Namen SAP BusinessObjects Enterprise-Server bekannt ist.

Ich freue mich, Ihnen nun ein Buch vorzustellen, das sich diesem Server erstmals umfassend widmet. Unsere Autoren erläutern Ihnen in diesem Buch alles, was Sie wissen müssen, um diesen Server zu administrieren und im laufenden Betrieb zu verwalten. So lernen Sie z. B. den kompletten Lebenszyklus und besondere Administrationsaufgaben und -werkzeuge detailliert kennen. Ich bin sicher, dass dieses Buch wertvolle Informationen für Sie bereit hält, und Ihnen hilft, die Arbeit rund um dieses neue Mitglied der Server-Familie zu meistern.

Wir freuen uns stets über Lob, aber auch über kritische Anmerkungen, die uns helfen, unsere Bücher zu verbessern. Am Ende dieses Buches finden Sie daher eine Postkarte, mit der Sie uns Ihre Meinung mitteilen können. Als Dankeschön verlosen wir unter den Einsendern regelmäßig Gutscheine für SAP PRESS-Bücher.

Ihre Patricia Sprenger
Lektorat SAP PRESS

Galileo Press
Rheinwerkallee 4
53227 Bonn

patricia.sprenger@galileo-press.de
www.sap-press.de

Auf einen Blick

1 Grundlagen 21
2 Ebenen eines SAP BusinessObjects BI-Plattform-Servers 37
3 Installation und Wartung 67
4 Administration auf Betriebssystemebene 125
5 Administration mit der Central Management Console und den SAP BusinessObjects Client Tools 209
6 Einbindung in die SAP-Systemlandschaft 283
7 Benutzer- und Berechtigungsverwaltung 327
8 Monitoring 389
9 Backup, Restore und Recovery 413
10 Problemanalyse und -beseitigung 485

Der Name Galileo Press geht auf den italienischen Mathematiker und Philosophen Galileo Galilei (1564–1642) zurück. Er gilt als Gründungsfigur der neuzeitlichen Wissenschaft und wurde berühmt als Verfechter des modernen, heliozentrischen Weltbilds. Legendär ist sein Ausspruch *Eppur si muove* (Und sie bewegt sich doch). Das Emblem von Galileo Press ist der Jupiter, umkreist von den vier Galileischen Monden. Galilei entdeckte die nach ihm benannten Monde 1610.

Lektorat Patricia Sprenger
Korrektorat Susanne Franz, Riemerling
Einbandgestaltung Nadine Kohl
Titelbild Masterfile, 700-00267779 (RM) Daniel Barillot
Typografie und Layout Vera Brauner
Herstellung Katrin Müller
Satz Typographie & Computer
Druck und Bindung Beltz Druckpartner, Hemsbach

Gerne stehen wir Ihnen mit Rat und Tat zur Seite:
patricia.sprenger@galileo-press.de bei Fragen und Anmerkungen zum Inhalt des Buches
service@galileo-press.de für versandkostenfreie Bestellungen und Reklamationen
thomas.losch@galileo-press.de für Rezensionsexemplare

Bibliografische Information der Deutschen Nationalbibliothek
Die Deutsche Nationalbibliothek verzeichnet diese Publikation in der Deutschen Nationalbibliografie; detaillierte bibliografische Daten sind im Internet über *http://dnb.d-nb.de* abrufbar.

ISBN 978-3-8362-1785-9

© Galileo Press, Bonn 2012
1. Auflage 2012

Das vorliegende Werk ist in all seinen Teilen urheberrechtlich geschützt. Alle Rechte vorbehalten, insbesondere das Recht der Übersetzung, des Vortrags, der Reproduktion, der Vervielfältigung auf fotomechanischen oder anderen Wegen und der Speicherung in elektronischen Medien. Ungeachtet der Sorgfalt, die auf die Erstellung von Text, Abbildungen und Programmen verwendet wurde, können weder Verlag noch Autor, Herausgeber oder Übersetzer für mögliche Fehler und deren Folgen eine juristische Verantwortung oder irgendeine Haftung übernehmen.

Die in diesem Werk wiedergegebenen Gebrauchsnamen, Handelsnamen, Warenbezeichnungen usw. können auch ohne besondere Kennzeichnung Marken sein und als solche den gesetzlichen Bestimmungen unterliegen.

Sämtliche in diesem Werk abgedruckten Bildschirmabzüge unterliegen dem Urheberrecht © der SAP AG, Dietmar-Hopp-Allee 16, D-69190 Walldorf.

SAP, das SAP-Logo, mySAP, mySAP.com, mySAP Business Suite, SAP NetWeaver, SAP R/3, SAP R/2, SAP B2B, SAPtronic, SAPscript, SAP BW, SAP CRM, SAP EarlyWatch, SAP ArchiveLink, SAP GUI, SAP Business Workflow, SAP Business Engineer, SAP Business Navigator, SAP Business Framework, SAP Business Information Warehouse, SAP interenterprise solutions, SAP APO, AcceleratedSAP, InterSAP, SAPoffice, SAPfind, SAPfile, SAPtime, SAPmail, SAPaccess, SAP-EDI, R/3 Retail, Accelerated HR, Accelerated HiTech, Accelerated Consumer Products, ABAP, ABAP/4, ALE/WEB, Alloy, BAPI, Business Framework, BW Explorer, Duet, Enjoy-SAP, mySAP.com e-business platform, mySAP Enterprise Portals, RIVA, SAPPHIRE, TeamSAP, Webflow und SAP PRESS sind Marken oder eingetragene Marken der SAP AG, Walldorf.

Inhalt

Einleitung 15
Danksagung 19

1 Grundlagen 21

1.1 SAP BusinessObjects-Produktportfolio 21
1.2 Business Intelligence mit SAP BusinessObjects 24
    1.2.1 Reporting 25
    1.2.2 Datenvisualisierung 26
    1.2.3 Datenanalyse 28
    1.2.4 Durchsuchen von Daten 31
1.3 SAP NetWeaver BW und SAP BusinessObjects Business Intelligence 33

2 Ebenen eines SAP BusinessObjects BI-Plattform-Servers 37

2.1 Überblick über die Drei-Schichten-Architektur von Applikationsservern 37
2.2 Drei-Schichten-Architektur bei einem SAP BusinessObjects BI-Plattform-Server 41
2.3 Installationsszenarien für den SAP BusinessObjects BI-Plattform-Server 47
    2.3.1 Installation auf einem Server 47
    2.3.2 Installation auf mehreren Servern 47
2.4 Cluster-Lösungen 49
    2.4.1 SAP-Installationsempfehlungen 50
    2.4.2 Begriff »Cluster« 51
    2.4.3 Gründe für Cluster 52
    2.4.4 Skalierungsarten 52
    2.4.5 Rahmenbedingungen 53
2.5 Serverarchitektur 54
2.6 Zusammenfassung 65

3 Installation und Wartung 67

3.1 Installation der SAP BusinessObjects BI-Plattform 68
    3.1.1 Standardinstallation 69

	3.1.2	Installation mit anderen Datenbanken und Applikationsservern	81
3.2		Installation weiterer Komponenten	86
	3.2.1	SAP BusinessObjects Client Tools	87
	3.2.2	SAP BusinessObjects Explorer	89
3.3		Integration in den SAP Solution Manager	93
	3.3.1	Registrierung im System Landscape Directory	93
	3.3.2	Einrichtung der Diagnostics Agents	94
	3.3.3	Durchgängige Ablaufverfolgung mit SAP Passport-Unterstützung	98
3.4		Aktualisierung der SAP BusinessObjects BI-Plattform	99
	3.4.1	Support-Package-Installation auf einem zentralen Host	99
	3.4.2	Support-Package-Installation bei einem verteilten System	103
3.5		Aktualisierung weiterer Komponenten	105
	3.5.1	SAP BusinessObjects Explorer	106
	3.5.2	SAP BusinessObjects Client Tools	108
	3.5.3	Client-Anwendungen Crystal Reports und Dashboards	110
3.6		Systemkopie	112
3.7		Upgrade	113
	3.7.1	Ablauf eines Upgrades	114
	3.7.2	Inkrementelles Upgrade	114
3.8		Deinstallation der SAP BusinessObjects BI-Plattform	118
	3.8.1	Deinstallation eines SAP BusinessObjects BI-Plattform-Systems	118
	3.8.2	Deinstallation von SAP BusinessObjects BI-Plattform-Support-Packages	121
	3.8.3	SAP BusinessObjects Client Tools entfernen	123
3.9		Zusammenfassung	124

4 Administration auf Betriebssystemebene 125

4.1		Administrationsaufgaben auf Betriebssystemebene	126
	4.1.1	SAP BusinessObjects BI-Plattform starten und stoppen	126

		4.1.2	SAP BusinessObjects BI-Plattform konfigurieren	129
		4.1.3	Inhalte der SAP BusinessObjects BI-Plattform verwalten	133
	4.2	Administrationswerkzeuge in Microsoft Windows-Systemumgebungen		135
		4.2.1	Exkurs: Microsoft Windows-Dienste	135
		4.2.2	Central Configuration Manager	139
	4.3	Administrationswerkzeuge in Unix- und Linux-Systemumgebungen		147
		4.3.1	Kommandozeilenwerkzeug »ccm.sh«	148
		4.3.2	Kommandozeilenwerkzeug »cmsdbsetup.sh«	151
		4.3.3	Kommandozeilenwerkzeug »serverconfig.sh«	153
		4.3.4	Konfigurationsdatei »ccm.config«	155
		4.3.5	Skripte	155
	4.4	Plattformübergreifende Administrationswerkzeuge		157
		4.4.1	Skripte	157
		4.4.2	Repository Diagnostic Tool	161
		4.4.3	BIAR Engine Command Line Tool	167
		4.4.4	Tool »WDeploy«	171
		4.4.5	Konfiguration der Webanwendungen – Datei »BOE.WAR«	184
	4.5	Administrationsaufgaben in Microsoft Windows-Systemumgebungen – exemplarische Umsetzung		192
		4.5.1	SAP BusinessObjects BI-Plattform starten und stoppen	193
		4.5.2	SAP BusinessObjects BI-Plattform konfigurieren	194
		4.5.3	Inhalte der SAP BusinessObjects BI-Plattform verwalten	198
	4.6	Administrationsaufgaben in Unix- und Linux-Systemumgebungen – exemplarische Umsetzung		200
		4.6.1	SAP BusinessObjects BI-Plattform starten und stoppen	200
		4.6.2	SAP BusinessObjects BI-Plattform konfigurieren	202
		4.6.3	Inhalte der SAP BusinessObjects BI-Plattform verwalten	206
	4.7	Zusammenfassung		208

5 Administration mit der Central Management Console und den SAP BusinessObjects Client Tools 209

- 5.1 SAP BusinessObjects Client Tools 210
  - 5.1.1 Berichtskonvertierungs-Tool 210
  - 5.1.2 Business View Manager 211
  - 5.1.3 Datenföderations-Administrations-Tool 217
  - 5.1.4 Information Design Tool 219
  - 5.1.5 SAP Crystal Interactive Analysis – Desktop-Edition 224
  - 5.1.6 Query as a Web Service-Designer 225
  - 5.1.7 Übersetzungsmanagement-Tool 225
  - 5.1.8 Universe Design Tool 227
  - 5.1.9 Widgets 230
- 5.2 Central Management Console 232
  - 5.2.1 Anmeldung 233
  - 5.2.2 Navigation 235
  - 5.2.3 Festlegen von CMC-Einstellungen 238
- 5.3 Anwendungen 239
  - 5.3.1 Verwalten von Anwendungen in der CMC 240
  - 5.3.2 Konfiguration der BEx-Webintegration 246
- 5.4 Regelmäßige Aufgaben 252
  - 5.4.1 Lebenszyklusmanagement 252
  - 5.4.2 Verwalten von Lizenzschlüsseln 260
  - 5.4.3 Lizenzvermessungen 261
- 5.5 Konfiguration der Serverprozesse 262
  - 5.5.1 Serververwaltung mit der CMC 262
  - 5.5.2 Befehlszeilenparameter der Server 270
- 5.6 Zusammenfassung 281

6 Einbindung in die SAP-Systemlandschaft 283

- 6.1 Grundlagen der ABAP-Softwarelogistik 284
- 6.2 Grundlagen von CTS+ 297
- 6.3 Konfiguration der CTS+-Komponenten 304
- 6.4 Konfiguration der TMS-Systemlandschaft 310
- 6.5 CTS+-Anwendungsintegration 317
- 6.6 Zusammenfassung 325

7 Benutzer- und Berechtigungsverwaltung ... 327

- 7.1 Einstieg in die Benutzer- und Gruppenverwaltung ... 328
- 7.2 Anlegen eines Benutzers ... 329
- 7.3 Anlegen einer Gruppe ... 334
- 7.4 Berechtigungen ... 337
  - 7.4.1 Zugriffsberechtigungen ... 338
  - 7.4.2 Vererbung von Rechten ... 342
  - 7.4.3 Typspezifische Berechtigungen ... 349
  - 7.4.4 Delegation der Administration ... 352
- 7.5 Arbeiten mit Benutzern, Gruppen und Zugriffsberechtigungen ... 354
  - 7.5.1 Verwaltung von Benutzern ... 354
  - 7.5.2 Verwaltung von Gruppen ... 357
  - 7.5.3 Arbeiten mit Zugriffsberechtigungen ... 359
- 7.6 Authentifizierung ... 368
  - 7.6.1 Verfügbare Authentifizierungstypen ... 369
  - 7.6.2 Enterprise-Authentifizierungstyp ... 370
  - 7.6.3 SAP-Authentifizierungstyp ... 372
  - 7.6.4 Verwalten von Aliasen ... 381
- 7.7 Zusammenfassung ... 387

8 Monitoring ... 389

- 8.1 Grundlagen des Monitorings für die SAP BusinessObjects BI-Plattform ... 389
- 8.2 CMC-Monitoring-Funktionen ... 390
  - 8.2.1 Dashboard ... 392
  - 8.2.2 Metriken ... 392
  - 8.2.3 Kontrollmodule ... 394
  - 8.2.4 Diagnosen ... 398
- 8.3 CMC-Monitoring aktivieren ... 399
  - 8.3.1 Programm SAPOSCOL installieren ... 400
  - 8.3.2 Monitoring mit dem SAP Solution Manager ... 401
  - 8.3.3 Sizing ... 403
- 8.4 Zusammenfassung ... 411

9 Backup, Restore und Recovery ... 413

- 9.1 Infrastrukturplanung ... 414
- 9.2 Was ist zu sichern? ... 416
- 9.3 Sicherungsmethoden der Datenbank ... 421
  - 9.3.1 Datenexport ... 422
  - 9.3.2 Offline-Datensicherung ... 423
  - 9.3.3 Online-Datensicherung ... 425
- 9.4 Wiederherstellungsmethoden ... 431
  - 9.4.1 Restore versus Recovery im Datenbankumfeld ... 432
  - 9.4.2 Schritte der Wiederherstellung ... 434
  - 9.4.3 Wiederherstellung einer offline-gesicherten Datenbank ... 438
  - 9.4.4 Wiederherstellung einer online-gesicherten Datenbank ... 440
  - 9.4.5 Wiederherstellung der File Repository Server ... 441
- 9.5 Wiederherstellungsszenarien ... 442
  - 9.5.1 Partial Restore und Complete Recovery ... 444
  - 9.5.2 Database Reset ... 446
  - 9.5.3 Point-in-Time Recovery ... 447
  - 9.5.4 Full Restore und Complete Recovery ... 449
  - 9.5.5 Disaster Recovery ... 450
- 9.6 Sicherungsstrategien ... 452
  - 9.6.1 Grundlegende Hinweise und Konzepte ... 452
  - 9.6.2 Große Datenbanken und deren Sicherung ... 456
- 9.7 Servereinstellungen und Business-Intelligence-Objekte ... 462
  - 9.7.1 Sicherung von Servereinstellungen ... 463
  - 9.7.2 Wiederherstellung von Servereinstellungen ... 470
  - 9.7.3 Sicherung von Business-Intelligence-Objekten ... 475
  - 9.7.4 Wiederherstellung von Business-Intelligence-Objekten ... 479
- 9.8 Zusammenfassung ... 482

10 Problemanalyse und -beseitigung 485

- 10.1 Beispiel eines häufig auftretenden Fehlers 486
- 10.2 Informationen zu möglichen Fehlerquellen: Protokollierung von Log- und Trace-Informationen 487
- 10.3 Ablageorte der Log-Dateien für Server beeinflussen 494
- 10.4 Quellen und Hilfen zur Fehlerbehebung 496
  - 10.4.1 SAP Service Marketplace: Hinweissuche 496
  - 10.4.2 SAP Service Marketplace: Öffnen einer Meldung beim SAP Support 500
  - 10.4.3 SAP Community Network 504
- 10.5 Zusammenfassung 508

Nachwort 509
Die Autoren 511
Index 513

Herzlich Willkommen – mit diesem Kapitel bieten wir Ihnen einen Einstieg in die komplexe Produktwelt, die unter dem Begriff »SAP BusinessObjects« zusammengefasst werden kann.

Einleitung

Liebe Leser, wir heißen Sie willkommen und wünschen Ihnen viel Freude und Erkenntnisgewinn bei der Lektüre. Wir möchten Ihnen in diesem Buch einen verständlichen Einblick in die SAP BusinessObjects Business-Intelligence-Plattform (BI-Plattform, vormals SAP BusinessObjects Enterprise) geben und Ihnen ermöglichen, sich die notwendigen Kenntnisse für die Administration der damit verbundenen Systemlandschaft anzueignen. Wir hoffen, Ihre diesbezüglichen Erwartungen und Anforderungen zu erfüllen und Ihnen hilfreiche Informationen zu geben.

Herzlich Willkommen

Dieses Buch richtet sich hauptsächlich an Administratoren und Systembetreuer, die sich mit der SAP BusinessObjects BI-Plattform konfrontiert sehen. In den ersten Kapiteln können Sie einen guten Eindruck darüber erhalten, was sich grundsätzlich hinter den Begriffen *SAP BusinessObjects* und speziell *SAP BusinessObjects BI-Plattform* verbirgt und welche Produkte mit welchen Aufgaben dazu gehören.

An wen richtet sich dieses Buch?

Der Schwerpunkt dieses Buchs liegt darauf, Ihnen bei der Administration von SAP BusinessObjects-Produkten zu helfen. Wenn Sie zu dem Personenkreis gehören, der diese Arbeit erledigen muss, hoffen wir, dass wir Ihnen mit diesem Buch einerseits eine Anleitung an die Hand geben, mit der Sie als Neuling genügend Kenntnisse erwerben, um den Aufgaben als Administrator gerecht zu werden. Andererseits sollen Ihnen unsere Texte später als Nachschlagewerk im laufenden Systembetrieb dienen.

Wir befassen uns in diesem Buch mit dem Release 4 der SAP BusinessObjects BI-Plattform. Viele Kenntnisse, die Sie bei der Lektüre dieses Buchs erwerben, können auch in den Releaseständen 3.0 und 3.1 Anwendung finden. Wir beschreiben dabei den Teil der SAP Business-

Einleitung

Objects-Produkte, der unter dem Begriff *Business Intelligence* zusammengefasst wird. Was dies inhaltlich genau bedeutet, beschreiben wir in Kapitel 1.

Inhalt und Aufbau Das Buch gliedert sich in zehn Kapitel. Wir geben zunächst einen Überblick über die einzelnen Kapitel und erläutern kurz, was wir dort besprechen und behandeln.

- In **Kapitel 1, »Grundlagen«**, werden wir Sie zunächst mit wichtigen Begriffen vertraut machen, um Ihnen den Einstieg in das Thema zu erleichtern. An dieser Stelle erhalten Sie auch einen Überblick über die Produktwelt von SAP BusinessObjects.

- **Kapitel 2, »Ebenen eines SAP BusinessObjects BI-Plattform-Servers«**, erläutert detailliert die Architektur der SAP BusinessObjects BI-Plattform. Mit diesem Wissen und anderen, hier dargestellten grundlegenden Informationen können Sie die folgenden Kapitel lesen und besser verstehen.

- **Kapitel 3, »Installation und Wartung«**, geht auf den Lebenszyklus einer SAP BusinessObjects BI-Plattform im Rechenzentrum ein. Wir erläutern exemplarisch die Installation auf der Basis eines Unix-/Linux-Betriebssystems und geben darüber hinaus Hinweise auf Windows-Betriebssysteme. Darauf aufbauend zeigen wir, wie Sie Aktualisierungen und Fehlerkorrekturen im System einspielen können. Ebenso diskutieren wir die Möglichkeiten einer Systemkopie und eines Upgrades von einem älteren SAP BusinessObjects BI-Plattform-System auf das aktuelle Release SAP BusinessObjects BI-Plattform 4.

- Auf den Kapiteln 4 und 5 liegt der inhaltliche Schwerpunkt dieses Buchs. Wir erläutern zunächst in **Kapitel 4, »Administration auf Betriebssystemebene«**, welche Werkzeuge und Aufgaben Ihnen auf der Ebene des Betriebssystems bei der Arbeit mit der SAP BusinessObjects BI-Plattform begegnen. Auch hier gehen wir wieder auf die Unterschiede zwischen der Verwendung eines Windows- und eines Unix-/Linux-Betriebssystems ein.

- Im folgenden **Kapitel 5, »Administration mit der Central Management Console und den Client Tools«**, stellen wir dar, welche Administrationsaufgaben im SAP BusinessObjects BI-Plattform-System existieren. Es handelt sich dabei sowohl um regelmäßige als auch um seltene oder nur in Einzelfällen auszuführende Tätigkeiten mit Werkzeugen wie beispielsweise dem Data Federation Administration Tool, dem Information Design Tool oder dem Report Conversion Tool. Darüber hinaus betrachten wir an einigen Stellen das SAP BusinessObjects BI-Plattform-System durch die Brille eines SAP-Systemadministrators.

- In **Kapitel 6, »Einbindung in die SAP-Systemlandschaft«**, möchten wir Ihnen konkrete Hinweise darauf geben, wie und an welchen Stellen Sie die SAP BusinessObjects BI-Plattform in eine bestehende SAP-Systemlandschaft mit dem SAP Transportmanagement einbinden können.

- **Kapitel 7, »Benutzer- und Berechtigungsverwaltung«**, widmen wir den Themen »Berechtigungsverwaltung« und »Sicherheit«. Hier erklären wir, wie Sie Benutzerstammdaten anlegen und bearbeiten können. Ebenso gehen wir an dieser Stelle darauf ein, wie Sie die Berechtigungen auf einzelne Objekte wie beispielsweise Datenquellen, Berichte etc. konfigurieren können.

- In **Kapitel 8, »Monitoring«**, beschreiben wir das Monitoring der SAP BusinessObjects BI-Plattform. Wir erklären Ihnen, wie Sie wichtige Parameter überwachen können und welche Möglichkeiten es gibt, eine bestehende Monitoring-Infrastruktur zu verwenden. Darauf aufbauend erläutern wir, wie Sie die Daten des Monitorings auswerten können, um Engpässe zu identifizieren. Mit diesen Erkenntnissen ausgestattet, lernen Sie im zweiten Teil des Kapitels, wie Sie auf die Performanz Einfluss nehmen können.

- Backup und Restore sind wichtige Bestandteile des Systembetriebs. In **Kapitel 9, »Backup, Restore und Recovery«**, zeigen wir auf, welche Teile des SAP BusinessObjects BI-Plattform-Servers Sie sichern müssen, um bei einem Hardwareschaden oder bei einer versehentlichen Beschädigung des Datenbestands bzw. des Servers eine Wiederherstellung durchführen zu können.

- Abschließen werden wir das Buch mit einem Kapitel, das Ihnen weiterhelfen soll, wenn Fehler im Systembetrieb auftreten oder von Anwendern gemeldet werden. Denn selbst wenn Sie im Rahmen der Installation, der Konfiguration und des Systembetriebs alles richtig gemacht haben, können Fehler und Probleme auftreten. **Kapitel 10, »Problemanalyse und -beseitigung«**, zeigt Ihnen, an welchen Stellen Sie beginnen können, nach den Ursachen für die Fehler zu suchen, welche Log-Dateien Ihnen bei der Auswertung helfen und wie Sie vorgehen, um den Server wieder vollständig in einen funktionierenden Zustand zu versetzen.

Einleitung

Wir wünschen Ihnen viel Spaß beim Lesen und hoffen, dass Sie den gewünschten Erkenntnisgewinn im Bereich der SAP BusinessObjects BI-Plattform erreichen.

Hinweise zur Lektüre

In diesem Buch finden Sie mehrere Orientierungshilfen, die Ihnen die Arbeit erleichtern. In grauen Informationskästen sind Inhalte zu finden, die wissenswert und hilfreich sind, aber etwas außerhalb der eigentlichen Erläuterung stehen. Damit Sie die Informationen sofort einordnen können, haben wir die Kästen mit Symbolen gekennzeichnet:

[+] Die mit diesem Symbol gekennzeichneten *Tipps* und *Hinweise* geben Ihnen spezielle Empfehlungen, die Ihnen die Arbeit erleichtern können. Sie finden in diesen Kästen auch Informationen zu weiterführenden Themen oder wichtigen Inhalten, die Sie sich merken sollten.

[!] Das Symbol *Achtung* macht Sie auf Themen oder Bereiche aufmerksam, bei denen Sie besonders achtsam sein sollten.

[zB] *Beispiele*, durch dieses Symbol kenntlich gemacht, weisen auf Szenarien aus der Praxis hin und veranschaulichen die dargestellten Funktionen.

Danksagung

Wenn man die Satzfahne eines Buches prüft oder gar das fertige Buch in Händen hält, ist die Mühe des Bücherschreibens schon fast vergessen und die Freude überwiegt. Dennoch ist ein Buchprojekt natürlich ein anstrengendes Unterfangen. Dieses Buch ist in vielen Abendstunden und an zahlreichen Wochenenden entstanden. Vorhandene Zeitpläne erwiesen sich – natürlich – als zu optimistisch, und an der einen oder anderen Stelle war schon einmal Selbstüberwindung notwendig, um das Projekt fortzuführen.

Daran, dass dieses Buch letztlich fertig gestellt wurde, sind neben uns Autoren viele andere Menschen beteiligt.

Wir bedanken uns bei Frau Sprenger vom Verlag Galileo Press. Sie hat durch ihre Organisation, ihre Mitarbeit und Ihre Geduld dazu beigetragen, dass dieses Buch fertig gestellt werden konnte und ein Teil des Verlagsprogramms ist. Dieser Dank gilt auch dem gesamten Team um Frau Sprenger.

Ein solches Projekt kann auch nur in einem geeigneten Umfeld und mit fachlicher Unterstützung erfolgreich abgeschlossen werden. Dieses Umfeld war für uns durch die langjährige und erfolgreiche Kooperation des SAP University Competence Center der Otto-von-Guericke-Universität Magdeburg mit der SAP AG gegeben – im Rahmen des Programms SAP University Alliances. Viele Teammitglieder, Mitarbeiter und Kollegen haben uns auf vielfältige Weise unterstützt und so dazu beigetragen, dass dieses Buch entstanden ist. Ihnen allen gebührt unser herzlicher Dank, stellvertretend nennen wir hier Frau Elena Ordonez del Campo (Senior Vice President, Global University Alliances, SAP AG), Herrn Heino Schrader (Director University Alliances EMEA, SAP AG), Herrn Niraj Singh (Manager University Alliances DACH and France, SAP AG) sowie Herrn Prof. Klaus Erich Pollmann (Rektor, Otto-von-Guericke-Universität Magdeburg) und Herrn Prof. Klaus Turowski (Wissenschaftlicher Leiter, SAP UCC Magdeburg).

Ein ganz großes Dankeschön gilt aber unseren Familien und Freunden, die reduzierte Freizeit und zwischenzeitliche Stresssymptome geduldig und meist mit einem Lächeln ertrugen. Vielen Dank für Eure Unterstützung!

**André Faustmann, Michael Greulich,
André Siegling und Torsten Urban**

SAP BusinessObjects ist für viele SAP-Anwender ein weit gefasster Begriff, dessen Details wir in diesem Kapitel beleuchten werden. Sie erhalten einen Überblick über die Komponenten von SAP BusinessObjects und sind danach in der Lage, die SAP BusinessObjects BI-Plattform einzuordnen.

1 Grundlagen

Die folgenden Seiten möchten wir zunächst nutzen, um Ihnen den Einstieg in die Begriffswelt von SAP BusinessObjects zu erleichtern. Darum werden wir Sie mit den wichtigsten Begriffen vertraut machen. Wir nutzen dieses Kapitel auch dafür, Ihnen einen Überblick über die Produktwelt von SAP BusinessObjects zu geben und Ihnen damit die Orientierung in den folgenden Kapiteln zu erleichtern.

Einstieg in SAP BusinessObjects

Beginnen werden wir aber mit einer kurzen Beobachtung aus unserer Praxis als Systemadministratoren, die für das Verständnis des Buches hilfreich ist.

1.1 SAP BusinessObjects-Produktportfolio

Mit der Integration von SAP BusinessObjects-Produkten in die SAP-Produktpalette trat ein Phänomen auf, das wir bereits bei der Einführung von SAP NetWeaver beobachten konnten. SAP NetWeaver ist eigentlich kein einzelnes Produkt, sondern ein Bündel verschiedener Einzelprodukte. Als SAP NetWeaver neu eingeführt wurde, erhielten wir – als Dienstleister für SAP-Software – jedoch viele Bitten, SAP NetWeaver bereitzustellen. Was im Detail gebraucht wurde, wurde dabei oftmals nicht konkret geäußert. Entweder war es das Portal auf der Basis eines SAP NetWeaver AS Java, ein SAP NetWeaver BW-System, SAP NetWeaver Process Integration (PI, ehemals Exchange Infrastructure) oder ein beliebiges anderes Produkt aus dem SAP NetWeaver-Produktportfolio.

Einführung von SAP NetWeaver

1 | Grundlagen

Einführung von SAP BusinessObjects

Das Phänomen, dass Einzelprodukte hinter einem Portfolionamen zurücktreten, begegnet uns nun wieder im Bereich von SAP BusinessObjects. Es wird anfänglich der Wunsch nach SAP BusinessObjects geäußert – dabei wird aber nicht genauer spezifiziert, welche Funktionalität im Einzelnen und welches Produkt damit im Detail gewünscht wird. Dies ist unserer Meinung darauf zurückzuführen, dass Aufklärungsbedarf darüber besteht, welche Komponenten die Produktwelt von SAP BusinessObjects ausmachen und wie SAP diese in die eigene Produktpalette einordnet.

Die Komplexität wird dadurch erhöht, dass grundsätzlich keine als abgeschlossen definierbare SAP BusinessObjects-Systemlandschaft existiert. Es muss zusätzlich betrachtet werden, welche SAP- oder auch Nicht-SAP-Systeme in Ergänzung genutzt werden.

Business-Intelligence-Produkte

Wenn Sie sich neu mit dem Thema »SAP BusinessObjects« befassen und nicht bereits eine spezielle Funktion aus dem SAP BusinessObjects-Portfolio im Hinterkopf haben, ist es sehr wahrscheinlich, dass Sie zunächst auf die Business-Intelligence-Lösungen stoßen werden; etwa auf visuell anspruchsvoll aufbereitete und interaktive Dashboards, die mit SAP BusinessObjects Dashboards (vormals Xcelsius) erstellt wurden, oder auf komplexe und sehr gehaltvolle Crystal Reports-Berichte. Auch das Ad-hoc-Reporting mit Web Intelligence und das intuitive Durchsuchen der Daten mit dem SAP BusinessObjects Explorer werden durch Werkzeuge aus dem Bereich »Business Intelligence« ermöglicht (siehe Abbildung 1.1 und Abschnitt 1.2, »Business Intelligence mit SAP BusinessObjects«).

Abbildung 1.2 zeigt jedoch, dass es sich bei diesen Business-Intelligence-Anwendungen nur um einen Teil der SAP BusinessObjects-Produkte handelt.

Enterprise Performance Management

Das *Enterprise Performance Management* (EPM) stellt Anwendungen bereit, mit denen die Lücke zwischen der Strategie eines Unternehmens und dessen operativer Arbeit geschlossen werden soll. Es ermöglicht die Erstellung von Modellen sowie die Überwachung und Analyse des Unternehmens anhand von definierten Metriken. Darin eingeschlossen sind beispielsweise die Planung von Budgetzyklen, Möglichkeiten zur Verbesserung und Konsolidierung von Finanzdaten zu Berichten oder auch Ausgabenanalysen im Bezug auf Lieferantenbeziehungen. Dies sind nur wenige Beispiele, die eine ungefähre Idee von EPM geben sollen.

SAP BusinessObjects-Produktportfolio | 1.1

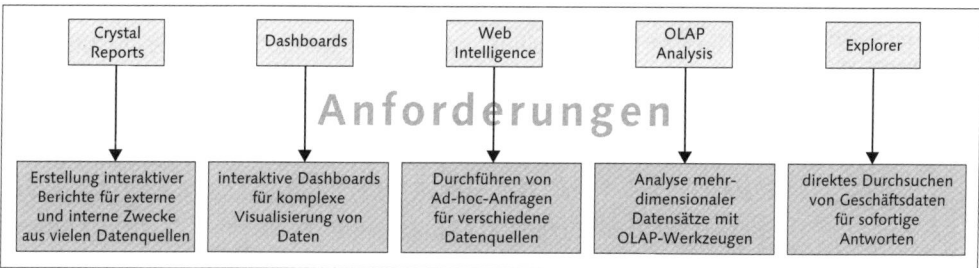

Abbildung 1.1 Überblick über SAP BusinessObjects BI-Anwendungen (Quelle: SAP AG)

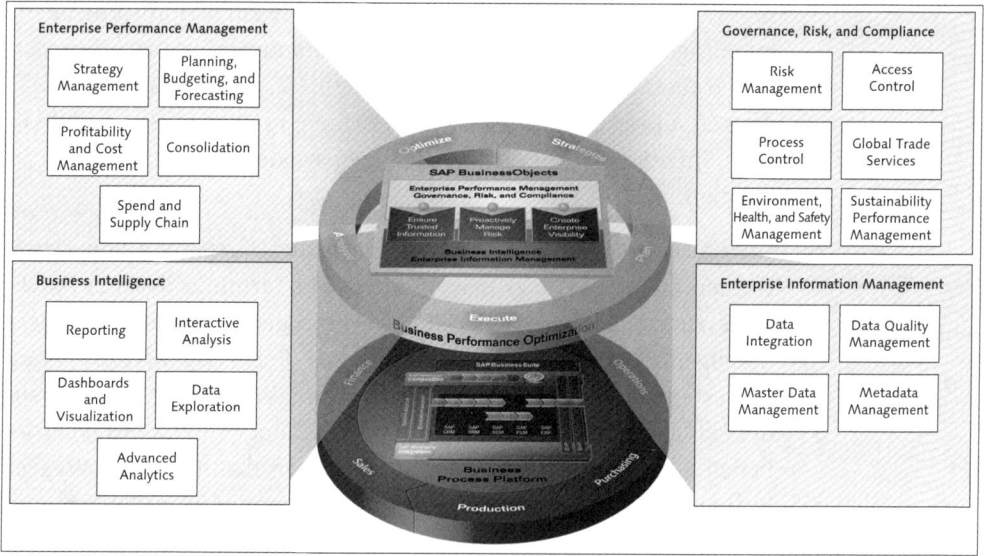

Abbildung 1.2 Gesamtüberblick über SAP BusinessObjects (Quelle: SAP AG)

Die dafür notwendige Software ist teilweise in das »ursprüngliche« SAP-Produktportfolio integriert worden, das vor dem Zukauf von Business Objects und der Entstehung des SAP BusinessObjects-Produktportfolios existierte.

Das nächste Element in Abbildung 1.2 ist *Governance, Risk, and Compliance* (GRC). Mit GRC werden den Unternehmen Werkzeuge bereitgestellt, mit denen sie beispielsweise in der Lage sind, Zuständigkeiten, Strategien und Prozesse zu definieren und hinsichtlich dieser Bereiche gesetzliche Vorschriften (Compliance) einzuhalten. Diese Komponenten basieren ebenfalls auf SAP-Software, die auf bestehenden SAP-Anwendungsservern betrieben werden kann.

Governance, Risk, and Compliance

23

Enterprise Information Management

Die unter *Enterprise Informationen Management* (EIM) zusammengefassten Werkzeuge sollen dem Unternehmen helfen, die Qualität von erzeugten oder bestehenden Daten zu erhöhen. Dies ermöglicht es, Entscheidungen auf korrekten und möglichst vollständigen Daten zu treffen. Hier sind im Wesentlichen die SAP BusinessObjects-Produkte Data Services, Data Integrator, Data Federator, Data Quality Management und das Metadata Management zu nennen. Damit können Daten aus verschiedenen Quellen zusammengeführt oder verteilt, extrahiert oder transformiert, in Echtzeit aus verschiedenen Datenquellen zusammengeführt und auch auf Korrektheit geprüft oder beispielsweise Dubletten beseitigt werden. Diese kurze Auflistung nennt nur einige Beispiele, wie die erwähnte Datenqualität erreicht werden soll. Neben den aufgelisteten Produkten existieren weitere Anwendungen, die es Unternehmen ermöglichen, in nahezu allen erdenklichen Situationen Einfluss auf die eigenen oder bezogenen Daten zu nehmen.

Business Intelligence

Sowohl die Aufbereitung und als auch die Darstellung von Daten werden in der SAP-Begriffswelt unter dem Terminus *Business Intelligence* zusammengefasst. Die SAP-Werkzeuge im Bereich »Business Intelligence« werden auch durch die SAP BusinessObjects-Software dargestellt. Dabei handelt es sich sowohl um Werkzeuge, die lokal auf dem PC des Nutzers installiert sind als auch über einen zentral betriebenen Server genutzt werden. Sie ergänzen damit SAP NetWeaver Business Warehouse und die dazu gehörigen Anwendungen und Werkzeuge.

Hier kommen wir nun zu dem Bereich, dem wir uns in diesem Buch widmen werden. Für SAP BusinessObjects BI ist der SAP BusinessObjects BI-Plattform-Server (ehemals SAP BusinessObjects Enterprise-Server) der zentrale Bestandteil. Bevor wir aber auf diesen Server eingehen, wollen wir etwas detaillierter den Gesamtbereich »SAP BusinessObjects BI« beleuchten.

1.2 Business Intelligence mit SAP BusinessObjects

Wie Sie bereits in Abbildung 1.2 gesehen haben, bieten sich dem Anwender verschiedene Möglichkeiten für die Aufbereitung von Daten. Auf den nächsten Seiten werden wir die folgenden Anwenderwerkzeuge erläutern, um darzustellen, wie diese mit dem zugrunde liegenden SAP BusinessObjects BI-Plattform-Server interagieren:

- SAP Crystal Reports
- SAP BusinessObjects Dashboards (früher Xcelsius)
- SAP BusinessObjects Web Intelligence (hieß zwischenzeitlich Interactive Analysis und soll nach derzeitigem Kenntnisstand in zukünftigen Releases SAP Crystal Interactive Analysis heißen)
- Advanced Analysis/OLAP Analysis
- SAP BusinessObjects Explorer

Die jeweiligen Anwendungsfälle unterscheiden sich je nach Zielgruppe bzw. Zweck der Datenaufbereitung. Es gibt die folgenden vier Bereiche: SAP BusinessObjects-Werkzeuge

- Reporting
- Datenvisualisierung
- Datenanalyse
- Durchsuchen von Daten

Diese Bereiche betrachten wir im Folgenden.

1.2.1 Reporting

Das *Reporting* dient dazu, ausführliche Dokumente, d.h. Reports, zu erstellen. Diese erlauben, detailliert Informationen aus den Daten abzulesen. Diese Reports können sogar interaktiv sein, sodass z.B. der Detaillierungsgrad der Daten je nach Bedarf vom jeweiligen Benutzer erhöht oder verringert werden kann. Das SAP BusinessObjects-Werkzeug aus dem Bereich »Reporting« ist *SAP Crystal Reports*. Zwei Ausprägungen sind hiervon verfügbar: einerseits SAP Crystal Reports 2011 und andererseits SAP Crystal Reports for Enterprise.

Die Erstellung von Reports mit Crystal Reports erfordert in der Regel einen Client, der auf dem Anwender-PC installiert wird. Die Software lässt sich in der Regel problemlos installieren, erfordert anschließend aber eine Wartung auf dem Rechner des Anwenders. Dieser ist in der Regel jedoch geschult und kann die vielfältigen Funktionen dieses Werkzeugs nutzen. SAP Crystal Reports

Crystal Reports ermöglicht die Nutzung einer Vielzahl von verschiedenen Datenquellen. Dies können einfache CSV-Dateien oder Excel-Tabellen sein, darüber hinaus ist es aber auch möglich, über eine Vielzahl von Schnittstellen auf Datenbanken, auf Universen auf einem SAP BusinessObjects BI-Plattform-System oder auch direkt auf SAP NetWeaver BW-Queries zuzugreifen. Diese kurze Aufzählung stellt nur einen kleinen Teil der vorhandenen Schnittstellen dar.

Über sogenannte Mashups können Hybridanwendungen erstellt werden, mit denen es möglich ist, Daten aus verschiedenen Datenquellen zu kombinieren.

Die Reports können mit einem Crystal Reports Viewer geöffnet werden. Es ist auch möglich, die Berichte in das XLSX-Format zu exportieren, sodass diese mit Microsoft Excel geöffnet werden können

1.2.2 Datenvisualisierung

Dashboards

Die *Datenvisualisierung* wird durch das Produkt *SAP BusinessObjects Dashboards* unterstützt. In früheren Releaseständen war dieses Produkt als Xcelsius bekannt. Ein Dashboard ist eine aufwendige Darstellung von Kennzahlen bzw. Daten. Die mit diesem Werkzeug erstellten Dashboards sind darüber hinaus interaktiv und können funktional und grafisch sehr vielfältig und aufwendig gestaltet sein. Die Dashboards werden in Adobe Shockwave Flash generiert und können in verschiedene Dokumente oder Präsentationen eingebettet werden.

Abbildung 1.3 zeigt ein Dashboard, das die zugrunde liegenden Daten in zwei Kreisdiagrammen visualisiert. In der linken Hälfte ist die geöffnete Drop-down-Liste zu sehen, anhand derer die Daten für bestimmte Bereiche angezeigt werden. Nach der Auswahl verändert sich das Kreisdiagramm entsprechend – dies nur ein einfaches Beispiel. Weiterhin wären auch andere Steuerelemente wie Schieberegler, Radiobuttons oder sonstige bekannte Oberflächenelemente denkbar. Für das Beispiel wurde das Dashboard direkt per URL als SWF-Flash-Datei im Internetbrowser geladen.

Business Intelligence mit SAP BusinessObjects | 1.2

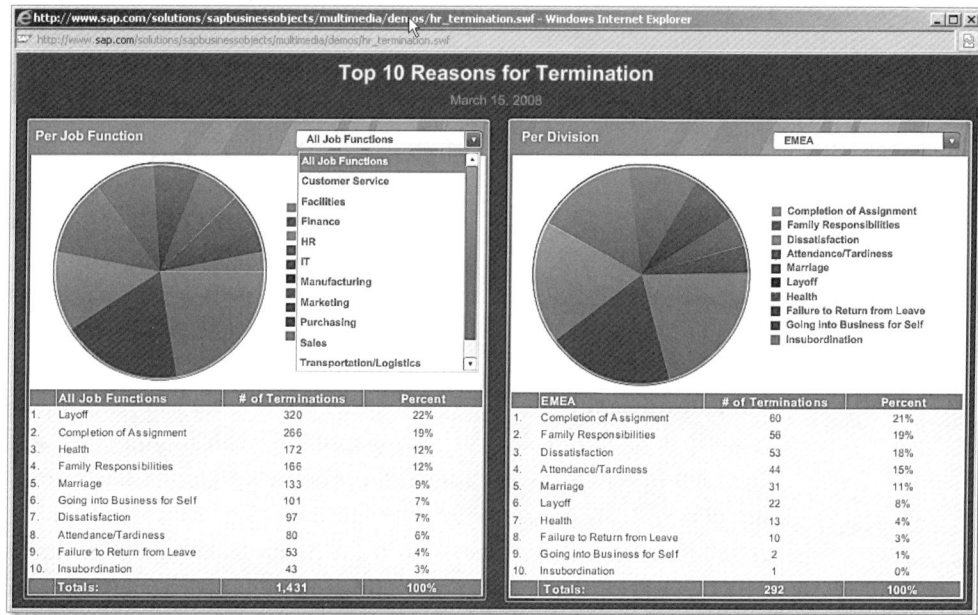

Abbildung 1.3 Beispiel für ein Dashboard

Auch bei diesem Werkzeug ist die Installation und Wartung der Software auf dem PC des Erstellers notwendig. Die Anwender wurden daher speziell für die Erstellung von Dashboards geschult und können diese entsprechend der Anforderungen einer Zielgruppe erstellen. Produzenten und Konsumenten dieser Art der Datenvisualisierung unterscheiden sich in der Regel voneinander.

Die Dashboards können auf vielfältige Art verwendet und eingebettet werden, z. B. als:

- generierte PDF-Dokumente
- MS Office-Anwendungen wie Excel oder Word
- Internetseiten
- Dokumente im BI Launch Pad

Auch bei dieser Anwendung ist die Zahl der möglichen Datenquellen groß. Es können auch für SAP BusinessObjects Dashboards Universen auf der Basis der SAP BusinessObjects BI-Plattform oder direkt SAP NetWeaver BW Queries auf einem SAP NetWeaver BW-System genutzt werden. Auch die einfache Einbettung von Excel-Dateien ist möglich.

1 | Grundlagen

1.2.3 Datenanalyse

Web Intelligence und Advanced Analysis

Als dritter Bereich wurde die *Datenanalyse* genannt. Hier sind zwei Werkzeuge einzuordnen. Dies sind einerseits *Web Intelligence* und andererseits *Advanced Analysis*.

Web Intelligence wurde mit der Einführung von SAP BusinessObjects BI-Plattform 4 kurzzeitig als Interactive Analysis bezeichnet. Diese Bezeichnung wurde jedoch recht schnell wieder zurückgenommen. Mit Web Intelligence wurde die Möglichkeit geschaffen, schnell Daten aufzubereiten. Grundsätzlich könnte das Tool auch dem Bereich »Reporting« zugeordnet werden. Die einzelnen Bereiche können jedoch nicht eindeutig voneinander abgegrenzt werden, so wird es auch dem Ad-hoc-Reporting zugeordnet. Web Intelligence wird über den Internetbrowser aufgerufen. Die Anwendung basiert direkt auf der SAP BusinessObjects BI-Plattform. Hier ist weder für die Erstellung von Datenanalysen noch für deren Nutzung eine Installation auf dem PC des Nutzers notwendig. Es gibt jedoch auch hier eine Desktop-Variante, die lokal installiert und genutzt werden kann.

Abbildung 1.4 zeigt den Editor für Reports, der über das BI Launch Pad geöffnet wurde. Links sind im Bereich UNIVERSE OUTLINE die Inhalte der Datenquelle angezeigt. Per Drag-and-Drop lassen sich diese zur weiteren Verarbeitung in den Bereich RESULT OBJECTS ziehen. Darunter ist exemplarisch ein Filter eingefügt und wiederum darunter ist eine Vorschau auf die Daten zu sehen.

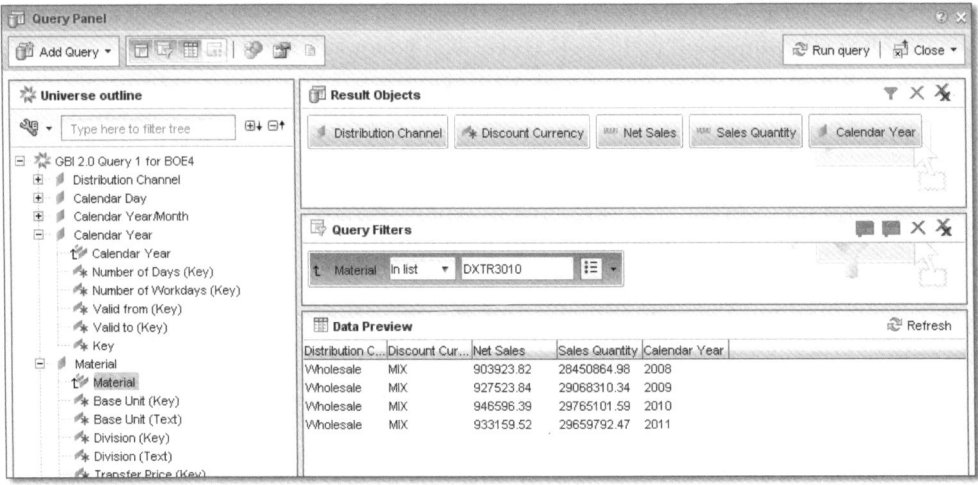

Abbildung 1.4 Erstellung eines Reports im Internetbrowser

Ein fertiger Report kann so in kurzer Zeit erstellt werden. Neben dem in Abbildung 1.5 gezeigten Beispiel sind auch andere Darstellungsformen wie Kreisdiagramme, Kreuztabellen und viele weitere vorgefertigte Elemente verfügbar. Darüber hinaus können auch BI-Funktionen wie Slicing und Dicing sowie Drill-down und Roll-up in die Reports mit eingebaut werden.

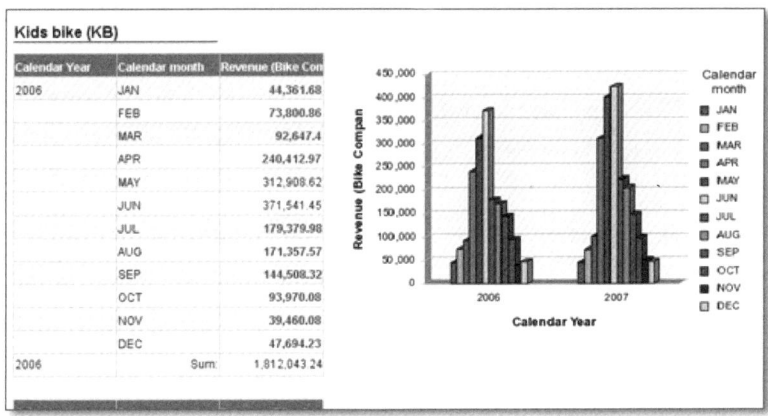

Abbildung 1.5 Beispiel für einen Web Intelligence-Report in der Vorschau

Wie es der Begriff *Ad-hoc-Reporting* bereits vermuten lässt, lassen sich mit dieser Anwendung schnell und kurzfristig Daten aufbereiten. Diese können dann im BI Launch Pad konsumiert werden. Ebenso ist hier wieder der Export in PDF-Dateien oder auch der Versand per E-Mail möglich. Die Quellen der Daten sind erneut vielfältig. Die SAP BusinessObjects BI-Plattform stellt diese zum Großteil bereit. Es können aber auch wieder einfache CSV- oder Excel-Tabellen sowie TXT-Dateien geladen und analysiert werden.

Ebenfalls zum Bereich der Datenanalyse gehört das Werkzeug SAP BusinessObjects Advanced Analysis. Dieses kann als Ergänzung oder gar als Nachfolger der SAP NetWeaver BW-Anwendungen BEx Analyzer oder BEx Web Application Designer und auch der Anwendung SAP BusinessObjects Analysis (vormals Voyager) angesehen werden (siehe Abschnitt 1.3, »SAP NetWeaver BW und SAP BusinessObjects Business Intelligence«). Es stehen zwei Versionen von Advanced Analysis zur Verfügung:

▸ Microsoft Office-Version
▸ Webversion

Advanced Analysis

Die Microsoft Office-Version wird erneut auf dem Rechner des Nutzers installiert und gewartet, die Webversion wird über die SAP BusinessObjects BI-Plattform bereitgestellt.

Abbildung 1.6 zeigt die Browser Edition von SAP BusinessObjects Analysis. Wie zu sehen ist, öffnet sich das Werkzeug nach der Auswahl eines zur Verfügung stehenden SAP NetWeaver BW-Cubes; es wurde hier direkt eine Datenvorschau erzeugt. Diese Anwendung ermöglicht es – darauf aufbauend – weitere Reports zu erstellen.

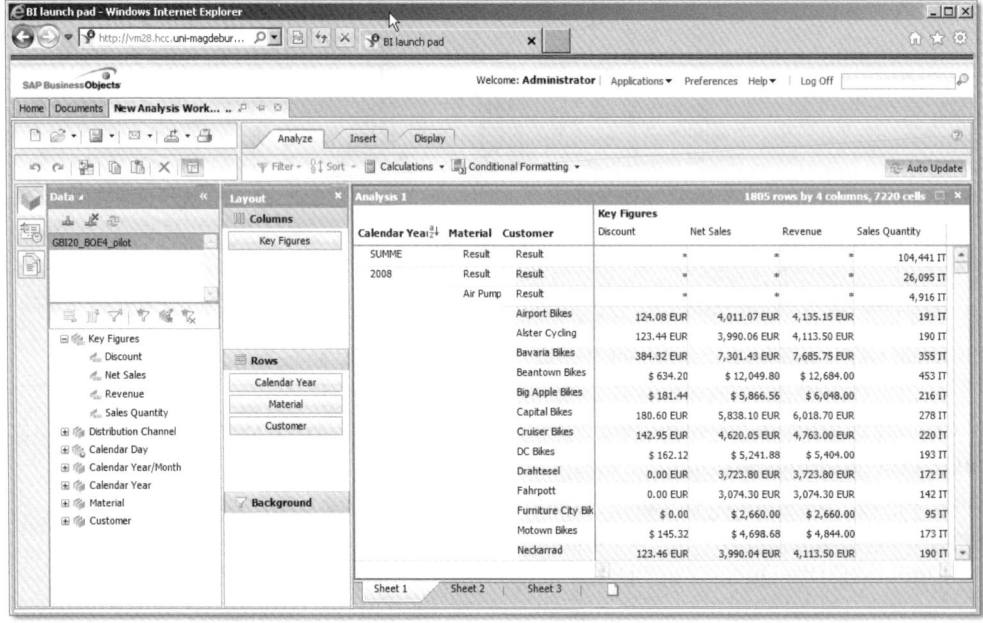

Abbildung 1.6 Advanced Analysis – Analyse auf OLAP-Datenbeständen

Mit beiden Werkzeugen bzw. Versionen sind mehrdimensionale Analysen auf OLAP-Datenbeständen möglich. Hier steht wieder die einfache und schnell zu erlernende Handhabung im Vordergrund. Programmierschnittstellen für beide Versionen liefern die Voraussetzung für kundenindividuelle Erweiterungen. Datenquellen können BW Queries, Query Views oder SAP NetWeaver BW-InfoProvider sein. Die Webversion dient erneut dem Ad-hoc-Reporting. Sie interagiert mit Web Intelligence und auch mit Crystal Reports.

Die Darstellung der Ergebnisse erfolgt hier über Microsoft Office oder über das Internet im Browser.

1.2.4 Durchsuchen von Daten

Der letztgenannte Bereich »Durchsuchen von Daten« setzt es sich zum Ziel, eine intuitive Suche und eine spontane Zusammenstellung von Daten zu ermöglichen. Oftmals wird von einem Google-ähnlichen Durchsuchen von Daten gesprochen. Dies wird über den *SAP BusinessObjects Explorer* umgesetzt. Dieses Werkzeug ist nicht mit dem bisherigen Werkzeug SAP Business Explorer zu verwechseln, der mit SAP NetWeaver Business Warehouse zur Verfügung gestellt wird.

SAP BusinessObjects Explorer

Im Zentrum bei der Arbeit mit dem SAP BusinessObjects Explorer steht für den Nutzer ein einfaches Suchfeld, in das Suchbegriffe eingegeben werden können (siehe Abbildung 1.7). Der Explorer durchsucht anschließend alle relevanten Daten und präsentiert diese in einer geeigneten Form.

Abbildung 1.7 Suchfeld im SAP BusinessObjects Explorer

Basierend auf der abgebildeten Suche, schlägt die Anwendung verschiedene sinnvolle Datenquellen vor. Aus dieser Aufstellung kann der Anwender nun die passende Datenquelle durch Anklicken auswählen. Im Anschluss öffnet sich eine Übersicht. Darin sind im oberen Bereich die Kennzahlen und deren Dimensionen wählbar. In der unteren Hälfte der Abbildung werden die Daten visualisiert. An dieser Stelle lassen sich verschiedene Darstellungsarten wählen oder Business-Intelligence-Funktionen wie beispielsweise Drill-down durchführen.

Die Ergebnisse können gedruckt, gespeichert, exportiert oder auch verschickt werden – mittels des SAP BusinessObjects Explorers lassen sich demnach auch Daten visualisieren. Die Möglichkeiten bleiben jedoch hinter den bereits vorgestellten Reporting- und Analysewerkzeugen zurück. Bei diesem Werkzeug steht eindeutig das intuitive Durchsuchen der Daten im Vordergrund. In Abbildung 1.8 sehen Sie die hier beschriebene Oberfläche.

1 | Grundlagen

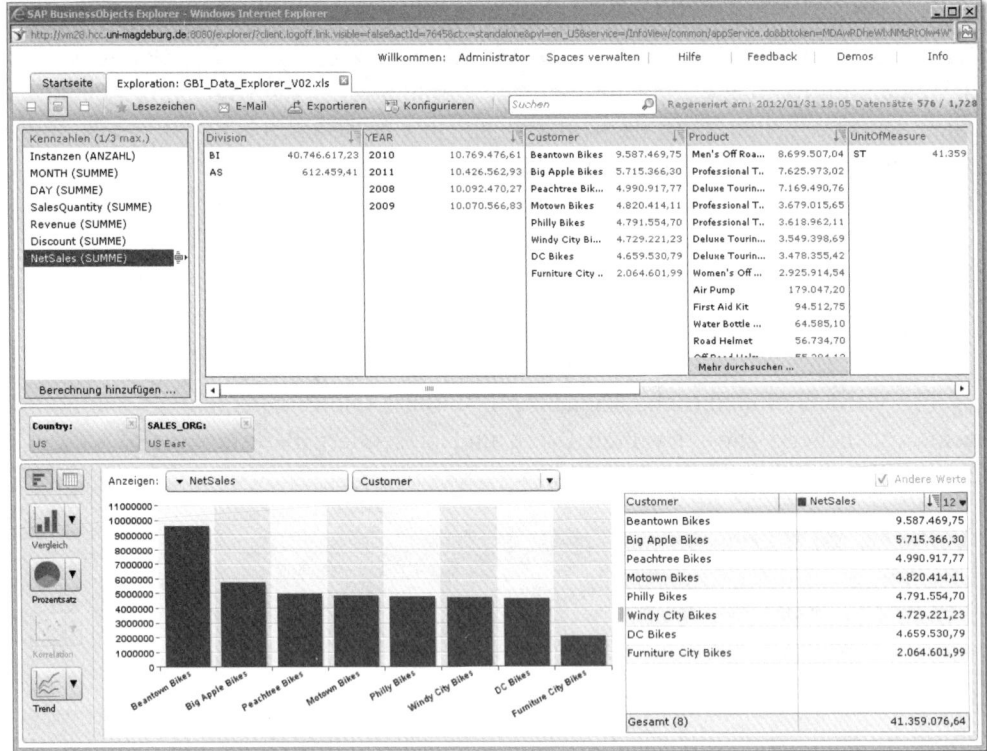

Abbildung 1.8 Suchergebnis des SAP BusinessObjects Explorers

Damit haben wir Ihnen die Business-Intelligence-Anwendungen vorgestellt. Unser Anliegen war, Ihnen die grundlegenden Begriffe der SAP BusinessObjects-Welt vorzustellen, um Ihnen helfen, wenn Sie mit der Administration eines SAP BusinessObjects BI-Plattform-Servers betraut werden.

SAP Business-Objects BI-Plattform

Bis hierhin haben Sie in diesem Grundlagenkapitel eine Übersicht über die wichtigsten Endbenutzerwerkzeuge erhalten. Einige davon werden beim Anwender installiert, auf andere wird über den Internetbrowser zugegriffen. Die Daten, die jeweils genutzt werden, können dem jeweiligen Werkzeug direkt über eigene Schnittstellen zur Verfügung stehen, auf sie kann aber auch über den zentralen SAP BusinessObjects BI-Plattform-Server zugegriffen werden. Die Reports und Analysen können ebenfalls entweder lokal gespeichert, manuell verschickt oder über den zentralen Server verteilt werden. Letztlich hängt es vom jeweiligen Einsatzzweck ab, in welchen Fällen die Nutzung des SAP BusinessObjects BI-Plattform-Servers notwendig wird.

In vielen Fällen werden Sie jedoch auf diesen Server treffen. Genau um dieses System geht es im weiteren Verlauf dieses Buchs. Bevor wird jedoch im Detail darauf eingehen, möchten wir zunächst noch eine andere Thematik kurz anreißen, die uns oft begegnet: Wie spielen SAP NetWeaver BW und SAP BusinessObjects Business Intelligence in der SAP-Welt zusammen?

1.3 SAP NetWeaver BW und SAP BusinessObjects Business Intelligence

Zunächst einmal kann man feststellen, dass SAP BusinessObjects BI nicht der Nachfolger von SAP NetWeaver BW ist oder gar umgekehrt. Vielmehr ergänzen sich beide Produkte in ihrer Funktionalität. SAP BusinessObjects BI selbst ist nicht für die Datenhaltung zuständig. Diese Aufgabe obliegt weiterhin SAP NetWeaver BW. Die Analyse, Darstellung und Auswertung der Daten verlagert sich jedoch auf SAP BusinessObjects BI. Zur Verfügung stehen dafür die in Abschnitt 1.2, »Business Intelligence mit SAP BusinessObjects«, beschriebenen Endbenutzerwerkzeuge in Kombination mit der SAP BusinessObjects BI-Plattform. Das konkrete Zusammenspiel von SAP NetWeaver BW und SAP BusinessObjects BI in der SAP-Produktlandschaft sehen Sie in Abbildung 1.9.

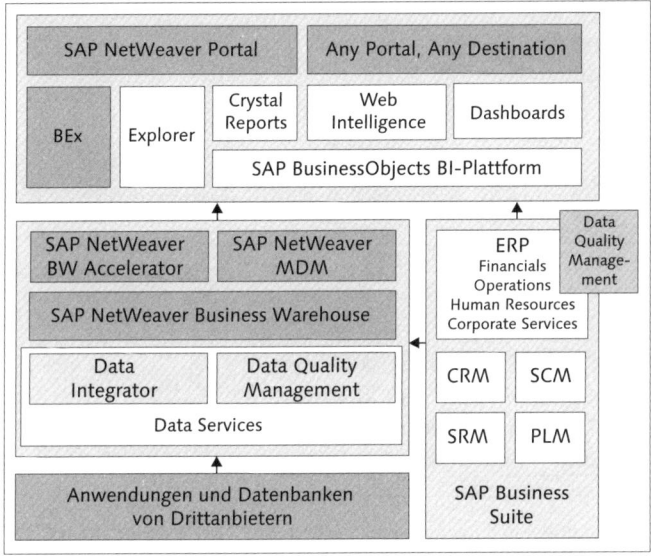

Abbildung 1.9 SAP-Systemlandschaft

Abbildung 1.9 zeigt – ohne auf weitere Details einzugehen –, wie die SAP-Produkte grundsätzlich zusammenhängen. Wie Sie bereits erfahren haben, ist SAP NetWeaver BW weiterhin die zentrale Sammelstelle für die anfallenden Daten eines Unternehmens. Diese werden dann weitergereicht und stehen den SAP BusinessObjects-Anwendungen zur Verfügung. Genauer gehen wir nicht auf diese Thematik ein: Deutlich werden soll an dieser Stelle nur, dass SAP BusinessObjects SAP NetWeaver BW grundsätzlich nicht ersetzt, sondern dass, je nach Szenario, beide Produkte parallel existieren und zusammenarbeiten.

Einige Anwendungen überlagern sich von der Funktionalität her aber eben doch. Die Business-Intelligence-Werkzeuge von SAP NetWeaver BW (Mitte) werden in den Releaseständen SAP NetWeaver 7.0 und 7.3 noch unterstützt, die künftige Strategie (links) zielt aber allem Anschein nach auf die Nutzung der SAP BusinessObjects-Werkzeuge ab. Abbildung 1.10 fasst dies gut zusammen.

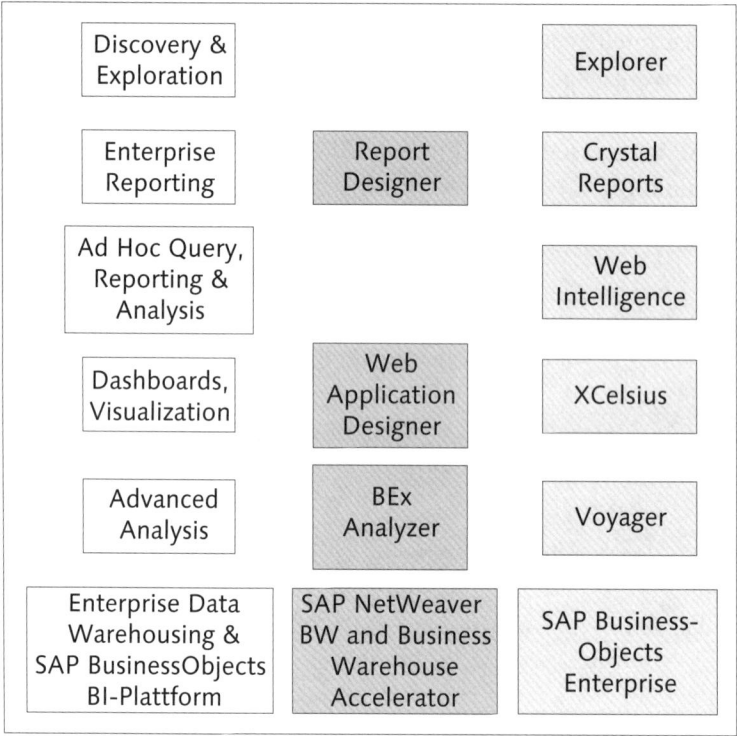

Abbildung 1.10 Gegenüberstellung der Werkzeuge in SAP NetWeaver BW und SAP BusinessObjects BI

Die von BW bekannten Werkzeuge Report Designer, Web Application Designer und BEx Analyzer werden mittelfristig durch die beschriebenen Anwendungen ergänzt und langfristig auch ersetzt.

Wenn Sie nun eine erste Idee von SAP BusinessObjects haben, die einzelnen Elemente kennen und wissen, wie Sie sie speziell für den Bereich »Business Intelligence« einordnen können und welchen Sinn der SAP BusinessObjects BI-Plattform-Server hat, hat dieses Einführungskapitel sein Ziel erreicht.

Wir wünschen Ihnen nun viel Spaß beim weiteren Lesen und hoffen, dass Sie den gewünschten Erkenntnisgewinn bezüglich der SAP BusinessObjects BI-Plattform erreichen.

Das Verständnis über den Aufbau eines SAP BusinessObjects BI-Plattform-Servers ist essentiell für alle weiteren Tätigkeiten, die im Verlauf des Buchs beschrieben werden.

2 Ebenen eines SAP BusinessObjects BI-Plattform-Servers

In diesem Kapitel beginnen wir damit, Ihnen den SAP BusinessObjects BI-Plattform-Server zu erläutern. Wie viele andere Applikationsserver ist auch der SAP BusinessObjects BI-Plattform-Server in mehreren Ebenen aufgebaut. Darum beleuchten wir zunächst die Drei-Schichten-Architektur. Ausgehend von diesen Schichten zeigen wir, wie der SAP BusinessObjects BI-Plattform-Server auf verschiedene Hosts verteilt werden kann, um Ihre Anforderungen zu erfüllen. Abschließend wenden wir uns den Details der Architektur zu und erklären Ihnen, welche Elemente der Server bereitstellt.

2.1 Überblick über die Drei-Schichten-Architektur von Applikationsservern

Wenn wir über einen SAP BusinessObjects BI-Plattform-Server sprechen, handelt es sich um einen Applikationsserver, wie Sie ihn sicher auch in anderen Ausprägungen kennen, beispielsweise bei SAP-Systemen auf Basis von SAP NetWeaver. Grundsätzlich finden Sie hier wieder eine klassische Drei-Schichten-Architektur vor. Diese ermöglicht es Ihnen, bestimmten Anforderungen an die vorliegende Installation zu begegnen. Die Drei-Schichten-Architektur setzt sich wie folgt zusammen:

Grundlagen der Drei-Schichten-Architektur

- Präsentationsschicht
- Applikationsschicht
- Datenbankschicht

Der Terminus *Schicht* wird häufig auch als Ebene bezeichnet. Im englischen Sprachgebrauch treffen Sie hier oftmals auf die Begriffe *Tier* oder *Layer* (*Presentation Layer*, *Application Layer*, *Database Layer*).

Präsentationsschicht: Thin und Thick Clients

Den einzelnen Schichten werden jeweils eigene Aufgaben zugewiesen. So ist es die Aufgabe der Präsentationsschicht, die grafische Benutzerschnittstelle zum Endanwender zur Verfügung zu stellen. Hier werden die Masken bereitgestellt, in die ein Anwender seine Daten eingibt und sich die Ergebnisse anschaut. Die Komplexität kann hier von einfachen Eingabe- und Ausgabemasken bis hin zu anspruchsvollen grafischen Darstellungen reichen. Der Zugriff über die Präsentationsschicht erfolgt in der Regel entweder mit Thin Clients oder mit Thick Clients.

- **Thin Client**
  Wenn Sie über eine einfache Software mit wenig Funktionalität auf Ihrem Endgerät auf den Server und dessen Funktionen zugreifen, nutzen Sie in der Regel einen Thin Client. Dies kann beispielsweise ein einfacher Internetbrowser sein.

- **Thick Client**
  Wenn Sie eine Software auf Ihrem PC installieren, die sehr viel Funktionalität lokal bereitstellt und nur wenig auf die Ressourcen des zentralen Applikationsservers zurückgreift, nutzen Sie einen Thick Client.

Die Grenzen zwischen beiden Klassen sind nicht klar gezogen und die Definitionen deuten jeweils nur an, was Sie ungefähr erwartet, wenn Sie mit solchen Clients umgehen.

Applikationsschicht

Die Applikationsschicht stellt die zentrale Verarbeitungslogik bereit. In der Regel befinden sich die Komponenten dieser Schicht auf einem leistungsfähigen physischen oder inzwischen auch oftmals virtuellen Server in einem Rechenzentrum. Hier laufen alle Daten zusammen, die die verschiedenen Endanwender eingeben oder ändern. Auch durch die Anbindung anderer Software kann hier eine Kommunikation nicht nur zwischen dem Applikationsserver und den Endanwender stattfinden, sehr oft kommunizieren verschiedene Systeme auch direkt untereinander und tauschen Daten aus. Die Daten werden verarbeitet und in der Regel zwischen Präsentations- und Datenbankschicht hin- und hergereicht. Auf dieser Ebene werden auch grundlegende Funktionen wie eine Sperrverwaltung für konkurrierende

Datenzugriffe, die Benutzerauthentifizierung und -autorisierung oder die Bereitstellung verschiedener Schnittstellen beispielsweise für Webservices realisiert.

Als dritte Ebene haben wir die Datenbankschicht genannt. Hier werden die Daten letztlich gespeichert. Dabei kommen meist effiziente Datenbankmanagementsysteme – wie beispielsweise eine IBM DB2-Datenbank – zum Einsatz, die es dem Applikationsserver ermöglichen, die Daten schnell und sicher zu speichern oder abzurufen. Abbildung 2.1 illustriert diese Erläuterungen.

Datenbankschicht

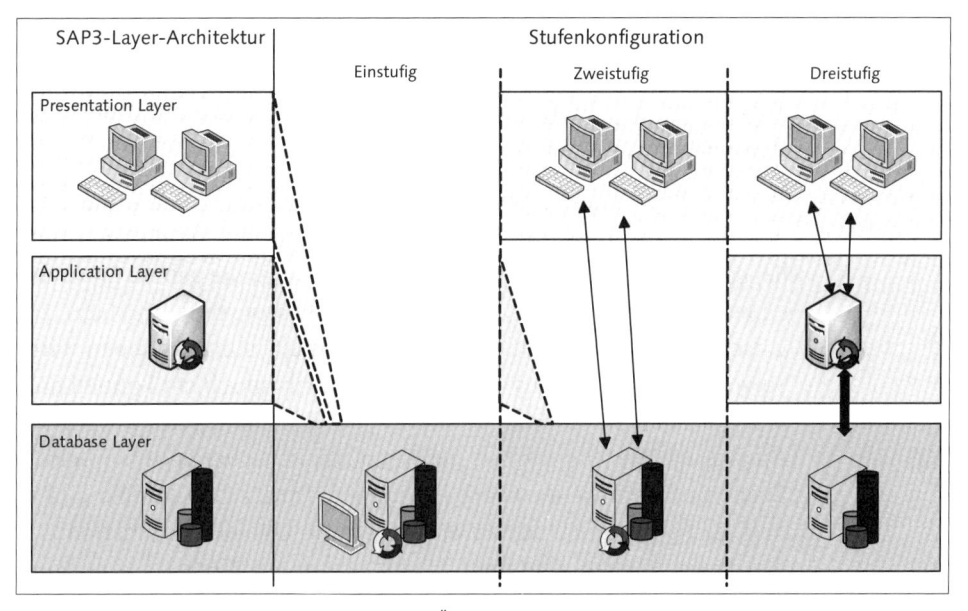

Abbildung 2.1 Drei-Schichten-Architektur im Überblick

In Abbildung 2.1 sehen Sie links die drei bereits erläuterten Schichten und in den drei Spalten rechts daneben finden Sie die möglichen Ausprägungen über mehrere Stufen hinweg. Was genau ist damit gemeint?

Wenn Sie einen solchen Applikationsserver mit einer Drei-Schichten-Architektur installieren, ist es durchaus möglich, dass Sie diese drei Schichten auch über verschiedene Rechner verteilen. Wie es in der zweiten Spalte (Einstufig) gezeigt ist, können Sie durchaus alle Komponenten auf einem Rechner installieren. Sowohl die gesamte Installation als auch die Verarbeitungslogik und die Präsentationsschicht mit den zugehörigen Client-Anwendungen befinden sich in diesem

Einstufige Architektur

Fall auf einem virtuellen oder physischen Server. Diese Lösung wird beispielsweise für Test- oder auch für Demonstrationssysteme genutzt. Die Regel ist dies jedoch nicht. Denn wenn Sie den Applikationsserver auf einem Linux-Betriebssystem betreiben und gleichzeitig Client-Software nutzen, die ein MS Windows-Betriebssystem erfordert, stoßen Sie schon an die Grenzen dieser Konfiguration. Diese einstufige Installationsvariante ist daher nicht die Regel, kommt aber vor.

Zweistufige Architektur

Bei einer zweistufigen Systemumgebung werden die Anwendungen der Präsentationsschicht bereits von der Applikations- und Datenbankschicht getrennt. Dieses Szenario dürfte Ihnen sowohl in Test- als auch in Produktivumgebungen begegnen. Es ermöglicht den Zugriff von den Endgeräten der Nutzer auf einen zentral bereitgestellten Applikationsserver.

Dreistufige Architektur

Die Installation des Applikationsservers über drei Stufen ermöglicht die zusätzliche Trennung von Applikationsschicht und der zugrunde liegenden Datenbank. Hierfür kann es viele Gründe geben. Einer der einleuchtendsten ist die Aufteilung des Ressourcenverbrauchs auf verschiedene Server, auf denen das gesamte System betrieben wird. Sowohl die Applikations- als auch die Datenbankschicht können größere Mengen an CPU-Rechenleistung und Arbeitsspeicher verbrauchen. Auch die Zugriffe auf die Festplattenspeicher sind bei beiden Ebenen oftmals nicht zu vernachlässigen. Durch die Aufteilung können Sie für beide Schichten eine passende Umgebung schaffen, sodass diese möglichst gut ihren Dienst verrichten. Weitere Argumente für eine solche Aufteilung können beispielsweise die Sicherheit oder andere Faktoren des Systembetriebs (z. B. Backup, Monitoring oder Ähnliches) sein. Im Detail hängt die finale Implementierung Ihrer Architektur von Ihren konkreten Anforderungen ab. Selbst finanzielle Erwägungen können eine Rolle spielen. So ist es denkbar, dass Sie für Ihre Datenbank ausfallsichere und dementsprechend teure Server wählen, um die Konsistenz der Daten soweit es geht abzusichern. Für die Verarbeitungslogik können Sie sich zusätzlich für günstigere Hardware entscheiden. In diesem Fall riskieren Sie zwar eventuelle Ausfallzeiten durch einen Defekt der Hardware, bei denen dann die Applikationsschicht nicht verfügbar ist. Sie können aber darauf vertrauen, dass Ihre Unternehmensdaten sicher in der Datenbank verwahrt werden.

Die bisherigen allgemeinen Ausführungen möchten wir nun auf den SAP BusinessObjects BI-Plattform-Server übertragen. Die oben angeführten Ebenen finden Sie auch dort wieder. Bevor wir auf die verschiedenen Möglichkeiten eingehen, die für die Installation eines SAP BusinessObjects BI-Plattform-Systems bestehen, erläutern wir diese Schichten im Detail.

2.2 Drei-Schichten-Architektur bei einem SAP BusinessObjects BI-Plattform-Server

Bisher haben wir die theoretische Basis für die weiteren Betrachtungen gelegt. Wie sind nun die einzelnen Schichten bei einem SAP BusinessObjects BI Plattform-Server gestaltet, und wie können Sie dies für Ihre Situation nutzen?

Präsentationsschicht

Sie haben bereits erfahren, dass es verschiedene Anwendungen gibt, mit denen ein Benutzer Anwendungen des SAP BusinessObjects BI-Plattform-Servers nutzt bzw. mit denen er seine Ergebnisse (z. B. Reports) auf diesen einspielt. Wir haben erklärt, dass es einerseits Desktop-Applikationen (Thick Clients) oder andererseits Webanwendungen gibt, die über den Internetbrowser aufgerufen werden können.

Hier müssen wir nun auch nicht mehr viele Worte verlieren. Mögliche Clients, die installiert werden, sind zum Beispiel die folgenden:

Mögliche Clients

- SAP BusinessObjects Web Intelligence (Desktop-Version)
- SAP BusinessObjects Dashboards (früher: Xcelsius)
- SAP Crystal Reports for Enterprise
- SAP BusinessObjects Analysis (Edition für Microsoft Office)
- SAP BusinessObjects Client Tools

Diese Anwendungen installieren Sie auf dem PC des jeweiligen Nutzers. Bei Bedarf findet dann eine Kommunikation mit dem Applikationsserver statt.

Die Webanwendungen werden über einen Internetbrowser genutzt. Hierzu zählen die folgenden:

Webanwendungen

- Benutzeroberfläche der Central Management Console (CMC)

- BI Launch Pad (mit Anwendungen wie Web Intelligence)
- Livecycle-Manager-Benutzeroberfläche
- SAP BusinessObjects Explorer-Benutzeroberfläche

Teilweise werden hier einfache Benutzeroberflächen bereitgestellt, die auf dem Applikationsserver vorbereitet und dann zum Internetbrowser des Nutzers gesendet werden. Teilweise werden aber auch Java-Anwendungen durch den Internetbrowser geladen, sodass recht umfangreiche Anwendungen ausgeführt werden.

Applikationsschicht

Die Applikationsschicht eines SAP BusinessObjects BI-Plattform-Servers kann noch einmal unterteilt werden. Man unterscheidet hier drei Elemente. Wir verwenden hier die englischen Begriffe, die Ihnen auch in der Dokumentation begegnen werden: *Web Tier*, *Management Tier* und *Processing Tier*.

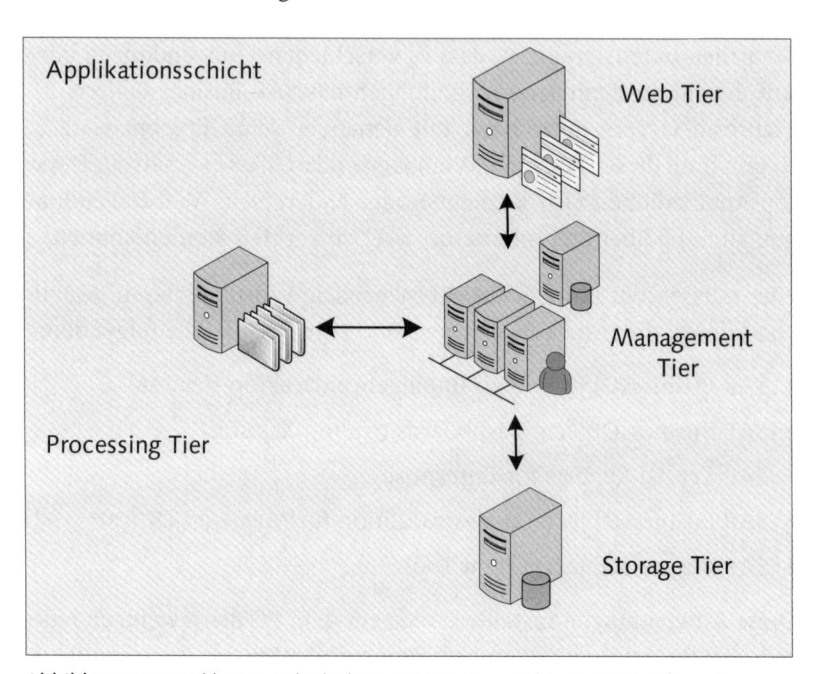

Abbildung 2.2 Applikationsschicht beim SAP BusinessObjects BI-Plattform-Server

Web Tier Die Web Tier stellt die Basis für die Nutzung der Webanwendungen dar. Hierfür kommt ein eigener Web Application Server zum Einsatz. Wenn Sie also auf die Anwendung Web Intelligence im BI Launch

Pad über einen Internetbrowser zugreifen, stellt Ihnen diese Anwendung beispielsweise einen Tomcat Server oder einen SAP NetWeaver AS Java zur Verfügung. Die Webanwendungen haben Sie oder ein anderer Administrator im Rahmen der Installation des SAP BusinessObjects BI-Plattform-Servers dort installiert. Zusätzlich zu den grafischen Benutzeroberflächen stellt die Web Tier auch andere Schnittstellen bereit. So wird beispielsweise andere Funktionalität über Webservices dieser Schicht mit bereitgestellt.

Der Central Management Server als zentraler Prozess der Applikationsschicht ist Bestandteil der Management Tier. Er verteilt Anfragen an andere Serverprozesse und sorgt u. a. auch für die notwendige Sicherheit im Server. Ebenfalls zu dieser Schicht gehört der Event Server. Dieser verwaltet die Zugriffe auf das Dateisystem und bildet die Schnittstelle zur Storage Tier. — Management Tier

Der Bereich »Storage Tier« beinhaltet die Funktionen, die es dem Applikationsserver ermöglichen, die Dateien zu verwalten. Auch wenn der SAP BusinessObjects BI-Plattform-Server eine Datenbank zur Verwaltung seiner Informationen nutzt, speichert er doch viele Inhalte im Dateisystem. Wenn ein Report von einem Nutzer erstellt wurde, wird dieser mittels des Output FRS gespeichert. Dem gegenüber steht der Input FRS. Dieser verwaltet Dateien mit Informationen, die in Reports einfließen. Dies können beispielsweise PDF- oder Dateien aus MS Office sein.

Die Processing Tier stellt schließlich die Verbindung zur Datenbank bereit. Unterstützt werden beispielsweise die IBM DB2-Datenbank, MaxDB, der MS SQL Server und die Datenbanken von Sybase (ASE) und Oracle. Für Detailinformationen darüber, um welche Version der jeweiligen Datenbanken es sich handelt, und um aktuelle Informationen zu erhalten, ist es notwendig, jeweils die Product Availability Matrix zu konsultieren. Lesen Sie dafür den Hinweis auf der übernächsten Seite. — Processing Tier

Datenbankschicht

Die Datenbankschicht wird beim SAP BusinessObjects BI-Plattform-Server wie auch bei anderen SAP-Produkten durch Datenbankmanagementsysteme namhafter Hersteller realisiert (z. B. IBM oder Microsoft). Die im Datenbankmanagementsystem gespeicherten Informationen können in die CMS-, Audit-, Monitoring- und Lifecycle-Management-Datenbank unterschieden werden. Diese Bereiche können alle innerhalb eines Datenbankmanagementsystems verwaltet werden.

Fasst man nun alle Schichten noch einmal zusammen, ergibt sich die Übersicht aus Abbildung 2.3.

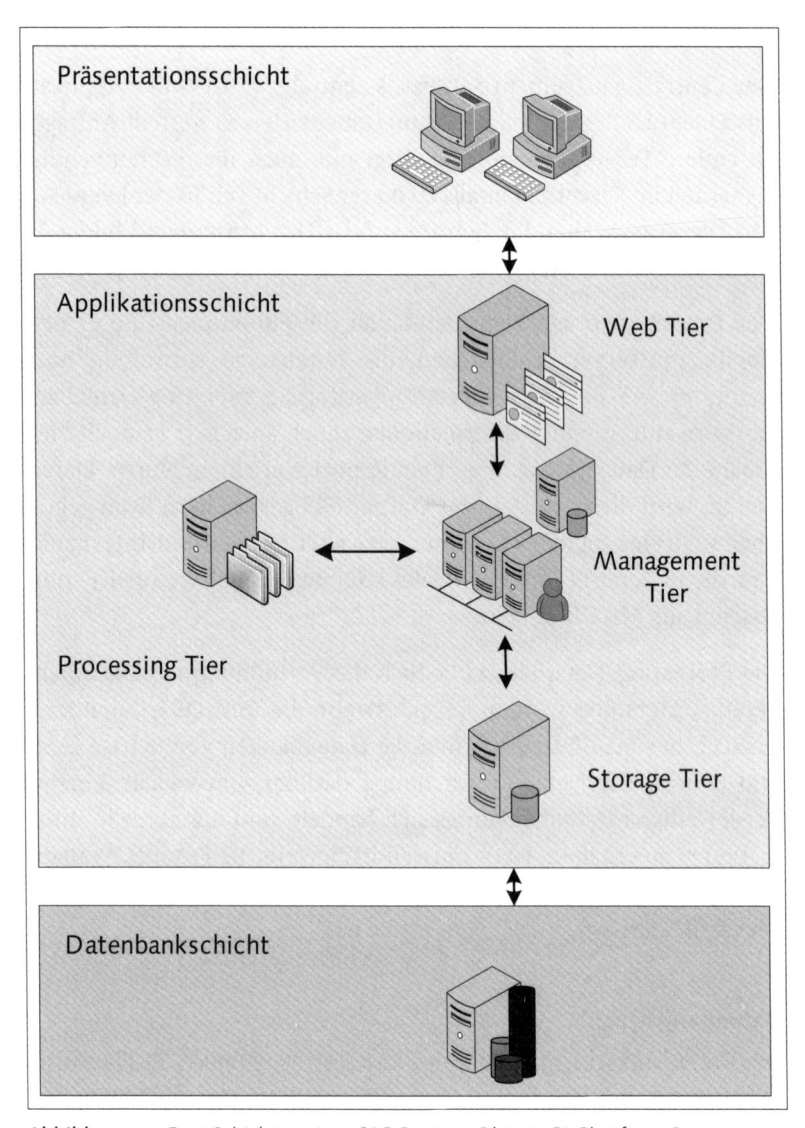

Abbildung 2.3 Drei Schichten eines SAP BusinessObjects BI-Plattform-Servers

Drei-Schichten-Architektur bei einem SAP BusinessObjects BI-Plattform-Server | 2.2

Product Availability Matrix für SAP BusinessObjects BI 4 [+]

Wenn Sie sich dafür interessieren, welche Systemumgebung für ein SAP-Produkt implementierbar ist, können Sie auf die Informationen der SAP Product Availability Matrix zugreifen. Sie erhalten dort verschiedene Möglichkeiten:

- Öffnen Sie die URL *http://service.sap.com/pam*.
- Melden Sie sich mit Ihren S-User (oder einem anderen gültigen Benutzer) für den SAP Service Marketplace an.
- Geben Sie als Suchbegriff »SBOP BI Platform 4« ein, und klicken Sie auf SEARCH IN PAM. Wenn vorhanden – siehe Abbildung 2.4 –, können Sie auch auf den bereitgestellten Link im Bereich QUICK LINKS klicken.

Sie gelangen auf diesem Weg zu den Informationen, die Ihnen weiterhelfen, Ihre Installation zu planen. Für das vorliegende Kapitel in diesem Buch waren beispielsweise die Informationen interessant, welche Web Application Server für die Web Tier eingesetzt werden können und welche Datenbanken für unsere Installation in Frage kommen.

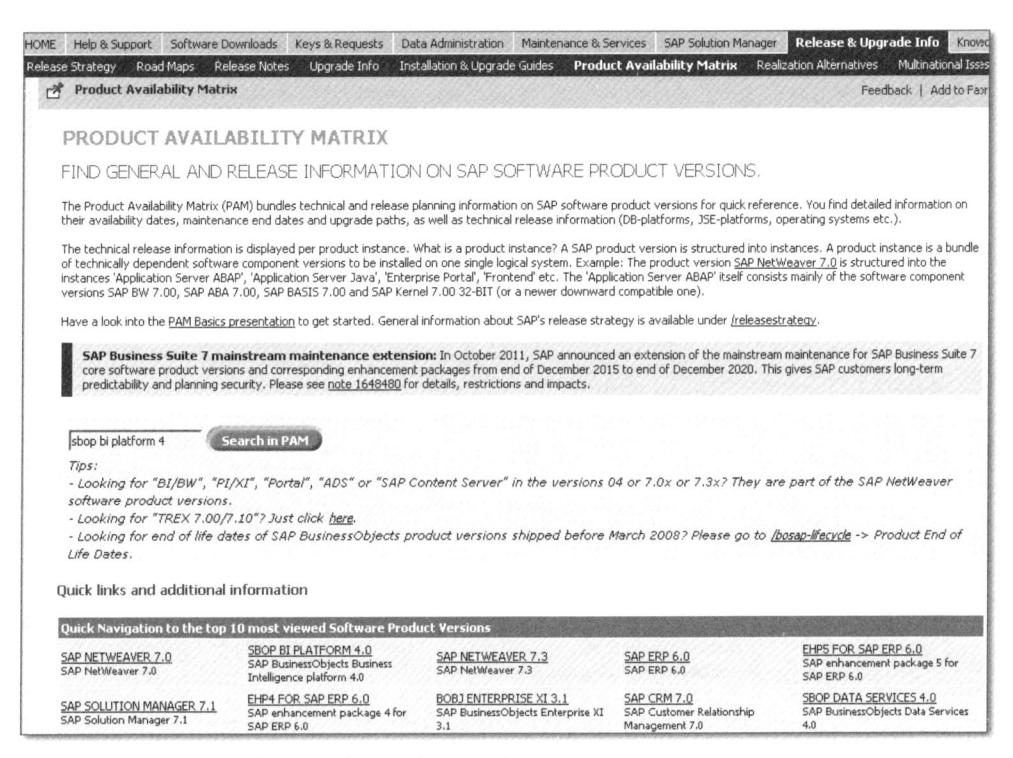

Abbildung 2.4 Startseite des Bereichs »Product Availability Matrix«

Beide Antworten finden Sie auf der Seite, die in Abbildung 2.5 zu sehen ist.

Sie haben dort zwei Reiter zur Auswahl: DATABASE SYSTEMS (für die Auflistung der unterstützten Datenbankmanagementsysteme) und OPERATING SYSTEMS (für die möglichen Betriebssysteme).

Wenn Sie die Reiter wählen, erhalten Sie Informationen zu den Datenbanken und Betriebssystemen, die Sie verwenden können.

Am unteren Ende der Abbildung sehen Sie zwei verlinkte Dokumente. Diese beinhalten die Detailinformationen für SAP BusinessObjects BI 4.0 mit Feature Pack 2 und Feature Pack 3. Ein Klick darauf öffnet eine Präsentation, die viele weitere wertvolle Informationen enthält. Hier finden Sie beispielsweise auch die unterstützten Portal-Server, die Sie für Ihre Web Tier nutzen können in einer Matrix, gepaart mit Informationen über die möglichen Betriebssysteme.

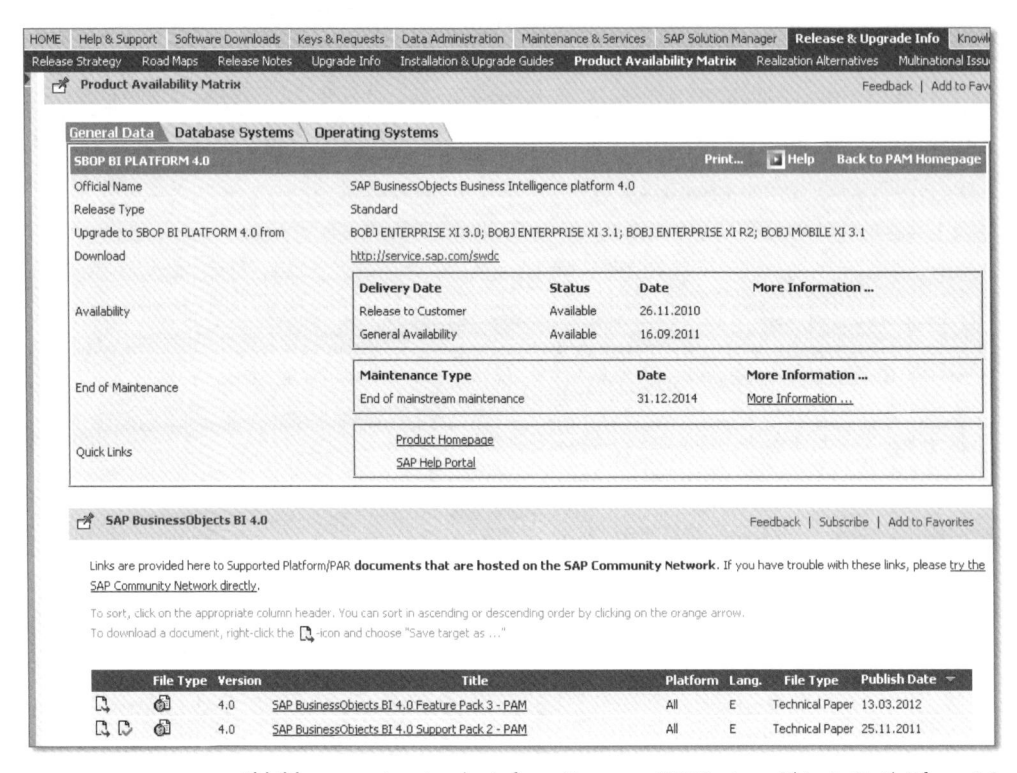

Abbildung 2.5 Anzeige der Informationen zu SAP BusinessObjects BI-Plattform 4.0

2.3 Installationsszenarien für den SAP BusinessObjects BI-Plattform-Server

Anhand der Drei-Schichten-Architektur haben wir erläutert, in welche Ebenen ein SAP BusinessObjects BI-Plattform-Server unterteilt wird. Nun legen wir das Augenmerk darauf, wie wir diese Information nutzen können, um ein SAP BusinessObjects BI-Plattform-System zu installieren und gegebenenfalls über verschiedene Server zu verteilen.

2.3.1 Installation auf einem Server

Bei dieser Variante werden alle Ebenen des SAP BusinessObjects BI-Plattform-Servers auf einem physischen oder virtuellen Server installiert. Wenn Sie dafür eine Standardinstallation mit der Installationsroutine auf dem Windows- oder Linux-Betriebssystem durchführen, werden alle notwendigen Bestandteile des SAP BusinessObjects BI-Plattform-Systems mit installiert. Sie nutzen dann für die Web Tier einen Apache Tomcat 6-Server und eine IBM DB2-Datenbank. Selbstverständlich können Sie auch andere Produkte einsetzen und dennoch alles auf einem Host installieren.

Standardinstallation mit der Installationsroutine

Die Installationsroutine ermöglicht es Ihnen auch, eine bereits bestehende Datenbank zu nutzen. In diesem Fall müssen Sie während der Installation den Datenbanktyp wählen und die notwendigen Parameter für die Verbindung mit angeben. Zusätzlich könnten Sie dann noch einen anderen Web Application Server wählen. In diesem Fall würden Sie, abweichend von der Standardinstallation, nicht den Apache Tomcat 6-Server mit installieren lassen, sondern die Webanwendungen in einem separaten Schritt anschließend gesondert installieren.

2.3.2 Installation auf mehreren Servern

Weiter oben haben wir bereits erläutert, dass es notwendig sein kann, die Last der einzelnen Schichten auf mehrere Server zu verteilen. Eine solche Installation geht in mehreren Schritten vor sich. Zunächst stellt sich die Frage, auf wie viele Server Sie die Systemlast aufteilen möchten. Sie können beispielsweise zwei Server zum Einsatz bringen und so auf einem je eine Ebene (Applikations- und Datenbankschicht) betreiben. Sie können sich aber auch entscheiden, einzelne Komponenten der Applikationsschicht mit auf dem Server der Datenbankschicht zu betreiben.

Installation in mehreren Schritten

Zwei Hosts — Eine Installation, bei der Datenbank- und Applikationsschicht auf je einem Server untergebracht sind, erfordert mehrere Schritte:

1. Installation des Datenbankmanagementsystems und Bereitstellung eines Datenbankbenutzers für die Verbindung vom SAP BusinessObjects BI-Plattform-Server
2. Vorbereitung des Hosts der Applikationsschicht, beispielsweise durch Installation einer Client-Software des Datenbankmanagementsystems, das dem SAP BusinessObjects BI-Plattform-Server die Verbindung zur Datenbank ermöglicht
3. Installation des SAP BusinessObjects BI-Plattform-Servers und Nutzung der bereits bestehenden Datenbank

Drei Hosts — Alternativ wäre es auch möglich, dass Sie drei Hosts nutzen. Es könnte beispielsweise sinnvoll sein, für die Datenbankschicht einen eigenen Server einzurichten und zusätzlich die Applikationsschicht so aufzuteilen, dass Sie die Storage, Management und Processing Tier auf einem Host und die Web Tier auf einem dritten Host betreiben.

Da Sie für die Web Tier einen Web Application Server benötigen, für welchen wiederum je nach Ausprägung eine durchaus große Menge an Ressourcen erforderlich ist, ist eine Auslagerung auf einen getrennten Host je nach Szenario sinnvoll. Gerade bei einer großen Zahl von Nutzern können Sie so sicherstellen, dass die Web Tier eine ausreichende Performanz aufweist und die Kernfunktionalität nicht beeinträchtigt wird.

Die Installation würde wieder in mehreren Schritten vor sich gehen:

1. Installation des Datenbankmanagementsystems und Bereitstellung eines Datenbankbenutzers für die Verbindung vom SAP BusinessObjects BI-Plattform-Server
2. Vorbereitung des Hosts der Applikationsschicht, beispielsweise durch Installation einer Client-Software des Datenbankmanagementsystems, das dem SAP BusinessObjects BI-Plattform-Server die Verbindung zur Datenbank ermöglicht
3. Installation des SAP BusinessObjects BI-Plattform-Servers und Nutzung der bereits bestehenden Datenbank, ohne einen Apache Tomcat-Server zu installieren und darauf die Webanwendungen zu deployen

4. Installation eines Web Application Servers
5. Deployment der Webanwendungen auf den Web Application Server mittels des Werkzeugs `Wdeploy`

> **Beispielhafte Aufteilung der Schichten eines SAP BusinessObjects BI-Plattform-Servers** [+]
>
> Wenn Sie beispielsweise SAP NetWeaver Business Warehouse 7.0 im Einsatz haben, dürfte dies in der Regel aus einem SAP NetWeaver AS ABAP und einem SAP NetWeaver AS Java bestehen. Darüber hinaus nehmen wir an, dass die Datenbank dieser SAP NetWeaver BW-Systeme auf einem gesonderten Host betrieben wird, um den Anforderungen an Performanz und Sicherheit zu genügen.
>
> Daraus würde sich nun die Möglichkeit ergeben, in der bereits bestehenden Datenbank einen Bereich für das neue SAP BusinessObjects BI-Plattform-System zu schaffen und einen eigenen Verbindungsnutzer dafür anzulegen. Die Datenbankschicht wäre dann auf einem Host A untergebracht, das SAP BusinessObjects BI-Plattform-System wird auf einem Host B installiert. Die Web Tier wird dabei nicht installiert, stattdessen nutzen wir den bereits vorhandenen SAP NetWeaver AS Java auf einem Host C.
>
> Der Vorteil eines solchen Vorgehens und der Wiederverwendung bestehender Ressourcen liegt darin, dass Sie eine Datenbankinstanz einsparen. Darüber hinaus können Sie auch einen Web Application Server einsparen. Gerade in Bereichen wie Backup oder Monitoring oder auch beim Lizenzerwerb (z. B. für das Datenbankmanagementsystem) können Sie so den Aufwand für den Betrieb eines neuen SAP BusinessObjects BI-Plattform-Servers reduzieren. Sie kaufen diese Vorteile jedoch mit einigen Nachteilen ein: Aktualisierungen und Upgrades bzw. Ausfallzeiten und Wartungsfenster betreffen fortan beide Installationen. Hinzu kommt, dass Sie damit das Sizing zweier Systeme eng miteinander verknüpfen. Dieses ohnehin komplexe Thema benötigt dann noch mehr Aufmerksamkeit.
>
> Genau dieses Beispiel haben wir in unserem Rechenzentrumsbetrieb so umgesetzt und betreiben damit ein SAP BusinessObjects BI-Plattform-System seit mehreren Jahren erfolgreich. Vielleicht inspiriert Sie dieses Beispiel, sich ein wenig in Ihrer existierenden Systemlandschaft umzuschauen und ähnliche Ansätze zu verfolgen.

2.4 Cluster-Lösungen

Dieser Abschnitt zeigt Ihnen die Möglichkeit auf, Ihre SAP BusinessObjects BI-Plattform noch leistungsfähiger, ausfallsicherer und skalierbar zu gestalten. Dazu lernen Sie zunächst den Begriff *Cluster* kennen. Anschließend werden Ihnen die Gründe für Bildung eines

Clusters vorgestellt, und Sie erfahren, welche verschiedenen Skalierungsmöglichkeiten es im Rahmen der SAP BusinessObjects BI-Plattform gibt. Zum Abschluss dieses Abschnitts werden Sie die Anforderungen für einen fehlerfreien Einsatz eines Clusters kennenlernen.

Wenn Sie danach einen Cluster einrichten möchten, müssen Sie entweder einen neuen SIA-Konten mit Hilfe des Setup-Programms auf einem Rechner installieren (siehe Kapitel 3) oder einen neuen SIA-Knoten auf einem bereits genutzten Rechner mit Hilfe der CMC anlegen und die Anmeldeinformationen zur CMS-Datenbank sowie den Cluster key hinterlegen (siehe Kapitel 4).

2.4.1 SAP-Installationsempfehlungen

Die SAP AG empfiehlt in ihrem Leitfaden »SAP BusinessObjects Enterprise-Administratorhandbuch« je nach Verwendungszweck oder Anforderung an die SAP BusinessObjects BI-Plattform verschiedene Installationsvarianten:

- **Kleine Installationen**
  Für kleine Installationen, beispielsweise bei Testsystemen, empfiehlt die SAP AG, alle Bestandteile der SAP BusinessObjects BI-Plattform auf einem Rechner zu betreiben. Dies schließt sowohl die CMS-Datenbank als auch den Webanwendungsserver mit ein.

- **Mittlere bis große Installationen**
  Für mittlere bis große Installationen rät die SAP AG, einen Teil der Elemente der SAP BusinessObjects BI-Plattform auf anderen Rechnern zu betreiben. So können beispielsweise die CMS-Datenbank oder der Webanwendungsserver auf einem zweiten Rechner installiert werden, womit für die Serverprozesse der SAP BusinessObjects BI-Plattform mehr Ressourcen zur Verfügung stehen.

- **Große Installationen**
  Für große Installationen schlägt die SAP AG vor, mehrere Rechner zu nutzen, um die Serverprozesse der SAP BusinessObjects BI-Plattform zu betreiben. Dies ist durch die Bildung eines sogenannten Clusters möglich, in dem die Serverprozesse auf den einzelnen Rechnern zusammenarbeiten. Durch einen Cluster können unter anderem mehrere Benutzer gleichzeitig mit der SAP BusinessObjects BI-Plattform arbeiten.

2.4.2 Begriff »Cluster«

Unter dem Begriff *Cluster* können Sie allgemein einen Verbund mehrerer Rechner verstehen, die miteinander kommunizieren und auf denen dieselbe Softwareanwendung ausgeführt wird. Anhand definierter Regeln werden Verarbeitungsaufforderungen zwischen diesen Rechnern bzw. zwischen den darauf ausgeführten Softwareanwendungen verteilt.

Definition

> **Cluster-Lösung**
>
> Eine solche Cluster-Lösung können Sie zum Beispiel für einen Lastausgleich zwischen zwei oder mehreren Rechnern nutzen. Cluster-Lösungen finden Sie unter anderem häufig bei Webanwendungen. So ist beispielsweise der SAP Service Marketplace (*http://service.sap.com*) über mehrere verschiedene Rechner bei der SAP AG verteilt, was man an den unterschiedlichen Webadressen bei mehrmaligem Aufrufen der Webseite feststellen kann. Auch ein SAP-System auf Basis der SAP NetWeaver-Plattform kann verteilt auf mehreren Rechnern betrieben werden (siehe das Buch »Oracle-Datenbankadministration für SAP« von André Faustmann, Michael Höding, Gunnar Klein und Ronny Zimmermann (SAP PRESS 2007).

[zB]

Allgemein ermöglicht Ihnen ein Cluster, eine skalierbare, zuverlässige und flexible Softwareanwendung zu realisieren.

Skalierbarkeit, Zuverlässigkeit und Flexibilität

- *Skalierbarkeit* meint dabei, dass Sie durch das Hinzufügen weiterer Rechner in den Cluster oder das Herauslösen bestehender Rechner aus dem Cluster gut auf schwankende Leistungsanforderungen an Ihre Softwareanwendung reagieren können.
- *Zuverlässigkeit* bedeutet, dass Sie durch eine Cluster-Lösung einen Ausfall Ihrer Softwareanwendung verhindern können – beim Ausfall eines einzelnen Rechners, beispielsweise durch Hardwareprobleme, sind die anderen Rechner und Ihre Softwareanwendung weiterhin verfügbar.
- Zudem sind Sie durch eine Cluster-Lösung sehr *flexibel*, da Ihre Softwareanwendung nicht mehr abhängig von einem einzelnen Rechner ist. So können Sie beispielsweise Wartungen im laufenden Betrieb an einem Rechner des Clusters durchführen, ohne dass Sie die Softwareanwendungen anhalten müssen.

2.4.3 Gründe für Cluster

Der Einsatz eines Clusters in Ihrer SAP BusinessObjects BI-Plattform kann aus verschiedenen Beweggründen erfolgen.

Lastausgleich — Ein Grund kann der bereits angesprochene Lastausgleich sein, bei dem Sie einer großen Anzahl von Nutzern gleichzeitig den Zugriff auf Ihre SAP BusinessObjects BI-Plattform ermöglichen. Hierbei werden die Anfragen an die SAP BusinessObjects BI-Plattform einheitlich zwischen den Elementen des Clusters verteilt.

Zuverlässigkeit — Weiterhin kann für die Nutzung eines Clusters sprechen, dass bei einem Ausfall eines einzelnen Rechners des Clusters sichergestellt ist, dass Ihre SAP BusinessObjects BI-Plattform dennoch erreichbar und funktionstüchtig ist. In diesem Fall würde Ihr Cluster als eine Art Backup-Lösung fungieren.

Leistung — Zudem können Sie einen Cluster aufbauen, der eine Leistungssteigerung Ihrer SAP BusinessObjects BI-Plattform ermöglicht. Bei einer solchen Lösung werden die Anfragen nicht sequenziell abgearbeitet, sondern – wenn möglich – parallel auf verschiedenen Rechnern bearbeitet. Hierzu haben Sie sogar die Möglichkeit, auf den einzelnen Rechnern Ihres Clusters unterschiedliche Server der SAP BusinessObjects BI-Plattform ausführen zu lassen.

[+] **CMS verteilen die Anfragen**
Bei einem Cluster der SAP BusinessObjects BI-Plattform werden die Anfragen auf die einzelnen Server durch die jeweiligen CMS verteilt. Die CMS eines Clusters stehen dazu miteinander in Verbindung und greifen gemeinsam auf eine einzige CMS-Datenbank zu.

2.4.4 Skalierungsarten

Im Rahmen der Erstellung eines Clusters stehen Ihnen verschiedene Skalierungsarten zur Verfügung. Diese sind im Folgenden und in Abbildung 2.6 dargestellt:

- **Vertikale Skalierung**
  Vertikale Skalierung bedeutet, dass Sie mehrere oder alle Serverprozesse Ihrer SAP BusinessObjects BI-Plattform auf einem einzigen Rechner betreiben. Dies kann vor allem bei kleinen Installationen mit nur geringer Benutzerlast oder für Testinstallationen sinnvoll sein.

- **Horizontale Skalierung**
  Bei der horizontalen Skalierung betreiben Sie die Serverprozesse Ihrer SAP BusinessObjects BI-Plattform verteilt auf zwei oder mehreren Rechner. Somit schaffen Sie einen Lastausgleich zwischen den Rechnern und erreichen zudem eine Leistungssteigerung.

- **Redundanz**
  Bei einer redundanten Verteilung der Serverprozesse Ihrer SAP BusinessObjects BI-Plattform betreiben Sie dieselben Serverprozesse auf zwei oder mehreren Rechnern. Damit erreichen Sie auch einen Lastausgleich und eine Leistungssteigerung und stellen zugleich bei Ausfall eines Rechners sicher, dass Ihre SAP BusinessObjects BI-Plattform weiterhin erreichbar ist.

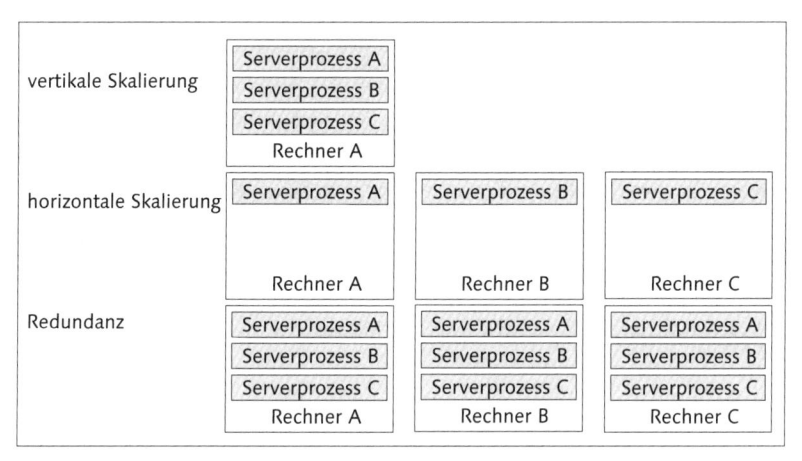

Abbildung 2.6 Serverprozesse – Arten der Skalierung

2.4.5 Rahmenbedingungen

Damit ein Cluster Ihrer SAP BusinessObjects BI-Plattform fehlerfrei und optimal arbeiten kann, muss Ihre Systemlandschaft gewisse Anforderungen erfüllen. Diese sind im SAP BusinessObjects Enterprise-Administratorhandbuch der SAP AG beschrieben und werden im Folgenden vorgestellt.

Damit Sie die SAP BusinessObjects BI-Plattform überhaupt installieren können, muss Ihre Systemumgebung Anforderungen hinsichtlich der Versions- und Patch-Stände des Betriebssystems, der Datenbanksoftware und des Datenbank-Clients erfüllen. Diese allgemeinen Installationsvoraussetzungen lernen Sie in Kapitel 3 kennen.

Allgemeine Installationsvoraussetzungen

Voraussetzungen für einen Cluster

Wollen Sie einen Cluster betreiben, müssen Sie weitere Voraussetzungen in Ihrer Systemlandschaft schaffen. So müssen alle CMS auf demselben Betriebssystem mit demselben Patch-Stand laufen. Eine Mischung zwischen Linux- oder Unix- und Microsoft Windows-Systemen ist für die Serverprozesse der SAP BusinessObjects BI-Plattform nicht zulässig. Zudem ist eine Cluster-Bildung nur zwischen denselben Release-Versionen und Patch-Ständen der SAP BusinessObjects BI-Plattform zulässig. Darüber hinaus müssen sich alle zu verbindenden CMS im selben Netzwerk befinden, unter demselben Betriebssystemkonto ausgeführt werden und auf dieselbe Art und Weise sowie mit demselben Nutzer eine Verbindung zur CMS-Datenbank herstellen. Ergänzend müssen der Datenbank-Client sowie das Datum und die Uhrzeit auf den jeweiligen Rechnern identisch sein.

Leistungsverbesserung für Cluster

Um eine gute Performance Ihrer Cluster-Lösung zu gewähren, sollten Sie zudem dafür Sorge tragen, dass die CMS-Datenbank für viele kleine Anfragen ausgelegt ist, da die einzelnen CMS häufig und in kleinen Paketen mit der CMS-Datenbank kommunizieren. Darüber hinaus ist es ratsam, wenn alle Rechner, auf denen ein CMS des Clusters läuft, über die gleiche Menge an Arbeitsspeicher und die gleiche CPU verfügen. Sollten Sie zudem mehr als acht CMS zu einem Cluster zusammensetzen wollen, sollten Sie den Parameter -oobthreads anpassen (siehe Kapitel 4, »Administration auf Betriebssystemebene«).

2.5 Serverarchitektur

In den folgenden Abschnitten wollen wir Ihnen die Architektur der SAP BusinessObjects BI-Plattform mit all ihren Komponenten vorstellen. Das Wissen um den Aufbau dieser Plattform ist für Sie als Administrator die Grundlage, um mit dem System zu arbeiten.

Der SAP BusinessObjects BI-Plattform-Server ist ein hoch komplexes System, das dazu dient, viele denkbare Business-Intelligence-Szenarien zu implementieren. Dafür setzt SAP BusinessObjects BI-Plattform eine Vielzahl von spezialisierten Prozessen ein, die die verschiedenen Aufgaben innerhalb des Systems wahrnehmen. Die Möglichkeit einer sowohl vertikalen als auch horizontalen Verteilung der SAP BusinessObjects BI-Plattform-Komponenten auf einem oder mehreren Rechnern sorgt für eine hohe Verfügbarkeit und Skalierbarkeit des Systems.

Wie in diesem Kapitel bisher beschrieben wurde, besteht SAP BusinessObjects Business Intelligence aus Servergruppen. Diese können auf einem oder mehreren Hosts ausgeführt werden. Betreiben Sie z. B. ein Test- oder Entwicklungssystem, können alle Dienste und Server auf einem einzelnen Host laufen. Bei mittleren und großen Installationen können Sie Ihre Server auf mehrere Hosts verteilen und diese bei Bedarf in einem Cluster zusammenarbeiten lassen.

Der Fokus in diesem Abschnitt liegt allerdings nicht auf den Clustern oder der Systemlandschaft, sondern auf den Servern und Diensten. Diese Begriffe zur Bezeichnung zweier Softwarevarianten, die auf der SAP BusinessObjects BI-Plattform ausgeführt werden können, werden zuerst voneinander abgegrenzt.

Dienst und Server

- **Dienst**
  Ein *Dienst* führt eine bestimmt Funktion aus. Ausgeführt wird der Dienst im Speicherbereich des zugehörigen Servers unter der Prozess-ID des übergeordneten Containers. Ein Dienst ist ein Serveruntersystem.

- **Server**
  Der *Server* im SAP BusinessObjects-Umfeld ist ein Prozess auf Betriebssystemebene, auf dem ein oder mehrere Dienste ausgeführt werden. Ein Server wird unter einem Server Intelligence Agent (SIA) auf einem Host ausgeführt. In einem anderen Umfeld werden ähnliche Prozesse auch Daemon genannt.

Ein Zusammenschluss von SAP BusinessObjects BI-Plattform-Servern, die auf demselben Host laufen, wird *Knoten* genannt. Auf einem Host können ein oder mehrere Knoten laufen.

Knoten

Abbildung 2.7 zeigt ein einfaches Beispiel eines Clusters (*ProduktivesBISystem*) mit zwei Hosts, wie es in einer Installation aussehen könnte. *HostEins* ist hierbei für einen, *HostZwei* für zwei Knoten konfiguriert. Die Knoten sind folgendermaßen eingerichtet:

- **NodeKirk**
  Dieser Knoten enthält einen Adaptive Job Server (NodeKirk.AJS) mit Diensten für die zeitgesteuerte Verarbeitung der Veröffentlichung von Berichten, einen Adaptive Processing Server (NodeKirk.APS) mit einem Dienst zur Bereitstellung von Veröffentlichungsfunktionen sowie einen Central Management Server (NodeKirk.CMS) zur Bereitstellung der CMS-Dienste.

- **NodeSpock**
  Dieser Knoten enthält einen Event Server (NodeSpock.EventServer) zur Bereitstellung von Funktionen zur Überwachung von Berichten.
- **NodePille**
  Dieser Knoten enthält einen Central Management Server (NodePille.CMS) zur Bereitstellung der CMS-Dienste.

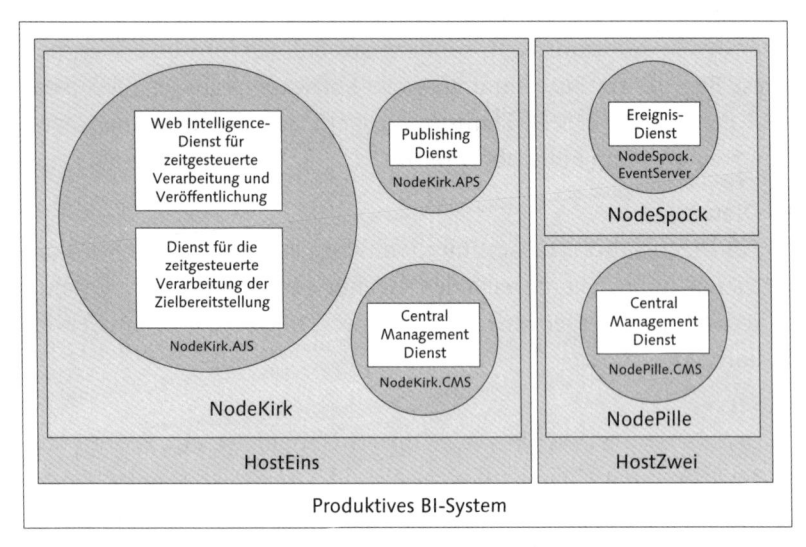

Abbildung 2.7 Beispiel-Cluster mit zwei Hosts

Servertypen

In der Praxis enthalten Server noch eine Vielzahl weiterer Dienste. Der Servertyp wird durch die ausgeführten Dienste festgelegt. Folgende Servertypen können in der CMC erstellt werden:

- **Adaptive Job Server**
  Der Adaptive Job Server wird für die Verarbeitung von Berichten, Dokumenten, Programmen und Publikationen konfiguriert. Die Aufträge können zeitgesteuert verarbeitet und die Ergebnisse an verschiedene Ziele gesendet werden.
- **Adaptive Processing Server**
  Der Adaptive Processing Server ist ein generischer Server, der Dienste hosten kann, die Daten aus unterschiedlichen Quellen verarbeiten.
  Bei der Einrichtung eines Hosts mit dem Installationsprogramm wird ein Adaptive Processing Server pro Host erstellt. Dieser Ser-

ver kann je nach installierten Funktionen eine große Anzahl von Diensten hosten wie z. B. Überwachungsdienste, Lifecycle-Management-Dienste oder Veröffentlichungsdienste.

In einer produktiven Umgebung wird davon abgeraten, die durch das Installationsprogramm standardmäßig erstellten Adaptive Processing Server zu nutzen. Sie sollten noch eine Systemgrößenanpassung nach dem Installationsprozess durchführen, um die Anzahl und die Typen der benötigten APS-Dienste, die Verteilung der Dienste auf mehrere Server, die optimale Anzahl der Server sowie die Verteilung der Server über mehrere Knoten zu planen. Mehrere Server und eine Verteilung über mehrere Knoten bieten eine bessere Leistung, eine höhere Zuverlässigkeit sowie Redundanz.

▸ **Central Management Server (CMS)**
Der Central Management Server steuert den Zugriff auf Systemdateien und auf die Informationen über Benutzer, Benutzergruppen, Sicherheitsebenen und Inhalte. Es werden alle Plattformdienste über die CMS verwaltet.

▸ **Connection Server**
Der Connection Server ermöglicht die Verbindung sowie Interaktion mit verschiedenen Datenquellen. Unterstützt werden OLAP, relationale Datenbanken und andere Formate.

▸ **SAP Crystal Reports Cache Server**
Der SAP Crystal Reports Cache Server fängt Berichtsanforderungen ab, die von Clients an den Page Server geschickt werden, und führt eine Zwischenspeicherung für eine spätere Verwendung aus. Es wird geprüft, ob die Anforderungen mit einer bereits zwischengespeicherten Berichtsseite erfüllt werden können. Falls nicht, wird die Anforderung an den SAP Crystal Reports Processing Server übergeben.

▸ **SAP Crystal Reports Processing Server**
Der SAP Crystal Reports Processing Server reagiert auf Seitenanfragen, indem Berichte verarbeitet und Seiten erzeugt werden. Hierbei wird das Encapsulated Page Format (EPF) verwendet. Dieses Format unterstützt den Zugriff auf Berichtsseiten, indem nur die angeforderte Seite, nicht aber der gesamte Bericht geladen werden muss. Hierdurch wird die Leistung erhöht und der Netzwerkdatenverkehr reduziert.

- **Dashboard Analytics Server**
  Dieser Serverprozess wird zur Erstellung von unternehmensweiten sowie von persönlichen BI-Arbeitsmodulinhalten verwendet.

- **Dashboard Server**
  Der Dashboard Server wird zur Erstellung von öffentlichen oder persönlichen Dashboards genutzt. Diese werden eingesetzt, um Organisationen beim Überwachen und Verstehen ihrer Geschäftsaktivitäten zu unterstützen, indem diese anschaulich dargestellt werden.

- **Dashboard Design Cache Server**
  Der Dashboard Design Cache Server versucht Anforderungen, die von den Clients an den Dashboard Server gesandt werden, mit zwischengespeicherten Berichtsseiten zu erfüllen. Ist dies nicht möglich, werden die Anforderungen an den Dashboard Server weitergeleitet.

- **Dashboard Design Processing Server**
  Der Dashboard Design Processing Server verarbeitet Berichte und erzeugt EPF-Seiten bei der Bearbeitung von Dashboard-Design-Anforderungen.

- **Event Server**
  Der Event Server überwacht das System auf Ereignisse, die als Auslöser, sogenannte Trigger, für eine Berichtsausführung dienen können. Wurde ein solcher Ereignis-Trigger eingerichtet, wird dieser durch den Event Server überwacht. Verändert sich der Status, sodass der Trigger ausgelöst wird, wird dies an den Central Management Server gemeldet. Dieser Server startet alle Aufträge, die beim Eintreten des Ereignisses ausgeführt werden sollen.

- **File Repository Server**
  Der File Repository Server (FRS) ist zuständig für die Erstellung von Dateisystemobjekten. Es wird zwischen dem Input und dem Output FRS unterschieden. Der Input FRS speichert alle von Administratoren oder Endbenutzern veröffentlichte Berichts- und Programmobjekte. Die vom Job Server generierten Berichtsinstanzen werden vom Output FRS gespeichert.

- **Web Intelligence Processing Server**
  Aus SAP BusinessObjects Web Intelligence stammende Dokumente werden durch diesen Server verarbeitet.

- **Report Application Server**
  Benutzer können mit diesem Server ad-hoc Crystal-Reports-Berichte über das SAP Crystal Reports Server Embedded Software Development Kit erstellen und anpassen.

Die Dienste werden zu Dienstkategorien zusammengefasst. Folgende Dienstkategorien sind in SAP BusinessObjects vorhanden (siehe Tabelle 2.1).

Dienstkategorien

Dienstkategorie	Dienst	Beschreibung
Analysis Services	BEx-Webanwendungsdienst	Ermöglicht die Integration von BEx-Webanwendungen in das BI Launch Pad.
	Multi Dimensional Analysis Service	Erlaubt das Lesen und Schreiben von multidimensionalen OLAP-Daten. Rohdaten können in das XML-Format konvertiert und als Excel-, PDF- oder Analysiskreuztabelle ausgegeben werden.
Konnektivitätsdienste	Adaptiver Konnektivitätsdienst	Konnektivitätsdienste werden zur Verfügung gestellt, der Connection Server wird ersetzt.
	Benutzerdefinierter Datenzugriffsdienst	Stellt Datenquellen dynamische Verbindungen zur Verfügung, die keinen Connection Server benötigen.
	Excel-Datenzugriffsdienst	Excel-Dokumente können mit diesem Dienst als Datenquelle zur SAP BusinessObjects BI-Plattform hochgeladen werden.
	Systemeigener Konnektivitätsdienst	Stellt systemeigene Konnektivitätsdienste zur Verfügung. Es gibt einen Dienst für die 32 sowie 64-Bit-Architektur.

Tabelle 2.1 Dienstkategorien und Dienste

Dienst-kategorie	Dienst	Beschreibung
Kerndienste	Ablaufverfolgungs-protokolldienst	Unterstützung der Ablaufverfolgung, Unterstützbarkeit und Protokollierung
	BOE-Webanwendungsdienst	Stellt Webanwendungen für Web Application Container Server (WACS) wie z. B. CMC oder BI Launch Pad bereit.
	Business Process BI-Dienst	Ermöglicht die Einbindung von BI-Inhalten in Webanwendungen. Dieser Dienst ist veraltet.
	Central Management Service	Ermöglicht die Verwaltung der Server, Benutzer, Sitzungen sowie der Sicherheit. In einem Cluster muss mindestens ein CMS aktiv sein.
	Dashboard-Dienst	Dieser Dienst unterstützt den BI-Arbeitsbereich.
	Dienst für Dashboard-Analyse	Bereitstellen von BI-Arbeitsbereichen und Modulfunktionen für die Datenanalyse
	Dienst für die zeitgesteuerte Verarbeitung der Zielbereitstellung	Dienst zur Ausführung zeitgesteuerter Aufträge und Veröffentlichung der Ergebnisse in einem vorher definierten Ausgabespeicherort
	Dienst für die zeitgesteuerte Verarbeitung von Authentifizierungsaktualisierungen	Sicherheitsabfrageaufträge werden zeitgesteuert abgearbeitet.
	Dienst zur Nachverarbeitung von Veröffentlichungen	Bereitstellen von Funktionen für vollständige Berichte
	Dienst zur zeitgesteuerten Verarbeitung der Plattformsuche	Dienst zur Ausführung einer zeitgesteuerten Suche des gesamten CMS-Inhalts

Tabelle 2.1 Dienstkategorien und Dienste (Forts.)

Dienst-kategorie	Dienst	Beschreibung
	Dienst zur zeitgesteuerten Verarbeitung von Diagnosen	Dienst zur Ausführung einer zeitgesteuerten Diagnose und Veröffentlichung der Ergebnisse
	Dienst zur zeitgesteuerten Verarbeitung von Programmen	Dienst zur zeitgesteuerten Ausführung von eingeplanten Programmen
	Dienst zur zeitgesteuerten Verarbeitung von Sicherheitsabfragen	Abgleich von Updates des Sicherheits-Plug-ins
	Dienst zur zeitgesteuerten Verarbeitung von Veröffentlichungen	Dienst zur zeitgesteuerten Ausführung von Publishing-Aufträgen
	Einzelanmeldungsdienst	Die Active-Directory-Einzelanmeldung wird unterstützt.
	Ereignisdienst	Dieser Dienst steuert die Überwachung von Dateiereignissen auf einem File Repository Server. Bei Bedarf wird die Ausführung von Berichten gestartet.
	Input-Dateispeicherdienst	Bereits veröffentlichte Berichts- und Programmobjekte werden verwaltet. Über eine neue Eingabedatei können mit diesen neue Berichte erstellt werden.
	Output-Dateispeicherdienst	Unterstützt das Speichern von vollständigen Dokumenten
	Plattformsuchdienst	Erlaubt die Nutzung der Suchfunktionalität für die BI-Plattform

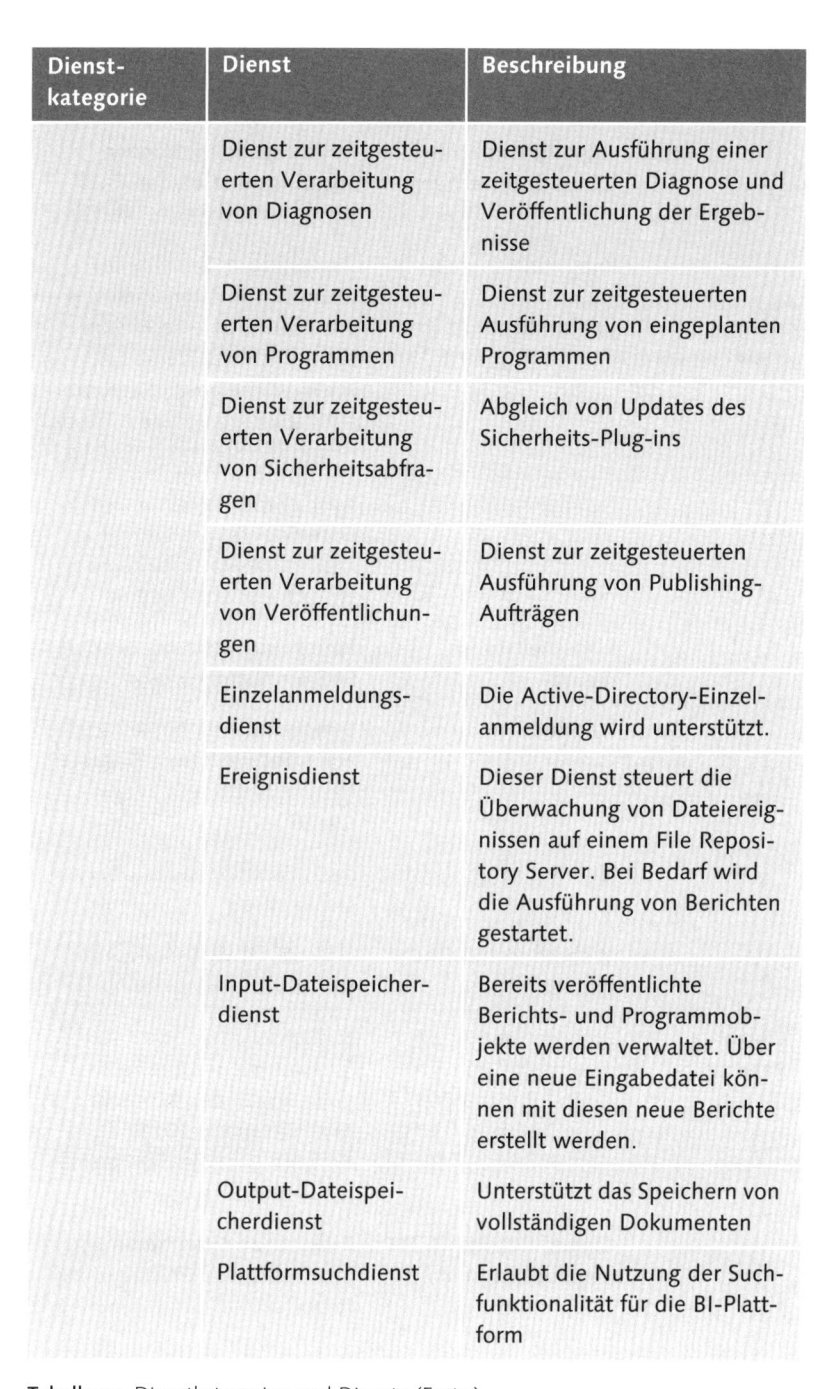

Tabelle 2.1 Dienstkategorien und Dienste (Forts.)

Dienstkategorie	Dienst	Beschreibung
	Proxydienst für die Client-Überwachung	Audit-Ergebnisse können abgerufen und an den CMS-Server weitergeleitet werden
	Publishing-Dienst	Veröffentlicht Berichte in einem bestimmten Speicherort. Hierbei ist eine Abstimmung mit dem Dienst zur Nachverarbeitung von Veröffentlichungen und dem Destination Job Server notwendig.
	Replikationsdienst	Ausführen zeitgesteuerter Datenföderationsaufträge zur Replikation von Inhalten zwischen föderierten Seiten
	Sicherheitstokendienst	Bietet Unterstützung bei der SAP-Einzelanmeldung
	Übersetzungsdienst	Ermöglicht die Übersetzung von InfoObjects mit Eingaben des Übersetzungsmanager-Clients
	Überwachungsdienst	Stellt Funktionen zur Überwachung bereit.
	Webservices SDK und QaaWS	Unterstützt Webservices auf WACS.
Crystal-Reports-Dienste	Anzeige- und Änderungsdienst von Crystal Reports 2011	Stellt Ad-hoc-Berichterstellungsfunktionen zur Verfügung, mit denen Benutzer Crystal-Reports-2011-Berichte über das SDK erstellen und ändern können.
	Crystal-Reports-2011-Verarbeitungsdienst	Erlaubt das Akzeptieren und Bearbeiten von Crystal-Reports-2011-Berichten.

Tabelle 2.1 Dienstkategorien und Dienste (Forts.)

Dienst-kategorie	Dienst	Beschreibung
	Crystal-Reports-Cache-Dienst	Stellt einen Berichts-Cache zur Verfügung, der Datenbankzugriffe minimiert und die Berichtserstellung beschleunigt.
	Dienst für die Verarbeitung von Crystal-Reports-Berichten	Erlaubt das Akzeptieren und Bearbeiten von Crystal-Reports-Berichten.
	Dienst für die zeitgesteuerte Verarbeitung von Crystal-Reports 2011-Berichten	Bietet die zeitgesteuerte Ausführung und Veröffentlichung älterer Versionen von Crystal-Reports-2011-Aufträgen.
	Dienst für die zeitgesteuerte Verarbeitung von Crystal-Reports-Berichten	Bietet die zeitgesteuerte Ausführung und Veröffentlichung älterer Versionen von Crystal-Reports-Aufträgen.
Dashboard-Design-Dienste	Dashboard-Design-Cache-Dienst	Stellt einen Berichts-Cache zur Verfügung, der Datenbankzugriffe minimiert und die Berichtserstellung beschleunigt.
	Dashboard-Design-Verarbeitungsdienst	Erlaubt das Akzeptieren und Bearbeiten von Dashboard-Design-Berichten.
Datenföderationsdienste	Datenföderationsdienst	Erlaubt die Konfiguration der Datenverbindungen.
Lifecycle-Management-Dienste	Dienst zur zeitgesteuerten Verarbeitung für den grafischen Vergleich	Bietet die zeitgesteuerte Ausführung und Veröffentlichung von Vergleichsaufträgen.
	Grafischer Vergleichsdienst	Vergleicht, ob Dokumente grafisch identisch für die Hochstufung und das LCM sind.

Tabelle 2.1 Dienstkategorien und Dienste (Forts.)

Dienstkategorie	Dienst	Beschreibung
	Lebenszyklusmanagement-ClearCase-Dienst	Unterstützt IBM Rational ClearCase für LCM
	Lifecycle-Management-Dienst	Kerndienst des LCM
	Lifecycle-Management-Dienst für die zeitgesteuerte Verarbeitung	Ermöglicht das Ausführen von zeitgesteuerten LCM-Aufträgen.
Web Intelligence-Dienste	Dokument-Wiederherstellungsdienst	Erlaubt das automatische Speichern und Wiederherstellen von Web-Intelligence-Dokumenten.
	DSL-Überbrückungsdienst	Dienst zur Unterstützung der dualen semantischen Schicht (DSL)
	Gemeinsamer Web-Intelligence-Dienst	Unterstützungsdienst zur Verarbeitung von Web-Intelligence-Dokumenten
	Information-Engine-Dienst	Erforderlicher Dienst zur Verarbeitung von Web-Intelligence-Dokumenten; Bearbeitungsparameter können angegeben werden.
	Rebean-Dienst	Unterstützt das Rebean Java Package, das zum Customizing von Web Intelligence via Java Interface genutzt werden kann.
	Virtualisierungsdienst	Virtualisierungsdienst für Objektmodelle
	Web-Intelligence-Überwachungsdienst	Dienst zur Überwachung von Web-Intelligence-Servern

Tabelle 2.1 Dienstkategorien und Dienste (Forts.)

Dienst-kategorie	Dienst	Beschreibung
	Web-Intelligence-Verarbeitungsdienst	Unterstützt das Akzeptieren und Verarbeiten von Web-Intelligence-Dokumenten.
	Web-Intelligence-Dienst für zeitgesteuerte Verarbeitung	Ermöglicht das Ausführen von zeitgesteuerten Web-Intelligence-Aufträgen.
	Web-Intelligence-Kerndienst	Kerndienst zur Verarbeitung von Web-Intelligence-Dokumenten

Tabelle 2.1 Dienstkategorien und Dienste (Forts.)

In künftigen Wartungs-Releases können neue Server, Servertypen und Dienste der SAP BusinessObjects BI-Plattform hinzugefügt werden.

2.6 Zusammenfassung

Nach der Lektüre dieses Kapitels sind Sie in der Lage, den Aufbau eines SAP BusinessObjects BI-Plattform-Servers zu skizzieren. Sie haben damit eine Übersicht über die wichtigen Elemente erhalten, denen Sie während des Systembetriebs begegnen können. Ausgegangen sind wir von der Drei-Schichten-Architektur und haben danach dargestellt, in welche Ebenen ein SAP BusinessObjects BI-Plattform-Server unterteilt werden kann. Wir haben auch dargestellt, wie Sie einzelne Bestandteile auf verschiedene Hosts verteilen können, um den Anforderungen an die Ausfallsicherheit oder die Performanz begegnen zu können. Darüber hinaus haben wir in einem weiteren Schwerpunkt dieses Kapitels den Fokus auf die Details des Servers gelegt.

Mit diesem Wissen nehmen wir nun die weiteren Kapitel dieses Buchs in Angriff.

Installation, Wartung, Aktualisierung, Updates und das Löschen einer SAP BusinessObjects Business-Intelligence-Plattform sind wichtige Meilensteine im Lebenszyklus eines solchen Systems – hierfür möchten wir in diesem Kapitel die notwendigen Kenntnisse vermitteln.

3 Installation und Wartung

Die Voraussetzung für eine wunschgemäße Nutzung einer Software ist eine Installation gemäß den Anforderungen der Nutzer und unter Berücksichtigung der gesamten Systemlandschaft.

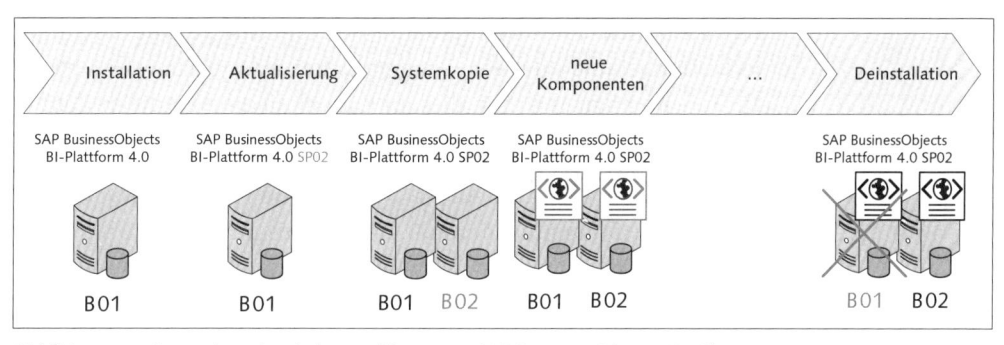

Abbildung 3.1 Exemplarischer Lebenszyklus eines SAP BusinessObjects BI-Plattform-Systems

In Abbildung 3.1 werden wesentliche Meilensteine im Lebenszyklus einer SAP BusinessObjects Business-Intelligence-Plattform (BI-Plattform) aufgeführt. An einem solchen Lebenszyklus orientieren wir uns auch in diesem Kapitel. Wir beginnen zunächst damit, dass wir Ihnen die Installation der Software beschreiben. Dabei werden wir auf die Betriebssysteme Windows und Linux eingehen und wesentliche Unterschiede darstellen. So wird Ihnen beispielsweise bei der Installation auf einem Windows-Betriebssystem eine grafische Benutzeroberfläche zur Verfügung gestellt, während Sie unter Linux ein Shell-basiertes Skript nutzen. Ebenso möchten wir Ihnen die verschiedenen Möglichkeiten der Installation aufzeigen. Sie können z. B.

je nach Wunsch verschiedene Datenbanken verwenden, verschiedene Applikationsserver für die Bereitstellung der Webanwendungen nutzen oder auch die Datenbank von den übrigen Serverkomponenten getrennt installieren. Auch die Cluster-Mechanismen für stark beanspruchte Systeme werden innerhalb dieses Kapitels diskutiert werden. Darüber hinaus gehören zur Installation eines solchen Systems auch die Nacharbeiten inklusive der korrekten Parametrisierung. Auch darauf werden wir eingehen.

In der Regel wird es so sein, dass Sie bereits nach der Installation die ersten Aktualisierungen zur Fehlerbehebung einspielen können oder sogar müssen. Auch später im Systembetrieb wird Ihnen diese Tätigkeit immer wieder begegnen. Wir gehen darauf ebenfalls in diesem Kapitel ein und zeigen Ihnen, wie Sie einzelne Patches oder Patch-Bündel – die sogenannten Feature Packs – einspielen können.

Anschließend wenden wir uns dem Thema »Systemkopie« zu. Sie könnten sich zum Beispiel mit der Aufgabenstellung konfrontiert sehen, aus einem Produktivsystem eine möglichst genaue Kopie für eine Testumgebung oder ein Qualitätssicherungssystem zu erstellen. Dafür möchten wir Ihnen in diesem Kapitel die notwendigen Kenntnisse vermitteln und zeigen, welche Möglichkeiten es gibt.

Nach einer gewissen Zeit kann ein Upgrade von einem älteren auf ein neues Release notwendig werden. Wir werden darauf eingehen, welche Upgrade-Strategien für die SAP BusinessObjects-Produkte verfolgt werden. Exemplarisch erläutern wir, wie die Aktualisierung eines Systems von Release 3.1 auf 4.0 der SAP BusinessObjects BI-Plattform durchgeführt werden kann bzw. wie Sie Ihre Daten migrieren können. Wir schließen das Kapitel, indem wir beschreiben, wie eine Löschung eines Systems durchgeführt werden kann.

3.1 Installation der SAP BusinessObjects BI-Plattform

Wir beschreiben nun die Installation eines SAP BusinessObjects BI-Plattform-Servers. Dabei werden wir auf die Betriebssysteme Windows und Linux eingehen und wesentliche Unterschiede zwischen beiden Versionen darstellen.

3.1.1 Standardinstallation

Sie haben verschiedene Möglichkeiten, die SAP BusinessObjects BI-Plattform zu installieren. Zunächst gehen wir auf die interaktive Installation mittels der bereitgestellten Benutzeroberflächen ein, später erläutern wir dann zusätzlich die stille Installation, für die keine Interaktion notwendig ist, da alle Parameter zuvor in einer Datei hinterlegt werden. Die einfache Standardinstallation wird auf einem Host durchgeführt. Genutzt wird dafür eine DB2-Datenbank von IBM und ein Tomcat-Webserver für die Webanwendungen. Zunächst werden wir uns am Beispiel des Betriebssystems Linux auf eine solche Installation beziehen. Anschließend erläutern wir, wie Sie von der Standardvorgehensweise abweichen können, um spezifischen Anforderungen Ihrer Systemlandschaft zu entsprechen.

Bevor Sie mit der Installation beginnen können, müssen Sie die notwendige Software herunterladen. Hierzu gehen Sie folgendermaßen vor:

Download der Software

1. Öffnen Sie den Downloadbereich im SAP Service Marketplace (*http://service.sap.com/swdc*) und melden Sie sich mit Ihrem S-User an.

2. Navigieren Sie wie folgt zur SAP BusinessObjects BI-Plattform: Wählen Sie links oben in der Navigation den Pfad INSTALLATIONS AND UPGRADES • MY COMPANY'S APPLICATION COMPONENTS und dann im Hauptfenster MY COMPANY'S SOFTWARE • SBOP BI PLATFORM (ENTERPRISE).

3. Im folgenden Fenster sehen Sie nun die verschiedenen Versionen, die für Ihren Download zur Verfügung stehen (siehe Abbildung 3.2). Wählen Sie dort SBOP BI PLATFORM 4.0 und danach direkt INSTALLATION AND UPGRADE.

4. Hier können Sie die Dateien direkt herunterladen, indem Sie die Dateien 1 bis 4 von SBOP BI PLATFORM SP <XX> SERVER LINUX (64B) in der Spalte DOWNLOAD OBJECT anklicken.
Alternativ können Sie die Software auch mit dem SAP Download Manager herunterladen (siehe hierzu der Hinweis nach dieser Aufzählung). Legen Sie die gewünschte Software dafür im Download Basket ab, indem Sie die entsprechenden Zeilen markieren und anschließend auf den Button ADD TO DOWNLOAD BASKET klicken.

3 | Installation und Wartung

	File Type	Download Object	Title	Info File	File Size [kb]
☐	ZIP	01200314692000001315	SBOP BI Platform 4.0 - Temporary Keys	Info	
☐	EXE	51041018_1	SBOP BI PLATFORM 4.0 SP02 SERVER LINUX (64B) 1 of 4	Info	9769
☐	RAR	51041018_2	SBOP BI PLATFORM 4.0 SP02 SERVER LINUX (64B) 2 of 4	Info	9769
☐	RAR	51041018_3	SBOP BI PLATFORM 4.0 SP02 SERVER LINUX (64B) 3 of 4	Info	9769
☐	RAR	51041018_4	SBOP BI PLATFORM 4.0 SP02 SERVER LINUX (64B) 4 of 4	Info	7759
☐	ZIP	51041019_1	SBOP BI PLATFORM 4.0 SP02 INTG FOR MS SHAREPOINT WIN (64B)	Info	4803
☐	ZIP	51041019_2	SBOP BI PLATFORM 4.0 SP02 LIVE OFFICE WINDOWS (32B)	Info	1322
☐	ZIP	51041019_3	SBOP BI PLATFORM 4.0 SP02 ENTER .NET SDK RUNTIME WIN (32B)	Info	3810
☐	ZIP	51041019_4	SBOP BI PLATFORM 4.0 SP02 ENTER .NET SDK RUNTIME WIN (64B)	Info	2861
☐	ZIP	51041019_5	SBOP BI PLATFORM 4.0 SP02 CLIENT TOOLS WINDOWS (32B)	Info	10488
☐	ZIP	51041019_6	SAP CRYSTAL REPORTS FOR ENTERPRISE 4.0 SP02 WINDOWS (32B)	Info	3273

Abbildung 3.2 Liste der zur Verfügung stehenden Software

5. Entpacken Sie die Software in ein Verzeichnis Ihrer Wahl, indem Sie die erste Datei doppelt anklicken und ein Zielverzeichnis wählen. Kopieren Sie die entpackte Software danach in ein Verzeichnis auf Ihrem Ziel-Host, auf dem Sie installieren wollen.

[+] **SAP Download Basket und SAP Download Manager**

Der SAP Download Basket speichert die von Ihnen ausgewählte Software des SAP-Downloadbereichs und stellt diese für den SAP Download Manager bereit. Zur Identifikation dient Ihr S-User, der auch im SAP Download Manager hinterlegt wird. So wird Ihre Softwareauswahl Ihnen zugeordnet und gezielt heruntergeladen.

Sie zeigen Ihren Download Basket an, indem Sie die URL *http://service.sap.com/swdc* öffnen und dort links in der Navigation auf MY DOWNLOAD BASKET klicken. Dort können Sie auch das Werkzeug *Download Manager* herunterladen, indem Sie auf GET DOWNLOAD MANAGER klicken. Dadurch wird eine Internetseite geöffnet, die Ihnen den Download ermöglicht und die (recht einfache) Installation und Konfiguration der Download Manager Software erläutert.

Nachdem Sie die Software heruntergeladen haben, können Sie bereits mit der Installation beginnen. Es sind wenige Vorbereitungsschritte zwingend notwendig. In Abhängigkeit von Ihrer Systemlandschaft sind natürlich andere Vorbereitungen denkbar. Diese umfassen beispielsweise das Bereitstellen eines physischen oder virtuellen Hosts, das eventuelle Einbinden von externen Speichersystemen oder andere Dinge.

Zunächst müssen Sie einen Benutzer bereitstellen, der während der Installation und später für den Systembetrieb genutzt wird. Für unseren Fall – der Installation auf Linux – muss der Nutzer auf den Zeichensatz UTF-8 eingestellt werden. Dies geschieht, indem Sie beispielsweise für diesen Nutzer die Umgebungsvariable `LC_ALL` auf den Wert *en_US.utf8* einstellen. In unserem Beispiel lautet der Benutzername *b50adm*. Der Benutzer muss die Systembefehle `/bin/sh`, `awk`, `chown`, `expr`, `dirname`, `grep`, `gzip`, `hostname`, `id`, `ping`, `pwd`, `read`, `sed`, `stty`, `tail`, `tar`, `touch`, `which`, `ulimit`, `uname` ausführen können.

Benutzer für Systembetrieb

> **SAP-Terminologie**
>
> Auf den folgenden Seiten gehen wir davon aus, dass Sie bereits über SAP-Kenntnisse verfügen und den SAP BusinessObjects BI-Plattform-Server in eine bestehende SAP-Systemlandschaft integrieren möchten. Deshalb orientieren wir uns bei der Installation der SAP BusinessObjects BI-Plattform an einer bereits bestehenden SAP-Systemlandschaft und verwenden bestimmte Vorgaben auch hier (auch wenn sie nicht unbedingt notwendig wären). Sollten Sie keine SAP-Vorkenntnisse haben, ist dies auch kein Problem.
>
> Zunächst vergeben wir für das SAP BusinessObjects BI-Plattform-System eine dreistellige Systemidentifikation (SID) *B50*. Daraus leiten wir den Systembenutzer *b50adm* für *<sid>adm* ab.
>
> Zusätzlich wählen wir das Installationsverzeichnis */usr/sap/B50*.

[+]

Das Installationsprogramm unter Unix/Linux ist ein Skript, das Ihnen über die Kommandozeile die Installation ermöglicht. Sie steuern dieses Skript über die Tastatur mit einigen wenigen Befehlen, die Sie auch aus der Menüleiste ersehen können:

Funktionsweise des Installationsprogramms

- [Tab]-Taste: Springen zum nächsten Eingabefeld
- [Strg]+[B]: Einen Schritt im Installationsprogramm zurückgehen
- [Strg]+[X]: Installationsprogramm abbrechen
- [↵]-Taste: Fortfahren bzw. einen Schritt weiter gehen.

Wenn Sie mit dem Betriebssystem Windows arbeiten, steht Ihnen ein Programm zur Verfügung, das Sie anhand einer Bedienoberfläche durch die Installation leitet (siehe Abbildung 3.3).

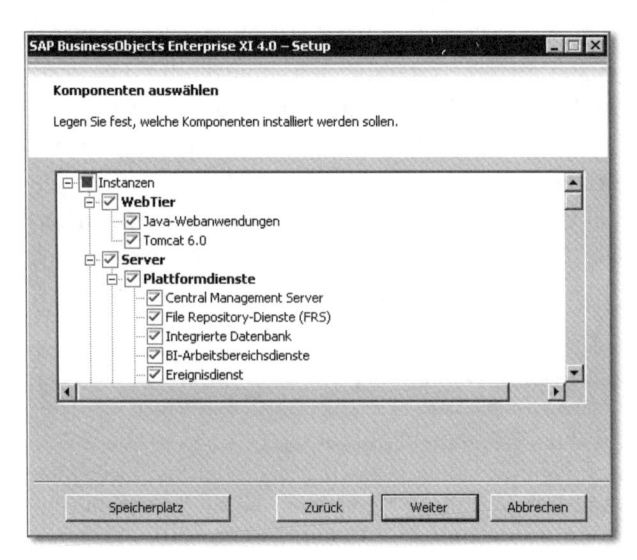

Abbildung 3.3 Installationsprogramm für das Windows-Betriebssystem

Wir führen nun exemplarisch eine Installation anhand des Installationsprogramms durch. Es handelt sich hierbei um die sogenannte interaktive Installation. Gehen Sie hierzu folgendermaßen vor:

1. **Installationsprogramm starten**
   Starten Sie zu Beginn das Skript *setup.<exe/sh>* im Unterverzeichnis */DATA_UNITS/BusinessObjectsServer_<Betriebssystem>*.

2. **Sprache der Installation festlegen**
   Folgen Sie im weiteren Verlauf den Anweisungen des Installation-Wizards. Wählen Sie zu Beginn die Sprache der Installation (das ist noch nicht die Sprache, in der später der Server genutzt werden kann, diese legen Sie in Schritt 6 fest). Wir entscheiden uns hier für Englisch, da Ihnen so die meisten Begriffe so begegnen, wie Sie auch in den meisten Anweisungen, Anleitungen oder Fehlerbeschreibungen im Internet zu finden sind.

3. **Installationsverzeichnis angeben**
   Danach wird das Installationsverzeichnis abgefragt, wir wählen wie bereits erwähnt */usr/sap/B50*.

4. **Überprüfungen durchführen**
   Die Installationsroutine führt dann wichtige Überprüfungen aus. Abbildung 3.4 zeigt das Ergebnis. Dort werden die erfolgreichen Tests mit dem Wort SUCCEEDED: gekennzeichnet. Im Falle eines Fehlers würde dort eine Zeile mit MISSING beginnen und eine Feh-

lermeldung folgen. Bestätigen Sie auch diese Übersicht mit der
⏎-Taste bzw. beseitigen Sie eventuell vorhandene Fehler.

```
Prerequisite checking
Summary of the missing critical and optional prerequisites

Succeeded: Cannot be installed on the same machine as BI platform services (Critical)
Succeeded: Minimum patch level requirements for OS (Optional)
Succeeded: Bundled DB - user's home directory must have minimum mode of 755 (Optional)
Succeeded: Bundled DB - these directories cannot exist: ~/sqllib and ~/$USER (Optional)
Succeeded: Bundled DB - the gunzip utility needs to be on the system path (Optional)
Succeeded: Check for required disk space in /tmp (Critical)
Succeeded: Bundled DB - meet restrictions on UID and GID (Optional)
Succeeded: Bundled DB - meet restrictions on the user's ID and primary group (Optional)
Succeeded: Validate network settings (Critical)
Succeeded: Platform Memory Architecture Requirement (Critical)
Succeeded: Root User Rights (Critical)
```

Abbildung 3.4 Tests während der Installation

Danach folgen zwei Bildschirmseiten. Bestätigen Sie zunächst die Hinweise zu den Urheberrechtsbestimmungen und im Anschluss das Lizenzabkommen mit der ⏎-Taste.

5. **Lizenzschlüssel angeben**

   Danach geben Sie den Lizenzschlüssel ein. Sie können hier entweder zunächst einen temporären oder schon Ihren produktiven Lizenzschlüssel eingeben. Bestätigen Sie wieder mit der ⏎-Taste.

   | Lizenzschlüssel | [+] |

   Es gibt einerseits temporäre und andererseits dauerhafte Lizenzschlüssel. Beide Varianten erhalten Sie auf dem SAP Service Marketplace. Wir erwähnen hier kurz den Zugriff auf temporäre Schlüssel. Sie erhalten den temporären Schlüssel auf dem SAP Service Marketplace unter *http://service.sap.com/licensekey*. Wählen Sie hier den Eintrag OBTAIN A TEMPORARY LICENSE KEY. Hiermit öffnen Sie ein ZIP-Archiv und darin eine PDF-Datei mit Schlüsseln für verschiedene SAP BusinessObjects-Produkte. Suchen Sie zum Beispiel nach »BOE Premium 4-CPU« für Version XI 4.0, finden Sie den temporäreren Schlüssel, den Sie für die Installation verwenden können.

6. **Zu installierende Sprachen angeben**

   Nun steht die Auswahl der zu installierenden Sprachen an. Sie können eine Mehrfachauswahl tätigen. Einige Sprachen sind eventuell nicht gleich ersichtlich. Blättern Sie gegebenenfalls, indem Sie mit den Cursortasten (runter oder hoch) bis zur nächsten oder vorherigen Seite scrollen. Bestätigen Sie die Auswahl wieder mit der ⏎-Taste.

7. **Einbindung in das Betriebssystem festlegen**
   Danach entscheiden Sie sich entweder für eine USER INSTALL oder SYSTEM INSTALL (siehe Abbildung 3.5):

   - *User install*
     Mit dieser Auswahl wird das System für den Installationsbenutzer so installiert, dass es manuell gestoppt und gestartet werden muss, wenn das Betriebssystem gestoppt oder gestartet wird.

   - *System install*
     Diese Auswahl führt dazu, dass der SAP BusinessObjects BI-Plattform-Server automatisch mit dem Betriebssystem gestoppt und gestartet wird.

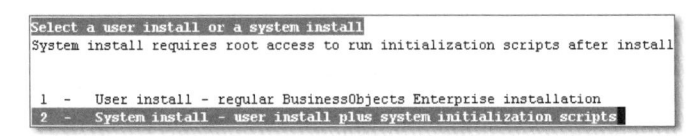

   ```
   Select a user install or a system install
   System install requires root access to run initialization scripts after install

   1  -   User install - regular BusinessObjects Enterprise installation
   2  -   System install - user install plus system initialization scripts
   ```

   Abbildung 3.5 Einbinden des SAP BusinessObjects BI-Plattform-Servers in das Betriebssystem

   Wir entscheiden uns hier für USER INSTALL, da wir die Systeme kontrolliert selbst starten möchten, wenn die Server hochgefahren werden.

8. **Installationsumfang festlegen**
   Eine weitere Entscheidung betrifft den Umfang der Installation. Im Punkt INSTALL TYPE können Sie sich für FULL, CUSTOM oder WEB TIER entscheiden (siehe Abbildung 3.6).

   - *Full*
     Hiermit werden alle Serverkomponenten vollständig auf einem Host installiert. Dazu gehören die Serverprozesse und die Webanwendungen. Diese Auswahl treffen wir für unser Beispiel.

   - *Custom/Expand*
     Hier können Sie einzelne Serverprozesse auswählen, die Sie installieren bzw. nicht installieren.

   - *Web Tier*
     Wie es der Name vermuten lässt, werden mit dieser Option die Webanwendungen installiert.

Installation der SAP BusinessObjects BI-Plattform | **3.1**

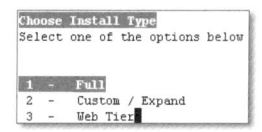

```
Choose Install Type
Select one of the options below

1  -    Full
2  -    Custom / Expand
3  -    Web Tier
```

Abbildung 3.6 Installationsumfang auswählen

9. **Datenbank auswählen**
   Der Folgebildschirm überlässt Ihnen die Auswahl, ob Sie eine bestehende Datenbank verwenden oder die Standarddatenbank (IBM DB2) installieren möchten (siehe Abbildung 3.7). Wir entscheiden uns für die Neuinstallation. Auf die Verwendung einer bestehenden Datenbank gehen wir später in diesem Kapitel ein.

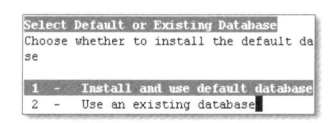

```
Select Default or Existing Database
Choose whether to install the default da
se

1  -    Install and use default database
2  -    Use an existing database
```

Abbildung 3.7 Auswahl der Option zur Nutzung der Datenbank

10. **Webserver auswählen**
    Danach werden Sie aufgefordert anzugeben, ob Sie einen Web Application Server (Tomcat) mit installieren oder für die Webanwendungen einen anderen Server verwenden und somit später ein manuelles Deployment ausführen möchten (siehe Abbildung 3.8). Wir entscheiden uns für die Neuinstallation des Tomcat-Servers und gehen auf die andere Option wiederum später ein.

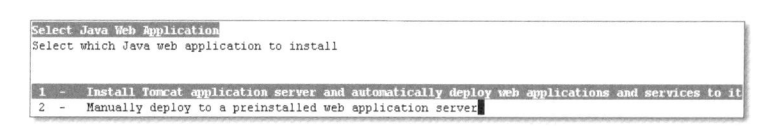

```
Select Java Web Application
Select which Java web application to install

1  -    Install Tomcat application server and automatically deploy web applications and services to it
2  -    Manually deploy to a preinstalled web application server
```

Abbildung 3.8 Entscheidung für einen Webserver

11. **Lifecycle-Manager auswählen**
    Im Anschluss treffen Sie die Entscheidung bezüglich des Lifecycle-Manager. Auch hier installieren wir wieder eine eigene Instanz für diesen Server, wir wählen also INSTALL AND USE SUBVERSION (siehe Abbildung 3.9). Sollten Sie eine zentrale Instanz in Ihrer Systemlandschaft pflegen wollen, müssen Sie das Lifecycle-Management nach der Installation manuell pflegen. Den Lifecycle-Manager beschreiben wir genauer in Kapitel 5, »Administration mit der Central Management Console und den Client Tools«.

3 | Installation und Wartung

```
Configure LifeCycle Manager
Select a version control system for Lifecycle Manager

1  -  Install and use Subversion
2  -  Use an existing version control system. You will need to manually configure Lifecycle Manager to us
e your existing version management system after installation.
```

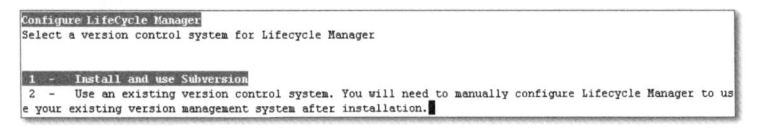

Abbildung 3.9 Neuinstallation oder Wiederverwendung eines Lifecycle-Manager

12. **Server Intelligence Agent angeben**

    Nun beginnen Sie, die Detailangaben für Ihren Server bereitzustellen. Geben Sie zunächst einen eindeutigen Bezeichner für den Server Intelligence Agent an (siehe Abbildung 3.10).

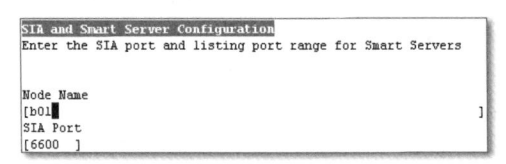

```
SIA and Smart Server Configuration
Enter the SIA port and listing port range for Smart Servers


Node Name
[b01                                                              ]
SIA Port
[6600   ]
```

Abbildung 3.10 Angaben für den Server Intelligence Agent

13. **CMS-Port angeben**

    Im Anschluss wird der CMS-Port abgefragt. Der Standardwert hierfür ist 6400.

14. **CMS-Benutzerkonto angeben**

    Danach geben Sie die Daten für das CMS-Benutzerkonto an. Der Benutzername lautet immer »Administrator«, Sie bestimmen lediglich das Kennwort. Hinzu kommt dann noch der Cluster-Schlüssel (Cluster Key, siehe Abbildung 3.11).

```
Configure CMS Account
Specify the new password for the CMS Administrator account, and a value for the CMS Cluster Key.

Administrator Account Password:
[********                                      ]
Confirm Password:
[********                                      ]
Cluster Key:
[*********                                     ]
Confirm Cluster Key:
[*********                                     ]
```

Abbildung 3.11 Angabe von Kennwort und Cluster Key

[+] **Cluster Key**

Der Cluster-Schlüssel wird im SAP BusinessObjects BI-Plattform-Server genutzt, um Daten im CMS-Repository zu verschlüsseln. Der Schlüssel wird in einer Datei verschlüsselt abgelegt. Diese Datei finden Sie in folgenden Verzeichnissen:

> ▶ **Linux**
> *<Installationsverzeichnis>/sap_bobj/enterprise_xi40/<Betriebssystem>/
> _boe_<sia_name>.dbinfo*
> ▶ **Windows**
> *C:\Program Files (x86)\SAP BusinessObjects\SAP BusinessObjects Enterprise XI4.0\win64_x64_boe_<sia_name>dbinfo*

15. **DB2-Port angeben**

    Nun widmet sich die Installationsroutine der Datenbank. Es wird zuerst der DB2-Port abgefragt. Der Standardwert ist 50000.

16. **Weitere Ports angeben**

    Weitere Ports werden im Anschluss abgefragt (siehe Abbildung 3.12):

    ▶ *Connection Port*

    Hierüber greifen Sie später auf den Tomcat-Server zu. Der Standardwert ist 8080.

    ▶ *Shutdown Port*

    Dieser ermöglicht es, den Server herunterzufahren, indem eine lokale Verbindung über diesen Port hergestellt wird. Der Standardwert ist 8005.

    ▶ *Redirect Port*

    Der Standardwert ist hierbei 8443. Auf diesen Port werden SSL-Anfragen an den Tomcat-Server umgeleitet.

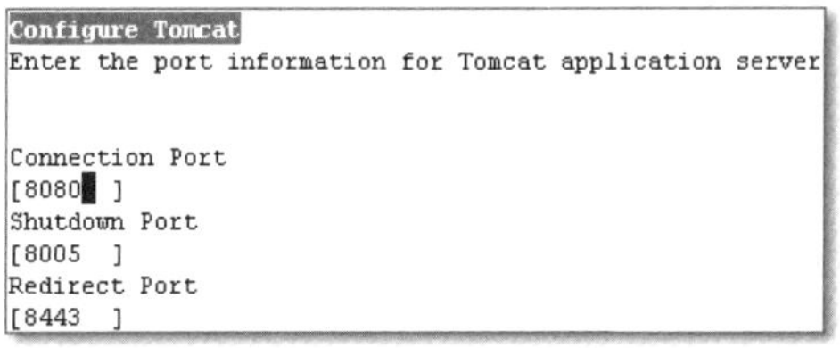

```
Configure Tomcat
Enter the port information for Tomcat application server

Connection Port
[8080  ]
Shutdown Port
[8005  ]
Redirect Port
[8443  ]
```

Abbildung 3.12 Ports für den Tomcat-Server

17. **Konfiguration für den Lifecycle-Manager vornehmen**

    Im Folgebildschirm nehmen Sie die Konfiguration für den Lifecycle-Manager bzw. dessen Repository vor. Hier vergeben Sie einen Port (der Standardwert 3690) und ein Passwort (siehe Abbildung 3.13).

3 | Installation und Wartung

```
Subversion Configuration
Subversion will installed and used as the version control syst
t and user name for Subversion.

Repository (LCM_repository) Port
[3690  ]
Repository User (LCM) Password
[********                                                      ]
Confirm Password
[********                                                      ]
```

Abbildung 3.13 Angaben für das Repository des Lifecycle-Manager

18. **Integration mit dem Solution Manager Diagnostics Agent bestimmen**
    Die Installationsroutine berücksichtigt auch die Integration in die SAP-Systemlandschaft. Sie können hier bereits die Verbindung zu einem Solution Manager Diagnostics Agent mit konfigurieren. Hierauf gehen wir an dieser Stelle nicht ein, behandeln das Thema aber später in Kapitel 6, »Einbindung in die SAP-Systemlandschaft«, ein. Sollten Sie diesen Schritt hier doch vornehmen wollen, müssen Sie an dieser Stelle den Host und den Port des Solution Manager Diagnostics Agents angeben (siehe Abbildung 3.14).

```
Configure Connectivity to SMD (Solution Manager Diagnostics) Agent
Enable connectivity to SMD Agent

  1 -   Do not configure connectivity to SMD Agent.
  2 -   Configure connectivity to SMD Agent. You will be prompted for information.
```

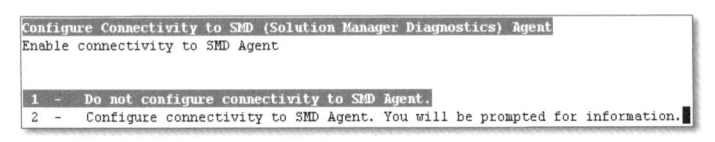

Abbildung 3.14 Entscheidung für oder gegen die Solution Manager Diagnostics-Integration

19. **Wily Introscope Integration bestimmen**
    Für verschiedene Szenarios, insbesondere für die Integration in den SAP Solution Manager, benötigen Sie den Wily Introscope Manager. Wir entscheiden uns zunächst dagegen und gehen in Kapitel 9, »Backup, Restore und Recovery«, auf diese Integration ein (siehe Abbildung 3.15).

```
Introscope Integration
Enable connectivity to Introscope Enterprise Manager

  1 -   Do not integrate connectivity to Introscope Enterprise Manager.
  2 -   Integrate connectivity to Introscope Enterprise Manager. You will be prompted for information.
```

Abbildung 3.15 Entscheidung für oder gegen die Wily Introscope Integration

20. **Finale Bestätigung**
    Danach haben Sie alle Konfigurationsschritte abgearbeitet. Wenn Sie nun bereit sind bzw. keine Korrekturen mehr vornehmen

möchten, kann die Installation beginnen. Hierfür wird von Ihnen eine letzte Bestätigung abgefragt.

```
Start Installation



Are you ready to have the SAP BusinessObjects Enterprise XI
4.0    Installation Wizard begin the install?
```

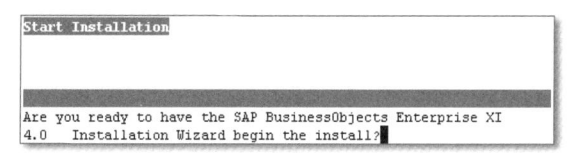

Abbildung 3.16 Letzte Bestätigung vor dem Beginn der Installation

Im Anschluss startet nun die eigentliche Installation, ihr Fortschritt wird Ihnen mit einer Prozentanzeige angezeigt. Nach Abschluss erhalten Sie eine Erfolgsmeldung, die die vollständige Installation bestätigt. Sollten doch Fehler auftreten, können Sie Informationen zu Ihrer Installation im Verzeichnis *<Installationsverzeichnis>/InstallData* finden.

Bisher haben wir die interaktive Installation beschrieben. Es besteht jedoch auch die Möglichkeit, alle Einstellungen vorwegzunehmen und die Installation still (*silent*) durchzuführen. Dies kann beispielsweise notwendig, sein, wenn Sie Testsysteme automatisiert bereitstellen oder identische Systeme auf verschiedenen Servern gleichartig installieren möchten (beispielsweise für Schulungsumgebungen). *Interactive oder Silent Installation*

Zum Starten einer solchen stillen Installation beginnen Sie die Prozedur unter dem Betriebssystem Linux beispielsweise mit dem Parameter *setup.sh -q*. *Starten einer Silent Installation*

Sie haben die Möglichkeit, die Installation entweder mit einer Konfigurationsdatei aufzurufen oder indem Sie alle Parameter per Kommandozeile beim Start der Installationsroutine mit übergeben.

Wenn Sie eine Konfigurationsdatei anlegen, ist es notwendig, dass Sie dafür eine einfache Textdatei anlegen und die folgenden Parameter in die Datei eintragen: *Silent Installation mit Konfigurationsdatei*

▶ **SetupUILanguage = <CS, DA, NL, EN, FI, FR, DE, HU, IT, JA, KO, NB, PL. PT, RU, zh_CN, SK, ES, SV, TH, zh_TW, TR>**[1]
Der Parameter dient der Bestimmung der Sprache für die Installationsroutine. Auch wenn diese *still* ist, bestimmen Sie so die Spra-

---

1 Wählen Sie hier jeweils einen der möglichen Sprachschlüssel (z. B. CS: Tschechisch, DA: Dänisch, NL: Niederländisch, EN: Englisch, ES: Spanisch, FI: Finnisch, FR: Französisch, DE: Deutsch).

che, die Sie beispielsweise in den Log-Dateien wiederfinden. Geben Sie einen Sprachschlüssel an.

- **InstallDir=<Verzeichnis>**
  Dies ist das Installationsverzeichnis Ihres SAP BusinessObjects BI-Plattform-Servers.

- **SelectedLanguagePacks=<CS; DA; NL; EN; FI; FR; DE; HU; IT; JA; KO; NB; PL; PT; RU; zh_CN; SK; ES; SV; TH; zh_TW; TR>**
  Wählen Sie die gewünschten Sprachen aus, die der Server später bereitstellen soll. Wählen Sie gegebenenfalls mehrere Sprachen aus, die Sie durch ein Semikolon voneinander trennen.

- **CMSPassword=<Passwort>** und **CMSPasswordConfirm=<Passwort>**
  Mit diesen beiden Parametern geben Sie zunächst das Kennwort für den CMS-Administrator an und bestätigen es auch sogleich.

- **ProductKey=<Lizenzschlüssel>**
  Geben Sie hiermit den Lizenzschlüssel Ihrer Installation an.

- **CMS-Port=<Port-Nummer>**
  Dies ist die Portnummer, unter der Ihr CMS später erreichbar ist.

- **ClusterKey=<Cluster-Schlüssel>** und**ClusterKeyConfirm=<Cluster-Schlüssel>**
  Diese beiden Werte bestimmen den Cluster-Schlüssel (siehe auch den Hinweis in Abschnitt 3.1, »Installation der SAP BusinessObjects BI-Plattform«).

- **EnableServers=<0, 1>**
  Tragen Sie hier eine »1« ein, wenn die CMS-Serverprozesse beim Start des SAP BusinessObjects BI-Plattform-Servers automatisch mit gestartet werden sollen, oder eine »0«, wenn Sie dies nicht wünschen.

- **LCMName=LCM_Repository**
  Die ist der Name des SAP Lifecycle Management-Servers. Dies ist ein Festwert, der nicht geändert werden darf.

- **LCMPort=<Port>**
  Mit diesem Parameter bestimmen Sie den Port Ihres Lifecycle-Management-Servers.

- **LCMUsername=LCM**
  Unter diesem Benutzer wird die Verbindung zu Ihrem LCM-System eingefügt.

Nachdem Sie diese Datei gepflegt haben, können Sie die Installation mit der Konfigurationsdatei starten. Rufen Sie das Installationsprogramm unter Linux beispielsweise wie folgt auf: `setup.sh -q -r »Pfad zur Konfigurationsdatei«`.

3.1.2 Installation mit anderen Datenbanken und Applikationsservern

Bisher haben wir beschrieben, wie Sie eine Installation auf einem Server durchführen. Dies bedeutet, dass Datenbank, Serverprozesse und der Applikationsserver mit Webanwendungen auf einem physischen oder virtuellen Host betrieben werden. Nun kann es durchaus vorkommen, dass Sie die Installation weder auf der Basis eines Tomcat-Applikationsservers noch auf Basis einer IBM DB2- (Unix) oder einer MS SQL-Datenbank (im Fall eines Windows-Betriebssystems) durchführen möchten. Hierfür wenden Sie die gleichen Mittel an, die es Ihnen ermöglichen, die einzelnen Komponenten des Systems auf verschiedene Hosts zu verteilen.

Neben der Standardinstallation auf der Basis eines Apache Tomcat-Servers können Sie auch auf weitere Applikationsserver als Basis für Ihre SAP BusinessObjects BI-Plattform zurückgreifen. So ist es beispielsweise möglich, dass Sie die folgenden Server für Ihre Installation nutzen:

Verfügbare Applikationsserver

- Tomcat 5.5
- IBM WebSphere
- JBoss
- Oracle Application Server
- SAP NetWeaver AS Java
- Sun Java Application Server
- WebLogic

Wir möchten Ihnen im Folgenden ein Szenario erläutern, bei dem Sie einen bestehenden SAP NetWeaver AS Java für Ihre SAP BusinessObjects-Anwendungen nutzen. Es kann sinnvoll sein, dass Sie SAP BusinessObjects-Werkzeuge in Verbindung mit SAP NetWeaver Business Warehouse (SAP NetWeaver BW) nutzen. Diese BW-Installation wird in der Regel aus einem ABAP- und einem Java-JEE-Applikationsserver bestehen. Es ist nun möglich, sowohl die Datenbank Ihrer BW-

Installation als auch den JEE-Applikationsserver zu nutzen. Dies hilft Ihnen, die Anzahl der Komponenten Ihrer Systemlandschaft geringer zu halten.

Die Installation teilt sich in diesem Fall in zwei Phasen auf: Sie installieren zunächst den SAP BusinessObjects BI-Plattform-Server. Anschließend führen Sie dann das Deployment auf den gewünschten Web Application Server durch.

Installation mit bestehender Datenbank und existierendem Applikationsserver

Die Installation des SAP BusinessObjects BI-Plattform-Servers ähnelt der Installation der zuvor beschriebenen Standardausprägung sehr. Es ändern sich nur einige Schritte während der Installation, die Sie aber wieder mit der Datei *setup.sh* bzw. *.exe* starten.

Zunächst wählen Sie wieder das Installationsverzeichnis. Auch die nächsten Schritte der Installation verlaufen wieder wie beschrieben. Erst beim Schritt CHOOSE INSTALL TYPE ist Ihre Aufmerksamkeit gefordert. Wählen Sie erneut die Option FULL wie in Abbildung 3.17 gezeigt.

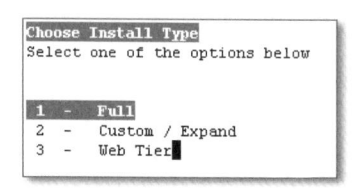

```
Choose Install Type
Select one of the options below

1  -   Full
2  -   Custom / Expand
3  -   Web Tier
```

Abbildung 3.17 Auswahl der Installation auf Basis des SAP NetWeaver AS Java

Abweichung: Installation in eine existierende Datenbank

Im folgenden Menü ergibt sich dann die erste Abweichung. Sie entscheiden sich hier für die Installation in eine existierende Datenbank (siehe Abbildung 3.18).

```
Select Default or Existing Database
Choose whether to install the default database or use an existing database for S
AP BusinessObjects Enterprise
1  -   Install and use default database
2  -   Use an existing database
```

Abbildung 3.18 Auswahl einer existierenden Datenbank für die Installation

Im Folgebildschirm können Sie sich dann für einen Datenbankhersteller entscheiden. In unserem Beispiel handelt es sich um eine DB2-Datenbank von IBM (siehe Abbildung 3.19).

3.1 Installation der SAP BusinessObjects BI-Plattform

```
Configure CMS Repository Database - DB2
Enter details for the database to use for storing CMS information.


DB2 Alias Name
[SAPB75                                                  ]
Username (leave blank for non-root installs)
[sapb75                                                  ]
Password (leave blank for non-root installs)
[********                                                ]
Reset existing database (y = yes; n = no)
[1]
```

Abbildung 3.19 Benutzerdaten für Nutzung einer existierenden Datenbank

Diese Auswahl haben Sie an dieser Stelle zunächst für die CMS-Datenbank getroffen. Die gleiche Option haben Sie im Folgebildschirm für die Audit-Datenbank. Bei dieser Auswahl kommt lediglich eine sechste Option hinzu, die es ermöglicht, auf das Anlegen der Audit-Datenbank zu verzichten.

CMS- und Audit-Datenbank

Das Vorgehen ähnelt sich bei den jeweiligen Datenbanken. Zur Auswahl stehen die folgenden:

- MySQSL
- IBM DB2
- Oracle
- MaxDB
- Sybase

Der Benutzer, den Sie angeben, wird direkt für die Anmeldung an der Datenbank verwendet. Es ist Ihre Aufgabe, den Benutzer so zu gestalten, dass er über die notwendigen Berechtigungen verfügt. Dies beinhaltet einerseits die Berechtigungen in der Datenbank und andererseits die technischen Voraussetzungen für die Anmeldung selbst. Hiermit ist beispielsweise die Konfiguration der jeweiligen Client-Software für die Datenbanken gemeint. Sie können also an dieser Stelle das System auch so installieren, dass die Datenbank auf einem anderen Host betrieben wird, wenn Sie die Anmeldung vom Installationshost zum Datenbankhost ermöglichen, indem Sie beispielsweise notwendige Datenbank-Client-Software installieren.

Damit haben Sie nun zunächst festgelegt, dass die Installationsroutine keine eigene Datenbank anlegt. Nun folgt die Entscheidung dafür, dass Sie nur die Prozesse des Servers installieren und auf die Bereitstellung eines neuen Web Application Servers verzichten. Sie ent-

Manuelles Deployment auswählen

scheiden auch, dass Sie die Webanwendungen selbst deployen möchten. Abbildung 3.20 zeigt die dazugehörige Auswahl.

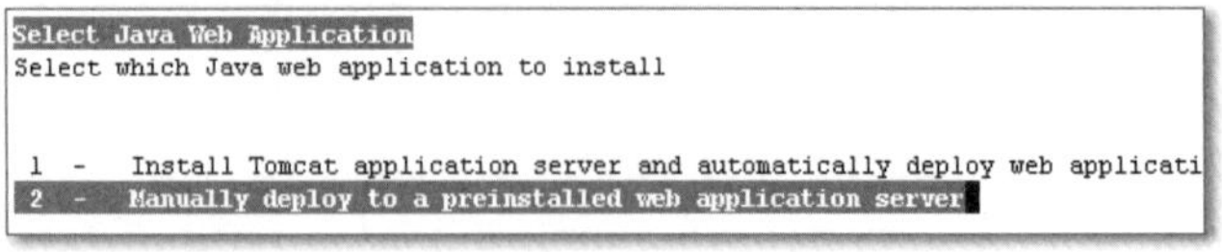

```
Select Java Web Application
Select which Java web application to install

1  -   Install Tomcat application server and automatically deploy web applicati
2  -   Manually deploy to a preinstalled web application server
```

Abbildung 3.20 Auswahl des manuellen Deployments

Die weiteren Schritte entsprechen dann wieder denen der bereits beschriebenen Installation. Die Installationsroutine installiert den SAP BusinessObjects-BI-Plattform-Server ohne einen Applikationsserver bereitzustellen und die Webanwendungen zu deployen. Dies führen Sie dann im Anschluss durch.

Konfigurationsdatei pflegen

Bevor Sie mit der Installation der Webanwendungen, also dem manuellen Deployment, beginnen können, müssen Sie zunächst eine Konfigurationsdatei pflegen. Diese finden Sie in der Regel im folgenden Verzeichnis: *<Installationsverzeichnis>/sap_bobj/enterprise_xi40/wdeploy/conf/*.

Wir erläutern Ihnen die Installation nun am Beispiel eines SAP NetWeaver AS Java. Die dafür ausgelieferte Konfigurationsdatei trägt den Namen *config.sapappsvr72*. Dort werden, wie in Abbildung 3.21 gezeigt, auch die Dateien für andere mögliche Applikationsserver abgelegt.

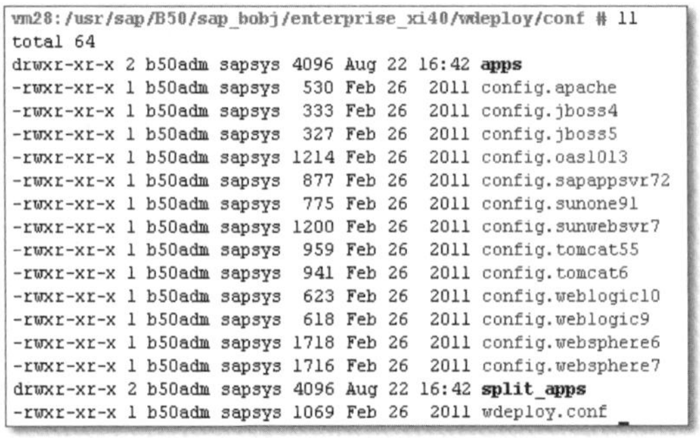

```
vm28:/usr/sap/B50/sap_bobj/enterprise_xi40/wdeploy/conf # ll
total 64
drwxr-xr-x  2 b50adm sapsys 4096 Aug 22 16:42 apps
-rwxr-xr-x  1 b50adm sapsys  530 Feb 26  2011 config.apache
-rwxr-xr-x  1 b50adm sapsys  333 Feb 26  2011 config.jboss4
-rwxr-xr-x  1 b50adm sapsys  327 Feb 26  2011 config.jboss5
-rwxr-xr-x  1 b50adm sapsys 1214 Feb 26  2011 config.oas1013
-rwxr-xr-x  1 b50adm sapsys  877 Feb 26  2011 config.sapappsvr72
-rwxr-xr-x  1 b50adm sapsys  775 Feb 26  2011 config.sunone91
-rwxr-xr-x  1 b50adm sapsys 1200 Feb 26  2011 config.sunwebsvr7
-rwxr-xr-x  1 b50adm sapsys  959 Feb 26  2011 config.tomcat55
-rwxr-xr-x  1 b50adm sapsys  941 Feb 26  2011 config.tomcat6
-rwxr-xr-x  1 b50adm sapsys  623 Feb 26  2011 config.weblogic10
-rwxr-xr-x  1 b50adm sapsys  618 Feb 26  2011 config.weblogic9
-rwxr-xr-x  1 b50adm sapsys 1718 Feb 26  2011 config.websphere6
-rwxr-xr-x  1 b50adm sapsys 1716 Feb 26  2011 config.websphere7
drwxr-xr-x  2 b50adm sapsys 4096 Aug 22 16:42 split_apps
-rwxr-xr-x  1 b50adm sapsys 1069 Feb 26  2011 wdeploy.conf
```

Abbildung 3.21 Konfigurationsdateien für das Tool »wdeploy«

Parameter der Konfigurationsdatei

Die Datei *config.sapappsvr72* kann auch für das neuere Release SAP NetWeaver 7.3 genutzt werden. Bearbeiten Sie die Datei mit einem einfachen Texteditor wie beispielsweise *vi*. Sie können die Parameter aus Tabelle 3.1 bestimmen.

3.1 Installation der SAP BusinessObjects BI-Plattform

Parameter	Beschreibung
as_dir	Installationsverzeichnis des SAP NetWeaver AS Java
as_sid	Dreistellige System-ID des SAP-Systems
as_instance	Name der Instanz, auf welche die Anwendungen deployt werden
as_admin_port	P4-Port des SAP NetWeaver AS Java
as_admin_username	Benutzername, mit dem das Deployment durchgeführt werden soll
as_admin_password	Passwort des Benutzers, der das Deployment durchführen soll
use.deploy.controller	Aktiviert das SAP Deploy Controller Tool.
time.to.wait.factor	Timeout-Parameter für das Werkzeug WDeploy, definiert die Wartezeit in Sekunden.
Clear.temp.dirs	Bestimmt, ob die vor dem Deployment generierten temporären Dateien wieder gelöscht werden sollen.

Tabelle 3.1 Parameter der Konfigurationsdatei

Die Konfigurationsdatei selbst enthält bereits Beispielwerte und Beschreibungen dazu. Die Datei für unsere Beispielinstallation entspricht Abbildung 3.22. Wir haben das Kennwort *demopwd99* hier exemplarisch mit angegeben, grundsätzlich sollten Sie dieses aber nicht im Klartext hinterlegen, sondern, wie im Kommentar beschrieben, beim Aufruf des Skripts als Parameter übergeben.

```
###
### Business Objects Configuration Utility
###
# as_dir: the installation directory of the application server
as_dir=/usr/sap/J75
# as_sid: the system ID of the application server to deploy to
as_sid=J75
# as_instance: the application server instance to deploy to
as_instance=J75
# as_admin_port: the administration port of the application server
as_admin_port=57504
as_admin_username=deployment_user
#Password needs to be passed in command-line
as_admin_password=demopwd99
#Below 3 are SAP Server related properties do not comment or remove
#Property for specifying whether temp dirs should be deleted
clear.temp.dirs=true
#Property for specifying whether to use Deploy Controller
use.deploy.controller=true
#Property for specifying the time-to-wait(in seconds) factor for DEPLOY script
#increase value for large applications
time.to.wait.factor=1600
```

Abbildung 3.22 Beispielkonfiguration für das Skript »wdeploy«

Deployment starten

Im Anschluss können Sie bereits das Deployment starten. Das dafür notwendige Skript *wdeploy.sh* finden Sie im Ordner *<Installationsverzeichnis>/sap_bobj/enterprise_xi40/wdeploy*. Mit dem Skript *wdeploy.sh* führen Sie verschiedene Operationen durch:

- Mit der Operation *predeploy* bereiten Sie die einzuspielenden Anwendungen für das Deployment auf einem speziellen Anwendungsserver vor. Die notwendigen EAR- und WAR-Dateien werden damit erstellt.
- Mit der Operation *deployonly* werden die Anwendungen in Form der zuvor erstellten EAR- und WAR-Dateien in den Server eingespielt.

Genau beschrieben wird das Skript *wdeploy.sh* in Kapitel 4, »Administration auf Betriebssystemebene«.

Installation der Webanwendungen mit dem Setup-Werkzeug

In Abbildung 3.17 haben Sie die Option FULL gewählt und damit entschieden, dass der SAP BusinessObjects BI-Plattform-Server mit seinen Standardserverprozessen installiert werden soll. An dieser Stelle können Sie aber auch die Option WEB TIER markieren. Damit ist es Ihnen möglich, einen Tomcat-Server und dann automatisch die Webanwendungen darauf zu installieren. Dies ist beispielsweise sinnvoll, wenn Sie zuvor eine Installation ohne Webschicht durchgeführt haben und diese nun auf einem anderen Host hinzufügen wollen.

Das in diesem Abschnitt beschriebene Vorgehen ermöglicht es Ihnen, nicht nur Datenbank- und Applikationsserver zu nutzen, die von der Standardinstallation abweichen. Sie können mit diesem Vorgehen die Komponenten auch über verschiedene Hosts verteilen und so Ressourcenengpässen entgegenwirken.

3.2 Installation weiterer Komponenten

Nachdem Sie die SAP BusinessObjects BI-Plattform installiert haben, kann es sein, dass weitere Komponenten notwendig sind, damit Sie mit diesem Server arbeiten können. Wir gehen hier auf zwei derartige Komponenten ein: einerseits die SAP BusinessObjects Client Tools, die wir im weiteren Verlauf des Buchs genauer beschreiben werden, und andererseits der SAP BusinessObjects Explorer, der direkt zur SAP BusinessObjects BI-Plattform installiert wird.

3.2.1 SAP BusinessObjects Client Tools

Die SAP BusinessObjects Client Tools fassen Werkzeuge zu einem Bündel zusammen, die Sie für verschiedene Administrationsaufgaben benötigen. Welche Werkzeuge dies sind und was Sie damit genau tun können, beschreiben wir in Kapitel 5, »Administration mit der Central Management Console und den Client Tools«. Wenn Sie diese »Werkzeugbündel« installieren, tun Sie dies in einem Schritt, d.h. Sie installieren alle Werkzeuge auf einmal. Deshalb ist eine detailliertere Beschreibung der SAP BusinessObjects Client Tools an dieser Stelle noch nicht notwendig. Die Client Tools stehen jedoch nur für das Betriebssystem Windows zur Verfügung. Wenn Sie Ihre SAP BusinessObjects BI-Plattform auf einem Unix-Betriebssystem nutzen, müssen Sie die Client Tools auf einem Windows-Rechner installieren. Die Kommunikation zwischen den beiden Komponenten erfolgt dann über das Netzwerk.

Bündel von Werkzeugen

Die Installation der SAP BusinessObjects Client Tools geschieht wie im Folgenden beschrieben:

Download der SAP BusinessObjects Client Tools

1. Laden Sie die Software vom SAP Server Marketplace unter *http://service.sap.com/swdc* herunter.
2. Wählen Sie dort über den Pfad INSTALLATIONS AND UPGRADES • A–Z INDEX, suchen Sie in der alphabetischen Liste den Buchstaben B und dort die Einträge SBOP BI PLATFORM (FORMER SBOP ENTERPRISE) • SBOP BI PLATFORM 4.0. Öffnen Sie die Liste der verfügbaren Software unter INSTALLATION AND UPGRADE • WINDOWS (siehe Abbildung 3.23).

	File Type	Download Object	Title	Info File	File Size [kb]	Last Changed
☐	EXE	51041015_1	SBOP BI PLATFORM 4.0 SP02 SERVER WINDOWS (64B) 1 of 4	Info	976563	26.07.2011
☐	RAR	51041015_2	SBOP BI PLATFORM 4.0 SP02 SERVER WINDOWS (64B) 2 of 4	Info	976563	26.07.2011
☐	RAR	51041015_3	SBOP BI PLATFORM 4.0 SP02 SERVER WINDOWS (64B) 3 of 4	Info	976563	26.07.2011
☐	RAR	51041015_4	SBOP BI PLATFORM 4.0 SP02 SERVER WINDOWS (64B) 4 of 4	Info	570532	26.07.2011
☐	ZIP	51041019_1	SBOP BI PLATFORM 4.0 SP02 INTG FOR MS SHAREPOINT WIN (64B)	Info	480398	08.08.2011
☐	ZIP	51041019_2	SBOP BI PLATFORM 4.0 SP02 LIVE OFFICE WINDOWS (32B)	Info	132218	29.07.2011
☐	ZIP	51041019_3	SBOP BI PLATFORM 4.0 SP02 ENTER .NET SDK RUNTIME WIN (32B)	Info	381067	29.07.2011
☐	ZIP	51041019_4	SBOP BI PLATFORM 4.0 SP02 ENTER .NET SDK RUNTIME WIN (64B)	Info	286736	29.07.2011
☐	ZIP	51041019_5	SBOP BI PLATFORM 4.0 SP02 CLIENT TOOLS WINDOWS (32B)	Info	1048811	29.07.2011
☐	ZIP	51041019_6	SAP CRYSTAL REPORTS FOR ENTERPRISE 4.0 SP02 WINDOWS (32B)	Info	327355	29.07.2011

Abbildung 3.23 Liste verfügbarer Software für das Betriebssystem Windows

3. Hier finden Sie die Softwarearchive für verschiedene Anwendungsfälle. Sie benötigen nun das Archiv SBOP BI PLATFORM 4.0 SP02 CLIENT TOOLS WINDOWS (32B). Laden Sie es herunter, indem Sie entweder, wie zuvor beschrieben, den SAP Download Manager verwenden oder direkt auf das Archiv in der Spalte DOWNLOAD OBJECT klicken.

Installation der SAP BusinessObjects Client Tools

Nachdem Sie die Client Tools heruntergeladen haben, können Sie dazu übergehen, sie zu installieren. Hierzu gehen Sie folgendermaßen vor:

1. Nach dem erfolgreichen Download entpacken Sie das ZIP-Archiv in ein Verzeichnis Ihrer Wahl. Sie finden im entpackten Verzeichnis das Unterverzeichnis *\DATA_UNITS\BusinessObjectsClient*. Wechseln Sie dorthin und starten Sie die Installation mit der Datei *setup.exe*.

2. Wählen Sie die Setup-Sprache und bestätigen Sie die Überprüfung der Voraussetzungen sowie die Hinweise zu geöffneten Anwendungen mit WEITER.

3. Akzeptieren Sie die Lizenzvereinbarung und bestätigen Sie dies mit WEITER.

4. Treffen Sie anschließend eine Auswahl der zu installierenden Sprachen. Diese stehen später den Anwendern der Client Tools zur Verfügung.

5. Bestimmen Sie nun, welche Teile des gesamten Softwarebündels Sie installieren möchten. Wenn Sie gerade beginnen, sich mit SAP BusinessObjects-Software auseinanderzusetzen, empfehlen wir Ihnen, die Vorauswahl so bestehen zu lassen (siehe Abbildung 3.24).

6. Danach wird die letzte Bestätigung vor der Installation gefordert. Sie starten die Installation, indem Sie diesen letzten Schritt bestätigen.

Die Installation wird dann ohne weitere Interaktion durchgeführt. Sie finden danach das installierte Werkzeugbündel im Windows-Startmenü unter SAP BUSINESSOBJECTS BI PLATFORM 4.0.

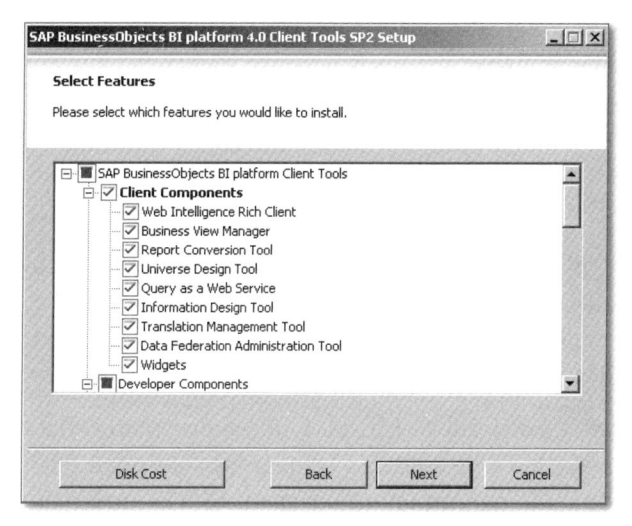

Abbildung 3.24 Komponenten der SAP BusinessObjects Client Tools

3.2.2 SAP BusinessObjects Explorer

In Kapitel 1, »Grundlagen«, haben wir den SAP BusinessObjects Explorer als Werkzeug zur Exploration von Daten beschrieben. Sie können mithilfe dieses Tools über ein einfaches Eingabefeld Daten durchsuchen, ohne diese zuvor in Reports aufzubereiten oder ähnliche Vorbereitungen zu treffen (siehe Abbildung 3.25).

Abbildung 3.25 Suchfeld im SAP BusinessObjects Explorer

Der SAP BusinessObjects Explorer basiert direkt auf der SAP BusinessObjects BI-Plattform. Bei der Installation des SAP BusinessObjects BI-Plattform-Servers, wird der SAP BusinessObjects Explorer jedoch nicht automatisch mit installiert. Dies ist ein eigener Schritt.

Wenn Sie sich entscheiden, die Software zu installieren, dann ist der SAP BusinessObjects BI-Plattform-Server eine notwendige Voraussetzung. Im Detail werden die Komponenten *Central Management Server, Connection Server, Output File Repository Server* und *Input File*

<small>Voraussetzungen für den SAP BusinessObjects Explorer 4</small>

Repository Server benötigt. Hinzu kommt, dass für die Nutzung des SAP BusinessObjects Explorers auch eigene Webanwendungen installiert werden müssen, Sie benötigen also auch einen eigenen Web Application Server. Dies ist in der Regel der Server, den Sie auch für die Webanwendungen der SAP BusinessObjects BI-Plattform verwenden.

| Software herunterladen | Wir zeigen auf den folgenden Seiten, wie Sie den SAP BusinessObjects Explorer auf dem SAP BusinessObjects BI-Plattform-Server installieren. Der erste Schritt ist dabei, dass Sie die erforderliche Software herunterladen: |

1. Öffnen Sie den Downloadbereich im SAP Service Marketplace unter *http://service.sap.com/swdc* und wählen Sie folgenden Pfad: INSTALLATIONS AND UPGRADES • A–Z INDEX • E • SBOP EXPLORER • SBOP EXPLORER 4.0 • INSTALLATION AND UPGRADE • Reiter DOWNLOADS.

The following objects are available for download:					
File Type	Download Object	Title	Info File	File Size [kb]	Last Changed
ZIP	51041014_1	SAP BusinessObjects Explorer (Windows) 4.0 SP02	Info	621653	06.12.2011
ZIP	51041014_2	SBOP EXPLORER 4.0 SP02 SOLARIS (64B)	Info	780651	28.07.2011
ZIP	51041014_3	SBOP EXPLORER 4.0 SP02 AIX (64B)	Info	859245	28.07.2011
ZIP	51041014_4	SBOP EXPLORER 4.0 SP02 LINUX (64B)	Info	848019	28.07.2011

Abbildung 3.26 Download der SAP BusinessObjects Explorer Software

2. Laden Sie das für Sie relevante Archiv herunter, in unserem Beispiel ist dies die Linux-Version, also das Objekt *51041014_4*, und entpacken Sie das Archiv in ein Verzeichnis Ihrer Wahl.

| Installation der Software | Es folgt nun wieder die Installation der heruntergeladenen Software. Wechseln Sie dazu zum Benutzer des SAP BusinessObjects BI-Plattform-Servers (in unserem Beispiel *b50adm* für das als *B50* bezeichnete SAP BusinessObjects BI-Plattform-System) und gehen Sie folgendermaßen vor: |

1. Starten Sie die Installation wieder mit dem Installationsskript *setup.sh* im Unterverzeichnis *DATA_UNITS/Explorer_linux*.

2. Die folgenden Schritte ähneln wieder der bereits beschriebenen Installation (siehe Abschnitt 3.1.1, »Standardinstallation«). Sie wählen zunächst die Sprache der Installation, danach geben Sie das

Installation weiterer Komponenten | **3.2**

Installationsverzeichnis des SAP BusinessObjects BI-Plattform-Servers ein, wie in Abbildung 3.27 gezeigt.

```
Specify the destination folder
The destination folder is where the product was or will be installed. Please enter the full path.

Destination Folder
[/usr/sap/B50/                                    ]
```

Abbildung 3.27 Angabe des Installationsverzeichnisses für den SAP BusinessObjects Explorer

3. Die nächsten Schritte entsprechen wieder der beschriebenen Installation. Besonderes Augenmerk müssen Sie wieder auf die Auswahl der zu installierenden Komponenten legen. In unserem Beispiel installieren wir alle Bestandteile auf einem zentralen Server (siehe Abbildung 3.28).

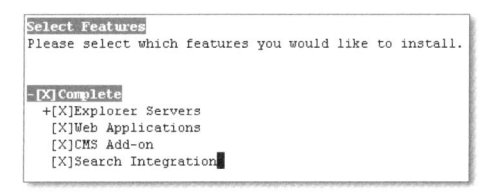

```
Select Features
Please select which features you would like to install.

-[X]Complete
  +[X]Explorer Servers
   [X]Web Applications
   [X]CMS Add-on
   [X]Search Integration
```

Abbildung 3.28 Komponenten der SAP BusinessObjects Explorer-Installation

4. Die nächsten wichtigen Informationen legen Sie im Folgebildschirm fest (siehe Abbildung 3.29). Sie müssen hier die Angaben für die Anmeldung zum SAP BusinessObjects BI-Plattform-Server bereitstellen. Sie benötigen den CMS-Namen, dessen Port sowie einen Anmeldenutzer mit Benutzer-ID und Passwort. Sie sehen dies in Abbildung 3.29 dargestellt.

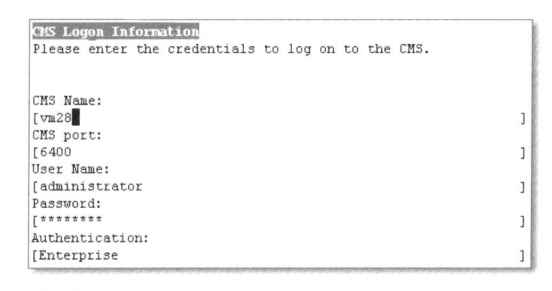

```
CMS Logon Information
Please enter the credentials to log on to the CMS.

CMS Name:
[vm28                                             ]
CMS port:
[6400                                             ]
User Name:
[administrator                                    ]
Password:
[********                                         ]
Authentication:
[Enterprise                                       ]
```

Abbildung 3.29 Daten für die Verbindung zum bestehenden SAP BusinessObjects BI-Plattform-System

3 | Installation und Wartung

5. Im Folgebildschirm werden Sie aufgefordert, den Namen des Server Intelligence Agents anzugeben (siehe Abbildung 3.30).

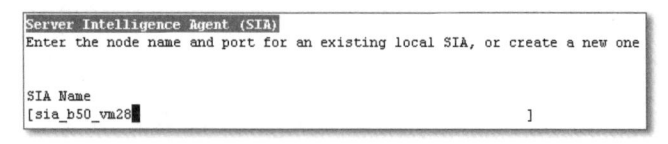

```
Server Intelligence Agent (SIA)
Enter the node name and port for an existing local SIA, or create a new one

SIA Name
[sia_b50_vm28                                                              ]
```

Abbildung 3.30 Angabe des CMS-Namens

6. Anschließend wird letztmalig gefragt, ob Sie die Installation starten möchten. Nach der Bestätigung dieser Abfrage beginnt die eigentliche Installation. Der Fortschritt wird durch eine Prozentanzeige dokumentiert (siehe Abbildung 3.31).

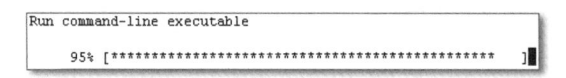

```
Run command-line executable
    95% [*************************************************]
```

Abbildung 3.31 Fortschrittsanzeige während der Installation

Überprüfen der Installation

Nachdem die Installation erfolgreich abgeschlossen wurde, wird eine erneute Bestätigung mit der ⏎-Taste erforderlich, danach können Sie die Anwendung bereits nutzen. Testen Sie dies, indem Sie die folgende URL aufrufen *http://<host>:<port>/explorer*.

Darüber hinaus finden Sie nun vier weitere Serverprozesse in der Übersicht der CMC. Dies sind Services für Steuerung, Indexierung, Suche und Exploration der Daten (siehe Abbildung 3.32).

sia_b50_vm28.ExplorerExplorationServer	Wird ausgeführt	Aktiviert	Explorer Exploration Server
sia_b50_vm28.ExplorerIndexingServer	Wird ausgeführt	Aktiviert	Explorer Indexing Server
sia_b50_vm28.ExplorerMasterServer	Wird ausgeführt	Aktiviert	Explorer Master Server
sia_b50_vm28.ExplorerSearchServer	Wird ausgeführt	Aktiviert	Explorer Search Server

Abbildung 3.32 Server der SAP BusinessObjects BI-Plattform

Das hier beschriebene Vorgehen wird nur für Testszenarien oder für kleine produktive Installationen vorgeschlagen. Wenn Sie große Datenmengen oder eine sehr starke Nutzung erwarten, kann es sinnvoll sein, eine verteile Installation durchzuführen. Auch beim SAP BusinessObjects Explorer ist es möglich, ein Deployment der Webanwendungen einzeln durchzuführen, sodass die Schicht mit den Webanwendungen dann durchaus auf einem anderen Host betrieben werden kann. Das Deployment können Sie wieder mit dem Werkzeug `WDeploy` durchführen.

3.3 Integration in den SAP Solution Manager

Wenn Sie den SAP BusinessObjects BI-Plattform-Server innerhalb einer bestehenden SAP-Systemlandschaft betreiben möchten, kann es notwendig sein, dass Sie diesen Server in bestehende Infrastrukturen integrieren. Für die Integration Ihres BusinessObjects BI-Plattform-Servers in Ihre SAP-Systemlandschaft über Ihren SAP Solution Manager sind drei Komponenten einzurichten:

- Registrierung im System Landscape Directory
- Einrichtung der Diagnostics Agents
- Installation von SAP Passport

Diese drei Komponenten werden wir im Folgenden betrachten.

3.3.1 Registrierung im System Landscape Directory

Das System Landscape Directory (SLD) ist ein zentrales Repository von Systemlandschaftsinformationen, das Beschreibungen der derzeit installierten Systeme und Softwarekomponenten enthält. Über SLD-Datenlieferanten werden die Systeme auf dem SLD-Server registriert und die Informationen werden auf dem neuesten Stand gehalten. SAP NetWeaver verfügt über einen integrierten SLD-Datenlieferanten, der den SAP NetWeaver-Anwendungsserver und gehostete Webanwendungen registriert. Für unsere, in die SAP NetWeaver-Umgebung zu integrierende SAP BusinessObjects-Implementierung ist dieser Datenlieferant auch relevant, um über die SAP BusinessObjects BI-Plattform-Server sowie WebSphere-Anwendungsserverkomponenten zu berichten.

Voraussetzung ist hierzu, dass der SAPHOST-Agent, der das Programm `SLDREG` enthält, installiert und eingerichtet ist. Für die Verbindung zum SLD-Server erstellen Sie die Datei *connect.key*. Hierzu öffnen Sie die Befehlszeilenkonsole. Unter Windows navigieren Sie zu dem Pfad *Programme\SAP\hostctrl\exe*. Falls Sie Unix nutzen, gehen Sie in das Verzeichnis */usr/sap/hostctrl/exe*. Hier führen Sie den Befehl `sldreg -configure connect.key` aus. Geben Sie die hier folgenden Parameter an:

Erstellen der Datei »connect.key«

- Benutzername
- Kennwort

- Host
- Portnummer
- Nutzung http

Das Programm SLDREG erstellt nun die Datei *connect.key*, die automatisch von dem Datenlieferanten zur Kommunikation mit dem SLD-Server genutzt wird.

| Protokollierung der SLD-Verbindung | In der Konfigurationsdatei *sldparserconfig.properties* können Sie neben anderen Konfigurationseinstellungen den Namen der Protokolldatei angeben. Diese Datei befindet sich im Verzeichnis *<Installationsverzeichnis>/SAP BusinessObjects Enterprise XI 4.0/bobj-sld-ds/bobjsldds.log*. Standardmäßig wird die Protokolldatei für den SLD-Datenlieferanten *bobjsldds.log* genannt und in das Verzeichnis geschrieben. Jedes Mal, wenn Sie das Programm SLDREG aufrufen, wird auch noch eine Protokolldatei im Format *sld_<Zeitstempel>.log* erstellt.

3.3.2 Einrichtung der Diagnostics Agents

Voraussetzung zur Nutzung der Diagnostics Agents ist, dass Sie einen aktuellen SAP Solution Manager (wir nutzen Solution Manager 7.1 SP3) sowie den Diagnostics Agent installiert haben. Den installierten und konfigurierten SAP Solution Manager setzen wir als gegeben voraus, die Installation des Diagnostics Agents sehen wir uns im Folgenden genauer an.

Wie in Abbildung 3.33 zu erkennen ist, ist in Ihrer Systemlandschaft für jeden SAP NetWeaver AS sowie für jedes Ihrer SAP BusinessObjects BI-Plattform-Systeme ein eigenständiger SMD bzw. Diagnostics Agent sowie ein Wily Introscope Agent zu installieren. Diese Systeme werden mit dem SAP Solution Manager und dem verbundenen Wily Introscope Manager gekoppelt und liefern Ihre Daten zu diesen Systemen.

Download des Diagnostics Agents

Zunächst müssen Sie den Diagnostics Agent herunterladen. Gehen Sie auf *http://service.sap.com/swdc*, wählen Sie BROWSE OUR DOWNLOAD CATALOG und im folgenden Screen TECHNOLOGY COMPONENTS. Nun wählen Sie Ihre installierte SAP Solution Manager-Version aus, in unserem Fall den SAP SOLUTION MANAGER 7.1.

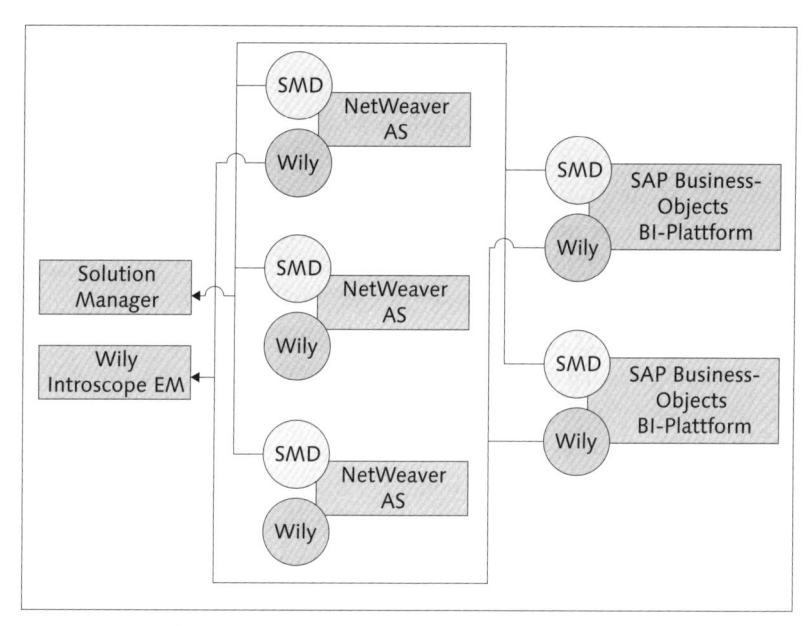

Abbildung 3.33 Übersicht einer Beispielsystemlandschaft

Als nächsten Schritt klicken Sie auf ENTRY BY COMPONENT und dann auf AGENTS FOR MANAGED SYSTEMS. Nach dem Klicken auf DIAGNOSTICS AGENT 7.3 wählen Sie den für Ihr Betriebssystem passenden Diagnostics Agent. Wir werden die Installation hier exemplarisch auf einem Microsoft Windows-Server durchführen.

Bevor Sie mit der Installation beginnen, sollten Sie überprüfen, ob nicht bereits ein Agent installiert ist. Öffnen Sie die SAP Management Console und suchen nach einer DAA- oder SMD-Instanz. Dies sind die standardmäßig vergebenen Namen der Diagnostics Agents. Ist dies nicht der Fall, starten Sie *sapinst.exe*.

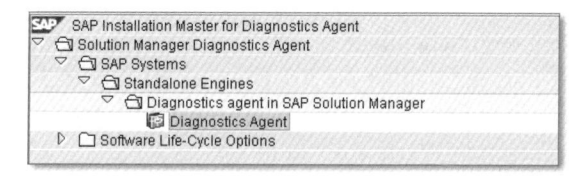

Abbildung 3.34 Auswahl des Installationstyps

Als Installationstyp wählen Sie, wie in Abbildung 3.34 zu erkennen, den DIAGNOSTICS AGENT. Sollten Sie diese Auswahlmöglichkeiten

Einstellungen zur Installation

nicht besitzen, überprüfen Sie, ob Sie den richtigen Diagnostics Agent heruntergeladen haben.

Klicken Sie nun auf NEXT und geben Sie die Hostnamen des Servers ein, auf dem Ihr SAP BusinessObjects BI-Plattform-Server läuft. Über diesen Hostnamen wird Ihr Diagnostics Agent im SLD und im SAP Solution Manager identifiziert. Im folgenden Bildschirm wählen Sie eine dreistellige SID für Ihren Diagnostics Agent. In der Regel nutzen Sie hierzu DAA oder SMD. Falls Sie unter Microsoft Windows arbeiten, können Sie das Laufwerk wählen, unter dem Ihr Agent installiert werden soll. Als nächstens wählen Sie die Windows Domain, in der Sie die SAP-System-Accounts für den Diagnostics Agent anlegen möchten. Zur Auswahl stehen die lokale Domain, die Domain des aktuellen Nutzers sowie eine beliebige andere anzugebende Domain. Es wird empfohlen, dass Sie die lokale Domain nutzen.

Setzen Sie nun die Passwörter für den SAP-Systemadministrator und des SAP-System-Service-User, und wechseln Sie zum nächsten Screen. Es folgt nun der »Prerequisites Checker«, die Überprüfung der Installationsvoraussetzungen. Stellen Sie hierfür sicher, dass Sie die aktuellste *PREREQUISITE_CHECK_DATA.XML*-Datei heruntergeladen und ausgewählt haben.

Geben Sie als nächstes das Passwort des Users *sapadm* an und bestätigen Sie die Nachfrage, ob Sie der Nutzer auf der *trusted user list* steht, mit YES.

Nun wählen Sie die Instanznummer für Ihren Agenten, standardmäßig wird hier die 97 genutzt, Sie können allerdings auch eine andere noch nicht genutzte Instanznummer nehmen.

Anschließend haben Sie die Möglichkeit zu wählen, ob der Diagnostics Agent sich an einem existierenden zentralen SLD anmelden soll oder nicht. Für den wahrscheinlichen Fall, dass Sie bereits eine SAP-Systemlandschaft nutzen, wählen Sie REGISTER IN EXISTING CENTRAL SLD. Geben Sie in dem folgenden Screen die Verbindungsparameter Ihres SLDs an. Folgende Werte sind zu pflegen:

- SLD HTTP HOST: Full qualified host name (vollständig angegebener Rechnername) Ihres SAP Solution Manager
- SLD HTTP PORT: HTTP Port 5xx00

- SAP Data Supplier User: SLDDSUSER
- Passwort: Passwort des SLDDSUSER

Falls Ihr Szenario eine Verbindung zu dem SAP Solution Manager benötigt, um die Monitoring-Daten zu transferieren, wählen Sie im folgenden Screen Configure connection und P4 connection via SCS message server. Geben Sie nun die folgenden P4 Connection Parameter ein:

- Host (FQN): Full qualified host name (vollständig angegebener Rechnername) Ihres SAP Solution Manager
- HTTP SCS Message Server Port: 81[SCS Instanznummer Ihres Solutionmanangers]
- User (Administrator role): SMD_ADMIN
- Passwort: Passwort von SMD_ADMIN

Der letzte Schritt der Diagnostics-Agent-Installation ist die Bestätigung der Downloadpfade der SAP-Systemarchive. Sobald Sie die Installationsparameter dann nochmals geprüft haben, können Sie den Installationsprozess starten.

Bestätigung der Downloadpfade

Auch der SAPHOST-Agent muss auf den neusten Stand gebracht werden. Hierzu stoppen Sie zuerst den aktuell laufenden Agenten. Unter Windows öffnen Sie das Fenster Services und navigieren zu dem Service SAPHostExec. Klicken Sie mit der rechten Maustaste auf den Service, wählen Sie Stop, um den Service zu stoppen, und bestätigen Sie diese Wahl. Laden Sie den aktuellen SAP-Hostagenten herunter und entpacken ihn in das Verzeichnis *C:\Program Files\sap\hostctrl\exe*. Anschließend starten Sie den Agenten wieder.

Patchen des SAPHOST-Agent

Um den SAPHOST-Agent an Ihrem SLD zu registrieren, müssen Sie `sldreg` ausführen und die Datei *connect.key* generieren. Wechseln Sie hierzu in das Verzeichnis *C:\Program Files\sap\hostctrl\exe*. Rufen Sie `sldreg` mit dem Befehl `sldreg -configure connect.key` auf. Geben Sie nun folgende Parameter ein:

SLD-Registration des SAPHOST Agent

- User Name: SLDDSUSER
- Password: Passwort des SLDDSUSER
- Verify Password: Passwort des SLDDSUSER
- Server Host: Full qualified host name (vollständig angegebener Rechnername) Ihres SAP Solution Manager

- PORT: HTTP Port 5xx00
- HTTPS: N

Bestätigen Sie, dass Sie diese Daten in die *Connect.key*-Datei schreiben. Rufen Sie nun Ihren SLD auf, und wählen Sie ADMINISTRATION und CONTENT MAINTENANCE. Es steht nun die Klasse DIAGNOSTICS AGENT zur Verfügung und Sie können, wenn Sie als Filter Ihren SAP BusinessObjects BI-Plattform-Servernamen eingeben, Ihren gerade installierten und angebundenen Diagnostics Agent sehen.

Es wurden noch weitere Klassen in Ihrem SLD erstellt; überprüfen Sie, ob die folgenden erstellt wurden:

- BusinessObjects Application Server
- BusinessObjects Cluster
- BusinessObjects CMS

Nachdem in Ihrem SAP Solution Manager der Job zur Aktualisierung der LMDB gelaufen ist, können Sie im Work Center SAP SOLUTION MANAGER KONFIGURATION unter KONFIGURATION DER VERWALTETEN SYSTEME/TECHN. SYSTEME Ihren SAP BusinessObjects-Cluster sehen und für das Monitoring einrichten.

3.3.3 Durchgängige Ablaufverfolgung mit SAP Passport-Unterstützung

Das SAP Passport-Client-Tool ist nicht im Standardinstallationspaket enthalten, Sie müssen es sich über die URL *http://service.sap.com/swdc* herunterladen und installieren.

Neben der Ablaufverfolgung für die einzelnen SAP BusinessObjects-Komponenten wie z. B. Anwendungen oder Server können Sie die Ablaufverfolgung auch für Aktionen nutzen. Hierbei handelt es sich um eine End-to-End-Ablaufverfolgung bei der für die zu betrachtende Aktion bzw. Transaktion Leistungen und Änderungen verfolgt werden.

Sie können alle Ablaufverfolgungsinformationen für eine Aktion konsolidieren, ohne von Informationen anderer Aktionen abgelenkt zu werden. Dies wird durch das SAP Passport-Client-Tool unterstützt, das einen eindeutigen Identifikator in alle HTTP-Anforderungen eines bestimmten Identifikators einfügt. Dies bedeutet, dass alle Server, die in dem Workflow genutzt werden, diesen Identifikator weitergeleitet bekommen.

3.4 Aktualisierung der SAP BusinessObjects BI-Plattform

Mit der Aktualisierung der SAP BusinessObjects BI-Plattform meinen wir an dieser Stelle das Einspielen von Patches bzw. Support Packages. Dies kann notwendig sein, wenn Sie aufgetretene Fehler beseitigen oder funktionale Erweiterungen nutzen möchten, die teilweise auch über Patches bereitgestellt werden. Anders, als Sie es eventuell aus der SAP-Systembetreuung kennen, müssen Sie nicht für mehrere einzelne Komponenten Patches installieren oder gar einen Kernel einzeln aktualisieren. Bei der SAP BusinessObjects BI-Plattform laden Sie ein vollständiges Softwarearchiv herunter und starten eine Installationsroutine. Die Installation auf einem Windows- und einem Unix-/Linux-Betriebssystem unterscheidet sich nicht wesentlich. Die Installationsroutine auf Unix-Basis ist wieder in der Shell auszuführen, während auf Windows eine grafische Oberfläche zur Verfügung steht.

3.4.1 Support-Package-Installation auf einem zentralen Host

In den folgenden Abschnitten wird eine Patch-Installation auf einem Host beschrieben, der sowohl den Web Application Server mit den Webanwendungen sowie die zentralen Komponenten mit CMS und den Serverprozessen zur Verfügung stellt.

Das Patchen geht in drei Schritten voran:

Patchen durchführen

1. Download der Software aus dem SAP Service Marketplace
2. Kopieren der Software zum Ziel-Host
3. Installation der Aktualisierungen (läuft nach einigen Eingaben automatisch ab)

Während der Installation wird der Server gestoppt und wieder gestartet. Das bedeutet, dass der Installationsprozess jeweils außerhalb der Zeit produktiver Nutzung geschehen muss.

3 | Installation und Wartung

Download der Patches

Wir betrachten wie gewohnt den Download der Software:

1. Öffnen Sie zum Download der Patches den Downloadbereich des SAP Service Marketplace unter URL *http://service.sap.com/swdc* und wählen Sie in der Navigation (links oben) den Eintrag SUPPORT PACKAGES AND PATCHES • A – Z INDEX.

2. Klicken Sie im alphabetischen Index auf € und wählen Sie im neuen Fenster SBOP BI PLATFORM (FORMER SBOP ENTERPRISE) • SBOP BI PLATFORM 4.0.

3. Klicken Sie nun auf den Eintrag SBOP BI PLATFORM SERVERS 4.0 • <BETRIEBSSYSTEM>. (Für unser Beispiel wählen Sie wieder das Betriebssystem Linux x86, siehe Abbildung 3.35.)

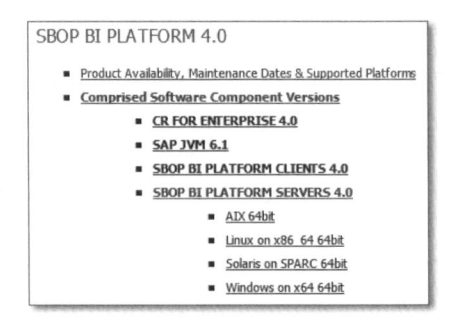

Abbildung 3.35 Auswahl des Betriebssystems für die Patch-Installation

4. Die sich nun öffnende Liste zeigt in der Regel mehrere Patch-Stände zur Auswahl. Wählen Sie nun das Archiv, das den Stand beinhaltet, den Sie installieren möchten. In unserem Fall wählen wir den SP02 PATCH 10 (siehe Abbildung 3.36).

Abbildung 3.36 Zur Verfügung stehende Patch-Stände

| Patches für SAP BusinessObjects BI-Plattform | [+] |

Die Support-Package-Stände für die SAP BusinessObjects BI-Plattform sind kumulativ. Wenn Ihnen also eine initiale Installation vorliegt und Sie diese patchen möchten, können Sie direkt den Stand SP02 installieren, ohne vorher SP01 zu installieren. Es kann jedoch Abhängigkeiten geben, die es doch erforderlich machen, zumindest einzelne ältere Stände zu installieren.

In Abschnitt 3.1, »Installation der SAP BusinessObjects BI-Plattform«, haben wir im Rahmen der Installation auf den SAP Download Manager zurückgegriffen. Es ist auch hier möglich, die Softwarearchive direkt zu laden. Klicken Sie dafür direkt auf den Namen in der Spalte DOWNLOAD OBJECT. Danach wird Ihre Autorisierung erneut abgefragt und im Anschluss öffnet sich der Downloaddialog Ihres Internetbrowsers. Speichern Sie die Software dann an einem Ort Ihrer Wahl.

Download Manager

Nachdem Sie die Patches heruntergeladen haben, ist es notwendig, dass Sie das Softwarearchiv entpacken. Für Unix-Betriebssysteme wird ein TGZ-Archiv bereitgestellt, bei der Windows-Version handelt es sich um ein selbstentpackendes Archiv (EXE-Datei). Entpacken Sie das Archiv (im Falle von Linux sowohl das TGZ- als auch das darin enthaltene TAR-Archiv) in ein Verzeichnis Ihrer Wahl, und machen Sie es auf dem Ziel-Host verfügbar.

Entpacken des Softwarearchivs

Im Anschluss können Sie mit der Installation beginnen. Wir führen die Installation hier wieder am Beispiel des Linux-Betriebssystems vor.

Installation der Aktualisierung

1. Wechseln Sie zum Benutzer, der für die SAP BusinessObjects BI-Plattform genutzt wird, und wechseln Sie in das Verzeichnis, in das Sie die Software vom SAP Service Marketplace kopiert bzw. entpackt haben.
2. Starten Sie die Installation mit dem Skript *setup.sh*.

| Hinweis zur folgenden Darstellungen | [+] |

Die Installation ähnelt nun der zuvor beschriebenen Installation, weshalb wir hier auf detaillierte Screenshots verzichten. Auch die Bedienung ist identisch; das bedeutet, dass einzelne Schritte mit der ⏎-Taste bestätigt werden.

3. Wählen Sie zuerst die Sprache, in der die Installation durchgeführt werden soll.
4. Geben Sie danach das Installationsverzeichnis Ihres SAP BusinessObjects BI-Plattform-Servers an. In unserem Beispiel ist dies */usr/sap/B50*.
5. Es erfolgt dann wieder ein Test notwendiger Bedingungen, die einzelnen Tests und ihre Ergebnisse werden anzeigt. Bestätigen Sie dies sowie die Urheberbestimmungen und die Lizenzvereinbarung in den nächsten Fenstern mit der ⏎-Taste.
6. Anschließend werden die Verbindungsdaten zum CMS angegeben. In der Regel sollten diese Angaben vorausgefüllt sein. Geben Sie den CMS-Namen an, bestimmen Sie den CMS-Port (im Standardfall 6400) sowie den Administratorbenutzer, den Sie für die Installation des Support Packages verwenden wollen.
7. Nachdem die Installationsroutine erfolgreich die Verbindung zum CMS herstellen konnte, wird ein letztes Mal Ihre Bestätigung für die Installation des Support Packages eingeholt. Danach wird die Installation begonnen. Eine Anzeige in der Shell informiert Sie wieder über den Fortschritt (siehe Abbildung 3.37).

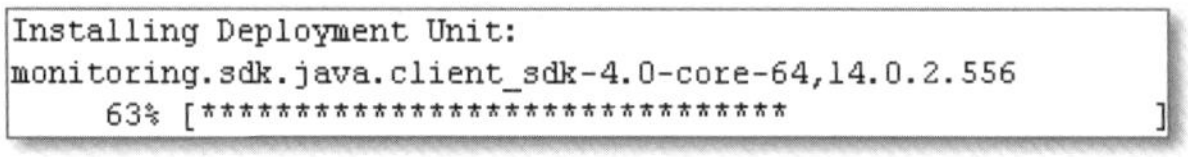

```
Installing Deployment Unit:
monitoring.sdk.java.client_sdk-4.0-core-64,14.0.2.556
  63% [*******************************         ]
```

Abbildung 3.37 Fortschrittsanzeige der Installation

Zum Abschluss wird erneut eine Bestätigung der erfolgreichen Installation angezeigt. Die Log-Dateien zur Installation finden Sie im Installationsverzeichnis Ihres SAP BusinessObjects BI-Plattform-Servers unter */InstallData/logs*.

SP-Installation unter Windows

Die Installation auf der Basis des Betriebssystems Windows ist von den Eingaben her vergleichbar, als Bedienoberfläche steht hier aber ein grafisches Werkzeug zur Verfügung (siehe Abbildung 3.38). Starten Sie für die Installation in diesem Fall die Datei *setup.exe* und setzen Sie die Installation wie beschrieben fort.

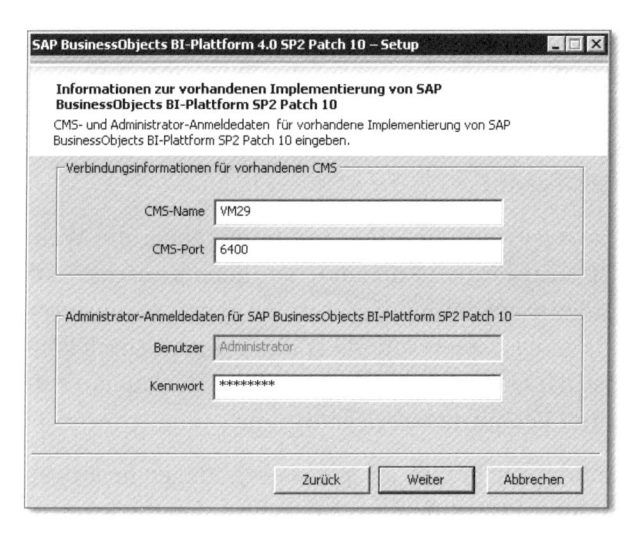

Abbildung 3.38 Grafische Oberfläche zur Patch-Installation unter Windows

3.4.2 Support-Package-Installation bei einem verteilten System

Mit der zuvor beschriebenen Vorgehensweise aktualisieren Sie sowohl die Kernkomponenten des CMS und der Serverprozesse als auch die Webanwendungen im genutzten Applikationsserver. Bei Systemen, die Sie verteilt installiert haben, ist es notwendig, diese Schritte einzeln durchzuführen.

Die Installation der Patches für den SAP BusinessObjects BI-Plattform-Server selbst führen Sie durch, indem Sie den Erläuterungen in Abschnitt 3.4.1, »Support-Package-Installation auf einem zentralen Host«, folgen.

Die Webanwendungen werden dann im Anschluss auf verschiedenen Wegen aktualisiert. Je nachdem, wie Sie die Installation ursprünglich durchgeführt haben, wählen Sie nun den gleichen Weg erneut:

▶ automatische Installation
▶ Installation mit dem Skript *wdeploy*

Installation der Webanwendungen

Das Deployment der Webanwendungen mit dem Werkzeug *wdeploy* hängt im Wesentlichen davon ab, welchen Webserver Sie verwenden. SAP stellt mit dem *Application Deployment Guide* eine detaillierte Anleitung für das Werkzeug *wdeploy* bereit. Es werden mehrere Applikationsserver unterstützt, eine genaue Beschreibung würde an

Installation mit dem Werkzeug »wdeploy«

3 | Installation und Wartung

dieser Stelle zu umfassend sein. Darum führen wir hier exemplarisch die Installation der Webanwendungen auf der Basis eines SAP NetWeaver Application Server Java 7.3 durch. So bekommen Sie einen Eindruck davon, welche Schritte notwendig sind, wenn Ihnen eine solche Aufgabe bevorsteht.

Bereitstellen der Parameter für das Skript »wdeploy«

Mit dem Skript *wdeploy* wird eine Möglichkeit gegeben, die Webanwendungen zu installieren. Kopieren Sie dazu zunächst das Verzeichnis *<Installationsverzeichnis>/sap_bobj/enterprise_xi40/wdeploy* samt seiner Inhalte zum Host Ihres Applikationsservers. Danach können Sie mit der Installation beginnen. Wir bezeichnen das kopiere Verzeichnis im weiteren Verlauf als *wdeploy-Verzeichnis*.

Für die Installation der Patches für die Webanwendungen benötigen Sie mehrere Parameter, die es Ihnen ermöglichen, das Deployment der neuen Webanwendungen durchzuführen. Sie können die Parameter direkt beim Aufruf des Skripts *wdeploy* mit angeben, oder Sie speichern diese vorher in einer Parameterdatei und geben sie bei der Installation mit an.

Die Parameterdatei finden Sie im Installationsverzeichnis Ihrer SAP BusinessObjects BI-Plattform im *wdeploy*-Verzeichnis unter */conf/*. Hier sind bereits für die jeweiligen Applikationsserver Parameterdateien vorbereitet. Sie müssen diese lediglich für Ihren Server anpassen. In unserem Beispiel lautet der Dateiname *config.sapappsvr73*. Eine Abbildung der Inhalte des Verzeichnisses sehen Sie in Abbildung 3.39.

```
drwxr-xr-x  2 b50adm  sapsys  4096 2012-01-14 18:55 apps
-rwxr-xr-x  1 b50adm  sapsys   530 2011-12-21 21:00 config.apache
-rwxr-xr-x  1 b50adm  sapsys   333 2011-12-21 21:00 config.jboss4
-rwxr-xr-x  1 b50adm  sapsys   327 2011-12-21 21:00 config.jboss5
-rwxr-xr-x  1 b50adm  sapsys  1214 2011-12-21 21:00 config.oas1013
-rwxr-xr-x  1 b50adm  sapsys   877 2011-12-21 21:00 config.sapappsvr72
-rwxr-xr-x  1 b50adm  sapsys   872 2011-12-21 21:00 config.sapappsvr73
-rwxr-xr-x  1 b50adm  sapsys   775 2011-12-21 21:00 config.sunone91
-rwxr-xr-x  1 b50adm  sapsys  1200 2011-12-21 21:00 config.sunwebsvr7
-rwxr-xr-x  1 b50adm  sapsys   959 2011-12-21 21:00 config.tomcat55
-rwxr-xr-x  1 b50adm  sapsys   941 2011-12-21 21:00 config.tomcat6
-rwxr-xr-x  1 b50adm  sapsys   623 2011-12-21 21:00 config.weblogic10
-rwxr-xr-x  1 b50adm  sapsys   618 2011-12-21 21:00 config.weblogic9
-rwxr-xr-x  1 b50adm  sapsys  1718 2011-12-21 21:00 config.websphere6
-rwxr-xr-x  1 b50adm  sapsys  1716 2011-12-21 21:00 config.websphere7
drwxr-xr-x  2 b50adm  sapsys  4096 2012-01-14 18:55 split_apps
-rwxr-xr-x  1 b50adm  sapsys  1069 2011-12-21 21:00 wdeploy.conf
```

Abbildung 3.39 Parameterdateien für das Skript »wdeploy«

Bearbeiten Sie diese Parameterdatei, indem Sie die für Ihren Server zutreffenden Werte eingeben. Wir verzichten an dieser Stelle auf eine Erklärung der einzelnen Parameter, die Datei enthält jeweils auskommentierte Hinweise zu den einzelnen Einträgen. Mit den folgenden Inhalten, die in Abbildung 3.40 zu sehen sind, kann das Deployment durchgeführt werden.

```
## Business Objects Configuration Utility
##
# as_dir: the installation directory of the application server
#as_dir=/usr/sap
as_dir=/usr/sap/
# as_sid: the system ID of the application server to deploy to
as_sid=J50
# as_instance: the application server instance to deploy to
as_instance=J50
# as_admin_port: the administration port of the application server
as_admin_port=55004
as_admin_username=administrator
#Password needs to be passed in command-line
as_admin_password=password
#Below 3 are SAP Server related properties do not comment or remove
#Property for specifying whether temp dirs should be deleted
clear.temp.dirs=true
#Property for specifying whether to use Deploy Controller
use.deploy.controller=true
#Property for specifying the time-to-wait(in seconds) factor for DEPLOY script
#increase value for large applications
time.to.wait.factor=1600
```

Abbildung 3.40 Parameterdatei für die Installation der Webanwendungen in einen SAP NetWeaver AS Java 7.3

Nachdem die Datei gefüllt wurde, können Sie das Deployment starten. Rufen Sie das Deployment mit der Eingabe `wdeploy.sh/.exe sapappsvr73 deployall` in der Kommandozeile auf.

Die Installation beginnt dann mit dem Build-Prozess aller notwendigen Dateien. Mit dem Parameter `deployall` haben Sie sich an dieser Stelle dazu entschieden, den Build und das Deployment in einem Schritt auszuführen. Dieser Vorgang wird für alle zur Verfügung stehenden Webanwendungen durchgeführt. Wenn der Vorgang abgeschlossen ist, erhalten Sie eine Erfolgsmeldung auf dem Bildschirm und können ab sofort die Webanwendungen in der neuen Version nutzen.

3.5 Aktualisierung weiterer Komponenten

Nachdem Sie die SAP BusinessObjects BI-Plattform gepatcht haben, müssen Sie die übrigen Komponenten aktualisieren. Auch wenn in diesen Komponenten selbst initial kein Aktualisierungsbedarf besteht, ist die Aktualisierung notwendig, damit alle Komponenten bei Ihrer weiteren Arbeit fehlerfrei funktionieren und zusammenspielen. Wir geben in den folgenden Abschnitten einen Überblick über die folgenden Komponenten:

3 | Installation und Wartung

- SAP BusinessObjects Explorer 4
- SAP BusinessObjects 4 Client Tools
- SAP BusinessObjects Dashboards
- SAP Crystal Reports

Bis auf den SAP BusinessObjects Explorer handelt es sich bei der übrigen Software ausschließlich um Windows-Komponenten.

3.5.1 SAP BusinessObjects Explorer

Wenn Sie den SAP BusinessObjects Explorer nutzen, ist es notwendig, dass Sie diesen ebenfalls gesondert aktualisieren. Wir gehen nun wieder auf die Linux-Variante ein, prinzipiell aktualisieren Sie die Windows-Variante sehr ähnlich, es steht jedoch wieder eine grafische Benutzeroberfläche zur Verfügung. Nachdem Sie den SAP BusinessObjects BI-Plattform-Server aktualisiert haben, können Sie auch den Patch für den SAP BusinessObjects Explorer einspielen.

Download des Support Packages für SAP BusinessObjects Explorer

Zunächst müssen Sie wieder die notwendige Software herunterladen. Dies können Sie über den SAP Service Marketplace tun.

1. Öffnen Sie den SAP Service Marketplace unter *http://service.sap.com/swdc* und wählen Sie SUPPORT PACKAGES AND PATCHES • A – Z INDEX.

2. Öffnen Sie im alphabetischen Index den Eintrag E und in der zugehörigen Liste SBOP EXPLORER. Entscheiden Sie sich dabei für eine Version, in unserem Fall ist dies das Release 4.0.

3. Wählen Sie dann den Download unter COMPRISED SOFTWARE COMPONENT VERSIONS • SBOP EXPLORER 4.0 für Ihr Betriebssystem (siehe Abbildung 3.41).

File Type	Download Object	Title	Patch Level	Info File	File Size [kb]
TGZ	EXPLORER00P_10-20007516.TGZ	SAP BusinessObjects Explorer 4.0 SP00 Patch 10	10	Info	487217
TGZ	EXPLORER01P_6-20007516.TGZ	SAP BusinessObjects Explorer 4.0 SP01 Patch 6	6	Info	508953
TGZ	EXPLORER01_0-20007516.TGZ	SAP BusinessObjects Explorer 4.0 SP01	0	Info	559497
TGZ	EXPLORER02P_10-20007516.TGZ	SAP BusinessObjects Explorer 4.0 SP02 Patch 10	10	Info	517142
TGZ	EXPLORER02P_7-20007516.TGZ	SAP BusinessObjects Explorer 4.0 SP02 Patch 7	7	Info	475316
TGZ	EXPLORER02P_8-20007516.TGZ	SAP BusinessObjects Explorer 4.0 SP02 Patch 8	8	Info	463985
TGZ	EXPLORER02P_9-20007516.TGZ	SAP BusinessObjects Explorer 4.0 SP02 Patch 9	9	Info	503294
TGZ	EXPLORER02_0-20007516.TGZ	SAP BusinessObjects Explorer 4.0 SP02	0	Info	577815

Abbildung 3.41 Liste verfügbarer Patches für den SAP BusinessObjects Explorer

4. Laden Sie das für Sie relevante Archiv herunter, indem Sie die Datei in der Spalte DOWNLOAD OBJECT anklicken, oder, wie zuvor beschrieben, den SAP Download Manager verwenden. Orientieren Sie sich wieder am SP-Stand, den die zugrunde liegende SAP BusinessObjects BI-Plattform aufweist. Für uns bedeutet dies, dass wir exemplarisch SP02 Patch 10 wählen.

Nachdem Sie die Datei heruntergeladen haben, können Sie sie entpacken und auf dem Ziel-Host verfügbar machen, sodass Sie für die nachfolgende Installation mit dem Benutzer Ihres SAP BusinessObjects BI-Plattform-Servers auf sie zugreifen können. Achten Sie beim Entpacken darauf, dass Sie das TGZ- inklusive des darin enthaltenen TAR-Archivs entpacken.

Entpacken und bereitstellen der Software

Die Installation starten Sie erneut mit dem Installations-Skript *setup.sh* bei Unix- bzw. *setup.exe* bei Windows-Betriebssystemen.

Starten der Support-Package-Installation

> **Hinweis zur folgenden Darstellung** [+]
>
> Einzelne Schritte unter Unix werden wieder mit der ⏎-Taste bestätigt. Mit der Tastenkombination Strg+B gehen Sie einen Schritt zurück, mit der Tastenkombination Strg+X brechen Sie den gesamten Vorgang ab. Für ein Windows-Betriebssystem steht Ihnen wieder eine grafische Oberfläche zur Verfügung, auf der Sie jeweils die entsprechenden Buttons finden.

Zur Installation gehen Sie folgendermaßen vor:

1. Nach dem Start der Installationsroutine wird zunächst die Sprache erfragt, die für die Installation genutzt werden soll.
2. Danach müssen Sie das Installationsverzeichnis angeben (im Beispiel ist das */usr/sap/B50/*). Die Installationsroutine führt dann wieder notwendige Tests aus, deren Ergebnisse in einer Liste präsentiert werden (siehe Abbildung 3.42).

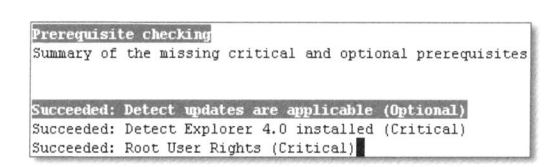

```
Prerequisite checking
Summary of the missing critical and optional prerequisites

Succeeded: Detect updates are applicable (Optional)
Succeeded: Detect Explorer 4.0 installed (Critical)
Succeeded: Root User Rights (Critical)
```

Abbildung 3.42 Überprüfung der Voraussetzungen für die SAP BusinessObjects Explorer-Patch-Installation

3. Danach müssen Sie die Urheberrechtshinweise bestätigen und der Lizenzvereinbarung zustimmen.
4. Zusätzlich benötigt die Installationsroutine die Anmeldedaten für den SAP BusinessObjects BI-Plattform-Server. Geben Sie das Kennwort für den Administrationsbenutzer an (siehe Abbildung 3.43).

```
Existing CMS Deployment Information
Specify the CMS and Administrator logon information of your ex
ent.

CMS Name
[vm28                                                        ]
CMS Port
[6400  ]
User
[Administrator                                               ]
Password
[********                                                    ]
```

Abbildung 3.43 Anmeldedaten für den SAP BusinessObjects BI-Plattform-Server

5. Danach wird ein letztes Mal Ihre Bestätigung abgefragt. Betätigen Sie die ⏎-Taste, wenn Sie die eigentliche Installation starten möchten.
6. Ein Fortschrittsbalken gibt Ihnen wieder den Stand der Installation an. Ist diese abgeschlossen, erhalten Sie die zugehörige Erfolgsmeldung angezeigt.

Wenn Sie diesen Schritten gefolgt sind, haben Sie damit erfolgreich den SAP BusinessObjects Explorer aktualisiert.

3.5.2 SAP BusinessObjects Client Tools

SAP BusinessObjects Client Tools

Die SAP BusinessObjects Client Tools benötigen Sie für verschiedene Arbeiten mit dem SAP BusinessObjects BI-Plattform-Server. Detailliert werden die Client Tools in Kapitel 5, »Administration mit der Central Management Console und den Client Tools«, besprochen, an dieser Stelle gehen wir auf das Patchen ein. Es handelt sich bei den Client Tools um Software, die nur für Windows-Betriebssysteme bereitgestellt wird. Selbst wenn Sie Ihren SAP BusinessObjects BI-Plattform-Server auf einem Unix-Betriebssystem betreiben, wird für die Nutzung der Client Tools eine Installation auf dem Administrator-PC notwendig. Diese Werkzeuge kommunizieren dann bei der Nutzung mit dem zentralen Server, indem Sie sich beispielsweise am CMS anmelden.

Download

Die notwendige Software zur Aktualisierung der SAP BusinessObjects Client Tools finden Sie erneut auf dem SAP Service Marketplace unter *http://service.sap.com/swdc*.

1. Wählen Sie dort oben links in der Navigation die Menüpunkte SUPPORT PACKAGES AND PATCHES • A – Z INDEX.
2. Klicken Sie auf den Buchstaben B in der neu angezeigten Liste und wählen Sie den Link SBOP BI PLATFORM (FORMER SBOP ENTERPRISE) und darunter dann SBOP BI PLATFORM 4.0.
3. Wählen Sie auf der neuen Seite den Menüpunkt COMPRISE SOFTWARE COMPONENT VERSIONS und darunter SBOP BI PLATFORM CLIENTS 4.0 • WINDOWS SERVER ON IA32 32BIT.
4. Nun werden die verfügbaren Versionen der SAP BusinessObjects Client Tools angezeigt. Laden Sie die für Sie passende Version herunter und beachten Sie dabei den SP-Stand und den Patch. Passen Sie sich dem Beispiel aus Abschnitt 3.4.1, »Support-Package-Installation auf einem zentralen Host«, an und wählen Sie hier den direkten Download, indem Sie auf die Version ENTERPRISE-CLNT02P_10-20007508.EXE klicken und die Datei in einem Verzeichnis Ihrer Wahl speichern (siehe Abbildung 3.44).

File Type	Download Object	Title	Patch Level	Info File	File Size [kb]
EXE	ENTERPRISECLNT00P_10-20007508.EXE	SBOP BI Platform Clients 4.0 SP00 Patch 10	10	Info	286334
EXE	ENTERPRISECLNT01P_6-20007508.EXE	SBOP BI Platform Clients 4.0 SP01 Patch 6	6	Info	280446
EXE	ENTERPRISECLNT01_0-20007508.EXE	SBOP BI Platform Clients 4.0 SP01	0	Info	526549
EXE	ENTERPRISECLNT02P_10-20007508.EXE	SBOP BI Platform Clients 4.0 SP02 Patch 10	10	Info	413361
EXE	ENTERPRISECLNT02P_7-20007508.EXE	SBOP BI Platform Clients 4.0 SP02 Patch 7	7	Info	370566
EXE	ENTERPRISECLNT02P_8-20007508.EXE	SBOP BI Platform Clients 4.0 SP02 Patch 8	8	Info	378502
EXE	ENTERPRISECLNT02P_9-20007508.EXE	SBOP BI Platform Clients 4.0 SP02 Patch 9	9	Info	405824
EXE	ENTERPRISECLNT02_0-20007508.EXE	SBOP BI Platform Clients 4.0 SP02	0	Info	559588

Abbildung 3.44 Download des Patches für Windows-Client-Tools

Da die SAP BusinessObjects Client Tools nur für Windows-PCs und in einer 32bit-Version zur Verfügung stehen, haben Sie keine Möglichkeit, ein anderes Betriebssystem zu wählen. Die ausführbare Datei ist ein selbst-entpackendes Archiv. Öffnen Sie die Datei auf dem PC, auf dem Sie die SAP BusinessObjects Client Tools aktualisieren möchten. Das Archiv wird dann in ein temporäres Verzeichnis entpackt. Nachdem der Vorgang abgeschlossen ist, wird automatisch die Installationsroutine gestartet. Dies kann durchaus einige Sekunden dauern – gedulden Sie sich also kurz, wenn nicht sofort etwas geschieht.

Installations-routine

Die Installationsroutine erfragt zunächst die Setup-Sprache, die Sie gegebenenfalls ändern und mit OK bestätigen können und führt danach wieder einen Test notwendiger Voraussetzungen durch (siehe Abbildung 3.45). Prüfen Sie, ob Sie noch Tätigkeiten vor der weiteren Installation ausführen müssen. Ist dies nicht der Fall, können Sie diesen Schritt mit WEITER bestätigen.

Komponente	Typ	Status
Detect updates are applicable	Optional	Aktion erfolgreich
Administratorrechte	Kritisch	Aktion erfolgreich
Installation von BI-Plattform-Client 4.0 ermitt...	Kritisch	Aktion erfolgreich
Unterdrückten Neustartstatus überprüfen	Kritisch	Aktion erfolgreich

Abbildung 3.45 Tests vor der Installation des Patches für die Client Tools

Installation abschließen

Außer der Bestätigung der Lizenzvereinbarung sind keine weiteren Einstellungen notwendig. Sie können die einzelnen Schritte und Hinweise jeweils mit WEITER bestätigen. Der Fortschritt der Installation wird wieder mit einem Fortschrittsbalken angezeigt. Der gesamte Vorgang nimmt einige Minuten in Anspruch. Während der Installation können Sie die SAP BusinessObjects Client Tools selbst nicht nutzen. Nachdem die Installation abgeschlossen wurde, wird Ihnen eine entsprechende Bestätigung angezeigt, und Sie können diese mit FERTIG STELLEN bestätigen.

3.5.3 Client-Anwendungen Crystal Reports und Dashboards

Auch für die Client-Software SAP Crystal Reports und SAP BusinessObjects Dashboards existieren Aktualisierungen. Der Vorgang entspricht eigentlich auch dem, den Sie für die SAP BusinessObjects Client Tools durchführen.

Patches herunterladen

Sie laden zunächst die Software herunter und spielen diese gemäß der Anleitung mithilfe der grafischen Benutzeroberfläche ein.

1. Öffnen Sie den Downloadbereich unter *http://service.sap.com/swdc*, und navigieren Sie über den Pfad SUPPORT PACKAGES AND PATCHES • A – Z INDEX.

    ▶ Wählen Sie hier Folgendes: D • SBOP DASHBOARDS (XCELSIUS) <VERSION> • COMPRISED SOFTWARE COMPONENT VERSIONS • WINDOWS • WINDOWS SERVER ON IA32 32BIT (siehe Abbildung 3.46).

Aktualisierung weiterer Komponenten | **3.5**

Abbildung 3.46 Liste verfügbarer Support Packages

- Wählen Sie hier Folgendes: C • CRYSTAL REPORTS • <VERSION> • SUPPORT PACKAGES AND PATCHES • CRYSTAL <VERSION> • WINDOWS SERVER ON IA32 32BIT (siehe Abbildung 3.47).

Abbildung 3.47 Liste verfügbarer Support Packages

2. Laden Sie die für Sie jeweils relevante Datei herunter.

Die Installation starten Sie, indem Sie die Datei *setup.exe* starten. Der Wizard prüft dann u.a. die notwendigen Herausforderungen. Sie bestätigen die einzelnen Schritte mit einem WEITER- bzw. NEXT-Button. Auch hier nimmt die Installation selbst einige Minuten in Anspruch und läuft in der Regel problemlos ab. Sollten Sie dennoch auf Schwierigkeiten stoßen, finden Sie die Log-Dateien im SAP BusinessObjects-Verzeichnis unter *InstallData\logs* (z.B.: *C:\Program Files\ SAP BusinessObjects\InstallData\logs*).

Ausführen der Installation

Auf weitere Details und Komponenten gehen wir an dieser Stelle aus Platzgründen nicht ein. Im Anhang des Buchs geben wir Ihnen jedoch eine Übersicht zu den weiteren Dokumentationen, die verfügbar sind und in die Sie sich in den jeweiligen Spezialfällen einarbeiten können.

Es wäre beispielsweise auch möglich, dass Sie wieder eine stille Installation (*silent*) durchführen, indem Sie eine Response-Datei verwenden, wie Sie beispielsweise in Abschnitt 3.1, »Installation der SAP BusinessObjects BI-Plattform«, beschrieben wurde. Ebenso sind wir an dieser Stelle nicht explizit auf SAP BusinessObjects Live Office oder SAP Crystal Presentation Design eingegangen. Prinzipiell funktionieren diese Aktualisierungen aber so, wie wir es für Dashboards und Crystal Reports beschrieben haben.

3.6 Systemkopie

Kopie für ein SAP BusinessObjects BI-Plattform-System

Im Gegensatz zu anderen SAP-Administrationshandbüchern wird der Abschnitt zur Systemkopie in diesem Buch eher kurz ausfallen. Es gibt keine Werkzeuge zur Systemkopie, wie Sie sie vielleicht aus der SAP-Systemadministration kennen. Ein vollständiger Export und ein darauf basierender Import des SAP BusinessObjects BI-Plattform-Servers in ein neues System sind nicht vorgesehen.

Die klassische SAP-Systemlandschaft, bestehend aus Entwicklungs-, Test- und Qualitätssicherungs- sowie Produktivsystem, ist auch für SAP BusinessObjects BI-Plattform-Systeme sinnvoll. Wenn Sie eine solche Systemlandschaft, ausgehend von einem Produktivsystem, aufbauen möchten, sollte es Ihr Ziel sein, eine möglichst genaue Kopie des produktiven Systems zu erstellen.

Systemkopie durchführen

Eine Systemkopie können Sie erstellen, indem Sie zwei Schritte durchführen:

1. Installation eines neuen Systems
2. Export der Inhalte aus dem Quell- und Import auf das neue Zielsystem

Neues System installieren

Die Installation eines neuen und damit leeren Systems können Sie so durchführen, wie wir es in Abschnitt 3.1 in diesem Kapitel beschrieben haben. Zu Testzwecken empfiehlt es sich natürlich, wenn Sie sich bezüglich der Spezifikationen am Produktivsystem orientieren, d.h. Datenbank, Betriebssystem etc. gleich gestalten. Dies erhöht die Wahrscheinlichkeit, dass im Testsystem vorgenommene Konfigurationen auch im Produktivsystem vergleichbar anwendbar sind.

Inhalte exportieren

Als nächsten müssen Sie die Inhalte aus dem Quellsystem exportieren. Hierfür können Sie mit dem LiveCycle Manager eine *Business Intelligence Archive Resource*-Datei (BIAR-Datei) erstellen. Hierin sind alle Objekte wie beispielsweise Benutzer- und Berechtigungsdaten, Verbindungen und andere Objekte aus dem SAP BusinessObjects BI-

Plattform-System enthalten. Sie können damit also die Inhalte eines Systems exportieren und speichern.

Danach können Sie diese Datei wieder in das Zielsystem einspielen. Auch für das Backup kann das Livecycle-Management-Werkzeug genutzt werden. In den Abschnitten 9.7.3, »Sicherung von Business-Intelligence-Objekten«, und 9.7.4, »Wiederherstellung von Business Content«, gehen wir detailliert darauf ein. Dort sind Export und Import der Daten genau beschrieben. Im Detail ist das Werkzeug in Abschnitt 5.4.1, »Lebenszyklusmanagement«, beschrieben.

Inhalte importieren

3.7 Upgrade

Im Vordergrund steht an dieser Stelle das Upgrade mit dem Ziel, den Stand SAP BusinessObjects BI-Plattform 4 zu erreichen. Dies ist möglich, wenn zuvor das Release SAP BusinessObjects XI 3.x mit SP2 oder XI R2 SP2 genutzt wurde. Ein direktes Upgrade von älteren Systemen zum aktuellsten Stand ist nicht ohne weiteres möglich.

Für ein Upgrade eines älteren auf einen aktuellen Releasestand stehen drei Vorgehensweisen zur Auswahl:

Drei Vorgehensweisen

- **Complete Upgrade**
  Im Rahmen eines *vollständigen Upgrades* wird auf einem Server parallel ein neuer Server installiert. Im Anschluss werden dann die bestehenden Objekte auf den neuen Server übertragen. Gesteuert wird der gesamte Vorgang vom *Upgrade-Management-Tool*. Es werden alle Objekte des bisherigen SAP BusinessObjects BI-Plattform-Servers übernommen, bereits bestehende Objekte mit gleicher ID werden dabei überschrieben.

- **Inkrementelles Upgrade**
  Ein *inkrementelles Upgrade* übernimmt nur selektiv die Inhalte eines bestehenden Servers in eine neue Installation. Es ist dabei möglich, bestehende Objekte umzubenennen, wenn deren Bezeichnung oder Pfade im neuen Zielsystem bereits belegt sind. Dieses Upgrade ist nicht über die Kommandozeile möglich, es muss das Upgrade-Management-Tool genutzt werden.

- **Parallele Implementierung**
  Wie es der Name *parallele Implementierung* schon vermuten lässt, wird bei dieser Vorgehensweise zunächst ein zweiter neuerer Ser-

ver auf dem Host des älteren Systems installiert. Das Upgrade-Management-Tool ermöglicht es im Anschluss, die Inhalte des älteren Systems auf die neue Installation zu übertragen.

Zwei Beispiele Wir werden im Folgenden zwei Beispiele heranziehen, um ein Upgrade zu zeigen. Im ersten Beispiel wird ein vollständiges Upgrade mit Nutzung der Kommandozeile beschrieben, und das zweite Beispiel bezieht sich auf ein partielles Upgrade unter Nutzung des Upgrade-Management-Tools.

> **[+] Bezeichnung des Upgrade-Management-Tools**
>
> Das Upgrade-Management-Tool wurde in früheren Versionen als *Import Assistent* bezeichnet. Mit diesem Tool lassen sich auch Inhalte zwischen zwei Servern innerhalb eines Releasestandes übertragen.

3.7.1 Ablauf eines Upgrades

Ein Upgrade findet immer so statt, dass zunächst ein neuer Server auf dem Release SAP BusinessObjects BI-Plattform 4 installiert wird und im Anschluss daran die Objekte des »alten« Systems darauf übertragen werden. Während des Vorgangs kann auf beiden Systemen gearbeitet werden. Im Hinblick auf einen konsistenten Datenbestand sollten Sie aber darauf achten, dass der Zugriff durch Nutzer auf dem alten System vor der Übertragung der Daten auf das neue System endet und auch im Anschluss an die Datenübertragung nur noch mit dem neuen System gearbeitet wird.

Bei der Datenübernahme werden keine Server- oder Cluster-Einstellungen übertragen. Diese Einstellungen müssen, wenn notwendig, manuell auf den neuen Server übertragen werden. Die Installation eines neuen SAP BusinessObjects BI-Plattform-Servers wird normal durchgeführt, wie eingangs beschrieben. Im Anschluss daran werden die Daten übertragen. Die dafür möglichen Szenarien für die Durchführung eines Upgrades beschreiben wir in den folgenden drei Abschnitten.

3.7.2 Inkrementelles Upgrade

Wie bereits erwähnt, können Sie mit einem inkrementellen Upgrade die Objekte auswählen, die Sie in eine neue Installation übernehmen möchten. Diese Art des Upgrades führen wir nun exemplarisch durch. Hierfür ist, auch das haben Sie bereits erfahren, die Nutzung des Upgrade-Management-Tools von Windows zwingend erforderlich. Nach der Installation der SAP BusinessObjects Client Tools finden Sie dieses Werkzeug im Windows-Startmenü unter PROGRAMME • SAP BUSINESSOBJECTS ENTERPRISE XI 4.0 • BUSINESSOBJECTS ENTERPRISE • UPGRADE-MANAGEMENT-TOOL. Hier können Sie bereits zwischen einem inkrementellen und einem vollständigen Upgrade wählen. Abbildung 3.48 zeigt den Startbildschirm der Anwendung.

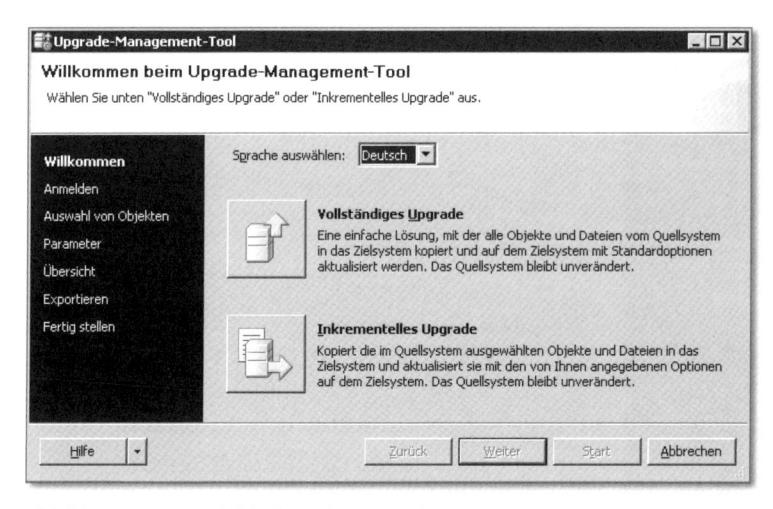

Abbildung 3.48 Startbildschirm des Upgrade-Management-Tools

Wählen Sie hier den Eintrag INKREMENTELLES UPGRADE, und klicken Sie dann auf WEITER. Bereits auf dem Folgebildschirm haben Sie die Möglichkeit, die Art des Upgrades zu wählen. Wir folgen hier im Beispiel einer *Live-zu-Live*-Prozedur, d.h. Sie übertragen die Daten von einem betriebsbereiten Quellsystem zu einem neuen gestarteten Zielsystem. Genau an dieser Stelle hätten Sie aber auch die Möglichkeit, die Inhalte eines bestehenden Servers in einem BIAR-Archiv zu sichern oder die Daten eines bereits bestehenden Archivs in einen neuen Server einzuspielen.

Geben Sie für das *Live-zu-Live*-Szenario die notwendigen Daten ein. Um fortzufahren, benötigen Sie die folgenden Informationen sowohl für den Quell- als auch für den Ziel-Host:

Live-zu-Live-Szenario

▶ CMS-Name inklusive des Ports, z. B. *myhost.mycompany.de:6431*

▶ Benutzername, z. B. Administrator

▶ Kennwort

Die explizite Angabe eines Ports ist dann notwendig, wenn dieser abweichend vom Standardport 6400 konfiguriert wurde. Abbildung 3.49 zeigt einen Quellserver, dessen CMS über Port 6431 erreichbar ist. Der Zielserver nutzt Port 6400.

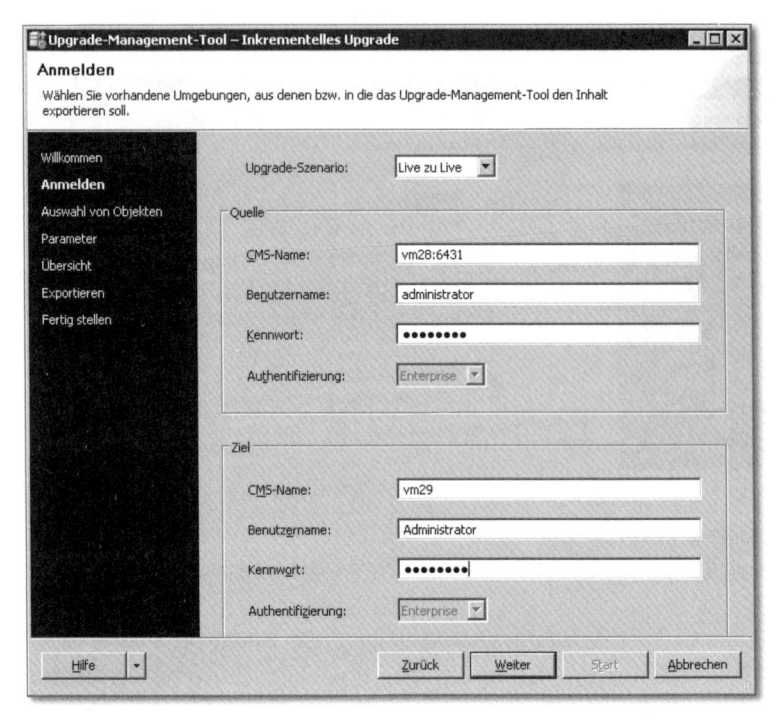

Abbildung 3.49 Quell- und Ziel-Host für ein Live-zu-Live-Upgrade

Anmeldung am Quell- und Zielsystem

Wenn Sie auf WEITER klicken, versucht das Upgrade-Management-Tool sich sowohl am Quell- als auch am Zielserver anzumelden. Sollte dies fehlschlagen, erhalten Sie eine Fehlermeldung. Sollte das Fenster der Software verkleinert worden sein, sodass es für einige Formularfelder zu klein ist, erscheint kein Scroll-Balken. Sollten Sie also weniger Eingabefelder als in Abbildung 3.49 sehen, vergrößern Sie das Fenster der Anwendung, indem Sie die rechte untere Ecke entsprechend ziehen. Auf dem Folgebildschirm werden Ihnen zwei Teilfenster angezeigt (siehe Abbildung 3.50).

Zu übertragende Objekte definieren

Sie haben die Möglichkeit, dort zu definieren, welche Objekte transportiert und ob davon abhängige Objekte berücksichtigt werden sollen. Für unser Beispiel werden alle Universen und Benutzerdaten in das neue Zielsystem übertragen.

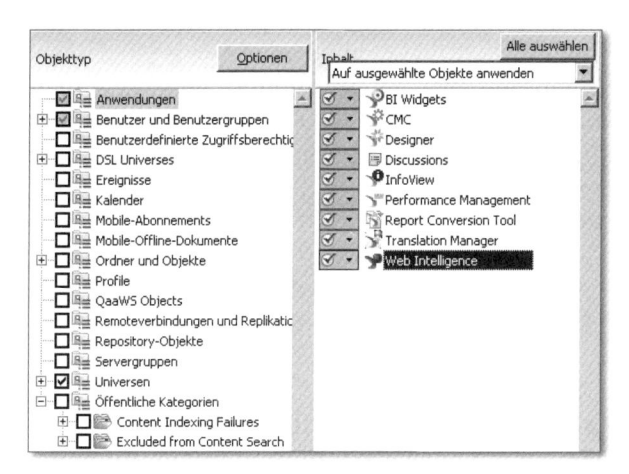

Abbildung 3.50 Auswahl der Objekte zur Migration auf ein neues Release

Das System prüft nach einem Klick auf WEITER, wie viele Objekte zu transportieren sind und berechnet im Anschluss, welche Abhängigkeiten existieren. Die gesamte Liste wird Ihnen dann angezeigt. Dabei wird unterschieden, welche Objekte direkt gewählt wurden und welche als abhängig erkannt und hinzugefügt wurden. Ein einfaches Beispiel für ein abhängiges Objekt ist eine Verbindung (Connection) zu einem BW-System, die für ein Universum benötigt wird, das direkt gewählt wurde.

Liste der zu transportierenden Objekte

Sie können diese Liste betrachten und bei Bedarf einzelne Objekte manuell abwählen. Sollten Sie die Übertragung auf ein noch nicht genutztes und neu installiertes System durchführen, ist die Gefahr, bestehende Inhalte im Zielsystem zu überschreiben, nicht so hoch.

Dennoch besteht die Möglichkeit, im Rahmen des inkrementellen Backups zu entscheiden, ob namensgleiche Objekte umbenannt werden sollen oder das Objekt stattdessen vom Export ausgeschlossen werden soll. Darüber hinaus können Sie mit zwei Optionen entscheiden, was geschehen soll, wenn ein Objekt mit CUID importiert werden soll, das bereits im Zielsystem existiert. Die Abkürzung CUID steht für *Cluster Unique Identifier*. CUID ist ein Bezeichner für ein Objekt, der das Objekt innerhalb eines Systems eindeutig ausweist. Sie können diese Einstellungen mit einem Klick auf den Button UPGRADE OPTIONEN vornehmen

Verfahren bei namensgleichen Objekten

Upgrade-Vorgang Sind keine weiteren Einstellungen notwendig, können Sie mit einem Klick auf START den Upgrade-Vorgang starten. Je nach Anzahl Ihrer Objekte dauert dieser Vorgang mehr oder weniger lange, sollte jedoch innerhalb von einigen Minuten bis zu einer Stunde abgeschlossen sein.

> **[+] Vollständiges Upgrade**
>
> Ein vollständiges Upgrade unterscheidet sich nur wenig vom beschriebenen Vorgehen. Sie geben zunächst ebenso die Anmeldedaten ein. Im Anschluss daran stellt das Upgrade-Management-Tool sofort eine Übersicht über alle gefunden Objekte bereit. Danach wird der Upgrade-Vorgang sofort gestartet. Die Objekte werden in das Zielsystem übertragen und anschließend aktualisiert.

3.8 Deinstallation der SAP BusinessObjects BI-Plattform

Im Rahmen des Lebenszyklus eines SAP BusinessObjects BI-Plattform-Systems schließt sich der Kreis, wenn das System letztlich wieder deinstalliert wird. Die nächsten Abschnitte beschreiben, wie Sie ein ganzes System oder einzelne Teile davon wieder löschen können.

3.8.1 Deinstallation eines SAP BusinessObjects BI-Plattform-Systems

Das Löschen eines SAP BusinessObjects BI-Plattform-Servers unterscheidet sich bei den Unix-Betriebssystemen und dem Betriebssystem Windows. Insgesamt betrachtet ist der Vorgang unaufwändig.

Deinstallation unter Unix-Betriebssystemen Die Deinstallation wird bei Unix-Betriebssystemen durch das Werkzeug *modifyOrRemoveProducts.sh* unterstützt. Sie finden es im Installationsverzeichnis Ihres Servers.

```
b04adm@vm23:/usr/sap/B04> ll
total 532
drwxr-xr-x  6 b04adm sapsys    4096 2012-02-21 17:21 Dashboard_Analytics
drwxr-xr-x 14 b04adm sapsys    4096 2012-03-19 10:43 Explorer14.0
drwxr-xr-x  6 b04adm users     4096 2012-02-22 09:04 InstallData
drwxr-xr-x  3 b04adm sapsys    4096 2012-02-21 17:20 Mobile 14
-rwx------  1 b04adm sapsys    1215 2012-02-21 17:10 modifyOrRemoveProducts.sh
drwxr-xr-x 11 b04adm sapsys    4096 2012-03-02 17:08 sap_bobj
drwxr-xr-x  4 b04adm sapsys    4096 2012-03-26 17:29 setup
-rwx------  1 b04adm sapsys    2368 2012-02-21 17:10 setup.core.sh
-rwx------  1 b04adm sapsys    3996 2012-02-21 17:10 setup.env.sh
-rwx------  1 b04adm sapsys  496948 2012-02-21 17:10 setupexe
-rwx------  1 b04adm sapsys    2278 2012-02-21 17:10 setup.sh
b04adm@vm23:/usr/sap/B04>
```

Abbildung 3.51 Programm »modifyOrRemoveProducts.sh« im Installationsverzeichnis des SAP BusinessObjects BI-Plattform-Servers

Nach dem Starten des Programms wir Ihnen zunächst angezeigt, welche Komponenten auf dem SAP BusinessObjects BI-Plattform-Systems installiert sind. Sie können diese zur Deinstallation wählen. Gehen Sie dafür wie folgt vor:

1. Melden Sie sich mit dem Administrationsbenutzer Ihres SAP BusinessObjects BI-Plattform-Servers an.
2. Führen Sie das Programm modifyOrRemoveProducts.sh aus.
3. Wählen Sie, wie in Abbildung 3.52 gezeigt, den Eintrag aus der Liste aus, den Sie entfernen möchten, und bestätigen Sie diese Auswahl mit der ⏎-Taste.

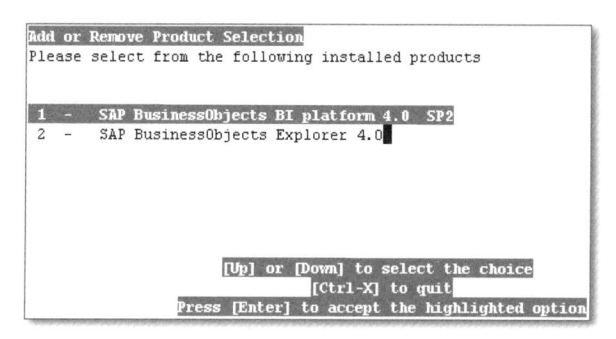

```
Add or Remove Product Selection
Please select from the following installed products

1  -  SAP BusinessObjects BI platform 4.0  SP2
2  -  SAP BusinessObjects Explorer 4.0

                  [Up] or [Down] to select the choice
                             [Ctrl-X] to quit
              Press [Enter] to accept the highlighted option
```

Abbildung 3.52 Auswahl der zu löschenden Software

4. Wählen und bestätigen Sie im Folgebildschirm dann die Option REMOVE.
5. Im Anschluss wird Ihnen die Frage gestellt, ob Sie die Deinstallation wirklich durchführen möchten. Sie können dies erneut mit der ⏎-Taste bestätigen.

```
Uninstall Confirmation


Are you sure you want to uninstall this product?




Press [Tab] to move to the next field, [Ctrl-B] to go back, [Ctrl-X] to quit, or
  [Enter] to continue.
```

Abbildung 3.53 Finale Bestätigung der Deinstallation

3 | Installation und Wartung

6. Nun wird die Deinstallation durchgeführt und der Fortschritt wieder mit einer Prozentanzeige dargestellt.

Deinstallation unter Microsoft Windows-Betriebssystemen

Nach einigen Minuten ist die Deinstallation abgeschlossen. Unter Windows ist der Vorgang ähnlich einfach und wird aus der Systemsteuerung gestartet.

1. Melden Sie sich mit dem Administrationsbenutzer Ihres Microsoft Windows-Servers an.

2. Öffnen Sie die Übersicht der installierten Anwendungen (z. B. über START • SYSTEMSTEUERUNG • PROGRAMME UND FUNKTIONEN).

3. Wählen Sie dort den Eintrag für Ihren SAP BusinessObjects BI-Plattform-Server (siehe Abbildung 3.54) und klicken Sie auf den Button zum Deinstallieren (hier UNINSTALL/CHANGE).

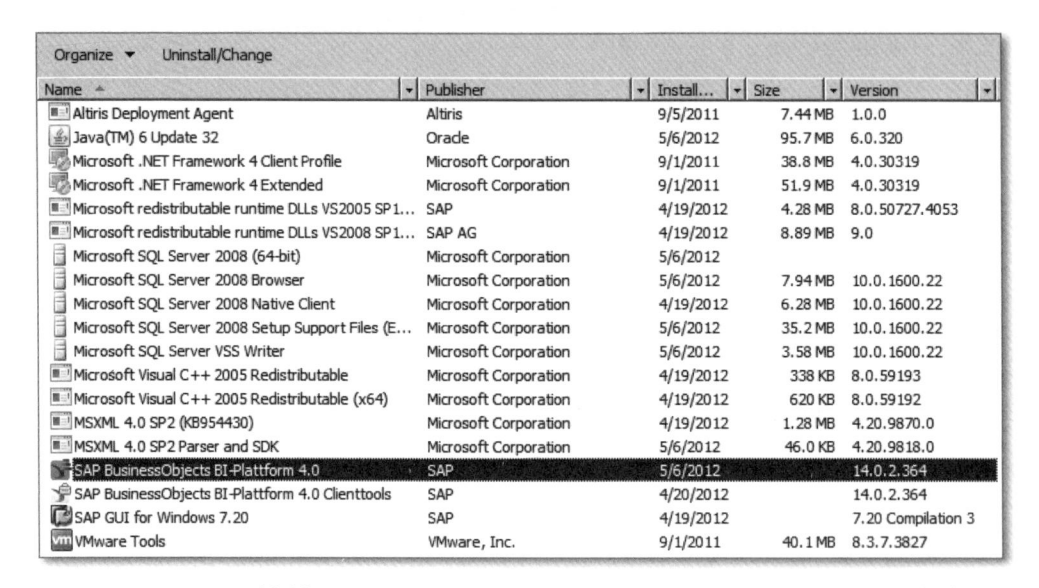

Name	Publisher	Install...	Size	Version
Altiris Deployment Agent	Altiris	9/5/2011	7.44 MB	1.0.0
Java(TM) 6 Update 32	Oracle	5/6/2012	95.7 MB	6.0.320
Microsoft .NET Framework 4 Client Profile	Microsoft Corporation	9/1/2011	38.8 MB	4.0.30319
Microsoft .NET Framework 4 Extended	Microsoft Corporation	9/1/2011	51.9 MB	4.0.30319
Microsoft redistributable runtime DLLs VS2005 SP1...	SAP	4/19/2012	4.28 MB	8.0.50727.4053
Microsoft redistributable runtime DLLs VS2008 SP1...	SAP AG	4/19/2012	8.89 MB	9.0
Microsoft SQL Server 2008 (64-bit)	Microsoft Corporation	5/6/2012		
Microsoft SQL Server 2008 Browser	Microsoft Corporation	5/6/2012	7.94 MB	10.0.1600.22
Microsoft SQL Server 2008 Native Client	Microsoft Corporation	4/19/2012	6.28 MB	10.0.1600.22
Microsoft SQL Server 2008 Setup Support Files (E...	Microsoft Corporation	5/6/2012	35.2 MB	10.0.1600.22
Microsoft SQL Server VSS Writer	Microsoft Corporation	5/6/2012	3.58 MB	10.0.1600.22
Microsoft Visual C++ 2005 Redistributable	Microsoft Corporation	4/19/2012	338 KB	8.0.59193
Microsoft Visual C++ 2005 Redistributable (x64)	Microsoft Corporation	4/19/2012	620 KB	8.0.59192
MSXML 4.0 SP2 (KB954260)	Microsoft Corporation	4/19/2012	1.28 MB	4.20.9870.0
MSXML 4.0 SP2 Parser and SDK	Microsoft Corporation	5/6/2012	46.0 MB	4.20.9818.0
SAP BusinessObjects BI-Plattform 4.0	SAP	5/6/2012		14.0.2.364
SAP BusinessObjects BI-Plattform 4.0 Clienttools	SAP	4/20/2012		14.0.2.364
SAP GUI for Windows 7.20	SAP	4/19/2012		7.20 Compilation 3
VMware Tools	VMware, Inc.	9/1/2011	40.1 MB	8.3.7.3827

Abbildung 3.54 Liste installierter Programme – SAP BusinessObjects BI-Plattform

4. Im Anschluss öffnet sich das Programm zur Deinstallation, das Sie in wenigen Schritten durch die Löschung leitet. Wählen Sie hier wieder die Option zum Entfernen des Systems, und bestätigen Sie Ihre Entscheidung erneut.

Auf diesem Weg wird die Installation Ihres SAP BusinessObjects BI-Plattform-Systems von Ihrem Host entfernt. Der Vorgang nimmt einige Minuten in Anspruch, und Sie können den Fortschritt wieder über eine Prozentanzeige verfolgen.

3.8.2 Deinstallation von SAP BusinessObjects BI-Plattform-Support-Packages

Es kann vorkommen, dass Sie – gegebenenfalls auch nach Aufforderung durch den SAP Support – Support Packages wieder entfernen möchten. Auch dies ist durchaus vorgesehen und wird unter Windows- und Unix-Betriebssystemen unterstützt. Die Vorgänge sind jeweils nicht sehr komplex, aber bei den Betriebssystemen durchaus unterschiedlich. Darum gehen wir an dieser Stelle auf beide Vorgehensweisen gesondert ein.

Support Packages für SAP BusinessObjects BI-Plattform

Deinstallation bei Unix-Betriebssystemen

Wenn Sie ein SAP Support Package unter einem Unix-Betriebssystem entfernen möchten, steht dafür das Skript *modifyOrRemoveProducts.sh* zur Verfügung. Gehen Sie folgendermaßen vor:

Vorgehensweise

1. Melden Sie sich zunächst mit dem Systembenutzer der SAP BusinessObjects BI-Plattform an.
2. Wechseln Sie in das Installationsverzeichnis (z. B. */usr/sap/B50/*) und führen Sie das Werkzeug *modifyOrRemoveProducts.sh* aus.
3. Ihnen wird eine Liste der installierten Komponenten angezeigt (siehe Abbildung 3.55). Wählen Sie das gewünschte Support Package aus und bestätigen Sie die Auswahl mit der ⏎-Taste.

```
Add or Remove Product Selection
Please select from the following installed products


1   -   SAP BusinessObjects BI platform 4.0  SP2 Patch 10
2   -   SAP BusinessObjects BI platform 4.0  SP2 Patch 3
3   -   SAP BusinessObjects Enterprise XI 4.0
4   -   SAP BusinessObjects Explorer 4.0
5   -   SAP BusinessObjects Explorer 4.0  SP2 Patch 10
```

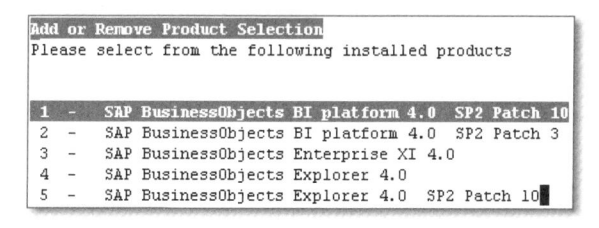

Abbildung 3.55 Installierte Komponenten bei einem SAP BusinessObjects BI-Plattform-Server

4. Nun müssen Sie sich gegebenenfalls einige Sekunden gedulden, bis Sie Ihre Anmeldedaten für Ihr System eingeben. Bis auf das Kennwort des vorgeschlagenen Administrationsbenutzers sollten alle anderen Daten angegeben sein. Tragen Sie das Kennwort ein und bestätigen Sie den Schritt.

3 | Installation und Wartung

5. Erneut wird eine letzte Bestätigung erfragt. Anschließend beginnt bereits die Deinstallation, deren Fortschritt mit dem bekannten Fortschrittsbalken angezeigt wird und die Sie bestätigen.

6. Wenn Sie im Rahmen der Installation des Support Packages Ihre Webanwendungen mithilfe des Skripts *wdeploy* oder manuell eingespielt haben, ist auch im Rahmen der Deinstallation ein manuelles Un-Deployment der SP-Webanwendungen sowie ein erneutes Deployment der ursprünglichen Webanwendungen notwendig. Da dies auch unter Microsoft Windows durchgeführt werden muss, gehen wir darauf gesondert in den nächsten beiden Abschnitten ein.

Deinstallation bei Windows-Betriebssystemen

Vorgehensweise Die Deinstallation des Support Packages unter Microsoft Windows wird über die Systemsteuerung durchgeführt.

1. Öffnen Sie die Systemsteuerung unter START und gehen Sie dort in die Liste der installierten Anwendungen (PROGRAMME UND ANWENDUNGEN).

2. Markieren Sie das gewünschte Support Package in der Liste.

3. Klicken Sie auf DEINSTALLIEREN.

Anpassung der Webanwendungen nach der Deinstallation von Support Packages

In bestimmten Fällen müssen Sie die Webanwendungen in einem gesonderten Schritt wieder auf den ursprünglichen Stand zurücksetzen. Dies ist auch der Fall, wenn Sie mit einem Windows-Betriebssystem arbeiten.

Deinstallieren der Webanwendungen Sie können dafür das Tool `wdeploy` nutzen. Zunächst müssen Sie die Webanwendungen deinstallieren. Führen Sie dafür mit dem Benutzer des SAP BusinessObjects BI-Plattform-Systems das Werkzeug *wdeploy* im Verzeichnis *<Installationsverzeichnis>/sap_bobj/enterprise_xi40/wdeploy*: wdeploy.<sh/bat> <Applikationserver> undeployall aus.

Installieren der ursprünglichen Webanwendungen Im zweiten Schritt müssen Sie nun die ursprünglichen Webanwendungen wieder installieren. Sie können dies ebenfalls mit dem folgenden `wdeploy`-Befehl tun: `wdeploy.<sh/bat> <Applikationserver> deployall`.

Den Parameter »Applikationsserver« müssen Sie gemäß Ihres Applikationsservers füllen. In diesem Kapitel finden Sie die entsprechenden Informationen in Abschnitt 3.1.2, »Installation mit anderen Datenbanken und Applikationsservern«, oder Sie lesen in Kapitel 4, »Administration auf Betriebssystemebene«, nach. Dort beschreiben wir das Werkzeug im Detail.

3.8.3 SAP BusinessObjects Client Tools entfernen

Wenn Sie die SAP BusinessObjects Client Tools wieder entfernen möchten, können Sie das über die Systemsteuerung durchführen. Wir erklären dies hier am Beispiel von Windows 7. Sollten Sie ein anderes Windows-Betriebssystem einsetzen, ist die Vorgehensweise ähnlich.

1. Öffnen Sie zunächst die SYSTEMSTEUERUNG und wählen Sie dort PROGRAMME UND FUNKTIONEN.

Abbildung 3.56 SAP BusinessObjects Client Tools in der Liste installierter Programme

2. Sie sehen in der Liste installierter Programme sowohl installierte Patches, als auch die Client Tools selbst. Markieren Sie die Software, die Sie deinstallieren möchten, und klicken Sie auf DEINSTALLIEREN/ÄNDERN.

3. Danach öffnet sich die Installationsroutine. Wählen Sie dort die Option ENTFERNEN, und klicken Sie dann bei den einzelnen Schritten jeweils WEITER. Zusätzliche Einstellungen sind nicht notwendig.

4. Sollten Sie sich mit der Installation eines Support Packages Probleme auf dem Rechner eingehandelt haben, kann es sinnvoll sein, ein einzelnes Support Package zu deinstallieren. Wenn Sie die Anwendung jedoch vollständig entfernen möchten, können Sie gleich die SAP BusinessObjects Client Tools deinstallieren. Sie erkennen diese daran, dass hinter der Bezeichnung keine Angabe zum SP-Stand mehr zu finden ist. Die Deinstallation nimmt dann jeweils einige Minuten in Anspruch.

3.9 Zusammenfassung

Wir haben in diesem Kapitel die verschiedenen Phasen des Lebenszyklus einer SAP BusinessObjects BI-Plattform umrissen.

Begonnen haben wir mit der Installation eines Systems auf einem zentralen Host. Danach sind wir auf das Hinzufügen weiterer Komponenten eingegangen. Dabei haben wir die SAP BusinessObjects Client Tools hinzugefügt und die Installation des SAP BusinessObjects Explorers beschrieben.

Wie bei anderer Software ist auch bei der SAP BusinessObjects BI-Plattform von Zeit zu Zeit eine Aktualisierung notwendig. Wir haben beschrieben, wie Sie diese Aktualisierung vornehmen können. Es wurde zusätzlich vorgeführt, wie Sie die Client Tools aktualisieren und auch den SAP BusinessObjects Explorer mit einbeziehen.

In einigen Fällen kann auch eine Systemkopie notwendig sein. Sie können so beispielsweise Schulungssysteme erstellen, die einem später zu nutzenden Produktivsystem sehr ähnlich sind.

In einem weiteren Abschnitt haben wir erläutert, wie Sie ein Upgrade einer SAP BusinessObjects BI-Plattform durchführen können. Exemplarisch haben wir ein solches Upgrade von Release 3.1 auf 4.0 durchgeführt.

Abgeschlossen wurde das Kapitel mit Ausführungen, wie ein SAP BusinessObjects BI-Plattform-System entfernt werden kann. Damit haben wir auch die Betrachtung des Lebenszyklus für ein SAP BusinessObjects BI-Plattform-System abgeschlossen. Wir wenden uns nun der Arbeit am vorhandenen System zu und beschreiben die damit verbundenen Administrationsaufgaben.

Die Administration der SAP BusinessObjects BI-Plattform auf Betriebssystemebene steht im Fokus dieses Kapitels – hierzu lernen Sie die relevanten Aufgaben und Werkzeuge sowie deren Anwendung kennen.

4 Administration auf Betriebssystemebene

Nachdem Sie im letzten Kapitel gelernt haben, wie Sie die SAP BusinessObjects BI-Plattform installieren, erfahren Sie in diesem und dem nächsten Kapitel, welche administrativen Aufgaben auf Sie zukommen und wie Sie diese mithilfe der von der SAP AG ausgelieferten Werkzeuge erfüllen können. In diesem Kapitel stehen die Aufgaben und Werkzeuge im Fokus, die Ihnen auf Betriebssystemebene begegnen werden.

Wie Sie erfahren haben, können Sie Ihre SAP BusinessObjects BI-Plattform sowohl auf einer Microsoft Windows- als auch auf einer Unix- oder Linux-Systemumgebung betreiben. Von der SAP AG werden abhängig vom Betriebssystem unterschiedliche Werkzeuge zur Bewältigung der Administrationsaufgaben bereitgestellt. Zudem gibt es einige Werkzeuge, die unabhängig vom eingesetzten Betriebssystem verwendet werden.

Dieses Kapitel ist so aufgebaut, dass Sie zunächst die administrativen Aufgaben allgemein kennenlernen. Anschließend erhalten Sie eine Übersicht über die Administrationswerkzeuge für Microsoft Windows- sowie für Unix- und Linux-Systemumgebungen. Danach werden die Administrationswerkzeuge betrachtet, die Ihnen unabhängig von Ihrem eingesetzten Betriebssystem zur Verfügung stehen. Zum Abschluss dieses Kapitels stellen wir einige exemplarische Lösungen der Administrationsaufgaben in Ihrer jeweiligen Systemumgebung dar. Diese Übersicht kann Ihnen bei der alltäglichen Arbeit als Schnellreferenz dienen.

4 | Administration auf Betriebssystemebene

> **[+] Quellen**
>
> Die Beschreibungen und Tabellen, die Sie in diesem Kapitel finden, beruhen zum Teil auf den Leitfäden »SAP BusinessObjects Enterprise-Administratorhandbuch«, »Benutzerhandbuch für das Repository Diagnostic Tool der Business-Intelligence-Plattform« und »SAP BusinessObjects Enterprise Web Application Deployment Guide« der SAP AG. Zudem wurden auch die Beschreibungen genutzt, die die einzelnen Werkzeuge selbst anzeigen und ausgeben.

4.1 Administrationsaufgaben auf Betriebssystemebene

Aufgabenbereiche

Im Folgenden lernen Sie die einzelnen Aufgaben allgemein kennen, die Sie als Administrator auf Betriebssystemebene Ihrer SAP BusinessObjects BI-Plattform vornehmen müssen. Die Aufgabenbereiche können wie folgt gegliedert werden:

- Starten und Stoppen der SAP BusinessObjects BI-Plattform
- Konfigurieren der SAP BusinessObjects BI-Plattform
- Verwalten der Inhalte der SAP BusinessObjects BI-Plattform

Diese Aufgabenbereiche werden im Folgenden genauer betrachtet.

4.1.1 SAP BusinessObjects BI-Plattform starten und stoppen

Komplett oder einzelne Bereiche

Eine der häufigsten Aufgaben für Sie als Administrator einer SAP BusinessObjects BI-Plattform ist das Starten und Stoppen. Dies kann sowohl das Starten und Stoppen des gesamten Systems als auch einzelner Bestandteile umfassen. Beispielsweise kann es notwendig sein, dass Sie vor Wartungsarbeiten am Betriebssystem das gesamte SAP BusinessObjects BI-Plattform-System manuell stoppen müssen. Bei der Beseitigung von Inkonsistenzen in der Central-Management-Server-Datenbank (CMS-Datenbank) hingegen, würde ein Stoppen der einzelnen Server-Intelligence-Agent-Knoten ausreichen. Entsprechend müssten nach der Problembehebung entweder einzelne Teilbereiche oder die gesamte SAP BusinessObjects BI-Plattform wieder gestartet werden.

Der allgemeine Ablauf des Startens der SAP BusinessObjects BI-Plattform sieht dabei wie folgt aus: *Startvorgang*

1. Starten der CMS-Datenbank
2. Starten der SIA-Knoten
3. Starten der Server
4. Aktivieren der Server
5. Starten weiterer Dienste

Das Stoppen der SAP BusinessObjects BI-Plattform erfolgt in umgekehrter Reihenfolge: *Stoppvorgang*

1. Stoppen weiterer Dienste
2. Deaktivieren der Server
3. Stoppen der Server
4. Stoppen der SIA-Knoten
5. Stoppen der CMS-Datenbank

Im Fokus dieses Buches stehen vor allem die Aufgaben bezüglich des Startens bzw. des Stoppens einzelner SIA-Knoten und der darin definierten Server. Hierfür ist hilfreich, wenn Sie den Ablauf dieser Vorgänge genauer kennenlernen.

> **Starten und Stoppen der CMS-Datenbank sowie weiterer Dienste** [+]
>
> Der Start der SAP BusinessObjects BI-Plattform setzt voraus, dass die CMS-Datenbank bereits läuft und einsatzbereit ist. Zudem müssen Sie beim Stoppen ebenso dafür Sorge tragen, dass die CMS-Datenbank angehalten wird. Abhängig von Ihrer eingesetzten Datenbank, können hierzu unterschiedliche Schritte notwendig sein, jedoch stehen diese nicht im Fokus dieses Buches. Ebenso verhält es sich mit dem Starten und Stoppen der weiteren Dienste wie zum Beispiel dem Webanwendungsserver.
> Literatur hierzu finden Sie z. B. im Programm von Galileo Press oder in Verlagen, die in enger Verbindung zum jeweiligen Hersteller des Datenbankmanagementsystems oder Webanwendungsservers stehen.

Startvorgang eines SIA-Knotens

Wird ein SIA-Knoten gestartet, prüft dieser zunächst seine Konfiguration daraufhin, ob er einen lokalen CMS starten soll oder nicht. Ist dies der Fall, wird der CMS gestartet und der SIA-Knoten baut eine Verbindung zu diesem auf. Soll kein CMS vom SIA-Knoten gestartet   *Verbindung zum CMS* werden, wird anhand des Cache ermittelt, zu welchem CMS eine Verbindung aufgebaut werden soll. Ist dieser CMS nicht verfügbar, versucht der SIA-Knoten den nächsten CMS aus seinem Cache anzusprechen. Sollte kein CMS beim Start des SIA-Knotens bereit stehen, wartet der SIA-Knoten so lange, bis ein CMS erreichbar wird. Ist ein CMS verfügbar, baut der SIA-Knoten eine Verbindung zu diesem auf. Der CMS prüft nun die Identität des SIA-Knotens, um so dessen Gültigkeit sicherzustellen.

Server ermitteln — Ist die Verbindung hergestellt und der SIA-Knoten validiert worden, fragt dieser eine Liste der zu verwaltenden Server vom CMS ab. Der CMS holt diese Daten sowie die Konfiguration der einzelnen Server aus seiner Datenbank und liefert diese Informationen an den SIA-Knoten zurück.

[+] **Speicherort der Serverkonfiguration**

Die Informationen darüber, welche Server mit welcher Konfiguration von einem SIA-Knoten gestartet werden sollen, sind nicht Bestandteil der Konfigurationsdateien des SIA-Knotens. Diese Informationen sind in der CMS-Datenbank gespeichert und müssen vom SIA-Knoten über einen CMS ermittelt werden.

Starten und Aktivieren der Server — Der SIA-Knoten startet und aktiviert nun alle Server, die für den automatischen Start konfiguriert sind. Dabei werden die Server so eingestellt, dass diese denselben CMS verwenden wie der SIA-Knoten. Zudem überwacht der SIA-Knoten die Zustände der einzelnen Server. Alle Server, die nicht für den automatischen Start konfiguriert sind, werden vom SIA-Knoten nicht gestartet und nicht aktiviert.

Stoppvorgang eines SIA-Knoten

Information an den CMS — Beim Stoppen eines SIA-Knotens wird zunächst der CMS darüber informiert, dass dieser SIA-Knoten gestoppt wird. Anschließend beginnt der SIA-Knoten damit, die einzelnen Server anzuhalten. Sollte der CMS im zu stoppenden SIA-Knoten laufen, wird dieser ebenfalls beendet.

Stoppen beim Herunterfahren des Betriebssystems — Erfolgt das Stoppen auf Grund dessen, dass das Betriebssystem heruntergefahren wird, werden die Server vom SIA-Knoten aufgefordert, sich zu beenden. Sollten diese nicht innerhalb von 25 Sekunden gestoppt sein, erfolgt eine erzwungene Beendigung der Server durch den SIA-Knoten. Anschließend wird der SIA-Knoten angehalten.

Erfolgt das Stoppen des SIA-Knoten manuell, werden zunächst die Server deaktiviert. Sobald diese mit der Verarbeitung laufender Aufträge fertig sind, werden sie gestoppt. Danach wird auch der SIA-Knoten angehalten. Abweichend davon verhält es sich, wenn der SIA-Knoten zum sofortigen Stopp angewiesen wird. Hier werden alle Server zur sofortigen Beendigung aufgefordert und es wird anschließend der SIA-Knoten angehalten.

Manuelles Stoppen

Server starten und aktivieren, stoppen und deaktivieren

Wie Sie bereits festgestellt haben, wird zwischen Starten und Aktivieren sowie zwischen Stoppen und Deaktivieren der Server unterschieden. Dies ist darin begründet, dass die Server sich bei diesen Schritten unterschiedlich verhalten.

Wird ein Server gestartet, jedoch nicht aktiviert, läuft dieser als Prozess auf Betriebssystemebene, nimmt jedoch noch keine Anfragen entgegen und steht nicht für Verarbeitungen von Aufträgen zur Verfügung. Erst durch das Aktivieren des Servers reagiert dieser auf seinen angegebenen Netzwerk-Port und nimmt die Verarbeitung von Anfragen auf.

Starten und Aktivieren

Wird ein Server deaktiviert, beendet dieser die Entgegennahme neuer Aufgaben und lauscht nicht mehr auf seinen angegebenen Netzwerk-Port. Jedoch werden die in Abarbeitung befindlichen Aufträge fertiggestellt, der Server läuft als Prozess auf Betriebssystemebene weiter. Erst durch das Stoppen wird auch der Prozess des Servers beendet.

Deaktivieren und Stoppen

4.1.2 SAP BusinessObjects BI-Plattform konfigurieren

Neben dem Starten und Stoppen ist die Konfiguration ein weiterer Aufgabenschwerpunkt der SAP BusinessObjects BI-Plattform. Die Aufgaben, die Sie dabei auf Betriebssystemebene bewältigen müssen, sind unter anderem folgende:

Aufgabenbereiche

▶ Sichern und Wiederherstellen der Serverkonfiguration
▶ Konfiguration der SIA-Knoten und der CMS-Datenbank
▶ Konfiguration der Cluster-Einstellungen
▶ Konfiguration der Webanwendungen

Sicherung und Wiederherstellung der Servereinstellungen

Einer der wichtigsten Schritte, den Sie vor der Anpassung der Konfiguration Ihrer SAP BusinessObjects BI-Plattform durchführen sollten, ist das Sichern der Servereinstellungen. Dies liegt darin begründet, dass Sie bei der Anpassung der Einstellungen des Systems unabsichtlich einen Zustand erzeugen können, in dem das System nicht wie gewünscht arbeitet, beispielsweise kann bei falscher Vergabe des Cluster Keys der SIA-Knoten nicht mehr starten. Um in diesem Fall nicht eine komplette Wiederherstellung der CMS-Datenbank vornehmen zu müssen, ist es ratsam, Sicherungen der Servereinstellungen durchzuführen.

[+] **Gründe für Sicherungen**

Eine Sicherung der Serverkonfiguration ist neben dem regelmäßigen Backup immer im Vorfeld von Änderungen an der Konfiguration der SAP BusinessObjects BI-Plattform sinnvoll (siehe Kapitel 9, »Backup, Restore und Recovery«). Dies umfasst vor allem die Punkte der Erstellung, Umbenennung, Verschiebung oder Löschung von SIA-Knoten. Zudem sollten Sie Sicherungen vor dem Erstellen oder Löschen von Servern sowie bei der Anpassung deren Konfiguration durchführen.

Sicherung der Serverkonfiguration

Bei der Sicherung der Serverkonfiguration werden die aktuellen Einstellungen in einer BIAR-Datei gespeichert. Die darin erfassten Konfigurationen sind unabhängig von den Objekten und den SAP BusinessObjects-Inhalten der CMS-Datenbank sowie der FRS. Es ist empfehlenswert, diese Backupdatei auf einem getrennten Speichermedium aufzubewahren.

Wiederherstellung der Serverkonfiguration

Wenn Sie einen Fehler in der neu getroffenen Konfiguration Ihrer SAP BusinessObjects BI-Plattform feststellen, können Sie die Serverkonfiguration wiederherstellen. Dazu spielen Sie die zuvor gesicherte BIAR-Datei wieder in die CMS-Datenbank ein. Die Objekte und die SAP BusinessObjects-Inhalte der CMS-Datenbank sowie der FRS werden dadurch nicht geändert.

Konfiguration der SIA-Knoten und der CMS-Datenbank

Die Konfiguration der SIA-Konten oder der CMS-Datenbank zu ändern, ist hautsächlich beim initialen Einrichten der SAP BusinessObjects BI-Plattform sowie beim Anpassen an neue Leistungsanforderungen oder neuen Hardwarestrukturen notwendig. Dies umfasst beispielsweise das Anlegen, Wiederherstellen, Verschieben, Umbenennen oder Löschen von SIA-Knoten sowie das Ändern der CMS-Datenbankanbindung oder das Kopieren und Reinitialisieren der CMS-Datenbank.

Das Anlegen neuer SIA-Knoten ist hauptsächlich dann sinnvoll, wenn Sie eine größere Lastbewältigung Ihrer SAP BusinessObjects BI-Plattform erreichen möchten. Hierzu haben Sie die Möglichkeit, mehrere SIA-Knoten zusammen als Cluster gegen eine CMS-Datenbank arbeiten zu lassen. Das Löschen einzelner SIA-Knoten ermöglicht es Ihnen, die entsprechenden Ressourcen bei einem geringeren Leistungsbedarf wieder freizugeben. Zudem müssen Sie, falls Sie einen SIA-Knoten umbenennen möchten, den Umweg über das Kopieren eines bestehenden SIA-Knotens und dem Löschen des alten gehen. Das Wiederanlegen eines Knotens kann nach der Wiederherstellung der Serverkonfiguration oder nach einer Beschädigung des Dateisystems notwendig werden. Das Verschieben eines Knotens versetzt Sie in die Lage, einen SIA-Knoten von einem Cluster in einen andern Cluster zu bewegen.

Anpassung der SIA-Knoten

Anpassungen der CMS-Datenbankanbindung oder das Neuinitialisieren der CMS-Datenbank sollten eher die Ausnahme darstellen und nur selten von Ihnen durchgeführt werden müssen. Situationen, in denen Sie eine Änderung der CMS-Datenbankanbindung vornehmen sollten, sind beispielsweise das Verschieben der CMS-Datenbank auf einen anderen Server oder das Aktualisieren der Zugangsdaten. Die CMS-Datenbank zu kopieren kann im Rahmen von Upgrades des Datenbankmanagementsystems sinnvoll sein. Ein Grund für die Reinitialisierung der CMS-Datenbank kann unter anderem das Zurücksetzen des Entwicklungssystems auf den Ausgangszustand sein.

Anpassungen der CMS-Datenbank

> **Vor Operationen an der CMS-Datenbank Backup durchführen!** [!]
>
> Bitte beachten Sie, dass beim Kopieren der CMS-Datenbank die Inhalte der Zieldatenbank gelöscht werden. Ebenso gehen beim Reinitialisieren der CMS-Datenbank alle Daten verloren. Sie sollten daher dringend vor solchen Operationen ein Backup erstellen (siehe Kapitel 9, »Backup, Restore und Recovery«).

Konfiguration der Cluster-Einstellungen

Bei den Cluster-Einstellungen ist es vor allem wichtig, den korrekten Cluster Keys zu setzen, um die Funktionalität Ihrer SAP BusinessObjects BI-Plattform sicherzustellen. Zudem können Sie den Namen Ihres Clusters anpassen.

Cluster Key anpassen

Der Cluster Key wird genutzt, um die Daten in der CMS-Datenbank zu verschlüsseln. Er wird während der Installation Ihrer SAP BusinessObjects BI-Plattform für die SIA-Knoten erzeugt. Ohne den korrekten Cluster Key können keine Daten durch den CMS von der CMS-Datenbank ermittelt werden. Eine Anpassung oder Änderung des Cluster Keys ist jedoch nur in Ausnahmesituationen erforderlich.

Cluster-Namen anpassen

Sie können den Namen eines bestehenden Clusters bei Bedarf für die SIA-Knoten ändern. Die SIA-Knoten passen dann beim nächsten Startvorgang die Konfiguration der einzelnen Server auf den neuen Namen automatisch an.

Konfiguration der Webanwendungen

Für Sie als Administrator kann es notwendig sein, Anpassungen an den Webanwendungen Ihrer SAP BusinessObjects BI-Plattform vorzunehmen. Dies kann beispielsweise der Fall sein, wenn Sie die Authentifizierungsmethode für die Anmeldung der Benutzer an das BI Launch Pad oder die CMC ändern müssen. Die dazu relevanten Schritte sind das Deinstallieren, das Anpassen und das erneute Implementieren der Webanwendungen sowie das Neustarten Ihres Webanwendungsservers.

Notwendigkeit der Schritte

Das Implementieren und Deinstallieren von Webanwendungen für die Bearbeitung dieser Webanwendungen ist abhängig von dem Webanwendungsserver, den Sie einsetzen. So können Sie diesen Schritt beispielsweise bei dem Tomcat-Webanwendungsserver überspringen, der mit der SAP BusinessObjects BI-Plattform ausgeliefert wird. Jedoch ist ein Neustart des Webanwendungsservers nach der Bearbeitung der Webanwendungen immer notwendig.

Deinstallieren

Das Deinstallieren von Webanwendungen umfasst das Ausbauen dieser Webanwendungen aus dem Webanwendungsserver. Dadurch ist es für Sie möglich, die Dateien der Webanwendungen zu bearbeiten. Die Webanwendungen stehen in dieser Zeit den Nutzern nicht zur Verfügung.

Konfigurieren

Die mit der SAP BusinessObjects BI-Plattform gelieferten Webanwendungen können Sie über mehrere Konfigurationsdateien anpassen:

- **Allgemeine Konfigurationsdatei**
  In einer allgemeinen Konfigurationsdatei können Sie Einstellungen festlegen, die für alle Webanwendungen Gültigkeit haben. So können Sie beispielsweise Single Sign-on (SSO) aktivieren und Authentifizierungsmethoden konfigurieren.

- **Webanwendungsbezogene Konfigurationsdateien**
  In den webanwendungsbezogenen Konfigurationsdateien können Sie für jede Webanwendung spezielle Einstellungen vornehmen. Hier haben Sie zum Beispiel die Möglichkeit, die Anmeldeoberflächen der einzelnen Webanwendungen zu konfigurieren oder das Verhalten der Webanwendungen beim Ablauf der Sitzungen zu bestimmen.

Beim Implementieren der Webanwendungen werden die Dateien dieser Webanwendungen entsprechend aufbereitet und in den Webanwendungsserver implementiert. Dabei kann die Implementierung, abhängig vom eingesetzten Typen des Webanwendungsservers, auch verteilt auf mehrere Instanzen des Webanwendungsservers erfolgen, was zu einer Lastverteilung führen kann.

Implementieren

4.1.3 Inhalte der SAP BusinessObjects BI-Plattform verwalten

Ein weiterer Aufgabenbereich, mit dem Sie als Administrator auf Betriebssystemebene zu tun haben können, ist die Verwaltung der Inhalte der SAP BusinessObjects BI-Plattform. Dies betrifft vor allem das Ermitteln und Beseitigen von Inkonsistenzen und das Übertragen von Objekten von einem System zum anderen.

Inkonsistenzen ermitteln und beseitigen

Zu Inkonsistenzen in den Inhalten Ihrer SAP BusinessObjects BI-Plattform kann es unter anderem kommen, indem die Verarbeitung von Anfragen beispielsweise durch Netzwerkausfälle unterbrochen wird. Eine weitere Ursache kann die nur teilweise Wiederherstellung eines Backups sein. Es ist Ihre Aufgabe, diese Inkonsistenzen zu ermitteln und anschließend zu beseitigen.

Es sind dabei zwei Arten von Inkonsistenzen zu unterscheiden:

Arten von Inkonsistenzen

- Inkonsistenzen der Inhalte der CMS-Datenbank gegenüber den Inhalten der FRS

▶ Inkonsistenzen der Metadaten zu den InfoObjects in der CMS-Datenbank

Inkonsistenzen zu den FRS

Bei Inkonsistenzen zwischen den Inhalten der CMS-Datenbank gegenüber den Inhalten der FRS besteht ein Schiefstand zwischen den in der Datenbank erfassten und den auf dem FRS tatsächlich abgelegten Dateien. Dies kann beispielsweise durch eine Wiederherstellung der CMS-Datenbank oder durch unbeabsichtigtes Löschen von Dateien entstehen. Folgende Situationen können dabei auftreten:

▶ In der CMS-Datenbank wird eine Datei geführt, die es auf dem FRS nicht gibt.

▶ Es existiert eine Datei auf dem FRS, die nicht in der CMS-Datenbank erfasst ist.

▶ Eine Datei auf dem FRS hat eine andere tatsächliche Größe als die in der CMS-Datenbank erfasste Größe.

▶ Ein Verzeichnis auf dem FRS ist leer und wird nicht mehr verwendet.

Inkonsistenzen in den Metadaten

Die Inkonsistenzen zwischen den Metadaten und den InfoObjects in der CMS-Datenbank bestehen darin, dass Informationen zu Objekten gehalten werden, die falsch oder nicht mehr gültig sind. Dies können unter anderem folgende Informationen bzw. Fälle sein:

▶ Die ID eines übergeordneten Objektes, des Eigentümers oder des Absenders ist für das aktuelle Objekt nicht mehr gültig.

▶ Die Angabe eines Objektes über die letzte erfolgreiche Instanz verweist auf eine nicht existierende Instanz.

▶ Das Objekt verweist auf einen nicht existenten Kalender.

▶ Die für das Objekt hinterlegte Servergruppe ist nicht vorhanden oder ungültig.

▶ Ein oder mehrere Ereignisse existieren nicht, auf die das aktuelle Objekt wartet oder die das aktuelle Objekt auslösen will.

▶ Die Angabe der Zugriffsrechte eines Objektes beinhaltet nicht existente Nutzer.

▶ Ein Nutzer hat mehrere Favoritenverzeichnisse.

Objekte übertragen

Das Übertragen von Objekten ermöglicht es Ihnen, Inhalte der CMS-Datenbank von einem SAP BusinessObjects BI-Plattform-System auf ein anderes zu übertragen. Beispielsweise können Sie damit die Objekte von Ihrem Entwicklungssystem in das Qualitätssicherungssystem und später in das Produktivsystem verteilen. Neben den Objekten selbst können Sie auch Beziehungen zwischen den Objekten, den Benutzern und den Gruppen sowie die Rechte auf die Objekte übertragen. Dazu werden die Objekte in dem einen System exportiert und in dem gewünschten Zielsystem importiert.

4.2 Administrationswerkzeuge in Microsoft Windows-Systemumgebungen

In diesem Abschnitt lernen Sie die Administrationswerkzeuge für Microsoft Windows-Systemumgebungen kennen. Zunächst erfolgt dazu ein Exkurs zum Thema »Microsoft Windows-Dienste«. Anschließend wird der von der SAP AG ausgelieferte Central Configuration Manager (CCM) vorgestellt.

> **Eingabeaufforderung aufrufen** [+]
>
> Bei der Nutzung von Administrationswerkzeugen, die als Kommandozeilenwerkzeuge vorliegen, ist es notwendig die *Eingabeaufforderung* zu verwenden. Die Eingabeaufforderung ermöglicht es Ihnen, wie von DOS oder der Linux Shell bekannt, in einer Textzeile Befehle einzugeben und deren Ausgabe zu sehen. Diese können Sie über START • ALLE PROGRAMME • ZUBEHÖR • EINGABEAUFFORDERUNG aufrufen. Es öffnet sich dann ein Fenster, in dem Sie die Befehle über die Tastatur eingeben können.
>
> Möchten Sie beispielsweise ein Verzeichnis wechseln, können Sie dazu den Befehl cd nutzen. Zum Wechsel in das Installationsverzeichnis der SAP BusinessObjects BI-Plattform geben Sie cd »C:\PROGRAM FILES (x86)\ SAP BUSINESSOBJECTS« ein.

4.2.1 Exkurs: Microsoft Windows-Dienste

In diesem Exkurs werden Sie mit dem Begriff *Dienst* in Microsoft Windows-Systemumgebungen vertraut gemacht. Zudem lernen Sie die Bedeutung dieser Dienste für Ihre SAP BusinessObjects BI-Plattform kennen. Anschließend werden Ihnen die Werkzeuge zur Administration der Dienste vorgestellt. Dabei stehen das Microsoft-Management-Console-Snap-In »Dienste« (in englischen Betriebssystemen »Services«) als grafisches Administrationswerkzeug und die Kommandozeilenwerkzeuge net und sc im Vordergrund der Betrachtungen.

Microsoft Windows-Dienste und die SAP BusinessObjects BI-Plattform

Microsoft Windows-Dienste

Dienste sind in Microsoft Windows registrierte Programme eines speziellen Anwendungstypen, die ohne Benutzeroberfläche arbeiten und im Systemhintergrund ausgeführt werden. Dienste können beim Start- und Stoppvorgang Ihres Microsoft Windows-Systems automatisch mit gestartet und gestoppt werden. Zudem können Abhängigkeiten der Dienste untereinander hinterlegt werden, wodurch eine geordnete Start- und Stoppreihenfolge ermöglicht wird.

Weiterhin haben Sie die Möglichkeit, Dienste unter dem Konto eines bestimmten Benutzers ausführen zu lassen, wodurch Sie die Dienste mit verschiedenen Rechten versehen können. Zusätzlich bieten Microsoft Windows-Dienste verschiedene Verfahren, auf einen unerwarteten Abbruch eines Dienstes zu reagieren, zum Beispiel den Dienst automatisch erneut zu starten oder ein anderes Programm zur Fehlerbehebung auszuführen.

Insgesamt können Sie die Microsoft Windows-Dienste von ihren Funktionen her beispielsweise mit den unter Unix-Umgebungen bekannten Daemon-Prozessen vergleichen.

Dienste und SIA-Knoten

Wenn Sie Ihre SAP BusinessObjects BI-Plattform in einer Microsoft Windows-Systemumgebung installieren, werden die einzelnen SIA-Knoten als Dienst registriert und somit in den Start- und Stoppvorgang Ihres Microsoft Windows-Systems mit eingebunden. Dadurch haben Sie unter anderem die Möglichkeit, die SIA-Knoten über die Verwaltung der Microsoft Windows-Dienste zu konfigurieren sowie manuell zu starten und zu stoppen. Dies ist insbesondere bei der Verwendung der von der SAP AG bereitgestellten Kommandozeilenwerkzeuge von Bedeutung, da diese Administrationswerkzeuge eine solche Funktion selbst nicht bieten.

Microsoft-Management-Console-Snap-In »Dienste«

Aufruf

Zur Verwaltung der Microsoft Windows-Dienste steht Ihnen unter anderem das grafische Administrationswerkzeug Microsoft-Management-Console-Snap-In »Dienste« (in englischen Microsoft Windows-Umgebungen »Services«) zur Verfügung. Sie finden dieses Werkzeug unter START • VERWALTUNG • DIENSTE oder integriert in den Server-Manager unter SERVER-MANAGER • KONFIGURATION • DIENSTE.

Wenn Sie das Microsoft-Management-Console-Snap-In »Dienste« aufrufen, öffnet sich ein Fenster, das dem in der Abbildung 4.1 ähnelt. Im Hauptbereich erhalten Sie eine Liste mit allen in Ihrem Windows-System registrierten Diensten. Zu jedem dieser Dienste erhalten Sie zusätzliche Informationen wie beispielsweise eine Beschreibung, den aktuellen Zustand und den Starttypen.

Hauptbereich

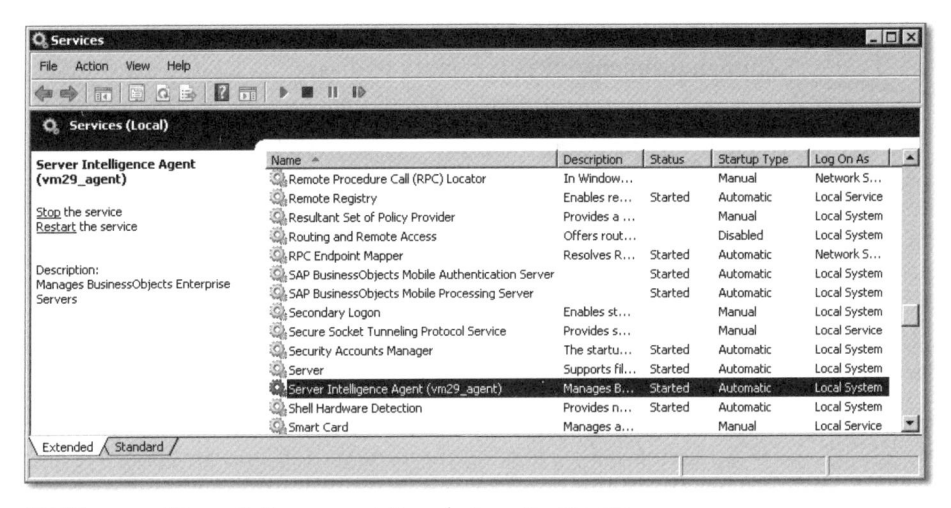

Abbildung 4.1 Microsoft-Management-Console-Snap-In »Dienste«

Mithilfe der Symbolleiste im oberen Bereich des Fensters haben Sie die Möglichkeit, einen ausgewählten Dienst zu starten und zu stoppen sowie sich die Eigenschaften dieses Dienstes anzeigen zu lassen. Zur Darstellung der Eigenschaften öffnet sich ein gleichnamiges Popup, in dem die einzelnen Einstellungen thematisch auf folgende Registerkarten verteilt sind.

Funktionen

▶ **Allgemein**
In dieser Registerkarte werden allgemeine Angaben zum Dienst dargestellt. Zudem können Sie Einstellungen zum Startverhalten sowie die Startparameter festlegen und den Dienst starten und stoppen.

▶ **Anmeldung**
Hier haben Sie die Möglichkeit anzugeben, unter welchem Nutzer der Dienst laufen soll. Dies ist vor allem bei Zugriffen auf geschützte Ressourcen eine wichtige Option.

▶ **Wiederherstellung**
In dieser Registerkarte können Sie festlegen, wie Windows reagieren soll, falls der Dienst unerwartet abgebrochen ist. Unter ande-

rem können Sie hier festlegen, dass der Dienst erneut gestartet oder ein anderes Programm ausgeführt werden soll.

- **Abhängigkeiten**
  In dieser Registerkarte werden Abhängigkeiten des Dienstes hinterlegt, zum Beispiel welche Dienste verfügbar sein müssen, damit dieser Dienst gestartet werden kann.

Kommandozeilenwerkzeuge »net« und »sc«

Aufruf

Microsoft stellt zur Administration der Dienste die beiden Kommandozeilenwerkzeuge `net` und `sc` bereit. Möchten Sie diese beiden Werkzeuge nutzen, müssen Sie zunächst die Eingabeaufforderung starten. In der Eingabeaufforderung können Sie nun einfach die beiden Befehle `net` und `sc` eingeben. Sie erhalten jeweils eine Übersicht mit allen Kommandos, die die Werkzeuge verarbeiten können.

Kommandozeilenwerkzeug »net«

Möchten Sie einen Dienst stoppen oder starten, können Sie dafür das Kommandozeilenwerkzeug `net` nutzen. Mit der Anweisung `net help <Befehl>` erhalten Sie zu jedem Kommando ausführliche Informationen. So lauten beispielsweise die zum Starten und Stoppen relevanten Befehle `net start <Dienst>` und `net stop <Dienst>`, wobei Sie für `<Dienst>` den angezeigten Namen des entsprechenden Dienstes angeben. Eine beispielhafte Ausführung sehen Sie in Abbildung 4.2.

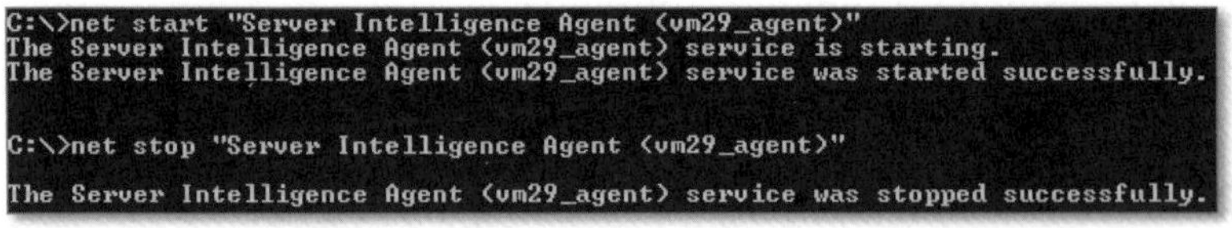

```
C:\>net start "Server Intelligence Agent (vm29_agent)"
The Server Intelligence Agent (vm29_agent) service is starting.
The Server Intelligence Agent (vm29_agent) service was started successfully.

C:\>net stop "Server Intelligence Agent (vm29_agent)"
The Server Intelligence Agent (vm29_agent) service was stopped successfully.
```

Abbildung 4.2 Starten und Stoppen von Diensten mithilfe des Kommandozeilenwerkzeugs »net«

Wollen Sie hingegen einen Dienst konfigurieren, können Sie dafür das Kommandozeilenwerkzeug `sc` nutzen. Möchten Sie beispielsweise, dass ein Dienst zukünftig nicht mehr automatisch gestartet wird, können Sie dazu den Befehl `sc config <Dienstnamet> start= disabled` absetzen, wobei Sie für `<Dienstname>` den Namen des entsprechenden Dienstes angeben. Eine beispielhafte Ausführung sehen Sie in Abbildung 4.3.

```
C:\Users\Administrator>sc GetKeyName "Server Intelligence Agent (vm29_agent)"
[SC] GetServiceKeyName SUCCESS
Name = BOEXI40SIAvm29USCOREagent

C:\Users\Administrator>sc config BOEXI40SIAvm29USCOREagent start= disabled
[SC] ChangeServiceConfig SUCCESS
```

Abbildung 4.3 Ändern des Startverhaltens von Diensten mithilfe des Kommandozeilenwerkzeugs »sc«

> **Richtige Eingabe des Befehls** [+]
>
> Zwischen der Option und dem Gleichheitszeichen dürfen Sie kein Leerzeichen setzen. Dafür müssen Sie jedoch zwischen dem Gleichheitszeichen und dem gewünschten Wert zwingend ein Leerzeichen eingeben: sc CONFIG <DIENSTNAME> <OPTION1>= <WERT1>.

Beachten Sie, dass der Dienstname nicht gleich dem Anzeigenamen des Dienstes ist. Für das Kommandozeilenwerkzeug net müssen Sie den Anzeigenamen verwenden, für das Kommandozeilenwerkzeug sc den Dienstnamen. Sie können den Dienstnamen entweder der Registerkarte ALLGEMEIN im EIGENSCHAFTEN-Pop-up des Microsoft-Management-Console-Snap-In »Dienste« entnehmen oder über den Befehl sc GetKeyName <Dienst> ermitteln, wobei Sie für <Dienst> den angezeigten Namen des entsprechenden Dienstes angeben.

Anzeigename vs. Dienstname

4.2.2 Central Configuration Manager

Der *Central Configuration Manager* ist ein von der SAP AG bereitgestelltes Administrationswerkzeug, das Ihnen bei der Konfiguration Ihrer SAP BusinessObjects BI-Plattform hilft. Mit dem Central Configuration Manager können Sie Einstellungen an den SIA-Knoten vornehmen, die einzelnen Knoten und Server starten und stoppen sowie Sicherungen der Serverkonfiguration des Clusters erstellen und wiederherstellen. Zudem ermöglicht es der Central Configuration Manager, Konfigurationen bezüglich der CMS-Datenbank vorzunehmen.

Aufruf des Central Configuration Manager

Die ausführbare Datei des Central Configuration Manager, die *ccm.exe*, finden Sie im Installationsverzeichnis Ihrer SAP BusinessObjects BI-Plattform unter dem Pfad *C:\Program Files (x86)\SAP BusinessObjects\SAP BusinessObjects Enterprise XI 4.0\win64_x64*.

Speicherort

4 | Administration auf Betriebssystemebene

Der Central Configuration Manager kann unter Microsoft Windows-Systemumgebungen in zwei Varianten genutzt werden. Zum einen kann der Central Configuration Manager als grafisches Benutzerwerkzeug und zum anderen als Kommandozeilenwerkzeug eingesetzt werden.

Aufruf Möchten Sie den Central Configuration Manager in seiner grafischen Variante nutzen, können Sie ihn über START • ALLE PROGRAMME • SAP BUSINESSOBJECTS ENTERPRISE XI 4.0 • SAP BUSINESSOBJECTS ENTERPRISE • CENTRAL CONFIGURATION MANAGER aufrufen oder per Doppelklick auf die Datei *ccm.exe* starten. Möchten Sie hingegen den Central Configuration Manager als Kommandozeilenwerkzeug nutzen, müssen Sie zunächst die Eingabeaufforderung starten und in das Verzeichnis des Central Configuration Manager wechseln. Sie können den Central Configuration Manager jetzt mithilfe von Kommandozeilenparametern ansprechen.

Central Configuration Manager (grafisch)

Hauptfenster Starten Sie den Central Configuration Manager mit der grafischen Benutzeroberfläche, öffnet sich das in Abbildung 4.4 gezeigte Fenster. Im Hauptbereich dieses Fensters erhalten Sie eine Liste mit allen Knoten, die auf dem ausgewählten Rechner konfiguriert sind. Darüber hinaus werden Ihnen Informationen zur aktuellen Version und zum aktuellen Status sowie eine Beschreibung des jeweiligen Knotens angezeigt.

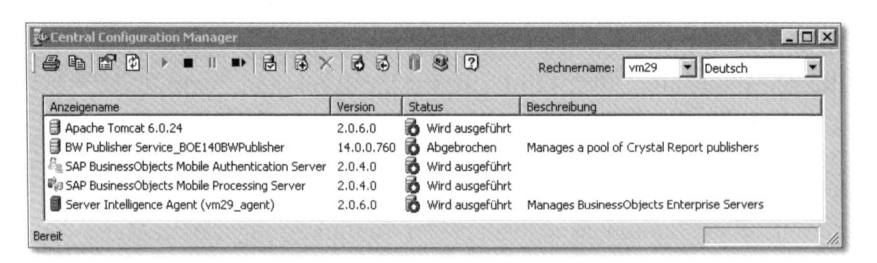

Abbildung 4.4 Central Configuration Manager mit grafischer Benutzeroberfläche

[+] Sprache der Benutzeroberfläche des Central Configuration Manager

Sie haben die Möglichkeit, die CCM-Oberflächensprache einzustellen. Leider ist jedoch die Übersetzung der Oberfläche in die deutsche Sprache an einigen Stellen nicht optimal gelungen, da die eingedeutschten Begriffe missverständlich sein können. Sollten Sie keine Probleme mit der englischen Sprache haben, empfehlen wir Ihnen daher, diese als Anzeigesprache des Central Configuration Manager zu wählen.

Über die Symbolleiste im oberen Bereich des Fensters, siehe Abbildung 4.5, können Sie die einzelnen Funktionen des Central Configuration Manager aufrufen. Tabelle 4.1 gibt Ihnen hierzu eine Übersicht. Anschließend werden die wichtigsten Pop-ups genauer vorgestellt, die sich bei den beschriebenen Funktionen öffnen können.

Funktionen

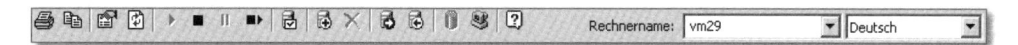

Abbildung 4.5 Symbolleiste des Central Configuration Manager mit grafischer Benutzeroberfläche

Funktion	Beschreibung
DRUCKEN	Druckt eine Seite mit den Angaben zu den Werten ANZEIGENAME, SERVER-ANZEIGENAME, VERSION, BEFEHLSZEILE, STATUS, BESCHREIBUNG und gegebenenfalls weiteren Informationen zum ausgewählten Knoten aus.
KOPIEREN	Kopiert die Angaben zu den Werten ANZEIGENAME, SERVER-ANZEIGENAME, VERSION, BEFEHLSZEILE, STATUS, BESCHREIBUNG und gegebenenfalls weiteren Informationen zum ausgewählten Knoten in die Zwischenablage.
EIGENSCHAFTEN	Öffnet ein Pop-up, in dem die Eigenschaften des ausgewählten Knotens bearbeitet werden können. Möchten Sie hierüber Änderungen vornehmen, muss der ausgewählte Knoten gestoppt sein.
REGENERIEREN	Dieser Button aktualisiert die Anzeige.
STARTEN	Dieser Button startet den ausgewählten Knoten.
STOPPEN	Dieser Button stoppt den ausgewählten Knoten.
ANHALTEN	Dieser Button hält den ausgewählten Knoten an.
NEU STARTEN	Dieser Button stoppt und startet den ausgewählten Knoten.
SERVER VERWALTEN	Dieser Button öffnet ein Pop-up, in dem Sie die einzelnen Server starten und stoppen sowie aktivieren und deaktivieren können.

Tabelle 4.1 Funktionen des Central Configuration Manager

Funktion	Beschreibung
KNOTEN HINZUFÜGEN	Dieser Button startet einen Assistenten, der Ihnen beim Erstellen eines neuen SIA-Knotens behilflich ist.
KNOTEN LÖSCHEN	Dieser Button ermöglicht das Löschen eines gestoppten Knotens.
SERVERKONFIGURATION SICHERN	Dieser Button startet einen Assistenten, der Ihnen beim Erstellen einer Sicherung Ihrer Serverkonfiguration behilflich ist.
SERVERKONFIGURATION WIEDERHERSTELLEN	Dieser Button startet einen Assistenten, der Ihnen beim Wiederherstellen Ihrer Serverkonfiguration auf Grundlage einer Sicherung behilflich ist.
CMS-DATENQUELLE ANGEBEN	Dieser Button ermöglicht die Aktualisierung, Anpassung oder Neuerstellung der CMS-Datenquelle. Diese Funktion ist nur für gestoppte SIA-Knoten verfügbar.
NACH COMPUTER SUCHEN	Dieser Button ermöglicht die Suche nach weiteren Rechnern in Ihrem Netzwerk, die im Cluster genutzt werden können.
HILFE	Dieser Button öffnet ein Pop-up mit zahlreichen Hilfethemen und Anleitungen zur Nutzung des Central Configuration Manager.
RECHNERNAME	Dieses Drop-down-Menü ermöglicht die Auswahl eines anderen Rechners des Clusters.
SPRACHE	Dieses Drop-down-Menü ermöglicht die Auswahl einer anderen Sprache für die Benutzeroberfläche. Ein Neustart des Central Configuration Manager ist jedoch notwendig.

Tabelle 4.1 Funktionen des Central Configuration Manager (Forts.)

Zudem können Sie wie in Abbildung 4.6 gezeigt, über das Kontextmenü, das Sie per Rechtsklick auf einen SIA-Knoten öffnen, diesen SIA-Knoten starten, stoppen, anhalten, sowie neu starten. Weiterhin haben Sie hier die Möglichkeit, den SIA-Knoten in einen anderen Cluster zu verschieben oder das Pop-up EIGENSCHAFTEN des SIA-Knotens aufzurufen.

Abbildung 4.6 Kontextmenü des Central Configuration Manager mit grafischer Benutzeroberfläche

Das Pop-up EIGENSCHAFTEN (siehe Tabelle 4.1) ermöglicht es Ihnen, sich die Einstellungen des jeweiligen SIA-Knotens anzeigen zu lassen und diese bei Bedarf zu bearbeiten. Dabei sind die möglichen Einstellungen abhängig vom jeweiligen Knotentyp und auf verschiedene Registerkarten verteilt:

Pop-up »Eigenschaften«

▸ **Eigenschaften**
In dieser Registerkarte werden allgemeine Angaben zum SIA-Knoten dargestellt sowie die Einstellungen zum Startverhalten als Dienste in Microsoft Windows-Systemumgebungen festgelegt.

▸ **Abhängigkeit**
In dieser Registerkarte werden Abhängigkeiten des SIA-Knotens hinterlegt, zum Beispiel welche Dienste verfügbar sein müssen, damit der Knoten gestartet werden kann.

▸ **Start**
Hier werden für SIA-Knoten Einstellungen zum Startverhalten bezüglich des CMS-Servers festgelegt.

▸ **Konfiguration**
Hier werden für SIA-Knoten Einstellungen über den Port, die CMS-Datenbank und den Cluster festgelegt. Für den Business Warehouse Publisher Service können hier hingegen Informationen zum Gateway gepflegt werden.

▸ **Protokoll**
Hier können für SIA-Knoten Einstellungen über das Kommunikationsprotokoll festgelegt werden, insbesondere über eine SSL-Verschlüsselung.

Wenn Sie im Hauptfenster des Central Configuration Manager die Funktion SERVER VERWALTEN wählen, öffnet sich zunächst ein Pop-up, das Anmeldeinformationen zum CMS-Server abfragt. Genauere

Pop-up »Server verwalten«

Informationen zum Anmeldeverfahren finden Sie in Kapitel 5, »Administration mit der Central Management Console und den Client Tools«. Nach erfolgreicher Anmeldung öffnet sich das in Abbildung 4.7 dargestellte Pop-up zum Verwalten der Server. Im Hauptbereich dieses Pop-ups erhalten Sie eine Liste aller Server mit ihrem aktuellen Status und den Informationen über den Zustand der Aktivierung, dem Hostnamen, der Prozess-ID und einer Beschreibung. In dem Pop-up haben Sie nun die Möglichkeit, die einzelnen Server zu starten, zu stoppen, neu zu starten oder deren Beendigung zu erzwingen sowie die Server zu aktivieren und zu deaktivieren.

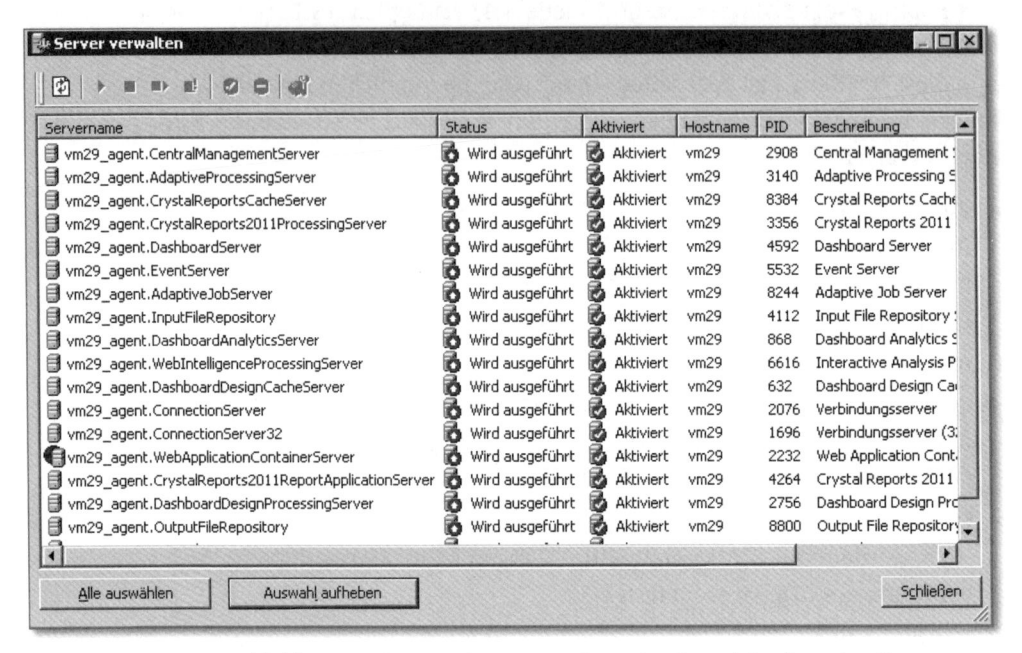

Abbildung 4.7 Pop-up »Server verwalten« des Central Configuration Manager

Assistenten   Haben Sie im Hauptfenster des Central Configuration Manager beispielsweise die Option KNOTEN HINZUFÜGEN oder SERVERKONFIGURATION SICHERN gewählt, öffnen sich verschiedene Assistenten, die Sie schrittweise durch alle relevanten Einstellungen führen. Hierbei werden Sie zum Beispiel beim Anlegen eines neuen SIA-Knotens unter anderem nach dem Knotennamen, dem SIA-Port und der Datenquelle des CMS gefragt.

> **Auswahl temporärer CMS** [+]
>
> Bei einigen Assistenten werden Sie vor die Wahl gestellt, ob Sie gegen den produktiven CMS oder mit einem temporären CMS arbeiten möchten. Sollten der produktive CMS nicht verfügbar oder durch die Nutzer ausgelastet sein, empfiehlt es sich, einen temporären CMS einzusetzen. Dieser wird nach Beendigung der Ausführung automatisch wieder beseitigt.

Central Configuration Manager (Kommandozeilenwerkzeug)

Im Gegensatz zu seiner grafischen Variante, bietet der Central Configuration Manager als Konsolenwerkzeug nur eine eingeschränkte Funktionalität. So können Sie mit diesem Konsolenwerkzeug lediglich die Server starten und stoppen sowie aktivieren und deaktivieren. Dennoch kann diese Variante gerade im Rahmen der Erstellung von Skripten, zum Beispiel zum Starten und Stoppen der SAP BusinessObjects BI-Plattform, gut eingesetzt werden. Im Folgenden lernen Sie dazu die wichtigsten Kommandozeilenparameter des Central Configuration Manager kennen.

Wenn Sie sich zunächst einen Überblick über die möglichen Kommandozeilenparameter des Central Configuration Manager verschaffen möchten, können Sie dazu den Parameter `-help` nutzen. Geben Sie über die Eingabeaufforderung den Befehl `ccm.exe -help` ein (siehe Abbildung 4.8).

Parameter »-help«

```
C:\Program Files (x86)\SAP BusinessObjects\SAP BusinessObjects Enterprise XI 4.0
\win64_x64>ccm.exe -help
usage: ccm.exe <command>

To display help:
ccm.exe -help

To start a managed server:
ccm.exe -managedstart <server name> [other authentication information]

To stop a managed server:
ccm.exe -managedstop <server name> [other authentication information]

To restart a managed server:
ccm.exe -managedrestart <server name> [other authentication information]

To force terminate a managed server:
ccm.exe -managedforceterminate <server name> [other authentication information]

To enable a server:
ccm.exe -enable <server name> [other authentication information]

To disable a server:
ccm.exe -disable <server name> [other authentication information]
```

Abbildung 4.8 Überblick über mögliche Parameter des Central Configuration Manager als Konsolenwerkzeug

4 | Administration auf Betriebssystemebene

Administration der Server

In Tabelle 4.2 finden Sie eine Beschreibung aller Kommandozeilenparameter, die Sie zur Administration der Server nutzen können. Voraussetzung ist, dass sowohl der SIA-Knoten als auch der entsprechende CMS bereits laufen.

Parameter	Beschreibung
-disable	Dieser Parameter deaktiviert den angegebenen Server.
-display	Dieser Parameter gibt eine Liste der Zustände aller Server des Clusters aus. Zusätzlich werden weitere Informationen bereitgestellt, beispielsweise die Prozess-ID und der Rechnername.
-enable	Dieser Parameter aktiviert einen gestarteten Server.
-managedforceterminate	Dieser Parameter stoppt den angegebenen Server augenblicklich, ohne auf die Beendigung der laufenden Anfragen zu warten.
-managedstart	Dieser Parameter startet den angegebenen Server.
-managedstop	Dieser Parameter stoppt den angegebenen Server.
-managedrestart	Dieser Parameter stoppt und startet den angegebenen Server.

Tabelle 4.2 Kommandozeilenparameter des Central Configuration Manager

[+] Parameter »-display«

Beachten Sie, dass Sie bis auf den Parameter -display immer angeben müssen, auf welchen Server Sie sich beziehen wollen. Zulässige Optionen sind hier all oder der vollqualifizierte Servername.

[+] Zulässige Werte »all« und vollqualifizierter Servername

Wenn Sie bei den Kommandozeilenparametern den Wert all angeben, werden alle Server entsprechend abgearbeitet. Bei der Verwendung des vollqualifizierten Servernamens (englisch »fully qualified server name«) müssen Sie den gewünschten Server mit seiner vollständigen Adresse angeben, beispielsweise VM29_AGENT.ADAPTIVEJOBSERVER.

Zu den in Tabelle 4.2 dargestellten Kommandozeilenparametern ist es notwendig, dem Central Configuration Manager Anmeldeinformationen zum CMS mitzugeben. Hierzu stehen die in Tabelle 4.3 aufgeführten Parameter zur Verfügung.

Anmeldeinformationen

Parameter	Beschreibung
-cms	Mit diesem Parameter können Sie den CMS angeben, an dem Sie sich anmelden möchten. Die Angabe muss dabei in der Form <CMS-Name>:<Port> erfolgen. Wird kein Netzwerk-Port angegeben, wird der Standard-Port 6400 gewählt.
-password	Durch diesen Parameter geben Sie ergänzend zum Benutzernamen noch das Passwort für die Anmeldung an.
-username	Mit diesem Parameter können Sie festlegen, mit welchem Benutzer Sie sich am CMS anmelden wollen.

Tabelle 4.3 Kommandozeilenparameter des Central Configuration Manager zur Hinterlegung von Anmeldeinformationen an den CMS

Einen beispielhaften Aufruf des Central Configuration Manager zum Anzeigen aller Server können Sie in Abbildung 4.9 sehen.

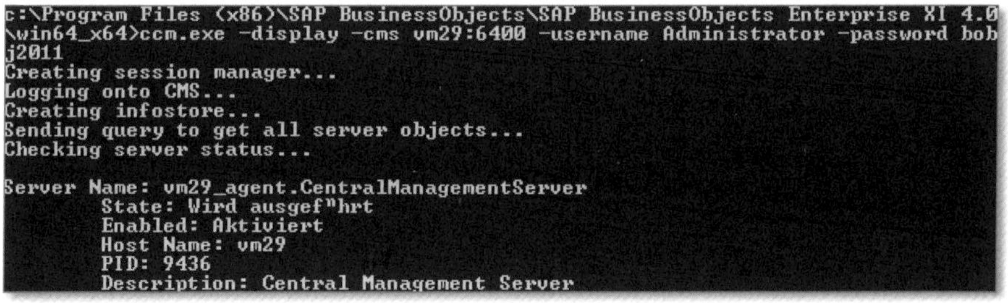

Abbildung 4.9 Abfragen der Server mithilfe des Central Configuration Manager als Konsolenwerkzeug

4.3 Administrationswerkzeuge in Unix- und Linux-Systemumgebungen

In diesem Abschnitt lernen Sie die Administrationswerkzeuge für Unix- und Linux-Systemumgebungen kennen. Zunächst werden Ihnen die Kommandozeilenwerkzeuge ccm.sh, cmsdbsetup.sh und serverconfig.sh vorgestellt. Anschließend erfahren Sie, welche

Skripte im Umfeld der SAP BusinessObjects BI-Plattform für Ihr Betriebssystem existieren.

> [+] **Platzhalter <SID> und <Plattform>**
>
> Bei den im Folgenden vorgestellten Werkzeugen wird das Verzeichnis immer allgemein mit Platzhaltern angegeben. Diese müssen Sie dann entsprechend Ihrer Gegebenheiten ersetzen. Lautet die Angabe beispielsweise */usr/sap/<SID>/sap_bobj/enterprise_xi40/<Plattform>/*, könnte das konkrete Verzeichnis */usr/sap/B50/sap_bobj/enterprise_xi40/linux_x64/* heißen.

4.3.1 Kommandozeilenwerkzeug »ccm.sh«

Das Kommandozeilenwerkzeug `ccm.sh` ist der *Central Configuration Manager* für Unix- und Linux-Systemumgebungen, den Sie für Microsoft Windows-Systemumgebungen aus Abschnitt 4.2.2, »Central Configuration Manager«, kennen. Gegenüber seinem Pendant bietet `ccm.sh` nur einen begrenzten Funktionsumfang. Die fehlende Funktionalität wird jedoch durch die weiteren Kommandozeilenwerkzeuge ergänzt. Mit dem CCM können Sie SIA-Knoten starten und stoppen sowie die einzelnen Server starten, stoppen, aktivieren und deaktivieren.

Aufruf — Die ausführbare Datei des Central Configuration Manager, die Datei *ccm.sh*, finden Sie im Installationsverzeichnis Ihrer SAP BusinessObjects BI-Plattform unter dem Pfad */usr/sap/<SID>/sap_bobj*, beispielsweise */usr/sap/B50/sap_bobj*. Beachten Sie, dass nur der Nutzer, unter dem die Installation Ihrer SAP BusinessObjects BI-Plattform durchgeführt wurde, das Werkzeug starten darf.

Parameter »-help« — Rufen Sie das Kommandozeilenwerkzeug `ccm.sh` ohne weitere Angaben oder mit dem Parameter `-help` auf, erhalten Sie, wie in Abbildung 4.10 gezeigt, eine Übersicht der möglichen Parameter sowie eine kurze Beschreibung dieser Parameter.

Administration der SIA-Knoten — In Tabelle 4.4 finden Sie eine Liste der Kommandozeilenparameter, die Sie zum Starten und Stoppen Ihrer SIA-Knoten verwenden können. Dabei müssen Sie immer angeben, auf welchen SIA-Knoten Sie sich beziehen wollen. Zulässige Optionen sind hier `all` oder der Name des entsprechenden SIA-Knotens.

4.3 Administrationswerkzeuge in Unix- und Linux-Systemumgebungen

```
b50adm@vm28:/usr/sap/B50/sap_bobj> ./ccm.sh -help
usage: ccm.sh <command>

To display help:
ccm.sh -help

To start a node:
ccm.sh -start <node identifier>

To stop a node:
ccm.sh -stop <node identifier>

To restart a node:
ccm.sh -restart <node identifier>

Node identifiers for start, stop and restart can be listed by running
serverconfig.sh and selecting 'List all nodes' (for example: node1,
node2). Use 'all' to modify all nodes.

To start a managed server:
ccm.sh -managedstart <fully qualified server name> [other authentication
information]
```

Abbildung 4.10 Mögliche Parameter des Kommandozeilenwerkzeugs »ccm.sh«

Parameter	Beschreibung
-start	Dieser Parameter startet den angegebenen SIA-Knoten.
-stop	Dieser Parameter stoppt den angegebenen SIA-Knoten.
-restart	Dieser Parameter stoppt und startet den angegebenen SIA-Knoten.

Tabelle 4.4 Kommandozeilenparameter des Kommandozeilenwerkzeugs »ccm.sh« zur Administration der SIA-Knoten

> **[!] Verwendung von »all«**
> Bei Verwendung des Wertes all werden alle SIA-Knoten auf dem Host angesprochen – auch dann, wenn diese zu einem anderen Cluster gehören.

In Tabelle 4.5 finden Sie eine Beschreibung aller Kommandozeilenparameter, die Sie zur Administration der Server nutzen können. Voraussetzung ist, dass sowohl der SIA-Knoten als auch der entsprechende CMS bereits laufen.

Administration der Server

Beachten Sie, dass Sie bis auf den Parameter -display immer angeben müssen, auf welchen Server Sie sich beziehen. Zulässige Optionen sind hier all oder der vollqualifizierte Servername.

Parameter	Beschreibung
`-disable`	Dieser Parameter deaktiviert den angegebenen Server.
`-display`	Dieser Parameter gibt eine Liste der Zustände aller Server des Clusters aus. Zusätzlich werden weitere Informationen bereitgestellt, beispielsweise die Prozess-ID und der Rechnername.
`-enable`	Dieser Parameter aktiviert einen gestarteten Server.
`-managedforceterminate`	Dieser Parameter stoppt den angegebenen Server augenblicklich, ohne auf die Beendigung der laufenden Anfragen zu warten.
`-managedstart`	Dieser Parameter startet den angegebenen Server.
`-managedstop`	Dieser Parameter stoppt den angegebenen Server.
`-managedrestart`	Dieser Parameter stoppt und startet den angegebenen Server.

Tabelle 4.5 Kommandozeilenparameter des Kommandozeilenwerkzeugs »ccm.sh« zur Administration der Server

[+] **Zulässige Werte »all« und vollqualifizierter Servername**

Wenn Sie bei den Kommandozeilenparametern den Wert all angeben, werden alle Server entsprechend abgearbeitet. Bei der Verwendung des vollqualifizierten Servernamens (englisch: *fully qualified server name*) müssen Sie den gewünschten Server mit seiner vollständigen Adresse angeben, beispielsweise VM28_AGENT.ADAPTIVEJOBSERVER.

Anmeldeinformationen Bei den in Tabelle 4.5 dargestellten Kommandozeilenparametern ist es notwendig, dem Central Configuration Manager Anmeldeinformationen zum CMS mitzugeben. Dies ist z. B. mit den in Tabelle 4.6 aufgeführten Parametern möglich.

Einen beispielhaften Aufruf des Central Configuration Manager zum Anzeigen aller Server zeigt Abbildung 4.11.

Option	Beschreibung
-cms	Mit diesem Parameter können Sie den CMS angeben, an dem Sie sich anmelden möchten. Die Angabe muss dabei in der Form <CMS-Name>:<Port> erfolgen. Wird kein Netzwerk-Port angegeben, wird der Standard-Port 6400 gewählt.
-password	Durch diesen Parameter geben Sie, ergänzend zum Benutzernamen, noch das Passwort für die Anmeldung an.
-username	Mit diesem Parameter können Sie festlegen, mit welchem Benutzer Sie sich am CMS anmelden wollen.

Tabelle 4.6 Kommandozeilenparameter des Kommandozeilenwerkzeugs »ccm.sh« zur Hinterlegung von Anmeldeinformationen an den CMS

```
b50adm@vm28:/usr/sap/B50/sap_bobj> ./ccm.sh -display -cms vm28:6400 -username Ad
ministrator -password bobj2011
Creating session manager...
Logging onto CMS...
Creating infostore...
Sending query to get all server objects on the local machine...
Checking server status...

Server Name: sia_b50_vm28.CentralManagementServer
     State: Running
     Enabled: Enabled
     Host Name: vm28.hcc.uni-magdeburg.de
     PID: 2030
     Description: Central Management Server

Server Name: sia_b50_vm28.AdaptiveProcessingServer
     State: Running
     Enabled: Enabled
     Host Name: vm28.hcc.uni-magdeburg.de
     PID: 2284
     Description: Adaptive Processing Server
```

Abbildung 4.11 Abfragen der Server mithilfe des Kommandozeilenwerkzeugs »ccm.sh«

4.3.2 Kommandozeilenwerkzeug »cmsdbsetup.sh«

Das Kommandozeilenwerkzeug cmsdbsetup.sh ist ein menübasiertes Werkzeug, das es Ihnen ermöglicht, sowohl Einstellungen am Cluster als auch Konfigurationen bezüglich der CMS-Datenbank vorzunehmen.

Backup durchführen [!]

Vor dem Einsatz dieses Administrationswerkzeugs ist es empfehlenswert, ein vollständiges Backup Ihres SAP BusinessObjects BI-Plattform-Systems durchzuführen. Informationen zu Sicherung und Wiederherstellung finden Sie in Kapitel 9, »Backup, Restore und Recovery«.

4 | Administration auf Betriebssystemebene

Aufruf Die ausführbare Datei *cmsdbsetup.sh* finden Sie im Installationsverzeichnis Ihrer SAP BusinessObjects BI-Plattform unter dem Pfad */usr/sap/<SID>/sap_bobj*. Beachten Sie auch hier, dass nur der Nutzer, unter dem die Installation Ihrer SAP BusinessObjects BI-Plattform durchgeführt wurde, das Werkzeug nutzen sollte.

Wenn Sie das Kommandozeilenwerkzeug `cmsdbsetup.sh` starten, werden Sie nach dem Namen des zubearbeitenden SIA-Knotens gefragt. Nach erfolgreicher Eingabe werden Sie darauf hingewiesen, dass der Knoten gestoppt werden muss. Wenn Sie diese Aufforderung bestätigen, gelangen Sie in das eigentliche Menü des Werkzeugs (siehe Abbildung 4.12).

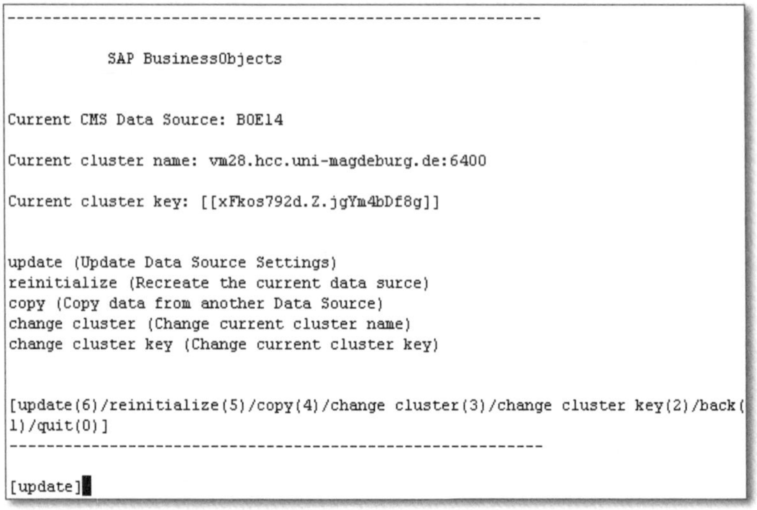

```
-------------------------------------------------------------
        SAP BusinessObjects

Current CMS Data Source: BOE14

Current cluster name: vm28.hcc.uni-magdeburg.de:6400

Current cluster key: [[xFkos792d.Z.jgYm4bDf8g]]


update (Update Data Source Settings)
reinitialize (Recreate the current data surce)
copy (Copy data from another Data Source)
change cluster (Change current cluster name)
change cluster key (Change current cluster key)


[update(6)/reinitialize(5)/copy(4)/change cluster(3)/change cluster key(2)/back(
1)/quit(0)]
-------------------------------------------------------------
[update]
```

Abbildung 4.12 Hauptmenü des Kommandozeilenwerkzeugs »cmsdbsetup.sh«

> [+] **Namen des SIA-Knotens ermitteln**
>
> Den Namen Ihres SIA-Knotens können Sie unter anderem als Wert des Parameters SIANODENAME der Konfigurationsdatei *ccm.config* entnehmen (siehe Abschnitt 4.3.4). Eine weitere Möglichkeit besteht darin, dass Sie das Administrationswerkzeug `serverconfig.sh` mit der Option 7 (LIST ALL NODES) ausführen (siehe Abschnitt 4.3.3).

Steuerung Das Kommandozeilenwerkzeug `cmsdbsetup.sh` können Sie durch die Eingabe der Ziffern vor den einzelnen Menüpunkten steuern. In Tabelle 4.7 finden Sie eine kurze Beschreibung der einzelnen Menüpunkte.

Aktion	Eingabe	Beschreibung
UPDATE	6	Diese Eingabe konfiguriert die CMS-Datenbank.
REINITIALIZE	5	Diese Eingabe reinitialisiert die CMS-Datenbank.
COPY	4	Diese Eingabe kopiert die Daten aus einer externen Datenquelle in die CMS-Datenbank.
CHANGE CLUSTER	3	Diese Eingabe ändert den Cluster-Namen.
CHANGE CLUSTER KEY	2	Diese Eingabe ändert den Cluster-Schlüssel.
BACK	1	Diese Eingabe ermöglicht die Eingabe eines anderen SIA-Knotens.
QUIT	0	Diese Eingabe beendet das Skript.

Tabelle 4.7 Menüpunkte des Kommandozeilenwerkzeugs »cmsdbsetup.sh«

4.3.3 Kommandozeilenwerkzeug »serverconfig.sh«

Das Kommandozeilenwerkzeug `serverconfig.sh` ist ebenfalls ein menübasiertes Werkzeug, das es Ihnen ermöglicht, Konfigurationen an den SIA-Knoten vorzunehmen sowie die Sicherung und Wiederherstellung der Serverkonfiguration durchzuführen.

Die ausführbare Datei *serverconfig.sh* finden Sie im Installationsverzeichnis Ihrer SAP BusinessObjects BI-Plattform unter dem Pfad */usr/sap/<SID>/sap_bobj*. Auch hier sollte nur der Nutzer, unter dem die Installation der SAP BusinessObjects BI-Plattform durchgeführt wurde, das Werkzeug nutzen. Nach dem Start des Kommandozeilenwerkzeugs gelangen Sie in das Hauptmenü, das Sie in der Abbildung 4.13 sehen.

Aufruf

Das Kommandozeilenwerkzeug `serverconfig.sh` können Sie durch die Eingabe der Ziffern vor den einzelnen Menüpunkten steuern. In Tabelle 4.8 finden Sie eine kurze Beschreibung der einzelnen Menüpunkte.

Steuerung

```
                  SAP BusinessObjects
What do you want to do?

1 - Add node
2 - Delete node
3 - Modify node
4 - Move node
5 - Back up server configuration
6 - Restore server configuration
7 - List all nodes


[quit(0)]

[7]
```

Abbildung 4.13 Hauptmenü des Kommandozeilenwerkzeugs »serverconfig.sh«

Aktion	Eingabe	Beschreibung
ADD NODE	1	Diese Eingabe führt dazu, dass ein neuer SIA-Knoten hinzugefügt wird.
DELETE NODE	2	Diese Eingabe führt dazu, dass ein existierender SIA-Knoten gelöscht wird.
MODIFY NODE	3	Diese Eingabe bewirkt die Änderung der Konfiguration eines SIA-Knotens.
MOVE NODE	4	Diese Eingabe bewirkt, dass ein SIA-Knoten in ein anderes Cluster verschoben wird.
BACK UP SERVER CONFIGURATION	5	Diese Eingabe bewirkt, dass die aktuelle Serverkonfiguration gesichert wird.
RESTORE SERVER CONFIGURATION	6	Diese Eingabe bewirkt, dass eine Serverkonfiguration wiederhergestellt wird.
LIST ALL NODES	7	Diese Eingabe bewirkt, dass alle SIA-Knoten auf dem Host aufgelistet werden.
QUIT	0	Diese Eingabe bewirkt das Beenden des Skripts.

Tabelle 4.8 Menüpunkte des Kommandozeilenwerkzeugs »serverconfig.sh«

[+] **Auswahl temporärer CMS**

Bei einigen Funktionen werden Sie vor die Wahl gestellt, ob Sie gegen den produktiven CMS oder einem temporären CMS arbeiten möchten. Sollte der produktiven CMS nicht verfügbar oder durch die Nutzer ausgelastet sein, empfiehlt es sich, einen temporären CMS einzusetzen. Dieser wird nach Beendigung der Ausführung automatisch wieder beseitigt.

4.3.4 Konfigurationsdatei »ccm.config«

Die Konfigurationsdatei *ccm.config* beinhaltet eine Vielzahl an Informationen über die Installation Ihrer SAP BusinessObjects BI-Plattform. Diese Informationen werden vom Central Configuration Manager für die ordnungsgemäße Verarbeitung benötigt. Beispielsweise werden in dieser Datei Angaben zum Installationsverzeichnis, zur Sprache, zur Version, zum Hostnamen und zum Datenbanktyp vorgehalten. Darüber hinaus sind in dieser Datei die Startbefehle der SIA-Knoten zu finden. Eine beispielhafte Darstellung dieser Konfigurationsdatei finden Sie in Abbildung 4.14.

```
b50adm@vm28:/usr/sap/B50/sap_bobj> more ccm.config
#!/bin/sh
BOBJEDIR="/usr/sap/B50/sap_bobj/"
BOBJEINSTALLLOCAL="user"
BOBJELANG="en"
BOBJELICENSEKEY="DC00C-NCM710G-TNVXH8N-50900WC-7D"
BOBJEUSERNAME="b50adm"
BOBJEVERSION="XI 4.0"
CLUSTER_NAMESERVER="vm28"
CLUSTERPORTNUMBER="6400"
CMSCLUSTER="no"
CMSNAMESERVER="vm28"
CMSPORTNUMBER="6400"
CONNECTORPORT="8080"
DATABASEUID=""
DBTYPE_AUDIT="db2"
DBTYPE="db2"
DEFAULT_NAMESERVER="no"
INSTALL_DIR="/usr/sap/B50/sap_bobj/"
INSTALLMYSQL="no"
INSTALLTYPE="default"
LOCALNAMESERVER="vm28"
MYSQLHOSTNAME_AUDIT="no"
MYSQLHOSTNAME="no"
```

Abbildung 4.14 Inhalt der Konfigurationsdatei »ccm.config«

Sie finden die Konfigurationsdatei im Installationsverzeichnis Ihrer SAP BusinessObjects BI-Plattform unter dem Pfad */usr/sap/<SID>/sap_bobj*. Diese Datei wird von den Administrationswerkzeugen genutzt und verwaltet, sodass Sie hier im Normalfall keine Anpassungen vornehmen müssen.

| Speicherort der »ccm.config«

4.3.5 Skripte

Neben den bereits vorgestellten Administrationswerkzeugen gibt es unter Unix- und Linux-Systemumgebungen noch folgende Skripte, die Sie als Administrator kennen sollten:

Die SAP AG liefert im Rahmen der SAP BusinessObjects BI-Plattform neben den Administrationswerkzeugen auch Vorlagen für kundeneigene Skripte aus. Sie können diese Vorlagen nutzen, um eigene

| Vorlagen für kundeneigene Skripte

4 | Administration auf Betriebssystemebene

Skripte zur Automatisierung des Start- und Stoppvorgangs zu erstellen. Diese Vorlagen befinden sich im Installationsverzeichnis Ihrer SAP BusinessObjects BI-Plattform unter dem Pfad */usr/sap/<SID>/sap_bobj* und heißen *startservers* und *stopservers*.

Sekundäre Skripte Von der SAP AG werden weitere Skripte ausgeliefert, die Sie als Administrator jedoch nicht selbst ausführen müssen; sie werden vielmehr von Ihrer SAP BusinessObjects BI-Plattform im Hintergrund genutzt. Der Vollständigkeit wegen werden diese Skripte in der Tabelle 4.9 beschrieben.

Kommandowerkzeug	Funktion/Aufgabe
`bobjrestart.sh`	Dieses Skript wird vom `ccm.sh`-Skript beim Start der SAP BusinessObjects BI-Plattform genutzt, um unerwartet abgebrochene Serverprozesse neu zu starten. Es befindet sich im Verzeichnis */usr/sap/<SID>/sap_bobj/enterprise_xi40/generic*.
`env.sh`	Dieses Skript setzt für andere Werkzeuge die notwendigen Umgebungsvariablen. Sie finden es im Verzeichnis *usr/sap/<SID>/sap_bobj/setup*.
`env-local.sh`	Dieses Skript wird bei Bedarf vom Skript `env.sh` aufgerufen, um Zeichenketten in unterschiedliche Formate zu kodieren. Es befindet sich im Verzeichnis *usr/sap/<SID>/sap_bobj/setup*.
`initlaunch.sh`	Dieses Skript führt das Skript `env.sh` aus und zusätzlich alle ihm per Kommandozeile übergebenen Befehle. Es befindet sich im Verzeichnis *usr/sap/<SID>/sap_bobj/setup*.
`setup.sh`	Dieses Skript wird automatisch während der Installation der SAP BusinessObjects BI-Plattform ausgeführt. Es ist menübasiert und erfragt alle notwendigen Einstellungen für eine initiale Konfiguration. Es befindet sich im Verzeichnis *usr/sap/<SID>/sap_bobj*.

Tabelle 4.9 Sekundäre Skripte der SAP BusinessObjects BI Plattform (Quelle: »SAP BusinessObjects Enterprise-Administratorhandbuch«, SAP AG)

Kommandowerkzeug	Funktion/Aufgabe
setupinit.sh	Dieses Skript kopiert alle, für die SAP BusinessObjects BI-Plattform notwendigen Skripte auf Betriebssystemebene und muss einmalig im Verlauf der Installation mit Root-Rechten ausgeführt werden. Es befindet sich im Verzeichnis *usr/sap/<SID>/sap_bobj/init*.

Tabelle 4.9 Sekundäre Skripte der SAP BusinessObjects BI Plattform (Quelle: »SAP BusinessObjects Enterprise-Administratorhandbuch«, SAP AG) (Forts.)

4.4 Plattformübergreifende Administrationswerkzeuge

Nachdem Sie die Administrationswerkzeuge für das jeweilige Betriebssystem kennengelernt haben, werden Ihnen nun die Werkzeuge vorgestellt, die Ihnen unabhängig vom Betriebssystem zur Verfügung stehen.

Dabei wird zunächst auf die Skripte zum Erstellen, Wiederherstellen, Löschen und Verschieben von SIA-Knoten eingegangen. Anschließend stellen wir das Repository Diagnostic Tool, das BIAR Engine Command Line Tool und Tool WDeploy näher vor. Zum Abschluss dieses Abschnitts lernen Sie die Parameter zur Konfiguration von Webanwendungen kennen.

4.4.1 Skripte

Ergänzend zu den bereits vorgestellten Werkzeugen für das jeweilige Betriebssystem, gibt es noch Skripte, die Ihnen sowohl unter Microsoft Windows- als auch unter Unix- und Linux-Systemumgebungen zur Verfügung stehen. Dies sind vor allem Skripte, mit denen Sie SIA-Knoten erstellen, wiederherstellen, löschen und verschieben können.

Sie finden diese Skripte in den Microsoft Windows-Systemumgebungen unter dem Pfad *C:\Program Files (x86)\SAP BusinessObjects\SAP BusinessObjects Enterprise XI 4.0\win64_x64\Skripts*. Zum Ausführen des jeweiligen Skripts müssen Sie die Eingabeaufforderung starten und in den Pfad wechseln. In Unix- und Linux-Systemumgebungen finden Sie die Skripte im Verzeichnis */usr/sap/<SID>/sap_bobj/enterprise_xi40/<Plattform>/Skripts*.

Speicherort

4 | Administration auf Betriebssystemebene

Skript »AddNote.bat/addnode.sh«

Das Skript `AddNote.bat` beziehungsweise `addnode.sh` können Sie zum Erstellen und Wiederherstellen von SIA-Knoten verwenden. Eine beispielhafte Ausführung des Skripts sehen Sie in Abbildung 4.15.

```
vm28:/usr/sap/B50/sap_bobj/enterprise_xi40/linux_x64/scripts # ./addnode.sh -name SIA2 -siaport 6415 -cms vm28
:6400 -username Administrator -password bobj2011
```

Abbildung 4.15 Beispielhafte Ausführung des Skripts »AddNode.bat/addnode.sh«

Die Liste von möglichen Parametern finden Sie in Tabelle 4.10.

Parameter	Beschreibung
-adopt	Mit diesem Parameter legen Sie fest, dass der SIA-Knoten wiederhergestellt werden soll, falls er bereits existiert.
-cms	Mit diesem Parameter können Sie den CMS angeben, an dem Sie sich anmelden möchten. Die Angabe erfolgt in der Form `<CMS-Name>:<Port>`. Wird kein Port angegeben, wird der Standard-Port 6400 gewählt.
-cmsport	Über diesen Parameter bestimmen Sie den Netzwerk-Port für einen temporären CMS beim Anlegen eines SIA-Knotens.
-connect	Mit diesem Parameter hinterlegen Sie die Details für die Verbindung mit der CMS-Datenbank. Der allgemeine Aufbau lautet so: »`UID=<Nutzer>; PWD=<Passwort>; DSN=<DSN>; HOSTNAME=<Hostname>; PORT=<Port>`«.
-dbdriver	Über diesen Parameter geben Sie den Typ des Treibers für die Verbindung zur CMS-Datenbank an. Zulässige Werte sind folgende: ▸ `db2databasesubsystem` ▸ `maxdbdatabasesubsystem` ▸ `mysqldatabasesubsystem` ▸ `oracledatabasesubsystem` ▸ `sqlserverdatabasesubsystem` ▸ `sybasedatabasesubsystem`
-dbkey	Durch diesen Parameter legen Sie den Cluster Key für die CMS-Datenbank fest.
-name	Mithilfe dieses Parameters bestimmen Sie den Namen des SIA-Knotens.

Tabelle 4.10 Kommandozeilenparameter des Skripts »AddNode.bat/addnode.sh« (Quelle: »SAP BusinessObjects Enterprise-Administratorhandbuch«, SAP AG)

Parameter	Beschreibung
-noservers	Durch diesen Parameter legen Sie fest, dass der neue SIA-Knoten ohne weitere Server angelegt werden soll.
-password	Hier können Sie ergänzend zum Benutzernamen noch das Passwort für die Anmeldung angeben.
-siaport	Über diesen Parameter geben Sie den Netzwerk-Port des SIA-Knotens an.
-username	Mit diesem Parameter können Sie festlegen, mit welchem Benutzer Sie sich am CMS anmelden möchten.
-usetemp-cms	Über diesen Parameter legen Sie fest, dass Sie einen temporären CMS nutzen wollen. Wenn dieser Parameter gesetzt wird, dürfen Sie nicht den Parameter -cms angeben, müssen jedoch die Parameter -cmsport, -dbdriver, -connect und -dbkey hinterlegen.

Tabelle 4.10 Kommandozeilenparameter des Skripts »AddNode.bat/addnode.sh« (Quelle: »SAP BusinessObjects Enterprise-Administratorhandbuch«, SAP AG) (Forts.)

Skript »RemoveNode.bat/removenode.sh«

Das Skript `RemoveNote.bat` bzw. `removenode.sh` können Sie zum Löschen von SIA-Knoten verwenden. Eine beispielhafte Ausführung des Skripts sehen Sie in Abbildung 4.16. Die Parameter, die Sie dem Skript mitgeben können, entsprechen bis auf -noservers und -adopt denen von `AddNode.bat` und `addnode.sh` (siehe Tabelle 4.10).

```
vm28:/usr/sap/B50/sap_bobj/enterprise_xi40/linux_x64/scripts # ./removenode.sh -name SIA2 -siaport 6415 -cms v
m28:6400 -username Administrator -password bobj2011
```

Abbildung 4.16 Beispielhafte Ausführung des Skripts »RemoveNode.bat/removenode.sh«

Skript «MoveNode.bat/movenode.sh«

Das Skript `MoveNote.bat` bzw. `movenode.sh` können Sie zum Verschieben von SIA-Knoten von einem Cluster zu einem anderen verwenden. Eine beispielhafte Ausführung des Skripts sehen Sie in Abbildung 4.17.

```
vm28:/usr/sap/B50/sap_bobj/enterprise_xi40/linux_x64/scripts # ./movenode.sh -name SIA2 -cms vm28:6400 -userna
me Administrator -password bobj2011 -destcms vm29:6400 -destusername Administrator -destpassword bobj2012
```

Abbildung 4.17 Beispielhafte Ausführung des Skripts »MoveNode.bat/movenode.sh«

Die List von möglichen Parametern finden Sie in Tabelle 4.11.

Parameter	Beschreibung
-cms	Mit diesem Parameter können Sie den CMS angeben, von dem aus Sie den SIA-Knoten verschieben wollen. Die Angabe erfolgt in der Form <CMS-Name>:<Port>. Wird kein Port angegeben, wird der Standard-Port 6400 gewählt.
-cmsport	Über diesen Parameter bestimmen Sie den Netzwerk-Port für einen temporären CMS beim Anlegen eines SIA-Knoten.
-connect	Mit diesem Parameter hinterlegen Sie die Details für die Verbindung mit der CMS-Datenbank, von der aus Sie einen SIA-Knoten verschieben wollen. Der allgemeine Aufbau lautet so: »UID=<Nutzer>; PWD=<Passwort>; DSN=<DSN>; HOSTNAME=<Hostname>; PORT=<Port>«.
-dbdriver	Über diesen Parameter geben Sie den Typen des Treibers für die Verbindung zur Quell-CMS-Datenbank an. Zulässige Werte sind die folgenden: ▸ db2databasesubsystem ▸ maxdbdatabasesubsystem ▸ mysqldatabasesubsystem ▸ oracledatabasesubsystem ▸ sqlserverdatabasesubsystem ▸ sybasedatabasesubsystem
-dbkey	Durch diesen Parameter legen Sie den Cluster Key für die CMS-Datenbank fest, von der aus Sie einen SIA-Knoten verschieben wollen.
-destcms	Mit diesem Parameter können Sie den Ziel-CMS angeben. Die Angabe erfolgt in der Form <CMS-Name>:<Port>. Wird kein Port angegeben, wird der Standard-Port 6400 gewählt.
-destconnect	Mit diesem Parameter hinterlegen Sie die Details für die Verbindung mit der Ziel-CMS-Datenbank. Der allgemeine Aufbau lautet so: »UID=<Nutzer>; PWD=<Passwort>; DSN=<DSN>; HOSTNAME=<Hostname>; PORT=<Port>«.

Tabelle 4.11 Kommandozeilenparameter des Skripts »MoveNode.bat/movenode.sh« (Quelle: »SAP BusinessObjects Enterprise-Administratorhandbuch«, SAP AG)

Parameter	Beschreibung
-destdbdriver	Über diesen Parameter geben Sie den Typen des Treibers für die Verbindung zur Ziel-CMS-Datenbank an. Zulässige Werte sind: ▶ db2databasesubsystem ▶ maxdbdatabasesubsystem ▶ mysqldatabasesubsystem ▶ oracledatabasesubsystem ▶ sqlserverdatabasesubsystem ▶ sybasedatabasesubsystem
-destdbkey	Durch diesen Parameter legen Sie den Cluster Key für die Ziel-CMS-Datenbank fest.
-destpassword	Hier können Sie, ergänzend zum Benutzernamen, noch das Passwort für die Anmeldung am Ziel-CMS angeben.
-destusername	Mit diesem Parameter können Sie festlegen, mit welchem Benutzer Sie sich am Ziel-CMS anmelden wollen.
-name	Mithilfe dieses Parameters bestimmen Sie den Namen des SIA-Knotens.
-password	Hier können Sie, ergänzend zum Benutzernamen, noch das Passwort für die Anmeldung angeben.
-username	Mit diesem Parameter können Sie festlegen, mit welchem Benutzernamen Sie sich am CMS anmelden möchten.
-usetempcms	Über diesen Parameter legen Sie fest, dass Sie einen temporären CMS nutzen wollen. Wenn dieser Parameter gesetzt wird, dürfen Sie nicht den Parameter -cms angeben, müssen jedoch die Parameter -cmsport, -dbdriver, -connect und -dbkey hinterlegen.

Tabelle 4.11 Kommandozeilenparameter des Skripts »MoveNode.bat/movenode.sh« (Quelle: »SAP BusinessObjects Enterprise-Administratorhandbuch«, SAP AG) (Forts.)

4.4.2 Repository Diagnostic Tool

Das Kommandozeilenwerkzeug *Repository Diagnostic Tool* (RDT) können Sie dazu nutzen, um Inkonsistenzen in der CMS-Datenbank zu ermitteln und zu beheben. Inkonsistenzen in der CMS-Datenbank können entstehen, wenn die Abarbeitung von Anfragen durch unerwartete Ereignisse, wie beispielsweise Netzwerkausfälle, unterbrochen wurde oder eine Wiederherstellung eines Backups erfolgte.

4 | Administration auf Betriebssystemebene

Arbeitsweise des Repository Diagnostic Tools

Das RDT durchsucht die in der CMS-Datenbank gehaltenen Objekte, beispielsweise Berichte oder Universen, und überprüft diese auf Inkonsistenzen. Diese Inkonsistenzen können zum einen gegenüber den im FRS abgelegten Dateien oder zum anderen innerhalb der Metadaten zu den InfoObjects in der CMS-Datenbank auftreten (siehe Abschnitt 4.1.3).

Bei normaler Ausführung des RDT erstellt dieses Administrationswerkzeug bei seinem Analyselauf über die CMS-Datenbank und über den FRS eine Protokolldatei. In dieser Datei werden die einzelnen Inkonsistenzen erfasst, und es werden mögliche Handlungsschritte zur Behebung dieser Inkonsistenzen vorgeschlagen. Zudem haben Sie die Möglichkeit, das RDT über einen Kommandozeilenparameter anzuweisen, selbstständig die Behebung von Inkonsistenzen vornehmen zu lassen. In diesem Fall, werden die durchgeführten Handlungsschritte ebenfalls in der Protokolldatei erfasst.

Aufruf des Repository Diagnostic Tools

Microsoft Windows-Systemumgebungen
Nutzen Sie eine Microsoft Windows-Systemumgebung, finden Sie die ausführbare Datei des RDT, die Datei *reposcan.exe*, unter dem Pfad *C:\Program Files (x86)\SAP BusinessObjects\SAP BusinessObjects Enterprise XI 4.0\win64_x64*. Rufen Sie das RDT ohne weitere Angaben auf, erhalten Sie eine Übersicht über die möglichen Kommandozeilenparameter sowie eine kurze Beschreibung dieser Parameter (siehe Abbildung 4.18).

```
b50adm@vm28:/usr/sap/B50/sap_bobj/enterprise_xi40/linux_x64> ./boe_reposcan
RepoScan Usage: ./boe_reposcan -dbdriver <dbdriver> -connect <dbconnectstring> -
inputfrsdir <inputfrsdir> -outputfrsdir <outputfrsdir> [options...]

-dbdriver <dbdriver>       : the name of the driver for the database to connec
t to.
-connect <dbconnectstring> : the database connection string in the format ""UI
D=<user>;PWD=<password>;DSN=<dsn>"".
    -dbdriver db2databasesubsytem    -connect ""UID=<user>;PWD=<password>;DSN
=<dsn>""
```

Abbildung 4.18 Aufruf des Repository Diagnostic Tools ohne Parameter

Unix- und Linux-Systemumgebungen
Wenn Sie Unix- oder Linux-Systemumgebungen nutzen, finden Sie die ausführbare Datei des RDT, die Datei *boe_reposcan*, unter dem Pfad */usr/sap/<SID>/sap_bobj/enterprise_xi40/<Plattform>*, zum Beispiel */usr/sapB50/sap_bobj/enterprise_xi40/linux_x64*. Rufen Sie das

RDT ohne weitere Angaben auf, erhalten Sie (siehe ebenfalls Abbildung 4.18) eine Übersicht der möglichen Kommandozeilenparameter sowie eine kurze Beschreibung dieser Parameter.

> **Vorsichtiger Einsatz des Repository Diagnostic Tools!** [!]
>
> Das RDT sollten Sie nicht gegen eine im produktiven Einsatz befindliche CMS-Datenbank oder einen im produktiven Einsatz befindlichen FRS laufen lassen. Es könnten so neue Inkonsistenzen entstehen, falls Anwender parallel mit den zu untersuchenden Objekten arbeiten.
>
> Empfehlenswert ist es daher, zunächst CMS und File Repository Server zu stoppen, da weder CMS noch File Repository Server für die Verarbeitung des RDT benötigt werden. Eine weitere Möglichkeit ist, wie von der SAP AG vorgeschlagen, dass Sie zunächst eine Sicherung der CMS-Datenbank und des FRS-Dateispeichers vornehmen und das RDT gegen die gesicherte Version ausführen.

Kommandozeilenparameter des Repository Diagnostic Tools

Das RDT erfordert beim Aufruf die zwingende Übergabe von Kommandozeilenparametern bezüglich der CMS-Datenbank und des FRS. Diese notwendigen Parameter sind in Tabelle 4.12 beschrieben.

Parameter	Beschreibung
-dbdriver	Über diesen Parameter geben Sie den Typen des Treibers für die Verbindung zur CMS-Datenbank an. Zulässige Werte sind die folgenden: ▶ db2databasesubsystem ▶ maxdbdatabasesubsystem ▶ mysqldatabasesubsystem ▶ oracledatabasesubsystem ▶ sqlserverdatabasesubsystem ▶ sybasedatabasesubsystem
-connect	Mit diesem Parameter hinterlegen Sie die Details für die Verbindung mit der CMS-Datenbank. Der allgemeine Aufbau lautet so: »UID=<Nutzer>; PWD=<Passwort>; DSN=<DSN>; HOSTNAME=<Hostname>; PORT=<Port>«.

Tabelle 4.12 Obligatorische RDT-Kommandozeilenparameter (Quelle: »Benutzerhandbuch für das Repository Diagnostic Tool der BusinessIntelligence-Plattform«, SAP AG)

Parameter	Beschreibung
`-inputfrsdir`	Hiermit geben Sie den Pfad zum Dateispeicher des Input-FRS an.
`-outputfrsdir`	Hiermit geben Sie den Pfad zum Dateispeicher des Output-FRS an.

Tabelle 4.12 Obligatorische RDT-Kommandozeilenparameter (Quelle: »Benutzerhandbuch für das Repository Diagnostic Tool der BusinessIntelligence-Plattform«, SAP AG) (Forts.)

[+] **Angabe des Data Source Name (DSN)**

Sollten Sie nicht wissen, wie der Data Source Name (DSN) Ihrer Datenbank lautet, können Sie diesen dem Microsoft Windows-Werkzeug *Datenquellen (ODBC)* entnehmen. Sie finden das Werkzeug unter START • ALLE PROGRAMME • VERWALTUNG • DATENQUELLEN (ODBC).

[+] **Angaben zu den File Repository Servern**

Bitte beachten Sie, dass der Nutzer, der das RDT ausführt, Zugriff auf die Dateispeicher der File Repository Server hat. Sollten Sie die Pfade zu den Dateispeichern nicht kennen, so können Sie diese über die CMC und die Servereinstellungen der File Repository Server ermitteln (siehe Kapitel 5, »Administration mit der Central Management Console und den Client Tools«).

Unter Angabe der notwendigen Parameter führt das RDT einen Analyselauf bezüglich des FRSs und der Metadaten zu den InfoObjects in der CMS-Datenbank durch. Dabei wird die gesamte CMS-Datenbank durchsucht und die ersten 1000 Inkonsistenzen erfasst. Eine automatische Reparatur der Inkonsistenzen erfolgt jedoch nicht. Die vom RDT erzeugte Protokolldatei finden Sie in Microsoft Windows-Umgebungen unter dem Pfad *C:\Program Files (x86)\SAP BusinessObjects\ SAP BusinessObjects Enterprise XI 4.0\reposcan* und unter Unix- oder Linux-Umgebungen unter dem Pfad */usr/sap/<SID>/sap_bobj/ enterprise_xi40/reposcan*. Eine exemplarische Ausführung des RDT finden Sie in Abbildung 4.19.

```
C:\Program Files (x86)\SAP BusinessObjects\SAP BusinessObjects Enterprise XI 4.0
\win64_x64>reposcan.exe -dbdriver sqlserverdatabasesubsystem -connect "UID=boeus
er;PWD=bobj2011!;DNS=BusinessObjects CMS 140" -inputfrsdir "C:\Program Files (x8
6)\SAP BusinessObjects\SAP BusinessObjects Enterprise XI 4.0\FileStore\Input" -o
utputfrsdir "C:\Program Files (x86)\SAP BusinessObjects\SAP BusinessObjects.Ente
rprise XI 4.0\FileStore\Output"
```

Abbildung 4.19 Ausführung des Repository Diagnostic Tools

Ergänzend zu den in Tabelle 4.12 dargestellten Parametern, können Sie weitere Optionen an das RDT übergeben. Diese finden Sie in Tabelle 4.13 aufgelistet.

Ergänzende Optionen

Parameter	Beschreibung
-outputdir	Mit diesem Parameter legen Sie fest, wo das RDT seine Protokolldatei ablegt.
-count	Über diesen Parameter können Sie festlegen, wie viele Inkonsistenzen bei diesem Lauf maximal ermittelt werden sollen.
-repair	Mithilfe dieses Parameters weisen Sie das RDT an, die gefundenen Inkonsistenzen selbstständig zu reparieren.
-scanfrs	Mithilfe dieses Parameters führt das RDT nur eine Analyse bezüglich des FRS durch.
-scancms	Mithilfe dieses Parameters führt das RDT nur eine Analyse bezüglich der Metadaten zu den InfoObjects in der CMS-Datenbank durch.
-submitterid	Mit diesem Parameter legen Sie fest, welche ID gesetzt werden soll, falls eine ungültige oder fehlerhafte Anwender-ID vorliegen sollte. Dieser Parameter wird nur beachtet, falls der Parameter -repair gesetzt ist.
-startid	Über diesen Parameter legen Sie fest, ab welcher Objekt-ID das RDT die Analyse startet.
-optionsfile	Mithilfe dieses Parameters geben Sie die Parameterdatei an.

Tabelle 4.13 Optionale RDT-Kommandozeilenparameter (Quelle: »Benutzerhandbuch für das Repository Diagnostic Tool der BusinessIntelligence-Plattform«, SAP AG)

Zusätzlich können Sie die in Tabelle 4.14 dargestellten Parameter nutzen, wenn Sie mit einem geclusterten CMS arbeiten.

Optionen bei geclustertem CMS

Parameter	Beschreibung
-requestport	Über diesen Parameter legen Sie fest, auf welchem Port der RDT arbeiten soll.
-numericip	Mithilfe dieses Parameters weisen Sie das RDT an, die IP-Adresse statt den Hostnamen zu nutzen.
-ipv6	Mit diesem Parameter legen Sie die IPv6-Adresse fest, auf der der RDT ausgeführt wird.

Tabelle 4.14 RDT-Kommandozeilenparameter bei Clustern (Quelle: »Benutzerhandbuch für das Repository Diagnostic Tool der BusinessIntelligence-Plattform«, SAP AG)

4 | Administration auf Betriebssystemebene

Parameter	Beschreibung
-port	Mit diesem Parameter legen Sie die IPv4-Adresse fest, auf der der RDT ausgeführt wird.
-threads	Durch diesen Parameter bestimmen Sie, wie viele Threads der RDT für die Netzwerkkommunikation nutzen soll.

Tabelle 4.14 RDT-Kommandozeilenparameter bei Clustern (Quelle: »Benutzerhandbuch für das Repository Diagnostic Tool der BusinessIntelligence-Plattform«, SAP AG)

Optionen für SSL Möchten Sie die Kommunikation des RDT mit der CMS-Datenbank über das Protokoll Secure Socket Layer (SSL) verschlüsseln, können Sie dazu die in Tabelle 4.15 dargestellten Kommandozeilenparameter verwenden.

Parameter	Beschreibung
-protocol	Hier können Sie durch Angabe des Wertes ssl festlegen, dass das RDT das SSL-Protokoll nutzen soll.
-ssl_certdir	Mit diesem Parameter legen Sie das Verzeichnis fest, in dem sich die SSL-Zertifikate und -Konfigurationen befinden.
-ssl_trusted-certificate	Über diesen Parameter bestimmen Sie den Dateinamen der Datei, die das Certificate-Authority-Zertifikat (CA) beinhaltet.
-ssl_mycertificate	Durch diesen Parameter bestimmen Sie den Dateinamen der Datei, die das signierte Zertifikat beinhaltet.
-ssl_mykey	Mithilfe dieses Parameters legen Sie den Dateinamen der Datei fest, die den privaten Schlüssel beinhaltet.
-ssl_mykey_passphrase	Über diesen Parameter bestimmen Sie den Dateinamen der Datei, die den Klartext (SSL-Passphrase) beinhaltet.

Tabelle 4.15 RDT-Kommandozeilenparameter für SSL (Quelle: »Benutzerhandbuch für das Repository Diagnostic Tool der BusinessIntelligence-Plattform«, SAP AG)

Parameterdatei des Repository Diagnostic Tools

Bei der Masse möglicher Kommandozeilenparameter, die das RDT bietet, kann die Eingabe aller gewünschten Parameter sehr aufwendig werden – vor allem dann, wenn Sie das RDT regelmäßig ausführen möchten. Sie haben daher ergänzend die Möglichkeit, eine Parameterdatei zu erstellen.

In dieser Datei können Sie jeweils zeilenweise einen Kommandozeilenparameter des RDT hinterlegen. Somit brauchen Sie das RDT nur noch unter Angabe des Parameters `-optionsfile` und der erstellten Parameterdatei aufzurufen. Sollten Sie zusätzlich weitere Parameter über die Kommandozeile hinterlegen, übersteuern diese die in der Datei festgelegten Werte.

Abbildung 4.20 und Abbildung 4.21 zeigen Ihnen eine mögliche Parameterdatei und ihren Aufruf.

```
-dbdriver sqlserverdatabasesubsystem
-connect "UID=boeuser;PWD=bobj2011!;DNS=BusinessObjects CMS 140"
-inputfrsdir "C:\Program Files (x86)\SAP BusinessObjects\SAP BusinessObjects Enterprise XI 4.0\FileStore\Input"
-outputfrsdir "C:\Program Files (x86)\SAP BusinessObjects\SAP BusinessObjects Enterprise XI 4.0\FileStore\Output"
-repair
```

Abbildung 4.20 Mögliche RDT-Parameterdatei

```
C:\Program Files (x86)\SAP BusinessObjects\SAP BusinessObjects Enterprise XI 4.0
\win64_x64>reposcan.exe -optionsfile "reposcan_op.txt"
```

Abbildung 4.21 RDT-Aufruf mit einer Parameterdatei

4.4.3 BIAR Engine Command Line Tool

Das *BIAR Engine Command Line Tool* ermöglicht es Ihnen, Objekte innerhalb der SAP BusinessObjects BI-Plattform auszutauschen. Beispielsweise können Sie damit die Objekte von Ihrem Entwicklungssystem in das Qualitätssicherungssystem und später in das Produktivsystem verteilen. Dazu werden die Objekte aus dem einen System exportiert und in das gewünschte Zielsystem importiert.

Die Beziehungen zwischen den Objekten werden dabei beachtet, solange Sie dafür Sorge tragen, dass alle verbundenen Objekte exportiert werden. Zudem können die Benutzer und Gruppen sowie die Rechte auf die Objekte ebenfalls exportiert und importiert werden. Sollten im Zielsystem diese Elemente bereits existieren, werden diese überschrieben.

> **[!] Kein Werkzeug für Upgrades**
>
> Das BIAR Engine Command Line Tool ist nicht dazu gedacht, Objekte aus früheren SAP BusinessObjects-Versionen zu migrieren. Für diese Aufgaben steht Ihnen das *Upgrade-Management-Tool* (siehe Kapitel 5, »Administration mit der Central Management Console und den Client Tools«) zur Verfügung.

4 | Administration auf Betriebssystemebene

Aufruf des BIAR Engine Command Line Tools

Microsoft Windows-Systemumgebungen

Das BIAR Engine Command Line Tool ist ein Kommandozeilenwerkzeug, das als JAR-Datei vorliegt und mithilfe Ihrer Java-Umgebung ausgeführt werden kann. Nutzen Sie eine Microsoft Windows-Systemumgebung, finden Sie die JAR-Datei des BIAR Engine Command Line Tools, die Datei *biarengine.jar*, unter dem Pfad *C:\Program Files (x86)\ SAP BusinessObjects\SAP BusinessObjects Enterprise XI 4.0\java\lib*. Rufen Sie das BIAR Engine Command Line Tool in der Eingabeaufforderung über den Befehl `java -jar biarengine.jar` auf, erhalten Sie eine Ausgabe wie in Abbildung 4.22.

```
b50adm@vm28:/usr/sap/B50/sap_bobj/enterprise_xi40/java/lib> java -jar biarengine.jar
Usage: java -jar biarengine.jar <filename>
```

Abbildung 4.22 Aufruf des BIAR Engine Command Line Tools

Unix- und Linux-Systemumgebungen

Wenn Sie eine Unix- oder Linux-Umgebung nutzen, finden Sie die JAR-Datei des BIAR Engine Command Line Tools, die Datei `biarengine.jar`, unter dem Pfad */usr/sap/<SID>/sap_bobj/enterprise_xi40/java/lib*. Rufen Sie das BIAR Engine Command Line Tool über den Befehl `java -jar biarengine.jar` auf, erhalten Sie die Ausgabe aus Abbildung 4.22.

Steuerung des BIAR Engine Command Line Tools

Eigenschaftsdatei

Wie Sie in Abbildung 4.22 sehen können, erwartet das BIAR Engine Command Line Tool als einzigen Parameter eine Datei. In dieser Datei, die auch als Eigenschaftsdatei bezeichnet wird, müssen Sie Eigenschaften festlegen, über die Sie das Werkzeug steuern. Sie muss nach der Regel *<Name>.properties* benannt sein, beispielsweise *BIAR-Export.properties*. Sie können das BIAR Engine Command Line Tool mit der entsprechenden Eigenschaftsdatei dann über den Befehl `java -jar biarengine.jar <Name>.properties` starten, beispielsweise mit dem Befehl `java -jar biarengine.jar BIARExport.properties`.

Verfügbare Eigenschaften

Den Inhalt der Eigenschaftsdatei kann man in die allgemeinen Eigenschaften (siehe Tabelle 4.16), die Eigenschaften für den Export (siehe Tabelle 4.17) und die Eigenschaften für den Import (siehe Tabelle 4.18) trennen. Im Folgenden sind die entsprechenden Eigenschaften aufgeführt.

4.4 Plattformübergreifende Administrationswerkzeuge

Eigenschaft	Beschreibung
action	Über diese Eigenschaft legen Sie fest, ob Sie Objekte exportieren möchten, dann lautet der Wert exportXML, oder ob Sie Objekte importieren möchten, dann lautet der Wert importXML.
authentication	Sie können mit dieser Eigenschaft angeben, welche Methode zur Authentifizierung verwendet werden soll. Die möglichen Werte sind secEnterprise, secLdap und secWinAd.
CMS	Durch diese Eigenschaft legen Sie den CMS fest, zu dem die Verbindung aufgebaut wird. Die Angabe erfolgt in dieser Form: <Hostname>:<Port>.
includeSecurity	Mit dieser Eigenschaft bestimmen Sie, ob die Sicherheitsmerkmale der Objekte mit exportiert und importiert werden sollen. Die Angabe ist optional und mögliche Werte sind true (aktiviert) und false (deaktiviert). Der Standardwert heißt true.
password	Über diese Eigenschaft legen Sie das Passwort des Administrators für die Anmeldung am CMS fest.
userName	Mit dieser Eigenschaft legen Sie den Benutzernamen des Administrators für die Anmeldung am CMS fest.

Tabelle 4.16 Allgemeine Eigenschaften des BIAR Engine Command Line Tools (Quelle: »SAP BusinessObjects Enterprise-Administratorhandbuch«, SAP AG)

Eigenschaft	Beschreibung
exportBiar-Location	Über diese Eigenschaft bestimmen Sie den Speicherort der BIAR-Datei, die beim Export erstellt wird. Die angegebene Datei muss auf *.biar* enden. Bitte beachten Sie, dass als Verzeichnistrennzeichen ein Schrägstrich verwendet wird (»/«), auch unter Microsoft Windows-Systemumgebungen.
exportDependencies	Mit dieser Eigenschaft bestimmen Sie, ob die Abhängigkeiten der ausgewählten Objekte mit exportiert werden sollen. Durch das Setzen dieser Eigenschaft kann die Größe der BIAR-Datei stark ansteigen. Die Angabe ist optional und mögliche Werte sind true (aktiviert) und false (deaktiviert). Der Standardwert ist false.

Tabelle 4.17 Eigenschaften für den Export des BIAR Engine Command Line Tools (Quelle: »SAP BusinessObjects Enterprise-Administratorhandbuch«, SAP AG)

Eigenschaft	Beschreibung
exportQuery oder exportQuery1 bis exportQueryn	Sie können mit dieser Eigenschaft über die CMS-Abfragesprache festlegen, welche Objekte exportiert werden sollen. Möchten Sie mehr als eine Abfrage definieren, können Sie die Abfragen nummerieren.
exportQueries-Total	Über diese Eigenschaft bestimmen Sie, wie viele Abfragen vom BIAR Engine Command Line Tool ausgeführt werden sollen. Möchten Sie alle Abfragen ausführen lassen, muss der Parameter bezüglich der Anzahl der Zeilen der Eigenschaft exportQuery entsprechen. Die Angabe ist optional und der Standardwert ist 1.

Tabelle 4.17 Eigenschaften für den Export des BIAR Engine Command Line Tools (Quelle: »SAP BusinessObjects Enterprise-Administratorhandbuch«, SAP AG)

Eigenschaft	Beschreibung
importBiar-Location	Über diese Eigenschaft bestimmen Sie den Speicherort der BIAR-Datei, die Sie importieren wollen. Die angegebene Datei muss auf *.biar* enden. Beachten Sie, dass als Verzeichnistrennzeichen ein Schrägstrich (»/«) verwendet wird, auch unter Microsoft Windows-Systemumgebungen.

Tabelle 4.18 Eigenschaften für den Import des BIAR Engine Command Line Tools (Quelle: »SAP BusinessObjects Enterprise-Administratorhandbuch«, SAP AG)

[+] **Aufteilung der BIAR-Dateien bei großen Datenmengen**

Sollte die Menge an Daten, die vom BIAR Engine Command Line Tool exportiert werden, die mögliche Größe der BIAR-Datei übersteigen, werden automatisch weitere Dateien erzeugt, die durchnummeriert werden. Achten Sie darauf, dass sich alle diese Dateien für den Import in einem Ordner befinden.

Beispielhafte Eigenschaftsdatei Eine beispielhafte Eigenschaftsdatei finden Sie in Abbildung 4.23. Mit Hilfe dieser Datei werden durch die ExportQuery die InfoObjects selektiert und über die Aktion »exportXML« exportiert. Die Daten werden in der Datei *C:\BIAR\Export.biar* gespeichert. Die Anmeldung an den CCM vm22 auf Port 6400 erfolgt als Administrator.

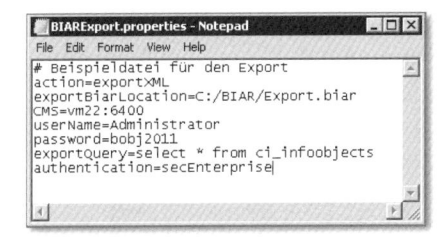

Abbildung 4.23 Beispielhafte Eigenschaftsdatei für das BIAR Engine Command Line Tool

4.4.4 Tool »WDeploy«

Das Administrationswerkzeug *WDeploy* kann dazu genutzt werden, um Webanwendungen auf Java-basierende Webanwendungsserver zu verteilen. Das WDeploy-Tool kapselt dabei die unterschiedlichen Befehle der einzelnen Webanwendungsserver und ermöglicht es Ihnen somit, dass Sie unabhängig von dem Webanwendungsserver, den Sie einsetzen, einheitliche Kommandos zur Administration und Implementierung der Webanwendungen nutzen können.

Das WDeploy-Tool kann in zwei verschiedenen Varianten genutzt werden: Sie haben die Wahl, es über die Konsole mit Kommandozeilenparameter auszuführen oder es als menügesteuertes Administrationswerkzeug einzusetzen.

WDeploy-Tool als menügesteuertes Administrationswerkzeug

Mit dem WDeploy-Tool in seiner menügesteuerten Variante können Sie auf einfache Art und Weise die Webanwendungen Ihrer SAP BusinessObjects BI-Plattform auf Ihrem Webanwendungsserver implementieren sowie deinstallieren.

Nutzen Sie eine Microsoft Windows-Systemumgebung, finden Sie die ausführbare Datei des WDeploy-Tools, die Datei *wdeployGUI.bat* als menügesteuertes Administrationswerkzeug unter folgendem Pfad *C:\Program Files (x86)\SAP BusinessObjects\SAP BusinessObjects Enterprise XI 4.0\wdeploy*. Möchten Sie WDeploy in seiner menügesteuerten Variante nutzen, können Sie das Werkzeug über START • ALLE PROGRAMME • SAP BUSINESSOBJECTS ENTERPRISE XI 4.0 • SAP BUSINESSOBJECTS ENTERPRISE WDEPLOY aufrufen oder per Doppelklick auf die Datei *wdeployGUI.bat* starten.

Microsoft Windows-Systemumgebung

4 | Administration auf Betriebssystemebene

Nach dem Start des WDeploy-Tools werden Sie nach Ihrer bevorzugten Sprache gefragt. Wenn Sie die Auswahl der Sprache mit dem Button OK bestätigt haben, erscheint das Hauptfenster (siehe Abbildung 4.24).

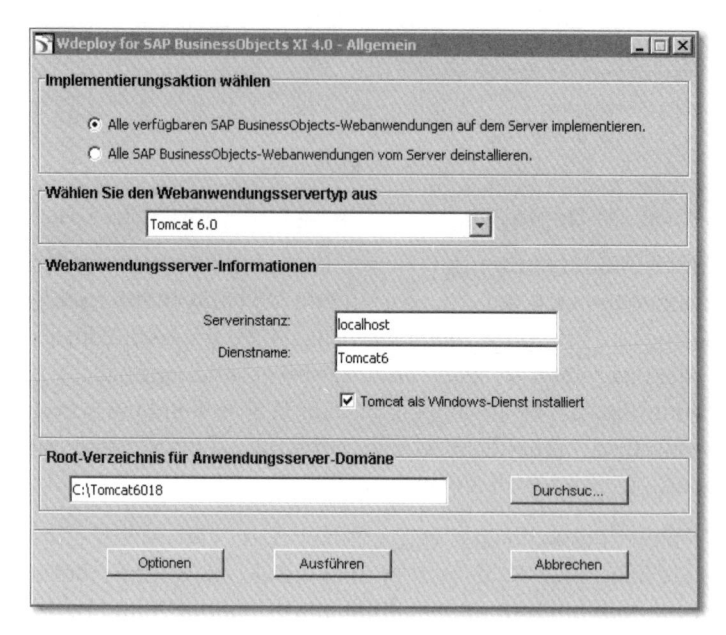

Abbildung 4.24 Hauptfenster des WDeploy-Tools als menügesteuertes Administrationswerkzeug unter Microsoft Windows-Systemumgebungen

Unix- und Linux-Systemumgebungen
Wenn Sie eine Unix- oder Linux-Systemumgebung nutzen, finden Sie die ausführbare Datei des WDeploy-Tools, die Datei *wdeployGUI.sh*, als menügesteuertes Administrationswerkzeug unter dem Pfad */usr/sap/<SID>/sap_bobj/enterprise_xi40/wdeploy*. Nach dem Start des WDeploy-Tools werden Sie nach Ihrer bevorzugten Sprache gefragt. Wenn Sie die Sprache über Eingabe der entsprechenden Nummer ausgewählt haben, erscheint das Hauptfenster (siehe Abbildung 4.25).

Funktionen
Im Hauptfenster können Sie das WDeploy-Tool anweisen, alle verfügbaren Webanwendungen auf Ihrem Webanwendungsserver zu implementieren oder bereits implementiere Webanwendungen wieder zu deinstallieren. Auf welchen Webanwendungsserver Sie sich dabei beziehen, können Sie unter Microsoft Windows-Systemumgebungen über das Drop-down-Feld oder unter Unix- und Linux-Systemumgebungen im Folgebildschirm bestimmen.

Plattformübergreifende Administrationswerkzeuge | **4.4**

```
                    Wdeploy for SAP BusinessObjects XI 4.0
                       Wählen Sie die Implementierungsaktion
    1 -    Alle verfügbaren SAP BusinessObjects-Webanwendungen auf dem Server implementieren.
    2 -    Alle SAP BusinessObjects-Webanwendungen vom Server deinstallieren.
    3 -    Optionen








                Verwenden Sie die Pfeiltasten, um eine Option auszuwählen
                Drücken Sie die [Eingabetaste], um Ihre Auswahl zu validieren.
                       Drücken Sie [Strg-X], um zu beenden.
```

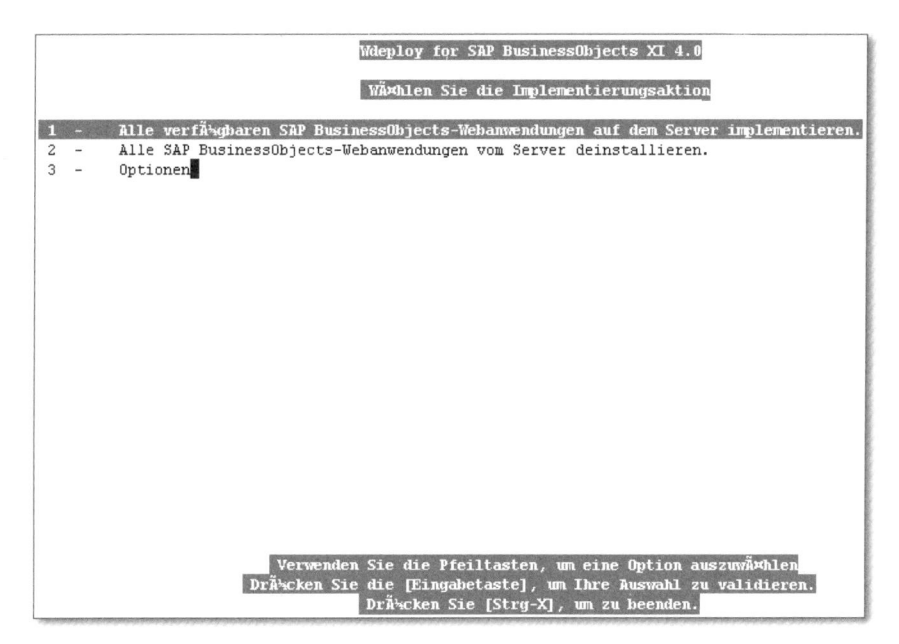

Abbildung 4.25 Hauptfenster des WDeploy-Tools als menügesteuertes Administrationswerkzeug unter Unix- und Linux-Systemumgebungen

Darüber hinaus können Sie an dieser Stelle webanwendungsserverbezogene Einstellungen vornehmen. Ergänzend haben Sie über den Punkt OPTIONEN die Möglichkeit, weitere Einstellungen zu treffen, beispielsweise das Arbeitsverzeichnis des WDeploy-Tools zu bestimmen oder das Quellverzeichnis der Webanwendungen anzugeben.

WDeploy-Tool als Kommandozeilenwerkzeug

Im Gegensatz zur menügeführten Version, können Sie mit dem WDeploy-Tool als Kommandozeilenwerkzeug auf einen größeren Funktionsumfang zurückgreifen, der Ihnen mehr Entscheidungsfreiheit bietet. So können Sie beispielsweise mit dieser Variante des WDeploy-Tools einzelne Webanwendungen implementieren oder auch ausbauen.

Nutzen Sie eine Microsoft Windows-Systemumgebung, finden Sie die ausführbare Datei von WDeploy, die Datei *wdeploy.bat*, als Kommandozeilenwerkzeug, unter dem Pfad *C:\Program Files (x86)\SAP BusinessObjects\SAP BusinessObjects Enterprise XI 4.0\wdeploy*. Sie können das WDeploy-Tool in der Eingabeaufforderung mithilfe von Kommandozeilenparametern ansprechen. Rufen Sie das WDeploy-

Microsoft Windows-Systemumgebungen

Tool ohne weitere Angaben auf, erhalten Sie eine Übersicht der möglichen Kommandozeilenparameter (siehe Abbildung 4.26).

Unix- und Linux-Systemumgebungen

Wenn Sie eine Unix- oder Linux-Systemumgebung nutzen, finden Sie ausführbare Datei des WDeploy-Tools, die Datei *wdeploy.sh*, als Kommandozeilenwerkzeug, unter dem Pfad */usr/sap/<SID>/sap_bobj/enterprise_xi40/wdeploy*. Rufen Sie das WDeploy-Tool ohne weitere Angaben auf, erhalten Sie auch hier eine Übersicht über die möglichen Kommandozeilenparameter (siehe Abbildung 4.26).

```
b50adm@vm28:/usr/sap/B50/sap_bobj/enterprise_xi40/wdeploy> ./wdeploy.sh
usage : wdeploy help
        wdeploy listappservers
        wdeploy version
        wdeploy buildwarall
        wdeploy [appservertype] validateconfig
        wdeploy [appservertype] listapps
        wdeploy [appservertype] deployall
        wdeploy [appservertype] listdeployedapps
        wdeploy [appservertype] predeployall
        wdeploy [appservertype] deployonlyall
        wdeploy [appservertype] undeployall
        wdeploy [appservertype] -DAPP=[appname] deploy
        wdeploy [appservertype] -DAPP=[appname] predeploy
        wdeploy [appservertype] -DAPP=[appname] deployonly
        wdeploy [appservertype] -DAPP=[appname] undeploy
```

Abbildung 4.26 Aufruf des WDeploy-Tools

Kommandozeilenparameter

Das WDeploy-Administrationswerkzeug für die Konsole bietet eine Vielzahl von Kommandozeilenparametern, die nach allgemeinen Parametern, Parametern zur Verarbeitung einer einzelnen Webanwendung und Parametern zur Massenverarbeitung unterschieden werden können. Die allgemeinen Kommandozeilenparameter finden Sie in Tabelle 4.19. Diese Parameter benötigen keine ergänzenden Angaben.

Parameter	Beschreibung
help	Dieser Parameter zeigt Ihnen die Hilfe zum Umgang mit dem WDeploy-Tool an. Es ist dieselbe Ausgabe, als wenn Sie keinen Parameter angeben.
listapp-servers	Mit diesem Parameter erhalten Sie eine Übersicht aller Webanwendungsserver, die das WDeploy-Tool unterstützt.
version	Durch diesen Parameter können Sie sich die aktuelle Version des WDeploy-Tools anzeigen lassen.

Tabelle 4.19 Allgemeine Kommandozeilenparameter von WDeploy (Quelle: »SAP BusinessObjects Enterprise Web Application Deployment Guide«, SAP AG)

In der Tabelle 4.20 finden Sie die Kommandozeilenparameter zur Verarbeitung einer einzelnen Webanwendung. Sie müssen dazu dem WDeploy-Tool zum einen den Typen Ihres Webanwendungsservers mitteilen und zum andern angeben, auf welche Webanwendung Sie sich beziehen möchten. Die möglichen Werte für den Typen Ihres Webanwendungsservers können Sie mit dem WDeploy-Befehl `listappservers` ermitteln. Die zu verarbeitende Webanwendung müssen Sie dem WDeploy-Tool über den Befehl `-DAPP=<Name>` mitteilen, wobei Sie für `<Name>` den Namen der entsprechenden Webanwendung einsetzen.

Parameter	Beschreibung
deploy	Sie veranlassen mit diesem Parameter das WDeploy-Tool, für die mit -DAPP=<Name> angegebene Webanwendung die Befehle predeploy und deployonly auszuführen.
predeploy	Mit diesem Parameter sorgen Sie dafür, dass die unter -DAPP=<Name> angegebene Webanwendung für die Implementierung auf dem angegebenen Webanwendungsserver vorbereitet wird.
deployonly	Durch diesen Parameter können Sie die unter -DAPP=<Name> angegebene Webanwendung auf dem Webanwendungsserver implementieren. Voraussetzung ist, dass die Webanwendung für die Implementierung mit dem Befehl predeploy vorbereitet wurde.
undeploy	Mit diesem Parameter sorgen Sie dafür, dass die unter -DAPP=<Name> angegebene Webanwendung vom Webserver deinstalliert wird.

Tabelle 4.20 Kommandozeilenparameter des WDeploy-Tools bezüglich einer Webanwendung (Quelle: »SAP BusinessObjects Enterprise Web Application Deployment Guide«, SAP AG)

Konfiguration der Webanwendungsserver [+]

Wird der Typ des Webanwendungsservers verlangt, werden die in den Konfigurationsdateien hinterlegten Einstellungen zum jeweiligen Webanwendungsserver genutzt. Sollten Sie Probleme bei der Arbeit mit dem WDeploy-Tool und Ihrem Webanwendungsserver haben, ist es ratsam, die entsprechenden Konfigurationsdateien zu prüfen.

Die Kommandozeilenparameter, die Sie zur Massenverarbeitung der Webanwendungen nutzen können, finden Sie in Tabelle 4.21. Bis auf den Parameter `buildwarall` müssen Sie für alle anderen Parameter wieder den Typen Ihres Webanwendungsservers hinterlegen.

Parameter	Beschreibung
buildwarall	Mithilfe dieses Parameters können Sie das Wdeploy-Tool dazu veranlassen, für alle Webanwendungen WAR-Dateien zu erzeugen.
validateconfig	Mit diesem Parameter können Sie die Konfiguration zu Ihrem Webanwendungsserver überprüfen lassen.
listapps	Durch diesen Parameter können Sie sich eine Liste aller zur Implementierung verfügbaren Webanwendungen anzeigen lassen.
deployall	Mit diesem Parameter veranlassen Sie das WDeploy-Tool dazu, für alle Webanwendungen den Befehl `deploy` auszuführen.
listdeployedapps	Durch diesen Parameter können Sie sich eine Liste aller aktuell implementierten Webanwendungen anzeigen lassen.
predeployall	Mit diesem Parameter veranlassen Sie das WDeploy-Tool dazu, für alle Webanwendungen den Befehl `perdeploy` auszuführen.
deployonlyall	Sie veranlassen mit diesem Parameter das WDeploy-Tool dazu, für alle Webanwendungen den Befehl `deployonly` auszuführen.
undeployall	Mit diesem Parameter veranlassen Sie das WDeploy-Tool dazu, für alle Webanwendungen den Befehl `undeploy` auszuführen.

Tabelle 4.21 Kommandozeilenparameter des WDeploy-Tools bezüglich der Massenverarbeitung von Webanwendungen (Quelle: »SAP BusinessObjects Enterprise Web Application Deployment Guide«, SAP AG)

Möchten Sie sich beispielsweise alle verfügbaren Webanwendungen auf Ihrem Tomcat 6-Webanwendungsserver anzeigen lassen, können Sie dies mit dem Befehl `./wdeploy.sh tomcat6 listapps` bzw. `wdeploy.bat tomcat6 listapps` tun. Sie erhalten eine Ausgabe wie in Abbildung 4.27 gezeigt.

4.4 Plattformübergreifende Administrationswerkzeuge

```
b50adm@vm28:/usr/sap/B50/sap_bobj/enterprise_xi40/wdeploy> ./wdeploy.sh tomcat6
listapss
Buildfile: wcommon.xml

BUILD FAILED
Target "listapss" does not exist in the project "wdeploycommon".

Total time: 0 seconds
b50adm@vm28:/usr/sap/B50/sap_bobj/enterprise_xi40/wdeploy> ./wdeploy.sh tomcat6
listapps
Buildfile: wcommon.xml

listapps:

_appsloop:
    Available applications : AdminTools BOE BusinessProcessBI OpenSearch dswsbob
je explorer rebean3ws
```

Abbildung 4.27 Anzeige aller verfügbaren Webanwendungen auf dem Tomcat6-Webanwendungsserver mit dem WDeploy-Tool

Zusätzlich können Sie an die vorgestellten Kommandozeilenparameter weitere Eigenschaften anhängen. Mit diesen Eigenschaften haben Sie die Möglichkeit, dem WDeploy-Tool beispielsweise mitzuteilen, wo sich Ihre Webanwendungen befinden, oder die Einstellungen zu übersteuern, die in den Konfigurationsdateien getroffen wurden. Möchten Sie ergänzende Eigenschaften hinterlegen, können Sie dazu den Befehl -D<Eigenschaft> nutzen, wobei Sie für <Eigenschaft> die entsprechende Eigenschaft angeben. In Tabelle 4.22 finden Sie die Eigenschaften, die für die Verarbeitung der Webanwendungen relevant sind. Die möglichen Einstellungen in den Konfigurationsdateien finden Sie ab Seite 174.

Ergänzende Eigenschaften

Eigenschaft	Beschreibung
APP	Über diese Eigenschaft bestimmen Sie den Namen der Webanwendung, die verarbeitet werden soll.
app_source_dir	Mit dieser Eigenschaft können Sie das Verzeichnis einer Webanwendung angeben, z. B. für den Parameter deploy.
app_source_tree	Durch diese Eigenschaft können Sie das übergeordnete Verzeichnis mehrerer Webanwendungen angeben, z. B. für den Parameter deployall.

Tabelle 4.22 Eigenschaften der Kommandozeilenparameter des WDeploy-Tools bezüglich Webanwendungen (Quelle: »SAP BusinessObjects Enterprise Web Application Deployment Guide«, SAP AG)

Konfigurationsdateien des WDeploy-Tools

Um das WDeploy-Administrationswerkzeug entsprechend Ihrer Umgebung anpassen zu können, stehen mehrere Konfigurationsdateien zur Verfügung. In diesen Dateien können Sie verschiedene Eigenschaften mit ihren entsprechenden Werten hinterlegen.

Arten von Konfigurationsdateien

Die Konfigurationsdateien werden dabei in drei Gruppen unterschieden.

- **Allgemeine Konfigurationsdatei**
  Die erste Gruppe ist die allgemeine Konfigurationsdatei, die für alle Webanwendungsserver gültig ist.

- **Webanwendungsserverbezogene Konfigurationsdatei**
  Zudem gibt es für jeden Webanwendungsserver eine eigene Konfigurationsdatei, diese Datei bildet die zweite Gruppe.

- **Webanwendungsbezogene Konfigurationsdateien**
  Die letzte Gruppe besteht aus den Konfigurationsdateien, die sich auf konkrete Webanwendungen beziehen. Alle diese Dateien werden bei der Ausführung des WDeploy-Tools ausgelesen, und die darin getroffenen Einstellungen werden als Standardwerte genutzt.

Allgemeine Konfigurationsdatei

Die allgemeine Konfigurationsdatei des WDeploy-Tools finden Sie sowohl unter Microsoft Windows- als auch unter Unix- und Linux-Systemumgebungen im Ordner *config* Ihres WDeploy-Verzeichnisses. Die Datei heißt *wdeploy.conf* und kann allgemeine Einstellungen beinhalten, die für alle Webanwendungsserver gültig sind. Eine Liste der möglichen Eigenschaften, die Sie hinterlegen können, finden Sie in Tabelle 4.23.

Eigenschaft	Beschreibung
app_source_tree	Durch diese Eigenschaft können Sie das übergeordnete Verzeichnis mehrerer Webanwendungen angeben, z. B. für den Parameter deployall.
as_mode	Mit dieser Eigenschaft legen Sie die Art der Implementierung der Webanwendungen fest. Mögliche Werte sind standalone und split.
as_lang	Über diese Eigenschaft können Sie die präferierte Sprache des WDeploy-Tools festlegen.

Tabelle 4.23 Eigenschaften in der allgemeinen Konfigurationsdatei des WDeploy-Tools (Quelle: »SAP BusinessObjects Enterprise Web Application Deployment Guide«, SAP AG)

Eigenschaft	Beschreibung
disable_CmcApp	Mit dieser Eigenschaft können Sie die CMC-Webanwendung deaktivieren. Der Standardwert ist `false`.
disable_InfoView	Mit dieser Eigenschaft können Sie die Webanwendung des BI Launch Pads deaktivieren. Der Standardwert ist `false`.

JCoStandalone	Über diesen Parameter können Sie JCO-Bibliotheken bei der Implementierung von Webanwendungen einbeziehen. Standardmäßig ist dieser Wert leer. Abhängig von der Art Ihres Webanwendungsservers können Sie verschiedene JCO-Bibliotheken verwenden.
	▸ Nicht-SAP-Webanwendungsserver
	`com.businessobjects.swd.jco.conn.jar`
	`com.businessobjects.swd.jco.conn_native.jar`
	▸ SAP-Webanwendungsserver
	`com.businessobjects.swd.jco.extension-bundle.jar`

recent_app_svr	Mit dieser Eigenschaft bestimmen Sie den neuesten Webanwendungsserver, auf dem die Webanwendungen verteilt werden sollen.
root_context_path	Durch diese Eigenschaft bestimmen Sie Hauptpfad, unter dem die Webanwendungen implementiert werden sollen.
war_dir	Mit dieser Eigenschaft können Sie den Pfad angeben, in dem die WAR- oder EAR-Datei erstellt wird.
work_dir	Sie können mit dieser Eigenschaft das Arbeitsverzeichnis des WDeploy-Tools festlegen.

Tabelle 4.23 Eigenschaften in der allgemeinen Konfigurationsdatei des WDeploy-Tools (Quelle: »SAP BusinessObjects Enterprise Web Application Deployment Guide«, SAP AG) (Forts.)

Für jeden Webanwendungsserver der durch das WDeploy-Tool unterstützt wird, finden Sie im Ordner *conf* Ihres WDeploy-Verzeichnisses die entsprechende Konfigurationsdatei. Diese Dateien sind nach der Regel *config.<Name des Webanwendungsservers>* benannt, beispielsweise heißt die Datei zur Konfiguration des Tomcat6-Webanwendungsservers *config.tomcat6*. Sie können also die Einstellungen für Ihre eingesetzten Webanwendungsserver anpassen, indem Sie die relevanten Konfigurationsdateien bearbeiten.

Webanwendungsserverbezogene Konfigurationsdateien

Eine Liste aller möglichen Eigenschaften finden Sie in Tabelle 4.24. Wenn Eigenschaften nur für gewisse Webanwendungsserver oder nur unter bestimmten Bedingungen gelten, wird dies in der Spalte »Beschreibung« entsprechend hervorgehoben.

Eigenschaft	Beschreibung
as_admin_is_secure	Sie können durch diese Eigenschaft angeben, dass der Webanwendungsserver eine sichere Verbindung (SSL-Verschlüsselung) nutzt. Der Standardwert ist false (deaktiviert). Sollten Sie diesen Wert auf true (aktiviert) setzen, müssen Sie auch den Benutzernamen und das Passwort des Administrators hinterlegen. ▸ Oracle Application Server, Sun Java System Application Server, WebSphere
as_admin_password	Über diese Eigenschaft können Sie das Passwort des Administrators des Webanwendungsserver angeben. ▸ SAP NetWeaver AS Java, Oracle Application Server, Sun Java System Application Server, WebLogic, WebSphere
as_admin_port	Mit dieser Eigenschaft bestimmen Sie den Port für den administrativen Zugriff auf Ihren Webanwendungsserver. ▸ SAP NetWeaver AS Java, Oracle Application Server, Sun Java System Application Server, WebLogic
as_admin_username	Über diese Eigenschaft können Sie den Benutzernamen des Administrators des Webanwendungsserver angeben. ▸ SAP NetWeaver AS Java, Oracle Application Server, Sun Java System Application Server, WebLogic, WebSphere
as_appserver_name	Sie können mit dieser Eigenschaft den Hostnamen des Webanwendungsservers bestimmen. ▸ Oracle Application Server
as_dir	Durch diese Eigenschaft können Sie das Installationsverzeichnis des Webanwendungsservers angeben. ▸ SAP NetWeaver AS Java, Oracle Application Server, Sun Java System Application Server, Tomcat, WebSphere

Tabelle 4.24 Eigenschaften in den webanwendungsserverbezogenen Konfigurationsdateien des WDeploy-Tools (Quelle: »SAP BusinessObjects Enterprise Web Application Deployment Guide«, SAP AG)

Eigenschaft	Beschreibung
as_domain	Mit dieser Eigenschaft bestimmen Sie die Domain, zu der der Webanwendungsserver gehört. ▶ Sun Java System Application Server
as_domain_dir	Durch diese Eigenschaft bestimmen Sie das Verzeichnis der WebLogic-Domain. ▶ WebLogic
as_group_id	Sie können mit dieser Eigenschaft die Servergruppe des Webanwendungsservers bestimmen. ▶ Oracle Application Server
as_instance	Mit dieser Eigenschaft können Sie den Namen der Webanwendungsserverinstanz bestimmen.
as_plugin_cfg_dir	Durch diese Eigenschaft bestimmen Sie den Speicherort der Datei *plugin-cfg.xml*. ▶ WebSphere & as_mode=split
as_profile_name	Mit dieser Eigenschaft können Sie den Namen des zu verwendenden Profils angeben. ▶ WebSphere
as_service_key	Durch diese Eigenschaft können Sie festlegen, unter welchem Schlüssel die Startparameter für die JVM in der Microsoft Windows Registrierbank abgelegt sind. ▶ Tomcat unter Microsoft Windows
as_service_key_value	Durch diese Eigenschaft können Sie festlegen, unter welchem Wert die Startparameter für die JVM in der Microsoft Windows Registrierbank abgelegt sind. ▶ Tomcat unter Microsoft Windows
as_service_name	Mit dieser Eigenschaft bestimmen Sie den Namen des Tomcat-Dienstes unter Windows. ▶ Tomcat unter Microsoft Windows
as_sid	Sie können durch diese Eigenschaft die SID Ihres Webanwendungsservers bestimmen. ▶ SAP NetWeaver AS Java
as_soap_port	Über diese Eigenschaft können Sie den Port für die Webanwendungsserveradministration festlegen. ▶ WebSphere

Tabelle 4.24 Eigenschaften in den webanwendungsserverbezogenen Konfigurationsdateien des WDeploy-Tools (Quelle: »SAP BusinessObjects Enterprise Web Application Deployment Guide«, SAP AG) (Forts.)

Eigenschaft	Beschreibung
as_virtual_host	Mit dieser Eigenschaft bestimmen Sie den virtuellen Hostnamen, an den die Webanwendung gebunden wird. ▶ WebSphere
clear.temp.dirs	Durch diese Eigenschaft können Sie den Webanwendungsserver dazu veranlassen, die temporären Verzeichnisse zu löschen. ▶ SAP NetWeaver AS Java
connector_conf_file	Über diese Eigenschaft können Sie den Namen der Datei bestimmen, die die Konfiguration des Connectors beinhaltet. ▶ Sun Java System Web Server
connector_host	Mit dieser Eigenschaft bestimmen Sie den Namen des Webanwendungsservers, zu dem eine Verbindung aufgebaut werden soll. ▶ as_mode=split
connector_name	Durch diese Eigenschaft können Sie das Objekt in der Datei *obj.conf* bestimmen, das die Verbindungsoptionen zum Webanwendungsserver beschreibt. ▶ as_mode=split
connector_port	Mit dieser Eigenschaft bestimmen Sie den ajp13-Port. ▶ as_mode=split
connector_type	Sie können durch diese Eigenschaft den Namen des dedizierten Webanwendungsservers bestimmen. ▶ as_mode=split
deployment_dir	Mit dieser Eigenschaft bestimmen Sie das Verzeichnis, unter dem das WDeploy-Tool Unterverzeichnisse erstellt, um den Inhalt zu erfassen, der von dedizierten Webanwendungsservern geliefert wird. ▶ as_mode=split
enforce_file_limit	Durch diese Eigenschaft können Sie dem WDeploy-Tool mitteilen, ob eine Webanwendung aus mehr als 65.535 Dateien besteht. Der Standardwert ist false. ▶ WebSphere

Tabelle 4.24 Eigenschaften in den webanwendungsserverbezogenen Konfigurationsdateien des WDeploy-Tools (Quelle: »SAP BusinessObjects Enterprise Web Application Deployment Guide«, SAP AG) (Forts.)

Eigenschaft	Beschreibung
use.deploy.controller	Mit dieser Eigenschaft weisen Sie den Webanwendungsserver an, den SAP Deploy Controller zu verwenden. ▸ SAP NetWeaver AS Java
time.to.wait.factor	Sie können durch diese Eigenschaft bestimmen, wie viele Sekunden das WDeploy-Tool auf den Webanwendungsserver zur Beendigung der Implementierung warten soll. ▸ SAP NetWeaver AS Java
ws_config_dir	Mit dieser Eigenschaft können Sie das Konfigurationsverzeichnis des Webanwendungsservers angeben. ▸ as_mode=split
ws_dir	Durch diese Eigenschaft können Sie das Installationsverzeichnis des Webanwendungsservers angeben. ▸ as_mode=split
ws_instance	Sie können durch diese Eigenschaft den Namen des Webanwendungsservers angeben. ▸ WebSphere & as_mode=split
ws_type	Durch diese Eigenschaft können Sie den Typen des Webanwendungsservers angeben. ▸ as_mode=split

Tabelle 4.24 Eigenschaften in den webanwendungsserverbezogenen Konfigurationsdateien des WDeploy-Tools (Quelle: »SAP BusinessObjects Enterprise Web Application Deployment Guide«, SAP AG) (Forts.)

Für jede Webanwendung, die durch das WDeploy-Tool unterstützt wird, finden Sie im Ordner *conf/apps* bzw. *conf\apps* Ihres WDeploy-Verzeichnisses die entsprechende Konfigurationsdatei. Diese Dateien sind nach der Regel *<Name der Webanwendung>.properties* benannt, beispielsweise heißt die Datei zur Konfiguration der BOE-Webanwendung *BOE.properties*. Sie können somit die Einstellungen für Ihre eingesetzten Webanwendungen anpassen, indem Sie die relevanten Konfigurationsdateien bearbeiten. Eine Liste aller möglichen Eigenschaften finden Sie in Tabelle 4.25.

Webanwendungsbezogene Konfigurationsdateien

Eigenschaft	Beschreibung
`appvdir`	Mit dieser Eigenschaft bestimmen Sie das virtuelle Verzeichnis, unter dem die Webanwendung implementiert wird.
`buildfile`	Sie können mit diesem Parameter die ANT-Datei bestimmen, die zur Erstellung der Webanwendung genutzt wird.
`classloader_package_filtering`	Durch diese Eigenschaft können Sie eine Liste von Paketen bestimmen, die vom Classloader gefiltert werden. Die Webanwendung wird dann als EAR-Datei bereitgestellt.
`classloading_mode`	Mit diesem Parameter bestimmen Sie die Reihenfolge der Classloader.
`deploy_as_a_filetree`	Durch diese Eigenschaft können bestimmen, ob die Webanwendung als Verzeichnis oder als WAR- bzw. EAR-Datei verteilt werden soll. Der Standardwert ist `false`.
`warfile`	Mit dieser Einstellung legen Sie den Namen der WAR-Datei fest, die für die Webanwendung erstellt wird.

Tabelle 4.25 Eigenschaften in den webanwendungsbezogenen Konfigurationsdateien des WDeploy-Tools (Quelle: »SAP BusinessObjects Enterprise Web Application Deployment Guide«, SAP AG)

4.4.5 Konfiguration der Webanwendungen – Datei »BOE.WAR«

Die Datei *BOE.WAR* ist kein Administrationswerkzeug im eigentlichen Sinne, sondern vielmehr ein Archiv der SAP BusinessObjects BI-Plattform-Webanwendungen. Mithilfe von Anpassungen der Datei *BOE.WAR* können Sie die Webanwendungen konfigurieren. Damit können Sie beispielsweise das BI Launch Pad so einstellen, dass die Nutzer das gewünschte Anmeldeverfahren selbst wählen können.

[+] **Datei »BOE.WAR«**

Wenn im Rahmen der SAP BusinessObjects BI-Plattform von der Datei *BOE.WAR* gesprochen wird, bedeutet dies nicht zwangsläufig, dass es eine Datei in dieser Form auch wirklich gibt. Vielmehr ist die *BOE.WAR*-Datei ein gebündeltes Archiv, in dem alle relevanten Dateien der Webanwendungen zusammengefasst sind.

Konfigurationsdateien der Webanwendungen

Die *BOE.WAR*-Datei steht Ihnen zur Anpassung der Webanwendungen zur Verfügung. Abhängig von Ihrer eingesetzten Systemumgebung finden Sie die dazugehörigen Konfigurationsdateien im jeweiligen Installationsverzeichnis Ihrer SAP BusinessObjects BI-Plattform.

Möchten Sie Anpassungen an den Webanwendungen vornehmen, müssen Sie zunächst die *BOE.WAR*-Datei in Ihrem Webanwendungsserver deinstallieren bzw. ausbauen. Dies können Sie mithilfe des in Abschnitt 4.4.4 vorgestellten WDeploy-Werkzeugs tun. Anschließend können Sie alle notwendigen Konfigurationen vornehmen. Nach den Anpassungen müssen Sie die *BOE.WAR*-Datei erneut in Ihrem Webanwendungsserver implementieren, damit die geänderten Webanwendungen wieder verfügbar sind.

Zugriff

Dieses Vorgehen ist jedoch nicht bei allen Webanwendungsservern notwendig. Nutzen Sie beispielsweise die mit der SAP BusinessObjects BI-Plattform ausgelieferte Tomcat-Version, erübrigen sich diese Schritte. In diesem Fall haben Sie direkten Zugriff auf die Datei *BOE.WAR*. Ein Neustart des Webanwendungsservers ist jedoch immer zwingend erforderlich.

Ausnahmen

Nutzen Sie eine Microsoft Windows-Systemumgebung, finden Sie die Konfigurationsdateien unter dem Pfad *C:\Program Files (x86)\SAP BusinessObjects\SAP BusinessObjects Enterprise XI 4.0\warfiles\webapps\BOE\WEB-INF\config*. Verwenden Sie hingegen eine Unix- oder Linux-Systemumgebung, finden Sie die Konfigurationsdateien unter dem Pfad */usr/sap/<SID>/sap_bobj/enterprise_xi40/warfiles/webapps/BOE/WEB-INF/config*.

Speicherort

Unter diesem Pfad finden Sie zwei Verzeichnisse. Zum einen das Verzeichnis *default* und zum anderen das Verzeichnis *custom*.

Verzeichnisse »default« und »custom«

- **Verzeichnis »default«**
  Im Verzeichnis *default* befinden sich alle Konfigurationsdateien, die die Standardeinstellungen der Webanwendungen beinhalten. Je nachdem, welche Webanwendungen Sie verwenden, finden Sie verschiedene *.properties*-Dateien in diesem Verzeichnis. Alle Webanwendungen greifen auf globale Einstellungen zurück, die in der Datei *global.properties* festgelegt sind. Ergänzt oder übersteuert werden diese Einstellungen durch die, in den einzelnen weban-

wendungsbezogenen *.properties*-Dateien hinterlegten Parametern. Es wird der SAP AG empfohlen, diese Dateien nicht zu verändern.

▶ **Verzeichnis »custom«**
Möchten Sie Anpassungen an den Webanwendungen vornehmen, müssen Sie eine gleichnamige Datei im Verzeichnis *custom* erstellen. In dieser Datei können Sie dann die Parameter hinterlegen, die Sie abweichend vom Standard konfigurieren wollen.

[!] **Änderungen nur im Verzeichnis »custom«**

Möchten Sie die Einstellungen der Webanwendungen ändern, bearbeiten Sie nicht die Dateien im Verzeichnis *default*. Erstellen Sie stattdessen eine gleichnamige Datei im Verzeichnis *custom*, und führen Sie dort die Anpassungen durch.

Im Folgenden lernen Sie die für die Administration Ihrer SAP BusinessObjects BI-Plattform wichtigsten, *.properties*-Dateien und deren mögliche Parameter kennen.

Globale Einstellungen

Die globalen Einstellungen, die für alle Webanwendungen gelten, finden Sie in der Datei *global.properties*. In Tabelle 4.26 finden Sie die relevanten Parameter dieser Datei mit deren Beschreibungen.

Parameter	Beschreibung
persistentcookies.enabled	Mit diesem Parameter bestimmen Sie, ob persistente Cookies für die Anmeldeseite aktiviert oder deaktiviert sein sollen. Der Standardwert ist true (aktiviert).
siteminder.authentication	Durch diesen Parameter können Sie die Site-Minder-Authentifizierungsmethode bestimmen. Zulässige Werte sind secLDAP und sec-winAD. Der Standardwert ist secLDAP.
siteminder.enabled	Sie können mit diesem Parameter bestimmen, ob die SiteMinder-Authentifizierung möglich ist. Der Standardwert ist false (deaktiviert).

Tabelle 4.26 Parameter der Datei »global.properties« (Quelle: »SAP BusinessObjects Enterprise-Administratorhandbuch«, SAP AG)

Parameter	Beschreibung
sso.enabled	Über diesen Parameter können Sie Single Sign-on (SSO) aktivieren. Der Standardwert ist false (deaktiviert).
sso.sap.primary	Dieser Parameter ermöglicht es Ihnen, das SSO (SAP) als primären Mechanismus für SSO zu setzen. Der Standardwert ist false (deaktiviert).
tree.pagesize	Mithilfe dieses Parameters können Sie die Anzahl von Einträgen im Navigationsbereich der Webanwendungen bestimmen. Der Standardwert ist 1000.
trusted.auth.shared.secret	Sie können durch diesen Parameter den Namen der Sitzungsvariablen für den geheimen Schlüssel bei der vertrauenswürdigen Authentifizierung bestimmen. Dieser Parameter ist standardmäßig leer, da kein Schlüssel in der Websitzung übertragen wird.
trusted.auth.user.param	Über diesen Parameter bestimmen Sie, wie der Nutzername bei der vertrauenswürdigen Authentifizierung übertragen wird. Zulässige Werte sind Header, URL parameter, Cookie und Session. Dieser Parameter ist standardmäßig leer.
trusted.auth.user.namespace.enabled	Mit diesem Parameter können Sie bestimmen, ob bei der vertrauenswürdigen Authentifizierung externe Benutzernamen mit dem Präfix secExternal versehen werden sollen. Dieser Parameter ist standardmäßig leer (deaktiviert).
trusted.auth.user.retrieval	Durch diesen Parameter können Sie festlegen, wie die UserID bei vertrauenswürdiger Authentifizierung übertragen werden soll. Zulässige Werte sind REMOTE_USER, HTTP_HEADER, COOKIE, QUERY_STRING, WEB_SESSION sowie USER_PRINCIPAL. Dieser Parameter ist standardmäßig leer, wodurch die vertrauenswürdige Authentifizierung deaktiviert ist.

Tabelle 4.26 Parameter der Datei »global.properties« (Quelle: »SAP Business-Objects Enterprise-Administratorhandbuch«, SAP AG) (Forts.)

Parameter	Beschreibung
vintela.enabled	Über diesen Parameter können Sie das SSO (Vintela) aktivieren. Sollten Sie diesen Parameter auf true (aktiviert) setzen, müssen Sie weitere Angaben zu den Parametern idm.realm, idm.princ, idm.allowUnsecured, idm.allowNTLM, idm.logger.name und idm.logger.props machen. Der Standardwert ist false (deaktiviert).
pinger.showWarning-Dialog.cmc	Mit diesem Parameter bestimmen Sie, ob der Nutzer gewarnt werden soll, wenn die Sitzung zur CMC in Kürze abläuft. Der Standardwert ist true (aktiviert).
pinger.showWarning-Dialog.bilaunchpad	Durch diesen Parameter bestimmen Sie, ob der Nutzer gewarnt werden soll, wenn die Sitzung zum BI Launch Pad in Kürze abläuft. Der Standardwert ist true (aktiviert).
pinger.warningPeriod.pingIncrementsInSeconds	Über diesen Parameter bestimmen Sie, wie oft eine Anfrage an den Webanwendungsserver gesendet werden soll, wenn der Warnungsdialog angezeigt wird. Dies ist für die Synchronisierung der Warnungsdialoge relevant. Der Standardwert ist 15.
pinger.warningPeriod.lengthInMinutes	Mithilfe dieses Parameters bestimmen Sie, wann der Nutzer gewarnt werden soll, dass die Sitzung abläuft. Der Standardwert ist 5.
logoff.on.websession.expiry	Durch diesen Parameter bestimmen Sie, ob alle Anmeldungen geschlossen werden sollen, wenn eine Sitzung abgelaufen ist. Dieses Verhalten ist bei geclusterten Umgebungen eventuell unerwünscht. Der Standardwert ist true (aktiviert).
pinger.enabled	Mithilfe dieses Parameters bestimmen Sie, ob der Nutzer gewarnt werden soll, dass die Sitzung abläuft. Der Standardwert ist true (aktiviert).
system.com.sap.bip.jcomanager.destinations.max-size	Mit diesem Parameter bestimmen Sie die Anzahl der gespeicherten JCo-Verbindungen. Der Standardwert ist 1000.

Tabelle 4.26 Parameter der Datei »global.properties« (Quelle: »SAP BusinessObjects Enterprise-Administratorhandbuch«, SAP AG) (Forts.)

BI-Launch-Pad-Einstellungen

Einstellungen bezüglich des BI Launch Pads nehmen Sie in der Datei *BIlaunchpad.properties* vor. Eine Übersicht der relevanten Parameter finden Sie in Tabelle 4.27.

Parameter	Beschreibung
app.name, app.name.greeting, app.name.short	Durch diese Parameter bestimmen Sie, wie das BI Launch Pad beim Anmeldebildschirm angezeigt werden soll. Die Standardwerte sind app.name=BI launch pad, app.name.greeting=BusinessObjects und app.name.short=BI launch pad.
app.url.name	Über diesen Parameter bestimmen Sie die URL. Diese muss mit einem Schrägstrich (»/«) beginnen und darf keinen weiteren Schrägstrich beinhalten. Der Standardwert ist /BI.
authentication.default	Sie können mit diesem Parameter angeben, welche Methode zur Authentifizierung der Benutzer verwendet werden soll. Mögliche Werte sind secEnterprise, secLDAP, secWinAD und secSAPR3. Der Standardwert ist secEnterprise.
authentication.visible	Mithilfe dieses Parameters können Sie einstellen, ob die Benutzer die Authentifizierungsmethode selbst wählen können. Der Standardwert ist false (deaktiviert).
cms.default	Durch diesen Parameter können Sie den Standard-CMS festlegen. Der Standardwert ist <Hostname>:<Port>.
cms.visible	Mithilfe dieses Parameters können Sie einstellen, ob die Benutzer den CMS selbst wählen können. Der Standardwert ist true (aktiviert).
dialog.prompt.enabled	Über diesen Parameter können Sie bestimmen, ob der Benutzer beim Verlassen einer Eingabeseite über einen Dialog gefragt werden soll, ob er dies auch wirklich möchte. Der Standardwert ist false (deaktiviert).
logontoken.enabled	Durch diesen Parameter können Sie festlegen, ob ein Token bei der Anmeldung erstellt werden soll. Der Standardwert ist false (deaktiviert).

Tabelle 4.27 Parameter der Datei »BIlaunchpad.properties« (Quelle: »SAP BusinessObjects Enterprise-Administratorhandbuch«, SAP AG)

Parameter	Beschreibung
SMTPFrom	Mit diesem Parameter können Sie festlegen, ob das Feld VON bei der zeitgesteuerten Verarbeitung von Objekten angezeigt werden soll. Falls Sie dies deaktivieren, versucht das System, die E-Mail-Adresse des Reports zu ermitteln. Ist dies nicht möglich, wird die E-Mail-Adresse des angemeldeten Nutzers oder, wenn auch dies nicht möglich ist, die des Job-Servers verwendet. Der Standardwert ist true (aktiviert).
url.exit	Sie können durch diesen Parameter bestimmen, wohin extern angemeldete Benutzer geleitet werden, wenn sie sich abmelden. Dieser Parameter ist standardmäßig leer.
disable.locale.preference	Durch diesen Parameter können Sie festlegen, ob die Benutzer lokale Einstellungen vornehmen können. Der Standardwert ist false (deaktiviert).
extlogon.allow.logoff	Mit diesem Parameter bestimmen Sie, ob die externe Anmeldung geschlossen werden soll, wenn die Sitzung abgelaufen ist. Der Standardwert ist true (aktiviert).

Tabelle 4.27 Parameter der Datei »BIlaunchpad.properties« (Quelle: »SAP BusinessObjects Enterprise-Administratorhandbuch«, SAP AG) (Forts.)

OpenDocument-Einstellungen

In Tabelle 4.28 finden Sie die Parameter zur Konfiguration der OpenDocument-Webanwendungen. Diese Parameter werden in der Datei *OpenDocument.properties* hinterlegt.

Parameter	Beschreibung
app.name, app.name.short	Durch diese Parameter bestimmen Sie, wie die OpenDocument-Webanwendung beim Anmeldebildschirm angezeigt werden soll. app.name=SAP BusinessObjects OpenDocument und app.name.short= OpenDocument sind die Standardwerte.

Tabelle 4.28 Parameter der Datei »OpenDocument.properties« (Quelle: »SAP BusinessObjects Enterprise-Administratorhandbuch«, SAP AG)

Parameter	Beschreibung
authentication.default	Sie können mit dem Parameter angeben, welche Methode zur Authentifizierung der Benutzer verwendet werden soll. Mögliche Werte sind secEnterprise, secLDAP, secWinAD und secSAPR3. Der Standardwert ist secEnterprise.
authentication.visible	Mithilfe dieses Parameters können Sie einstellen, ob die Benutzer die Authentifizierungsmethode selbst wählen können. Der Standardwert ist false (deaktiviert).
cms.default	Durch diesen Parameter können Sie den Standard-CMS festlegen. Der Standardwert ist <Hostname>:<Port>.
cms.visible	Mithilfe dieses Parameters können Sie einstellen, ob die Benutzer den CMS selbst wählen können. Der Standardwert ist false (deaktiviert).
logontoken.enabled	Durch diesen Parameter können Sie festlegen, ob ein Token bei der Anmeldung erstellt werden soll. Der Standardwert ist true (aktiviert).
extlogon.allow.logoff	Mit diesem Parameter bestimmen Sie, ob die externe Anmeldung geschlossen werden sollen, wenn die Sitzung abgelaufen ist. Der Standardwert ist true (aktiviert).

Tabelle 4.28 Parameter der Datei »OpenDocument.properties« (Quelle: »SAP BusinessObjects Enterprise-Administratorhandbuch«, SAP AG) (Forts.)

CMC-Einstellungen

Einstellungen bezüglich der CMC nehmen Sie in der Datei *CmcApp.properties* vor. Tabelle 4.29 zeigt Ihnen die wichtigsten Parameter.

Parameter	Beschreibung
app.url.name	Über diesen Parameter bestimmen Sie die URL. Diese muss mit einem Schrägstrich (»/«) beginnen und darf keinen weiteren Schrägstrich beinhalten. Der Standardwert ist /CMC.

Tabelle 4.29 Parameter der Datei »CmcApp.properties« (Quelle: »SAP BusinessObjects Enterprise-Administratorhandbuch«, SAP AG)

Parameter	Beschreibung
authentication.default	Sie können mit diesem Parameter angeben, welche Methode zur Authentifizierung der Benutzer verwendet werden soll. Mögliche Werte sind secEnterprise, secLDAP, secWinAD und secSAPR3. Der Standardwert ist secEnterprise.
authentication.visible	Mithilfe dieses Parameters können Sie einstellen, ob die Benutzer die Authentifizierungsmethode selbst wählen können. Der Standardwert ist true (aktiviert).
cms.default	Durch diesen Parameter können Sie den Standard-CMS festlegen. Der Standardwert ist <Hostname>:<Port>.
cms.visible	Mithilfe dieses Parameters können Sie einstellen, ob die Benutzer den CMS selbst wählen können. Der Standardwert ist true (aktiviert).
dialog.prompt.enabled	Über diesen Parameter können Sie bestimmen, ob der Benutzer beim Verlassen einer Eingabeseite über einen Dialog gefragt werden soll, ob er dies auch wirklich möchte. Der Standardwert ist false (deaktiviert).
logontoken.enabled	Durch diesen Parameter können Sie festlegen, ob ein Token bei der Anmeldung erstellt werden soll. Der Standardwert ist false (deaktiviert).

Tabelle 4.29 Parameter der Datei »CmcApp.properties« (Quelle: »SAP BusinessObjects Enterprise-Administratorhandbuch«, SAP AG) (Forts.)

4.5 Administrationsaufgaben in Microsoft Windows-Systemumgebungen – exemplarische Umsetzung

Im Folgenden erfahren Sie, wie Sie die Administrationsaufgaben auf Betriebssystemebene unter einer Microsoft Windows-Systemumgebung exemplarisch realisieren können. Dabei geht es an dieser Stelle darum, Ihnen jeweils einen möglichen Lösungsansatz darzustellen. Sollten Sie einen anderen Weg zur Lösung der Administrationsaufgaben bevorzugen, machen Sie sich mit den Administrationswerkzeugen in den Abschnitten 4.2 und 4.4 vertraut.

> **Sicherung erstellen!** [!]
> Bitte beachten Sie, dass es bei den hier vorgestellten Schritten gegebenenfalls zu einer Fehlkonfiguration Ihrer SAP BusinessObjects BI-Plattform kommen kann oder sogar die Inhalte der CMS-Datenbank gelöscht oder überschrieben werden können. Führen Sie daher vor solchen Operationen eine Sicherung durch. Genauere Informationen dazu finden Sie auch beim jeweiligen Administrationswerkzeug.

4.5.1 SAP BusinessObjects BI-Plattform starten und stoppen

Wie Sie einzelne SIA-Knoten und Server starten und stoppen beziehungsweise auch aktivieren und deaktivieren können, wird im Folgenden gezeigt.

> **Starten und Stoppen der CMS-Datenbank sowie weitere Dienste** [+]
> Der Start der SAP BusinessObjects BI-Plattform setzt voraus, dass die CMS-Datenbank bereits läuft und einsatzbereit ist. Zudem müssen Sie gegebenenfalls beim Stoppen dafür Sorge tragen, dass die CMS-Datenbank angehalten wird. Abhängig von Ihrer eingesetzten Datenbank können hierzu unterschiedliche Schritte notwendig sein. Ebenso verhält es sich mit dem Starten und Stoppen der weiteren Dienste, wie zum Beispiel dem Webanwendungsserver.

Zum Starten oder Stoppen eines SIA-Knotens können Sie folgenden Weg gehen:

SIA-Knoten starten oder stoppen

1. Starten Sie den Central Configuration Manager über START • ALLE PROGRAMME • SAP BUSINESSOBJECTS ENTERPRISE XI 4.0 • SAP BUSINESSOBJECTS ENTERPRISE • CENTRAL CONFIGURATION MANAGER.
2. Wählen Sie den zu startenden oder zu stoppenden SIA-Knoten in der Liste des Hauptfensters aus.
3. Zum Starten drücken Sie die Funktionstaste STARTEN.
4. Zum Stoppen drücken Sie die Funktionstaste STOPPEN.

Möchten Sie einen Server starten, stoppen, aktivieren oder deaktivieren, können Sie dies folgendermaßen tun:

Server starten, aktivieren, deaktivieren und stoppen

1. Starten Sie den Central Configuration Manager über START • ALLE PROGRAMME • SAP BUSINESSOBJECTS ENTERPRISE XI 4.0 • SAP BUSINESSOBJECTS ENTERPRISE • CENTRAL CONFIGURATION MANAGER.

2. Drücken Sie die Funktionstaste SERVER VERWALTEN.
3. Melden Sie sich am CMS an.
4. Wählen Sie den entsprechenden Server aus.
5. Zum Starten drücken Sie die Funktionstaste STARTEN.
6. Zum Aktivieren drücken Sie die Funktionstaste AKTIVIEREN.
7. Zum Deaktivieren drücken Sie die Funktionstaste DEAKTIVIEREN.
8. Zum Stoppen drücken Sie die Funktionstaste STOPPEN.

4.5.2 SAP BusinessObjects BI-Plattform konfigurieren

Wie Sie die Konfiguration Ihrer SAP BusinessObjects BI-Plattform anpassen können, erfahren Sie im Folgenden.

Sicherung und Wiederherstellung der Servereinstellungen

Servereinstellungen sichern

Möchten Sie die Servereinstellungen sichern, gehen Sie wie folgt vor:

1. Starten Sie den Central Configuration Manager über START • ALLE PROGRAMME • SAP BUSINESSOBJECTS ENTERPRISE XI 4.0 • SAP BUSINESSOBJECTS ENTERPRISE • CENTRAL CONFIGURATION MANAGER.
2. Klicken Sie die Funktionstaste SERVERKONFIGURATION SICHERN.
3. Führen Sie den eingeblendeten Assistenten aus, und geben Sie die geforderten Werte an.
4. Klicken Sie die Funktionstaste FERTIG STELLEN.

Die Sicherung der Servereinstellungen wird erstellt, und Sie werden über die erfolgreiche Fertigstellung informiert.

Servereinstellungen wiederherstellen

Wollen Sie Servereinstellungen wiederherstellen, gehen Sie wie folgt vor:

1. Starten Sie den Central Configuration Manager über START • ALLE PROGRAMME • SAP BUSINESSOBJECTS ENTERPRISE XI 4.0 • SAP BUSINESSOBJECTS ENTERPRISE • CENTRAL CONFIGURATION MANAGER.
2. Klicken Sie die Funktionstaste SERVERKONFIGURATION WIEDERHERSTELLEN.
3. Führen Sie den eingeblendeten Assistenten aus, und geben Sie die geforderten Werte an.
4. Klicken Sie die Funktionstaste FERTIG STELLEN.

Die Wiederherstellung der Servereinstellungen wird durchgeführt und Sie werden über die erfolgreiche Fertigstellung informiert.

Konfiguration der SIA-Knoten und der CMS-Datenbank

Zum Anlegen eines neuen SIA-Knotens oder zum Wiederherstellen eines bereits existierenden SIA-Knotens können Sie folgende Schritte ausführen:

SIA-Knoten anlegen und wiederherstellen

1. Starten Sie den Central Configuration Manager über START • ALLE PROGRAMME • SAP BUSINESSOBJECTS ENTERPRISE XI 4.0 • SAP BUSINESSOBJECTS ENTERPRISE • CENTRAL CONFIGURATION MANAGER.
2. Klicken Sie die Funktionstaste KNOTEN HINZUFÜGEN.
3. Führen Sie den eingeblendeten Assistenten aus und geben Sie die geforderten Werte an.
4. Klicken Sie die Funktionstaste FERTIG STELLEN.

Das Anlegen des SIA-Knotens wird durchgeführt, und Sie werden über die erfolgreiche Fertigstellung informiert.

Möchten Sie einen SIA-Knoten löschen, können Sie dazu folgende Schritte durchführen:

SIA-Knoten löschen

1. Starten Sie den Central Configuration Manager über START • ALLE PROGRAMME • SAP BUSINESSOBJECTS ENTERPRISE XI 4.0 • SAP BUSINESSOBJECTS ENTERPRISE • CENTRAL CONFIGURATION MANAGER.
2. Wählen Sie den zu löschenden SIA-Knoten aus.
3. Stoppen Sie den SIA-Knoten gegebenenfalls.
4. Klicken Sie die Funktionstaste KNOTEN LÖSCHEN.
5. Bestätigen Sie die Sicherheitsabfrage und geben Sie die Anmeldeinformationen zum CMS an.

Der SIA-Knoten wird gelöscht, und Sie werden über die erfolgreiche Fertigstellung informiert.

Möchten Sie einen SIA-Knoten in einen anderen Cluster verschieben, können Sie dies folgendermaßen erledigen:

SIA-Knoten verschieben

1. Starten Sie den Central Configuration Manager über START • ALLE PROGRAMME • SAP BUSINESSOBJECTS ENTERPRISE XI 4.0 • SAP BUSINESSOBJECTS ENTERPRISE • CENTRAL CONFIGURATION MANAGER.
2. Wählen Sie den zu verschiebenden SIA-Knoten aus.

3. Stoppen Sie den SIA-Knoten gegebenenfalls.

4. Führen Sie einen Rechtsklick auf den Knoten aus und wählen Sie den Punkt VERSCHIEBEN.

5. Führen Sie den eingeblendeten Assistenten aus und geben Sie die geforderten Werte an.

6. Drücken Sie die Funktionstaste FERTIG STELLEN.

Das Verschieben des SIA-Knotens wird durchgeführt, und Sie werden über die erfolgreiche Fertigstellung informiert.

CMS-Datenbank anpassen

Zum Ändern der CMS-Datenbankanbindung eines SIA-Knotens oder zum Kopieren oder Reinitialisieren der CMS-Datenbank können Sie folgende Schritte ausführen:

1. Starten Sie den Central Configuration Manager über START • ALLE PROGRAMME • SAP BUSINESSOBJECTS ENTERPRISE XI 4.0 • SAP BUSINESSOBJECTS ENTERPRISE • CENTRAL CONFIGURATION MANAGER.

2. Wählen Sie den SIA-Knoten aus, für den Sie die Datenbankanbindung konfigurieren wollen bzw. für den Sie Änderungen der CMS-Datenbank vornehmen wollen.

3. Stoppen Sie den SIA-Knoten gegebenenfalls.

4. Drücken Sie die Funktionstaste CMS-DATENQUELLE ANGEBEN.

5. Führen Sie den eingeblendeten Assistenten aus, und geben Sie die geforderten Werte an.

Konfiguration der Cluster-Einstellungen

Zum Anpassen des Cluster Keys oder des Cluster-Namens können Sie folgende Schritte ausführen:

1. Starten Sie den Central Configuration Manager über START • ALLE PROGRAMME • SAP BUSINESSOBJECTS ENTERPRISE XI 4.0 • SAP BUSINESSOBJECTS ENTERPRISE • CENTRAL CONFIGURATION MANAGER.

2. Wählen Sie den SIA-Knoten aus, für den Sie die Anpassungen vornehmen wollen.

3. Stoppen Sie den SIA-Knoten gegebenenfalls.

4. Drücken Sie die Funktionstaste EIGENSCHAFTEN.

5. Wählen Sie die Registerkarte KONFIGURATION.

6. Zum Ändern des Cluster-Namens aktivieren Sie die Option CLUS-TERNAMEN ÄNDERN ZU und geben den neuen Namen ein.

7. Zum Ändern des Cluster Keys wählen Sie im Bereich KONFIGURATION DES CMS-DATENBANKSCHLÜSSELS die Taste ÄNDERN und führen den eingeblendeten Assistenten aus.

Konfiguration der Webanwendungen

Wenn Sie eine Webanwendung anpassen möchten, müssen Sie diese gegebenenfalls zunächst deinstallieren. Gehen Sie dazu wie folgt vor:

Webanwendungen deinstallieren

1. Starten Sie das WDeploy Tool über START • ALLE PROGRAMME • SAP BUSINESSOBJECTS ENTERPRISE XI 4.0 • SAP BUSINESSOBJECTS ENTERPRISE WDEPLOY.

2. Wählen Sie den Punkt ALLE SAP BUSINESSOBJECTS-WEBANWENDUNGEN VOM SERVER DEINSTALLIEREN, und bestimmen Sie Ihren Webanwendungsserver.

3. Drücken Sie die Funktionstaste AUSFÜHREN.

Zum Anpassen einer Webanwendung, gehen Sie wie folgt vor:

Webanwendungen anpassen

1. Erstellen Sie für die zu ändernde Webanwendung eine neue Datei im Verzeichnis *C:\Program Files (x86)\SAP BusinessObjects\SAP BusinessObjects Enterprise XI 4.0\warfiles\webapps\BOE\WEB-INF\config\custom*.

2. Tragen Sie in diese Datei alle Parameter ein, die Sie anpassen wollen.

3. Sichern Sie die Datei.

Dateinamen und Parameter [+]

Den Namen der Datei sowie die möglichen Parameter der jeweiligen Webanwendung finden Sie in Abschnitt 4.4.5.

Wenn Sie eine Webanwendung angepasst haben, müssen Sie diese gegebenenfalls wieder implementieren. Gehen Sie dazu wie folgt vor:

Webanwendungen implementieren

1. Starten Sie das WDeploy-Tool über START • ALLE PROGRAMME • SAP BUSINESSOBJECTS ENTERPRISE XI 4.0 • SAP BUSINESSOBJECTS ENTERPRISE WDEPLOY.

2. Wählen Sie den Punkt ALLE VERFÜGBAREN SAP BUSINESSOBJECTS-WEBANWENDUNGEN AUF DEM SERVER IMPLEMENTIEREN, und bestimmen Sie Ihren Webanwendungsserver.

3. Drücken Sie die Funktionstaste AUSFÜHREN.

[+] **Neustart des Webanwendungsservers**

Nach dem Anpassen einer Webanwendung ist es notwendig, den Webanwendungsserver neu zu starten.

4.5.3 Inhalte der SAP BusinessObjects BI-Plattform verwalten

Wie Sie die Aufgaben im Bereich »Verwaltung von Inhalten« umsetzen können, wird im Folgenden gezeigt.

Inkonsistenzen ermitteln und beseitigen

Inkonsistenzen ermitteln

Zur Ermittlung möglicher Inkonsistenzen in der CMS-Datenbank gehen Sie wie folgt vor:

1. Starten Sie die Eingabeaufforderung über START • ALLE PROGRAMME • ZUBEHÖR • EINGABEAUFFORDERUNG.

2. Wechseln Sie in das Verzeichnis *C:\Program Files (x86)\SAP BusinessObjects\SAP BusinessObjects Enterprise XI 4.0\win64_x64.*

3. Führen Sie folgenden Befehl aus:

```
reposcan.exe -dbdriver <DBDriver> -connect <Connect-
Verbindung> -inputfrsdir <Input-Verzeichnis> -outputfrsdir
<Output-Verzeichnis>
```

Der Befehl könnte etwa folgendermaßen lauten:

```
reposcan.exe -dbdriver sqlserverdatabasesubsystem -connect
"UID=bouser;PWD=bobj2011!;DNS=BusinessObjects CMS 140"
-inputfrsdir "C:\Program Files (x86)\SAP BusinessObjects\SAP
BusinessObjects Enterprise XI 4.0\FileStore\Input"
-outputfrsdir "C:\Program Files (x86)\SAP BusinessObjects\
SAP BusinessObjects Enterprise XI 4.0\FileStore\Output"
```

4. Prüfen Sie das Protokoll im Verzeichnis *C:\Program Files (x86)\SAP BusinessObjects\SAP BusinessObjects Enterprise XI 4.0\reposcan.*

Administrationsaufgaben (Windows) – exemplarische Umsetzung | **4.5**

Zum automatischen Beseitigen möglicher Inkonsistenzen in der CMS-Datenbank können Sie wie folgt vorgehen:

Inkonsistenzen beseitigen

1. Stoppen Sie gegebenenfalls Ihre SAP BusinessObjects BI-Plattform.
2. Starten Sie die Eingabeaufforderung über START • ALLE PROGRAMME • ZUBEHÖR • EINGABEAUFFORDERUNG.
3. Wechseln Sie in das Verzeichnis *C:\Program Files (x86)\SAP BusinessObjects\SAP BusinessObjects Enterprise XI 4.0\win64_x64*.

   Führen Sie folgenden Befehl aus:

   ```
   reposcan.exe -repair -dbdriver <DBDriver> -connect <Connect-Verbindung> -inputfrsdir <Input-Verzeichnis> -outputfrsdir <Output-Verzeichnis>
   ```

   Der Befehl könnte etwa folgendermaßen lauten:

   ```
   reposcan.exe -repair -dbdriver sqlserverdatabasesubsystem -connect "UID=bouser;PWD=bobj2011!;DNS=BusinessObjects CMS 140" -inputfrsdir "C:\Program Files (x86)\SAP BusinessObjects\SAP BusinessObjects Enterprise XI 4.0\FileStore\Input" -outputfrsdir "C:\Program Files (x86)\SAP BusinessObjects\SAP BusinessObjects Enterprise XI 4.0\FileStore\Output"
   ```

4. Prüfen Sie das Protokoll im Verzeichnis *C:\Program Files (x86)\SAP BusinessObjects\SAP BusinessObjects Enterprise XI 4.0\reposcan*.
5. Starten Sie gegebenenfalls Ihre SAP BusinessObjects BI-Plattform.

Objekte übertragen

Um Objekte von einem Server auf den anderen zu übertragen, müssen Sie eine Eigenschaftsdatei erzeugen und ausführen. Zum Erzeugen der Eigenschaftsdatei gehen Sie folgendermaßen vor:

Eigenschaftsdatei erzeugen

1. Erstellen Sie eine neue Datei mit der Endung *.properties*.
2. Tragen Sie in die Datei die gewünschten Eigenschaften ein.
3. Sichern Sie die Datei.

Mögliche Eigenschaften der Eigenschaftsdatei	[+]
Die möglichen Eigenschaften, die Sie in die Eigenschaftsdatei eintragen können, finden Sie in Abschnitt 4.4.3.	

4 | Administration auf Betriebssystemebene

Eigenschaftsdatei ausführen

Zum Starten der Eigenschaftsdatei gehen Sie folgendermaßen vor:

1. Starten Sie die Eingabeaufforderung über START • ALLE PROGRAMME • ZUBEHÖR • EINGABEAUFFORDERUNG.
2. Wechseln Sie in das Verzeichnis *C:\Program Files (x86)\SAP Business-Objects\SAP BusinessObjects Enterprise XI 4.0\ java\lib*.
3. Führen Sie folgenden Befehl aus:
   `java -jar biarengine.jar <Eigenschaftsdatei>`

   Der Befehl könnte etwa folgendermaßen lauten:
   `java -jar biarengine.jar BIARExport.properties`

4.6 Administrationsaufgaben in Unix- und Linux-Systemumgebungen – exemplarische Umsetzung

Im Folgenden erfahren Sie exemplarisch, wie Sie die Administrationsaufgaben auf Betriebssystemebene unter einer Unix- oder Linux-Systemumgebung realisieren können. Dabei geht es an dieser Stelle darum, Ihnen jeweils einen möglichen Lösungsansatz darzustellen. Auch hier empfehlen wir Ihnen, sich mit den Administrationswerkzeugen in den Abschnitten 4.3 und 4.4 vertraut zu machen, wenn Sie einen anderen Ansatz verfolgen möchten.

[!] **Sicherung erstellen!**

Beachten Sie, dass es bei den hier vorgestellten Schritten gegebenenfalls zu einer Fehlkonfiguration Ihrer SAP BusinessObjects BI-Plattform kommen kann oder sogar die Inhalte der CMS-Datenbank gelöscht oder überschrieben werden können. Führen Sie daher vor solchen Operationen eine Sicherung durch. Genauere Informationen dazu finden Sie auch beim jeweiligen Administrationswerkzeug.

4.6.1 SAP BusinessObjects BI-Plattform starten und stoppen

Wie Sie einzelne SIA-Knoten und Server starten und stoppen beziehungsweise auch aktivieren und deaktivieren können, wird im Folgenden gezeigt.

> **Starten und Stoppen der CMS-Datenbank sowie weitere Dienste** [+]
>
> Der Start der SAP BusinessObjects BI-Plattform setzt voraus, dass die CMS-Datenbank bereits läuft und einsatzbereit ist. Zudem müssen Sie gegebenenfalls beim Stoppen dafür Sorge tragen, dass die CMS-Datenbank angehalten wird. Abhängig von Ihrer eingesetzten Datenbank, können hierzu unterschiedliche Schritte notwendig sein. Ebenso verhält es sich mit dem Starten und Stoppen der weiteren Dienste, wie zum Beispiel dem Webanwendungsserver.

Zum Starten oder Stoppen der SIA-Knoten können Sie folgenden Weg gehen:

SIA-Knoten starten oder stoppen

1. Melden Sie sich mit dem Nutzer an, mit dem die Installation der SAP BusinessObjects BI-Plattform erfolgt ist (z. B. su – b50adm).
2. Wechseln Sie in das Vezeichnis */usr/sap/<SID>/sap_bobj*, beispielsweise */usr/sap/B50/sap_bobj*.
3. Zum Starten führen Sie den Befehl `./ccm.sh -start all` aus.
4. Zum Stoppen führen Sie den Befehl `./ccm.sh -stop all` aus.

Möchten Sie die Server starten, stoppen, aktivieren oder deaktivieren, können Sie dies folgendermaßen tun:

Server starten, aktivieren, deaktivieren und stoppen

1. Melden Sie sich mit dem Nutzer, mit dem die Installation der SAP BusinessObjects BI-Plattform erfolgt ist, an (z. B. su – b50adm).
2. Wechseln Sie in das Vezeichnis */usr/sap/<SID>/sap_bobj*, beispielsweise */usr/sap/B50/sap_bobj*.
3. Zum Starten führen Sie folgenden Befehl aus:

   `./ccm.sh -managedstart all -cms <CMS> -username <Benutzer> -password <Passwort>`

   Der Befehl könnte etwa folgendermaßen lauten:

   `./ccm.sh -managedstart all -cms vm28:6400 -username Administrator -password bobj2011`

4. Zum Aktivieren führen Sie folgenden Befehl aus:

   `./ccm.sh -enable all -cms <CMS> -username <Benutzer> -password <Passwort>`

   Der Befehl könnte etwa folgendermaßen lauten:

   `./ccm.sh -enable all -cms vm28:6400 -username Administrator -password bobj2011`

5. Zum Deaktivieren führen Sie folgenden Befehl aus:

```
./ccm.sh -disable all -cms <CMS> -username <Benutzer>
-password <Passwort>
```

Der Befehl könnte etwa folgendermaßen lauten:

```
./ccm.sh -disable all -cms vm28:6400 -username Administrator
-password bobj2011
```

6. Zum Stoppen führen Sie den folgenden Befehl aus:

```
./ccm.sh -managedstop all -cms <CMS> -username <Benutzer>
-password <Passwort>
```

Der Befehl könnte etwa folgendermaßen lauten:

```
./ccm.sh -managedstop all -cms vm28:6400
-username Administrator -password bobj2011
```

4.6.2 SAP BusinessObjects BI-Plattform konfigurieren

Wie Sie die Konfiguration Ihrer SAP BusinessObjects BI-Plattform anpassen können, erfahren Sie im Folgenden.

Sicherung und Wiederherstellung der Servereinstellungen

Servereinstellungen sichern

Möchten Sie Servereinstellungen sichern, gehen Sie wie folgt vor:

1. Melden Sie sich mit dem Nutzer an, mit dem die Installation der SAP BusinessObjects BI-Plattform erfolgt ist (z. B. su – b50adm).
2. Wechseln Sie in das Verzeichnis */usr/sap/<SID>/sap_bobj*, beispielsweise */usr/sap/B50/sap_bobj*.
3. Starten Sie das Administrationswerkzeug `serverconfig.sh`.
4. Wählen Sie Punkt 5 (BACK UP SERVER CONFIGURATION).
5. Folgen Sie den Anweisungen, und geben Sie die geforderten Werte ein.

Servereinstellungen wiederherstellen

Möchten Sie Servereinstellungen wiederherstellen, gehen Sie wie folgt vor:

1. Melden Sie sich mit dem Nutzer an, mit dem die Installation der SAP BusinessObjects BI-Plattform erfolgt ist (z. B. su – b50adm).
2. Wechseln Sie in das Vezeichnis */usr/sap/<SID>/sap_bobj*, beispielsweise */usr/sap/B50/sap_bobj*.
3. Starten Sie das Administrationswerkzeug `serverconfig.sh`.

4. Wählen Sie den Punkt 6 (Restore server configuration).
5. Folgen Sie den Anweisungen, und geben Sie die geforderten Werte ein.

Konfiguration der SIA-Knoten und der CMS-Datenbank

Zum Anlegen eines neuen SIA-Knotens oder zum Wiederherstellen eines bereits existierenden SIA-Knotens können Sie folgende Schritte ausführen:

SIA-Knoten anlegen und wiederherstellen

1. Melden Sie sich mit dem Nutzer an, mit dem die Installation der SAP BusinessObjects BI-Plattform erfolgt ist (z. B. su – b50adm).
2. Wechseln Sie in das Vezeichnis */usr/sap/<SID>/sap_bobj*, beispielsweise */usr/sap/B50/sap_bobj*.
3. Starten Sie das Administrationswerkzeug `serverconfig.sh`.
4. Wählen Sie Punkt 1 (Add node).
5. Folgen Sie den Anweisungen, und geben Sie die geforderten Werte ein.

Möchten Sie einen SIA-Knoten löschen, können Sie dazu folgende Schritte durchführen:

SIA-Knoten löschen

1. Melden Sie sich mit dem Nutzer an, mit dem die Installation der SAP BusinessObjects BI-Plattform erfolgt ist (z. B. su – b50adm).
2. Wechseln Sie in das Vezeichnis */usr/sap/<SID>/sap_bobj*, beispielsweise */usr/sap/B50/sap_bobj*.
3. Starten Sie das Administrationswerkzeug `serverconfig.sh`.
4. Wählen Sie den Punkt 2 (Delete node).
5. Folgen Sie den Anweisungen, und geben Sie die geforderten Werte ein.

Möchten Sie einen SIA-Knoten in einen anderen Cluster verschieben, können Sie dies folgendermaßen erledigen:

SIA-Knoten verschieben

1. Melden Sie sich mit dem Nutzer an, mit dem die Installation der SAP BusinessObjects BI-Plattform erfolgt ist (z. B. su – b50adm).
2. Wechseln Sie in das Vezeichnis */usr/sap/<SID>/sap_bobj*, beispielsweise */usr/sap/B50/sap_bobj*.
3. Starten Sie das Administrationswerkzeug `serverconfig.sh`.

4 | Administration auf Betriebssystemebene

4. Wählen Sie Punkt 4 (MOVE NODE).
5. Folgen Sie den Anweisungen, und geben Sie die geforderten Werte ein.

CMS-Datenbank anpassen

Zum Ändern der CMS-Datenbankanbindung eines SIA-Knotens oder zum Kopieren oder Reinitialisieren der CMS-Datenbank können Sie folgende Schritte ausführen:

1. Melden Sie sich mit dem Nutzer an, mit dem die Installation der SAP BusinessObjects BI-Plattform erfolgt ist (z. B. su – b50adm).
2. Wechseln Sie in das Vezeichnis */usr/sap/<SID>/sap_bobj*, beispielsweise */usr/sap/B50/sap_bobj*.
3. Starten Sie das Administrationswerkzeug `cmsdbsetup.sh`.
4. Zum Anpassen der CMS-Datenbankanbindung wählen Sie den Punkt UPDATE durch Eingabe der Ziffer 6.
5. Zum Kopieren der CMS-Datenbank wählen Sie den Punkt COPY durch Eingabe der Ziffer 4.
6. Zum Reinitialisieren der CMS-Datenbank wählen Sie den Punkt REINITIALIZE durch Eingabe der Ziffer 5.
7. Folgen Sie jeweils den Anweisungen, und geben Sie die geforderten Werte ein.

Konfiguration der Cluster-Einstellungen

Zum Anpassen des Cluster Keys oder des Cluster-Namens können Sie folgende Schritte ausführen:

1. Melden Sie sich mit dem Nutzer an, mit dem die Installation der SAP BusinessObjects BI-Plattform erfolgt ist (z. B. su – b50adm).
2. Wechseln Sie in das Vezeichnis */usr/sap/<SID>/sap_bobj*, beispielsweise */usr/sap/B50/sap_bobj*.
3. Starten Sie das Administrationswerkzeug `cmsdbsetup.sh`.
4. Zum Ändern des Cluster-Namens wählen Sie den Punkt CHANGE CLUSTER durch Eingabe der Ziffer 3.
5. Zum Ändern des Cluster Keys wählen Sie den Punkt CHANGE CLUSTER KEY durch Eingabe der Ziffer 2.
6. Folgen Sie jeweils den Anweisungen, und geben Sie die geforderten Werte ein.

Konfiguration der Webanwendungen

Wenn Sie eine Webanwendung anpassen möchten, müssen Sie diese gegebenenfalls zunächst deinstallieren. Gehen Sie dazu wie folgt vor:

Webanwendungen deinstallieren

1. Wechseln Sie in das Verzeichnis */usr/sap/<SID>/sap_bobj/enterprise_xi40/wdeploy*, beispielsweise */usr/sap/B50/sap_bobj/enterprise_xi40/wdeploy*.
2. Starten Sie das WDeploy-Tool als menügesteuertes Administrationswerkzeug mit dem Befehl `./wdeployGUI.sh`.
3. Wählen Sie den Punkt ALLE SAP BUSINESSOBJECTS-WEBANWENDUNGEN VOM SERVER DEINSTALLIEREN, und folgen Sie den Anweisungen.

Zum Anpassen einer Webanwendung, gehen Sie wie folgt vor:

Webanwendungen anpassen

1. Erstellen Sie für die zu ändernde Webanwendung eine neue Datei im folgenden Verzeichnis:*/usr/sap/<SID>/sap_bobj/enterprise_xi40/warfiles/webapps/BOE/WEB-INF/config/custom*, beispielsweise */usr/sap/B50/sap_bobj/enterprise_xi40/warfiles/webapps/BOE/WEB-INF/config/custom*.
2. Tragen Sie in diese Datei alle Parameter ein, die Sie anpassen wollen.
3. Sichern Sie die Datei.

Dateinamen und Parameter	[+]
Den Namen der Datei sowie die möglichen Parameter der jeweiligen Webanwendung finden Sie in Abschnitt 4.4.5.	

Wenn Sie eine Webanwendung angepasst haben, müssen Sie diese gegebenenfalls wieder implementieren. Gehen Sie dazu wie folgt vor:

Webanwendungen implementieren

1. Wechseln Sie in das Verzeichnis */usr/sap/<SID>/sap_bobj/enterprise_xi40/wdeploy*, beispielsweise */usr/sap/B50/sap_bobj/enterprise _xi40/wdeploy*.
2. Starten Sie das WDeploy-Tool als menügesteuertes Administrationswerkzeug mit dem Befehl `./wdeployGUI.sh`.
3. Wählen Sie den Punkt ALLE VERFÜGBAREN SAP BUSINESSOBJECTS-WEBANWENDUNGEN AUF DEM SERVER IMPLEMENTIEREN, und folgen Sie den Anweisungen.

> **[+] Neustart des Webanwendungsservers**
>
> Nach dem Anpassen einer Webanwendung ist es notwendig, den Webanwendungsserver neu zu starten.

4.6.3 Inhalte der SAP BusinessObjects BI-Plattform verwalten

Wie Sie die Aufgaben im Bereich »Verwaltung von Inhalten« umsetzen können, wird im Folgenden gezeigt.

Inkonsistenzen ermitteln und beseitigen

Inkonsistenzen ermitteln

Zur Ermittlung möglicher Inkonsistenzen in der CMS-Datenbank gehen Sie wie folgt vor:

1. Wechseln Sie in das Verzeichnis */usr/sap/<SID>/sap_bobj/enterprise_xi40/<Plattform>*, beispielsweise */usr/sap/B50/sap_bobj/enterprise_xi40/linux_x64*.

2. Führen Sie folgenden Befehl aus:
   ```
   ./boe_reposcan -dbdriver <DBDriver> -connect <Connect-Verbindung> -inputfrsdir <Input-Verzeichnis> -outputfrsdir <Output-Verzeichnis>
   ```
   Der Befehl könnte etwa folgendermaßen lauten:
   ```
   ./boe_reposcan -dbdriver sqlserverdatabasesubsystem -connect "UID=bouser;PWD=bobj2011!;DNS=BusinessObjects CMS 140" -inputfrsdir "/usr/sap/B50/sap_bobj/data/frsinput" -outputfrsdir "/usr/sap/B50/sap_bobj/data/frsoutput"
   ```

3. Prüfen Sie das Protokoll im Verzeichnis */usr/sap/B50/sap_bobj/enterprise_xi40/reposcan*.

Inkonsistenzen beseitigen

Zum automatischen Beseitigen möglicher Inkonsistenzen in der CMS-Datenbank können Sie wie folgt vorgehen:

1. Stoppen Sie gegebenenfalls Ihre SAP BusinessObjects BI-Plattform
2. Wechseln Sie in das Verzeichnis */usr/sap/<SID>/sap_bobj/enterprise_xi40/<Plattform>*, beispielsweise */usr/sap/B50/sap_bobj/enterprise_xi40/linux_x64*.

3. Führen Sie den folgenden Befehl aus:

   ```
   ./boe_reposcan  -repair  -dbdriver  <DBDriver>  -connect
   <Connect-Verbindung>  -inputfrsdir  <Input-Verzeichnis>  -
   outputfrsdir <Output-Verzeichnis>
   ```

   Der Befehl könnte etwa folgendermaßen lauten:

   ```
   ./boe_reposcan -repair -dbdriver sqlserverdatabasesubsystem
   -connect "UID=bouser;PWD=bobj2011!;DNS=BusinessObjects CMS
   140" -inputfrsdir "/usr/sap/B50/sap_bobj/data/frsinput" -
   outputfrsdir "/usr/sap/B50/sap_bobj/data/frsoutput"
   ```

4. Prüfen Sie das Protokoll im Verzeichnis */usr/sap/B50/sap_bobj/enterprise_xi40/reposcan*.

5. Starten Sie gegebenenfalls Ihre SAP BusinessObjects BI-Plattform.

Objekte übertragen

Um Objekte von einem Server auf den anderen zu übertragen, müssen Sie eine Eigenschaftsdatei erzeugen und ausführen. Zum Erzeugen der Eigenschaftsdatei gehen Sie folgendermaßen vor: — Eigenschaftsdatei erzeugen

1. Erstellen Sie eine neue Datei mit der Endung *.properties*.

2. Tragen Sie in die Datei die gewünschten Eigenschaften ein.

3. Sichern Sie die Datei.

> **Mögliche Eigenschaften der Eigenschaftsdatei** [+]
>
> Die möglichen Eigenschaften, die Sie in die Eigenschaftsdatei eintragen können, finden Sie in Abschnitt 4.4.3.

Zum Ausführen der Eigenschaftsdatei gehen Sie folgendermaßen vor: — Eigenschaftsdatei ausführen

1. Wechseln Sie in das Verzeichnis Pfad */usr/sap/<SID>/sap_bobj/enterprise_xi40/java/lib* beispielsweise */usr/sap/B50/sap_bobj/java/lib*.

2. Führen Sie den folgenden Befehl aus:

   ```
   java -jar biarengine.jar <Eigenschaftsdatei>
   ```

   Der Befehl könnte etwa folgendermaßen lauten:

   ```
   java -jar biarengine.jar BIARExport.properties
   ```

4.7 Zusammenfassung

Zu Beginn dieses Kapitels haben Sie die Administrationsaufgaben, die Ihnen auf Betriebssystemebene begegnen können, zunächst allgemein kennengelernt. Hier standen vor allem die Aufgaben zum Starten und Stoppen sowie zur Konfiguration der SAP BusinessObjects BI-Plattform im Vordergrund. Auch die Aufgaben in Bezug zur Verwaltung der Inhalte wurden angesprochen.

Anschließend haben Sie sich mit den von der SAP AG bereitgestellten Administrationswerkzeugen für Ihr Betriebssystem vertraut gemacht. Zudem haben Sie die Administrationswerkzeuge betrachtet, die plattformunabhängig genutzt werden können.

Zum Abschluss dieses Kapitels haben Sie erfahren, wie Sie die einzelnen Aufgaben beispielhaft mit den zur Verfügung stehenden Werkzeugen realisieren können. Diese Darstellungen wurden dabei nach dem jeweiligen Betriebssystem unterschieden.

Im nächsten Kapitel lernen Sie die Administrationsaufgaben kennen, die Sie mithilfe der CMC realisieren können. Zudem werden Ihnen die Client Tools vorgestellt.

Neben der Administration auf Betriebssystemebene bietet die SAP BusinessObjects Business-Intelligence-Plattform eine Vielzahl von Werkzeugen, die über die Central Management Console oder die Client Tools genutzt werden. Diese Werkzeuge stellen wir Ihnen im folgenden Kapitel vor.

5 Administration mit der Central Management Console und den SAP BusinessObjects Client Tools

Die Administration der SAP BusinessObjects BI-Plattform kann mit einer Vielzahl verschiedener Werkzeuge durchgeführt werden. Neben den in Kapitel 4, »Administration auf Betriebssystemebene«, behandelten Betriebssystemwerkzeugen, die auf der Konsole arbeiten, gibt es unter anderem die Central Management Console, Client Tools sowie die Lifecycle Management Console, mit denen Sie viele der alltäglichen Administrationsaufgaben erfüllen können.

Bei den SAP BusinessObjects Client Tools handelt es sich um eine Sammlung vieler unterschiedlicher Anwendungen, die zu administrativen Zwecken, für die Erstellung sowie zur Manipulation von Universen oder zur Lokalisierung genutzt werden können. Zu Beginn dieses Kapitels gehen wir näher auf diese Anwendungen ein.

Die Central Management Console (CMC) ist ein webbasiertes Tool, mit dem praktisch alle administrativen Routineaufgaben durchgeführt werden können. Hierzu zählen die Anwenderverwaltung und die Inhalts- und Serververwaltung. Jeder im System gepflegte Nutzer mit gültigen Anmeldeinformationen kann sich an dieser eigenständigen Benutzeroberfläche anmelden und entsprechend der zugewiesenen Berechtigungen eigene Einstellungen vornehmen. Mitglieder der Gruppe »Administratoren« können alle verfügbaren Verwaltungsaufgaben ausführen.

Die Beschreibung und Nutzung der Central Management Console erfolgt in Abschnitt 5.2, die mit der CMC durchzuführenden Aufgaben werden in den Abschnitten 5.3 bis 5.5 behandelt.

5.1 SAP BusinessObjects Client Tools

Die SAP BusinessObjects Client Tools bieten Ihnen eine Vielzahl unterschiedlicher Anwendungen, die Sie zur Administration sowie zur Pflege und Erstellung von Daten nutzen können.

5.1.1 Berichtskonvertierungs-Tool

Desktop- und Web-Intelligence-Format

Das Berichtskonvertierungs-Tool konvertiert Berichte, unter anderem aus dem nicht mehr weiterentwickelten Desktop-Intelligence-Format, in das Web-Intelligence-Format. Diese Berichte werden auf einem Central Management Server (CMS) veröffentlicht.

Sie können Berichte aus den CMS-Ordnern ÖFFENTLICH, FAVORITEN oder POSTEINGANG abrufen und nach der Konvertierung entweder in demselben oder in einem anderen Ordner veröffentlichen. Es werden nicht immer alle Web-Intelligence-Funktionen und Berichte konvertiert, dies hängt von den Funktionen im Originalbericht ab, die eine vollständige Konvertierung des Berichts verhindern können. Durch die Konvertierung können die Berichte auch geändert, neu implementiert oder entfernt werden.

Statusangaben bei der Konvertierung

Das Berichtskonvertierungs-Tool weist daher jedem Bericht eine der drei folgenden Statusangaben zu:

- Vollständig konvertiert
- Teilweise konvertiert
- Nicht konvertiert

Außerdem ermöglicht Ihnen das Tool die Überwachung der konvertierten Berichte. Sie können Berichte identifizieren, die vom Berichtskonvertierungs-Tool nicht vollständig konvertiert wurden, und die Ursachen für die nicht vollständige Konvertierung analysieren.

5.1.2 Business View Manager

Bevor wir den Business View Manager betrachten, schauen wir uns die Architektur der Business Views an. Diese sind sehr flexibel und vielschichtig. Sie haben die Möglichkeit, spezifische und detaillierte Business-Views-Objekte zu erstellen, mit denen Berichtsdesigner und Anwender auf benötigte Informationen zugreifen können.

Business Views bestehen aus den drei Schichten Client-Schicht, Unternehmensschicht und Datenschicht. Abbildung 5.1 verdeutlicht das Zusammenspiel der einzelnen Komponenten innerhalb dieses mehrschichtigen Systems.

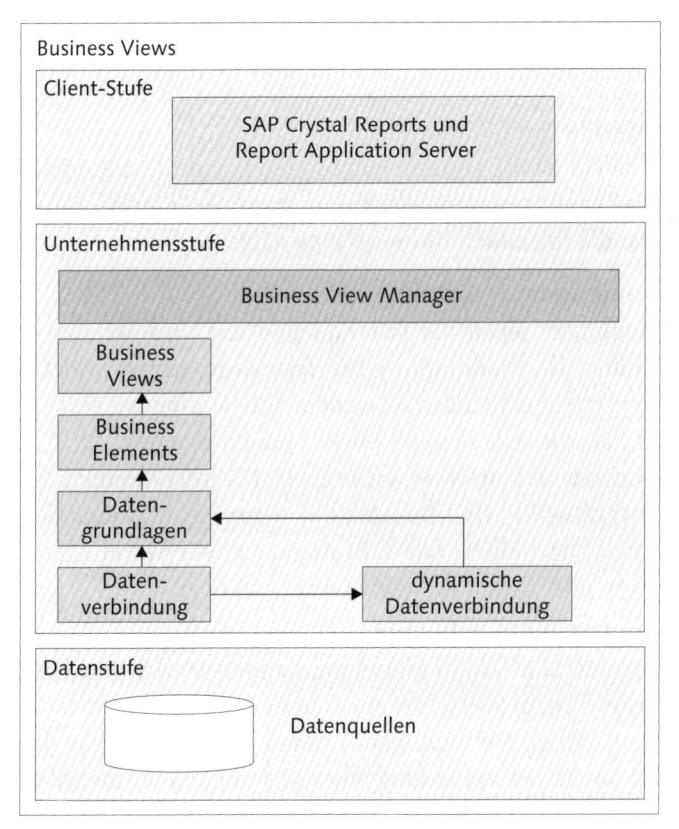

Abbildung 5.1 Business-View-Architektur

Client-Schicht

Über die Client-Schicht können SAP BusinessObjects-Anwendungen wie z. B. Crystal Reports oder der Report Application Server auf die in der Unternehmensschicht gespeicherten Business Views zugreifen.

Zugriff auf die Business Views in der Unternehmensschicht

Für die einzelnen Objekte innerhalb der Business Views kann der Business-View-Administrator Sicherheits- und Zugriffsoptionen verwalten und definieren. So bekommen beispielsweise die Berichtsdesigner in Crystal Reports nur diejenigen Tabellen und Felder angezeigt, für die der Zugriff im Business View gestattet wurde.

> [zB] **Auf Business Views über die Client-Schicht zugreifen**
>
> Ein Praxisbeispiel ist die Vertriebsabteilung eines Unternehmens, die nur auf die regionalen Vertriebsdaten eines Berichts zugreifen darf, obwohl dieser auch Daten des Personalbereichs enthält. Derselbe Business View kann, je nachdem, wie er entworfen wurde, unterschiedliche Informationen liefern. Die ganzen Sicherheits- und Zugriffsdaten werden vom Business View Manager verwaltet.

Unternehmensschicht

Business-View-Objekte

Die primäre Schicht ist die Unternehmensschicht, auf die die Administratoren mit dem Business View Manager zugreifen können. Diese Schicht umfasst die folgenden Business-View-Objekte:

- **Datenverbindungen**
  Datenverbindungen legen die Datenquellen fest und definieren diese. Mithilfe der Definition wird festgelegt, durch welche Methode die Datenquellen den Anwendern zur Verfügung gestellt werden. Es handelt sich also um ein Verbindungsobjekt, für das natürlich auch Sicherheitsoptionen festgelegt werden können. In jeder Datenverbindung sind Informationen zur Beschreibung der physikalischen Datenquelle wie z. B. Angaben zum Server sowie zum Servertyp und zu den Anmeldedaten hinterlegt.

- **Dynamische Datenverbindungen**
  Bei der dynamischen Datenverbindung handelt es sich um eine Menge von Zeigern, die verschiedene Datenverbindungen referenzieren, auf die diese Verbindungen zeigen. Der Nutzer hat die Möglichkeit, die Datenverbindung mittels Parametereingaben auszuwählen. Soll ein Bericht auf Grundlage einer dynamischen Datenverbindung erstellt werden, muss die zu verwendende Datenverbindung ausgewählt werden.

> **Dynamische Datenverbindung** [zB]
>
> Ein alltägliches Beispiel für eine dynamische Datenverbindung ist die Migration von Daten aus einem Entwicklungs- zu einem Testsystem, und anschließend in das Produktivsystem. Hierbei wird ein Bericht zunächst auf dem Entwicklungssystem ausgeführt. Anschließend werde die Daten in das Testsystem migriert und der Bericht dort ausgeführt. Hierfür muss nur die dynamische Datenverbindung angepasst werden, sodass diese auf die Datenverbindung des Testsystems verweist. Sind die Tests erfolgreich verlaufen, kann die Migration der Daten zu dem Produktivsystem mit demselben Bericht durchgeführt werden.

- **Datengrundlagen**
  Eine Datengrundlage besteht aus einer Menge von Tabellen und Feldern. Auf dieser Ebene werden die Standardtabellenverknüpfungen definiert. Unter Verwendung des SAP BusinessObjects BI-Plattform-Standardsicherheitsmodells können die Administratoren die Datengrundlage erstellen und sichern. Die Ansichts- und Bearbeitungsberechtigungen sind auch in dieser Sicherung verfügbar.

  Hauptzweck der Datengrundlage ist die Erstellung einer Datenabstraktion. Hierbei hat der Administrator die Möglichkeit, die Zugriffsrechte der Anwender auf bestimmte Tabellen und Felder beim Entwerfen oder Anzeigen von Berichten zu steuern.

- **Business Elements**
  Ein Business Element ist eine Menge von logisch verknüpften Datenfeldern, die auf einer gemeinsamen Datengrundlage basieren, ähnlich wie eine OLAP-Dimension oder eine logische Ansicht. Diese Felder werden in einer hierarchischen Struktur innerhalb des Business Elements organisiert. Ein in der Lehre häufig genutztes Beispiel ist eine hierarchische Struktur mit den folgenden Feldern: LAND, BUNDESLAND, REGION und ORT.

  Um den Berichtsentwurf zu vereinfachen und die Datenabstraktion zu unterstützen, können für die in den Business Elements enthaltenen Datenfeldern Feld-Aliase erstellt werden. Mithilfe dieser Standardberechtigung für das Anzeigen und Bearbeiten haben die Administratoren die Möglichkeit, die Business Elements zu sichern.

- **Business Views**
  Ein Business View ist eine logische Ansammlung von Business Elements. Der Nutzer sieht die Business Views als abstrakte Daten-

bankverbindungen und die enthaltenen Business-Felder als virtuelle Tabellen, die ihrerseits Business-Felder enthalten.

Ein Business View besteht aus den folgenden Objekten:

- mindestens eine Datenverbindung
- eine optionale dynamische Datenverbindung
- eine Datengrundlage
- mindestens ein Business Element

Der Zugriff der Nutzer auf die Business Views erfolgt durch Anwendungen wie Crystal Reports und den Report Application Server. Mithilfe der Standardberechtigungen für das Anzeigen und Bearbeiten haben die Administratoren die Möglichkeit, die Business Views zu sichern.

Datenschicht

In der Datenschicht finden Sie eine oder mehrere Datenbanken, die die Daten enthalten. Diese Daten können in verschiedenen Ansichten und Objekten verwendet werden, die wiederum in den zu erstellenden Berichten genutzt werden.

Es wird eine breite Palette von Unternehmensdatenbanken unterstützt. In der Datei *release.html*, die sich im Lieferumfang Ihres Pakets befindet, finden Sie die vollständige Liste der getesteten Datenbanksoftware sowie Versionsanforderungen.

Business View Manager

Mithilfe des Business View Manager können Sie Business Views und die verschiedenen Objekte, aus denen sich diese Business Views zusammensetzen, erstellen und ändern. Der Business View Manager kann von Administratoren zum Festlegen von Sicherheitsoptionen und zur Kontrolle des Datenzugriffs innerhalb der Datenquellen in der Datenschicht verwendet werden. Dieser Thick Client Designer, in dem die eigentliche Verarbeitung der Daten auf dem Client durchgeführt wird, ist der einzige Bestandteil der Business Views, mit dem Administratoren direkt interagieren können.

Die Endanwender greifen über die entsprechende SAP BusinessObjects-Client-Anwendung auf die innerhalb des Business View Manager festgelegten Daten zu, beispielsweise Crystal Reports (über das SAP BusinessObjects Enterprise Repository) und mithilfe des Report Application Servers.

Abbildung 5.2 zeigt den Einstiegsbildschirm des Business View Manager und gibt Ihnen einen Überblick über die zur Auswahl stehenden Optionen.

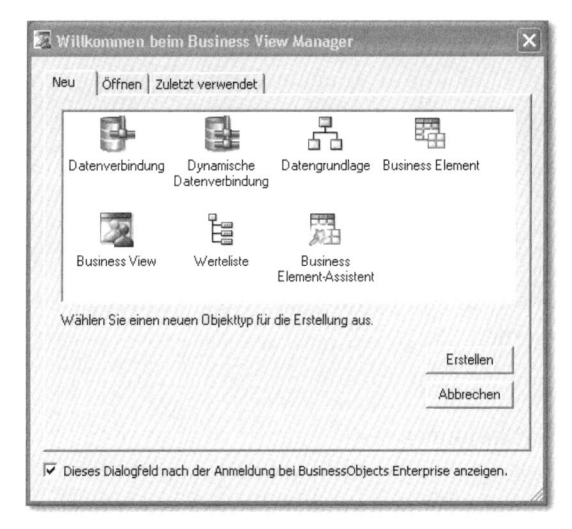

Abbildung 5.2 Business View Manager

Ein besonderer Fokus wird in dem Business View Manager auf das Thema »Sicherheit« gelegt. Die Architektur der Business Views bietet bereits viele Lösungsansätze für einen sicheren Datenzugriff von disparaten Datenquellen an. Mit dieser Problemstellung müssen sich in der Praxis viele Unternehmen und Organisationen auseinandersetzen. Mit dem Business View Manager haben Administratoren die Möglichkeit, relationale Datenansichten zu erstellen. Außerdem kann für die verschiedenen Berichtsobjekte die Spalten- und Zeilensicherheit detailliert festgelegt werden.

Thema »Sicherheit«

Im Folgenden wird betrachtet, wie Sie einem Business-Views-Objekt Sicherheitseinstellungen zuweisen. Detaillierte Informationen über das SAP BusinessObjects BI-Plattform-Sicherheitsmodell finden Sie in Kapitel 2, »Ebenen eines SAP BusinessObjects BI-Plattform-Servers«.

Sicherheitseinstellungen zuweisen

Über das Dialogfeld RECHTE BEARBEITEN können Sie Anwender- und Gruppenrechte für ein bestimmtes Objekt bearbeiten (siehe Abbildung 5.3). Der Anwender ADMINISTRATOR hat hierbei standardmäßig alle Rechte für alle Objekte im SAP BusinessObjects Enterprise Repository. Sofern nicht explizit verweigert, erhalten alle Anwender der Gruppe ADMINISTRATOR alle Objektrechte.

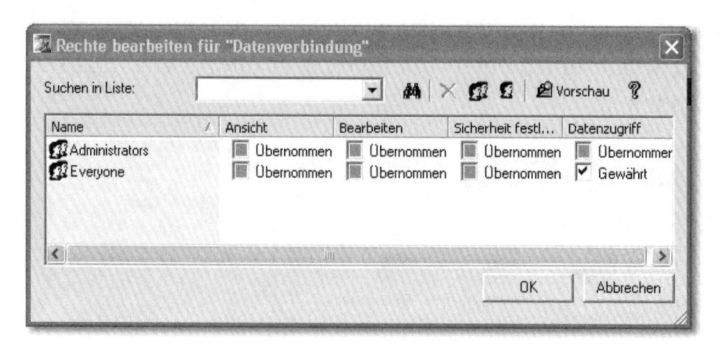

Abbildung 5.3 Business View Manager – »Rechte bearbeiten«

Folgende Sicherheitseinstellungen können mit dem Business View Manager zugewiesen werden:

- Datenverbindungen
- Dynamische Datenverbindungen
- Datengrundlagen
- Business Elements
- Business Views

SAP BusinessObjects Enterprise Repository-Objekte

Den folgenden SAP BusinessObjects Enterprise Repository-Objekten können Sie Sicherheitseinstellungen zuweisen:

- Textobjekte
- Bitmap-Bilder
- Benutzerdefinierte Funktionen
- Befehle (Abfragen)

Für eine Formel und/oder einen SQL-Ausdruck, ein Business-Feld oder ein Datenbankfeld in einer Datengrundlage können Sie das Recht FELDDATEN ANZEIGEN festlegen. Das Recht FILTER ÜBERNEHMEN kann für einen Filter gewährt werden. Da die Business Views das SAP BusinessObjects BI-Plattform-Sicherheitsmodell zur Übernahme von Rechten verwenden, können die gewünschten Sicherheitseinstellungen für Anwender und Gruppen auch auf der Ebene der Ordner eingerichtet werden. Wenn dann Objekte in einem Ordner veröffentlicht werden, gelten für Anwender und Gruppen die für den Ordner definierten Rechte.

Bevor die Sicherheitsrechte bearbeitet werden, muss ein Objekt im BusinessObjects Enterprise Repository gespeichert werden. Es ist zu beachten, dass die zugewiesenen Rechte für einen Ordner in die Unterordner übernommen werden.

Vor dem Zuweisen der Berechtigungen für ein Objekt oder einen Ordner sollten Sie im Dialogfeld RECHTE BEARBEITEN (siehe Abbildung 5.3) auf den Button VORSCHAU klicken. Hier können Sie überprüfen, ob die Änderungen Ihren Vorstellungen für die Anwender bzw. Gruppen entsprechen.

5.1.3 Datenföderations-Administrations-Tool

Das *Datenföderations-Administrations-Tool*, in älteren Releases *Data Federator* genannt, ist eine Rich-Client-Anwendung zur Verwaltung des Datenföderations-Dienstes.

Datenföderationsdienste verwalten

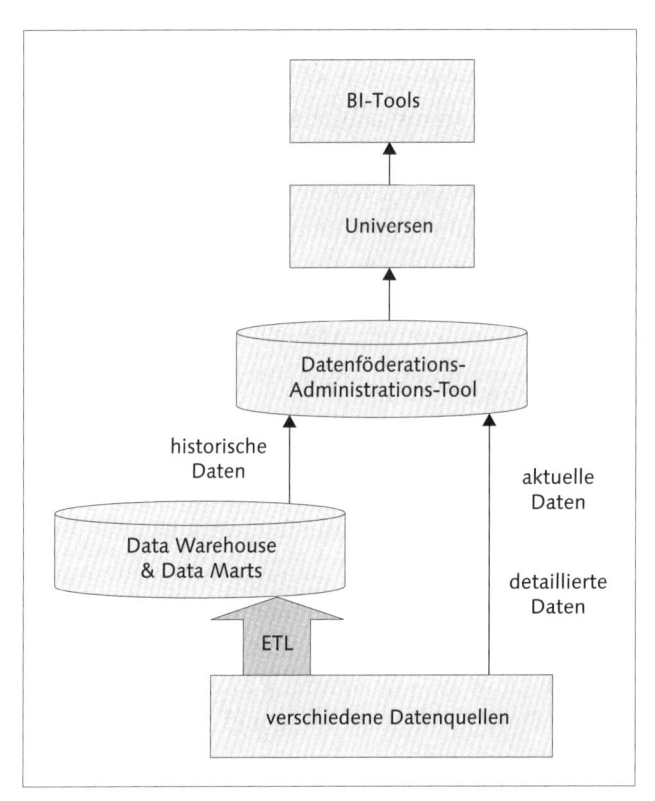

Abbildung 5.4 Datenföderations-Administrations-Tool

Wie in Abbildung 5.4 erkenntlich, ist der Datenföderations-Dienst ein wichtiger Bestandteil der SAP BusinessObjects BI-Plattform. Auf unterschiedlichsten Datenquellen können Abfragen erstellt werden.

Diese Daten können so miteinander verknüpft und verbunden werden, dass für individuelle Anfragen passende Universen generiert werden können. Darüber hinaus ermöglicht das Tool die Optimierung von Datenföderations-Abfragen und die leistungsoptimierte Konfiguration der Datenföderations-Engine.

Aufgaben des Datenföderations-Administrations-Tools

Folgende Aufgaben können mit dem Datenföderations-Administrations-Tool ausgeführt werden:

- **Testen von SQL-Abfragen**
  Starten Sie zum Testen von SQL-Abfragen das Datenföderations-Administrations-Tool und klicken Sie auf ABFRAGEEDITOR. Geben Sie Ihr SQL-Statement ein und klicken Sie anschließend auf AUSFÜHREN.

- **Anzeigen von Optimierungsplänen**
  Klicken Sie zum Anzeigen von Optimierungsplänen wieder auf ABFRAGEEDITOR und geben Sie Ihr SQL-Statement ein. Nun klicken Sie auf den kleinen Pfeil rechts neben AUSFÜHREN und wählen ANFRAGE ERKLÄREN. Der Datenföderations-Abfrage-Editor analysiert das SQL-Statement und entscheidet, welche die beste Möglichkeit ist, die richtigen Daten so schnell wie möglich aus den unterschiedlichen Quellen zu extrahieren. Um diese Analyse durchzuführen, verteilt der Abfrageeditor so viel Last wie möglich auf die Datenquellen und erstellt Unterabfragen. Dies bewirkt die Erstellung des Endergebnisses unter Nutzung von möglichst wenigen Daten.

- **Berechnen von Statistiken**
  Statistiken werden intern durch den Abfrageeditor zur Optimierung von Abfragen genutzt. Es werden Systemparameter zur Feineinstellung der Datenföderations-Dienste festgelegt, um eine bestmögliche Leistung zu erreichen.

  Eine kontinuierliche Aktualisierung der Statistiken findet nicht statt, da Statistiken erst wieder erneuert werden sollen, wenn das System hinreichend lange genutzt wurde. Erst nach einiger Zeit der Nutzung in der Praxis erfolgt eine Neugenerierung.

  Das Statistik-Subsystem besteht aus zwei Teilen:
  - ein Tool zum Berechnen von Kardinalitäten aus den Ergebnissen der Maßnahmen aus der Datenquelle
  - ein Zähler zum Erfassen der Anzahl, wie oft Tabellen oder Attribute angefragt werden

Kardinalitäten können mit manuellen Werten überschrieben werden, um die Abfrage zu beeinflussen.

- **Verwalten von Eigenschaften zur Steuerung der Abfragenausführung**
  Dies ist auf Connectoren-Ebene für jede einzelne Datenquelle möglich. Nach dem Starten des Datenföderations-Administrations-Tool klicken Sie auf den Reiter CONNECTORENKONFIGURATION. In dem Baum auf der linken Seite sehen Sie die Connectoren, über die Sie sich allgemeine Informationen zu den Einstellungen oder Ressourceninformationen anzeigen lassen können.

- **Überwachen und Durchsuchen von SQL-Abfragen**
  Es ist möglich, aktuell laufende SQL-Abfragen zu überprüfen sowie bereits ausgeführte Abfragen zu durchsuchen. Hierfür wählen Sie den Reiter ABFRAGEÜBERWACHUNG und klicken auf REGENERIEREN, damit auch zurzeit laufende Abfragen angezeigt werden.

5.1.4 Information Design Tool

Das *Information Design Tool*, in älteren Releases *Information Designer* genannt, ist eine Entwicklungsumgebung für die Modellierung von SAP BusinessObjects-Metadaten. Es ermöglicht dem Anwender die Extraktion, Definition und Bearbeitung von Metadaten aus relationalen sowie OLAP-Quellen, um SAP BusinessObjects-Universen zu erstellen und zu implementieren. Es wird dasselbe Benutzerprofil genutzt wie für den Universums-Designer in älteren Releases.

Modellierung von SAP BusinessObjects-Metadaten

> **Universen** [+]
>
> Die SAP BusinessObjects-Funktionen werden im Wesentlichen in die Reporting- und die Design-Funktion untergliedert. Mit den Design-Funktionen, also unter anderem dem Information Design Tool und dem Universums-Designer, kann der SAP BusinessObjects-Anwendungsentwickler ein für jede Fachabteilung spezifisches Datenmodell entwickeln.
>
> Dieses Modell ist eine sogenannte semantische Schicht zwischen dem Anwender und dem Datenbanksystem und wird als *Universum* bezeichnet. Dabei handelt es sich um eine strukturierte Zusammenstellung von Metadatenobjekten, mit denen die anfragende Fachabteilung Unternehmensdaten in einer nichttechnischen Sprache analysieren und als Bericht aufbereiten kann. Dem Nutzer werden semantisch verständliche Business-Objekte zu Verfügung gestellt. Auf dieser Basis können Analysen und Auswertungen in den SAP BusinessObjects-Anwendungen ohne Kenntnis der zugrunde liegenden Datenquellen und -strukturen durchgeführt werden.

> Mögliche Objekte sind Dimensionen, Kennzahlen, Hierarchien, Attribute, vordefinierte Berechnungen, Funktionen und Abfragen. Die Business-Schicht, eine Metadatenobjektschicht, ist auf einem relationalen Datenbankschema oder einem OLAP-Cube aufgebaut. Das Universum umfasst Verbindungen, die die Datenquellen identifizieren, sodass die Objekte abgefragt werden können, die direkt über SQL- oder MDF-Ausdrücke den Datenbankstrukturen zugeordnet sind.

Nutzer des Tools

Das Information Design Tool wird im Unternehmen von Datenbankadministratoren, Softwaremanagern, Entwicklern oder Projektmanagern genutzt, die über die notwendigen technischen Fähigkeiten zur Erstellung von Universen für andere Nutzer verfügen. Nicht zu vergessen sind die Sicherheitsadministratoren, die Sicherheitsprofile für das Universum definieren.

Wie viele Personen mit dem Tool arbeiten, hängt von den Datenerfordernissen des Unternehmens ab. Denkbar ist z. B. ein Nutzer pro Anwendung, Projekt, Abteilung oder Funktionsbereich. Falls mehrere Nutzer an den Universen arbeiten, müssen – damit alle Objekte konsistent dargestellt werden können – terminologische Regeln und Richtlinien definiert werden.

Funktionen zum Erstellen von Universen

Folgende Funktionen stellt das Information Design Tool zum Erstellen von Universen zur Verfügung:

- Erstellen von Verbindungen zu verschiedenen Datenquellen
- Extrahieren eines vollständigen OLAP-Cube-Schemas
- Extrahieren von Tabellen und Joins, um ein relationales Schema aufzubauen
- Erstellen von Metadatenobjekten aus dem Cube oder der Datengrundlage
- Freigeben von Ressourcen, damit mehrere Nutzer mit diesen arbeiten können
- Veröffentlichen von Universen: Business Schicht, Datengrundlage und Verbindungen werden in einer einzigen *.unx*-Universumsdatei (mit dem Universums-Designer erstellte Universen sind an der Erweiterung *.unv* zu erkennen) kompiliert.
- Veröffentlichen von Universen für Berichtserstellung und Datenanalyse
- Erstellen von Sicherheitsprofilen zur Definition von Benutzerzugriffen auf Universums- und Metadaten

Hierzu bietet das Information Design Tool folgende Optionen, sogenannte Entwurfsressourcen, die der Ersteller zum Extrahieren der Metadaten sowie zum Designen der anschließenden Business-Schicht der Objekte verwenden kann:

Entwurfsressourcen

- **Projekt**
  Bei der Erstellung von Ressourcen im Information Design Tool ist die Erstellung eines lokalen Projekts der erste Schritt. Diese Ressourcen werden von Ihnen auf dem lokalen Datenträger erstellt, gespeichert und bearbeitet. Der nächste Schritt ist die Freigabe des Projekts: Hierbei werden die Ressourcen zwischen den lokalen und freigegebenen Projekten synchronisiert. Diese freigegebenen Ressourcen stehen nun anderen Anwendern zur Verfügung, sie können mit ihnen arbeiten.

  Sie können nicht nur Projekte bearbeiten, die mit dem Information Design Tool erstellt wurden, sondern auch *.unv*-Universen, die mithilfe folgender Tools erstellt wurden:
  - Universe Design Tool
  - Universe Design Tool/Desktop-Edition
  - Universe Designer
  - Universe Designer Personal

  Diese Dateien müssen Sie allerdings zuerst aktualisieren und konvertieren. Je nachdem, welche Version die Datei aufweist, können Sie eine unterschiedliche Anzahl von Funktionen übernehmen.

- **Verbindung**
  Mit einer *Verbindung* legen Sie über eine Gruppe von Parametern fest, wie Ihre SAP BusinessObjects-Anwendungen auf relationale oder OLAP-Datenbanken zugreifen. Sie können drei unterschiedliche Arten von Verbindungen erstellen:
  - *Lokale Verbindungen*
    Lokale Verbindungen sind in lokalen Projekten erstellte Verbindungen, bevor Sie diese in einem Repository veröffentlichen. Sie werden vorwiegend in der Erstellungsphase bei der Entwicklung von Datengrundlagen und Business-Schichten verwendet.

    Lokale Verbindungen verwenden Sie für den Zugriff auf relationale Datenquellen (um eine Datengrundlage oder eine relationale Business-Schicht zu erstellen), für den Zugriff auf einen

OLAP-Cube (um eine OLAP-Business-Schicht zu erstellen) sowie zum Testen von Änderungen an der Business-Schicht.

> [!] **Sicherheit von lokalen Verbindungen**
>
> Beachten Sie, dass jeder Benutzer mit Zugang auf Ihren Rechner, der das Information Design Tool ausführt, Ihre lokalen Verbindungen verwenden kann. Diese sind nur beschränkt oder gar nicht gesichert.

- *Gesicherte Verbindungen*
  Eine *gesicherte Verbindung* wird in einem Repository erstellt und veröffentlicht. Sie dient zum Abrufen von Daten für veröffentlichte Universen oder für SAP BusinessObjects-Anwendungen, die direkt auf die Datenbank-Middleware zugreifen. Über Unterordner im Ordner für Verbindungen können Sie die Verbindungen strukturieren.

  Das Kopieren einer gesicherten Verbindung in das lokale Dateisystem ist nicht möglich, es besteht jedoch die Möglichkeit, Verbindungsverknüpfungen zu nutzen.

- *Verbindungsverknüpfungen*
  Eine Verbindungsverknüpfung referenziert eine gesicherte Verbindung in einem Repository. Sie wird als .cns-Datei im lokalen Dateisystem gespeichert und enthält die Repository-Adresse, die Portnummer, den Verbindungstypen (relational oder OLAP) sowie die ID zur Identifikation auf dem Server. Diese Verknüpfung können Sie in gleicher Weise wie eine lokale Verbindung verwenden, mit der Ausnahme, dass Sie für die Änderung der Verbindungseigenschaften eine Verbindung zum Repository benötigen.

- **Datengrundlage**
  Eine *Datengrundlage* ist ein Schema, das die relevanten Tabellen und Joins aus einer oder mehreren relationalen Datenbanken enthält, die als Basis für eine oder mehrere Business-Schichten dienen. Es gibt zwei Typen von Datengrundlagen: Datengrundlagen mit einer einzigen Quelle bzw. mit mehreren Quellen.

  - *Datengrundlagen mit einer einzigen Quelle* wählen Sie, wenn Sie nur eine einzige Verbindung nutzen und Sie ausschließlich mit der datenbankspezifischen SQL-Syntax arbeiten möchten.

  - *Datengrundlagen mit mehreren Quellen* unterstützen eine oder mehrere Verbindungen. Sie sollten diese Option wählen, wenn Sie Tabellen und Joins aus mehreren Datenquellen einfügen wollen, SAP NetWeaver BW- oder SAS-Verbindungen verwenden, SQL-92-Standardsyntax oder die SQL-Funktionen von SAP BusinessObjects nutzen.

▸ **Business-Schicht**
Eine Business-Schicht ist eine Zusammenstellung von Metaobjekten wie z. B. Dimensionen, Hierarchien, Kennzahlen, Attributen und vordefinierten Bedingungen. Den Metaobjekten sind SQL- oder MDX-Definitionen in einer Datenbank zugeordnet, beispielsweise Spalten, Ansichten, voraggregierte Berechnungen oder Datenbankfunktionen. Die Business-Schicht erstellen Sie direkt auf Basis eines OLAP-Cubes oder einer Datengrundlage. Jedes Metaobjekt entspricht einer Business-Information, die Sie für Abfragen nutzen können.

Die Hauptaufgabe der Business-Schicht ist es, dass Sie Metadaten vor der Veröffentlichung als Universum definieren und strukturieren. Sie können sich die Business-Schicht als eine Art Metadaten-Workbench vorstellen, in der Sie eine Gruppe von Metadaten anpassen und ändern können, bevor Sie diese für Datenanalyse- und Berichterstellungsanwendungen als Universum auf dem CMS veröffentlichen.

▸ **Abfrage**
Eine Abfrage ist eine Gruppe von Metaobjekten, die den Abruf von Daten aus einer Datenbank definieren. Meistens werden Abfragen zum Testen von Objekten in der Business-Schicht definiert. Zum Erstellen von Abfragen verwenden Sie den Abfrageeditor. Hiermit können Sie einzelne Abfragen erstellen oder kombinieren. Bei der Veröffentlichung eines Universums wird die Abfrage in die Definition des Universums aufgenommen.

▸ **Parameter und Wertelisten**
Ein Parameter ist eine Variable in der Datengrundlage oder Business-Schicht, die zum Zeitpunkt der Abfrage einen Wert erfordert. Es gibt zwei unterschiedliche Möglichkeiten der Eingabe. Auf der einen Seite werden Parameter oft definiert, um den Anwender zur Eingabe eines Wertes aufzufordern. Bei diesen Eingabeaufforderungen handelt es sich um Fragen oder Anweisungen, die zum Festlegen von einem oder mehreren Werten zur Einschränkung der Ergebnismenge anhält. Auf der anderen Seite haben Sie die Möglichkeit, vordefinierte Eingaben zu hinterlegen, die einen festen Wert für den Parameter zur Laufzeit angeben.

Eine Werteliste ist eine Liste von Datenwerten, die Sie einem Objekt im Universum zuordnen können und die den Anwendern bei der Eingabeaufforderung Werte zur Auswahl vorgibt.

Sie können Parameter sowie Wertelisten auf Datengrundlage definieren und in die Business-Schicht übernehmen. Eine Änderung ist in der Business-Schicht dann allerdings nicht mehr möglich. Definieren Sie die Parameter und die Werteliste in der Business-Schicht, können Sie diese hier ändern.

5.1.5 SAP Crystal Interactive Analysis – Desktop-Edition

Mit der SAP Crystal Interactive Analysis Desktop-Edition (Web Intelligence) können Sie interaktive Berichte auf Grundlage von Daten erstellen oder vorhandene Dokumente öffnen. Ursprung der Daten können Universen, Excel- oder CSV-Dateien, auf SAP InfoCubes basierende BEx-Anfragen, Webdienste oder Advanced-Analysis-Arbeitsbereiche sein. Um die Daten aus diesen Datenquellen aufzurufen, erstellen Sie einen Daten-Provider, und auf Grundlage dieser Daten im Daten-Provider erstellen Sie anschließend die Berichte. Sie haben die Möglichkeit, mit dem Interactive Analysis Desktop lokal und ohne Verbindung zu einem Repository zu arbeiten.

Lizenzen Die ausführbaren Analyse- und Bearbeitungsmöglichkeiten sind abhängig von Ihrer Lizenz und Ihren Sicherheitsrechten. Es gibt zwei Typen von Lizenzen:

- **»View + Explore«-Lizenz**
  Mit der »View + Explore«-Lizenz können Sie vorhandene Dokumente online sowie offline anzeigen, durchsuchen und weitergeben. Sie haben die Möglichkeit, Tabellen und Diagramme hinzuzufügen, zusätzliche Objekte in Berichte zu ziehen, Berichtselemente zu ändern, Positionen von Berichtselementen zu ändern, vorhandene Regeln für bedingte Formatierung anzuwenden sowie Berichte zu formatieren. Nicht möglich ist, dass Sie Variablen, Funktionen, Eingabesteuerelemente, zusammengeführte Regeln oder Regeln für bedingte Formatierung erstellen oder ändern.

- **»Design + Analyse«-Lizenz**
  Mit der Lizenz »Design + Analyse« können Sie neue Daten-Provider sowie aus Anfragen neue Dokumente erstellen. Sie haben hier uneingeschränkte Bearbeitungs- und Analysefähigkeiten für Dokumente.

5.1.6 Query as a Web Service-Designer

Normalerweise sind Inhalte in SAP Business Intelligence an die Anwenderoberfläche der BW-Tools gebunden. Der Query as a Web Service-Designer ermöglicht es Ihnen, BW-Inhalte an jede Anwenderoberfläche zu senden, die Webdienste unterstützt. Sie können mit dem Webdienstabfrage-Tool Ihre eigenen Abfragen auf Basis eines Universums definieren und diese dann einfach und sicher als eigenständigen Webdienst veröffentlichen.

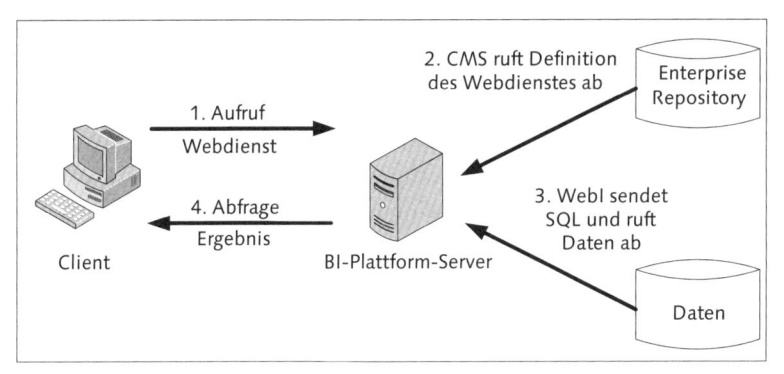

Abbildung 5.5 Architektur des Query as a Web Service-Designer – zwei Hauptkomponenten

Der Query as a Web Service-Designer basiert auf den W3C-Webdienstspezifikationen SOAP, WSDL und XML. Wie in Abbildung 5.5 zu sehen ist, besteht er aus folgenden zwei Hauptkomponenten:

- **Serverkomponente**
  Diese Komponente, die im Lieferumfang von SAP BusinessObjects 4.0 enthalten ist, speichert den Webdienstabfragekatalog und hostet die veröffentlichten Webservices.

- **Client Tool**
  Hier erstellen und veröffentlichen Sie die als Webdienst zu nutzenden Abfragen. Das Tool ermöglicht Ihnen sowie anderen Anwendern, auf den Webdienstkatalog zuzugreifen und ihn zu nutzen. Das Client Tool kommuniziert über Web Services mit den Serverkomponenten, und Sie können es auf mehreren Rechnern installieren.

5.1.7 Übersetzungsmanagement-Tool

Das Übersetzungsmanagement-Tool stellt Ihnen ein Framework zur Übersetzung Ihrer Dokumente und Daten auf der SAP BusinessObjects BI-Plattform zur Verfügung. Das Übersetzungsmanagement-Tool läuft auf der Windows-Plattform, kann allerdings eine Verbindung zu Central Management Servern herstellen, die auf anderen Plattformen laufen.

Dokumente übersetzen

Als Universe- und Report-Designer können Sie für eine multilinguale Zielgruppe Dokumente erstellen. Anstatt viele verschiedene Universen erzeugen zu müssen, können Sie die Dokumente in die benötigte Sprache übersetzen.

XLIFF-Standard und Kompatibilität

Die Übersetzungen werden in den Universen und Reports mithilfe des XLIFF-Standards (XML Localization Interchange File Format) gespeichert. Dieses Format wird von professionellen Übersetzern eingesetzt und ist mit vielen anderen Übersetzungs-Tools kompatibel. Allerdings besteht keine Kompatibilität mit den vorherigen Versionen des Übersetzungsmanagement-Tools; Daten aus den Vorgängerversionen können mit der neuen Version nicht gelesen oder bearbeitet werden.

Translation Server

Um die zu übersetzenden Inhalte aus dem Repository zu importieren, wird der Translation Server zur Kommunikation mit den anderen Modulen genutzt. Der Inhalt wird lokal im TMGR-Format gespeichert, das zur Kommunikation zwischen Übersetzungsmanagement-Tool und Translation Server genutzt wird.

Funktionen des Übersetzungsmanagement-Tools

Das Übersetzungsmanagement-Tool umfasst folgende Funktionen:

- Metadaten können Sie in den meisten SAP BusinessObjects-Ressourcen wie z. B. in Universen, interaktiven Analysen und Crystal-Reports-Dokumenten übersetzen.
- Interface für die In-House-Übersetzung
- Editor zur Erstellung von benutzerdefinierten Datums-, Zeit- und Nummernformaten
- Verwaltung von bis zu 130 Sprachen
- Umsetzung von Mid-Market- oder lokalen Implementierungen ohne Repository
- Zusammenarbeit mit anderen Übersetzern, die das XLIFF-Format unterstützen
- Möglichkeit, gleichzeitige sowie Offline-Übersetzungen durchzuführen

5.1.8 Universe Design Tool

Das Universe Design Tool, früher Universe Designer genannt, können Sie nutzen, um Daten aus mehreren Quellen auf einer semantischen Ebene zu kombinieren. Eine möglicherweise komplexe Datenbankstruktur wird für Sie als Endbenutzer ausgeblendet. Anstelle einer technischen Sprache zum Generalisieren und Verallgemeinern komplexer Daten, verwenden Sie eine Geschäftssprache, um auf Ihre Daten zuzugreifen, diese zu bearbeiten und zu organisieren.

Tabellen einer Datenbank können Sie mit der grafischen Oberfläche des Universe Design Tools auswählen, anzeigen und bearbeiten. Diese Tabellen werden als Tabellensymbole in einem Schema dargestellt, in dem Sie als Designer Tabellen bearbeiten, Joins zwischen Tabellen, Alias-Tabellen und Kontexten erstellen sowie Schleifen unterdrücken können. Wenn Sie das Universe Design Tool starten, springen Sie automatisch in den Quick Design Wizard. Hierbei handelt es sich um eine Standardeinstellung. Möchten Sie den Wizard nicht nutzen, um Ihre Universen zu designen, können Sie diese Funktion deaktivieren.

Oberfläche

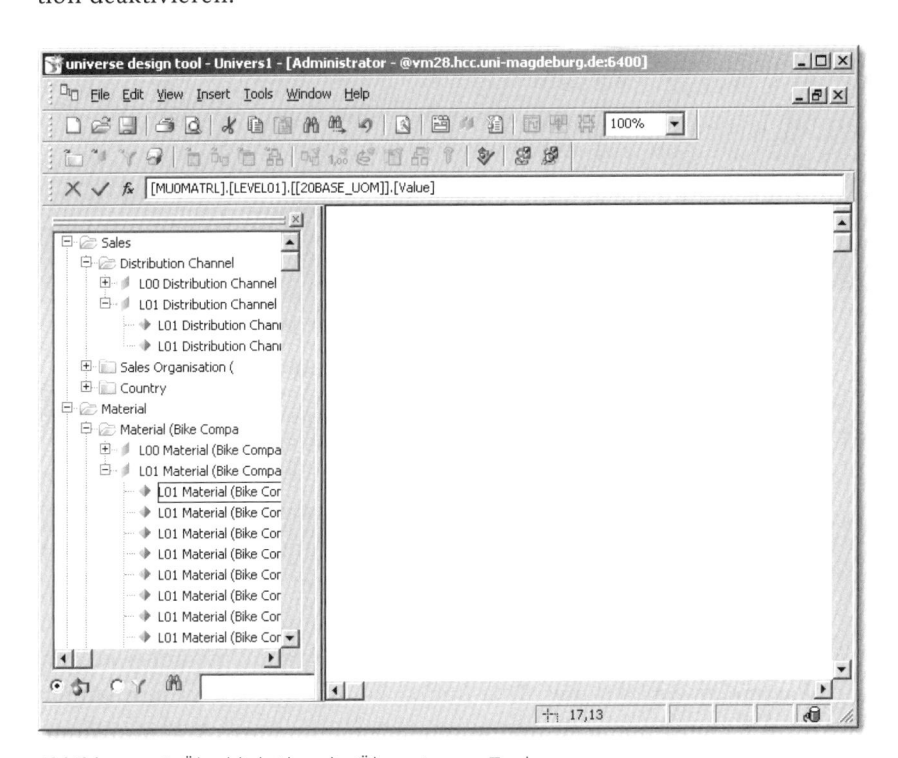

Abbildung 5.6 Überblick über die Übersetzungs-Tools

5 | Administration mit der CMC und den SAP BusinessObjects Client Tools

Quick Design Wizard
Der Willkommensbildschirm ist das Erste, was Sie in dem Wizard sehen (siehe Abbildung 5.7). Die vier notwendigen Schritte zur Erstellung eines Universums werden hier angezeigt. Falls Sie die Checkbox CLICK HERE TO CHOOSE STRATEGIES wählen, können Sie die Strategie zur Erstellung der Universen selbst wählen. Über die Checkbox CLICK HERE TO CHOOSE STORED PROCEDURES UNIVERSE können Sie vorher gespeicherte Abläufe zur Erstellung des Universums auswählen. Anderenfalls nutzt das Universe Design Tool die Standardstrategie.

[+] **Hinweis zu den folgenden Abbildungen**
Die Bildschirmabzüge aus dem Quick Design Wizard mussten leider in englischer Sprache erstellt werden, da das Tool zum Zeitpunkt der Drucklegung dieses Buches noch nicht auf Deutsch verfügbar war.

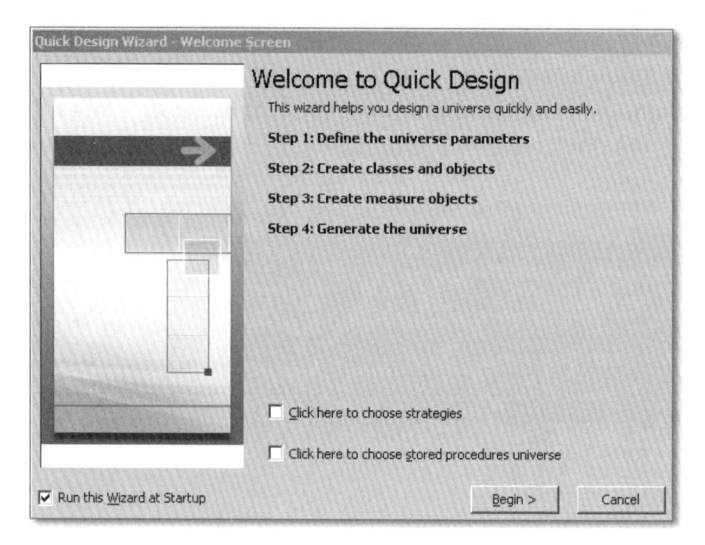

Abbildung 5.7 Willkommensbildschirm des Quick Design Wizards

Schritt 1
In Schritt 1 von 4 definieren Sie die Universumsparameter, den Namen des Universums sowie die Datenbankverbindung. Der Name Ihres Universums kann aus bis zu 35 alphanumerischen Zeichen bestehen. Sie haben die Wahl, ob Sie eine Verbindung erstellen oder eine bestehende Verbindung wählen möchten. Um eine Verbindung zu erstellen, klicken Sie den NEW-Button an (siehe Abbildung 5.8), und tragen Sie in der darauf folgenden Dialogbox die notwendigen Parameter ein. Mit dem TEST-Button können Sie überprüfen, ob Sie eine Verbindung aufbauen können. Im Falle einer Fehlermeldung überprüfen Sie Ihre Verbindungsparameter sowie Ihre Verbindung.

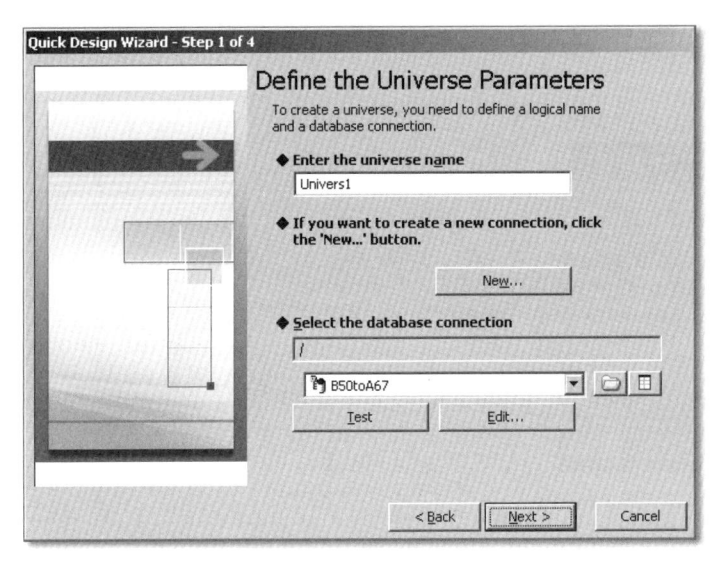

Abbildung 5.8 Schritt 1 des Quick Design Wizards

Entsprechend der Parameter Ihrer Datenbankverbindung präsentiert der Wizard Ihnen im nächsten Schritt eine Liste der Datenbanktabellen und Spalten. Zum Erstellen der initialen Klassen und Objekte wählen Sie die Tabellen sowie die Spalten im linken Ausschnitt und fügen diese den Universumsobjekten sowie Klassen aus dem rechten Ausschnitt hinzu. Um ein Objekt oder eine Klasse zu entfernen, klicken Sie den REMOVE-Button an.

Schritt 2

Im nächsten Schritt CREATE MEASURE OBJECTS haben Sie die Möglichkeit, über Aggregatsfunktionen gewonnene numerische Informationen zu erhalten. Sie können die Anzahl, die Summe, das Minimum sowie das Maximum bestimmen. Um ein solches MEASURE OBJECT zu erzeugen, klicken Sie auf das gewünschte Objekt im linken Ausschnitt und wählen Sie den AGGREGATE-Button. Das von Ihnen erzeugte Objekt können Sie beliebig benennen. Falls Sie die mit einem Objekt verknüpften Datenwerte sehen möchten, klicken Sie das Objekt an und wählen die Schaltfläche VIEW VALUES. Auch das Gruppieren von MEASURE OBJECTS zu einer oder mehreren Klassen ist möglich, um die Struktur des Universums übersichtlicher zu gestalten.

Schritt 3

Sobald Sie auf NEXT geklickt haben, generiert der Wizard Ihr neues Universum, basierend auf den von Ihnen spezifizierten Parametern. Die Anzahl der Klassen, Objekte, Felder und Joins in Ihrem Universum werden wie in Abbildung 5.9 angezeigt.

Schritt 4

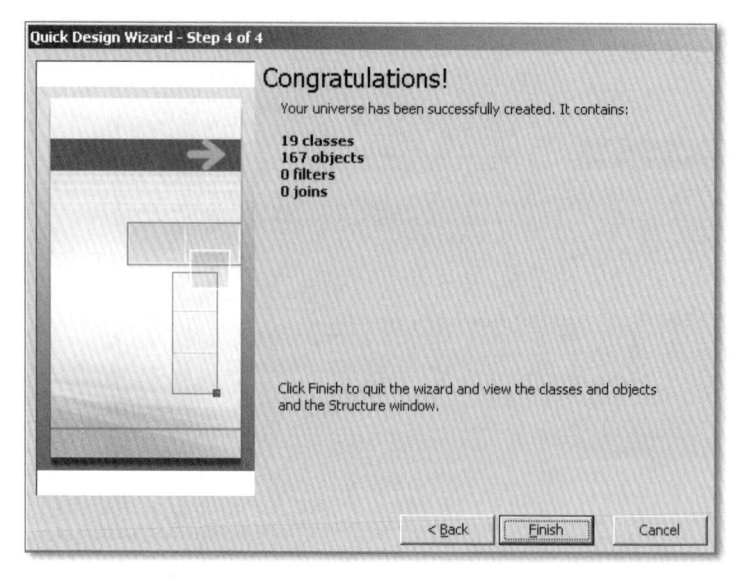

Abbildung 5.9 Übersicht über das neue Universum im Quick Design Wizard

Universen importieren und exportieren

Des Weiteren haben Sie die Möglichkeit, Universen zu importieren sowie zu exportieren. Im Repository befindliche Universen können Sie importieren, diese werden in einem Unterordner oder einem selbst gewählten Ordner abgelegt. Nun können Sie das Universum bearbeiten. Sie haben die Möglichkeit, das Universum im Repository zu sperren, sodass andere Anwender nur lesenden Zugriff auf das Universum haben. Solange Sie das Universum gesperrt haben, können ausschließlich Sie Veränderungen vornehmen.

Um ein Universum in ein Repository zu exportieren, benötigen Sie eine sichere Verbindung. Falls Sie Ihr Universum mit einer Personal- oder einer Shared-Verbindung erstellt haben, müssen Sie eine neue sichere Verbindung anlegen und diese dem Universum zuweisen.

5.1.9 Widgets

BI-Inhalte anpassen und neu ordnen

Widgets ermöglichen Ihnen das Anpassen und Neuanordnen von BI-Inhalten in Ihrer personalisierten Desktop-Ansicht. Widgets sind Minianwendungen, die Ihnen schnellen Zugriff auf häufig verwendete Abfragen und Funktionen ermöglichen. Durch einfaches Ziehen und Ablegen können Sie persönliche Dashboards auf dem Desktop erstellen und Business-Intelligence-Inhalte in andere Windows-Anwendungen integrieren.

Das Widget-Framework bietet Ihnen folgende Funktionen: | Funktionen

- allgemein verwendete Metriken in einer einzelnen sicheren Ansicht suchen, organisieren und anzeigen
- benutzergesteuerte Größe und Positionierung auf dem Desktop
- optionale Erstellung als oberstes Anwendungsfenster
- automatische Regeneration dynamischer Inhalte
- gespeicherter Datenkontextstatus für Web-Intelligence-Berichtsteile
- Web-Intelligence-OpenDocument-Verknüpfungen zu detaillierten Berichten (nur Web-Intelligence-Dokumente)
- gespeicherte Anzeigen
- RSS-Feeds abonnieren und empfangen
- Ansichten mit Registerkarten

Bevor Sie die Widgets für den Zugriff auf Inhalte in der SAP BusinessObjects BI-Plattform und auf SAP NetWeaver Application Servern verwenden können, müssen Sie eine Verbindung mit einem Repository herstellen (siehe Abbildung 5.10). | Verbindung zum Repository herstellen

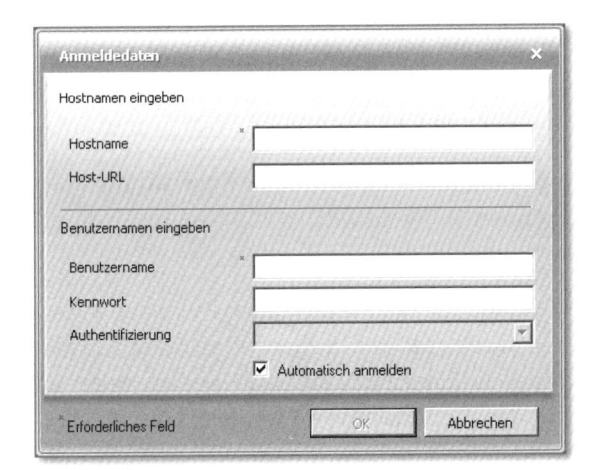

Abbildung 5.10 Verbinden mit dem Repository

Geben Sie den Servernamen im Feld HOSTNAME ein, die Host-URL wird währenddessen automatisch von BI-Widgets generiert. Füllen Sie nun die Felder BENUTZERNAME und KENNWORT mit den entsprechenden Werten. Um beim Öffnen von BI-Widgets automatisch eine Verbindung zum Server zu erhalten, markieren Sie die Checkbox AUTOMATISCH ANMELDEN und klicken Sie anschließend auf OK.

Verbindungen bearbeiten
: Verwenden Sie das Dialogfeld HOST- UND ANMELDEEINSTELLUNGEN (siehe Abbildung 5.11), um Verbindungen zu bearbeiten, hinzuzufügen und zu entfernen oder um Verbindungen zu Repositorys nach Bedarf herzustellen bzw. zu trennen. Sie können Verbindungen zu zusätzlichen Repositorys hinzufügen, um Daten aus vielen unterschiedlichen Quellen auf Ihrem Desktop anzuzeigen.

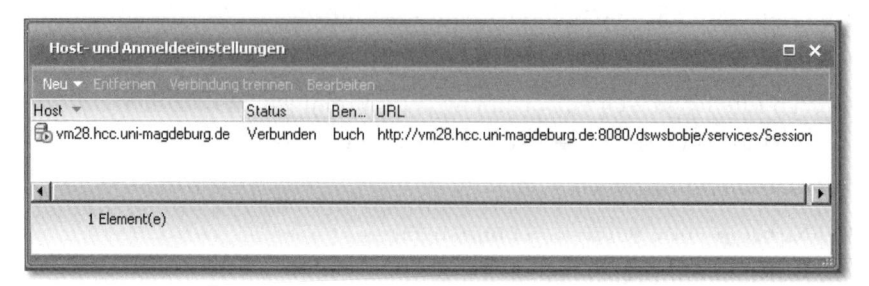

Abbildung 5.11 »Host- und Anmeldeeinstellungen«

Wenn Sie die Widgets-Funktion mit einem SAP BusinessObjects Business Intelligence Repository verbunden haben, können Sie Widgets erstellen, um Dashboard-Design-Modelle oder Web-Intelligence-Berichtsteile auf Ihrem Desktop anzuzeigen. Sie können auch verfügbare Repositorys durchsuchen, um Informationen in unterschiedlichen Formaten anzuzeigen (z. B. Crystal Reports, Microsoft Excel, Microsoft Word, Adobe Flash und Adobe PDF).

Wenn die Widgets-Funktion mit einem SAP NetWeaver Application Server verbunden ist, können Sie Web-Dynpro-Anwendungen aufrufen.

Widgets erstellen
: Widgets erstellen Sie, indem Sie Web-Intelligence-Dokumente und Dashboards-Modelle auf Ihren Desktop ziehen. Außerdem können Sie XBCML-Widgets in den Repository-Suchergebnissen oder im Explorer doppelklicken, um diese zu nutzen. Widgets können allerdings nicht aus Crystal-Reports-Berichten, BI-Arbeitsbereichen oder Modulen erstellt werden. Über die Widgets-Suche oder in Explorer-Fenstern können Sie diese Dokumente jedoch öffnen.

5.2 Central Management Console

Die Central Management Console (CMC) ist eine Weboberfläche, mit der sich große Teile von SAP BusinessObjects verwalten lassen. Die

Nutzung sowie die Funktionen der wichtigsten Bestandteile werden in den folgenden Abschnitten behandelt.

5.2.1 Anmeldung

Es existieren zwei Möglichkeiten, auf die CMC zuzugreifen: entweder direkt über den Browser oder indem Sie in Ihrem Windows-Startmenü den Eintrag BUSINESSOBJECTS ENTERPRISE CENTRAL MANAGEMENT CONSOLE auswählen.

CMC-Zugriff

Den Browser rufen Sie über die URL *http://webserver:8080/BOE/CMC/* (»webserver« ersetzen Sie dabei durch den Namen des Webserverrechners) auf. Falls dieses virtuelle Standardverzeichnis auf Ihrem Webserver geändert wurde, müssen Sie eine entsprechend angepasste Adresse eingeben.

Für den Fall, dass Ihre CMC auf einem Web Application Container Server (WACS) gehostet wird, gehen Sie über folgenden Pfad: START • PROGRAMME • SAP BUSINESSOBJECTS ENTERPRISE XI 4.0 • SAP BUSINESSOBJECTS ENTERPRISE • SAP BUSINESSOBJECTS ENTERPRISE WACS CENTRAL MANAGEMENT CONSOLE.

Nun geben Sie den Namen Ihres Central Management Servers (CMS), Ihren Benutzernamen sowie Ihr Kennwort ein. Falls Sie die Möglichkeit der LDAP-Authentifizierung verwenden, können Sie sich über Ihr LDAP-Konto anmelden. Um volle administrative Berechtigungen zu haben, sollte dieses Konto der Gruppe »Administratoren« der SAP BusinessObjects BI-Plattform zugeordnet sein (siehe Abbildung 5.12).

Anmeldung

Falls Sie sich nach der Installation das erste Mal als Administrator an der CMC anmelden, geben Sie als Benutzernamen »Administrator« und als Kennwort das Standardkennwort ein, das während des Installationsprozesses festgelegt wurde.

Bei der Authentifizierung wird die Identität des Benutzers überprüft und bestätigt, dass dieser ausreichende Rechte besitzt, um den gewünschten Vorgang auszuführen. Standardauthentifizierungsmethode ist die Enterprise-Authentifizierung, die bei der ersten Installation des Systems automatisch aktiviert wird. Es ist nicht möglich, die Enterprise-Authentifizierung zu deaktivieren, Benutzer- und Gruppeninformationen werden hierbei in einer eigenen Datenbank gespeichert. Diese Authentifizierung ist zu verwenden, wenn Sie noch keine Benutzer- und Gruppenhierarchien auf einem Verzeichnisserver eines Drittherstellers eingerichtet haben.

Standardauthentifizierung

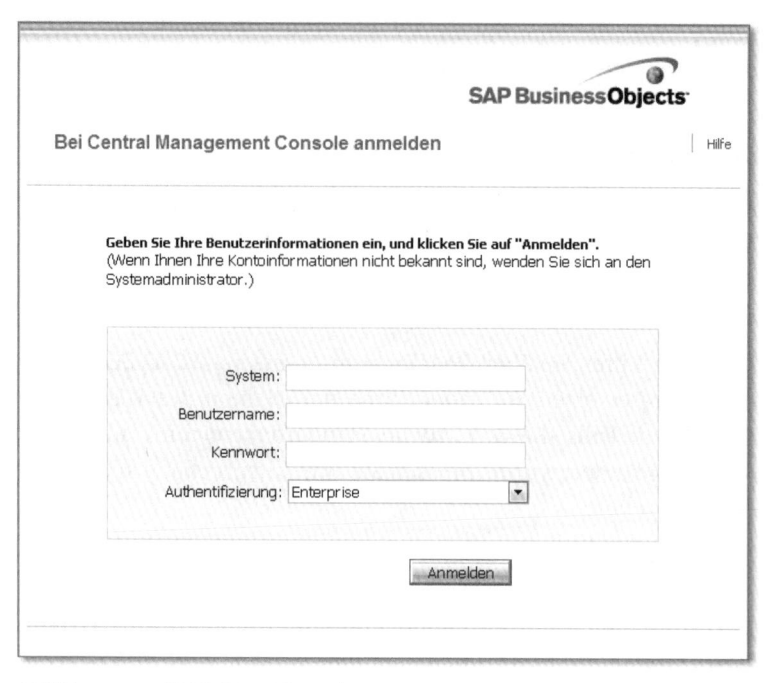

Abbildung 5.12 CMC-Anmeldemaske

Weitere Authentifizierungsmethoden
In der aktuellen Version werden die folgenden Authentifizierungsmethoden unterstützt:

- Enterprise
- LDAP
- Windows AD
- SAP
- Oracle EBS
- Siebel
- JD Edwards
- PeopleSoft

Welche dieser Authentifizierungsverfahren Sie einsetzen, hängt ab von der IT-Strategie Ihres Unternehmens ab. Bevor diese Methoden genutzt werden können, müssen der SAP BusinessObjects BI-Plattform die Drittherstellerbenutzerkonten und -gruppen zugeordnet werden.

5.2.2 Navigation

Abbildung 5.13 zeigt die CMC-Startseite. Sie erhalten einen Überblick über die Administrationsmöglichkeiten, die für Ihren Nutzer verfügbar sind.

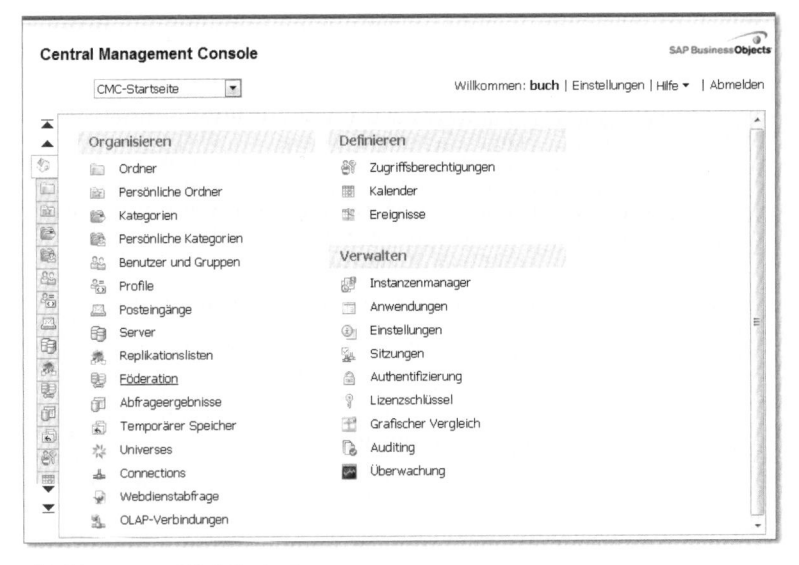

Abbildung 5.13 CMC-Startseite

Die CMC als webbasierte Anwendung bietet folgende Navigationsmöglichkeiten:

Navigationsmöglichkeiten

- Klicken Sie auf die Verknüpfungen auf der Startseite, um zu einem Verwaltungsbereich zu gelangen.
- Klicken Sie auf die Registerkarten auf der linken Bildschirmseite.
- Wählen Sie aus der Navigationsliste im Kopf der Anwendung.

Jede dieser Navigationsmöglichkeiten ermöglicht den Zugriff auf die gleichen Verwaltungsbereiche. Tabelle 5.1 zeigt eine Übersicht der Verwaltungsbereiche, die zur Verfügung stehen.

Verwaltungsbereich	Funktion
ABFRAGEERGEBNISSE	Es können Beziehungs- sowie Sicherheitsabfragen ausgeführt werden.
ANWENDUNGEN	Verwaltung der SAP BusinessObjects Client Tools

Tabelle 5.1 Verwaltungsbereiche

Verwaltungsbereich	Funktion
AUDITING	Ermöglicht die Speicherung sowie die Übersicht über wichtige Ereignisse, Änderungen und Zugriffe auf Server und auf Anwendungen.
AUTHENTIFIZIERUNG	Dient der Verwaltung der Authentifizierungsmethode (siehe Kapitel 7, »Benutzer- und Berechtigungsverwaltung«).
BENUTZER UND GRUPPEN	Ermöglicht das Erstellen, Zuordnen, Ändern und Organisieren von Benutzer- und Gruppeninformationen.
CMC-STARTSEITE	Startseite nach Anmeldung
CONNECTIONS	Dient der Verwaltung von Verbindungen.
EINSTELLUNGEN	Stellt Systeminformationen bereit.
EREIGNISSE	Dient der Verwaltung sowie zur Überwachung von Crystal-Reports-, System-, überwachungs- und benutzerdefinierten Ereignissen wie z. B. Systemmeldungen.
FÖDERATION	Verwendet Web Services zum Versenden von Objekten und Objektänderungen.
GRAFISCHER VERGLEICH	BIAR-Dateien und Objekte können hier verglichen werden.
INSTANZENMANAGER	Sie können hier alle Instanzen über einen zentralen Ort anzeigen lassen und verwalten.
KALENDER	Dient dem Verwalten und Erstellen von Kalendern.
KATEGORIEN	Bietet die Möglichkeit zum Organisieren von Objekten; es können Kategorien verknüpft und Unterkategorien erstellt werden.
LIZENZSCHLÜSSEL	Dient dem Hinzufügen und Verwalten von Lizenzschlüsseln.
OLAP-VERBINDUNGEN	Dient dem Erstellen und Verwalten von Verbindungen zu BW-Systemen.
ORDNER	Hier können Sie andere Objekte gruppieren und organisieren, Inhalte können zu logischen Gruppen zusammengefasst werden. Der Zugriff auf Informationen kann gesteuert werden.

Tabelle 5.1 Verwaltungsbereiche (Forts.)

Verwaltungsbereich	Funktion
Persönliche Kategorien	Diese Verwaltungsbereiche können von jedem Nutzer angelegt werden, um persönliche Dokumente zu organisieren.
Persönliche Ordner	Diese Verwaltungsbereiche können von jedem Nutzer angelegt werden, um persönliche Dokumente zu gruppieren und zu organisieren.
Posteingänge	Dient der Verwaltung der Posteingänge.
Profile	Dient der Erstellung und Verwaltung von Profilzielen und -werten.
Replikationslisten	Diese Verwaltungsbereiche beinhalten Inhalte, z. B. Benutzer, Gruppen und Berichte, die zusammen repliziert werden können.
Server	primäres Tool für Serververwaltungsaufgaben (siehe Abschnitt 5.5, »Konfiguration der Serverprozesse«)
Sitzungen	Bietet eine Übersicht über die aktuellen Sitzungen.
Temporärer Speicher	Dient dazu, Objekte und Instanzen im temporären Speicher zu verwalten.
Universes	Dient der Verwaltung von Universen (Check, ob diese bereits behandelt wurden).
Webdienstabfrage	Es können Abfragen in einem Webdienst erstellt und in webfähige Anwendungen integriert werden.
Zugriffsberechtigungen	Von Benutzern häufig verwendete Rechte werden in Gruppen zusammengefasst. Eigene Zugriffsberechtigungen können erstellt und verwaltet werden.
Überwachung	Dient dem Monitoring des Systems (siehe Kapitel 8, »Monitoring«).

Tabelle 5.1 Verwaltungsbereiche (Forts.)

Beim Navigieren in Verwaltungsbereichen mit sehr vielen untergeordneten Objekten können manchmal nicht alle untergeordneten Objekte in der Strukturansicht dargestellt werden. Um zu den erforderlichen untergeordneten Objekten zu navigieren, können Sie die Objektlisten nutzen, die mit Seitenzahlen versehen sind.

Wenn Sie Ihre Sitzung beenden und sich abmelden möchten, klicken Sie auf die Verknüpfung ABMELDEN in der oberen rechten Ecke der Konsole.

5.2.3 Festlegen von CMC-Einstellungen

Über die Verknüpfung EINSTELLUNGEN in der oberen rechten Ecke der Konsole können Sie Ihre Verwaltungseinstellungen anpassen. Klicken Sie auf die Verknüpfung in Abbildung 5.13. Es erscheint die Bildschirmansicht, die in Abbildung 5.14 gezeigt wird.

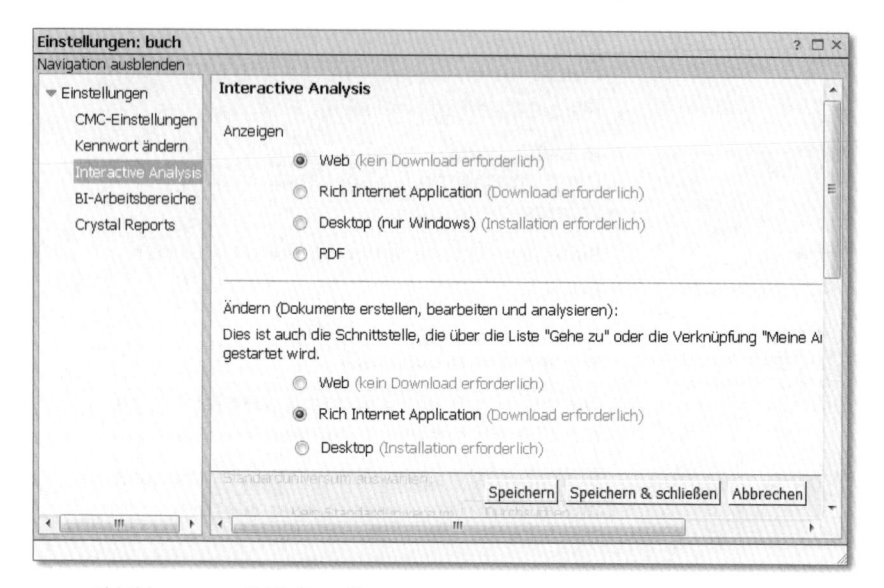

Abbildung 5.14 CMC-Einstellungen

Interactive Analysis
Unter INTERACTIVE ANALYSIS, diese Option wurde in Abbildung 5.14 gewählt, können Sie Einstellungen zu der Anzeige Ihrer Auswertungen vornehmen. Hier kann unter anderem festgelegt werden, wie Analysen angezeigt und geändert werden sollen. Zur Auswahl stehen hierzu:

- **Web**
  Hierzu ist kein Download notwendig.
- **Rich Internet Application**
  Diese Applikation muss vorher heruntergeladen und installiert sein.

- **Desktop (nur Windows)**
  Auch hier ist eine Installation erforderlich.
- **PDF**
  Bietet ausschließlich eine Anzeige

Unter dem Punkt CMC-EINSTELLUNGEN (siehe ebenfalls Abbildung 5.14) können Sie die Einstellungen vornehmen, die in Tabelle 5.2 aufgeführt sind.

CMC-Einstellungen

Einstellung	Auswirkung
PRODUKTGEBIETS-SCHEMA	Dient der Festlegung der Standardsprachoptionen.
BEVORZUGTES ANZEIGEGEBIETS-SCHEMA	Dient der Festlegung der Standardformatierungsoptionen für Datums- und Uhrzeitangaben sowie Zahlen.
MAXIMALE ANZAHL VON OBJEKTEN PRO SEITE	Beschränkt die Anzahl der Objekte, die auf einer Seite oder einer Registerkarte angezeigt werden. Es wird nur die Anzahl der pro Seite angezeigten Objekte beschränkt, nicht aber die Anzahl insgesamt.
ZEITZONE	Hier wird die Zeitzone angegeben, die für die Synchronisierung von Mustern und Ergebnissen benötigt wird: Wenn Sie z. B. GTM+1 BERLIN auswählen, und ein Bericht jeden Tag um 20.00 Uhr auf einem Server ausgeführt werden soll, der sich in Indien befindet, wird dieser um 00.30 Uhr nach indischer Zeit ausgeführt.
ZUM SPEICHERN NICHT GESPEICHERTER DATEN AUFFORDERN	Steuert, ob eine Bestätigung angefordert wird, wenn Sie ein Dialogfeld schließen ohne zu speichern. Es stehen folgende Optionen zur Auswahl: ▸ EIN: Aufforderung aktiv ▸ AUS: Aufforderung deaktiviert ▸ STANDARD: Das Aufforderungsverhalten wird durch Einstellungen in der Datei *web.xml* gesteuert.

Tabelle 5.2 CMC-Einstellungen

5.3 Anwendungen

Im Folgenden behandeln wir die Verwaltung von Anwendungen in der CMC sowie die Konfiguration der BEx-Webintegration.

5.3.1 Verwalten von Anwendungen in der CMC

In der CMC können Sie im Verwaltungsbereich ANWENDUNGEN die Darstellung und Funktionalität von Anwendungen wie der CMC, Widgets, Web Intelligence oder dem BI Launch Pad ändern. Den Zugriff auf diese Anwendungen können Sie durch Anpassung der Rechte, die den Benutzern, Gruppen und Administratoren zugewiesen wurden, ohne Programmieraufwand steuern. Hierbei werden die Benutzer und Gruppen *Prinzipale* genannt.

Anwendungsprotokollierungsebene

CMC und Datei »BO_trace«
Für die Webanwendungen CMC, BI Launch Pad, Open Document sowie Webdienst haben Sie die Möglichkeit, die Ablaufverfolgungsprotokollierung über die CMC zu konfigurieren. Für alle anderen Webanwendungen können Sie die Ablaufverfolgung in der Datei *BO_trace* manuell pflegen. Um die Ablaufverfolgungsprotokollierungsebene, die im Standard auf NICHT ANGEGEBEN gesetzt ist, zu ändern, wählen Sie im Verwaltungsbereich ANWENDUNGEN Ihre Webanwendung, klicken auf diese mit der rechten Maustaste und markieren den Eintrag ABLAUFVERFOLGUNGSPROTOKOLL-EINSTELLUNGEN. Nun können Sie den gewünschten Eintrag an der Protokollierungsebene vornehmen.

Protokollierungsebene
Es stehen Ihnen folgende Ebenen zur Verfügung:

- **Nicht angegeben**
  Die Ablaufverfolgungsprotokollierungsebene wird über eine *.ini*-Datei angegeben.

- **Keine**
  Dieser Wert bedeutet nicht, dass die Ablaufverfolgungsfunktion ausgeschaltet ist. Eine Überwachung der Systemressourcen findet weiterhin statt, und besonders kritische Ereignisse werden protokolliert. Sie deaktivieren mit dieser Option aber den Filter zum optionalen Unterdrücken der Ablaufverfolgung.

- **Niedrig**
  Fehlermeldungen werden protokolliert, Warn- und Statusmeldungen werden ignoriert, mit Ausnahme sehr wichtiger Statusmeldungen wie z. B. Meldungen bezüglich des Startens oder des Herunterfahrens des Servers.

▶ **Mittel**
Es werden Fehler-, Warn- und die meisten Statusmeldungen protokolliert. Sehr ausführliche oder weniger relevante Statusmeldungen werden herausgefiltert.

▶ **Hoch**
Alles wird protokolliert, keine Meldung wird durch diesen Filter ausgeschlossen. Dies kann Auswirkungen auf die Systemressourcen haben. Sie müssen mit einer starken CPU-Auslastung sowie einem hohen Speicherplatzbedarf in Ihrem Dateisystem rechnen. Diese Ebene wird für Debugging-Zwecke empfohlen.

Verwaltung von Diskussionsforen

In der CMC können Sie im Bereich ANWENDUNGEN die Einstellungen für Diskussionsforen auf Systemebene festlegen. Hierzu wählen Sie die Anwendung DISCUSSIONS. Beachten Sie, dass hier keine Einstellungen der Benutzerrechte möglich sind. Sie können jedoch für die einzelnen Berichte Rechte festlegen.

Auf der Seite DISKUSSIONSFORUM werden Ihnen alle Diskussions-Threads auf der Stammebene angezeigt. Über die Schaltflächen ZURÜCK und WEITER können Sie durch die Threads blättern. Oberhalb dieser Buttons befindet sich die Such- und Sortiermaske. Hier haben Sie die Möglichkeit, Suchen sowie Sortierungen nach THREAD-TITEL, ERSTELLUNGSDATUM, LETZTEM ÄNDERUNGSDATUM sowie dem AUTOR durchzuführen. Der Button LÖSCHEN ermöglicht es Ihnen, jeden beliebigen Diskussionsthread zu löschen.

Diskussions-Threads durchsuchen

Verwaltung der BI-Launch-Pad-Einstellungen

Sie können Benutzern oder Gruppen des BI Launch Pads das Ändern von Einstellungen, Organisieren von Ordnern, Suchen, Filtern von Objektlisten nach Objekttypen sowie das Anzeigen des Favoritenordners ermöglichen bzw. diese Aktionen einschränken. Als Standardeinstellung sind diese für alle Nutzer verfügbar. Sie können diese Anzeigeoptionen über VERWALTEN • EIGENSCHAFTEN oder über einen Doppelklick auf BI-LAUNCHPAD aufrufen.

Verwaltung der Web-Intelligence-Einstellungen

Per Doppelklick auf den Web-Intelligence-Eintrag oder über VERWALTEN • EIGENSCHAFTEN können Sie die Anzeigeeinstellungen ändern. Hier haben Sie in dem Konfigurationsmenü unter ANZEIGEOPTIONEN FÜR GEÄNDERTE DATEN die Möglichkeit, Schriftschnitt, Textfarbe und Hintergrundfarbe für eingefügte, gelöschte oder geänderte Dimensionen und Informationen sowie erhöhte oder verringerte Schwankungswerte (numerische Kennzahlen) festzulegen. Außerdem können Sie die Maximalgröße eingebetteter Bilder (Standardwert 1024 KB) und die Eigenschaften des schnellen Anzeigemodus festlegen.

Verwaltung der Warnmeldungseinstellungen

Über die Anwendung WARNUNGSANWENDUNG können Sie den Zugriff auf Warnmeldungen steuern und festlegen. Durch Auswahl der Option MEINE WARNMELDUNGEN gestatten Sie den Abonnenten, Warnmeldungen vom BI Launch Pad zu empfangen. Falls die Warnmeldungen per E-Mail empfangen werden sollen, wählen Sie EMAIL AKTIVIEREN.

Warnmeldungen per E-Mail — Hier können Sie eine Reihe von Optionen festlegen, wie z. B. den E-MAIL-ABSENDER, E-MAIL-EMPFÄNGER, BETREFF, die NACHRICHT und ANLAGEN. Sie können unter anderem für die E-Mail-Adresse oder die Nachricht Platzhalter wie z. B. `%SI_EMAIL_ADRESSE%` definieren, um die Nachricht dynamisch zu generieren.

Gültigkeit und Anzahl — Unter STANDARDEINSTELLUNGEN können Sie die Gültigkeitsdauer (also wie lange Warnmeldungen im System gespeichert werden, bevor sie gelöscht werden) und die maximale Anzahl der Warnmeldungen angeben. Ist dieser maximale Schwellenwert erreicht, werden die ältesten Warnmeldungen (20 %) gelöscht.

Festlegung der Einstellungen für die Plattformsuche

Um die Einstellungen der Plattformsuche zu bearbeiten, wählen Sie ANWENDUNGEN ZUR PLATTFORMSUCHE und klicken Sie auf VERWALTEN • EIGENSCHAFTEN.

Suchstatistiken — Bei den konfigurierbaren Eigenschaften finden Sie, wie Abbildung 5.15 zeigt, Suchstatistiken im Kopf der Eigenschaften. Der INDIZIERUNGSSTATUS zeigt den Status des Indizierungsvorgangs an, Sie sehen die Anzahl der indizierten Dokumente sowie Zeitstempel des Zeitpunkts, an dem das Dokument zum letzten Mal indiziert wurde.

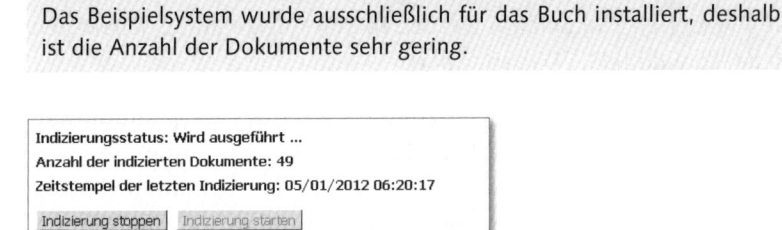

> **Beispielsystem in Abbildung 5.15** [+]
> Das Beispielsystem wurde ausschließlich für das Buch installiert, deshalb ist die Anzahl der Dokumente sehr gering.

```
Indizierungsstatus: Wird ausgeführt ...
Anzahl der indizierten Dokumente: 49
Zeitstempel der letzten Indizierung: 05/01/2012 06:20:17
[Indizierung stoppen] [Indizierung starten]
```

Abbildung 5.15 Plattformsuche – Suchstatistiken

Mit den Buttons INDIZIERUNG STOPPEN und INDIZIERUNG STARTEN können Sie den Indizierungsprozess zu Wartungszwecken stoppen bzw. starten. Auch beim Wechsel vom kontinuierlichen zum zeitgesteuerten Crawling müssen Sie die Indizierung stoppen.

Indizierung stoppen und starten

```
Index-Gebietsschema
Gebietsschema zur Indizierung: Englisch

Crawling-Frequenz
  ● Kontinuierliches Crawling
  ○ Zeitgesteuert verarbeitetes Crawling
```

Abbildung 5.16 Plattformsuche – »Index-Gebietsschema« und »Crawling-Frequenz«

Sie können das GEBIETSSCHEMA ZUR INDIZIERUNG (als Standard ist Englisch ausgewählt) ändern. Dies löst eine Neuindizierung der Dokumente der ausgewählten Sprache aus.

Mit den Parametern im Bereich CRAWLING-FREQUENZ können Sie die Art der Indizierung für das gesamte SAP BusinessObjects Enterprise Repository festlegen.

Crawling-Frequenz

- Mit der Option KONTINUIERLICHES CRAWLING wird das Repository jedes Mal indiziert, wenn ein Objekt hinzugefügt, geändert oder gelöscht wird. Diese Option ermöglicht es Ihnen, immer die aktuellen Inhalte anzuzeigen; jede Ihrer Aktionen wird sofort indiziert. Die zur Indizierung eines Dokuments benötigte Zeit wird verkürzt; ein Benutzereingriff ist nicht notwendig. Diese Einstellung ist die Standardeinstellung.

5 | Administration mit der CMC und den SAP BusinessObjects Client Tools

- Mit der Option ZEITGESTEUERT VERARBEITETES CRAWLING wird auf Grundlage eines Zeitplanes indiziert. Dieser Zeitplan kann unter dem Menüpfad ORDNER • ALLE ORDNER • ZEITGESTEUERTE VERARBEITUNG DER PLATTFORMSUCHE festgelegt werden.

Speicherorte
Die indizierten Dokumente werden in den folgenden Speicherorten (siehe Abbildung 5.17) gespeichert:

- **Speicherort des Hauptindex (Indizes, Rechtschreibprüfungen)**
  Hier werden Indizes und Rechtschreibprüfungen gespeichert. Bei einem Such-Workflow werden die Treffer mit dem Hauptindex und die Vorschläge der Rechtschreibindizes abgerufen. Handelt es sich bei Ihnen um eine geclusterte SAP BusinessObjects-BI-Plattform-Serverimplementierung, sollte sich dieser Speicherort in einem freigegebenen Dateisystem befinden, der für alle Knoten im Cluster zugänglich ist.

- **Speicherort für persistente Daten (Inhaltsspeicher)**
  Der Inhaltsspeicher wird auf Basis des Speicherorts des Hauptspeichers erstellt und bleibt mit diesem synchronisiert. Er dient zum Generieren von Facetten und zur Verarbeitung der aus dem Speicherort des Hauptindex anfänglich generierten Treffer. Handelt es sich bei der Implementierung um eine geclusterte Umgebung, wird für jeden Knoten ein Inhaltsspeicher generiert.

- **Kein persistenter Datenspeicherort (temporäre Ersatzdateien, Delta-Indizes)**
  Bevor die Delta-Indizes in dem Hauptindex zusammengeführt werden, werden sie hier erstellt und temporär gespeichert. Nach der Zusammenführung im Hauptindex werden die hier indizierten Dokumente gelöscht.

Index-Speicherort	
Speicherort des Hauptindex (Indizes, Rechtschreibprüfungen)	{bobj.enterprise.home}/data/PlatformSearchData
Speicherort für persistente Daten (Inhaltsspeicher)	{bobj.enterprise.home}/data/PlatformSearchData/workplace
Kein persistenter Datenspeicherort (temporäre Ersatzdateien, Delta-Indizes)	{bobj.enterprise.home}/data/PlatformSearchData/workplace

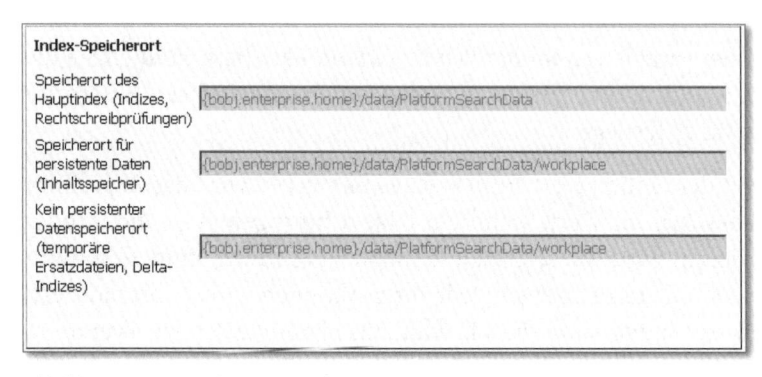

Abbildung 5.17 Plattformsuche – »Index-Speicherort«

Falls Sie den Speicherort ändern möchten, müssen Sie zuerst die Indizierung stoppen (siehe Abbildung 5.15). Anschließend können Sie den Index-Speicherort ändern. Es ist zu beachten, dass der Inhalt an den neuen Ort kopiert werden muss, da sonst die vorhandenen Informationen verloren gehen.

Über die Option INDIZIERUNGSEBENE legen Sie fest, aus welchen Daten der Index erstellt wird (siehe Abbildung 5.18).

Indizierungsebene

- Wählen Sie die Option PLATTFORM-METADATEN wird ein Index ausschließlich für die Plattformmetadateninformationen wie Titel, Schlüsselwörter sowie Beschreibungen von Dokumenten erstellt.
- Die Option PLATTFORM- UND DOKUMENT-METADATEN erstellt den Index aus dem Plattformindex sowie den Dokumentmetadaten, zu denen das Erstellungsdatum, das Änderungsdatum und der Name des Autors gehören.
- Die im Standard gewählte Option GESAMTER INHALT umfasst neben diesem auch noch den tatsächlichen Inhalt des Dokuments, den Inhalt von Eingabeaufforderungen und von Wertelisten, Diagramme, Grafiken und Beschriftungen.

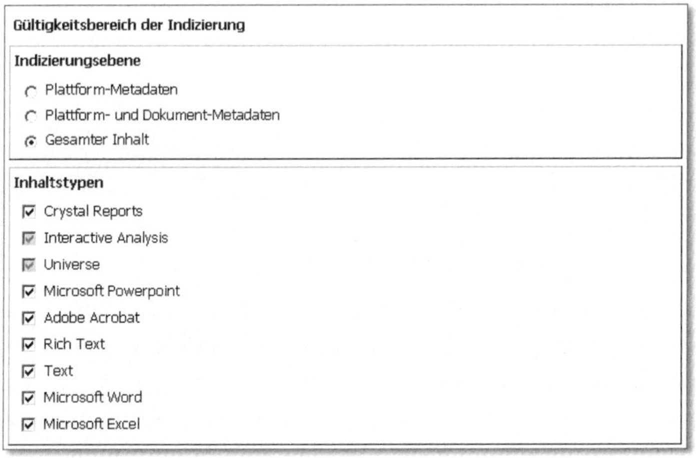

Abbildung 5.18 Plattformsuche – »Indizierungsebene« und »Inhaltstypen«

Welche Inhaltstypen indiziert werden, können Sie im Bereich INHALTSTYPEN auswählen.

Wählen Sie die Option INDEX NEU ERSTELLEN wird der vorhandene Index gelöscht und ein neuer Index aufgebaut. Ist die Indizierung

Index neu erstellen

gestoppt, funktioniert diese Option allerdings nicht. Falls Sie Dokumente nicht mit der Plattformsuche neu identifizieren möchten, müssen Sie die Option deaktivieren, bevor Sie auf INDIZIERUNG STARTEN klicken.

Dokumente von der Indizierung ausschließen

Mit der Option VON DER INDIZIERUNG AUSGESCHLOSSENE DOKUMENTE können Sie Dokumente von der Indizierung ausschließen. Dies kann z. B. sinnvoll sein, wenn Sie extrem große Berichte haben, die Sie von der Suche ausschließen möchten, um die Ressourcen des Report Application Servers nicht zu überlasten.

Durch das Ausschließen der Dokumente verhindern Sie den Zugriff über die Plattformsuche. Erfolgte eine Indizierung des Dokuments, bevor Sie es ausgeschlossen haben, kann es weiterhin durchsuchbar sein. Um sicherzustellen, dass die Dokumente nicht mehr durchsuchbar sind, sollten Sie den Index neu erstellen, nachdem Sie diese hinzugefügt haben. Dies können Sie über die in Abbildung 5.19 gezeigten Einstellungen vornehmen.

Abbildung 5.19 Plattformsuche – »Index neu erstellen« und Ausschluss von Dokumenten

5.3.2 Konfiguration der BEx-Webintegration

Web Applications sind webbasierte Anwendungen des SAP Business Explorers (BEx), der ein Teil der BEx-Suite von SAP NetWeaver BW ist. Web Applications werden mit dem BEx Web Application Designer erstellt. Ein Großteil der Analyse- und Reporting-Funktionen stehen den Mitarbeitern mit entsprechenden Berechtigungen über die Microsoft Excel-Anwendung zur Verfügung. Zugriff auf Ihre hier erstellten Daten erhalten Sie mittels SAP NetWeaver Portal oder dem BI Launch Pad in der SAP BusinessObjects BI-Plattform.

Um Ihre Web Applications in die SAP BusinessObjects BI-Plattform zu integrieren, müssen Sie die folgenden Konfigurationsschritte durchführen.

Schritt 1: Server für die BEx Web Applications einrichten und starten

Sie haben die Wahl, einen allgemeinen oder einen eigenständigen Server für die BEx Web Applications zu verwenden.

Zur Nutzung eines allgemeinen Servers wählen Sie in der CMC den Verwaltungsbereich SERVER. Gehen Sie auf den Knoten DIENSTKATEGORIE und wählen Sie entsprechend Ihres Betriebssystems entweder ANALYSIS DIENSTE oder ADVANCED ANALYSIS DIENSTE. Nun wählen Sie den Server vom Typ ADAPTIVE PROCESSING SERVER, klicken mit der rechten Maustaste darauf und anschließend im Kontextmenü auf GEMEINSAME DIENSTE BEARBEITEN. Hierzu müssen Sie je nach Bildschirmauflösung eventuell etwas nach unten scrollen. Aus der Liste wählen Sie den BEX WEB APPLICATIONS-DIENST und klicken auf WEITER (siehe Abbildung 5.20).

Allgemeinen Server verwenden

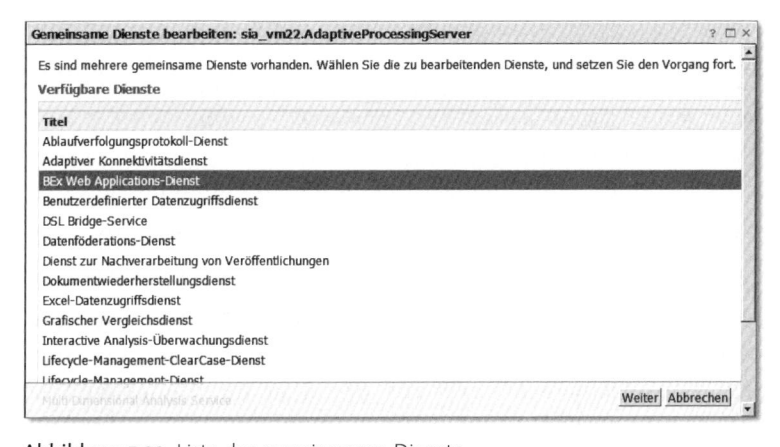

Abbildung 5.20 Liste der gemeinsamen Dienste

Nun haben Sie die Möglichkeit die Konfiguration des BEx Web Applications-Diensts vorzunehmen. Hier können Sie folgende Einstellungen vornehmen (siehe Abbildung 5.21):

BEx Web Applications-Dienst konfigurieren

- Sie können die maximale Anzahl an Client-Sitzungen überprüfen und anpassen.
- Sie können den Namen der OLAP-Verbindung zu Ihrem BW-System im Feld SAP BW-MASTERSYSTEM pflegen. *SAP_BW* ist der Standardname.
- Im Feld RFC-DESTINATION DES JCO-SERVERS geben Sie den im BW-System unter KONFIGURATION DER RFC-VERBINDUNGEN angegebenen Namen an. Im BW-System navigieren Sie über den Transaktionscode SM59 zu dieser Transaktion.

- Nun geben Sie die Namen des Gateway-Hosts und des Gateway-Dienstes Ihres JCo-Servers ein. Beide Parameter haben Sie in Ihrem BW-System über den Transaktionscode SM59 definiert.
- Die VERBINDUNGSANZAHL DES JCO-SERVERS ist auf 3 gesetzt. Überprüfen Sie, ob dies ausreichend ist und ändern Sie es bei Bedarf.

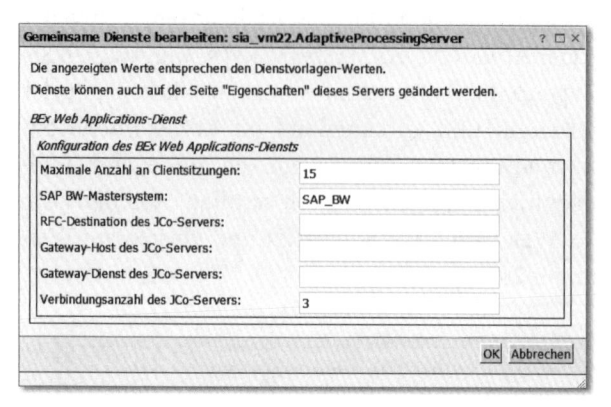

Abbildung 5.21 Konfiguration des BEx Web Applications-Diensts

Wählen Sie OK, um Ihre Eingaben zu bestätigen. Mittels des Kontextmenüs aktivieren und starten Sie Ihren BEx Web Applications-Dienst.

Eigenständigen Server verwenden

Da auch viele andere Dienste auf dem allgemeinen Server laufen, empfiehlt es sich, einen eigenständigen Server einzurichten, um den performanten Betrieb sicherzustellen. Gehen Sie hier wie beim Starten auf dem allgemeinen Server vor. Wenn Sie Ihren Adaptive Processing Server gewählt haben, wählen Sie allerdings statt GEMEINSAME DIENSTE AUSWÄHLEN die Option SERVER KLONEN. Vergeben Sie nun einen passenden Namen und wählen im Feld FÜR KNOTEN KLONEN den gewünschten Server aus. Markieren Sie den geklonten Server, rufen Sie mit der rechten Maustaste das Kontextmenü auf und wählen Sie GEMEINSAME DIENSTE AUSWÄHLEN. Gehen Sie nun analog zur Einrichtung des allgemeinen Servers vor: Wählen Sie also den BEx WEB APPLICATIONS-DIENST, und anschließend speichern sowie aktivieren Sie Ihren neuen Server.

Schritt 2: Servereinstellungen konfigurieren

Verwaltungsbereich »Server«

Zum Konfigurieren der Servereinstellungen markieren Sie Ihren BEx Web Applications-Dienst und wählen EIGENSCHAFTEN im Kontextmenü. Sie erreichen dieses Menü, indem Sie in der CMC den Verwaltungsbereich SERVER wählen, den Knoten DIENSTKATEGORIE aufklappen und ADVANCED ANALYSIS-DIENSTE wählen. Unter EIGENSCHAFTEN können Sie eine Vielzahl von Einstellungen vornehmen. Für die BEx-Konfiguration relevant sind vor allem die Optionen, die Sie unter dem Menüpunkt KONFIGURATION DES BEX WEB APPLICATIONS-DIENSTS finden. Hierbei handelt es sich um die gleichen Angaben, die Sie schon beim Starten des Servers vorgenommen haben. Sollten diese Einstellungen sich geändert haben, können Sie sie hier anpassen.

Schritt 3: Verbindungen zu Ihrem BW-System überprüfen

Zum Überprüfen der Verbindungen zu Ihrem BW-System melden Sie sich an der CMC an und wählen den Verwaltungsbereich OLAP-VERBINDUNGEN (siehe Abbildung 5.22).

Verwaltungsbereich »OLAP-Verbindungen«

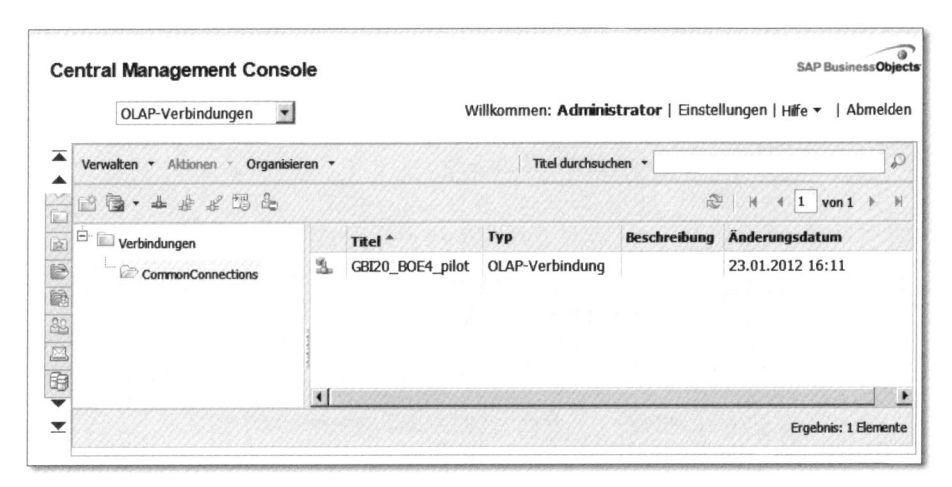

Abbildung 5.22 Verwaltung der Verbindungen zum BW-System

Überprüfen Sie, ob bereits eine Verbindung zum BW-System hergestellt wurde. Falls nicht, stellen Sie eine Verbindung her. Bei der Wahl des Verbindungsnamens können Sie einen eigenen Namen wählen oder den Standardnamen *SAP_BW* nutzen.

Aus Sicherheitsaspekten ist zu beachten, dass nur die Administratoren über Zugriffsrechte auf diese Verbindungen verfügen. Klicken Sie hierzu mit der rechten Maustaste auf die Verbindung und wählen Sie BENUTZERSICHERHEIT. Nehmen Sie im folgenden Menü die Sicherheitseinstellungen vor, und erteilen Sie – wie schon erwähnt – wenn

Sicherheit

möglich nur den Administratoren Zugriffsberechtigungen, um das Sicherheitsrisiko zu minimieren.

Schritt 4: Verbindung zwischen dem BEx Web Application Designer und der SAP BusinessObjects BI-Plattform erstellen

Um zu gewährleisten, dass Sie Ihre BEx Web Applications direkt im BI Launch Pad aus dem BEx Web Application Designer ausführen können, müssen Sie einige Einstellung in Ihrem BW-System vornehmen. Die Basis zur Integration eines BW-Systems mit der SAP BusinessObjects BI-Plattform sind RFC-Verbindungen. Mithilfe dieser RFC-Destinationen können das BW- und das SAP BusinessObjects-System miteinander kommunizieren.

RFC-Verbindung erstellen

Zum Erstellen einer RFC-Verbindung rufen Sie in Ihrem BW-System den Transaktionscode SM59 (Konfiguration der RFC-Verbindungen) auf. Klicken Sie auf Anlegen, und der in Abbildung 5.23 dargestellte Bildschirm erscheint.

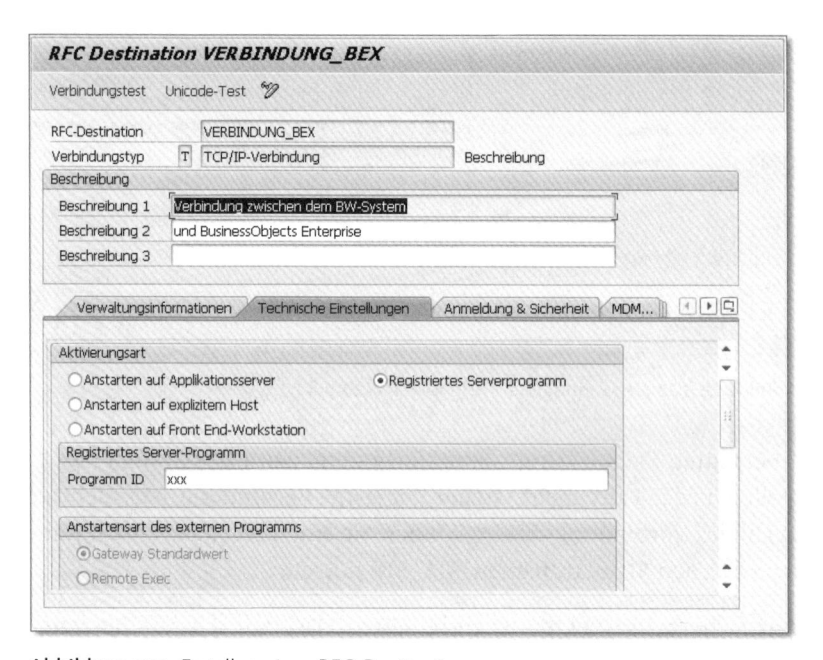

Abbildung 5.23 Erstellen einer RFC-Destination

Hier geben Sie einen Namen der RFC-Destination ein, wählen als Verbindungstyp T FÜR TCP/IP-VERBINDUNGEN aus und fügen eine passende Beschreibung hinzu.

Anwendungen | **5.3**

Auf dem Reiter TECHNISCHE EINSTELLUNGEN wählen Sie als Aktivierungsart die Option REGISTRIERTES SERVERPROGRAMM aus. Des Weiteren geben Sie die Programm-ID ein, die Sie bei der Erstellung der Destination in Ihrem SAP BusinessObjects-BI-Plattform-Server angegeben haben. Weiter unten (je nach Bildschirmauflösung müssen Sie eventuell nach unten scrollen, so auch in Abbildung 5.23) auf diesem Screen geben Sie noch im Bereich GATEWAY OPTIONS den Gateway Host und den Gateway Service an, über die der SAP BusinessObjects BI-Plattform-Server mit dem BW-System kommuniziert.

Technische Einstellungen

Wechseln Sie nun zur Registerkarte ANMELDUNG & SICHERHEIT und aktivieren die Option SAP-ANMELDETICKET SENDEN. Speichern Sie Ihre Eingaben, um die RFC-Verbindung zu erstellen.

Anschließend müssen Sie Einstellungen an Tabelle RSPOR_T_PORTAL im BW-System vornehmen, in der die an das BW-System angeschlossenen Portale gepflegt werden. Rufen Sie hierfür im BW-System die Transaktion zur Tabellenansichtspflege SM30 auf, geben Sie in das Feld TABELLE/SICHT »RSPOR_T_PORTAL« ein, und wählen Sie PFLEGEN. Bestätigen Sie, dass diese Tabelle mandantenunabhängig ist und sich Änderungen an der Tabelle auf das komplette System auswirken. Zur Erstellung eines neuen Eintrags klicken Sie auf NEUE EINTRÄGE. Es erscheint der Bildschirm aus Abbildung 5.24.

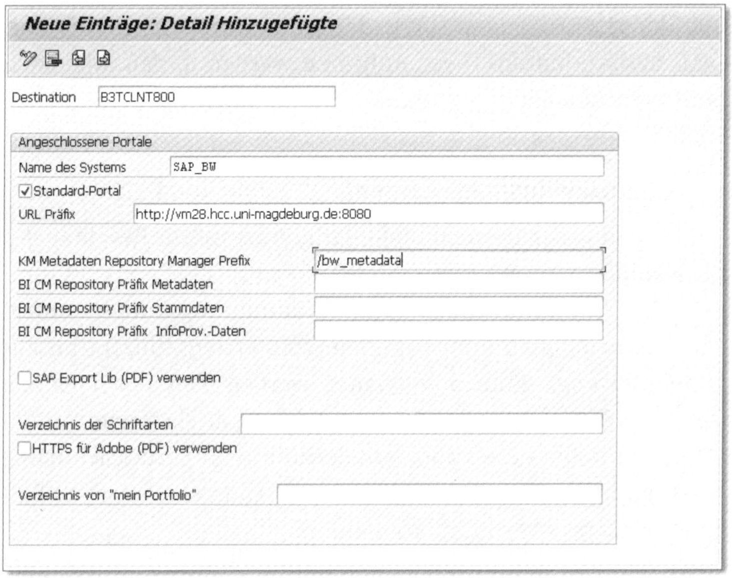

BW-Tabelle RSPOR_T_PORTAL

Abbildung 5.24 Pflege der angeschlossenen Portale

Unter DESTINATION geben Sie die in der Transaktion SM59 erstellte RFC-Destination ein, die alle Informationen enthält, um die Kommunikation zwischen dem BW- und dem SAP BusinessObjects-BI-Plattform-Server sicherzustellen. Vergeben Sie noch einen Namen für Ihr System und markieren Sie die Option STANDARD-PORTAL, wenn Sie sichergehen möchten, dass die Web Applications im BEx Web Application Designer immer im SAP BusinessObjects BI-Plattform-Server aufgerufen werden.

Neuen Eintrag in Tabelle RSPOR_T_PORTAL erstellen

Unter URL PRÄFIX geben Sie die URL zu Ihrem SAP BusinessObjects BI-Plattform-Server Web Applications Container Server ein, inklusive Protokoll, Hostname und Port. Falls Sie PDF-, PostScript- und PCL-Dateien aus Ihren BEx Web Applications exportieren möchten, wählen Sie die Option SAP EXPORT LIB (PDF) VERWENDEN, um die Exportbibliotheken für den SAP Business Explorer zu aktivieren.

Damit haben Sie die notwendigen Konfigurationsschritte ausgeführt, um Ihre Web Applications in die SAP BusinessObjects BI-Plattform zu integrieren.

5.4 Regelmäßige Aufgaben

Die regelmäßigen Aufgaben des Lebenszyklusmanagements, der Verwaltung der Lizenzschlüssel sowie der Lizenzvermessung sind über die CMC durchzuführen. Diese Aufgaben werden in den folgenden Abschnitten behandelt.

5.4.1 Lebenszyklusmanagement

Das Lebenszyklusmanagement dient dazu, Prozesse zur Regelung der Installation des SAP BusinessObjects-BI-Plattform-Servers in Entwicklungs-, Test-, Produktions- und Wartungsumgebungen einzurichten. Alle beteiligten Informationen, vom ersten Konzept bis zur Produkteinführung, können verwaltet werden. Bei der Lifecycle Management Console der SAP BusinessObjects BI-Plattform handelt es sich um ein webbasiertes Tool, mit dem Sie unter Berücksichtigung der Abhängigkeiten Business-Intelligence-Ressourcen von einem System in ein anderes übertragen können.

Um ein qualitativ hochwertiges Produkt zu erhalten, ist es wichtig, dass die Ressourcen innerhalb von kurzer Zeit von einem Repository in ein anderes übertragen werden können. Die Ressourcen verfügen meist über weitere Abhängigkeiten, die mit übertragen werden müssen. Dies erhöht die Komplexität dieser Operation, die über den Lifecycle-Manager abgewickelt werden.

Die Lifecycle Management Console können Sie direkt über den Browser oder über das Windows-Startmenü (START • PROGRAMME • SAP BUSINESSOBJECTS 4.0 • SAP BUSINESSOBJECTS BUSINESS INTELLIGENCE • LIFECYCLE MANAGEMENT CONSOLE) aufrufen. Sie verfügt über verschiedene Funktionen, die wir im Folgenden erläutern.

Hochstufen von Aufträgen

Mit der Funktion HOCHSTUFEN VON AUFTRÄGEN können Sie InfoObjects im Zielsystem erstellen oder aktualisieren. Dies ist für verbundene sowie nicht verbundene Repositorys möglich.

Der einfachere Fall ist das Hochstufen von Aufträgen mit verbundenem Repository. Auf der Hochstufungsaufträge-Startseite klicken Sie mit der rechten Maustaste auf den Auftrag, den Sie hochstufen möchten, und Sie wählen die Option HOCHSTUFEN. Alternativ können Sie den Auftrag auswählen und auf die Registerkarte HOCHSTUFEN klicken. Es öffnet sich anschließend der Bildschirm aus Abbildung 5.25.

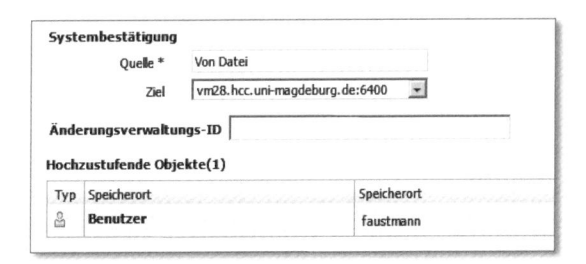

Hochstufen von Aufträgen mit verbundenem Repository

Abbildung 5.25 Hochstufen von Aufträgen (Ausschnitt)

Wählen Sie als Erstes das Quell- und Zielsystem aus, und stellen Sie vor Beginn des Hochstufungsprozesses sicher, dass Sie anm Quell- und Zielsystem angemeldet sind. Die Änderungsverwaltungs-ID wird zum Abrufen von Informationen zur Protokollierung, zum Auftragsverlauf und zur Überwachung verwendet. Sie haben die Möglichkeit, einen entsprechenden Wert einzugeben.

Zum Anpassen der Sicherheitseinstellungen klicken Sie auf SICHERHEITSEINSTELLUNGEN. Über die Option SICHERHEIT HOCHSTUFEN können Sie Aufträge mit den dazugehörigen Sicherheitsrechten hochstufen. Falls Sie die Sicherheit hochstufen, können Sie angeben, ob Sie die Anwendungsrechte mit einschließen möchten. Über den Button SICHERHEIT ANZEIGEN erhalten Sie einen Überblick über die Sicherheitsabhängigkeiten Ihrer Objekte.

Um sicherzugehen, dass keine Konflikte zwischen Quell- und Zielsystem bestehen, klicken Sie auf PROBEWEISE HOCHSTUFEN. Hier werden die hochzustufenden Objekte zuzüglich Details angezeigt. Die Probehochstufung kann folgende Ergebnisse haben:

- dass das Objekt im Zielsystem überschrieben wird
- dass es ins Zielsystem kopiert wird
- dass das Objekt nicht vom Quell- in das Zielsystem hochgestuft werden kann
- dass Sie gewarnt werden, dass das Objekt im Zielsystem neuer als im Quellsystem ist

Haben Sie die damit zusammenhängenden Probleme geprüft und beseitigt, klicken Sie auf AUFTRAG ZEITGESTEUERT VERARBEITEN. Sie können den Auftrag entweder direkt starten oder eine Startzeit sowie ein Ausführungsintervall wählen. Es ist zu beachten, dass die zeitgesteuerte Verarbeitung nicht bei dem Export in eine LCMBIAR-Datei möglich ist. Durch das Klicken auf HOCHSTUFEN wird der Auftrag hochgestuft.

Hochstufen von Aufträgen ohne verbundenes Repository Falls Ziel- und Quellsystem nicht direkt miteinander verbunden sind und die Lifecycle Management Console die InfoObjects nicht über WAN oder LAN hochstufen kann, wird der Auftrag durch Export und Import einer BIAR-Datei durchgeführt. Ein detailliertes Beispiel finden Sie hierzu in Kapitel 8, »Monitoring«.

Der erste Schritt ist hierbei das Exportieren der BIAR-Datei aus dem Quellsystem. Beim Erstellen eines neuen Auftrags wählen Sie als Ziel AUSGABE IN LCMBIAR-DATEI. Die anderen Exportschritte verhalten sich analog zu den Schritten bei der Vorgehensweise mit verbundenem Repository – mit einer Ausnahme: Die LCMBIAR-Zieldatei muss gewählt werden. Sie können entweder das Dateisystem oder einen FTP-Server als Speicherort wählen. Wenn Sie sich für den FTP-Server entscheiden, müssen Sie noch den Host, den Port, den Benutzernamen, das Kennwort, den Dateinamen und optional noch ein Verzeichnis angeben.

Zum Importieren der BIAR-Datei wählen Sie auf der Hochstellungs-aufträge-Startseite LCMBIAR IMPORTIEREN. Wählen Sie Ihre Datei, geben Sie, falls gesetzt, das Kennwort ein, und erstellen Sie einen Auftrag in einem Ordner nach Wahl. Die Abhängigkeiten des Auftrags können Sie wie bei der Hochstufung im Repository verwalten und durch die Option PROBEWEISE HOCHSTUFEN überprüfen. Um die Hochstufung durchzuführen, wählen Sie das Zielsystem und klicken Sie auf HOCHSTUFEN.

Verwalten von Abhängigkeiten

Um abhängige Objekte, die Sie mit einem InfoObject hochstufen möchten, auszuwählen und zu filtern, nutzen Sie die Option ABHÄNGIGKEITEN VERWALTEN. Bei dem Erstellen eines neuen Auftrags klicken Sie auf der Hochstufungsaufträge-Startseite auf ABHÄNGIGKEITEN VERWALTEN.

Mit der Drop-down-Liste ABHÄNGIGE OBJEKTE AUSWÄHLEN, können Sie die Art der zum Auftrag hinzuzufügenden Objekte wählen (siehe Abbildung 5.26).

Drop-down-Liste

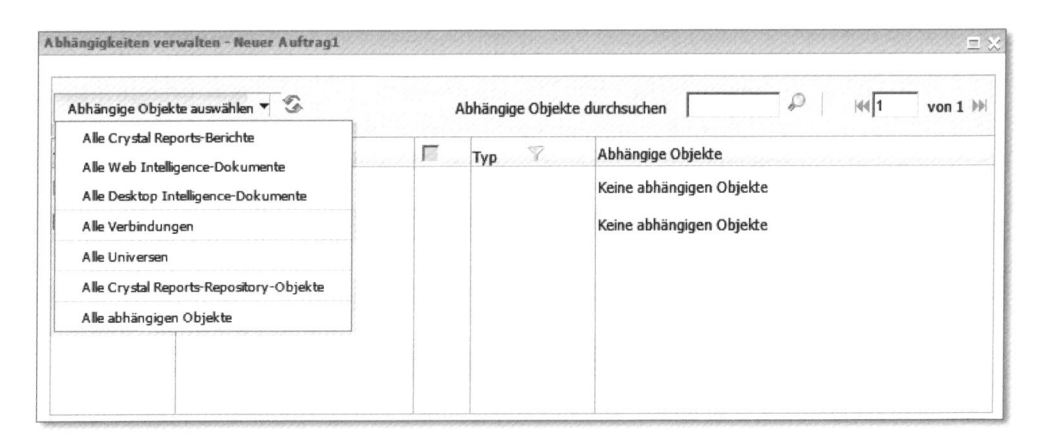

Abbildung 5.26 Verwalten von Auftragsabhängigkeiten

Sie können die Objekte auch händisch auswählen. Um Ihre Änderungen in der Liste zu sehen und diese zu aktualisieren, wählen Sie ÄNDERUNGEN ANWENDEN. Um die Liste zu aktualisieren und Ihre Änderungen zu speichern, wählen Sie ANWENDEN & SPEICHERN. Die abhängigen Objekte werden nun, basierend auf den InfoObject-Beziehungen und -Eigenschaften, berechnet.

Händische Auswahl

Rollback

Mit der Option ROLLBACK haben Sie die Möglichkeit, nach der Hochstufung im Zielsystem wieder den ursprünglichen Zustand herzustellen. Um in das Rollback-Fenster in Abbildung 5.27 zu gelangen, markieren Sie Ihren Auftrag und klicken entweder mit der rechten Maustaste darauf und wählen ROLLBACK oder Sie wählen die Registerkarte ROLLBACK.

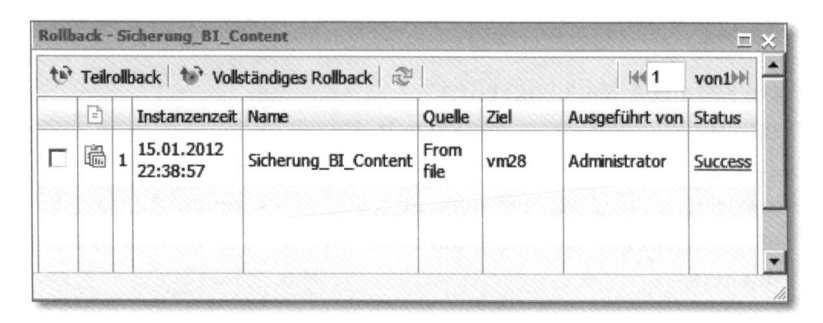

Abbildung 5.27 LMC – »Rollback«

Vollständiges oder teilweises Rollback

Wählen Sie nun den Job aus, für den ein Rollback durchgeführt werden soll. Der einfache Fall ist, dass Sie ein vollständiges Rollback durchführen möchten. Klicken Sie hierzu VOLLSTÄNDIGES ROLLBACK. Zu beachten ist, dass Sie das Rollback nur auf der neuesten Instanz durchführen können. Ein Rollback für zwei Auftragsinstanzen ist nicht möglich.

Die Option TEILROLLBACK ermöglicht Ihnen, Rollbacks für im Auftrag enthaltene InfoObjects durchzuführen. Hierzu öffnet sich die Seite JOB VIEWER, auf der Sie die betroffenen Objekte auswählen.

[!] **Rollback**

Wichtig ist, dass Sie darauf achten, dass Sie das aktuelle Rollback erfolgreich abgeschlossen haben, bevor Sie ein neues Rollback starten!

Verwaltungsoptionen

Um die Verwaltungsoptionen aufzurufen, wählen Sie die Verknüpfung VERWALTUNGSOPTIONEN. Hier können Sie Einstellungen konfigurieren, bevor Sie Objekte von einer Ihrer Implementierungen in eine andere hochstufen (siehe Abbildung 5.28).

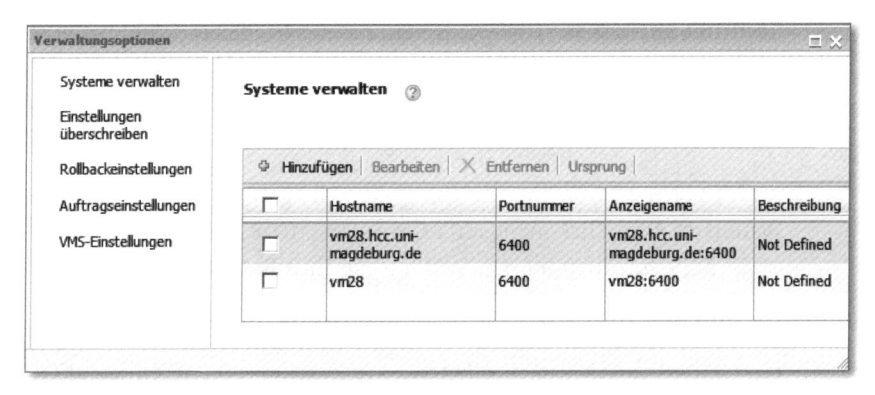

Abbildung 5.28 »Verwaltungsoptionen« – »Systeme verwalten«

Mit der Option SYSTEME VERWALTEN können Sie Hostsysteme hinzufügen oder entfernen. Um ein System hinzuzufügen, klicken Sie auf HINZUFÜGEN und geben Sie den HOSTNAMEN, die PORTNUMMER, den ANZEIGENAMEN und eine BESCHREIBUNG ein. Über die Option ALS QUELLSYSTEM KENNZEICHNEN können Sie das System als Quellsystem markieren.

Option »Systeme verwalten«

Über EINSTELLUNGEN ÜBERSCHREIBEN können Sie Überschreibungen über eine Auftragshochstufung oder über BIAR-Dateien hochstufen. Um eine Hochstufung vorzunehmen, klicken Sie zuerst in dem Fenster EINSTELLUNGEN ÜBERSCHREIBEN auf ANMELDEN, falls Sie nicht bereits angemeldet sind, und melden sich über die Systemanmeldung an. Wählen Sie das als Ursprung markierte System aus, und wählen Sie in der Drop-down-Liste die Option START. Der Scan-Vorgang wird nun gestartet und die Liste der Überschreibungen angezeigt.

Option »Einstellungen überschreiben«

Markieren Sie die hochzustufenden Objekte, und klicken Sie auf ÜBERSCHREIBUNGEN HOCHSTUFEN. Es erscheint eine Liste der Zielsysteme, bei denen Sie sich mit gültigen Anmeldedaten anmelden müssen. Anschließend klicken Sie auf HOCHSTUFEN, im folgenden Screen EINSTELLUNGEN ÜBERSCHREIBEN melden Sie sich am Zielsystem an. Alle hochgestuften Objekte sind im Status inaktiv und werden in der LISTE DER ÜBERSCHREIBUNGEN aufgeführt. Sie haben nun die Möglichkeit, die Objekte zu bearbeiten und Werte zu überschreiben. Wenn Sie dies abgeschlossen haben, setzen Sie den Objektstatus auf AKTIV und speichern Sie.

Überschreibungen hochstufen

Falls Sie eine Überschreibung durch BIAR-Dateien vornehmen möchten, wählen Sie in dem Fenster ÜBERSCHREIBUNGEN HOCHSTUFEN das

Hochstufung per BIAR-Datei

Kontrollkästchen KENNWORTVERSCHLÜSSELUNG, das die Felder KENN-WORT und KENNWORT BESTÄTIGEN aktiviert. Geben Sie in diesen Feldern das Kennwort ein und klicken Sie auf EXPORTIEREN, um die BIAR-Datei mit den Überschreibungen im Dateisystem zu speichern.

Melden Sie sich nun über die Lifecycle Management Console am Zielsystem an, und klicken Sie auf LCMBIAR- IMPORTIEREN, wie in Abbildung 5.29 zu erkennen ist. Wählen Sie Ihre BIAR-Datei, und geben Sie das für die Datei vergebene Kennwort ein. Die folgenden Schritte, die Bearbeitung der Objekte sowie das Speichern funktionieren analog zu der Hochstufung von Überschreibungen ohne BIAR-Datei.

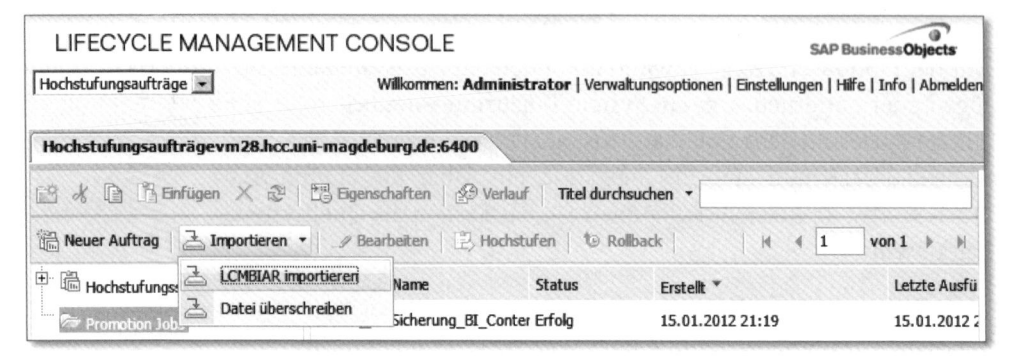

Abbildung 5.29 Importieren der BIAR-Datei

Option »Rollbackeinstellungen«

Mit der Option ROLLBACKEINSTELLUNGEN können Sie den standardmäßig aktivierten Rollbackprozess auf Systemebene deaktivieren. Wählen Sie hierfür die betroffenen Systeme, und speichern Sie.

Option »Auftragseinstellungen«

Unter AUFTRAGSEINSTELLUNGEN können Sie die im System erlaubten vorhandenen Instanzen angeben. Mit der ersten Option, die Sie in Abbildung 5.30 sehen, können Sie die maximale Anzahl der Auftragsinstanzen angeben, die im System vorhanden sein dürfen. Mit der zweiten Option geben Sie an, dass Auftragsinstanzen nach einer angegebenen Anzahl von Tagen gelöscht werden.

Abbildung 5.30 »Auftragseinstellungen«

Regelmäßige Aufgaben | **5.4**

Bei der Einstellung der Versionsverwaltung, der VMS-Einstellung, haben Sie die Option (wie in Abbildung 5.31 ersichtlich), das Versionsverwaltungssystem SUBVERSION oder CLEARCASE zu nutzen.

Option »VMS-Einstellungen«

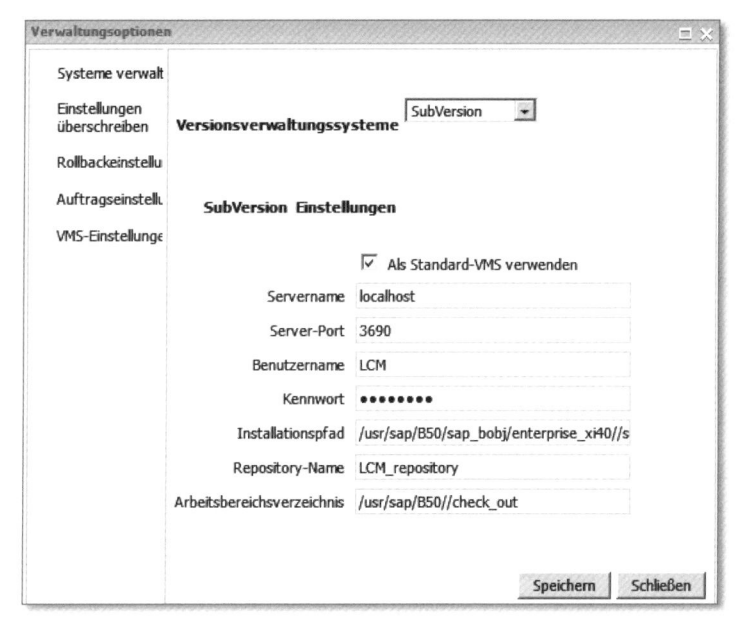

Abbildung 5.31 Versionsverwaltungseinstellungen »SubVersion«

Falls Sie die SubVersion nutzen, geben Sie SERVERNAME, SERVER-PORT, BENUTZERNAME, KENNWORT, INSTALLATIONSPFAD, REPOSITORY-NAME und ARBEITSBEREICHSVERZEICHNIS an. Stellen Sie sicher, dass der Installationspfad für zur .exe-Datei angegeben ist.

SubVersion-Option

Für die CLEARCASE-Option wählen Sie im Windows-Umfeld im Feld VOB-TAG-NAMEN einen Versioned-Object-Base-Namen (VOB), in CLEARCASE-LAUFWERK ZUORDNEN geben Sie den Laufwerksnamen Ihres ClearCase-Laufwerks (standardmäßig wird hier »M:« gewählt) an und in VERZEICHNIS ZUR ANSICHTSSPEICHERUNG geben Sie den Pfad zu Ihrem freigebenden Ordner an.

Clear-Case-Option

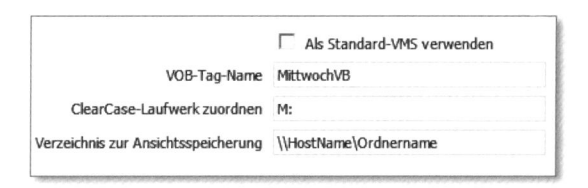

Abbildung 5.32 Versionsverwaltung »ClearCase«

Unter Unix geben Sie den VOB-TAG-NAMEN sowie den Ordner an, in dem das VOB enthalten ist (VOB-ORDNER/VOB-NAME), als CLEARCASE-LAUFWERK geben Sie den Namen des Ordners an, in dem das MVFS enthalten ist, und als VERZEICHNIS ZUR ANSICHTSSPEICHERUNG geben Sie den Pfad des Verzeichnisses ein, in dem die Ansichten erstellt werden sollen.

5.4.2 Verwalten von Lizenzschlüsseln

Im Verwaltungsbereich LIZENZSCHLÜSSEL verwalten Sie Ihre Lizenzen. Hierzu können BI Viewer-, BI Analyst-, Zugriffs-, Prozessor- und vordefinierte Lizenzen gehören, die alle einen eigenen Schlüssel besitzen (siehe Abbildung 5.33).

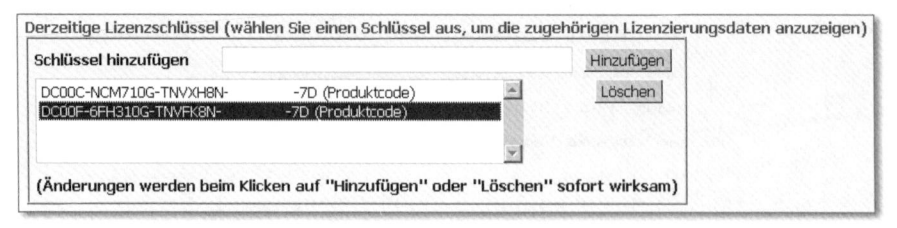

Abbildung 5.33 Hinzufügen und Löschen von Lizenzen

Die Lizenzpakete bestehen aus einer Kombination von Package-Lizenzen sowie Named-User-Lizenzen. Bei den Package-Lizenzen lizenzieren Sie bestimmte SAP BusinessObjects-Produkte wie z. B. SAP Operational Information Management oder SAP BusinessObjects Financial Consolidation und Business-Metriken. Business-Metriken sind z. B. die Anzahl der CPUs oder die Anzahl der Mitarbeiter. Zusätzlich zu den Package-Lizenzen erwerben Sie die Named-User-Lizenzen. Es wird unter anderem unterschieden zwischen dem Business Expert, der die gesamte lizenzierte Software nutzen darf, zwischen dem Business Analyst, der die SAP BusinessObjects-Software nutzen darf, sowie dem Business Information Viewer, der Software im Stand-alone-Einsatz nutzen darf.

Möchten Sie z. B. den Lizenzschlüssel Ihrer Testversion durch einen neuen Lizenzschlüssel ersetzen, wählen Sie Ihren Testlizenzschlüssel und löschen diesen. Anschließend geben Sie Ihren neuen Lizenzschlüssel in das Feld SCHLÜSSEL HINZUFÜGEN ein und klicken auf HINZUFÜGEN, um den Schlüssel der Liste hinzuzufügen.

Für die markierte Lizenz werden Ihnen unter dem Feld zum Verwalten der Lizenzen noch Lizenzinformationen angezeigt. Hierzu zählt die Anzahl der Namenslizenzbenutzer, der Zugriffslizenzbenutzer, die Anzahl der Prozessoren, die Veröffentlichungsempfänger sowie das Ablaufdatum (siehe Abbildung 5.34).

Ausgewählter Schlüssel	Gesamtzahl der Lizenzen
Namenslizenzbenutzer: unbeschränkt	unbeschränkt
Zugriffslizenzbenutzer: unbeschränkt	unbeschränkt
Prozessoren: 4	4
Läuft ab: 2012-01-25	
Veröffentlichungsempfänger: unbeschränkt	unbeschränkt

Abbildung 5.34 Anzeige der Lizenzinformationen

5.4.3 Lizenzvermessungen

Zum Sammeln und Speichern von SAP BusinessObjects BI-Plattform-Lizenzdaten steht Ihnen das Java-Befehlszeilenprogramm BusinessObjects License Measurement Tool (BOLMT) zur Verfügung. Als Administrator installieren das Programm BOLMT auf jedem SAP BusinessObjects BI-Plattform-Cluster und führen es bei einer Lizenzvermessung aus. Es wird ein XML-Dokument ausgegeben, das Vermessungsdaten zur Verwendung der Lizenzen für rollenbasierte, vordefinierte und Zugriffslizenzbenutzer enthält. Zur Konsolidierung kann dieses Dokument an die SAP Global License Auditing Services gesendet werden, eine Abteilung innerhalb der SAP.

BusinessObjects License Measurement Tool

Um die Lizenzvermessung durchzuführen, benötigen Sie Zugriff auf die Verzeichnisse der SAP BusinessObjects BI-Plattform-Installation sowie Administrationsrechte. Öffnen Sie die Betriebssystemkonsole und wechseln Sie in das Verzeichnis *<INSTDIR>\BusinesObjects Enterprise XI 4.0\java\lib*. Führen Sie nun die Datei *BOLMT.jar* aus, der Ausführungsbefehl wird in folgendem Format eingegeben:
`-jar BOLMT.jar [Optionen] <Ausgabedatei>.`

Die Ausgabedatei ist das letzte Argument in der Befehlszeile und optional. Falls Sie keine Ausgabedatei angeben, wird die Standardausgabeoption der Konsole gewählt.

Optionen bei der Lizenzvermessung

Folgende Befehle können Sie bei der Ausführung der Lizenzvermessung nutzen (siehe Tabelle 5.3).

Option	Beschreibung
-c -cms	Hier geben Sie die Namens-ID sowie die Portnummer für den Central Management Server an, wenn Sie nicht die Standardeinstellungen des lokalen Servers nutzen möchten. Die Einstellungen werden so angegeben: -CMS=Name:Portnummer
-p -password	Geben Sie hier das Passwort an, das für den Central Management Server verwendet werden soll.
-a -auth	Geben Sie hier die Authentifizierungsmethode für die Verbindung zum Central Management Server an. Standard ist, »Enterprise« so anzugeben: -auth=secEnterprise
-s -sanitize	Mit dieser Einstellung können Sie alle persönlichen Informationen herausfiltern, die eine Identifikation der Benutzer ermöglichen.

Tabelle 5.3 Optionen bei der Lizenzvermessung

5.5 Konfiguration der Serverprozesse

Die Verwaltung der Serverprozesse kann einerseits über den Verwaltungsbereich SERVER oder direkt über Befehlszeilenparameter auf dem Server durchgeführt werden.

5.5.1 Serververwaltung mit der CMC

Die Serververwaltung mit der CMC ermöglicht das Starten, Stoppen, Aktivieren, Deaktivieren, Erstellen und Löschen von Servern. Dies wird in den folgenden Absätzen beschrieben.

Arbeiten mit dem Verwaltungsbereich »Server«

Ihr primäres Tool für Serververwaltungsaufgaben im Verwaltungsbereich SERVER ist die CMC. Hier sind alle in Ihrer Implementierung enthaltenen Server aufgelistet, und es stehen Ihnen eine Vielzahl von Verwaltungs- und Konfigurationsmöglichkeiten zur Verfügung, die Sie über Befehle aus dem Menü VERWALTEN oder AKTION aufrufen.

Konfiguration der Serverprozesse | **5.5**

Die Navigationsstruktur des Verwaltungsbereichs SERVER erlaubt Ihnen, die Serverlisten unterschiedlich darzustellen. Folgende Darstellungsweisen stehen zur Verfügung:

Darstellungsweisen der Serverliste

- **Serverliste**
  Enthält eine vollständige Liste aller in der Implementierung enthaltenen Server.

- **Servergruppenliste**
  Zeigt eine unstrukturierte Liste aller verfügbaren Servergruppen an. Nutzen Sie diese Option, um Servereinstellungen oder Sicherheitseinstellungen zu konfigurieren.

- **Servergruppen**
  Listet die Servergruppen sowie die dazugehörigen Server auf.

- **Knoten**
  Zeigt die enthaltenen Knoten an, die im CCM konfiguriert wurden. Sie können die Server auf dem Knoten anzeigen und verwalten.

- **Dienstkategorie**
  Unterteilt die auf dem Server gehosteten Dienste in folgende Dienstkategorien:
  - Konnektivitätsdienste
  - Kerndienste
  - Crystal-Reports-Dienste
  - Datenföderations-Dienste
  - Lifecycle-Management-Dienste
  - Analysis Services
  - Web-Intelligence-Dienste
  - Dashboard-Dienste

  Ein Server, der mehreren Dienstkategorien angehört, wird auch in allen zugeordneten Kategorien angezeigt.

- **Serverstatus**
  Die Server werden entsprechend Ihres aktuellen Status angezeigt. Sie können hiermit feststellen, welche Server ausgeführt werden und welche Server gestoppt sind oder einen Fehler aufweisen. Die möglichen Serverzustände sind folgende:
  - Gestoppt
  - Starten

- Initialisieren
- Wird ausgeführt
- Wird gestoppt
- Gestartet mit Fehlern
- Fehlgeschlagen
- Auf Ressourcen wird gewartet

Um auf Anforderungen reagieren zu können, muss ein Server ausgeführt werden und aktiv sein. Ein deaktivierter Server wird weiterhin als Prozess ausgeführt, er nimmt jedoch keine Anforderungen mehr entgegen. Ist ein Server gestoppt, wird dieser nicht mehr als Prozess ausgeführt.

Starten, Stoppen, Neustarten, Aktivieren und Deaktivieren von Servern

Server starten oder stoppen

Wenn Sie Server konfigurieren oder Sie offline nehmen, sind die Aktionen STARTEN, STOPPEN und NEUSTARTEN häufige Aktionen. Sobald Sie Änderungen an einem Server vorgenommen haben, und sei es nur die Änderung des Servernamens, müssen Sie diesen neu starten, damit die Änderungen vorgenommen werden.

Zum Ausführen der Aktionen wechseln Sie zum Verwaltungsbereich SERVER, wählen den zu bearbeitenden Server und klicken diesen im Detailbereich mit der rechten Maustaste an. Wie in Abbildung 5.35 zu sehen ist, können Sie über dieses Menü die Aufgaben starten. Da diese Aufgaben regelmäßig auftreten, erläutern wir die Begriffe und Unterschiede der verschiedenen Optionen im Folgenden kurz:

- **Server starten**
  Falls Sie einen Server gestoppt haben, um ihn zu konfigurieren, können Sie ihn hier wieder starten.

- **Server neu starten**
  Der Server wird vollständig stoppt und anschließend wieder gestartet. Wenn Sie eine Änderung an den Servereinstellungen vorgenommen haben, erhalten Sie von der CMC die Aufforderung, diese Aktion durchzuführen.

- **Server stoppen**
  Bei manchen Servern müssen Sie diese stoppen, bevor Sie Eigenschaften und Einstellungen ändern können. Während des Stop-

pens wird der Serverprozess beendet und der Server vollständig angehalten. Bevor Sie den Server stoppen, sollten Sie den Server deaktivieren, damit laufende Aufträge abgeschlossen und überprüft werden, damit keine Überwachungsereignisse mehr in der Warteschlange stehen.

- **Beendigung erzwingen**
  Falls das Stoppen des Servers fehlgeschlagen ist, können Sie über diese Option den Server unverzüglich stoppen. Wenn Sie den Server über SERVER STOPPEN anhalten möchten, werden erst alle Verarbeitungsaktivitäten abgeschlossen.

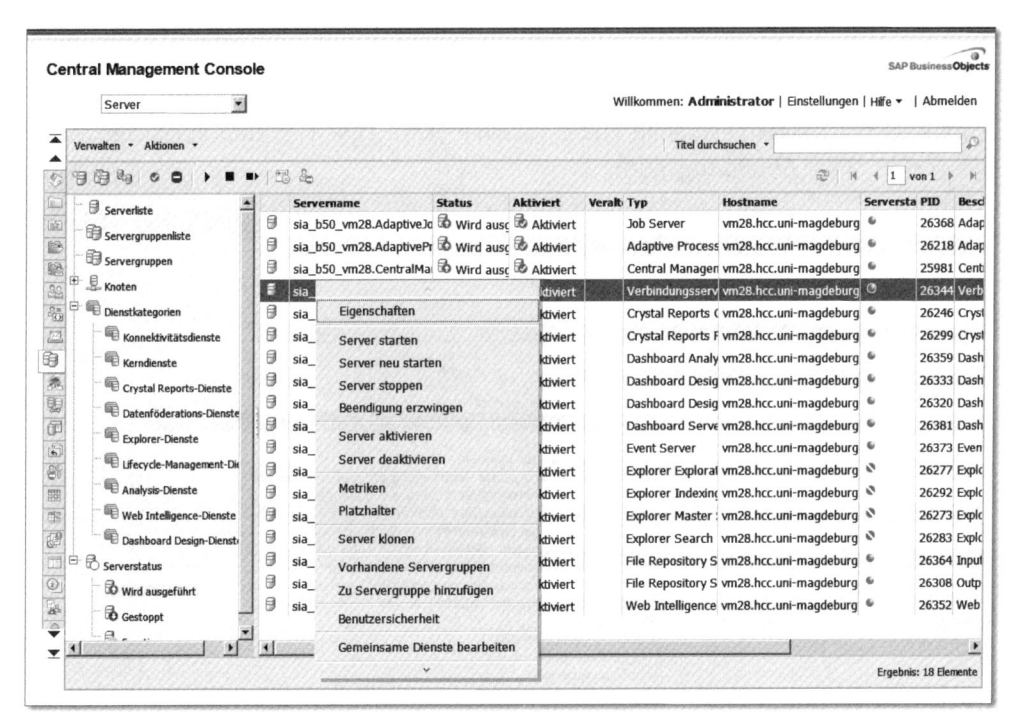

Abbildung 5.35 CMC – Starten und Stoppen von Servern

Sie haben die Möglichkeit festzulegen, dass der Server automatisch gestartet wird, wenn der Server Intelligence Agent startet. Hierzu wählen Sie EIGENSCHAFTEN und aktivieren im Bereich ALLGEMEINE EINSTELLUNGEN die Option DIESEN SERVER BEIM START DES SERVER INTELLIGENCE AGENTS AUTOMATISCH STARTEN. Anschließend speichern und schließen Sie das Fenster.

Server automatisch starten und deaktivieren

Wählen Sie die Option SERVER DEAKTIVIEREN, um zu verhindern, dass dieser neue SAP BusinessObjects BI-Plattform-Server Anforderungen erhält und auf diese reagiert. Der eigentliche Serverprozess wird nicht gestoppt. Diese Funktion ist nützlich, wenn ein vollständiger Stopp eines Servers geplant ist und alle aktuellen Anforderungen vorher verarbeitet werden sollen. Einen deaktivierten Server können Sie auch wieder aktivieren.

Hinzufügen, Klonen und Löschen von Servern

Server hinzufügen   Sie können mehrere Instanzen desselben SAP BusinessObjects-BI-Plattform-Servers auf derselben Hardware ausführen. Um einen Server hinzuzufügen, wechseln Sie in den Verwaltungsbereich SERVER, klicken in das Menü VERWALTEN und wählen NEU • NEUER SERVER. Das Dialogfeld NEUEN SERVER ERSTELLEN wird nun angezeigt (siehe Abbildung 5.36).

Hier wählen Sie die DIENSTKATEGORIE und den dazugehörigen Dienst. Anschließend klicken Sie auf WEITER.

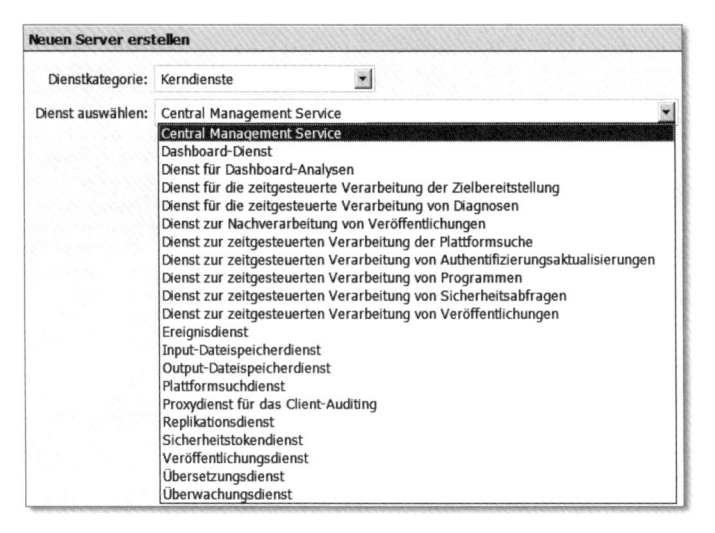

Abbildung 5.36 »Neuen Server erstellen« – »Dienst wählen« (Ausschnitt)

Dienste hinzufügen   Für einige Servertypen sind zusätzliche Dienste verfügbar. Falls dies der Fall ist, können Sie Dienste aus dem Bereich VERFÜGBARE ZUSÄTZLICHE DIENSTE zu Ihren Diensten im Bereich AUSGEWÄHLTE DIENSTE über die Pfeiltasten hinzufügen (siehe Abbildung 5.37). Nachdem Sie die zusätzlichen Dienste hinzugefügt haben, wählen Sie WEITER.

Konfiguration der Serverprozesse | **5.5**

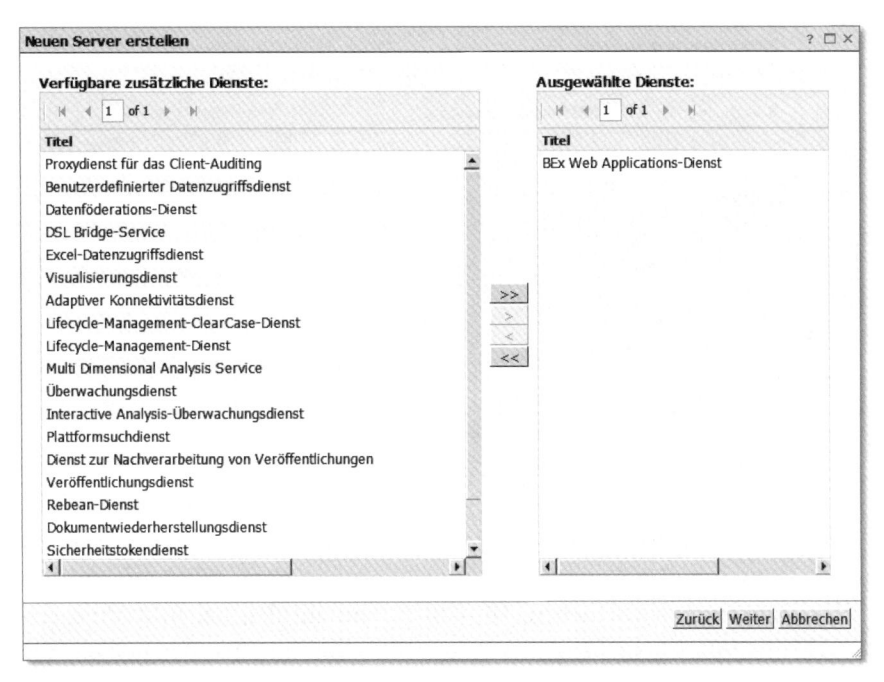

Abbildung 5.37 Neuen Server hinzufügen – »Verfügbare zusätzliche Dienste«

Falls sich Ihre SAP BusinessObjects-Architektur aus mehr als einem Knoten zusammensetzt, wählen Sie den Knoten, den Sie nutzen möchten, aus der Liste KNOTEN aus. In dem Feld SERVERNAME geben Sie den Namen des Servers ein. Dieser muss eindeutig sein. Die standardmäßige Benennungskonvention lautet *<Knotenname>.<Servertyp>*. Falls mehrere Server desselben Typs vorhanden sind, wird eine Ziffer angehängt. Im Feld BESCHREIBUNG können Sie eine Beschreibung des Servers hinterlegen.

Sollten Sie einen neuen Central Management Server hinzufügen, können Sie noch die Portnummer angeben. Zum Erstellen des Servers klicken Sie ERSTELLEN (siehe Abbildung 5.38). Der neue Server wird nun in der Serverliste im CMC aufgeführt, er ist allerdings bisher weder gestartet noch aktiviert.

Neben dem Erstellen von neuen Servern haben Sie die Möglichkeit, vorhandene Server zu klonen und zu Ihrer Implementierung hinzuzufügen. Die Konfigurationseinstellungen des ursprünglichen Servers werden beibehalten. Dies ist sehr hilfreich, wenn Sie auf Basis eines vorhandenen Servers eine neue Serverinstanz mit nahezu denselben Serverkonfigurationseinstellungen erstellen möchten.

Vorhandene Server klonen

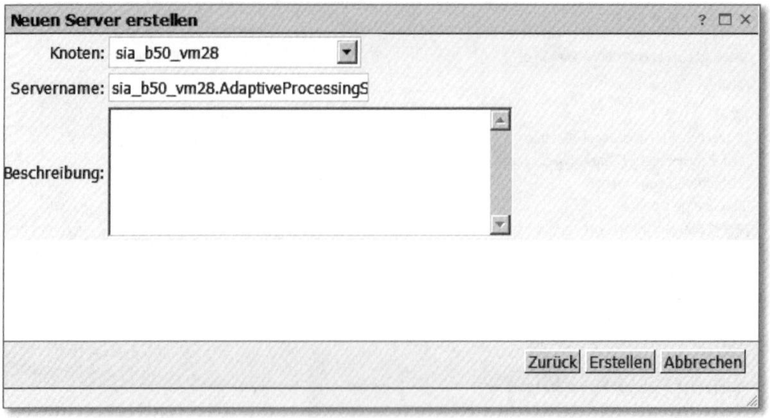

Abbildung 5.38 »Neuen Server erstellen« – Auswahl des Knotens

Des Weiteren ermöglicht das Klonen das Verschieben von Servern zwischen Knoten. Um einen vorhandenen CMS auf einen anderen Knoten zu verschieben, können Sie ihn auf den neuen Knoten klonen. Alle Einstellungen des ursprünglichen CMS werden beibehalten und der geklonte CMS wird auf dem neuen Knoten angezeigt.

Sollten Sie nicht alle Einstellungen des Servers klonen wollen, empfiehlt es sich, genau zu überprüfen, dass der geklonte Server Ihren Anforderungen entspricht. Beim Klonen des CMS ist darauf zu achten, dass Sie die Portnummer des ursprünglichen CMS ändern.

Vorgehensweise Um einen Server zu klonen, wechseln Sie auf dem Rechner, zu dem Sie den geklonten Server hinzufügen möchten, in den Verwaltungsbereich SERVER. Hier wählen Sie den zu klonenden Server und klicken im Kontextmenü auf SERVER KLONEN.

Als neuen Servernamen können Sie den vorgeschlagenen Standardnamen verwenden oder einen neuen Namen wählen. Wenn Sie, wie in dem Screenshot zu sehen, den Central Management Server klonen, geben Sie die Portnummer im Feld NAME SERVER-PORT ein. Im Feld FÜR KNOTEN KLONEN können Sie wählen, welchem Knoten der geklonte Server hinzugefügt werden soll. Klicken Sie auf OK, um den Server zu klonen (siehe Abbildung 5.39). Der neue Server wird nun im Verwaltungsbereich SERVER angezeigt.

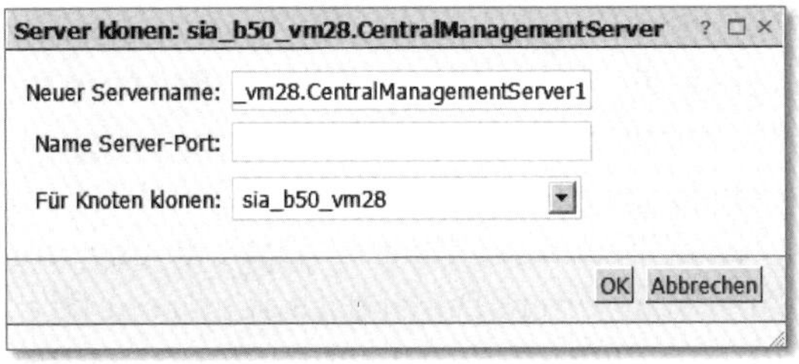

Konfiguration der Serverprozesse | **5.5**

Abbildung 5.39 Server klonen – »Neuer Servername«

Beim Klonen von Servern sind Platzhalter sehr hilfreich (siehe Abbildung 5.40). Platzhalter sind Variablen auf Knotenebene, die von dem Knoten ausgeführten Servern verwendet werden. Die Platzhalter können Sie sich im Verwaltungsbereich SERVER anzeigen lassen, wenn Sie mit der rechten Maustaste auf einen Server klicken und PLATZHALTER wählen.

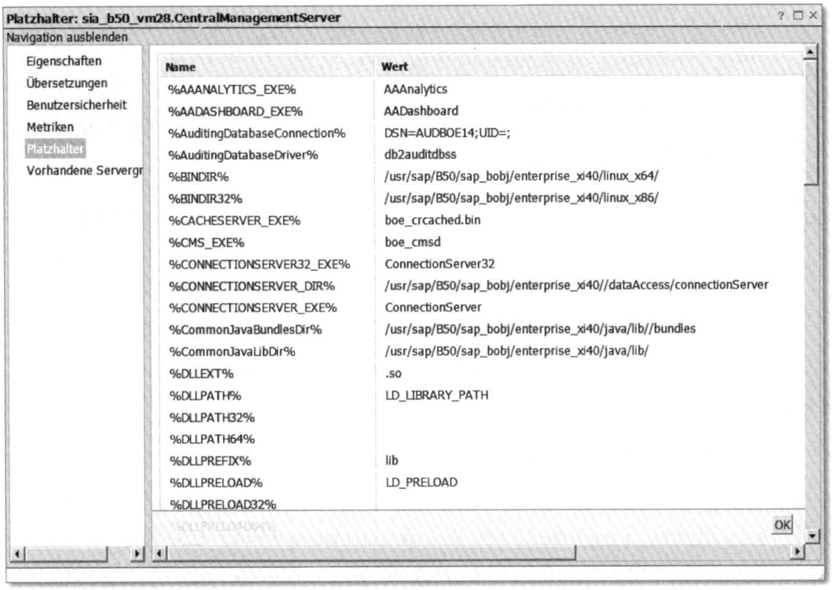

Abbildung 5.40 Server klonen – »Platzhalter«

Gerade beim Klonen von Verzeichnissen sind Platzhalter eine große Hilfe, wenn zwischen verschiedenen Rechnern geklont wird. Die Platzhalter werden z. B. beim Klonen von Servern für temporäre Verzeichnisse automatisch ausgelöst. Sofern diese Werte nicht manuell überschrieben wurden, werden sie automatisch korrekt gesetzt, und der neue Server startet ohne Fehler.

Verwaltung von Servergruppen

Servergruppen vereinfachen die Verwaltung von SAP BusinessObjects-BI-Plattform-Servern durch die Zusammenfassung zu Gruppen. Dies ermöglicht Ihnen einen gezielten Zugriff auf Teilbereiche des Gesamtsystems sowie eine benutzerdefinierte Optimierung für Benutzer an verschiedenen Standorten. Durch das Gruppieren Ihrer Server nach Regionen können Sie einfach standardmäßige Verarbeitungseinstellungen, Zeitpläne und Ziele für Ihre Standorte definieren. Objekte, die mit einer bestimmten Servergruppe verknüpft sind, werden immer von denselben Servern verarbeitet. Bei der Gruppierung nach Regionen können Sie auch sicherstellen, dass Ihre Objekte an die richtigen Drucker und Dateiserver etc. gesendet werden.

Servergruppe erstellen

Zur Erstellung einer Servergruppe wechseln Sie zum Verwaltungsbereich SERVER und wählen VERWALTEN • NEU • SERVERGRUPPE. Das Dialogfeld SERVERGRUPPE ERSTELLEN wird angezeigt, in dem Sie einen Namen für die Servergruppe sowie eine Beschreibung eingeben können. Schließen Sie die Erstellung mit OK ab. In der Navigationsstruktur des Verwaltungsbereichs SERVER können Sie nun Ihre Servergruppe auswählen und Elemente über die Option ELEMENTE HINZUFÜGEN im Menü AKTIONEN hinzufügen.

Serveruntergruppe

Falls Sie eine Vielzahl von Servern nutzen und diese strukturieren möchten, können Sie Serveruntergruppen nutzen. Eine Serveruntergruppe ist eine Servergruppe, die zu einer anderen Servergruppe gehört. Die Zuordnung der Servergruppen funktioniert analog zur Zuordnung von Servern zu Gruppen.

5.5.2 Befehlszeilenparameter der Server

Standardwerte anpassen

Wenn Sie mithilfe der in Kapitel 4, »Administration auf Betriebssystemebene«, beschriebenen Administrationswerkzeuge Server zu den SIAs hinzufügen und diese starten, werden dabei Standardwerte der SAP BusinessObjects BI-Plattform für die Befehlszeilenparameter der Server verwendet. Diese Standardwerte sind in den meisten Fällen ausreichend und müssen nicht manuell angepasst werden. Sollten Sie für Ihre Landschaft jedoch Anpassungen an den Befehlszeilenparametern vornehmen wollen, um die Funktionsweise der Server anzupassen, können Sie dies mithilfe der CMC erledigen. Im Folgenden lernen Sie, wie Sie diese Anpassungen durchführen und welche relevanten Befehlszeilenparameter zur Verfügung stehen.

Anpassen der Befehlszeilenparameter mithilfe der CMC

Um die Befehlszeilenparameter eines Servers anzupassen, können Sie wie folgt vorgehen:

Vorgehensweise

1. Melden Sie sich an der CMC an.
2. Wählen Sie den Verwaltungsbereich SERVER aus.
3. In diesem Verwaltungsbereich wählen Sie nun den Punkt SERVER-LISTE aus (siehe Abbildung 5.41).

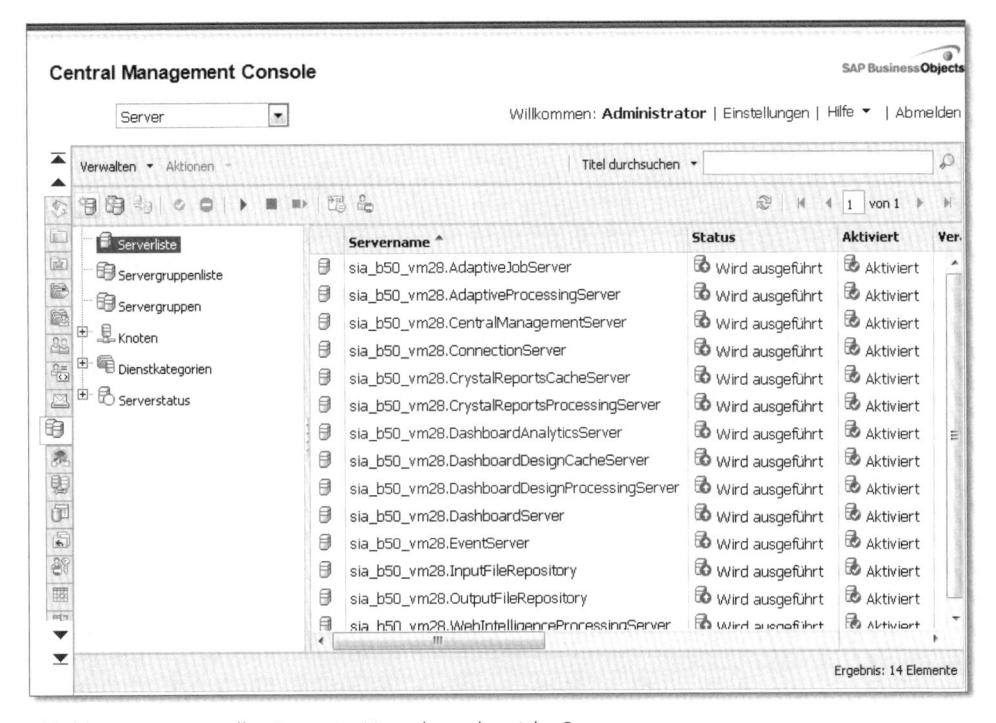

Abbildung 5.41 Liste aller Server im Verwaltungsbereich »Server«

4. Wählen Sie den Server aus, den Sie konfigurieren möchten, und klicken Sie auf die Schaltfläche SERVER STOPPEN, um den Server anzuhalten.
5. Klicken Sie anschließend auf die Schaltfläche OBJEKTEIGENSCHAFTEN VERWALTEN. Es öffnet sich ein Fenster mit den Eigenschaften des Servers (siehe Abbildung 5.42). Unter dem Punkt BEFEHLSZEILENPARAMETER können Sie sich ansehen, mit welchen Parametern dieser Server derzeit gestartet wird. Darüber hinaus können Sie eigene Anpassungen an diesen Parametern vornehmen.

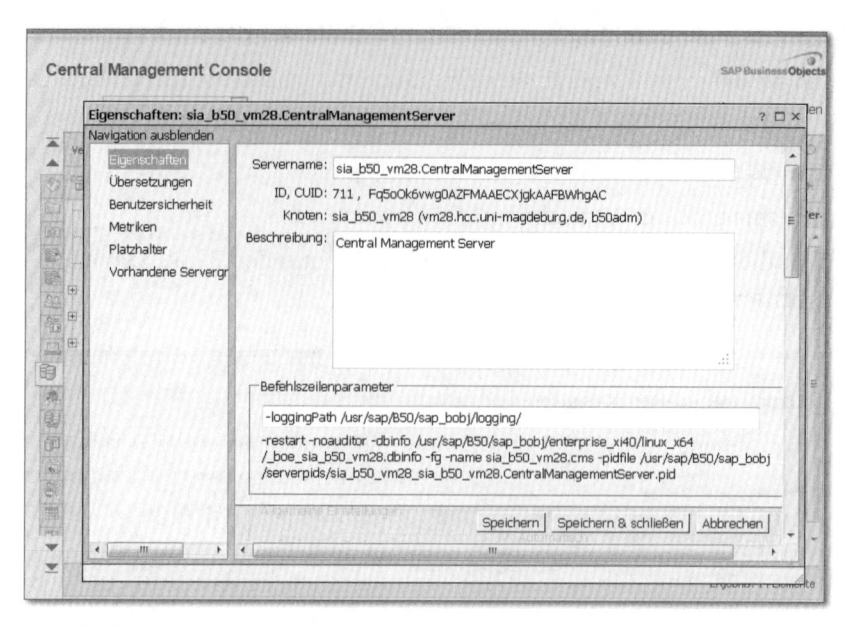

Abbildung 5.42 Eigenschaften des CMS und seine Befehlszeilenparameter

6. Nachdem Sie Ihre Anpassungen vorgenommen haben, können Sie durch ein Klick auf die Schaltfläche SPEICHERN & SCHLIESSEN die Änderungen speichern und das Fenster schließen.

7. Wählen Sie den Server aus, den Sie konfiguriert haben, und klicken Sie auf die Schaltfläche SERVER STARTEN, um den Server wieder aktiv zu setzen.

[+] **Nicht änderbare Befehlszeilenparameter**

In Abbildung 5.42 sehen Sie, dass es neben der Möglichkeit zur Eingabe und Anpassung eigener Befehlszeilenparameter auch eine Liste von Parametern gibt, die sich nicht verändern können. Dazu gehört zum Beispiel die Angabe, wo sich das entsprechende *.pid*-File befindet.

Befehlszeilenparameter des Central Management Servers

Den CMS als ausführbare Datei finden Sie in einer Windows-Umgebung unter *<INSTDIR>\BusinesObjects Enterprise XI 4.0\win64_x64\CMS.exe* und in einer Unix- und Linux-Umgebung unter dem Dateipfad */usr/sap/<SID>/sap_bobj/enterprise_xi40/<platfrom>/boe_cmsd*.

CMS-Befehlszeilenparameter

In Tabelle 5.4 finden Sie alle Befehlszeilenparameter, mit deren Hilfe Sie den CMS konfigurieren können.

Parameter	Beschreibung
`-AuditeeTime-SyncInterval`	Mithilfe dieses Parameters können Sie das Zeitintervall zwischen zwei Synchronisierungsläufen des CMS mit den Audit-Servern in Minuten spezifizieren. Durch die Synchronisierung wird die interne Uhrzeit der Audit-Server auf die Uhrzeit des CMS gesetzt. Dies ist notwendig, damit die Zeitstempel der Audit-Einträge korrekt zur Systemzeit sind. Der Wert dieses Parameters muss mindestens 15 Minuten betragen und kann maximal auf 1440 Minuten gesetzt werden, was genau einem Tag entspricht. Mit einem Wert von 0 Minuten deaktivieren Sie die Synchronisierung.
`-loggingPath`	Durch diesen Parameter können Sie angeben, wohin der CMS seine Protokolldateien schreibt. Sie müssen dabei eine absolute Pfadangabe vornehmen.
`-maxobjects-incache`	Mit diesem Parameter können Sie die Anzahl der im Speicher vorgehaltenen Objekte festlegen. Durch eine Erhöhung dieses Wertes werden die Datenbankzugriffe minimiert, was zu einer Verbesserung der Performance führen kann. Der Wert dieses Parameters kann maximal 100000 Objekte betragen.
`-ndbqthreads`	Dieser Parameter ermöglicht es Ihnen, die Anzahl von Threads festzulegen, die eine Verbindung zur Datenbank aufbauen und Anfragen gegen die Datenbank absetzen können. Dabei sollten Sie darauf achten, die Leistungskapazität der Datenbank nicht zu überschreiten. Ein sinnvolles Maximum stellen dabei ca. 20 Threads dar.
`-oobthreads`	Mit diesem Parameter geben Sie die Anzahl der CMS in einem Cluster an, damit ein effektiver Lastausgleich ermöglicht wird. Sie sollten diesen Parameter dringend setzen, sobald Sie mehr als acht CMS nutzen.
`-quit`	Durch diesen Parameter veranlassen Sie den CMS zu stoppen, wenn die Verarbeitung der Option `-reinitializedb` abgeschlossen ist.
`-receiverPool`	Mit diesem Parameter können Sie angeben, wie viele Threads zur Annahme von Client-Anfragen anderer Server oder Applikationen zur Verfügung stehen sollen. Der Standardwert beträgt fünf Threads.

Tabelle 5.4 Befehlszeilenparameter des CMS

Parameter	Beschreibung
-reinitializedb	Mit diesem Parameter veranlassen Sie den CMS, die Systemdatenbank zu löschen und eine neue Datenbank mit Standardobjekt anzulegen. *Achtung:* Dabei gehen alle vorhandenen Daten verloren!
-requestPort	Mit dieser Option können Sie den Netzwerkport angeben, auf den der CMS lauscht.
-threads	Mit diesem Parameter geben Sie die Anzahl an Threads an, die zur Verarbeitung von Anfragen genutzt werden. Die Anzahl der Threads sollte zwischen 12 und 150 liegen, wobei der Standardwert 50 Threads beträgt.

Tabelle 5.4 Befehlszeilenparameter des CMS (Forts.)

Befehlszeilenparameter des Crystal Reports Processing Servers und des SAP Crystal Reports CacheServers

Microsoft Windows

Den Crystal Reports Processing Server und den SAP Crystal Reports Cache Server als ausführbare Datei finden Sie in einer Microsoft Windows-Umgebung hier:

- <INSTDIR>\BusinesObjects Enterprise XI 4.0\win64_x64\pageserver.exe
- <INSTDIR>\BusinesObjects Enterprise XI 4.0\win64_x64\cacheserver.exe

Unix/Linux

In einer Unix- und Linux-Umgebung finden Sie den Server hier:

- /usr/sap/<SID>/sap_bobj/enterprise_xi40/<platfrom>/boe_procd
- /usr/sap/<SID>/sap_bobj/enterprise_xi40/<platfrom>boe_cachesd

Crystal-Reports-Server – Befehlszeilenparameter

In Tabelle 5.5 finden Sie alle Befehlszeilenparameter, mit deren Hilfe Sie die Server konfigurieren können.

Parameter	Beschreibung
-cache	Mithilfe dieses Parameters aktivieren Sie die Funktionalität des Cache-Servers.
-delete-Cache	Durch diesen Parameter veranlassen Sie den Cache-Server, bei jedem Start- und Stoppvorgang das Verzeichnis zu bereinigen, in dem der Cache gehalten wird.

Tabelle 5.5 Befehlszeilenparameter des Crystal Reports Processing Servers und des SAP Crystal Reports Cache Servers

Parameter	Beschreibung
-logging-Path	Durch diesen Parameter können Sie angeben, wohin die Server ihre Protokolldateien schreiben. Sie müssen dabei eine absolute Pfadangabe vornehmen.
-report_Process-ExtPath	Dieser Parameter ermöglicht es Ihnen anzugeben, in welchem Verzeichnis die Processing Extensions abgelegt werden sollen. Sie müssen dabei eine absolute Pfadangabe vornehmen.
-request-Port	Mit dieser Option können Sie die Netzwerkports angeben, auf denen die Server lauschen.

Tabelle 5.5 Befehlszeilenparameter des Crystal Reports Processing Servers und des SAP Crystal Reports Cache Servers (Forts.)

Befehlszeilenparameter des Dashboard Design Processing Servers und des Dashboard Design Cache Servers

Den Dashboard Design Processing Server und den Dashboard Design Cache Server als ausführbare Datei finden Sie in einer Microsoft Windows-Umgebung hier:

Microsoft Windows

- <INSTDIR>\BusinesObjects Enterprise XI 4.0\win64_x64\xcproc.exe
- <INSTDIR>\BusinesObjects Enterprise XI 4.0\win64_x64\xccache.exe

In einer Unix- und Linux-Umgebung finden Sie den Server hier:

Unix/Linus

- /usr/sap/<SID>/sap_bobj/enterprise_xi40/<platfrom>/xcprocd
- /usr/sap/<SID>/sap_bobj/enterprise_xi40/<platfrom>boe_xccached

In Tabelle 5.6 finden Sie alle Befehlszeilenparameter, mit deren Hilfe Sie die Server konfigurieren können.

Dashboards-Server – Befehlszeilenparameter

Parameter	Beschreibung
-auditMax-Events-PerFile	Sie können durch diesen Parameter für den Cache-Server angeben, wie viele Einträge maximal in einer Audit-Protokolldatei gespeichert werden können. Wird dieses Maximum erreicht, wird eine neue Protokolldatei erstellt. Der Standardwert für diesen Parameter beträgt 500 Einträge.
-cache	Mithilfe dieses Parameters aktivieren Sie die Funktionalität des Cache-Servers.

Tabelle 5.6 Befehlszeilenparameter des Dashboard Design Processing Servers und des Dashboard Design Cache Servers

Parameter	Beschreibung
-delete-Cache	Durch diesen Parameter veranlassen Sie den Cache-Server, bei jedem Start- und Stoppvorgang das Verzeichnis zu bereinigen, in dem der Cache gehalten wird.
-dir	Dieser Parameter ermöglicht es Ihnen anzugeben, in welchen Verzeichnissen der Processing Server und der Cache-Server arbeiten sollen. Sie müssen dabei eine absolute Pfadangabe vornehmen.
-logging-Path	Durch diesen Parameter können Sie angeben, wohin die Server ihre Protokolldateien schreiben. Sie müssen dabei eine absolute Pfadangabe vornehmen.
-psdir	Dieser Parameter ermöglicht es Ihnen anzugeben, in welchem Verzeichnis der Processing Server arbeiten soll. Setzen Sie diesen Parameter wird die Angabe von -dir überschrieben. Sie müssen eine absolute Pfadangabe vornehmen.
-refresh	Mithilfe dieses Parameters können Sie die Zeitspanne für die Verteilung von zwischengespeicherten Seiten in Minuten spezifizieren.
-request-Port	Mit dieser Option können Sie die Netzwerkports angeben, auf denen die Server lauschen.

Tabelle 5.6 Befehlszeilenparameter des Dashboard Design Processing Servers und des Dashboard Design Cache Servers (Forts.)

Befehlszeilenparameter des Job Servers

Microsoft Windows und Unix/Linux

Den Job Server als ausführbare Datei finden Sie in einer Windows-Umgebung unter <INSTDIR>\BusinesObjects Enterprise XI 4.0\win64_x64\JobServer.exe und in einer Unix-/Linux-Umgebung unter /usr/sap/<SID>/sap_bobj/enterprise_xi40/<platfrom>boe_reportjobsd.

Job Server – Befehlszeilenparameter

In Tabelle 5.7 finden Sie alle Befehlszeilenparameter, mit deren Hilfe Sie den Job Server konfigurieren können.

Parameter	Beschreibung
-dir	Dieser Parameter ermöglicht es Ihnen anzugeben, in welchem Verzeichnis der Job Server arbeiten soll. Sie müssen dabei eine absolute Pfadangabe vornehmen.

Tabelle 5.7 Befehlszeilenparameter des Job Servers

Parameter	Beschreibung
-logging-Path	Durch diesen Parameter können Sie angeben, wohin der Job Server seine Protokolldateien schreibt. Sie müssen dabei eine absolute Pfadangabe vornehmen.
-maxJobs	Mit diesem Parameter geben Sie an, wie viele Jobs der Server gleichzeitig verarbeiten kann. Der Standardwert für diesen Parameter beträgt fünf Jobs.
-report_Process-ExtPath	Dieser Parameter ermöglicht es Ihnen anzugeben, in welchem Verzeichnis die Processing Extensions abgelegt werden sollen. Sie müssen dabei eine absolute Pfadangabe vornehmen.
-request-JSChild-Ports	Mithilfe dieses Parameters können Sie in Form eines Bereichs angeben, auf welche Netzwerkports sich die Kinderprozesse des Job Servers binden dürfen. Die Angabe erfolgt in Form von <port1>-<portx>, z.B. 7000-7050. Dieser Parameter wird nur dann ausgewertet, wenn Sie auch den Parameter -requestPort setzen.
-request-Port	Mit dieser Option können Sie den Netzwerkport angeben, auf den der Job Server lauscht.

Tabelle 5.7 Befehlszeilenparameter des Job Servers (Forts.)

Befehlszeilenparameter des Report Application Servers

Den Report Application Server als ausführbare Datei finden Sie in einer Microsoft Windows-Umgebung unter dem Dateipfad <INSTDIR>\BusinesObjects Enterprise XI 4.0\win64_x64\crystalras.exe sowie in einer Unix-/Linux-Umgebung unter dem Dateipfad /usr/sap/<SID>/sap_bobj/enterprise_xi40/<platfrom>boe_crystalrasd.

Microsoft Windows und Unix/Linux

In Tabelle 5.8 finden Sie alle Befehlszeilenparameter, mit deren Hilfe Sie den Report Application Server konfigurieren können.

Report Application Server – Befehlszeilenparameter

Parameter	Beschreibung
-ipport	Mithilfe dieses Parameters können Sie den Netzwerkport des Report Application Servers setzen, wenn dieser selbstständig läuft und nicht in einer SAP BusinessObjects BI-Plattform-Umgebung eingebunden ist.

Tabelle 5.8 Befehlszeilenparameter des Report Application Servers

Parameter	Beschreibung
-logging-Path	Durch diesen Parameter können Sie angeben, wohin der Report Application Server seine Protokolldateien schreibt. Sie müssen dabei eine absolute Pfadangabe vornehmen.
-Process-Affinity-Mask	Mithilfe dieses Parameters können Sie dem Report Application Server in Form einer Maske mitteilen, welche CPUs dieser nutzen darf. Das Format der Maske ist »0xffff«, wobei jedes »f« einen CPU repräsentiert und die Anzahl der Stellen abhängig von der Anzahl der CPUs ist. Die Reihenfolge der CPUs müssen Sie dabei von rechts nach links betrachten: ▸ Möchten Sie einen entsprechenden CPU für die Verarbeitung zulassen, müssen Sie das korrespondierende »f« durch eine »1« ersetzen. ▸ Möchten Sie den CPU sperren, müssen Sie dagegen eine »0« einsetzen. ▸ Haben Sie beispielsweise einen Dual-Core-Prozessor und möchten nur den zweiten Kern nutzen, setzen Sie diesen Parameter auf »0x10«. Standardmäßig sind alle CPUs für die Verarbeitung freigeschaltet.
-report_Process-ExtPath	Dieser Parameter ermöglicht es Ihnen anzugeben, in welchem Verzeichnis die Processing Extensions ablegen werden soll. Sie müssen dabei eine absolute Pfadangabe vornehmen.
-request-Port	Mit dieser Option können Sie den Netzwerkport angeben, auf den der Report Application Server lauscht.

Tabelle 5.8 Befehlszeilenparameter des Report Application Servers (Forts.)

Befehlszeilenparameter des Web Intelligence Processing Servers

Microsoft Windows und Unix/Linux

Den Web Intelligence Processing Server als ausführbare Datei finden Sie in einer Microsoft Windows-Umgebung unter dem Dateipfad *<INSTDIR>\BusinesObjects Enterprise XI 4.0\win64_x64\WIReport Server.exe* und in einer Unix-/Linux-Umgebung unter dem Dateipfad */usr/sap/<SID>/sap_bobj/enterprise_xi40/<platfrom>WIReportServer*.

In Tabelle 5.9 finden Sie alle Befehlszeilenparameter, mit deren Hilfe Sie den Web Intelligence Processing Server konfigurieren können.

Web Intelligence Processing Server – Befehlszeilenparameter

Parameter	Beschreibung
-Connection-TimeoutMinutes	Mit diesem Parameter geben Sie an, wie viele Minuten vergehen dürfen, bevor der Server ein Timeout erzeugt.
-DocExpress-Enable	Mithilfe dieses Parameters aktivieren Sie das Caching von Web-Intelligence-Dokumenten, wenn diese angesehen werden.
-DocExpress-CacheDuration-Minutes	Mithilfe dieses Parameters können Sie die Zeitspanne in Minuten spezifizieren, in der Objekte im Cache gehalten werden.
-DocExpress-MaxCacheSizeKB	Mit dieser Option können Sie die maximale Größe des Cache für Web-Intelligence-Dokumente in Kilobyte festlegen.
-DocExpress-RealTime-CachingEnable	Sie können durch diesen Parameter das Caching aller Web-Intelligence-Dokumente aktivieren.
-EnableList OfValuesCache	Mithilfe dieses Parameters aktivieren Sie das Caching von Wertlisten.
-ListOfValues-BatchSize	Mit diesem Parameter legen Sie die maximale Anzahl von Werten fest, die bei einer Anfrage von Wertlisten zurückgegeben werden.
-loggingPath	Durch diesen Parameter können Sie angeben, wohin der Web Intelligence Processing Server seine Protokolldateien schreibt. Sie müssen dabei eine absolute Pfadangabe vornehmen.
-MaxConnections	Mit diesem Parameter geben Sie an, wie viele Verbindungen der Server gleichzeitig erlaubt.
-requestPort	Mit dieser Option können Sie den Netzwerkport angeben, auf den der Web Intelligence Processing Server lauscht.
-UniverseMax-CacheSize	Mit diesem Parameter geben Sie die maximale Anzahl der im Cache gehaltenen Universen an.
-WIDMaxCache-Size	Mit diesem Parameter geben Sie die maximale Anzahl der im Cache gehaltenen Web-Intelligence-Dokumente an.

Tabelle 5.9 Befehlszeilenparameter des Web Intelligence Processing Servers

Befehlszeilenparameter des Input File Repository Servers und des Output File Repository Servers

Den Input File Repository Server und den Output File Repository Server als ausführbare Dateien finden Sie in einer Windows-Umgebung unter <INSTDIR>\BusinesObjects Enterprise XI 4.0\win64_x64\fileserver.exe.

In einer Unix- und Linux-Umgebung finden Sie die Server hier:

- /usr/sap/<SID>/sap_bobj/enterprise_xi40/<platfrom>boe_inputfilesd
- usr/sap/<SID>/sap_bobj/enterprise_xi40/<platfrom>boe_outputfilesd

In Tabelle 5.10 finden Sie alle Befehlszeilenparameter, mit deren Hilfe Sie den Input File Repository Server und den Output File Repository Server konfigurieren können.

Parameter	Beschreibung
-loggingPath	Durch diesen Parameter können Sie angeben, wohin die Server ihre Protokolldateien schreiben. Sie müssen dabei eine absolute Pfadangabe vornehmen.
-maxidle	Mit diesem Parameter geben Sie an, wie viele Minuten der FRS wartet, bis eine nicht mehr genutzte Verbindung geschlossen wird.
-requestPort	Mit dieser Option können Sie die Netzwerkports angeben, auf denen die Server lauschen.
-rootDir	Dieser Parameter ermöglicht es Ihnen anzugeben, in welchen Verzeichnissen die FRS arbeiten sollen. Sie müssen dabei eine absolute Pfadangabe vornehmen. Wichtig ist es, um Inkonsistenzen zu vermeiden, dass Sie sowohl für alle Input File Repository Server das gleiche Input-Verzeichnis als auch für alle Output File Repository Server das gleiche Output-Verzeichnis angeben, wobei Input- und Output-Verzeichnis nicht übereinstimmen dürfen.
-tempDir	Mit dieser Option können Sie das Verzeichnis angeben, in dem der File Repository Server temporär arbeitet. Sie müssen dabei eine absolute Pfadangabe vornehmen. Wichtig ist, dass Sie hier kein existierendes Verzeichnis hinterlegen, da das angegebene Verzeichnis beim Starten geleert und beim Stoppen vom File Repository Server gelöscht wird.

Tabelle 5.10 Befehlszeilenparameter des Input File Repository Servers und des Output File Repository Servers

Befehlszeilenparameter des Event Servers

Den Event Server als Datei finden Sie in einer Windows-Umgebung hier *<INSTDIR>\BusinesObjects Enterprise XI 4.0\win64_x64\EventServer.exe* und in einer Unix-/Linux-Umgebung hier */usr/sap/<SID>/sap_bobj/enterprise_xi40/<platfrom>boe_eventsd*.

Microsoft Windows und Unix/Linux

In Tabelle 5.11 finden Sie alle Befehlszeilenparameter, mit deren Hilfe Sie den Event Server konfigurieren können.

Event Server – Befehlszeilenparameter

Parameter	Beschreibung
-cleanup	Mithilfe dieses Parameters können Sie das Zeitintervall für zwei Aufräumarbeiten der Listener Proxys in Minuten spezifizieren. Das heißt, geben Sie einen Wert von vier Minuten an, erfolgt alle zwei Minuten eine Aufräumung.
-loggingPath	Durch diesen Parameter können Sie angeben, wohin der Event Server seine Protokolldateien schreibt. Sie müssen dabei eine absolute Pfadangabe vornehmen.
-poll	Mithilfe dieses Parameters können Sie das Zeitintervall zwischen zwei Prüfungen auf Dateiereignisse in Sekunden spezifizieren.
-requestPort	Mit dieser Option können Sie den Netzwerkport angeben, auf den der Event Server lauscht.

Tabelle 5.11 Befehlszeilenparameter des Event Servers

5.6 Zusammenfassung

Die in diesem Kapitel behandelten Werkzeuge – die CMC, die Client Tools sowie die Lifecycle Management Console – können für bestimmte administrative Tätigkeiten genutzt werden.

Die Hauptintention der SAP BusinessObjects Client Tools ist nicht die Administration, sondern die Nutzung der SAP BusinessObjects-Funktionalitäten, die Erstellung von Universen etc. Trotzdem herrscht hier keine strikte Trennung, auch mit diesen Anwendungs-Tools muss sich der Administrator auseinandersetzen. Aus diesem Grund sind in diesem Kapitel alle Client Tools kurz beschrieben, die für die Administration relevanten Tools wurden etwas detaillierter behandelt.

Den Hauptfokus in diesem Kapitel haben wir auf die CMC gelegt. Mit der CMC werden Sie auch noch in anderen Kapiteln dieses Buches konfrontiert, sie wird für eine Vielzahl von Aufgaben genutzt. In diesem Kapitel haben wir uns zuerst mit der Nutzung der CMC vertraut gemacht. Anschließend haben wir uns die Verwaltung einiger grundlegender Anwendungen angesehen und eine Verbindung zu einem BW-System hergestellt. Der Fokus bei der CMC liegt in diesem Kapitel auf der Konfiguration der Serverprozesse. Die Hinweise und Informationen sollen Ihnen bei Ihrer täglichen Arbeit am SAP BusinessObjects BI-Plattform-Server helfen und sind teilweise die Grundlage für die folgenden Kapitel.

Für die Qualitätssicherung und die störungsfreie Bereitstellung neuer Funktionalität empfiehlt SAP die Nutzung einer Systemlandschaft. Wir stellen in diesem Kapitel die über SAP NetWeaver zur Verfügung stehenden Werkzeuge und Konzepte der Softwarelogistik und deren Integration und Konfiguration mit der SAP BusinessObjects BI-Plattform vor.

6 Einbindung in die SAP-Systemlandschaft

Die Implementierung neuer Funktionen, neuer Objekte oder neuer Reports und die dafür notwendigen Tests zur Qualitätssicherung erfolgen in den seltensten Fällen in den produktiven Systemen eines Unternehmens. Dies sollte auch beim Einsatz von SAP BusinessObjects-Systemen in den verschiedenen denkbaren Einsatzgebieten gelten.

Wir werden in diesem Kapitel das Konzept der SAP für eine SAP-Systemlandschaft erläutern und die Mechanismen der Softwarelogistik zwischen Entwicklungs-, Qualitätssicherungs- und den Produktivsystemen betrachten. Mit dem sogenannten erweiterten *Änderungs- und Transportsystem* (CTS+) werden wir Ihnen Möglichkeiten vorstellen, wie Ihre SAP BusinessObjects BI-Plattform-Systeme von der SAP-Systemlandschaft und der Softwarelogistik profitieren können. Innerhalb komplexer Systemlandschaften standardisieren und automatisieren Funktionen der Softwarelogistik die Verteilung sowie die Wartung von Software. Das Ziel der Softwarelogistik ist ein konsistentes und lösungsübergreifendes Änderungsmanagement für Software, das es erlaubt, flexibel auf geänderte Anforderungen zu reagieren.

Dies ist insbesondere für folgende Administratoren und Anwender interessant:

- Anwender und Administratoren, die bereits eine bestehende SAP-Systemlandschaft im Unternehmen nutzen, die SAP-Softwarelogistik innerhalb dieser Landschaft verwenden und die SAP Business-Objects BI-Plattform nun zusätzlich einsetzen

- Anwender und Administratoren, die neben SAP BusinessObjects weitere SAP-Produkte, beispielsweise SAP NetWeaver BW, einsetzen wollen und zwischen diesen eine SAP-Systemlandschaft mit der SAP-Softwarelogistik aufbauen werden.

Solange Sie das SAP BusinessObjects BI-Plattform-System allein bzw. in einer Landschaft ohne andere SAP-Systeme betreiben, ist der Aufbau und die Konfiguration einer solchen SAP-Transport- und Systemlandschaft als zu aufwendig zu betrachten. Dennoch sollten Sie das Entwicklungs-, Qualitätssicherungs- und Produktivsystem betreiben und über die Lifecycle Management Console (LCM) Ihre Objekte von einem zum anderen System hochstufen. Zur Handhabung der LCM sei an dieser Stelle auf Abschnitt 5.1.5, »SAP Crystal Interactive Analysis – Desktop-Edition«, verwiesen.

Wir werden dieses Kapitel mit einem Exkurs in die SAP NetWeaver ABAP-Welt beginnen. Hier werden wir Ihnen das Konzept der SAP-Systemlandschaft, das Änderungs- und Transportmanagement sowie die Werkzeuge des Transportmanagementsystems vorstellen. Im Anschluss zeigen wir, wie Ihre SAP BusinessObjects-Systeme über das erweiterte Transportmanagement mit seinen Konzepten und Werkzeugen eingebunden werden und wie Sie die einzelnen Komponenten konfigurieren können.

6.1 Grundlagen der ABAP-Softwarelogistik

Bevor wir uns detailliert mit der Integration von SAP BusinessObjects BI-Plattform-Systemen in das ABAP-Transportmanagement beschäftigen, werden wir die wesentlichen Fakten zur ABAP-Softwarelogistik kurz aufbereiten und beschreiben.

Drei-System-Landschaft

Das Konzept der Systemlandschaft stammt originär aus der SAP NetWeaver ABAP-Welt. SAP entwickelte dieses Konzept seinerzeit, um Änderungen wie beispielsweise Entwicklungen, das Customizing oder Parametrisierungen im SAP-System aufzeichnen, dokumentieren und testen zu können, bevor diese in einer produktiven Umgebung eingespielt werden. Ein Teil des Konzeptes ist dabei die Erweiterung des Systems um dedizierte Systeme.

Grundlagen der ABAP-Softwarelogistik | **6.1**

SAP empfiehlt in der ABAP-Welt eine Landschaft aus drei Systemen, wie Sie sie auch in Abbildung 6.1 sehen:

- Im *Entwicklungssystem* (DEV) finden Customizing, Parametrisierung sowie alle Eigenentwicklungen des Kunden statt.
- Das *Qualitätssicherungssystem* (QAS) wird verwendet, um zu überprüfen, ob Änderungen aus dem Entwicklungssystem Einfluss auf das produktive System haben. Diese Tests werden meist auf Kopien von Echtdaten aus dem Produktivsystem durchgeführt.
- Das *Produktivsystem* (PRD) selbst ist für Entwicklungen und Tests gesperrt. Es erhält aus dem QAS die Entwicklungen, die überprüft und freigegeben sind.

Entwicklung (DEV)	Qualitätssicherung (QAS)	Produktion (PRD)
Customizing, Parametrisierung und Entwicklung	Tests der DEV-Änderungen auf Kopien von Echtdaten des PRD-Systems	gesperrt für Änderungen und Tests, ausschließlich produktiver Betrieb

Abbildung 6.1 Empfohlene Drei-System-Landschaft der ABAP-Welt

Eine Trennung in Entwicklungs-, Qualitätssicherungs- und Produktivsystem ist sinnvoll, da diese Trennung sicherstellt, dass die Entwicklungen im Produktivsystem konsistent sind und die Produktivumgebung zu jeder Zeit sicher und vor allem stabil läuft. Außerdem wird das Produktivsystem durch Entwicklungs- und Testaktivitäten nicht belastet. Die Performance wird somit nicht beeinflusst. Die zu entwickelnden Objekte werden im Entwicklungssystem eingebaut bzw. durchgeführt und anschließend im Qualitätssicherungssystem ausgiebig getestet. Die Arbeiten an Entwicklungen können bei diesem Vorgehen immer parallel zum Produktivbetrieb durchgeführt werden. Die wichtigsten Gründe für die Drei-System-Landschaft sind also die Sicherstellung der Konsistenz, die Stabilität und die Performance des Produktivsystems.

Anders als die SAP BusinessObjects BI-Plattform oder der SAP NetWeaver AS Java enthält der SAP NetWeaver AS ABAP mindestens einen Mandanten.

Mandantenkonzept

> **[+] Mandant**
>
> Ein Mandant ist eine technisch, organisatorisch und unternehmerisch abgegrenzte Einheit, die jeweils Stamm-, Bewegungs-, Benutzer- und Customizing-Daten zusammenfasst. Betriebswirtschaftlich gesehen ist ein Mandant eine selbst abrechnende Einheit, die auch eine eigenständige Bilanz umfasst. Jeder Nutzer meldet sich immer in einem bestimmten Mandanten eines SAP-Systems mit einem User und einem Passwort an. Definiert wird ein Mandant über eine Mandantennummer. Die Stamm- und Bewegungsdaten gehören immer nur zu einem Mandanten im System und beeinflussen einander nicht. Ein Mandant kann zudem verschiedene Rollen annehmen.

Auch wenn ABAP-Systeme über mehrere Mandanten verfügen können, heißt das nicht in jedem Fall, dass sie mandantenfähig sind. Ein ERP-System ist voll mandantenfähig. Das heißt, dass es möglich ist, alle Abläufe und Funktionalitäten, die das System selbst zur Verfügung stellt, in allen im System angelegten und verfügbaren Mandanten zu nutzen. Anders ist dies bei SAP NetWeaver BW-Systemen (Business Warehouse) oder Systemen, die die Funktionen eines integrierten BW nutzen, wie beispielsweise SAP SCM (*Supply Chain Management*). Hier stehen zwar auch Mandanten zur Verfügung, aber nur ein Mandant kann die volle Funktionalität bereitstellen.

Das Änderungs- und Transportsystem

Über das Änderungs- und Transportsystem (CTS) werden Änderungen im ABAP-System aufgezeichnet und über definierte Transportwege in die dedizierten Systeme weitergeleitet. Das CTS umfasst den *Transport Organizer*, das *Transportmanagementsystem* (TMS) und die *Transport Tools* (tp und R3trans). Abbildung 6.2 gibt Ihnen einen Überblick über die angeführten Werkzeuge des Änderungs- und Transportsystems.

Transport Organizer

Der Transport Organizer ist ein mächtiges Werkzeug, das alle Änderungen an Objekten im Repository und im Customizing registriert und dokumentiert. Er ist vollständig in die Entwicklungsumgebung, die ABAP-Workbench, und die Customizing Tools integriert. In früheren Releases wurde zwischen einem Customizing Organizer (Transaktion SE09), einem Workbench Organizer (Transaktion SE10) und einem erweiterten Transport Organizer (Transaktion SE01) unterschieden. Alle diese Werkzeuge sind ab SAP NetWeaver AS ABAP-Basisrelease 4.6C im Transport Organizer unter einer Oberfläche zusammengefasst worden. Sie finden den Transport Organizer im SAP Easy Access-Menü unter WERKZEUGE • ADMINISTRATION • TRANSPORTE • TRANSPORT ORGANIZER.

Grundlagen der ABAP-Softwarelogistik | **6.1**

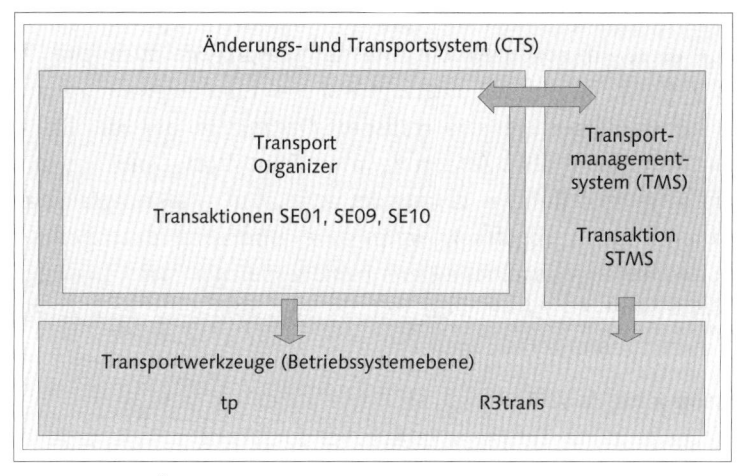

Abbildung 6.2 Änderungs- und Transportsystem (CTS)

Das *Transportmanagementsystem* bildet das Bindeglied zwischen den verschiedenen Systemen der SAP-Systemlandschaft. Es erlaubt Ihnen, Entwicklungen zwischen den einzelnen Systemen zu transportieren, und bietet ein Berechtigungs- und Tracking-System an. Das TMS enthält die zentrale Konfiguration des Änderungs- und Transportsystems für alle angeschlossenen SAP-Systeme. Über das Einstiegsbild des Transportmanagementsystems, das Sie über WERKZEUGE • ADMINISTRATION • TRANSPORTE • TRANSPORT MANAGEMENT SYSTEM erreichen, können Sie in vier wichtige Bereiche verzweigen: die IMPORTÜBERSICHT (), den TRANSPORT ORGANIZER WEB UI (), die SYSTEMÜBERSICHT () und die TRANSPORTWEGEKONFIGURATION (, siehe Abbildung 6.3).

Transport Management System

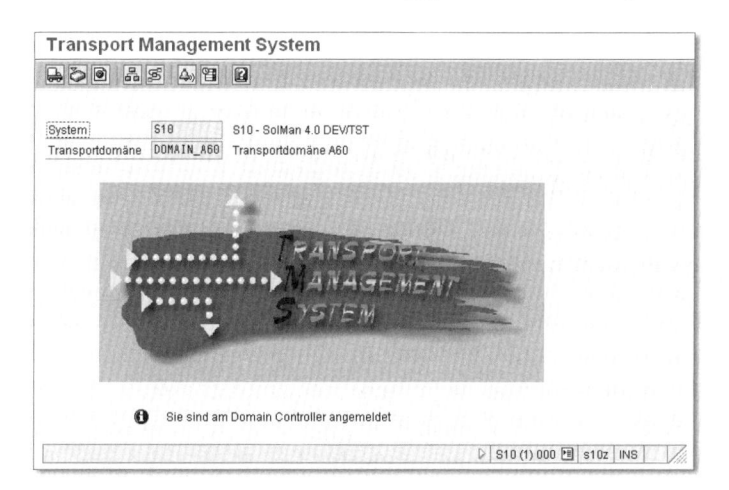

Abbildung 6.3 Einstieg in das Transportmanagementsystem (TMS)

6 | Einbindung in die SAP-Systemlandschaft

Änderungsauftrag
Um Änderungen zwischen den Systemen transportieren zu können, müssen diese in sogenannten *Änderungsaufträgen*, auch oft als *Change Requests* bezeichnet, abgelegt werden. Ein Änderungsauftrag ist ein Informationsträger des Transport Organizers, der zum Erfassen und Verwalten aller Änderungen an Repository-Objekten und Customizing-Einstellungen verwendet wird. Ein Änderungsauftrag wird immer dann abgefragt, wenn eine Änderung durchgeführt wurde und das Ergebnis in die Datenbank gespeichert wird. In einem SAP NetWeaver AS ABAP wird zwischen Customizing- und Workbench-Aufträgen unterschieden.

- **Customizing-Aufträge**
  Die Customizing-Aufträge werden bei Änderungen des mandantenabhängigen Customizings aus genau einem Mandanten (dem Quellmandanten des Auftrags) abgefragt.

- **Workbench-Aufträge**
  Die Workbench-Aufträge dienen der Erfassung von Änderungen an Repository-Objekten und am mandantenunabhängigen Customizing.

Zusätzlich können sie aber auch mandantenabhängiges Customizing unter der Voraussetzung aufnehmen, dass dieses aus dem Quellmandanten des Auftrags stammt.

Jeder dieser Änderungsaufträge wird über eine eindeutige Syntax aus Buchstaben und Zahlen identifiziert. Der Auftrag besteht aus der dreistelligen System-ID (SID), gefolgt vom Buchstaben K und einer fortlaufenden sechsstelligen Nummer. Eine Bezeichnung wäre beispielsweise M54K900034. Jeder Änderungsauftrag hat genau einen Inhaber, d. h. einen Benutzer im SAP-System, der für die Verwaltung des Auftrags zuständig ist und gegebenenfalls gewechselt werden kann. Die Transportierbarkeit dieser Aufträge und die Existenz von lokalen Änderungsaufträgen, die nicht transportiert werden können, ist an die Konfiguration der Transportwege im Transportmanagementsystem gebunden.

Aufgaben
Den Änderungsaufträgen können eine oder mehrere Aufgaben (auch *Tasks* genannt) zugeordnet werden. In den Aufgaben werden die eigentlichen Änderungen an den unterschiedlichen Objekten gesammelt. Die Eigentümer der Aufgaben können sich vom Eigentümer/Inhaber des Änderungsauftrags unterscheiden. Der Eigentümer ist ebenso wie beim Auftrag ein Benutzer im SAP-System. Für jeden Task

Grundlagen der ABAP-Softwarelogistik | **6.1**

wird ebenfalls eine eindeutige Nummer nach oben beschriebener Syntax vergeben. Auch die Aufgabe kann bei Bedarf an einen anderen Benutzer übertragen werden.

Das Transportmanagementsystem verwendet ein Transportverzeichnis. Hier werden alle erforderlichen Transportdateien, Protokolle und Konfigurationen gespeichert. Dieses Transportverzeichnis und alle benötigten Unterverzeichnisse werden bei der Systeminstallation erzeugt und befinden sich auf Betriebssystemebene. Der Vorgabewert für das Transportverzeichnis lautet */usr/sap/trans*. Es ist sinnvoll, dass alle Systeme einer Systemlandschaft auf ein zentrales Transportverzeichnis zugreifen können. Über ein zentrales Verzeichnis, das Sie mittels Netzwerkfreigaben verfügbar machen, ist es möglich, dass von jedem System auf die Transportdateien und Konfigurationen zugegriffen werden kann (siehe Abbildung 6.4).

Transportverzeichnis

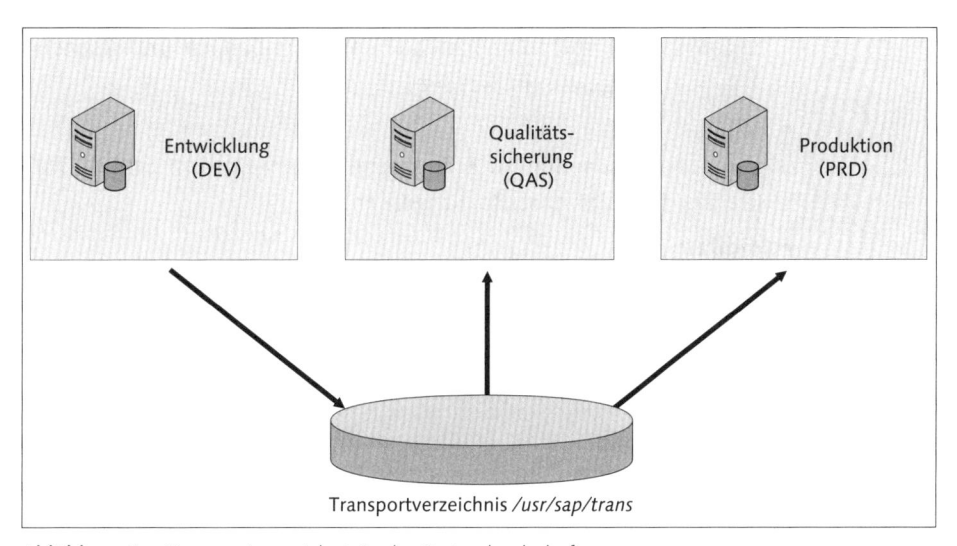

Abbildung 6.4 Transportverzeichnis in der Systemlandschaft

Das Transportverzeichnis beinhaltet mehrere Unterverzeichnisse:

Unterverzeichnisse

- **actlog**
  In diesem Verzeichnis werden alle Aktionen zu jedem einzelnen Transportauftrag in Protokolldateien erfasst.
- **bin**
  Hier finden sich die Konfigurationsdateien für das Programm `tp` (*TP_<DOMAINNAME>.PFL*) sowie für die Transportdomäne (*DOMAIN.CFG*).

- **buffer**
  Dieses Verzeichnis beinhaltet für jedes angeschlossene System einen Importpuffer, in dem die Aufträge, die importiert werden sollen oder noch zum Import anstehen, einschließlich aller Importschritte aufgelistet sind.

- **cofiles**
  Alle Kontrolldateien der Transportaufträge werden in diesem Verzeichnis gespeichert. Transportart, Objektklassen, Importschritte, Rückgabewerte und Importstatus werden in den verschiedenen Systemen in Dateien vermerkt.

- **data**
  In diesem Verzeichnis sind alle Datendateien der Transportaufträge zu finden. Das Format der Datendateien, die vom Tool R3trans geschrieben werden, ist auch als *R3trans*-Format bekannt. Es ist plattform- und release-unabhängig und kann somit zwischen SAP-Systemen mit unterschiedlichen Datenbanken und Betriebssystemen ausgetauscht werden.

- **log**
  Die Protokolldateien zu Transporten, Trace-Dateien und Statistiken können hier durchsucht werden.

- **olddata**
  Hierhin werden die Datendateien aus dem Unterverzeichnis DATA verschoben, wenn diese eine bestimmte Aufbewahrungszeit überschritten haben.

- **sapnames**
  Alle Informationen zu Transportaktivitäten in einem SAP-System werden für jeden Nutzer, der das CTS nutzt, in diesem Unterverzeichnis gespeichert.

- **tmp**
  In diesem Verzeichnis werden temporäre Protokolldateien und Semaphore abgelegt.

[+] **Semaphore**

Semaphore sind Datenstrukturen, die aus einer Ganzzahl und den Nutzungsoperationen Reservieren/Probieren und Freigeben bestehen. Sie werden zur Synchronisation von Prozessen bzw. Threads, die bei einer parallelen Ausführung eine zeitliche Abstimmung erfordern, eingesetzt. Im Transportumfeld können Probleme beim Export des Auftrags entstehen (siehe SAP-Hinweis 132536).

> **Unterverzeichnisse** [+]
>
> Überprüfen Sie nach der Installation Ihres SAP NetWeaver AS ABAP, ob alle oben genannten erforderlichen Unterverzeichnisse angelegt sind. Sollte dies nicht der Fall sein, erstellen Sie die fehlenden Verzeichnisse und beachten Sie deren Benutzergruppenzugehörigkeit und die Schreibberechtigung (abhängig vom Betriebssystem). Weitere optionale Unterverzeichnisse sind BACKUP und SERIAL.

Alle Systeme, die sich ein zentrales Transportverzeichnis teilen, bilden eine Transportgruppe. Die Transportgruppe gehört einer Transportdomäne an. Das TMS unterstützt mehrere Transportgruppen innerhalb einer Transportdomäne. In diese werden alle Systeme aufgenommen, die gemeinsam verwaltet werden sollen. Aus technischen Gründen müssen alle System-IDs der Systeme eindeutig sein (jedoch nicht die Systemnummern in einer Systemlandschaft). Transporte zwischen zwei verschiedenen Gruppen einer Domäne sind möglich, allerdings sind Transporte zwischen Gruppen, die sich in unterschiedlichen Domänen befinden, nur über Domain Links oder externe Systeme durchführbar.

Transportgruppen und Transportdomänen

Genau ein SAP-System in der Domäne muss die Funktion des *Transport Domain Controllers* (TDC) übernehmen. Dieser erzeugt und verwaltet die Referenzkonfiguration des TMS. Alle angeschlossenen Systeme der Domäne erhalten vom Transport Domain Controller eine Kopie dieser Konfiguration. Die erforderlichen Einstellungen werden immer am Transport Domain Controller vorgenommen und verteilt. Die Kommunikation zwischen dem Controller und den Systemen der Domäne erfolgt über RFC-Verbindungen. Diese werden bei der Konfiguration des TMS automatisch generiert. Den Transport Domain Controller sollten Sie auf dem Qualitätssicherungs- oder Produktivsystem einrichten, einem System, das eine hohe Verfügbarkeit aufweist. Die Last im SAP-System, die Sie durch das TMS verursachen, ist als sehr gering einzustufen und stellt keine Beeinträchtigung für die Performance dar. Alle Einstellungen an der Konfiguration des TMS finden im Mandanten 000 des Systems statt, das den TDC aufnimmt. Abbildung 6.5 stellt die Transportdomäne, die Transportgruppe und den Transport Domain Controller noch einmal im Zusammenhang dar.

Transport Domain Controller

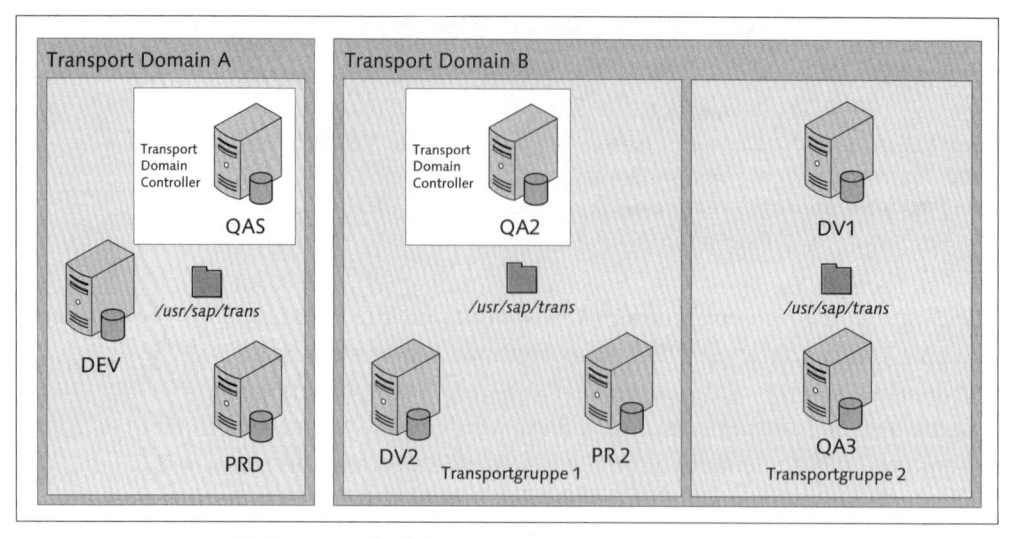

Abbildung 6.5 Transportdomäne und Transportgruppe

Backup Domain Controller
: Neben dem Transport Domain Controller kann ein *Backup Domain Controller* (BDC) eingerichtet werden. Dies ist sinnvoll, um bei einem Ausfall des Systems, auf dem der Transport Domain Controller läuft, weiterhin Konfigurationsänderungen vornehmen zu können. Mittels eines Backup Domain Controllers kann die komplette Konfiguration des Transport Domain Controllers übernommen werden. Den Backup Domain Controller müssen Sie bei einem Ausfall über folgenden Pfad manuell aktivieren: TRANSPORT MANAGEMENT SYSTEM • SYSTEMÜBERSICHT • ZUSÄTZE • BACKUP CONTROLLER AKTIVIEREN.

Transportweg
: Die Transportierbarkeit von Änderungsaufträgen und die Existenz von lokalen Änderungsaufträgen sind an die Konfiguration der Transportwege im TMS gebunden. Transportwege werden verwendet, um Änderungsaufträge zwischen den Systemen einer Systemlandschaft zu transportieren. Dabei werden zwei Arten von Transportwegen unterschieden:

> ▶ **Konsolidierungsweg**
> In einer Drei-System-Landschaft beschreibt der Konsolidierungsweg den Pfad, den die Änderungen von einem Entwicklungssystem aus in das Qualitätssicherungssystem nehmen.
>
> ▶ **Belieferungsweg**
> Der Belieferungsweg verbindet schließlich das Qualitätssicherungssystem mit dem Produktivsystem.

Bezüglich einer Drei-System-Landschaft möchten wir Begriffe aus dem Systembetrieb einführen, um den Konsolidierungs- und Belieferungsweg besser beschreiben zu können:

- **Integrationssystem**
  Das Integrationssystem entspricht dem Entwicklungssystem, hier werden die Entwicklungen und das Customizing durchgeführt.

- **Konsolidierungssystem**
  Dieser Typ entspricht dem Qualitätssicherungssystem, in dem die im Integrationssystem durchgeführten Änderungen verifiziert werden.

- **Belieferungssystem**
  Das Belieferungssystem ist das System, das die getesteten Änderungen erhält. Dies kann ein Produktivsystem, aber auch ein Entwicklungssystem oder ein Qualitätssicherungssystem sein.

Allgemeiner formuliert, ist der Konsolidierungsweg also ein Pfad für Änderungen, die von einem Integrationssystem ausgehen. Der Belieferungsweg dagegen definiert einen Pfad für Änderungen, die aus einem Konsolidierungssystem stammen.

> **Bezeichnungen**
>
> Die je nach Sichtweise unterschiedlichen Bezeichnungen für die Systemlandschaft können zu einigen Verwirrungen führen. So finden Integrationstests beispielsweise nicht im Integrationssystem, sondern im Konsolidierungssystem statt.

Der Transportweg wird über eine Transportschicht definiert. Diese Transportschicht wird im TMS generiert und kann bis zu vier Zeichen lang sein, muss aber mit dem Buchstaben Z beginnen. Sinnvollerweise sollten Sie wegen der Verständlichkeit die System-ID des Integrationssystems in der Bezeichnung verwenden, also zum Beispiel ZDEV. Ist dies nicht möglich (weil mehrere Transportschichten für das Integrationssystem definiert werden sollen, um mehrere Konsolidierungswege zu gleichen oder unterschiedlichen Systemen anzulegen), verwenden Sie sinnvolle Varianten (ZDEA, ZDEB etc.).

Die Zuordnung der Transportschicht zu den Workbench-Änderungen geschieht über die Zuordnung der Transportschicht zu den Paketen. Diese verwenden Sie im SAP NetWeaver AS ABAP, um Repository-Objekte zusammenzufassen und zu strukturieren, die eine funktionale Einheit bilden. Zudem wird so eine Zuordnung der Objekte zu den unterschiedlichen SAP-Komponenten erreicht. Einem Paket kann genau eine Transportschicht zugeordnet werden.

SAP-Originalobjekten ist die Transportschicht SAP zugewiesen. Diese Transportschicht stellt sicher, dass Änderungen an den von SAP ausgelieferten Objekten über einen diese Transportschicht nutzenden Transportweg in die nachgelagerten Systeme transportiert werden können. Customizing-Änderungen werden der Standardtransportschicht zugeordnet. Vom TMS wird automatisch die Transportschicht als Standardtransportschicht für Customizing-Änderungen hinterlegt, die Sie für die Workbench-Änderungen angegeben haben und verwenden. Wünschen Sie eine andere Transportschicht, können Sie das entsprechend pflegen.

Die alleinige Zuordnung von Transportschichten zu Objekten bzw. die Definition der Standardtransportschicht sagt jedoch noch nichts darüber aus, ob eine Änderung auch in andere Systeme übertragen wird. Hierfür ist die Zuordnung der Transportschicht zu einem Transportweg notwendig.

Abbildung 6.6 zeigt die Transportwege in einer Drei-System-Landschaft. Für Eigenentwicklungen und für das Customizing wird die Transportschicht ZDEV verwendet. Änderungen an SAP-Objekten finden über die Transportschicht SAP statt. Es werden zwei Konsolidierungswege vom Entwicklungssystem zum Qualitätssicherungssystem auf Basis dieser beiden Transportschichten definiert. Der Belieferungsweg stellt sicher, dass die Änderungen, die über die Konsolidierungswege transportiert werden, automatisch auch im Produktivsystem vorgemerkt werden.

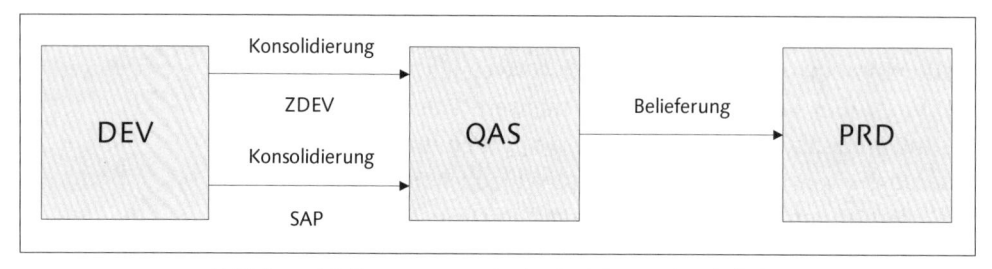

Abbildung 6.6 Transportwege in der Drei-System-Landschaft

Transportwegeeditor Die Definition der Transportwege findet im Transportwegeeditor des TMS der Transportdomäne statt. Dabei gibt es zwei verschiedene

Ansichten: zum einen die hierarchische und zum anderen die grafische Darstellung.

Beim Anlegen eines Konsolidierungswegs werden das Integrationssystem, das Konsolidierungssystem und die verwendete Transportschicht abgefragt. Belieferungswege werden nur über die Angabe des Konsolidierungssystems und des Belieferungssystems eingerichtet. Die Definition des Belieferungsweges ist nur möglich, wenn das Konsolidierungssystem bereits über einen Transportweg versorgt wird.

Abbildung 6.7 zeigt Ihnen exemplarisch die Transportwege einer Systemlandschaft mit den Systemen DEV, QAS und PRD im hierarchischen Editor des TMS.

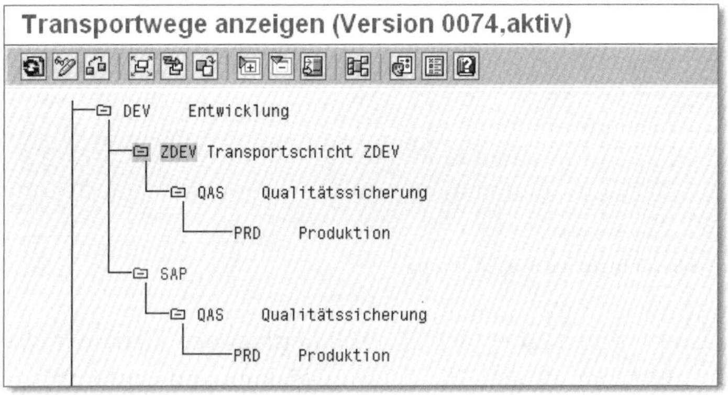

```
Transportwege anzeigen (Version 0074,aktiv)

 ─ DEV     Entwicklung
     └─ ZDEV Transportschicht ZDEV
         └─ QAS     Qualitätssicherung
             └─ PRD     Produktion
     └─ SAP
         └─ QAS     Qualitätssicherung
             └─ PRD     Produktion
```

Abbildung 6.7 Transportwegeeditor in der hierarchischen Ansicht

In größeren Systemlandschaften können Belieferungswege hintereinandergeschaltet werden. Es können dann nicht nur Konsolidierungssysteme, sondern beliebige SAP-Systeme der Systemlandschaft als Quellen ausgewählt werden. Dadurch entstehen Ketten von Transportwegen. In komplexeren Systemlandschaften, insbesondere bei geschichteten, aufeinander aufbauenden Entwicklungsprojekten, kann eine mehrstufige Belieferung zweckmäßig sein.

Mehrstufige Belieferung

Abbildung 6.8 zeigt eine solche mehrstufige Belieferung. So wird vom QAS-System in das DE3-System (ein weiteres Entwicklungssystem) sowie in das PRD-System geliefert. Anschließend erfolgt von diesem eine Lieferung in das PR2-System. Das QA3-System und natürlich auch das PR3-System erhalten bei dieser Konfiguration keine Objekte, die im DEV entwickelt wurden, da keine Belieferungswege vom QAS in diese beiden Systeme existieren.

6 | Einbindung in die SAP-Systemlandschaft

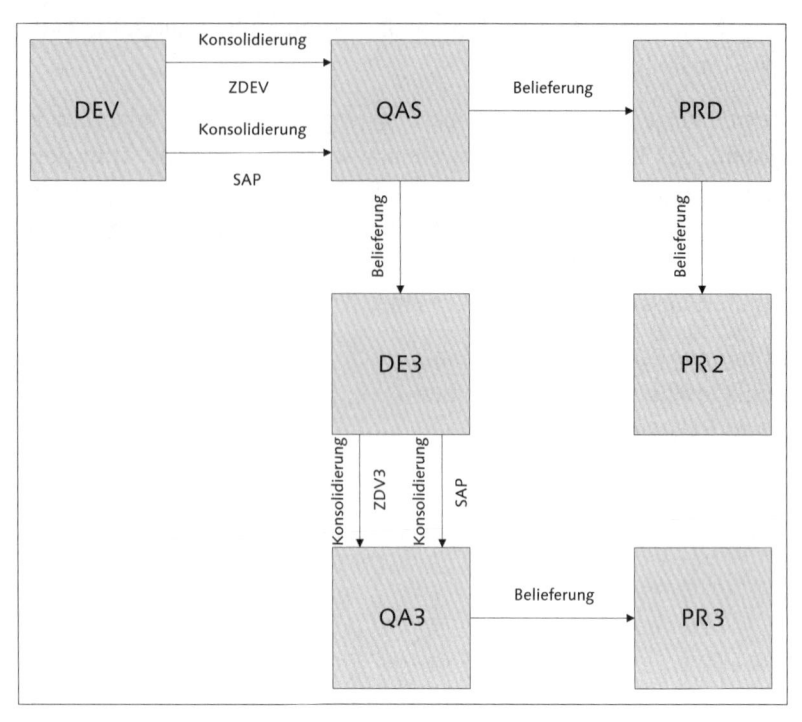

Abbildung 6.8 Mehrstufige Transportwege

Qualitätssicherung
Der Transport findet über den Konsolidierungsweg statt, der die Transportschicht verwendet, die in den Objekten und Customizing-Einstellungen (Standardtransportschicht) definiert wurde. Zum einen heißt das, dass man über die Transportschicht und den darüber liegenden Transportweg einstellen kann, wohin Objekte transportiert werden sollen. Zum anderen werden Objekte nicht transportiert, wenn zu deren Transportschicht kein Transportweg definiert wurde.

Lokaler Änderungsauftrag
Bei lokalen Änderungsaufträgen ist ein Transport von Änderungen zu anderen Systemen nicht möglich. Diese Art von Änderungsaufträgen entsteht dann, wenn beispielsweise kein Transportweg zu einer bestehenden Transportschicht existiert. Über eine nachträgliche Definition des Transportwegs und die Zuordnung eines Zielsystems im Auftrag kann hier Abhilfe geschaffen werden. Eine andere Ursache für lokale Änderungsaufträge ist die Verwendung des Pakets $TMP. Dieses Paket ist zwar der Transportschicht SAP zugeordnet, aber per Definition werden Objekte, die Sie in dieses Paket legen, nicht transportiert. Ein Transport ist erst über den Umzug der Objekte in ein Paket mit zugeordneter Entwicklungsklasse möglich.

Mit der Qualitätssicherung (QA) des Transportmanagementsystems werden die Qualität und die Verfügbarkeit der Produktivsysteme erhöht. Dies geschieht, indem Sie Aufträge im Qualitätssicherungssystem (QAS) prüfen und diese dann an die Belieferungssysteme weiterleiten. Das System, für das das QA-Genehmigungsverfahren eingeschaltet ist, wird als QAS bezeichnet. Wenn das QA-Genehmigungsverfahren aktiviert ist, werden Ihre Transportaufträge erst dann in die Belieferungssysteme weitergeleitet, wenn alle Genehmigungsschritte pro Auftrag im QAS abgearbeitet und als positiv von allen zu genehmigenden Aufträgen beschieden wurden. Ist die Prüfung für einen Schritt nicht erfolgreich, kann der Auftrag nicht genehmigt werden. Bei der Konfiguration definieren Sie, wie viele Genehmigungsschritte je Auftrag abgearbeitet werden müssen.

6.2 Grundlagen von CTS+

Im letzten Abschnitt sind wir detaillierter auf das Änderungs- und Transportsystem für SAP NetWeaver AS ABAP-Systeme eingegangen. Im Folgenden sehen wir uns an, um welche Komponenten das bestehende oben beschriebene CTS erweitert wurde bzw. erweitert werden muss, um Nicht-ABAP-Objekte z. B. SAP BusinessObjects BI-Plattform-Inhalte innerhalb einer SAP-Systemlandschaft transportieren zu können. In diesem Fall spricht man von einem *erweiterten Änderungs- und Transportsystem* (CTS+).

In Abbildung 6.9 finden Sie zusätzlich zu den Ihnen bereits bekannten Werkzeugen des CTS die folgenden Komponenten:

Komponenten des CTS+

- den Transport Organizer Web UI
- den CTS-Deploy-Web-Service-Client
- den CTS-Deploy-Web-Service
- das LCM-Web-Frontend

Voraussetzung für CTS+ ist, neben einem SAP NetWeaver AS ABAP, ein Transport Organizer Web UI. Vor der Veröffentlichung des sogenannten Software-Logistik-Toolset 1.0 durch die SAP, die die aktuellen CTS+-Funktionen beinhalten, war es möglich, einen separaten, in der Systemlandschaft bereits vorhandenen ABAP-Stack bzw. Java-Stack zu benutzen. Zwingende Voraussetzung für die Installation der Software-Logistik-Tools ist ein SAP Solution Manager. Dieser wird mit einem ABAP-Stack und einem Java-Stack ausgeliefert. Da der SAP Solution Manager für den Softwarelebenszyklus der SAP-Produkte notwendig ist, wird er in jeder SAP-Landschaft zu finden sein. Wenn wir also im Folgenden von einem ABAP- und einem Java-Stack sprechen, meinen wir immer die im SAP Solution Manager vorhandenen Stacks. Wir werden gegen Ende des Abschnitts noch einmal auf die Voraussetzungen für das CTS+ eingehen.

Transport Organizer Web UI

Das Transport Organizer Web UI ist eine Web-Dynpro-Anwendung, die den Transport Organizer erweitert und damit folgende Funktionen zur Verfügung stellt:

- Erstellen und Ändern von Transportaufträgen für Non-ABAP-Systeme und Java-Systeme eines Dual-Stack-Systems
- Hinzufügen von Non-ABAP-Objekten (dazu zählen SAP Business-Objects-Objekte) zu Transportaufträgen
- Freigeben von Transportaufträgen

Der Transport Organizer Web UI ist in Anwendungen integriert, die über ihre Exportwerkzeuge eine Schnittstelle zum CTS+ anbieten. Damit ist es dem Administrator oder Entwickler möglich, einen bestehenden Transportauftrag zu verwenden oder einen neuen anzulegen, ohne direkt in das CTS-System abzuspringen. Sofern Single Sign-on (SSO) in der Systemlandschaft eingerichtet ist, wird dem Anwender bei der Verwendung der Integration nicht deutlich, dass er eine Anwendung nutzt, die auf einem SAP NetWeaver AS ABAP läuft. Das Transport Organizer Web UI kann mit unterschiedlichen URL-Parametern aufgerufen werden, sodass die Oberfläche auch verschiedene Optionen anzeigt, wenn das Web UI von verschiedenen Anwendungen aus aufgerufen wird. Sie können den Transport Organizer Web UI auch über die Transaktion STMS starten, indem Sie UMFELD • TRANSPORT ORGANIZER WEB UI wählen.

CTS-Deploy-Web-Service

Der CTS-Deploy-Web-Service-Client wird auf dem SAP NetWeaver AS ABAP benötigt, damit das Werkzeug `tp` auf der Betriebssystemebene mit dem CTS-Deploy-Web-Service des SAP NetWeaver AS Java kommunizieren kann. Die Konfiguration besteht aus zwei Teilen: Es müssen eine HTTP-Verbindung mittels der RFC-Verbindungspflege (Transaktion SM59) und ein logischer Port (Transaktion LPCONFIG) eingerichtet werden.

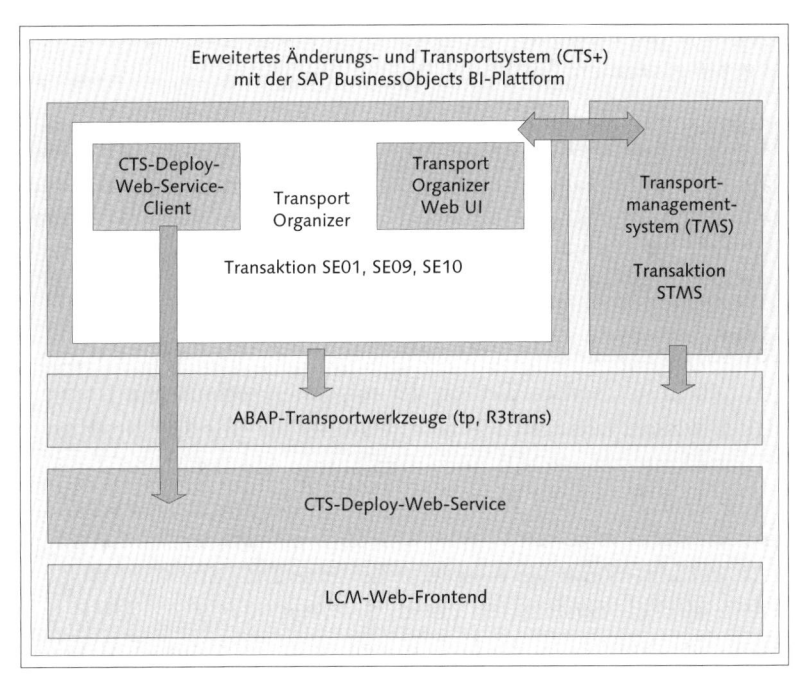

Abbildung 6.9 Erweitertes Änderungs- und Transportsystem mit SAP Business-Objects BI-Plattform

Der CTS-Deploy-Web-Service ist für die Kommunikation mit der Lifecycle Management Console (LCM) verantwortlich. Das Transportwerkzeug `tp` kommuniziert über den oben beschrieben Client mit dem CTS-Deploy-Web-Service, wenn der Import bzw. das Deployment durchgeführt werden.

Der Transport Organizer Web UI läuft wie die bisherigen Komponenten des CTS auf einem SAP NetWeaver AS ABAP, der als Transport Domain Controller und standardmäßig als TMS-Kommunikationssystem installiert ist. Für den CTS-Deploy-Web-Service wird ein SAP NetWeaver AS Java benötigt. Dabei ist es theoretisch unerheblich, ob Sie die Komponenten auf einem einzelnen SAP NetWeaver AS ABAP und einem einzelnen SAP NetWeaver AS Java oder einer Dual-Stack-Installation konfigurieren und nutzen. Vorgegeben wird dies durch die Art und Weise, wie Ihr SAP Solution Manager-System installiert ist. Bei einer separaten Installation ist es wichtig, dass der SAP NetWeaver AS Java zumindest lesenden Zugriff auf das zentrale Transportverzeichnis hat. Dies kann über eine Netzwerkfreigabe eingerichtet werden. Beim Anlegen der Systeme im TMS muss dann der obligatorische Parameter `DEPLOY_DATA_SHARE` für das Transport-Tool `tp` gepflegt werden.

> [+] **Parameter DEPLOY_DATA_SHARE und DIR_TRANS**
>
> Der Wert für den Parameter `DEPLOY_DATA_SHARE` des Java-Stacks kann sich vom Parameter `DIR_TRANS` des ABAP-Stacks unterscheiden. Dies ist dann der Fall, wenn beispielsweise die Netzwerkfreigabe anders eingebunden wurde.

Technische Notwendigkeit

Obwohl es im Falle der SAP BusinessObjects BI-Plattform-Anbindung unerheblich ist, sollten Sie von der folgenden technischen Notwendigkeit wissen, falls Sie CTS+ beispielsweise für eine SAP NetWeaver AS Java-Systemlandschaft nutzen möchten: Abhängig von der Systemlandschaft müssen sowohl der CTS-Deploy-Web-Service-Client als auch der Service selbst unterschiedlich oft aktiviert und konfiguriert werden. Wenn Sie beispielsweise eine Dual-Stack-Systemlandschaft, also ein System mit einem SAP NetWeaver AS ABAP und einem SAP NetWeaver AS Java, betreiben und für jedes System der ABAP-Stack im TMS konfiguriert ist, müssen Sie den korrespondierenden CTS-Deploy-Web-Service und den CTS-Deploy-Web-Service-Client auf jedem dieser Systeme konfigurieren und laufen lassen.

CTS-Export-Client

Zusätzlich zu den eben besprochenen Komponenten auf dem SAP NetWeaver AS ABAP (der als Transport-Domain-Controller- und TMS-Kommunikationssystem fungiert) und auf dem SAP NetWeaver AS Java (auf dem der CTS-Deploy-Web-Service aktiv ist), laufen auf dem Quellsystem ein CTS-Export-Clientund auf dem Zielsystem ein Importservice.

Der CTS-Export-Client bietet eine enge Integration von CTS+ und den Applikationen des Quellsystems an, in dem die Non-ABAP-Objekte erstellt und entwickelt werden. Diese Integration wird als *Close Coupling* oder *enge Kopplung* bezeichnet. Sie ist ab SAP NetWeaver-Release 7.0 Support Package Stack 12 (SPS 12) verfügbar und unterstützt über die Jahre immer mehr Objekttypen. Der Support der SAP BusinessObjects BI-Plattform 4.0 wird über das CTS-Plug-in aus dem Software Logistic Toolset 1.0 gewährleistet. Die Integration erfolgt über eine RFC-Verbindung, die im SAP NetWeaver-Administrator von einem separaten SAP NetWeaver AS Java-System, auf dem das Lifecycle-Management-Console-Web-Frontend (LCM-Web-Frontend) installiert ist, eingerichtet wird und als Ziel das TMS-Kommunikationssystem hat. Der Export Client »holt sich« mittels des Transport Organizers Web UI einen Transportauftrag und hängt an diesen die gewünschten Objekte, die er vom LCM-Web-Frontend erhält.

Das LCM-Web-Frontend ist eine Webanwendung, die auf dem oben schon erwähnten separaten SAP NetWeaver AS Java implementiert werden muss. Sie ist eine grundlegende Voraussetzung, wenn Sie die SAP BusinessObjects BI-Plattform mit CTS+ nutzen wollen.

LCM-Web-Frontend

Die unterstützten Plattformen, auf denen Sie das LCM-Web-Frontend implementieren können, sind entweder SAP NetWeaver Composition Environment 7.2 Support Package Stack 3 (SPS 3) oder SAP NetWeaver 7.3, wobei hier als Voraussetzung das SPS 2 für SAP BusinessObjects BI-Plattform 4.0 installiert sein muss. Im oberen Abschnitt zum Export-Client haben wir ausgeführt, dass der Export Client auf dem SAP NetWeaver AS Java, auf dem auch das LCM-Web-Frontend installiert ist, die Objekte, die er an den Transportauftrag hängt, vom LCM-Web-Frontend erhält. Im LCM-Web-Frontend erstellen der Entwickler bzw. der Administrator einen Hochstufungsjob und sammeln über eine Verbindung zum SAP BusinessObjects-Quellsystem alle benötigten Objekte zusammen. Über das Hochstufen in das CTS+ werden die Objekte exportiert und über den Export Client an einen Transportauftrag gehängt.

Der Importservice ist ein Importmechanismus des Zielsystems. Im Falle des SAP BusinessObjects BI-Plattform-Systems ist dies die Lifecycle Management Console (LCM). Während des Imports kommuniziert das Werkzeug `tp` mit dem CTS-Deploy-Web-Service auf dem Java-System, der dann den Importservice auf dem SAP BusinessObjects BI-Plattform-Zielsystem antriggert, damit die entsprechenden Objekte importiert werden können.

Importservice

In Abbildung 6.10 haben wir die einzelnen Werkzeuge und Komponenten in einer Grafik zusammengestellt. Im oberen Teil sehen Sie den SAP Solution Manager mit einem ABAP und einem Java-Stack. Auf der ABAP-Seite befinden sich neben der normalen CTS-Funktionalität das Transport Organizer Web UI und der CTS-Deploy-Web-Service-Client. Der CTS-Deploy-Web-Service ist im Java-Stack vorhanden.

6 | Einbindung in die SAP-Systemlandschaft

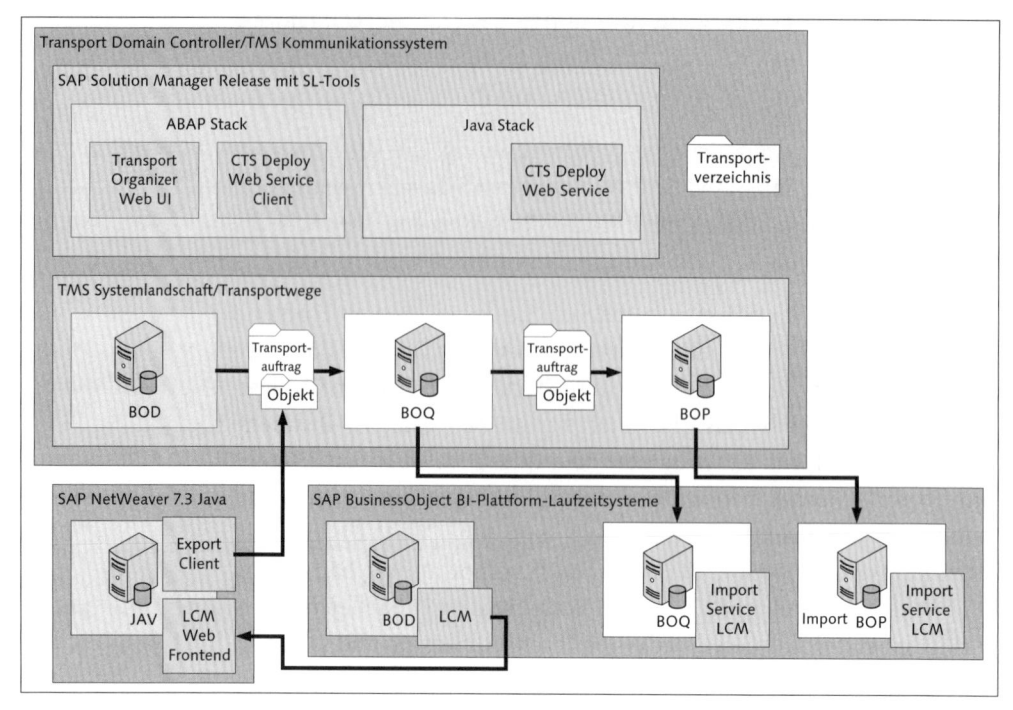

Abbildung 6.10 CTS+ mit SAP BusinessObjects BI-Plattform

In der darunter abgebildeten TMS-Systemlandschaft finden Sie die klassische Drei-System-Landschaft abgebildet, die über Transportwege untereinander verbunden ist. Im unteren Bereich ist auf der linken Seite der SAP NetWeaver AS Java (Release 7.3) mit dem implementieren LCM-Web-Frontend zu finden. Rechts daneben sind die SAP BusinessObjects BI-Plattform-Laufzeitsysteme dargestellt: BOD steht für das Entwicklungssystem, BOQ für das Qualitätssicherungssystem und BOP für das produktive System.

CTS+-Voraussetzungen

Lassen Sie uns zum Abschluss dieses Abschnitts noch einige Voraussetzungen für die Verwendung von CTS+ klären. Beginnen wir mit den CTS+-Komponenten, die in SAP NetWeaver AS ABAP und AS Java zu finden sind. Bis Ende des Jahres 2010 wurden die auf SAP NetWeaver basierenden Anwendungsprodukte zusammen mit dem release-spezifischen Software-Logistik-Toolsset (SL Toolset) ausgeliefert. Problematisch war dabei die produktabhängige Auslieferung von neuen Funktionen. Darum hat sich SAP entschieden, einen unabhängigen Auslieferungsweg für das Software-Logistik-Toolset unter dem Namen *Software Logistics Toolset* (SL Toolset) einzurichten. Seit dem 4. April 2011 ist das SL Toolset 1.0 für Kunden verfügbar. Für das SL Toolset stellt SAP aktuelle Support Package Stacks zur Verfügung, damit regelmäßig von den Verbesserungen profitiert werden kann. SAP empfiehlt, immer das neueste Support Package zu verwenden, das auf dem SAP Service Marketplace zum Download zur Verfügung steht. Sie können die Verfügbarkeit der SL Toolsets und deren aktuelle Support Packages über SAP-Hinweis 1563579 prüfen.

Das SL Toolset beinhaltet das CTS-Plug-in, das die Anwendungen, Funktionen und Konfigurationen für CTS+ bereitstellt. Die Installation des CTS-Plug-ins kann, wie zu Beginn des Abschnitts 6.2 schon kurz angeführt, nur auf einem SAP Solution Manager-System durchgeführt werden. Das heißt, dass mit Einführung des oben beschriebenen unabhängigen Auslieferungswegs die Nutzung der CTS+-Erweiterungen auf den SAP Solution Manager eingeschränkt wurde. Deshalb können Sie keinen beliebigen SAP NetWeaver AS ABAP benutzen, sondern sind auf den ABAP-Stack des SAP Solution Manager angewiesen. Für CTS+ und die SAP BusinessObjects BI-Plattform sollten Sie das aktuellste, mindestens aber Support Package Stack 3 des CTS-Plug-ins 100 einsetzen. Dieses kann auf einem SAP Solution Manager 7.1-System mit SPS 1 oder einem SAP Solution Manager 7.01-System mit SPS 25 eingesetzt werden. Über den SAP-Hinweis 1563579 können Sie in die SAP-Hinweise der verfügbaren Support Packages für die Anwendungen aus dem SL Toolset springen. Dort finden Sie weitere Verlinkungen für das CTS-Plug-in mit Voraussetzungen, Tipps und Hinweisen für das jeweilige SPS des CTS-Plug-ins.

Das Betriebssystemkommando `tp` erfordert im Zusammenhang mit CTS-Plug-in SPS 3 Folgendes:

- für den SAP Kernel 7.20, mindestens eine Version 380.03.25
- für den SAP Kernel 7.01, Version 376.03.32
- für den SAP Kernel 7.00, mindestens die Version 372.05.32

Das Kommando `R3trans` sollte nach dem 01.05.2011 freigegeben worden sein. SAP-Hinweis 1533059 beschreibt die Installation des CTS-Plug-ins 100 und SAP-Hinweis 1665940 die Installation sowie das Update auf die Version 200 des CTS-Plug-ins, das zum Zeitpunkt der Drucklegung dieses Buches (Juni 2012) noch nicht verfügbar war. Falls die SAP-Hinweise Korrekturanleitungen beinhalten, spielen Sie diese in den ABAP-Stack mit der Transaktion SNOTE ein.

6.3 Konfiguration der CTS+-Komponenten

In diesem Abschnitt befassen wir uns mit der initialen Konfiguration der ABAP- und Java-Komponenten des SAP Solution Manager und der initialen Konfiguration der SAP BusinessObjects BI-Plattform. Zunächst sollten Sie die im letzten Abschnitt dargelegten Voraussetzungen für die Verwendung von CTS+ prüfen und diese natürlich erfüllen.

Konfiguration des TDC

Im ersten Schritt konfigurieren Sie nun, falls noch nicht geschehen, den ABAP-Stack des SAP Solution Manager als Transport Domain Controller (TDC). Rufen Sie hierzu aus dem Mandanten 000 die Transaktion STMS auf. Sie gelangen, sofern Sie keine Domäne konfiguriert haben, in das Dialogfenster TMS: TRANSPORTDOMÄNE KONFIGURIEREN (siehe Abbildung 6.11). Vergeben Sie hier einen Namen und eine Kurzbeschreibung und sichern Sie Ihre Eingaben.

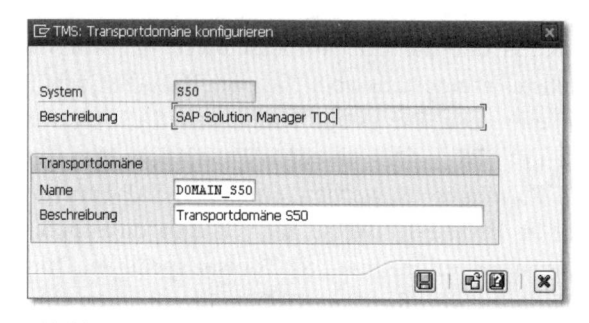

Abbildung 6.11 Transportdomäne konfigurieren

Sofern Ihr ABAP-System aus mehreren Applikationsservern besteht, können Sie an dieser Stelle einen Server als TMS-Kommunikationssystem auswählen. Dieses System ist für die SAP BusinessObjects BI-Plattform-Systeme wichtig, da der Parameter COMMUNICATION_SYSTEM des Transportwerkzeugs mit dessen Wert gepflegt wird und andernfalls das TMS-System möglicherweise nicht erreicht werden kann.

Voraussetzung für die hier beschriebene Konfiguration der Transportdomäne ist ein konfiguriertes zentrales Transportverzeichnis, das über eine Netzwerkfreigabe anderen Systemen der Systemlandschaft verfügbar gemacht werden kann (siehe Abschnitt 6.1, »Grundlagen der ABAP-Softwarelogistik«). Beachten Sie den besprochenen Zugriff des Java-Stacks über den Parameter DEPLOY_DATA_SHARE auf das gemeinsame Transportverzeichnis bei einer separaten Installation des SAP NetWeaver AS Java.

Im zweiten Schritt widmen wir uns der Installation und Konfiguration des CTS-Plug-ins. Laden Sie vom SAP Service Marketplace das CTS-Plug-in als Add-on-Installation sowie alle hierzu verfügbaren Support Packages herunter, und entpacken Sie es in das Transportverzeichnis. Starten Sie anschließend die Transaktion SAINT, um die Implementation des Add-ons vorzunehmen. Mit der Installation können Sie auch die verfügbaren Support Packages installieren. Alternativ haben Sie die Möglichkeit, dies über die Transaktion SPAM im Anschluss durchzuführen. Abbildung 6.12 zeigt das installierte CTS-Plug-in 100 mit dem Support Package 3.

Konfiguration des CTS-Plug-ins

Komponente	Release de	SP-Level	Support Package	Kurzbeschreibung der Komponente
SAP_BASIS	702	0008	SAPKB70208	SAP Basiskomponente
SAP_ABA	702	0008	SAPKA70208	Anwendungsübergreifende Komponent
PI_BASIS	702	0008	SAPK-70208INPIBASIS	Basis Plug-In
ST-PI	2008_1_700	0004	SAPKITLRD4	SAP Solution Tools Plug-In
SAP_BS_FND	702	0006	SAPK-70206INSAPBSFND	SAP Business Suite Foundation
SAP_BW	702	0008	SAPKW70208	SAP Business Warehouse
SAP_AP	700	0023	SAPKNA7023	SAP Application Platform
WEBCUIF	701	0005	SAPK-70105INWEBCUIF	SAP Web UI Framework
BBPCRM	701	0005	SAPKU70105	BBPCRM
BI_CONT	706	0001	SAPK-70601INBICONT	BI_CONT 705: Add-On Installation
CPRXRPM	500_702	0005	SAPK-50005INCPRXRPM	SAP Portfolio and Project Management
ST	710	0003	SAPKITL703	SAP Solution Manager Tool
CTS_PLUG	100	0003	SAPK-10003INCTSPLUG	SAP CTS Plugin
ST-BCO	710	0001	SAPK-71001INSTBCO	ST-BCO 710: Add-On Installation
SOCO	101	0000	-	SAP Solution Composer Server
ST-A/PI	01N_700SOL	0000	-	Application Servicetools for CRM 500 - 7

Abbildung 6.12 Add-on »CTS_PLUG« mit Support Package 3

Nach der Installation des CTS-Plug-ins wurden Transportaufträge im Verzeichnis */usr/sap/trans/data/plugins* Ihres Transportverzeichnisses abgelegt. Um die Aufträge zu importieren und die enthaltenen Funktionen zu aktivieren, führen Sie einmalig nach der ersten Installation die Transaktion SA38 mit dem Programm /CTSPLUG/CTS_ACTIVATION aus. Die Aktivierung selbst nimmt einige Minuten in Anspruch. Beim Aktualisieren des CTS-Plug-ins durch das Einspielen von Support Packages brauchen Sie diesen Report nicht mehr auszuführen. Die notwendige Aktualisierung erfolgt über die Selbst-Update-Funktion, die erkennt, wenn Teile der Funktionen durch ein Support Package überschrieben wurden.

Nach der Aktivierung des CTS-Plug-ins stehen folgende Plug-ins zur Verfügung:

- **CTS-Server und Services-Plug-in**
  Dieses Plug-in installiert die enthaltenen Funktionen auf dem SAP Solution Manager, der als CTS-Server fungiert. Das Plug-in basiert auf SAP-Basisrelease 7.01 ab Support Package 7 oder auf SAP-Basisrelease 7.02 ab Support Package 6.

- **CTS-Bootstrapper-Plug-in**
  Dieses Plug-in ist notwendig, um das CTS-Server-Plug-in zu aktivieren.

Konfiguration CTS-Deploy-Web-Services

Prüfen Sie, ob der Web Service DEPLOYPROXY auf dem SAP NetWeaver AS Java installiert ist. Öffnen Sie ein Browserfenster und geben Sie die URL auf der Startseite Ihres Java-Stacks ein (*http://<Hostname>:5<SAP-Systemnummer>00*). Danach öffnen Sie den Web Service Navigator und prüfen, ob der Web Service DEPLOYPROXY in der Liste der deployten Web Services vorhanden ist. Dies sollte jedoch generell der Fall sein, da ab Release SAP NetWeaver 7.01 und 7.10 der CTS-Deploy-Web-Service als Teil des Java-Stacks ausgeliefert wird. SAP NetWeaver 7.01 ist Bestandteil des SAP Solution Manager 7.01, und das SAP NetWeaver-Release 7.02 ist Bestandteil des SAP Solution Manager 7.1. In Release 7.00 ist der CTS-Deploy-Web-Service nur in der Verwendungsart DI verfügbar. Die Nachinstallation ist, wie im SAP-Hinweis 1076189 beschrieben, möglich.

Aktivieren des Transport Organizer Web UI

Aktivieren Sie nun das Transport Organizer Web UI. Dazu nutzen Sie die Transaktion SICF. Wählen Sie den Hierarchietyp SERVICE aus, und klicken Sie auf AUSFÜHREN. Im Bildschirmbereich FILTERANGABEN geben Sie im Feld SERVICENAME »CTS_BROWSER« ein und klicken auf den Button FILTER. Im unteren Bereich des Fensters wird nun die ABAP-Web-Dynpro-Applikation angezeigt. Öffnen Sie das Kontextmenü, und wählen SERVICE AKTIVIEREN.

Konfiguration des CTS-Deploy-Web-Service-Client

Nehmen Sie nun die Konfiguration des CTS-Deploy-Web-Service-Clients vor. Dazu pflegen Sie über die Transaktion SM59 eine HTTP-Verbindung mit dem Namen CTSDEPLOY. Auf der Registerkarte TECHNISCHE EINSTELLUNGEN geben Sie den Namen des Hosts und den Port ein, auf dem der Java-Stack mit dem CTS-Deploy-Web-Service läuft (siehe Abbildung 6.13).

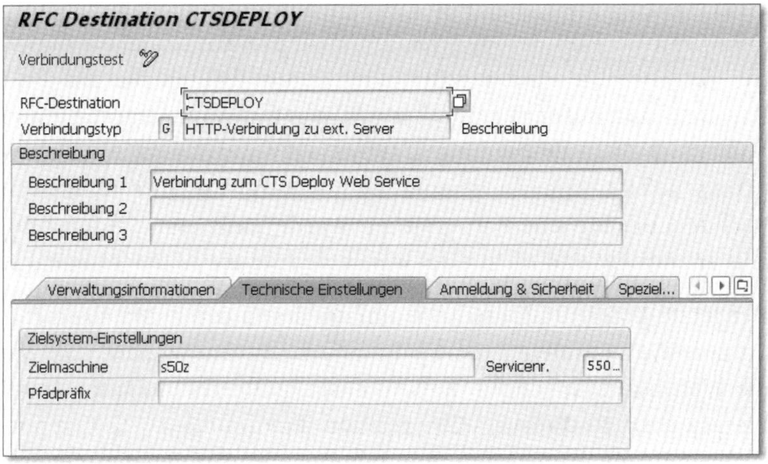

Abbildung 6.13 HTTP-Verbindung zum CTS-Deploy-Web-Service

Nachdem Sie die Einträge gesichert haben, wählen Sie auf der Registerkarte ANMELDUNG UND SICHERHEIT das Anmeldeverfahren STANDARDAUTHENTIFIZIERUNG aus, vergeben einen Java-Stack-Benutzernamen mit zugehörigem Passwort und sichern wiederum. Über den Button VERBINDUNGSTEST können Sie prüfen, ob die Verbindung erfolgreich angelegt wurde. Da durch ein Deployment von sehr großen Objekten ein Timeout entstehen kann, ist in der Verbindung der Timeout immer größer zu setzen als die längste zu erwartende Zeit für das Deployment. Setzen Sie im Zweifelsfall kein Timeout, damit es zu keinem Abbruch der Verbindung kommt. Auf der Registerkarte SPEZIELLE OPTIONEN ist die Option ICM DEFAULT TIMEOUT als Standardeinstellung gesetzt. Passen Sie den Wert entsprechend an.

Voraussetzungen für die oben eingerichtete HTTP-Verbindung ist, dass auf dem SAP NetWeaver AS ABAP Ihres Transportsystems der logische Port CTSDEPLOY und auf dem SAP NetWeaver AS Java Ihres Transportsystems der CTS-Deploy-Web-Service existieren. Letzteres haben wir bereits in diesem Abschnitt geprüft.

Ersteres ist ab Erweiterungspaket 1 (EHP1) für SAP NetWeaver 7.0 vollständig konfiguriert ausgeliefert. Sie können jedoch auch überprüfen, ob der logische Port korrekt angelegt und aktiviert wurde. Rufen Sie hierzu die Transaktion LPCONFIG auf, und ignorieren Sie die Meldung, dass diese Transaktion veraltet ist. Geben Sie in dem Feld PROXYKLASSE den Wert `CO_TFLDEPLOY_PROXY_VI_DOCUMENT` sowie im

Feld LOGISCHER PORT CTSDEPLOY ein. Anschließend wählen Sie den Button ANZEIGEN. Falls der logische Port nicht existiert, legen Sie diesen an. Vergeben Sie eine Beschreibung und aktivieren Sie das Feld DEFAULT PORT. Auf der Registerkarte AUFRUFPARAMETER tragen Sie den Namen der HTTP-Verbindung »CTSDEPLOY« und das Präfix »/DeployProxy/default?style=document« ein. Sichern Sie Ihre Eingaben. Nachdem der logische Port gesichert wurde, aktivieren Sie ihn bzw. falls er angelegt und nicht aktiv war, holen Sie die Aktivierung nach.

LCM-Web-Frontend

Der letzte Konfigurationsschritt umfasst das Lifecycle-Management-Console-Web-Frontend. Hierfür ist es zunächst notwendig, dass Sie die Webanwendungen für die SAP BusinessObjects BI-Plattform auf Release SAP NetWeaver Composition Environment 7.2 Support Package Stack 3 (SPS 3) deployen. Ab SPS 2 für SAP BusinessObjects BI-Plattform 4.0 können Sie auch SAP NetWeaver 7.3 AS Java für das Deployment verwenden. Die Source-Dateien hierzu finden Sie auf Ihrem SAP BusinessObjects BI-Plattform-Server unterhalb des Installationsverzeichnisses im Verzeichnis *sap_bobj/enterprise_xi40/wdeploy*. Sie müssen die Webapplikation BOE auf dem SAP NetWeaver AS Java deployen.

Deployment des LCM-Web-Frontends

Wir haben in Abschnitt 4.4.4, »Tool ›WDeploy‹«, die Nutzung des hierfür notwendigen Werkzeugs WDeploy beschrieben. Weiterführende Informationen finden Sie zudem im »Handbuch für die Implementierung von SAP BusinessObjects Enterprise 4.0-Webanwendungen«. Dieses erhalten Sie als Download vom SAP Service Marketplace im Bereich INSTALLATION AND UPGRADE GUIDES bzw. unter dem Alias *http://service.sap.com/instguides*.

Nachdem das Deployment abgeschlossen ist, legen Sie eine Verbindung zum ABAP-Stack des SAP Solution Manager an, auf dem das CTS+ konfiguriert ist.

RFC-Verbindung erstellen

Hierfür melden Sie sich im SAP NetWeaver-Administrator unter der URL *http://<hostname>:<Port>nwa* an. Die Pflege der RFC-Verbindungen finden Sie unter KONFIGURATION • INFRASTRUKTUR • DESTINATIONEN. Sie sehen dort eine Liste von vorhandenen RFC-Verbindungen. Klicken Sie auf den Button ANLEGEN..., und die Eingabemaske für die allgemeinen Daten erscheint. Geben Sie als Destinationsnamen »sap.com/com.sap.tc.di.CTSserver« und als Destinationstypen »RFC« ein, und klicken Sie auf den Button VOR. In der Eingabemaske VERBINDUNG UND TRANSPORT pflegen Sie die Verbindungsdaten zum

Konfiguration der CTS+-Komponenten | **6.3**

ABAP-Stack des SAP Solution Manager. Vergessen Sie nicht, dessen Gateway-Host und -service anzugeben. In der nächsten Eingabemaske werden die ANMELDEDATEN abgefragt. Pflegen Sie einen Benutzer (und dessen Passwort), den Sie zuvor im ABAP-Stack des SAP Solution Manager mit entsprechenden Berechtigungen für CTS+ angelegt haben, beispielsweise mit der Rolle SAP_CTS_PLUS. Es empfiehlt sich auch hier, einen Kommunikationsnutzer zu verwenden. Die Rolle wird mit dem Add-on CTS_PLUGIN ausgeliefert. Weitere Hinweise zum Berechtigungskonzept finden Sie auch im SAP-Hinweis 1003674.

Schließlich können Sie den Button ABSCHLIESSEN drücken, sofern Sie keine weiteren spezifischen Einstellungen vornehmen wollen. Sie gelangen dann zur Liste der Destinationen zurück. Wählen Sie die neu angelegte Verbindung SAP.COM/COM.SAP.TC.DI.CTSSERVER aus und testen Sie über den Button PING-DESTINATION, ob Ihre angelegte RFC-Verbindung einwandfrei funktioniert. Sie sollten, wie in Abbildung 6.14 erkennbar, eine Meldung erhalten, dass der SAP NetWeaver AS Java sich mit dem angegebenen Benutzer erfolgreich am SAP Solution Manager anmelden konnte.

Abbildung 6.14 Verbindung zum CTS im SAP Solution Manager

Konnektivität der SAP BusinessObjects BI-Plattform

Abschließend müssen Sie noch die Konnektivität zwischen dem SAP BusinessObjects BI-Plattform-System und dem Quellsystemnamen, der im TMS des SAP Solution Manager konfiguriert wird, herstellen (siehe Abschnitt 6.4, »Konfiguration der TMS-Systemlandschaft«). Dazu pflegen Sie eine Textdatei mit entsprechenden Informationen:

1. Legen Sie zunächst ein Verzeichnis LCM in dem Stammverzeichnis der SAP BusinessObjects BI-Plattform an, das die Lifecycle Management Console des Quell-CMS beinhaltet. Unter Linux lautet dieses Verzeichnis z. B. */usr/sap/<SID>/sap_bobj/enterprise_xi40/LCM*.

2. In dem Verzeichnis erstellen Sie eine Datei mit dem Namen: *LCM_SOURCE_CMS_SID_MAPPING.properties*. In dieser Datei pflegen Sie drei Einträge.

    ▶ Der erste Eintrag umfasst in der syntaktischen Form den vollständigen DNS-Namen des Quellsystems, die CMS-Portnummer und den dreistelligen Systemnamen, der für das Quellsystem im TMS des SAP Solution Manager angelegt wird:
    <DNS-Name Quellsystem>@>CMS-Port>=<TMS-Systemname>.

    ▶ Der zweite Eintrag ist soweit identisch, Sie müssen lediglich den Hostnamen des Quellsystems eintragen.

    ▶ Beim dritten Eintrag pflegen Sie die IP-Adresse des Quellsystems, die CMS-Portnummer und den TMS-Systemnamen so:
    <IP-Adresse des Quellsystems>@>CMS-Port>=<TMS-Systemname>.
    Sichern Sie die Eingaben, und achten Sie darauf, dass die Berechtigungen korrekt gesetzt sind.

Damit sind die Konfigurationen abgeschlossen, und Sie können sich im nächsten Abschnitt mit der Einrichtung der TMS-Systemlandschaft beschäftigen.

6.4 Konfiguration der TMS-Systemlandschaft

Mit dem erweiterten CTS (CTS+) können neben ABAP-Systemen, virtuellen und externen Systemen sowie dem Domain Link – das war auch bislang möglich – auch Non-ABAP-Systeme und Java-Stacks verwaltet werden. Über das Transportmanagementsystem, das über die Transaktion STMS aufgerufen wird, können die Systeme in der Systemübersicht hinzugefügt werden (siehe Abbildung 6.15).

6.4 Konfiguration der TMS-Systemlandschaft

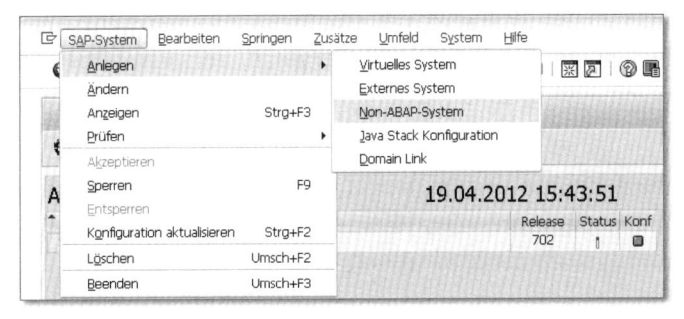

Abbildung 6.15 Non-ABAP-System im TMS

Non-ABAP-Systeme, auf die wir uns in diesem Abschnitt beschränken, werden verwendet, um die SAP BusinessObjects BI-Plattform-Systeme (und natürlich andere reine SAP NetWeaver AS Java-Systeme) in die Systemlandschaft einzubinden. Beim Anlegen eines Non-ABAP-Systems im TMS ist zu unterscheiden, ob es sich um ein Quellsystem oder um ein Zielsystem handelt. Diese Unterscheidung treffen Sie über das Dialogfenster, das Sie über den Pfad SAP-SYSTEM • ANLEGEN • NON-ABAP-SYSTEM aufrufen (siehe Abbildung 6.16).

Non-ABAP-Systeme

Abbildung 6.16 Anlegen eines Non-ABAP-Systems als Quellsystem

311

Sie können das System auch als Quell- und Zielsystem erstellen, allerdings ist dies ein sehr seltener Anwendungsfall, der beispielsweise für Reparaturen von Qualitätssicherungssystemen genutzt werden könnte.

Quellsystem

Legen Sie zunächst ein Quellsystem an. Vergeben Sie genau den Namen, den Sie zuvor in der Textdatei des SAP BusinessObjects BI-Plattform-Quellsystems eingepflegt haben.

Darüber hinaus ist eine aussagekräftige Beschreibung notwendig. Aktivieren Sie den Transport Organizer, indem Sie die System-ID und die Systemnummer des Kommunikationssystems angeben, und sichern Sie die Einstellungen. Das System wird dann in der Domäne angelegt, die Konfiguration und die RFC-Verbindungen werden erzeugt.

Applikationstyp BOLM einrichten

Bevor Sie ein SAP BusinessObjects BI-Plattform-Zielsystem definieren können, müssen Sie die CTS+-Domain für die SAP BusinessObjects LCM-Anwendung (BOLM) aktivieren. Hierzu sind wenige Konfigurationsschritte notwendig:

1. Im Transportmanagementsystem (Transaktion STMS) gehen Sie über ÜBERSICHT • SYSTEME in die SYSTEMÜBERSICHT.

2. Hier klicken Sie auf ZUSÄTZE • APPLIKATIONSTYPEN • KONFIGURIEREN. Es erscheint dann eine Customizing-Sicht, in der unterstützte Werte für Anwendungstypen angezeigt werden. Bei einer Neuinstallation des SAP Solution Manager sehen Sie hier keine gepflegten Werte.

3. Klicken Sie auf NEUE EINTRÄGE. Geben Sie im Feld APPLIKATIONSTYP »BOLM«, im Feld BESCHREIBUNG »BO LCM und CTS+ Integration« und im Feld SUPPORT-DETAILS »http://service.sap.com (ACH: BOJ-BIP-DEP)« ein und sichern Sie (siehe Abbildung 6.17).

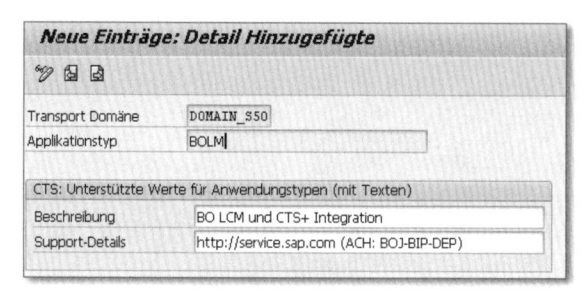

Abbildung 6.17 Applikationstyp BOLM konfigurieren

4. Sie erhalten eine Nachfrage, ob die Konfiguration für Anwendungstypen sofort an alle angeschlossenen Systeme verteilt werden soll. Bestätigen Sie diese Nachfrage.
5. Über SPRINGEN • ÜBERSETZUNG haben Sie zudem die Möglichkeit, die Beschreibung und die Support-Details in einer anderen Sprache zu pflegen.

Nachdem der Anwendungstyp definiert wurde, können Sie die SAP BusinessObjects BI-Plattform-Zielsysteme in der Systemlandschaft definieren. Legen Sie ein neues Non-ABAP-System an, und geben Sie im Dialogfenster wiederum den Namen und die Beschreibung des Systems ein. Aktivieren Sie in den Zielsystemeinstellungen den Deployment Service und stellen Sie die Methode OTHER ein. Speichern Sie Ihre Eingaben, indem Sie auf SPEICHERN klicken.

Zielsystem

Nun wird die Tabellenansicht zur Konfiguration der Importeinstellungen angezeigt, in der Sie einen neuen Eintrag anlegen müssen. Im Feld SYSTEM geben Sie den Namen des gerade angelegten Zielsystem und im Feld APPLIKATIONSTYP den zuvor angelegten Typen »BOLM« ein. Als DEPLOY-METHODE wählen Sie den anwendungsspezifischen Deployer (EJB) aus. Die DEPLOY-URL für das SAP BusinessObjects BI-Plattform-Zielsystem baut sich wie folgt zusammen:

Konfiguration der Importeinstellungen

http://<XXX>:<Web-Server-Port>/BOE/LCM/CTSServlet?&cms-Name=<YYY>:<CMS-Port>&authType=<ZZZ>

Die Platzhalter XXX, YYY und ZZZ haben folgende Bedeutung:

▶ XXX = Web-Server-Hostname des SAP BusinessObjects BI-Plattform-Importsystems
▶ YYY = Hostname des SAP BusinessObjects BI-Plattform-Importsystems, auf dem das CMS läuft
▶ ZZZ = Authentifizierungstyp der SAP BusinessObjects BI-Plattform

Schließlich vergeben Sie den Benutzernamen und das KENNWORT für das Zielsystem. Dieser BENUTZER sollte innerhalb der Systemlandschaft einheitlich und vom Authentifizierungstyp »SAP« sein. Wir haben die Konfiguration der SAP-Authentifizierung für ein SAP BusinessObjects BI-Plattform-System in Abschnitt 7.6.3, »SAP-Authentifizierungstyp«, beschrieben. Der Benutzername hat das Format *<System-ID>~<Mandant>/<Benutzerkonto>*. Alle Transportaufträge, die über CTS+ zu den SAP BusinessObjects BI-Plattform-Zielsystemen transportiert werden, verwenden standardmäßig diesen Benutzernamen und dessen Kennwort. Wenn Sie die Einstellungen speichern, werden Sie wieder nach der Verteilung gefragt, die Sie dann auch ausführen sollten.

Abbildung 6.18 zeigt die oben beschriebenen Einstellungen exemplarisch für das System BOQ. Wundern Sie sich nicht über den dort angegebenen Namen der Sicht, scheinbar wurde der Name von SAP nicht übersetzt. In der englischen Anmeldesprache ist der Name korrekt mit CTS: SYSTEM DETAILS FOR HANDLING OF APPLICATION TYPES vergeben.

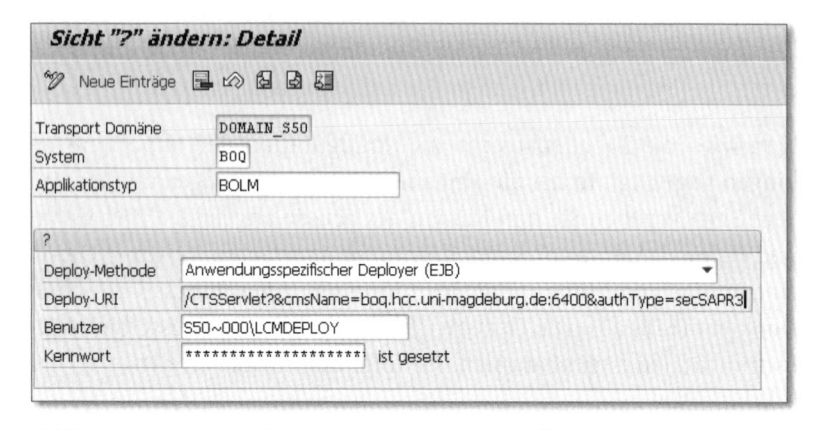

Abbildung 6.18 Anlegen des Zielsystems – Importeinstellungen

Für die nachgelagerten Importsysteme der Systemlandschaft müssen Sie nun das Anlegen ebenso durchführen. In der klassischen Drei-System-Landschaft, die wir hier beschreiben, fehlt also noch das Produktivsystem BOP.

CTS+-TP-Parameter

Einige TP-Parameter sind mit dem CTS+ neu eingeführt wurden, um Transporte von und zu den Non-ABAP-Systemen durchführen zu können. Obwohl diese sogenannten *TP-Parameter* automatisch beim Anlegen der Systeme in das Transportprofil eines jeden Systems eingepflegt werden, wollen wir an dieser Stelle auf diejenigen eingehen, die im SAP BusinessObjects-Umfeld notwendig sind. Unter Umständen kann es notwendig sein, TP-Parameter über die TMS-Oberfläche manuell zu pflegen, beispielsweise wenn Sie die Standardeinstellungen ändern wollen. Dazu rufen Sie über die Transaktion STMS das Transportmanagementsystem auf und wählen ÜBERSICHT • SYSTEME. Wählen Sie im Anschluss das gewünschte System per Doppelklick

Konfiguration der TMS-Systemlandschaft | 6.4

aus, und wechseln Sie auf die Registerkarte TRANSPORT TOOL. Fügen Sie wie gewünscht die Parameter im Änderungsmodus hinzu, und sichern und verteilen Sie Ihre Eingaben.

Nachfolgend haben wir die neuen TP-Parameter, die mit dem CTS+ eingeführt wurden, aufgelistet:

- **COMMUNCIATION_SYSTEM**
  Als Wert wird die SID des ABAP-Systems eingetragen, das als TMS-Kommunikationssystem fungiert.

- **NON_ABAP_SYSTEM**
  Gibt an, dass es sich um ein Non-ABAP-System handelt. Der Wert ist 1.

- **NON_ABAP_WBO_CLIENT**
  Hier wird der Mandant angegeben, in dem der Transport Organizer für das Non-ABAP-System verwendet werden soll.

- **DEPLOY_WEB_SERVICE**
  Gibt die Namen des logischen Ports an, damit sich das Werkzeug tp mit dem CTS-Deploy-Web-Service verbinden kann.

Obligatorisch für ein Quellsystem sind die TP-Parameter COMMUNICATION_SYSTEM, NON_ABAP_SYSTEM und NON_ABAP_WBO_CLIENT. Für das Zielsystem ist neben COMMUNCIATION_SYSTEM und NON_ABAP_SYSTEM der Parameter DEPLOY_WEB_SERVICE erforderlich.

Sind die nun alle erforderlichen Systeme konfiguriert, müssen die Transportwege angelegt werden. Dies findet auch über das Transportmanagement statt. Dazu verzweigen Sie im Eingangsbild in den Transportwegeeditor, indem Sie ÜBERSICHT • TRANSPORTWEGE wählen. Wechseln Sie zunächst in den Bearbeitungsmodus. Wenn es sich um einen sogenannten Standardsystemverbund aus Entwicklungs-, Qualitätssicherungs- und Produktivsystem handelt, können Sie über KONFIGURATION • STANDARDKONFIGURATION • 3 SYSTEME IM VERBUND sehr schnell eine Transportwegekonfiguration anlegen.

Transportwege

Dazu geben Sie im erscheinenden Dialogfenster die Namen Ihrer Transportsysteme ein und sichern Ihre Eingaben. Schließlich müssen Sie die Transportwegekonfiguration an alle beteiligten SAP-Systeme verteilen, indem Sie KONFIGURATION • VERTEILEN UND AKTIVIEREN wählen. Wenn Sie die Standardkonfiguration anwenden, werden die Konfigurationen für die bisherigen SAP-Systeme durch Standardeinstellungen ersetzt. Zudem werden Standardtransportschichten und -wege gelöscht; vorhandene Transportschichten bleiben jedoch erhalten. Gehen Sie mit dieser Funktion also sehr sorgsam um.

Transportwege manuell anlegen

Wenn Sie eine komplexere Systemlandschaft konfigurieren müssen, müssen Transportwege manuell angelegt werden. Dazu wählen Sie BEARBEITEN • TRANSPORTWEG • ANLEGEN. Im Dialogfenster können Sie nun wählen, ob Sie einen Konsolidierungs- oder Belieferungsweg anlegen (siehe Abbildung 6.19). Zur begrifflichen Klärung sei an dieser Stelle auf Abschnitt 6.1, »Grundlagen der ABAP-Softwarelogistik«, verwiesen.

Konsolidierungsweg

Für den Konsolidierungsweg geben Sie Ihr Integrationssystem (in unserem Beispiel BOD), die Transportschicht und das Konsolidierungssystem (in unserem Beispiel BOQ) an und sichern Ihre Eingaben. Wenn die Transportschicht noch nicht in der Konfiguration vorhanden ist, wird sie automatisch vom System generiert, Sie müssen lediglich eine Bezeichnung wählen. Der Belieferungsweg wird über das Quell- und das Belieferungssystem definiert. In unserem Beispiel der Drei-System-Landschaft ist das Quellsystem BOQ und das Belieferungssystem BOP. Sichern Sie die Änderungen, und verteilen Sie die Konfiguration an alle beteiligten Systeme. Damit haben Sie die Transportwege innerhalb Ihrer Systemlandschaft definiert.

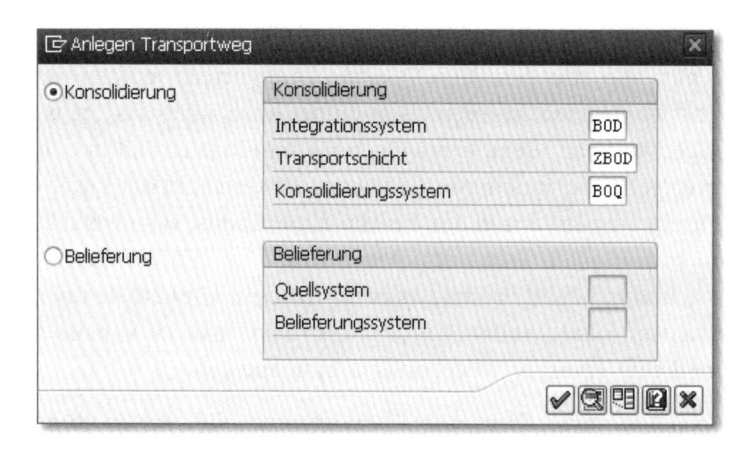

Abbildung 6.19 Anlegen des Konsolidierungswegs

6.5 CTS+-Anwendungsintegration

Ein großer Vorteil des CTS+ ist die Möglichkeit der engen Integration in andere Anwendungen – das zuvor schon erwähnte *Close Coupling*. Dadurch kann der Entwickler/Designer/Administrator in der Umgebung des SAP BusinessObjects BI-Plattform-Entwicklungsservers verbleiben und alle Vorteile des CTS nutzen, ohne in dessen Werkzeuge abspringen zu müssen.

Dennoch gibt es auch beim SAP BusinessObjects BI-Plattform-Server die Möglichkeit einer losen Kopplung, d. h. der Transport Organizer ist nicht in die Anwendungen, wie beispielsweise die LCM, integriert. Der Entwickler trägt dafür Sorge, dass Transportaufträge angelegt bzw. ausgewählt, freigegeben sowie die SAP BusinessObjects-Objekte an diese angehängt werden. Nach der Freigabe muss der Import in das durch die Transportwege definierte Zielsystem durch einen Administrator erfolgen. — Loose Coupling

Die Konfiguration, die wir in Abschnitt 6.3, »Konfiguration der CTS+-Komponenten«, beschrieben haben, richtet das Close Coupling ein. Sind die dort beschriebenen Voraussetzungen für das SAP BusinessObjects-System nicht gegeben – setzen Sie also ein älteres Release ein –, können Sie das Close Coupling nicht verwenden. Dann bleibt Ihnen jedoch die Möglichkeit, die Integration in das CTS+ über das Loose Coupling zu nutzen.

Hierbei legen Sie eine Datei mit allen zu transportierenden Objekten in der Lifecycle Management Console an, erzeugen diese mittels des Höherstufens und hängen sie über den Transport Organizer Web UI manuell an einen Transportauftrag an. Beim Importieren kann das CTS+ diese Datei auf ein Verzeichnis transportieren, auf das das Importsystem beim Import Zugriff hat. Allerdings müssen Sie auch in den nachgelagerten Systemen den Importprozess manuell in der Lifecycle Management Console anstoßen. Das CTS+ übernimmt im Fall des Loose Coupling das Monitoring und Tracking. Beachten Sie, dass der angezeigte Rückgabewert im CTS+ nicht heißt, dass das Hochstufen im Zielsystem erfolgreich durchlaufen ist. Vielmehr wird nur ausgegeben, dass die Datei in dem Verzeichnis abgelegt wurde. — Ablauf des Loose Coupling

Zusätzlich zu den bereits vorgestellten obligatorischen Parametern ist es möglich, das Verhalten des TMS beim Anlegen und Freigeben von Aufträgen mithilfe sogenannter *Strategieparameter* zu ändern. So — TP-Parameter zum Coupling können Sie einstellen, dass der gesamte Transportprozess durch automatisches Anlegen und Freigeben unterstützt wird. Folgende Parameter stehen Ihnen in diesem Bereich zur Verfügung:

- **WBO_GET_REQ_STRATEGY**
  Hiermit stellen Sie ein, ob ein Transportauftrag beim Export eines Objekts automatisch angelegt wird. Es stehen dabei die Werte Smart und Tagged zur Verfügung. Wählen Sie Smart, legt das System automatisch einen Transportauftrag an (sofern er nicht bereits vorhanden ist) und markiert diesen als Standardauftrag. Im Falle von Tagged sollten Sie einen Transportauftrag im Transport Organizer Web UI bereits angelegt und als Standardauftrag markiert haben.

- **WBO_REL_REQ_STRATEGY**
  Sie stellen ein, ob eine automatische Freigabe eines Transportauftrags stattfinden soll. Es stehen die Werte Auto, d.h. das System gibt den Auftrag automatisch frei, sobald ein Objekt zum Auftrag hinzugefügt wurde, und Manual, d.h. Sie müssen den Auftrag manuell freigeben, zur Verfügung.

Die Einstellungen nehmen Sie in der TMS-Konfiguration vor. Dazu rufen Sie über die Transaktion STMS das Transportmanagementsystem auf und wählen Übersicht • Systeme. Wählen Sie im Anschluss das gewünschte System per Doppelklick aus, und wechseln Sie auf die Registerkarte Transport Tool. Fügen Sie wie gewünscht die Parameter im Änderungsmodus hinzu und sichern und verteilen Sie Ihre Eingaben.

TP-Parameter für Quellsysteme

Innerhalb der Quellsysteme können Sie über TP-Parameter steuern, in welchem Verzeichnispfad der Transport Organizer suchen oder wie der Dateitransfer zwischen den Anwendungen und dem CTS+ aussehen soll. Folgende Parameter stehen zur Verfügung:

- **NON_ABAP_WBO_INBOX**
  Geben Sie hier den Verzeichnispfad ein, in dem der Transport Organizer nach Dateien suchen soll. Sie müssen bei diesem Parameter zwischen Close und Loose Coupling unterscheiden. Bei der engen Kopplung verwenden Sie diesen Parameter, wenn Dateien von einer Netzwerkfreigabe oder einem Mount Point an einen Auftrag angehängt werden sollen. Bei der losen Kopplung

benötigen Sie ihn, um Dateien nicht von einem Desktop, sondern von einem Server an einen Transportauftrag anzuhängen.

- **WBO_FILE_TRANSFER**
  Hiermit definieren Sie die Methode des Dateitransfers zwischen den Applikationen und dem CTS-System bei einer engen Kopplung. Dabei stehen Ihnen die Werte STREAM und SHARE zur Verfügung. Verwenden Sie den Wert SHARE, wenn Sie eine Übertragung über ein Dateisystem oder eine Netzwerkfreigabe wünschen. Standardmäßig wird die Methode STREAM verwendet. Dabei werden die Daten über eine SAP Java Connector-Verbindung (JCo) an den CTS-Server übertragen.

Auch für Zielsysteme gibt es einen weiteren TP-Parameter, mit dem Sie angeben können, wohin das Werkzeug `tp` Non-ABAP-Objekte kopieren soll:

TP-Parameter für Zielsysteme

- **DEPLOY_OUTBOX**
  Es wird hiermit das Verzeichnis festgelegt, in dem das Werkzeug `tp` die Non-ABAP-Objekte kopieren soll. Der Parameter kann zusätzlich zu allen anderen Deployment-Methoden optional gesetzt werden. Sie nutzen ihn, um für Objekte, bei denen kein automatisches Deployment vorhanden ist, nach dem Import das Deployment manuell durchzuführen.

Wir möchten an dieser Stelle exemplarisch anhand der Landschaft der drei SAP BusinessObjects BI-Plattform-Systeme zeigen, wie die Softwarelogistik mittels CTS+ für diese Objekte funktioniert. Werfen Sie dazu einen Blick auf Abbildung 6.20. Sie sehen im unteren Teil die drei verschiedenen SAP BusinessObjects BI-Plattform-Laufzeitsysteme:

Softwarelogistik mittels CTS+

- BOD – SAP BusinessObjects BI-Plattform-Entwicklungssystem
- BOQ – SAP BusinessObjects BI-Plattform-Qualitätssicherungssystem
- BOP – SAP BusinessObjects BI-Plattform-Produktivsystem

Auf den Systemen BOQ und BOP läuft ein LCM-Importservice, der die hochzustufenden Objekte mittels der Lifecycle Management Console importieren kann. Links neben dem System BOD sehen Sie den SAP NetWeaver AS Java JAV. Auf diesem ist das LCM-Web-Frontend installiert, und es läuft hierauf der Export Client.

6 | Einbindung in die SAP-Systemlandschaft

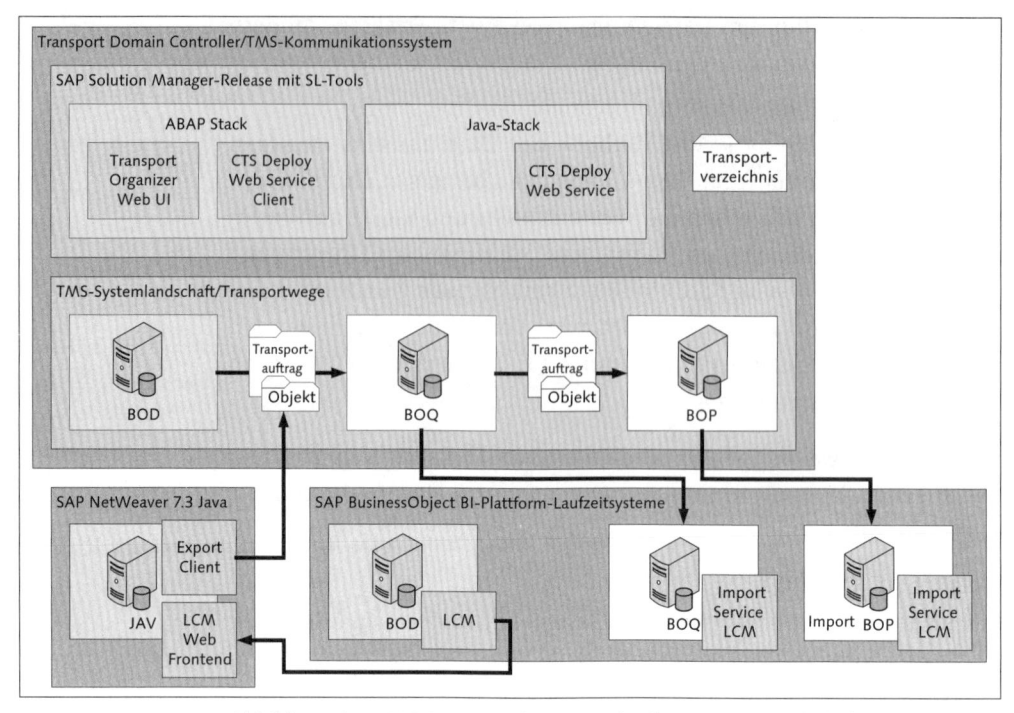

Abbildung 6.20 SAP BusinessObjects BI-Plattform-Systemlandschaft

SAP Solution Manager

Der SAP Solution Manager, der über der SAP BusinessObjects BI-Plattform-Laufzeitumgebung dargestellt ist, besteht aus einem ABAP- und einem Java-Server. Auf dem ABAP-Stack ist das CTS_PLUGIN installiert und aktiviert. Weiterhin sind eine Transport Domain und eine Systemlandschaft mit Transportwegen zwischen den einzelnen Systemen BOD, BOQ und BOP eingerichtet.

CTS-Export-Client und LCM-Web-Frontend

Der CTS-Export-Client des SAP NetWeaver AS Java JAV kommuniziert über eine RFC-Verbindung mit dem erweiterten Transport Organizer, um einen Transportauftrag zu erhalten bzw. anzulegen. An den Transportauftrag werden die SAP BusinessObjects-Objekte, die beispielsweise der Entwickler aus dem Entwicklungssystem BOD in die nachgelagerten Systeme übertragen möchte, über die Lifecycle Management Console mittels des LCM-Web-Frontends durch das Höherstufen an einen Transportauftrag gehängt. Mit der Freigabe des Transportauftrags wird dieser entlang des Transportwegs, der im Transport Domain Controller hinterlegt ist, transportiert. Dies geschieht vom Entwicklungssystem über das Qualitätssicherungssystem zum Produktivsystem.

Das Werkzeug `tp` kommuniziert über den CTS-Deploy-Web-Service-Client mit dem CTS-Deploy-Web-Service. Dieser ist verantwortlich für die Kommunikation mit den Importservices der beiden Zielsysteme BOQ und BOP. Das Einspielen der Objekte geschieht letztlich über die Funktionen der Lifecycle Management Console. Nach verschiedenen Tests werden diese entweder im Entwicklungssystem revidiert oder, wenn alles in Ordnung ist, in das Produktivsystem über den gleichen Mechanismus importiert. Mit der Freigabe des Transportauftrags werden im Transportverzeichnis sowohl die Kontroll- als auch die Datendateien erzeugt. Diese werden für den Import in das Qualitätssicherungs- und das Produktivsystem gelesen.

CTS-Deploy-Web-Service und die Importservices

Wie sehen nun die Arbeitsschritte für Sie als Nutzer aus, wenn Sie über die Lifecycle Management Console Objekte mittels CTS+ auf den im TMS definierten Transportwegen hochstufen möchten?

CTS+-Integration in der Lifecycle Management Console

Zunächst müssen Sie sich über das LCM-Web-Frontend am SAP BusinessObjects BI-Plattform-Quellsystem mit einem Benutzerkonto der Authentifizierungsart »SAP« anmelden. Dort erstellen Sie einen neuen Hochstufungsauftrag, indem Sie den Button NEUER AUFTRAG betätigen.

Es wird eine neue Registerkarte NEUER AUFTRAG geöffnet, in der die Informationen zum Auftrag abgefragt werden:

Schritte im LCM-Web-Frontend

1. Geben Sie den Namen des Auftrags, eine Beschreibung, gegebenenfalls Schlüsselwörter und den Speicherort ein.

2. Des Weiteren müssen Sie die Quelle angeben, aus der die Objekte geladen werden sollen. Hierfür können Sie das Drop-down-Menü benutzen. Sie werden den CMS finden, an dem Sie aktuell angemeldet sind und von dem aus Sie die Objekte hochstufen wollen.

3. Schließlich, und hier kommt die CTS+-Integration ins Spiel, müssen Sie noch das Ziel auswählen. Hier steht Ihnen wieder ein Drop-down-Menü zur Verfügung. Wählen Sie hier den Eintrag PROMOTE VIA CTS aus. In Abbildung 6.21 finden Sie einen Screenshot, der alle eben beschriebenen Einstellungen zeigt.

4. Klicken Sie auf den Button ERSTELLEN. Nun wird ein Fenster mit dem Titel OBJEKTE AUS DEM SYSTEM HINZUFÜGEN geöffnet.

Hinzufügen der Business-Intelligence-Objekte

5. Auf der linken Seite befinden sich alle Objektgruppen der im System vorhandenen Business-Intelligence-Objekte. Sobald Sie eine Gruppe auswählen, erscheinen auf der rechten Seite alle Objekte,

die zu dieser Gruppe gehören. Sie haben nun die Möglichkeit, alle Objekte auszuwählen und diese dem Auftrag über den Button Hinzufügen anzuhängen.

Sobald Sie mit Ihrer Auswahl der zu sichernden Objekte fertig sind, klicken Sie Hinzufügen & Schliessen bzw. Schliessen. Es erscheint nun das Detailfenster zu Ihrem Auftrag (im Reiter befindet sich dessen Name), und Sie sehen alle Objekte, die Sie hinzugefügt haben.

6. Nun haben Sie die Möglichkeit, den bisherigen Stand zu sichern, Objekte zu löschen und natürlich weitere hinzuzufügen, Abhängigkeiten zu verwalten und den Auftrag hochzustufen. Bei der Verwaltung der Abhängigkeiten ermitteln Sie die Objekte, die abhängig von Ihrer Auswahl sind und unbedingt in die Sicherung mit aufgenommen werden sollten.

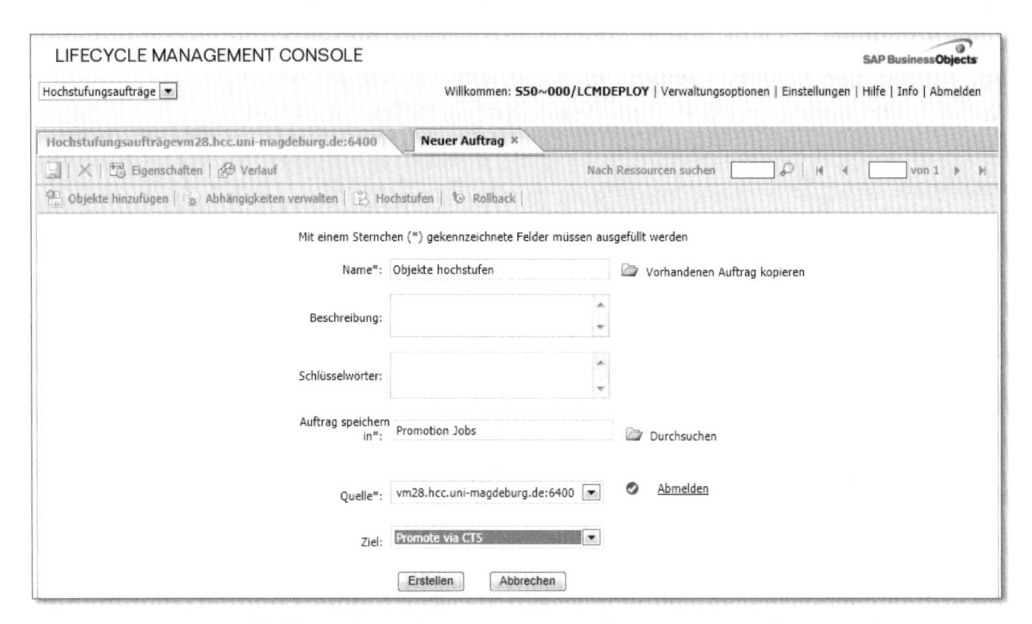

Abbildung 6.21 Anlegen eines neue Auftrags im LCM-Web-Frontend

Hochstufen der ausgewählten Objekte

7. Wenn Sie nun den Button Hochstufen anklicken, werden die Nummer, der Eigentümer und eine kurze Beschreibung des CTS-Transportauftrags angezeigt. Sie können über den Link den Transport Organizer Web UI aufrufen und sich dort die Details des Transportauftrags anzeigen lassen, die Einstellungen ändern, einen anderen bestehenden Transportauftrag auswählen und einen

neuen erstellen. Eventuell werden die Anmeldedaten für den ABAP-Stack des SAP Solution Manager abgefragt.

8. Sobald Sie Änderungen vorgenommen haben, frischen Sie den Übersichtsbildschirm der Hochstufungsaufträge noch einmal auf.

9. Wenn alles in Ordnung ist, klicken Sie auf den Button HOCHSTUFEN und bestätigen die zusammenfassenden Einstellungen. Im Übersichtbildschirm der Lifecycle Management Console sehen Sie nun den geänderten Status des Hochstufungsauftrags. Er wurde auf IN CTS+ EXPORTIERT geändert.

Sie können nun in den Transport Organizer Web UI springen, den Transportauftrag ansehen und natürlich freigeben. Mit der Freigabe wird er auf den definierten Transportweg geschickt. Sie können den Transport Organizer Web UI beispielsweise über das Transportmanagementsystem des Domain Controllers aufrufen. Dazu melden Sie sich im ABAP-Stack des SAP Solution Manager an, rufen das TMS mit der Transaktion STMS auf und wählen im Einstiegsbild UMFELD • TRANSPORT ORGANIZER WEB UI. Es erscheint ein Dialogfenster, in dem das System anzugeben ist, für das die Informationen abgefragt werden sollen.

Transport Organizer Web UI

Anschließend sehen Sie ein Browserfenster, in dem standardmäßig die änderbaren Transportaufträge des Nutzers angezeigt werden, mit dem Sie sich für die Anwendung autorisiert haben (siehe Abbildung 6.22). Über die Funktionen BENUTZER und STATUS können Sie die Sicht auf unterschiedliche Nutzer und freigegebene Aufträge ändern.

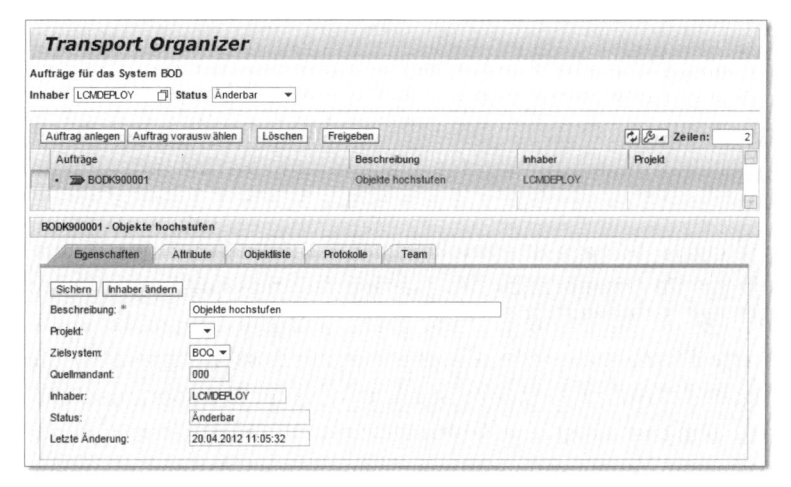

Abbildung 6.22 Transportauftrag im Transport Organizer Web UI

Darüber hinaus bestehen in der Anwendung folgende Möglichkeiten:

- Aufträge anzulegen, zu löschen und freizugeben
- Standardaufträge festzulegen
- Objekte an einen Auftrag anzuhängen

Mit der Auswahl eines Auftrags öffnet sich im unteren Teil des Fensters eine Detailsicht, in der Sie Eigenschaften, Attribute und die Objektliste einsehen und ändern können. In der Objektliste sehen Sie die angehängten und hochzustufenden Objekte.

Freigabe Mit der Freigabe des Transportauftrags wird der Auftrag in das Transportverzeichnis geschrieben. In Abbildung 6.22 sehen Sie die Auftragsnummer BODK90001. Es wird zu diesem Auftrag eine Datendatei mit dem Namen *R900001.BOD* in das Unterverzeichnis DATA und eine Kontrolldatei *K900001.BOD* in das Unterverzeichnis COFILES geschrieben. Diese Dateien werden zum Import in die nachgelagerten Systeme der Landschaft verwendet.

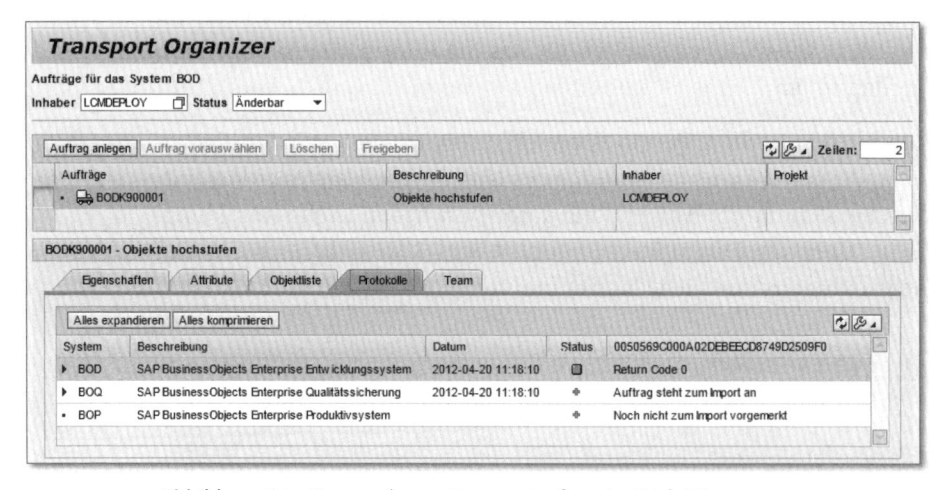

Abbildung 6.23 Freigegebener Transportauftrag im Web UI

Protokolle Die Freigabe erzeugt ein Protokoll, das für jedes System des Transportwegs im Detailbereich des Transportauftrags angezeigt werden kann. Wie in Abbildung 6.23 dargestellt, erkennen Sie in der Registerkarte PROTOKOLLE anhand der Statusampel sehr schnell, ob die Freigabe des Auftrags erfolgreich war und ob der Transport im nächsten System angehängt bzw. (abhängig von den eingestellten Strategieparametern) bereits importiert wurde. In unserem Beispiel wurde der

Auftrag erfolgreich exportiert und der Importqueue des Qualitätssicherungssystems BOQ hinzugefügt.

Im TMS können Sie sich die Importqueue des SAP BusinessObjects BI-Plattform-Systems anzeigen lassen. Diese Queue ist über das Einstiegsbild über den Pfad ÜBERSICHT • IMPORTE und die Auswahl des Systems erreichbar (siehe Abbildung 6.24).

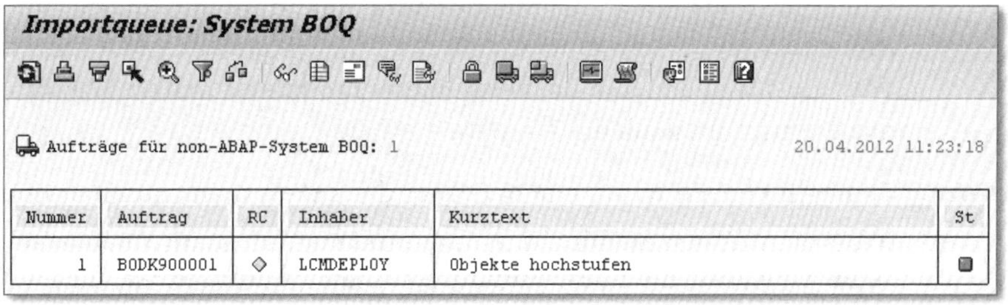

Import in Zielsysteme

Abbildung 6.24 Importqueue des SAP BusinessObjects BI-Plattform-Systems BOQ

Sie haben in dieser Sicht, neben vielen anderen Funktionen wie dem Löschen, Weiterleiten und Anzeigen von Detailinformationen, nun auch die Möglichkeit, den Transportauftrag in das nachgelagerte System zu importieren. Dies geschieht über einen Klick auf den Button AUFTRAG IMPORTIEREN ( ) bzw. ALLE AUFTRÄGE IMPORTIEREN ( ). Wenn Sie abhängige, aufeinander aufbauende Aufträge haben, sollten Sie immer letztere Funktion wählen.

Nach dem Import können Sie den Status zum einen in der Importqueue des TMS überprüfen, zum anderen im Transport Organizer Web UI in den Protokollen des Quellsystems einsehen. Ist der Auftrag erfolgreich in das Qualitätssicherungssystem importiert worden, steht er nun zum Import in das Produktivsystem an. Damit wollen wir den Abschnitt zur CTS+-Anwendungsintegration beenden.

6.6 Zusammenfassung

Für die Qualitätssicherung und die störungsfreie Bereitstellung neuer Funktionalität empfiehlt sich der Einsatz einer drei- oder mehrstufigen Systemlandschaft. Die Implementierung neuer Objekte in der SAP BusinessObjects BI-Plattform und die dafür notwendigen Tests zur Qualitätssicherung sollten nicht in den produktiven Systemen stattfinden.

6 | Einbindung in die SAP-Systemlandschaft

Wir haben in diesem Kapitel das Konzept der SAP für eine SAP-Systemlandschaft erläutert und die Mechanismen der Softwarelogistik zwischen Entwicklungs-, Qualitätssicherungs- und Produktivsystemen betrachtet. Mit dem sogenannten erweiterten Änderungs- und Transportsystem (CTS+) haben wir Ihnen Möglichkeiten vorgestellt, wie Ihre SAP BusinessObjects BI-Plattform-Systeme von der SAP-Systemlandschaft und der Softwarelogistik profitieren können. Interessant war dieses Kapitel insbesondere für Administratoren und Anwender, die bereits eine bestehende SAP-Systemlandschaft nutzen oder die neben den SAP BusinessObjects-Produkten weitere SAP-Produkte einsetzen wollen.

CTS-ABAP-Welt — Zu Beginn haben wir in einem Exkurs die SAP-Systemlandschaft und die SAP-Softwarelogistik aus der SAP NetWeaver ABAP-Welt vorgestellt. Sie haben die Drei-System-Landschaft kennengelernt, und wir haben das Änderungs- und Transportsystem mit seinen Werkzeugen erläutert. Sie wissen nun, was Änderungsaufträge, Aufgaben, Transportweg sowie Transportschichten sind und wie das Transportverzeichnis aufgebaut sein muss. Sie können darüber hinaus die Begrifflichkeiten *Transportgruppe*, *Transportdomäne* und *Transport Domain Controller* unterscheiden.

CTS+-Welt — Anschließend haben wir die Grundlagen von CTS+ erläutert. Sie kennen nun die neuen Komponenten CTS-Deploy-Web-Service, Transport Organizer Web UI, Export und Import Client und wissen, dass ein separater SAP NetWeaver AS Java mit einem deployten LCM-Web-Frontend benötigt wird. Wir haben neben den Voraussetzungen (wie beispielsweise die aktuellen SL Tools, die auf einem SAP Solution Manager-System installiert und aktiviert werden müssen) die Konfiguration aller neuen CTS+-Komponenten sowie die Integration in das bestehende CTS erläutert. Schließlich haben wir das Aufsetzen und Einrichten der TMS-Systemlandschaft mit den SAP BusinessObjects BI-Plattform-Systemen beschrieben. Die CTS+-Anwendungsintegration, also das Close Coupling, war Gegenstand des letzten Abschnitts. Sie haben die TP-Parameter zum Coupling kennengelernt, und wir haben die Softwarelogistik beschrieben und sind detailliert auf den Transportprozess innerhalb der SAP BusinessObjects-Systemlandschaft, beginnend mit der Zusammenstellung der Objekte im LCM-Web-Frontend, eingegangen.

Die Benutzerverwaltung und das Berechtigungsmanagement stellen eine der zentralen Routineaufgaben der Systemadministration dar. In diesem Kapitel zeigen wir Ihnen die Möglichkeiten, die die Benutzer- und Berechtigungsverwaltung Ihres SAP BusinessObjects BI-Plattform-Systems bieten. Wir erklären, wie das Management der Benutzer funktioniert, was die Gruppenverwaltung beinhaltet und wie Sie Berechtigungen für die Benutzer zuweisen können.

7 Benutzer- und Berechtigungsverwaltung

Die Benutzer- und Berechtigungsverwaltung ist eine der zentralen und wichtigsten Aufgaben der Systemadministration in einem SAP BusinessObjects BI-Plattform-System. Mit ihr wird definiert, welcher Benutzer sich am System anmelden kann, welche Anwendungen dieser Benutzer aufrufen darf und welche Daten er innerhalb dieser Anwendungen anlegen, sehen, modifizieren und löschen kann.

Ganz zu Beginn werden wir uns mit dem Anlegen von Benutzern beschäftigen, anschließend lernen Sie das Konzept der Gruppen kennen. Wir erklären, wie diese Gruppen erstellt werden. Der nächste Abschnitt beschäftigt sich mit den Zugriffsberechtigungen und Rechten für Anwendungen, Verzeichnisse, Objekte und Dokumente sowie deren Vergabe und die Vererbung innerhalb des Systems. Anschließend lernen Sie Änderungs- und Löschoperationen für Benutzer, Gruppen und Zugriffsberechtigungen kennen. Schließlich werden wir auf die unterschiedlichen Arten der Authentifizierung und auf die Funktion von Aliasen eingehen. Ein Augenmerk legen wir zudem auf die Anbindung eines SAP NetWeaver-Systems als Authentifizierungsquelle.

7 | Benutzer- und Berechtigungsverwaltung

7.1 Einstieg in die Benutzer- und Gruppenverwaltung

Der zentrale Einstieg in die Benutzer- und Gruppenverwaltung, in die Berechtigungsvergabe und in die Administration der Authentifizierung ist die Central Management Console (CMC). Wir haben diese mächtige Anwendung bereits in Kapitel 5, »Administration mit der Central Management Console und den SAP BusinessObjects Client Tools«, vorgestellt und wollen an dieser Stelle auf die oben genannten Funktionen eingehen.

Zentraler Einstieg über die CMC

In Abbildung 7.1 sehen Sie einen Screenshot der CMC. Sie finden auf dieser Startseite die Einteilung in die Bereiche ORGANISIEREN, DEFINIEREN und VERWALTEN. Bei der Benutzer- und Berechtigungsverwaltung werden Sie sich in allen drei Bereichen bewegen: Im Bereich ORGANISIEREN werden Sie sich detailliert die Aktion BENUTZER UND GRUPPEN anschauen. Des Weiteren gehen wir auf die Aktion ZUGRIFFSBERECHTIGUNGEN im Bereich DEFINIEREN ein. Die Aktion AUTHENTIFIZIERUNG unter VERWALTEN ermöglicht die Einrichtung und Administration der Authentifizierungstypen und damit die Anbindung an einen LDAP-Server, die SAP-Benutzerverwaltung oder an andere Softwareprodukte.

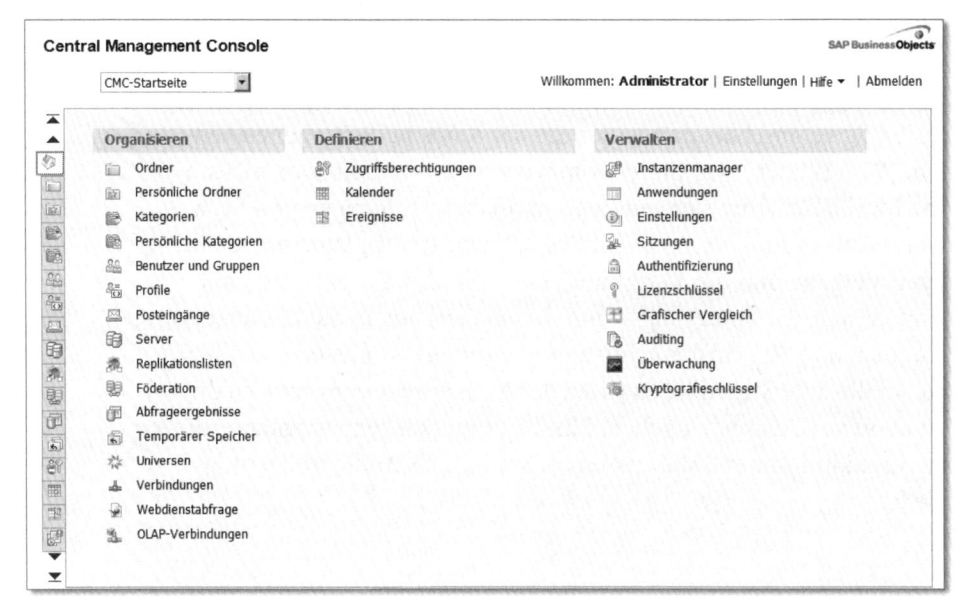

Abbildung 7.1 Central Management Console – zentraler Einstieg in die Benutzer- und Berechtigungsverwaltung

7.2 Anlegen eines Benutzers

Zu allererst betrachten wir, wie im SAP BusinessObjects BI-Plattform-System neue Benutzer angelegt werden können. Hierfür setzen Sie die Benutzerverwaltung ein. Diese erreichen Sie, indem Sie von der CMC-Startseite auf die Aktion BENUTZER UND GRUPPEN unterhalb des Bereichs ORGANISIEREN navigieren. Alternativ haben Sie die Möglichkeit, auf der linken Symbolleiste in der CMC den Button (Benutzer und Gruppen) zu betätigen.

Aufruf der Benutzerverwaltung

In der geöffneten Anwendung sehen Sie einen zweigeteilten Bildschirm. Auf der linken Seite im Navigationsbereich finden Sie eine Ordnerstruktur und auf der rechten Seite in der Listenansicht Einträge bzw. Daten, also die eigentlichen Benutzer. Im Navigationsbereich können Sie zwischen folgenden Optionen wählen:

Benutzer und Gruppen

- Benutzerliste
- Gruppenliste
- Gruppenhierarchie

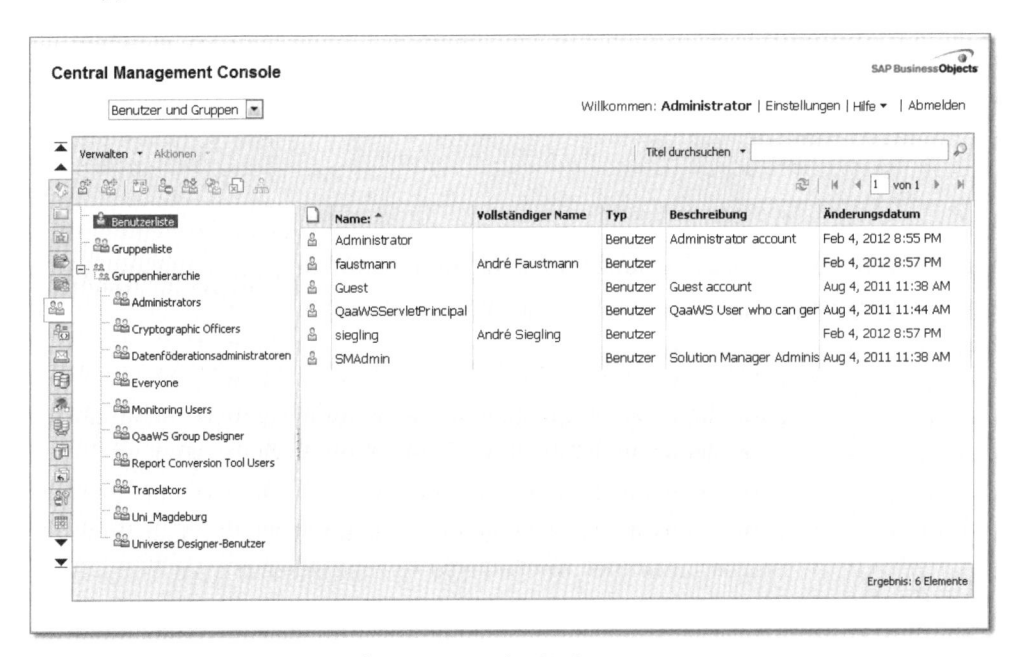

Abbildung 7.2 Aktion »Benutzer und Gruppen« in der CMC

In Abbildung 7.2 erkennen Sie, dass wir aus der Struktur die BENUTZERLISTE ausgewählt haben. Auf der rechten Bildschirmseite finden

Sie alle Benutzer, die im Beispielsystem angelegt sind. Neben dem eigentlichen Login-Namen eines Benutzers finden Sie in der Liste dessen vollständigen Namen sowie eine Beschreibung (sofern diese Informationen gepflegt wurden) und das Datum der letzten Änderung. Die Spalte TYP gibt lediglich an, ob es sich bei dem dargestellten Wert in der Liste um einen Benutzer oder eine Gruppe handelt.

Standardbenutzer Standardmäßig sind in einem neu installierten System die in Tabelle 7.1 aufgelisteten Benutzer vorhanden.

Nutzername	Beschreibung
ADMINISTRATOR	Dieser Benutzer kann alle Aktionen in allen Business-Intelligence-Anwendungen ausführen. Er gehört den Gruppen ADMINISTRATORS und EVERYONE an.
GUEST	Dieser Benutzer ist lediglich der Gruppe EVERYONE zugeordnet und kann standardmäßig keine BI-Anwendungen aufrufen. Er hat kein gesetztes Kennwort. Sobald ein Kennwort zugewiesen wird, wird die Einzelanmeldung zum BI Launch Pad deaktiviert.
SMADMIN	Der SAP Solution Manager nutzt diesen Benutzer, um Informationen aus den BI-Anwendungen zu lesen. Er hat lediglich Read-only-Berechtigung und ist der Gruppe EVERYONE zugeordnet. Der Benutzer ist per Default deaktiviert und muss vor der ersten Verwendung aktiviert werden.

Tabelle 7.1 Im System vorhandene Standardbenutzer

Benutzer anlegen Das Anlegen eines neuen Benutzers kann auf die folgenden Arten erfolgen:

- Sie navigieren über das Menü VERWALTEN • NEU • NEUER BENUTZER.
- Sie öffnen das Kontextmenü im Navigationsbereich auf dem Eintrag BENUTZERLISTE und wählen hier NEUER BENUTZER.
- Sie öffnen das Kontextmenü im Navigationsbereich auf dem Eintrag GRUPPENLISTE oder GRUPPENHIERARCHIE bzw. einer dort verfügbaren Gruppe, wählen NEU • NEUER BENUTZER.
- Sie betätigen den Button NEUEN BENUTZER ERSTELLEN.

In allen vier Fällen öffnet sich ein neues Fenster. Abbildung 7.3 zeigt dieses mit dem Authentifizierungstypen ENTERPRISE. Die Benutzer werden hier auf dem SAP BusinessObjects BI-Plattform-Server angelegt. Wenn Sie eine andere Authentifizierungsart wie beispielsweise

SAP R/3 wählen, ändern sich das Layout des Fensters und die Anzahl und Art der Informationen, die eingegeben werden müssen. Wir werden in diesem Kapitel die Verwaltung von Benutzern mit dem Authentifizierungstypen ENTERPRISE beschreiben. Andere Authentifizierungstypen stellen wir im Abschnitt 7.6 vor. Beachten Sie zudem, dass ein Benutzer – wenn er über das Kontextmenü einer vorhandenen Gruppe in der Gruppenliste bzw. der Gruppenhierarchie angelegt wird – zugleich dieser Gruppe zugeordnet wird.

> **Anlage-Icon in der Listenansicht** [+]
>
> Wenn Sie Nutzer eines SAP NetWeaver AS ABAP sind und auf diesem mit dem SAP GUI arbeiten, finden Sie in den unterschiedlichsten Anwendungen das Icon ▫. Dieses wird im SAP NetWeaver AS ABAP benutzt, um einen neuen Eintrag anzulegen. Das Icon ▫ finden Sie auch in der Anwendung BENUTZER UND GRUPPEN am linken oberen Rand der Listenansicht (siehe Abbildung 7.2). Dieses Icon ist hier jedoch mit keiner Funktion hinterlegt, und Sie sollten sich nicht wundern, wenn keinerlei Reaktion auf Ihre Eingabe erfolgt.

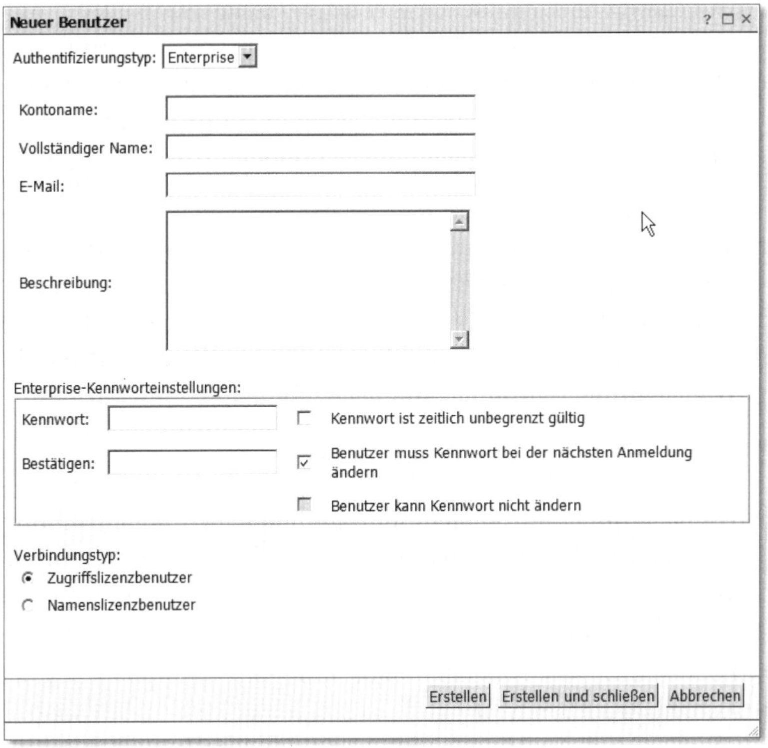

Abbildung 7.3 Neuen Benutzer anlegen

In dem Fenster NEUER BENUTZER geben Sie den Kontonamen, den vollständigen Namen, eine E-Mail-Adresse und eine Beschreibung ein. Die BESCHREIBUNG können Sie verwenden, um zusätzliche Informationen über das Nutzerkonto zu hinterlegen. Sie ist, wie oft auch in anderen Softwareprodukten, optional. Unterhalb der Beschreibung sehen Sie die ENTERPRISE-KENNWORTEINSTELLUNGEN. Hier vergeben Sie zunächst ein gültiges Kennwort und definieren, wie das System mit dem Kennwort umgehen soll.

Kennwortoptionen Sie haben folgende Möglichkeiten:

- dass das Kennwort zeitlich unbegrenzt gültig ist
- dass der Benutzer das Kennwort bei der nächsten Anmeldung ändern muss
- dass der Benutzer das Kennwort nicht ändern kann

Die letzte Option ist nur verfügbar, wenn der Benutzer das Kennwort bei der nächsten Anmeldung nicht ändern muss. Sie werden sich sicherlich fragen, wie lange ein Kennwort gültig ist, wenn die Option KENNWORT IST ZEITLICH UNBEGRENZT GÜLTIG nicht aktiv ist. Diese Einstellung und andere, z. B. wie stark das Kennwort sein muss, sind direkt bei der Konfiguration des Authentifizierungstypen beschrieben. Wir werden dies in Abschnitt 7.6, »Authentifizierung«, näher erläutern.

Lizenzen Um den Benutzer nun endgültig anlegen zu können, sehen wir uns abschließend den Verbindungstypen an. In Abbildung 7.3 sehen Sie, dass in unserem Beispielsystem die Optionen ZUGRIFFSLIZENZBENUTZER und NAMENSLIZENZBENUTZER zur Verfügung stehen. Das liegt daran, dass die Lizenz, die in unserem System eingespielt wurde, nicht auf Benutzerrollen, sondern auf Verbindungstypen basiert.

- **Zugriffslizenzbenutzer**
  Diese Option sollten Sie auswählen, wenn der Benutzer zu einer Lizenz zugeordnet werden soll, die zählt, wie viele Benutzer gleichzeitig mit dem System verbunden sein und damit arbeiten dürfen. Diese Lizenzart zählt nicht, wie viele Benutzer im System tatsächlich angelegt sind. Beispielsweise können 50 Benutzer parallel arbeiten, aber 500 im System angelegt sein.

- **Namenslizenzbenutzer**
  Diese Option wählen Sie aus, wenn der Benutzer einer Lizenz zugeordnet werden soll, die mit einem registrierten, namentlich

eingetragenen Zugang auf das System zugreift. Diese Lizenzart zählt nicht, wie viele Benutzer tatsächlich mit dem System verbunden sind und arbeiten.

Alternativ zu der zuvor beschriebenen Lizenzierung über den Verbindungstypen kann Ihr System auch auf Benutzerrollen lizenziert sein. Hier stehen Ihnen die Rollen BI ANALYST und BI VIEWER zur Verfügung. Jede dieser Rollen hat bestimmte Zugriffsmöglichkeiten auf die BI-Anwendungen des SAP BusinessObjects BI-Plattform-Systems. Sie selbst können die Berechtigungen an den Rollen nicht verändern oder überschreiben.

- **BI Analyst**
  Diese Option wählen Sie aus, wenn der neu anzulegende Benutzer Inhalte in der SAP BusinessObjects BI-Plattform erstellen soll. Dazu zählen das Ändern und Erstellen von Reports und Designs bzw. das Administrieren von Universen oder aber auch das Durchführen von administrativen Aufgaben in der CMC.

- **BI Viewer**
  Diese Option wählen Sie aus, wenn der neu anzulegende Benutzer den Inhalt der SAP BusinessObjects BI-Plattform benutzt. Benutzer dieser Rolle haben eine Lese-, aber keine Änderungsberechtigung auf Reports und Designs, sie können nicht die CMC aufrufen.

Benutzerrollen und Benutzergruppen	[+]
Verwechseln Sie die Begriffe *Benutzerrollen* und *Benutzergruppen* nicht miteinander. Die Benutzerrollen haben nichts mit den noch zu behandelnden Gruppen (siehe Abschnitt 7.3, »Anlegen einer Gruppe«) gemeinsam.	

Lizenz	[+]
Welche Lizenz in Ihrem System eingespielt ist, können Sie über die Aktion LIZENZSCHLÜSSEL im Bereich VERWALTEN ermitteln. Weitere Informationen zum Thema »Lizenzierung« des SAP BusinessObjects BI-Plattform-Systems finden Sie in Kapitel 5 in diesem Buch.	

Um das Anlegen eines Benutzers abzuschließen, klicken Sie auf den Button ERSTELLEN UND SCHLIESSEN. Wollen Sie weitere Benutzer anlegen, wählen Sie ERSTELLEN. Der Benutzer wird dann angelegt (das System gibt eine entsprechende Meldung im oberen Bereich des Fensters aus), und die Felder in der Maske werden geleert. Das System legt automatisch einen Posteingang für jeden neuen Benutzer an. Der Posteingang trägt den gleichen Namen wie der Benutzer. Per Default ist das Zugriffsrecht auf den Posteingang dem Benutzer und dem Administrator vorbehalten.

Massennutzerpflege — Gerade Nutzer des SAP NetWeaver AS ABAP kennen die Möglichkeit der Massennutzerpflege über die Transaktion SU10. Mit dieser besteht die Möglichkeit, eine beliebige Anzahl von Benutzern im System anzulegen, zu ändern und auch zu löschen. Leider gibt es bis zum Feature Pack 5 für SAP SAP BusinessObjects BI-Plattform Release 4.0 keine derartige Funktion in der CMC, die es Ihnen ermöglicht, mehr als einen Benutzer zur gleichen Zeit anzulegen.

Allerdings haben Sie die Möglichkeit, über eine Mehrfachauswahl, d.h. unter Zuhilfenahme der [Strg]- oder [⇧]-Taste, mehrere Nutzerkonten auszuwählen. Diese können Sie dann in einer Aktion löschen oder ändern, also beispielsweise das Kennwort zurücksetzen. Eine Vielzahl von Benutzern anzulegen, kann also u.U. sehr mühsam werden. Auch fehlen Funktionen wie das Kopieren eines bestehenden Benutzers mit all seinen Abhängig- und Zugehörigkeiten zu einem neuem Benutzeraccount.

7.3 Anlegen einer Gruppe

Der Sinn von Gruppen ist es, alle Benutzer mit gleichen Rechten, Rollen, Merkmalen oder Privilegien zusammenzufassen. Sie können beispielsweise eine Gruppe bilden, die alle Personen mit der gleichen Verantwortlichkeit in Ihrem Unternehmen abbildet. Denkbar ist zudem, Gruppen für Abteilungen oder Unternehmensstandorte anzulegen.

Es besteht die Möglichkeit, der Gruppe bestimmte Berechtigungen für BI-Anwendungen, Dokumente, Verzeichnisse und Objekte zuzuweisen. Durch Zuordnung von Benutzern und auch anderen Gruppen (Untergruppen) können Sie diese Berechtigungen an einer einzigen Stelle pflegen, sie jedoch gleichzeitig einer Vielzahl von Benutzern zuweisen. Sie umgehen hiermit die individuelle Vergabe dieser Berechtigungen an jeden einzelnen angelegten Account.

Einstieg über die CMC — Die Verwaltung von Gruppen erfolgt in der CMC-Aktion BENUTZER UND GRUPPEN. Wie bereits beschrieben, erreichen Sie diese, indem

Sie von der Startseite der CMC auf die Aktion BENUTZER UND GRUPPEN unterhalb des Bereichs ORGANISIEREN navigieren oder aber auf der linken Symbolleiste den Button betätigen. In der geöffneten Anwendung navigieren Sie auf die Ordner GRUPPENLISTE oder GRUPPENHIERARCHIE.

- Im Ordner GRUPPENLISTE werden Ihnen die Standardgruppen und die von Ihnen selbst angelegten Gruppen angezeigt.
- Im Ordner GRUPPENHIERARCHIE werden die Gruppen, die Untergruppen und die zugeordneten Benutzer hierarchisch dargestellt.

Abbildung 7.4 zeigt einen Screenshot der Gruppenliste des Beispielsystems. Sie sehen zum einen die Standardgruppen, die im nächsten Abschnitt beschrieben werden, und zum anderen die Gruppen, die wir in der CMC angelegt haben.

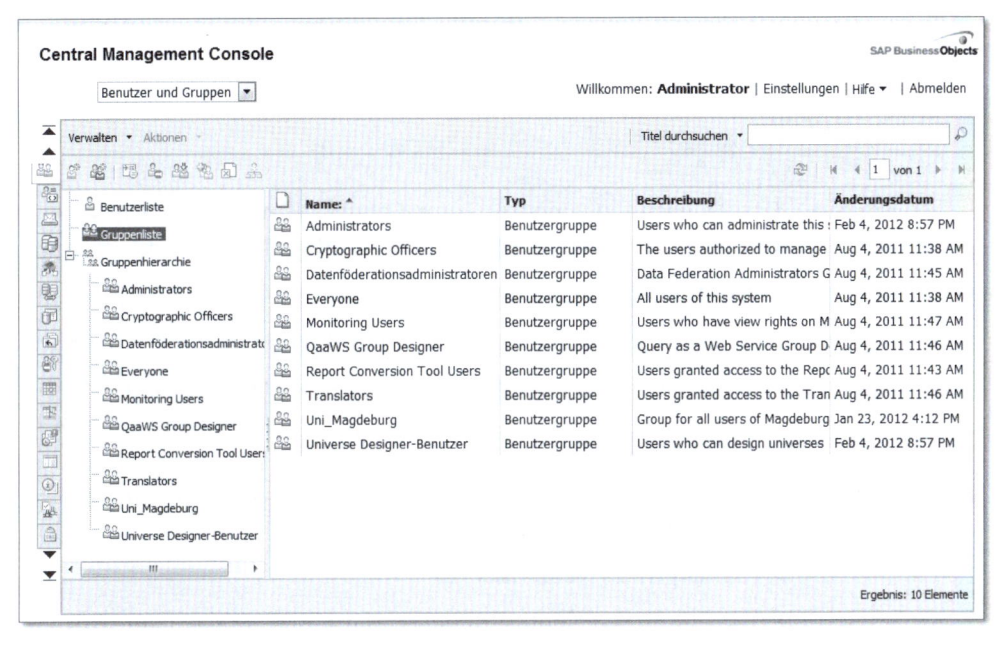

Abbildung 7.4 Gruppenliste in der CMC

So wie es im SAP BusinessObjects BI-Plattform-System standardmäßig angelegte Benutzer gibt, sind auch Standardgruppen vorhanden, die Sie für die Benutzerverwaltung verwenden können. In Tabelle 7.2 haben wir diese für Sie zusammengefasst.

Standardgruppen

7 | Benutzer- und Berechtigungsverwaltung

Standardgruppe	Beschreibung
ADMINISTRATORS	Mit dieser Gruppe können alle Aktionen in allen Business-Intelligence-Anwendungen ausgeführt werden. Standardmäßig gehört nur der Benutzer ADMINISTRATOR zu dieser Gruppe.
EVERYONE	Jeder Benutzer, der im System vorhanden ist und den Sie anlegen, wird dieser Gruppe zugeordnet.
QAAWS GROUP DESIGNER	Mitglieder dieser Gruppe haben Zugriff auf die Anwendung Query as a Web Service.
REPORT CONVERSION TOOL USERS	Diese Gruppe ermöglicht Zugriff auf die Anwendung REPORT CONVERSION TOOL.
TRANSLATORS	Mitglieder können die Anwendung TRANSLATION MANAGER verwenden.
UNIVERSE DESIGNER USERS	Mitglieder dieser Gruppe können auf die Verzeichnisse der Universen und Verbindungen zugreifen und Berechtigungen vergeben. Standardmäßig ist kein Benutzer dieser Gruppe zugeordnet.

Tabelle 7.2 Im System vorhandene Standardgruppen

Neue Gruppe anlegen

Das Anlegen einer neuen Gruppe ähnelt dem Anlegen eines neuen Benutzers. Ihnen stehen die folgenden Möglichkeiten zur Verfügung, um eine neue Gruppe anzulegen:

- Sie navigieren über das Menü VERWALTEN • NEU • NEUE GRUPPE.
- Sie öffnen das Kontextmenü im Navigationsbereich auf dem Eintrag GRUPPENLISTE bzw. einer dort verfügbaren Gruppe und wählen NEUE GRUPPE.
- Sie öffnen das Kontextmenü im Navigationsbereich auf dem Eintrag GRUPPENHIERARCHIE bzw. einer dort verfügbaren Gruppe, wählen NEU • NEUE GRUPPE.
- Sie öffnen das Kontextmenü im Navigationsbereich auf dem Eintrag BENUTZERLISTE bzw. einem dort verfügbaren Benutzer, wählen NEU • NEUE GRUPPE.
- Sie betätigen den Button NEUE GRUPPE ERSTELLEN.

In allen Fällen öffnet sich ein neues Fenster, in dem der Name der anzulegenden Gruppe eingetragen wird und optional eine Beschreibung vergeben werden kann. Wenn Sie die Gruppe in der Gruppenliste oder der Gruppenhierarchie auf einer vorhandenen Gruppe anlegen, wird die neue Gruppe automatisch zu einer Untergruppe dieser Gruppe. Das Anlegen der Gruppe auf einem bestehenden Benutzer ordnet diesem jedoch nicht diese neue Gruppe zu.

7.4 Berechtigungen

Über Berechtigungen wird definiert, welcher Benutzer welche Aktionen an welchem Objekt ausführen kann. Damit haben Sie ein Instrument an der Hand, das es ermöglicht, die SAP BusinessObjects BI-Plattform und somit den SAP BusinessObjects BI-Plattform-Server zu sichern. Es ist möglich, dass Sie die Benutzer- und Gruppenverwaltung an einzelne Benutzer oder an Abteilungen weitergeben können. Darüber hinaus können Sie administrativen Zugriff auf Server und Servergruppen Ihres SAP BusinessObjects BI-Plattform-Systems vergeben.

Berechtigungen werden in der SAP BusinessObjects BI-Plattform nicht, wie beispielsweise im SAP NetWeaver AS ABAP und Java, an Benutzer oder Gruppen vergeben, sondern den Objekten (sprich den Anwendungen, Verzeichnissen oder Reports) direkt zugeordnet. Möchten Sie also einem Benutzer Zugriff auf die CMC geben, ordnen Sie ihn mit einer entsprechenden Berechtigung in der Benutzersicherheit der CMC zu. Aber auch dem Benutzer können über die Benutzersicherheit Benutzer und Gruppen mit Berechtigungen zugewiesen werden. Der Benutzer ist also selbst ein Objekt, dem Berechtigungen zugewiesen werden können.

Berechtigung über Objekte

Das System unterscheidet zwischen Berechtigungen, die den Zugriff auf Objekte erlauben, verbieten oder nicht angeben (spezifizieren). Sobald eine Berechtigung zu einem Objekt nicht vergeben ist, hat der Benutzer oder die Gruppe für dieses Objekt auch keinerlei Berechtigung. Sollte einem Benutzer oder einer Gruppe sowohl die Berechtigung gegeben worden sein, auf ein Objekt zuzugreifen, als auch der Zugriff verwehrt sein, wird der Zugriff für den Benutzer oder die Gruppe vom System nicht gestattet. Berechtigungen werden innerhalb der Struktur vererbt (oder übernommen, wie es im System benannt ist). So wird beispielsweise die Zuordnung eines Rechts innerhalb einer Gruppe an alle Untergruppen und Benutzer in diesen Gruppen vererbt.

Zugriff erlauben, verbieten, nicht angeben

7 | Benutzer- und Berechtigungsverwaltung

Keine zugewiesene Berechtigung

Sie erkennen, dass Sie Benutzern immer Berechtigungen zuweisen müssen, damit diese im System auf Objekte zugreifen können. Generell wird der Zugriff ohne Zuteilung von Rechten automatisch versagt. Allerdings gibt es mit der Funktion des Überschreibens von Rechten eine Ausnahme, die wir Ihnen unter der Überschrift »Vererbung von Rechten« im Abschnitt 7.4 erläutern werden.

Wir werden uns in den nächsten Abschnitten mit vorhandenen und eigenen Zugriffsberechtigungen, der Vererbung von Rechten in Ordern und Gruppen, global allgemeinen sowie typspezifischen Berechtigungen und der Delegation der Administration im SAP BusinessObjects BI-Plattform-System beschäftigen.

7.4.1 Zugriffsberechtigungen

Berechtigungsgruppen zuweisen

Mit den Zugriffsberechtigungen erhalten Sie als Administrator die Möglichkeit, eine vordefinierte Gruppe von häufig benötigten Berechtigungen sehr einfach, schnell und einheitlich Benutzern und Gruppen zuzuweisen. In der Auslieferung des Systems sind bereits verschiedene Zugriffsberechtigungen mit unterschiedlichen Rechten vordefiniert. An deren untersten Ende stehen lediglich Berechtigungen zur Anzeige zur Verfügung, die dann, Stufe um Stufe, um zusätzliche Rechte erweitert werden, sodass am obersten Ende die umfänglichsten Rechte vergeben werden können. In Tabelle 7.3 haben wir die vordefinierten Zugriffsberechtigungen zusammengefasst.

Name	Beschreibung	Rechte
View	Auf Ordnerebene können der Benutzer oder die Gruppe den Ordner, Objekte des Ordners und die generierten Instanzen des Objekts anzeigen. Auf Objektebene können der Benutzer oder die Gruppe das Objekt, die Historie des Objekts und dessen generierte Instanzen anzeigen.	▸ Objekte und Dokumentinstanzen anzeigen

Tabelle 7.3 Vordefinierte Zugriffsberechtigungen

Name	Beschreibung	Rechte
SCHEDULE	Benutzer können Objektinstanzen generieren, indem sie eine einmalige oder wiederkehrende Einplanung des Objekts, das Daten aus einer bestimmten Quelle ziehen soll, vornehmen. Dabei ist es ihnen möglich, die Einplanungen anzusehen, zu löschen oder anzuhalten. Darüber hinaus kann die Einplanung auf verschiedene Formate, Verbindungen, Parameter, Login-Daten vorgenommen werden. Es können andere Server gewählt werden. Zudem können Inhalte in Verzeichnisse geschrieben und Objekte in andere Ordner kopiert werden.	▸ View-Rechte ▸ Dokumente zeitgesteuert verarbeiten ▸ Servergruppen zur Verarbeitung von Aufträgen definieren ▸ Objekte in einen anderen Ordner kopieren ▸ Auf Ziele zeitsteuern ▸ Dokumentinstanzen anhalten und fortsetzen ▸ Instanzen erneut zeitgesteuert verarbeiten ▸ Objekte des Benutzers bearbeiten ▸ Instanzen des Benutzers löschen ▸ Berichtsdaten drucken und exportieren
VIEW ON DEMAND	Der Benutzer oder die Gruppe können die Daten eines Reports aus einer Datenquelle aktualisieren.	▸ Schedule-Rechte ▸ Berichtsdaten regenerieren
FULL CONTROL (OWNER)	Der Benutzer oder die Gruppe haben vollen administrativen Zugriff auf das eigene Objekt.	▸ View-on-Demand-Rechte inklusive ▸ Hinzufügen von Objekten zu Ordnern, die im Besitz sind ▸ Editieren von Objekten des Benutzers ▸ Ändern von Berechtigungen, die der Benutzer auf das Objekt hat ▸ Löschen von Objekten und Instanzen des Benutzers

Tabelle 7.3 Vordefinierte Zugriffsberechtigungen (Forts.)

Name	Beschreibung	Rechte
FULL CONTROL	Der Benutzer oder die Gruppe haben vollen administrativen Zugriff auf das Objekt.	▶ View-on-Demand-Rechte inklusive ▶ Hinzufügen von Objekten zu Ordnern ▶ Editieren von Objekten ▶ Ändern von Berechtigungen ▶ Löschen von Objekten und Instanzen

Tabelle 7.3 Vordefinierte Zugriffsberechtigungen (Forts.)

View vs. View on Demand

Lassen Sie uns an dieser Stelle auf die Unterschiede zwischen den zwei vordefinierten Zugriffsberechtigungen VIEW und VIEW ON DEMAND eingehen. Gerade wenn über das Web mittels Reports ausgewertet wird, ist die Entscheidung sehr wichtig, ob auf die Echtdaten in den am SAP BusinessObjects BI-Plattform-Server angeschlossenen Informationssystemen bzw. Datenbanken oder auf zwischengespeicherte (instanziierte) Daten zugegriffen wird. Mit Zugriff auf Echtdaten erhöht sich immer der Zugriff auf die angeschlossenen Datenbankserver und somit die Rechenzeit, die für diese Anfrage benötigt wird, sowie der Netzwerk-Traffic. Sie können über die Zugriffsberechtigungen VIEW und VIEW ON DEMAND den Zugriff auf die Echtdaten bzw. instanziierten Daten steuern.

▶ **View on Demand**
Mit dieser Zugriffsberechtigung haben die Benutzer die Möglichkeit, auf die Echtdaten der angeschlossenen Informationssysteme zuzugreifen. Damit erhalten sie auf die Sekunde genaue und aktuelle Daten. Sie sollten im Vorhinein überlegen, ob tatsächlich in allen Reports die Benutzer die Möglichkeit erhalten sollen, die aktuellsten Daten auswerten zu können. Wenn sich die Daten nicht sehr schnell und konstant ändern, verbrauchen die Benutzer unnötig Rechen- und Netzwerkzeit. Es ist unter Umständen hier sinnvoll, den Report regelmäßig zeitgesteuert einzuplanen und dem Benutzer Daten von Reportinstanzen zu zeigen. Der direkte Zugriff auf die Datenquellen wird dann vermieden.

▶ **View**
Im Gegensatz zum VIEW ON DEMAND reduzieren die Zugriffsberechtigung VIEW und das regelmäßige zeitgesteuerte Einplanen der

Reports den Umfang an Rechenzeit auf den angeschlossenen Datenbankservern und den Netzwerk-Traffic, da die Benutzer nur auf die instanziierten Daten zugreifen und nicht auf die angeschlossenen Informationssysteme. Sinnvoll ist diese Art der Datenabfrage, wenn die Daten sich nicht sehr schnell und kontinuierlich verändern.

Neben den vorgestellten vordefinierten Zugriffsberechtigungen besteht die Möglichkeit, eigene Zugriffsberechtigungen zu erstellen und zu bearbeiten. Dies ist insbesondere dann sinnvoll, wenn die vordefinierten Zugriffsberechtigungen nicht den Erfordernissen Ihrer Benutzer- und Berechtigungsverwaltung genügen und Sie einen hohen administrativen sowie Wartungsaufwand haben, um bestimmte Berechtigungskonstellationen mit Mitteln wie den Gruppen abzubilden.

Eigene Zugriffsberechtigung

> **Eigene Zugriffsberechtigungen – Anwendungsfall**
>
> So kann es erforderlich sein, dass die Mitarbeiter von Abteilung A und von Abteilung B auf zehn verschiedene Reports in der SAP BusinessObjects BI-Plattform zugreifen müssen. Allerdings benötigt die Abteilung A mehr Rechte. Mit den vordefinierten Zugriffsberechtigungen bilden Sie dies mit hohem Aufwand ab, denn Sie müssen hier jedem der zehn Reports zwei Gruppen (jeweils eine für Abteilung A und Abteilung B) hinzufügen und die vordefinierten Zugriffsberechtigungen zuweisen. Sobald eine Änderung der Anforderung an diesem Szenario vorliegt, müssen alle zehn Reports wieder angefasst werden. Im Gegensatz dazu ist es einfacher, zwei verschiedene Zugriffsberechtigungen (für Abteilung A und Abteilung B) zu definieren und diesen die unterschiedlichen Rechte zuzuweisen. Den zehn Reports werden natürlich auch die zwei Gruppen zugeordnet, allerdings werden die zuvor neu definierten Zugriffsberechtigungen zugewiesen. Wenn nun das Szenario geändert werden muss, ist lediglich eine Anpassung der neu definierten Zugriffsberechtigungen notwendig. Sie pflegen also nur zwei Stellen, nämlich die Zugriffsberechtigungen, statt zehn oder im schlechtesten Fall 20 Zuordnungen von Gruppen zu Reports.

[ZB]

Sie können in den selbst angelegten oder kopierten Zugriffsberechtigungen auf sehr granularer Ebene die Rechte für Objekte und Anwendungen anpassen. Hierzu haben Sie in der CMC die Möglichkeit, erweiterte Rechte zu setzen. Diese hohe Flexibilität ermöglicht Ihnen beispielsweise, einem Benutzer oder einer Gruppe explizit den Zugriff zu verbieten, selbst wenn Sie in Zukunft Änderungen an der Gruppenzuordnung oder an der Verzeichnissicherheit vornehmen. In Tabelle 7.4 finden Sie die Werte, die Sie den einzelnen Rechten zuweisen können.

Erweiterte Rechte und deren Werte

Wert	Beschreibung
GEWÄHRT/GRANTED	Das Recht wird dem Benutzer bzw. der Gruppe gewährt.
VERWEIGERT/DENIED	Das Recht wird dem Benutzer bzw. der Gruppe verweigert.
NICHT ANGEGEBEN/ NOT SPECIFIED	Das Recht ist für den Benutzer bzw. die Gruppe nicht angegeben. Per Default wird dann der Zugriff verweigert.
AUF OBJEKT ANWENDEN/ APPLY TO OBJECT	Das Recht wird dem Objekt zugewiesen (nur gültig für GEWÄHRT und VERWEIGERT).
AUF UNTEROBJEKT ANWENDEN/ APPLY TO SUB OBJECT	Das Recht wird dem Unterobjekt zugewiesen (nur gültig für GEWÄHRT und VERWEIGERT).

Tabelle 7.4 Werte von Rechten

Aktionen an Zugriffsberechtigungen

Die vordefinierten Zugriffsberechtigungen können von Ihnen nicht angepasst werden. Hierzu müssen Sie eine Kopie der vordefinierten Zugriffsberechtigung erstellen. Mit dieser Kopie können Sie folgende Aktionen durchführen:

- Erstellen, Kopieren und Anpassen der erstellten Kopie
- Umbenennen und Löschen (nicht in vordefinierten Zugriffsberechtigungen)
- Ändern der Rechte (nicht in vordefinierten Zugriffsberechtigungen)
- Beziehungen zwischen Zugriffsberechtigungen und anderen Objekten überprüfen
- Verteilung von Zugriffsberechtigungen über mehrere Sites

Wir werden Ihnen die genannten Aktionen detailliert in Abschnitt 7.5.3 vorstellen.

7.4.2 Vererbung von Rechten

Bisher haben Sie gelernt, dass die Rechte in Zugriffsberechtigungen gesammelt werden und diese den Anwendungen, Verzeichnissen, Objekten, Dokumenten, Verbindungen und auch Benutzern im System zugeordnet werden. Wenn das System neu installiert wurde, mag es unter Umständen noch möglich sein, den wenigen Objekten die notwendigen Berechtigungen für Benutzer und Gruppen zuzuweisen. Praktisch ist dies sicher nicht. Wenn man zudem bedenkt, dass das System in jeglicher Hinsicht wächst, d.h. mehrere Dutzend Zugriffsberechtigungen, Hunderte Benutzer und gar Tausende Objekte angelegt werden, wird schnell klar, dass kein Administrator diese Aufgaben manuell erledigen will und wird – ganz abgesehen davon, dass das System selbst jedes gesetzte Recht in seinem Hauptspeicher halten müsste.

Um diese manuelle Zuordnung von Rechten zu den Objekten zu umgehen, werden Berechtigungen in der SAP BusinessObjects BI-Plattform vererbt bzw. übernommen. Mit dieser Vererbung wollen wir uns in diesem Abschnitt näher beschäftigen. Wir werden im Weiteren von der Vererbung von Rechten sprechen, obgleich im deutschen System das englische Wort »Inheritance« mit »Übernahme« übersetzt wurde.

Woher erbt nun ein Benutzer Rechte an den im System enthaltenen Objekten?

Vererbung von Objekten

- Die Rechte stammen aus einer Kombination der Zuordnungen des Benutzers zu den unterschiedlichen Gruppen und Untergruppen, die die Rechte von übergeordneten Ordnern und Unterordnern übernommen haben.
- Rechte können infolge einer Gruppenmitgliedschaft des Benutzers übernommen werden. Untergruppen können Rechte von übergeordneten Gruppen übernehmen. Benutzer und Gruppen können Rechte von übergeordneten Ordnern übernehmen.
- Benutzer und Gruppen übernehmen zudem per Default die Rechte, welche sie an einem Ordner besitzen für alle Objekte, die in diesem Ordner angelegt werden.

Es ist also sinnvoll, dass Sie zunächst die Rechte für Benutzer und Gruppen auf Ordnerebene definieren und vergeben und erst dann die Objekte in diesem Ordner anlegen lassen. SAP BusinessObjects kennt zum einen die Gruppenvererbung und zum anderen die Ordnervererbung.

Gruppenvererbung

Mit der Vererbung über Gruppen erhalten Benutzer und andere Gruppen infolge einer einfachen Gruppenzugehörigkeit Rechte. Sinnvoll ist dies genau dann, wenn alle Benutzer in Gruppen und Untergruppen organisiert und verwaltet werden.

Recht durch Gruppenzugehörigkeit

7 | Benutzer- und Berechtigungsverwaltung

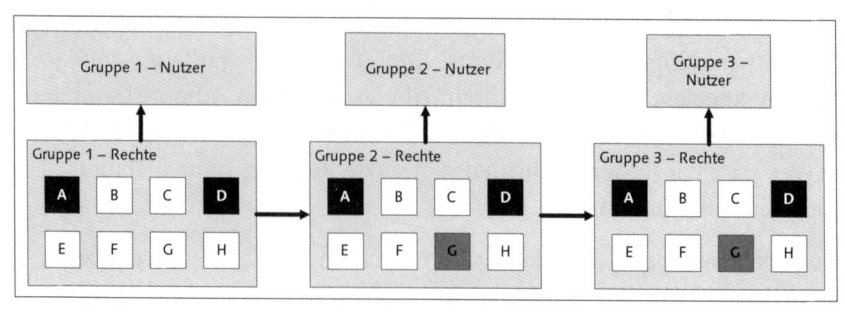

Abbildung 7.5 Gruppenvererbung zwischen Gruppen

Wie funktioniert nun die Vererbung? Sehen wir uns hierzu Abbildung 7.5 näher an. Sie sehen hier eine Hauptgruppe 1, der eine beliebiger Anzahl von Benutzern zugeordnet ist. In dieser Gruppe gibt es die Rechte A bis H, wobei das Recht A und das Recht D gewährt sind und die Rechte B, C, E, F, G und H nicht angegeben wurden. Daneben existiert die Gruppe 2, mit einer kleineren Anzahl von Benutzern. Diese Gruppe ist eine Untergruppe der Gruppe 1 und erbt deren Rechte. Das bedeutet, dass die Rechte A und D in dieser Gruppe den Benutzern gewährt werden, wohingegen die anderen Rechte nicht angegeben sind, also vom System per Default verweigert werden. In Gruppe 2 wird jedoch explizit zusätzlich das Recht G verweigert. Demnach haben die Benutzer der Gruppe 2 nicht die Möglichkeit, dieses Recht auszuführen. Gruppe 3 erbt als Untergruppe wiederum die Rechte der Gruppe 2. Die Benutzer haben also die identischen Rechte wie die der Gruppe 2. Allerdings besteht für die Zukunft die Möglichkeit, den Benutzern mehr oder weniger Rechte zu geben, also beispielsweise das Recht G zu gewähren.

Vererbung bei mehreren Gruppen

Abbildung 7.5 zeigt die Vererbung von einer Gruppe an die nächste und die Zugehörigkeit der Benutzer zu jeweils einer Gruppe. Wie funktioniert die Gruppenvererbung, wenn ein Benutzer nun zwei Gruppen zugeordnet ist? Dies zeigt Abbildung 7.6.

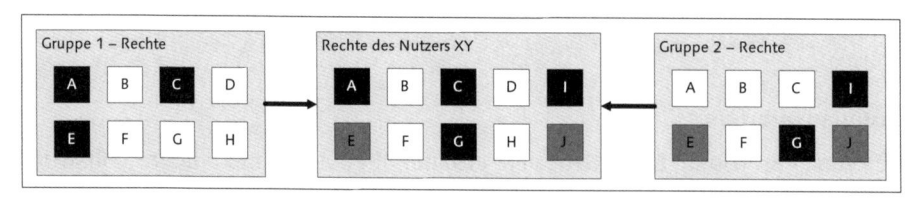

Abbildung 7.6 Gruppenvererbung bei mehreren Gruppen

Benutzer XY ist sowohl Gruppe 1 als auch Gruppe 2 zugeordnet. In Gruppe 1 werden die Rechte A, C und E gewährt, alle anderen Rechte sind nicht angegeben. In der Gruppe 2 dagegen werden die Rechte E und J verweigert und die Rechte G und I gewährt. Die Rechte D und H sind nicht in der Gruppe 2 definiert, genauso wenig wie die Rechte I und J in der Gruppe 1 enthalten sind. Demzufolge erhält der Benutzer XY eine Kombination aus den Rechten der beiden Gruppen: Die Rechte A, C, G und I werden gewährt und die Rechte E sowie J werden verweigert.

Wird also ein Recht in einer Gruppe gewährt und in der anderen Gruppe verweigert, wird es dem zugeordneten Benutzer verweigert, es sei denn, dass es am Objekt für den Benutzer explizit wieder erlaubt wird.

Ordnervererbung

Bei der Ordnervererbung erhalten die Benutzer und Gruppen die Rechte durch den übergeordneten Ordner eines Objekts verliehen. Dies ist dann sinnvoll, wenn die Inhalte der SAP BusinessObjects BI-Plattform in einer Ordnerhierarchie geordnet und verwaltet werden. Wenn Sie beispielsweise einen Ordner anlegen, der die Verkaufsberichte Ihres Unternehmens verwalten soll, und Sie gewähren einer Gruppe »Verkauf« die Zugriffsberechtigung VIEW, verfügt die Gruppe für alle Berichte über jene Berechtigung. Standardmäßig übernimmt jeder Benutzer, der Rechte auf diesen Ordner hat, dieselben Rechte für alle Berichte, die er in diesen Ordner ablegt. Objektrechte müssen also nur einmal auf der Ordnerebene festgelegt werden.

Objektrechte auf Ordnerebene

Überschreiben von Rechten

Ein weiteres Verhalten im Umgang mit Rechten, das Sie kennen sollten, ist das Überschreiben von Rechten. Dabei werden festgelegte Rechte von übergeordneten Objekten überschrieben. Dies geschieht durch Rechte, die explizit an untergeordnete Objekte vergeben wurden. Um benutzerdefinierte Rechte für ein Objekt festzulegen, müssen Sie die Vererbung innerhalb der Gruppe oder des Ordners nicht abstellen.

Beim Überschreiben der Rechte gelten die folgenden Rahmenbedingungen:

Rahmenbedingungen beim Überschreiben von Rechten

- Rechte, die für untergeordnete Objekte vergeben werden, überschreiben Rechte, die für übergeordnete Objekte festgelegt wurden.

7 | Benutzer- und Berechtigungsverwaltung

- Rechte, die für Untergruppen oder Gruppenelemente vergeben werden, überschreiben Rechte, die für Gruppen festgelegt wurden.
- Das untergeordnete Objekt übernimmt die Rechte des übergeordneten Objekts, mit Ausnahme der Rechte, die explizit für das untergeordnete Objekt festgelegt werden.
- Veränderungen an den Rechten für das übergeordnete Objekt wirken sich auch auf das untergeordnete Objekt aus.

Überschreiben von Rechten bei Ordnern

Sehen wir uns diese Funktion im Zusammenhang mit Ordnern an einem einfachen Beispiel an. In Abbildung 7.7 sehen Sie auf der rechten Seite den Ordner, der ein Recht A – beispielsweise das Lesen des Ordnerinhalts – gewährt, und Recht E – das Bearbeiten von Inhalten in dem Ordner – verweigert. Diese Rechte werden an den Benutzer XY vererbt. Nun weisen Sie als Administrator diesem Benutzer das Recht C zu, das dem Benutzer explizit erlaubt, ein Dokument im Ordner zu bearbeiten.

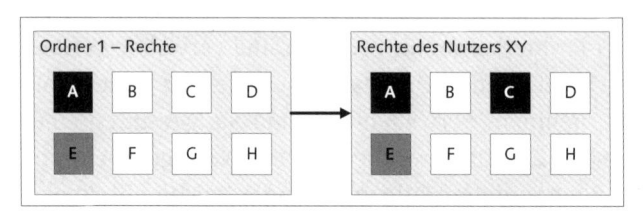

Abbildung 7.7 Überschreiben von Rechten in Ordnern

Überschreiben von Rechten bei Gruppen

Das Überschreiben von Rechten in Gruppen funktioniert identisch. Dies haben wir in Abbildung 7.8 dargestellt.

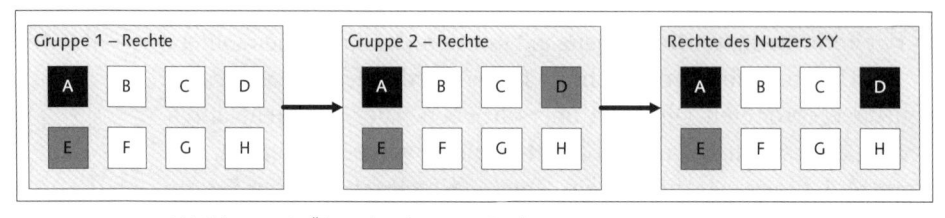

Abbildung 7.8 Überschreiben von Rechten in Gruppen

In Gruppe 1 ist das Recht A gewährt und das Recht E verweigert. Nehmen wir wieder an, dass das Recht A das Lesen im Ordner erlaubt und das Recht E das Bearbeiten von Inhalten verweigert. Diese Rechte werden an die Untergruppe 2 vererbt. Dieser Gruppe wurde explizit das Recht D verwehrt, also beispielsweise das Bearbeiten eines Dokuments. Der Benutzer XY gehört der Gruppe 2 an, somit erhält er alle dort definierten Rechte. Sie als Administrator gewähren dem Benutzer aber zusätzlich die Berechtigung zum Bearbeiten des Dokuments. Somit wird das Recht D aus Gruppe 2 überschrieben.

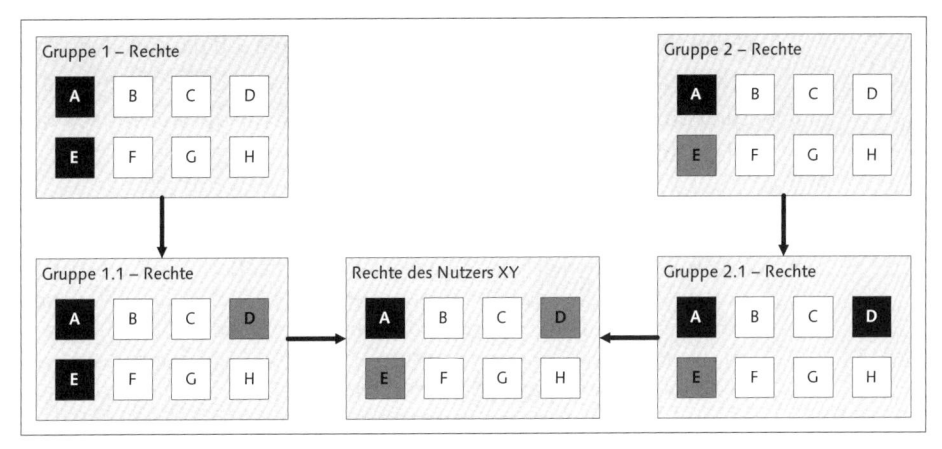

Abbildung 7.9 Überschreiben von Rechten mit mehreren Gruppen

Abbildung 7.9 zeigt, wie das Überschreiben von Rechten funktioniert, wenn ein Benutzer mehreren Gruppen zugeordnet ist und die Gruppen exakt die gleichen bzw. einige gleiche Rechte gewähren bzw. verweigern. Hauptgruppe 1 gewährt sowohl Recht A als auch Recht B. Im Gegensatz dazu verweigert Gruppe 2 das Recht E. Die Untergruppe 1.1 erbt die Rechte von Gruppe 1 und es wird explizit das Recht D verweigert. In der Untergruppe 2.1 wird das Recht D explizit erlaubt. Der Benutzer XY gehört nun sowohl Gruppe 1.1 als auch Gruppe 2.1 an. Er erbt von beiden Gruppen die Rechte. Da zwischen diesen beiden Gruppen keine Vererbung besteht, sie also einen gleichwertigen Status besitzen, findet kein Überschreiben von Rechten statt. Aufgrund des auf Verweigerung basierenden Modells im SAP BusinessObjects BI-Plattform-System werden deshalb das Recht D und auch das Recht E beim Benutzer XY verweigert. Eine solche Situation kann unter Umständen sehr verwirrend sein, da die Auswirkungen des Überschreibens von Rechten relativ intransparent sind.

Überschreiben von Rechten mit mehreren Gruppen

Der Vorteil der Funktion des Überschreibens ist, dass Sie durch die Änderung von wenigen Rechten an untergeordneten Objekten einzelnen Benutzern mehr oder weniger Rechte geben können, ohne jedoch die vererbten Rechte zu ignorieren oder anpassen zu müssen.

Gültigkeitsbereich von Rechten

In Tabelle 7.4 hatten wir Ihnen unter anderem die beiden Werte AUF OBJEKT ANWENDEN/APPLY TO OBJECT sowie AUF UNTEROBJEKT ANWENDEN/APPLY TO SUB OBJECT aufgelistet. Diese beiden Werte von Rechten können benutzt werden, um den Gültigkeitsbereich der Rechte einzuschränken, also das Ausmaß der Vererbung festzulegen. Über die Selektion der Werte können Sie entscheiden, ob das Recht auf das Objekt, auf dessen Unterobjekte oder eben auf beide angewendet werden soll. Standardmäßig vergibt das System die Rechte sowohl auf das Objekt als auch auf das Unterobjekt.

[zB] **Gültigkeitsbereich einschränken**

Wann ist es nun sinnvoll, den Gültigkeitsbereich der Rechte entsprechend einzuschränken? Sie haben beispielsweise für die Benutzer der Abteilung A einen gemeinsamen Ordner. In diesem Ordner werden Objekte abgelegt, die von allen Benutzern der Abteilung gelesen und bearbeitet werden. Zusätzlich erhält jeder Benutzer einen persönlichen Unterordner in dem gemeinsamen Ordner. Dieser Unterordner muss vor dem Zugriff der anderen Benutzer geschützt sein. Nur der Eigentümer des Ordners darf auf diesen zugreifen. Sie als Administrator würden in diesem Fall allen Benutzern Ansichts- und Bearbeitungsrechte für den gemeinsamen Ordner hinzufügen und dieses Recht auf den gemeinsamen Ordner beschränken, also den Wert AUF OBJEKT ANWENDEN/APPLY TO OBJECT vergeben. Das heißt, dass die hinzugefügten Rechte nicht für die persönlichen Unterordner gelten. Zusätzlich würden Sie als Administrator den Benutzern Ansichts- und Bearbeitungsrechte auf deren eigene persönliche Ordner geben.

Auflösung der Vererbung

Eine weitere wichtige Funktion ist das Aufheben der Vererbung, mit der Sie verhindern, dass Rechte in andere Gruppen oder Ordner übernommen werden. Die Vererbung schalten Sie bei der Vergabe der Zugriffsberechtigungen aus. Dabei können Sie sowohl die Gruppenvererbung als auch die Ordnervererbung oder beide gleichzeitig deaktivieren. Wenn Sie die Vererbung deaktivieren, wirkt sich dies auf alle Rechte aus. Sie können also die Vererbung nicht für einzelne Rechte deaktivieren und für andere bestehen lassen.

Sehen wir uns hierzu Abbildung 7.10 an. Im oberen Teil sehen Sie, dass die Gruppen- und Ordnervererbung aktiv ist. Der Benutzer XY übernimmt von Ordner 1 die Rechte A und E als gewährt, die Rechte B, C, F, G und H als nicht angegeben (vom System als verweigert behandelt) sowie das Recht D als explizit verweigert. Wenn die

Rechte auf Ordnerebene für die Gruppe festgelegt wurden, hat dies zur Folge, dass die Gruppe und der Benutzer XY die Rechte an Dokument A in Ordner 1 besitzen. Im unteren Teil sehen Sie nun, dass die Vererbung auf Ordnerebene aufgelöst wird. Benutzer XY bekommt nun keine der Rechte auf Ordnerebene vererbt. Er kann erst wieder auf Dokument A zugreifen, nachdem der Administrator dem Benutzer neue Rechte zugewiesen hat.

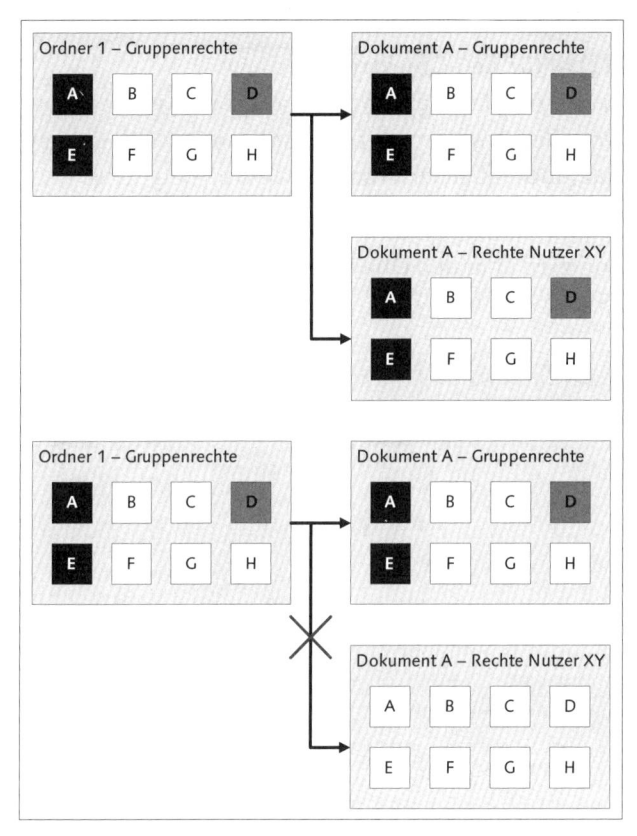

Abbildung 7.10 Vererbung aufheben

7.4.3 Typspezifische Berechtigungen

Das SAP BusinessObjects BI-Plattform-System kennt sogenannte typspezifische Rechte. Dies sind Rechte, die nur auf bestimmte Objekttypen Auswirkung haben. Objekttypen sind beispielsweise Crystal-Reports-Berichte, Universe-Design-Berechtigungen, Ordner- oder Zugriffsberechtigungen. Typspezifische Rechte werden in Sammlungen eingeteilt. Sie finden Rechte zum Inhalt, zur Anwendung und zum System.

Objekttypen und Sammlungen

7 | Benutzer- und Berechtigungsverwaltung

Kategorien von Rechten

In diesen einzelnen Sammlungen unterteilt man die Rechte auf Grundlage des Objekttyps in die folgenden beiden Kategorien:

- **Allgemeine Rechte für den Objekttyp**
  Diese Rechte sind identisch mit allgemeinen globalen Rechten, wie beispielsweise dem Recht zum Hinzufügen, Löschen oder Bearbeiten eines Objekts. Sie werden jedoch auf spezifische Objekttypen umgelegt, um die allgemeinen globalen Rechteeinstellungen zu überschreiben.

- **Spezifische Rechte für den Objekttyp**
  Sie sind nur für spezifische Objekttypen verfügbar. Das Recht zum Exportieren von Berichtsdaten wird beispielsweise für Crystal-Reports-Berichte, nicht aber für Word-Dokumente angezeigt.

Sie können mit Hilfe von typspezifischen Rechten die Rechte von Gruppen und Benutzern über den Objekttyp einschränken. Sehen Sie sich hierzu Abbildung 7.11 an.

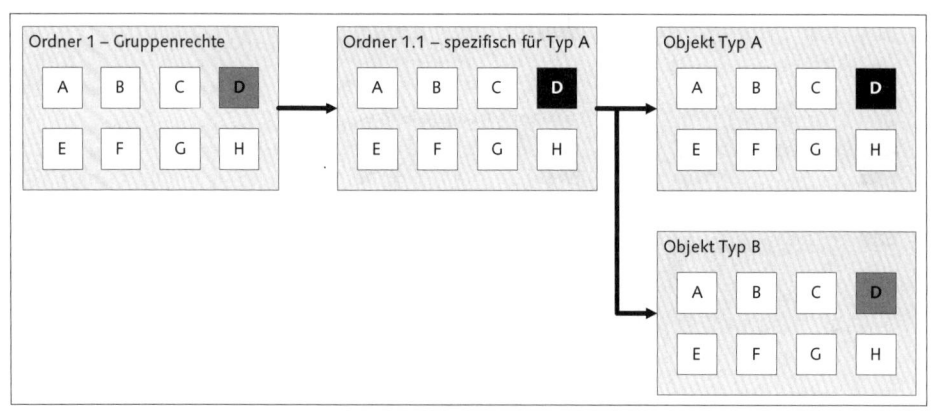

Abbildung 7.11 Typspezifische Rechte

Recht D entspricht in Abbildung 7.11 dem Recht zur Bearbeitung eines Objekts. Ordner 1 auf der obersten Eben verweigert auf allgemein globaler Ebene den zugeordneten Gruppen und Benutzern das Recht zur Bearbeitung von Objekten. Allerdings werden im Unterordner die Bearbeitungsrechte für Objekttypen A erlaubt. Diese Rechte sind nur für Objekttypen A gültig und überschreiben die Rechteeinstellungen für die allgemeinen globalen Rechte aus dem Hauptordner. Folglich können Benutzer in den Gruppen Objekttypen A bearbeiten, Objekttypen B jedoch nicht.

Wie oben erwähnt, findet eine Einteilung der typspezifischen Rechte auf der Grundlage der jeweiligen Objekttypen in Sammlungen statt:

Sammlungen von typspezifischen Rechten

- **Sammlung »Allgemein«**
  Diese Rechte wirken sich auf alle Objekte aus.

- **Sammlung »Inhalt«**
  Diese Rechte werden in die verschiedenen Inhaltsobjekttypen eingeteilt. Microsoft Office-Dokumente, Crystal-Reports-Berichte oder Adobe PDFs sind einige Beispiele für diese Inhaltsobjekttypen.

- **Sammlung »Anwendung«**
  Diese Rechte werden danach unterteilt, auf welche Anwendung im SAP BusinessObjects BI-Plattform-System sie sich auswirken. Beispiele sind der Explorer oder die Dashboard-Design-Anwendung.

- **Sammlung »System«**
  Hier findet eine Einteilung danach statt, auf welche Systemkomponenten sich die Rechte auswirken. Beispiele für Systemkomponenten sind Universum, Ereignisse, Benutzer und Gruppen.

In Abbildung 7.12 sehen Sie exemplarisch auf der linken Seite die eben beschriebenen Sammlungen. Wir haben aus der Sammlung Anwendung die Central Management Console ausgewählt. Auf der rechten Seite sind die allgemeinen und die spezifischen Rechte zu dieser Anwendung erkennbar.

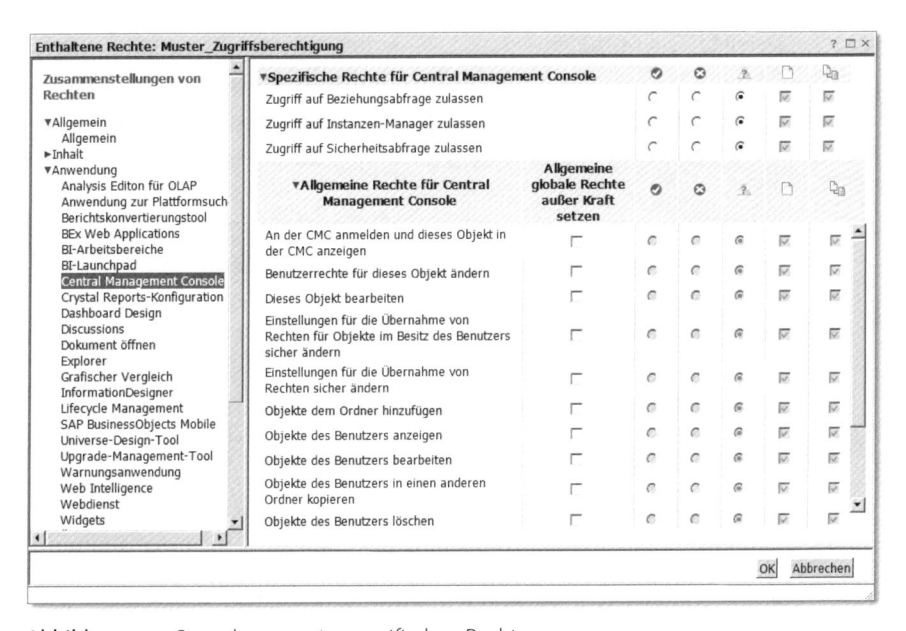

Abbildung 7.12 Sammlung von typspezifischen Rechten

7.4.4 Delegation der Administration

Bisher haben wir im Bereich der Berechtigungen und Rechte immer von dem Gewähren und Verweigern eines Zugriffs auf Anwendungen, Verzeichnisse, Dokumente, Verbindungen und auch Benutzer oder Gruppen – also auf die Objekte der SAP BusinessObjects BI-Plattform – gesprochen. Selbstverständlich haben Sie auch die Möglichkeit, über die Rechte den Zugriff auf die administrativen Aufgaben zu steuern. So können Sie innerhalb des Systems Mitarbeitern verschiedener Abteilungen die Verwaltung Ihrer eigenen Benutzer und Gruppen übergeben. Oder Sie übertragen die globale Verwaltung des Systems einem Administrator und delegieren nur die Administration der einzelnen Server an die Mitarbeiter der IT-Abteilung.

Rechte delegierter Administratoren

In Tabelle 7.5 finden Sie alle Rechte zusammengefasst, die delegierte Administratoren zum Ausführen sehr allgemeiner Aktionen zugewiesen bekommen können. Wenn Sie sich mit den Rechten auseinandersetzen, die Sie einem delegierten Administrator zuweisen können, werden Sie schnell sehen, dass es noch eine Vielzahl weiterer Rechte gibt als die, die wir in der Tabelle aufgelistet haben.

Auszuführende Aktion	Benötigte Rechte
Erstellen neuer Benutzer	Für den Ordner BENUTZER: ▸ Objekte dem Ordner hinzufügen
Erstellen neuer Gruppen	Für den Ordner BENUTZERGRUPPE: ▸ Objekte dem Ordner hinzufügen
Löschen betreuter Gruppen und einzelner Benutzer in diesen Gruppen	Für die betreffenden Gruppen: ▸ Objekte löschen
Löschen der vom delegierten Administrator erstellten Benutzer	Für den Ordner BENUTZER: ▸ Objekte des Benutzers löschen
Löschen der vom delegierten Administrator erstellten Benutzer und Gruppen	Für den Ordner BENUTZERGRUPPE: ▸ Objekte des Benutzers löschen
Bearbeiten der vom delegierten Administrator erstellten Benutzer inklusive Hinzufügen dieser Benutzer zu Gruppen	Für den Ordner BENUTZER: ▸ Objekte des Benutzers bearbeiten ▸ Sicher Rechte ändern, die Benutzer für eigene Objekte haben

Tabelle 7.5 Auswahl an Rechten für delegierte Administratoren

Auszuführende Aktion	Benötigte Rechte
Bearbeiten der vom delegierten Administrator erstellten Gruppen inklusive Hinzufügen dieser Gruppen zu Benutzern	Für den Ordner BENUTZERGRUPPE: ▸ Objekte des Benutzers bearbeiten ▸ Sicher Rechte ändern, die Benutzer für eigene Objekte haben
Ändern von Kennwörtern für Benutzer von betreuten Gruppen	Für die betreffenden Gruppen: ▸ Benutzerkennwort ändern
Ändern von Kennwörtern der vom delegierten Administrator erstellten Benutzer	Für den Ordner BENUTZER oder für die betreffenden Gruppen: ▸ Benutzerkennwort im Besitz des Benutzers ändern
Ändern von Benutzernamen, Beschreibungen und sonstigen Attributen sowie Neuzuweisen von Benutzern zu anderen Gruppen	Für die betreffenden Gruppen: ▸ Objekte bearbeiten
Ändern von Benutzernamen, Beschreibungen und sonstigen Attributen sowie Neuzuweisen von Benutzern zu anderen Gruppen für die vom delegierten Administrator erstellten Benutzer	Für den Ordner BENUTZER oder für die betreffenden Gruppen: ▸ Objekte des Benutzers bearbeiten

Tabelle 7.5 Auswahl an Rechten für delegierte Administratoren (Forts.)

In Abschnitt 7.4.2, »Vererbung von Rechten«, haben wir auch den Gültigkeitsbereich von Rechten besprochen. Sie erinnern sich sicherlich, dass vergebene Rechte auf das Objekt, auf das Unterobjekt oder auf beides anwendbar sind. Sie können durch diesen Gültigkeitsbereich von Rechten auch die effektiven Rechte einschränken, über die ein delegierter Administrator verfügt. So kann ein delegierter Administrator zwar über die Rechte SICHER RECHTE ÄNDERN und BEARBEITEN FÜR EINEN ORDNER verfügen. Wenn der Gültigkeitsbereich dieser Rechte jedoch nur auf den Ordner beschränkt ist und nicht dessen Unterobjekte umfasst, kann der delegierte Administrator diese Rechte für eines der Unterobjekte des Ordners keinem anderen Benutzer gewähren.

Rechte einschränken

7.5 Arbeiten mit Benutzern, Gruppen und Zugriffsberechtigungen

Nachdem wir eingangs auf das Anlegen eines Benutzer und einer Gruppe eingegangen sind und anschließend sehr umfänglich die Berechtigungen im SAP BusinessObjects BI-Plattform-System beschrieben haben, wollen wir uns nun näher mit der Verwaltung von Benutzern, Gruppen und der Berechtigungen beschäftigen.

7.5.1 Verwaltung von Benutzern

Die Verwaltung von bestehenden Benutzern findet, wie das Anlegen, in der CMC-Benutzerverwaltung statt. Sie erreichen die Benutzerverwaltung, indem Sie auf die Aktion BENUTZER UND GRUPPEN unterhalb des Bereichs ORGANISIEREN navigieren. Alternativ haben Sie die Möglichkeit, auf der linken Symbolleiste in der CMC den Button zu betätigen. In der geöffneten Anwendung sehen Sie den zweigeteilten Bildschirm. Auf der linken Seite finden Sie den Navigationsbereich und auf der rechten Seite den Detailbereich mit Einträgen bzw. Daten, also den eigentlichen Benutzern, die Sie verwalten können.

Ändern eines bestehenden Benutzers

Schauen wir uns zunächst das Ändern eines Nutzerkontos an. Dies kann über die zwei Wege erfolgen:

- Sie markieren auf den zu ändernden Benutzer und navigieren über das Menü VERWALTEN • EIGENSCHAFTEN.
- Sie öffnen das Kontextmenü auf dem zu ändernden Benutzer und wählen dort den Eintrag EIGENSCHAFTEN.

Es öffnet sich anschließend ein neues Fenster wie in Abbildung 7.13 für den Authentifizierungstypen ENTERPRISE dargestellt. Sie finden in diesem Dialog alle Optionen, die Sie bereits beim Anlegen des Kontos vorgefunden haben. So können Sie den Kontonamen, den vollständigen Namen, die E-Mail-Adresse sowie die Beschreibung ändern. Zudem haben Sie die Möglichkeit, das Kennwort zurückzusetzen und Datenbankanmeldedaten zu hinterlegen und zu aktivieren. Die Kennwortoptionen haben wir bereits in Abschnitt 7.2, »Anlegen eines Benutzers«, vorgestellt. Sollten Sie den Zugriff zeitweilig unterbinden wollen, können Sie die Option KONTO IST DEAKTIVIERT benutzen. Schließlich finden Sie am Ende des Dialogfensters Funktionen, um einen Alias zuzuweisen. Wir werden auf die Alias-Funktionalität in Abschnitt 7.6.4, »Verwalten von Aliasen«, näher eingehen.

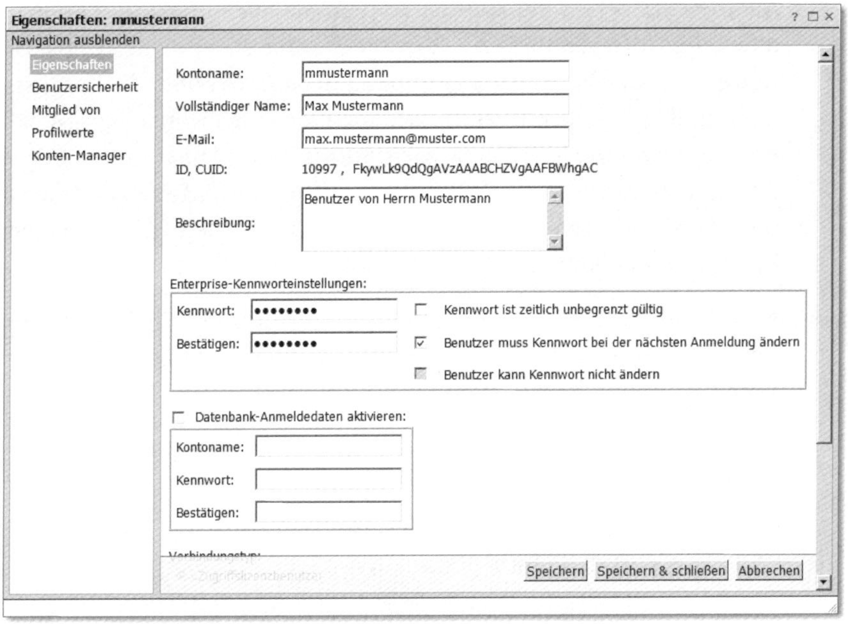

Abbildung 7.13 Ändern eines Benutzerkontos

Um die getätigten Änderungen am Benutzerkonto zu speichern, klicken Sie auf den Button SPEICHERN UND SCHLIESSEN. Falls Sie weitere Änderungen durchführen möchten, wählen Sie SPEICHERN. Die Änderungen werden dann gesichert und Sie können weitere Modifikationen vornehmen. Änderungen an den Nutzerkonten wirken sich immer erst dann aus, wenn der Benutzer sich neu am System anmeldet. Ist dieser gerade aktiv im System, muss er sich ab- und wieder anmelden.

Sie sehen auf der linken Seite in Abbildung 7.13 den Navigationsbereich. Neben den oben bereits beschriebenen Eigenschaften haben Sie folgende Möglichkeiten:

- im Bereich BENUTZERSICHERHEIT dem Nutzerkonto selbst Benutzer und Gruppen zuzuweisen
- sich die Gruppenmitgliedschaft im Bereich MITGLIED VON anzeigen zu lassen sowie dem Benutzer unter Gruppen hinzufügen bzw. zu entfernen
- PROFILWERTE hinzufügen und zu entfernen
- über den Bereich KONTEN-MANAGER das Kennwort, die Datenbankanmeldedaten sowie Aliase zu administrieren

Alle beschriebenen Funktionen können Sie auch über das Kontextmenü des Nutzerkontos bzw. über die Menüleiste erreichen und ausführen. Der Beitritt zu einer Gruppe kann einfacher über die Kontextmenüfunktion GRUPPE BEITRETEN bzw. das gleichnamige Menü erreicht werden. Sie erhalten nach Aufruf dieser Funktion ein Fenster, in dem Sie die verfügbaren Gruppen auf der linken Seite finden und diese über zwei Buttons, die zur Auswahl stehen, hinzufügen bzw. entfernen können.

Löschen eines Benutzerkontos

Neben der zeitweiligen Deaktivierung besteht die Möglichkeit, ein Benutzerkonto zu löschen. Dies geschieht über die folgenden beiden Wege:

- Sie markieren den zu ändernden Benutzer und navigieren über das Menü VERWALTEN • LÖSCHEN.
- Sie öffnen das Kontextmenü auf dem zu ändernden Benutzer und wählen dort den Eintrag LÖSCHEN.

In beiden Fällen erhalten Sie natürlich eine Rückfrage, ob Sie das Nutzerkonto wirklich entfernen wollen. Nach Bestätigung der Meldung findet ein Löschen statt. Hierbei werden neben dem Nutzerkonto auch der Favoritenordner, die persönlichen Kategorien und der Posteingang gelöscht. Wenn der Benutzer noch im System angemeldet ist, erhält er eventuell eine Fehlermeldung, wenn Sie das Konto löschen.

Beachten Sie zudem, dass das Löschen des Kontos nicht automatisch verhindert, dass sich der Benutzer erneut im SAP BusinessObjects BI-Plattform-System anmelden kann. Dies kann unter Umständen dann der Fall sein, wenn das Konto auf einem Drittsteller-System eingerichtet wurde und einer Drittsteller-Gruppe angehört, die Ihrem SAP BusinessObjects BI-Plattform-System zugeordnet ist.

Guest-Konto

Auf das Guest-Konto sind wir bisher lediglich in Tabelle 7.1 eingegangen, in der wir die standardmäßig im System angelegten Benutzer vorgestellt haben. Das Guest-Konto ist per Default im System deaktiviert. Damit wird verhindert, dass keine unberechtigte Anmeldung am SAP BusinessObjects BI-Plattform-System stattfindet. Mit dieser Standardeinstellung ist ebenfalls die anonyme Einzelanmeldung deaktiviert, sodass Benutzer nur mit gültigem Benutzernamen und Kennwort Zugriff auf das BI Launch Pad erhalten. Dem Guest-Konto ist kein Kennwort zugewiesen. Bei einer Aktivierung und der gleichzeitigen Vergabe eines Kennworts ist die anonyme Einzelanmeldung nicht möglich.

Damit Anwender Zugriff auf das BI Launch Pad erhalten, ohne ein eigenes Konto zu besitzen oder zu verwenden, müssen Sie das Guest-Konto aktivieren. Hierfür gehen Sie wie folgt vor:

1. Im Navigationsbereich der Benutzerverwaltung klicken Sie auf BENUTZERLISTE, damit Sie alle im System verfügbaren Benutzer aufgelistet bekommen.
2. Wählen Sie nun das Konto GUEST aus.
3. Wählen Sie im Kontextmenü EIGENSCHAFTEN oder gehen Sie im Menü auf VERWALTEN • EIGENSCHAFTEN.
4. Deaktivieren Sie im erscheinenden Dialogfenster das Kontrollkästchen KONTO IST DEAKTIVIERT.
5. Wählen Sie anschließend SPEICHERN UND SCHLIESSEN.

Damit haben Sie das Guest-Konto aktiviert. Denken Sie daran, dass die Vergabe eines Kennwortes die Einzelanmeldung an das BI Launch Pad verhindert.

7.5.2 Verwaltung von Gruppen

Das Verwalten von Gruppen geschieht, wie deren Anlage, über die CMC-Benutzer- und Gruppenverwaltung. Sie erreichen die Benutzer- und Gruppenverwaltung, indem Sie auf die Aktion BENUTZER UND GRUPPEN unterhalb des Bereichs ORGANISIEREN navigieren oder den Button auf der linken Symbolleiste in der CMC betätigen. In der geöffneten Anwendung sehen Sie den zweigeteilten Bildschirm. Auf der linken Seite finden Sie im Navigationsbereich eine Ordnerstruktur und auf der rechten Seite den Inhaltsbereich mit den Gruppen, die Sie verwalten können.

Änderungen an einer Gruppe können Sie durchführen, indem Sie in der Benutzer- und Gruppenverwaltung Folgendes vornehmen:

Ändern einer Gruppe

- die Gruppe auswählen und im Menü auf VERWALTEN • EIGENSCHAFTEN klicken
- die Gruppe auswählen und im Kontextmenü den Eintrag EIGENSCHAFTEN wählen

Es öffnet sich ein Dialogfenster (siehe Abbildung 7.14). Standardmäßig werden wieder die ALLGEMEINEN EIGENSCHAFTEN eingeblendet. Sie können hier den Titel der Gruppe und dessen Beschreibung modifizieren. Im Navigationsbereich finden Sie weitere Optionen:

- **Benutzersicherheit**
  Hier können Sie Benutzer und Gruppen zuordnen, die Rechte an dieser Gruppe haben.

- **Mitglied von**
  Das Hinzufügen und Entfernen der Gruppe zu einer Gruppe, also die Definition als Untergruppe, ist über diese Funktion möglich.

- **Profilwerte**
  Hier können Sie Profilwerte für die Gruppenmitglieder definieren.

- **Konten-Manager**
  Der Konten-Manager ändert die Optionen des Benutzers, mit dem Sie aktuell angemeldet sind.

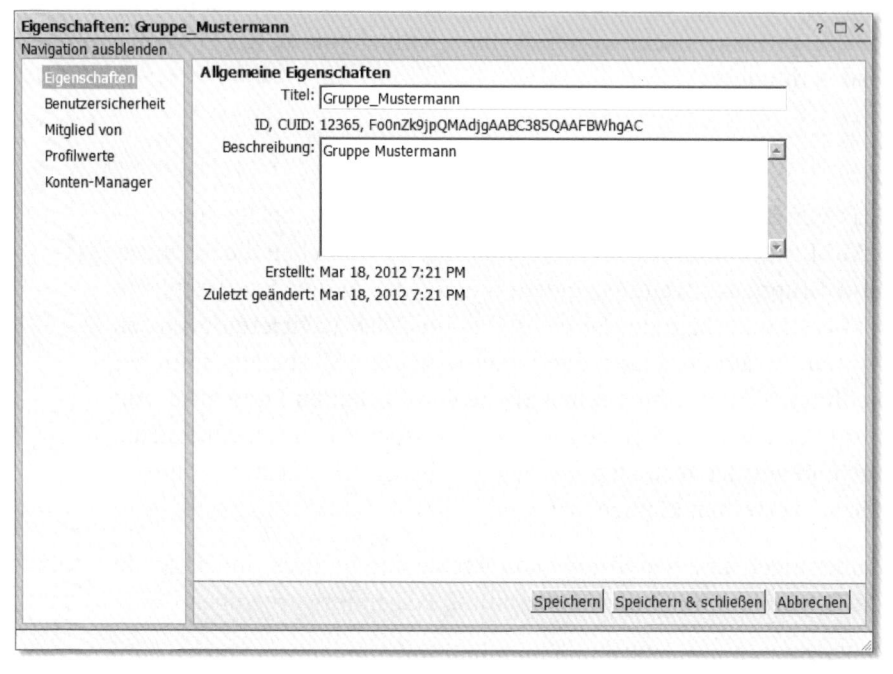

Abbildung 7.14 Ändern von Gruppen

Um die getätigten Änderungen an der Gruppe zu speichern, klicken Sie auf den Button SPEICHERN UND SCHLIESSEN. Falls Sie weitere Änderungen durchführen möchten, wählen Sie SPEICHERN. Die Änderungen werden dann gesichert und Sie können weitere Modifikationen vornehmen. Auf Benutzer, die der geänderten Gruppe angehören, wirken sich die getätigten Änderungen erst mit der nächsten Anmeldung aus.

Diese Optionen können Sie auch bequem über das Kontextmenü oder über das Menü in der Benutzer- und Gruppenverwaltung aufrufen. Der Beitritt der Gruppe zu einer Gruppe, also die Definition als Untergruppe, kann einfacher über die Kontextmenüfunktion GRUPPE BEITRETEN bzw. das gleichnamige Menü erreicht werden. Sie erhalten nach Aufruf dieser Funktion ein Fenster, in dem Sie auf der linken Seite die im System verfügbaren Gruppen finden und diese über zwei Buttons zur Auswahl hinzufügen bzw. entfernen können. Ähnlich schnell und einfach können Sie Benutzer bzw. andere Gruppen einer Gruppe zuweisen. Dies geschieht über die Kontextmenüfunktion MITGLIEDER ZUR GRUPPE HINZUFÜGEN bzw. auch über das gleichnamige Menü.

Falls Sie eine Gruppe nicht mehr benötigen, können Sie diese löschen. Wie bereits beschrieben, ist ein Löschen der Standardgruppen EVERYONE und ADMINISTRATORS (siehe Tabelle 7.2) nicht möglich. Um eine Gruppe zu löschen, gehen Sie wie folgt vor:

Löschen einer Gruppe

1. Wählen Sie zunächst in der Benutzer- und Gruppenverwaltung die Gruppe aus, die Sie löschen möchten.
2. Klicken Sie im Kontextmenü auf LÖSCHEN bzw. gehen Sie im Menü auf VERWALTEN • LÖSCHEN. Nun wird ein Dialogfenster angezeigt, in dem Sie das Löschen der Gruppe bestätigen müssen.
3. Klicken Sie auf den Button OK, um die Gruppe zu löschen.

Mit dem Löschen der Gruppe wird die Zuordnung der Benutzer und anderen Gruppen aufgehoben. Damit verlieren diese auch alle übernommenen Rechte. Auf angemeldete Benutzer wirkt sich das Löschen erst dann aus, wenn diese sich vom System ab- und wieder anmelden.

7.5.3 Arbeiten mit Zugriffsberechtigungen

In Abschnitt 7.4.1, »Zugriffsberechtigungen«, haben wir bereits erläutert, wozu Zugriffsberechtigungen dienen und welche Zugriffsberechtigungen im SAP BusinessObjects BI-Plattform-System bereits vordefiniert sind. Wir möchten nun, analog zu den Benutzern und Gruppen, auf den folgenden Seiten das Arbeiten mit den Zugriffsberechtigungen umreißen. Die Arbeit mit Zugriffsberechtigungen findet in der CMC-Aktion ZUGRIFFSBERECHTIGUNGEN statt. Diese erreichen Sie, indem Sie von der CMC-Startseite auf die Aktion ZUGRIFFSBERECHTIGUNGEN unterhalb des Bereichs DEFINIEREN navigieren. Alternativ haben Sie die Möglichkeit, auf der linken Symbolleiste in der CMC den Button (Zugriffsberechtigungen) zu betätigen. In der geöffneten Anwendung sehen Sie die in Ihrem System vorhandenen Gruppen.

Abbildung 7.15 zeigt den gerade beschriebenen Einstieg in die Verwaltung der Zugriffsberechtigungen in der CMC. Sie sehen hier die in Abschnitt 7.4.1, »Zugriffsberechtigungen«, erläuterten vordefinierten Zugriffsberechtigungen, die in jedem System nach der Installation vorhanden sind. Diese können Sie, wie bereits erläutert, nicht anpassen oder löschen. Weitere, eigene Zugriffsberechtigungen sind in unserem Beispielsystem nicht vorhanden.

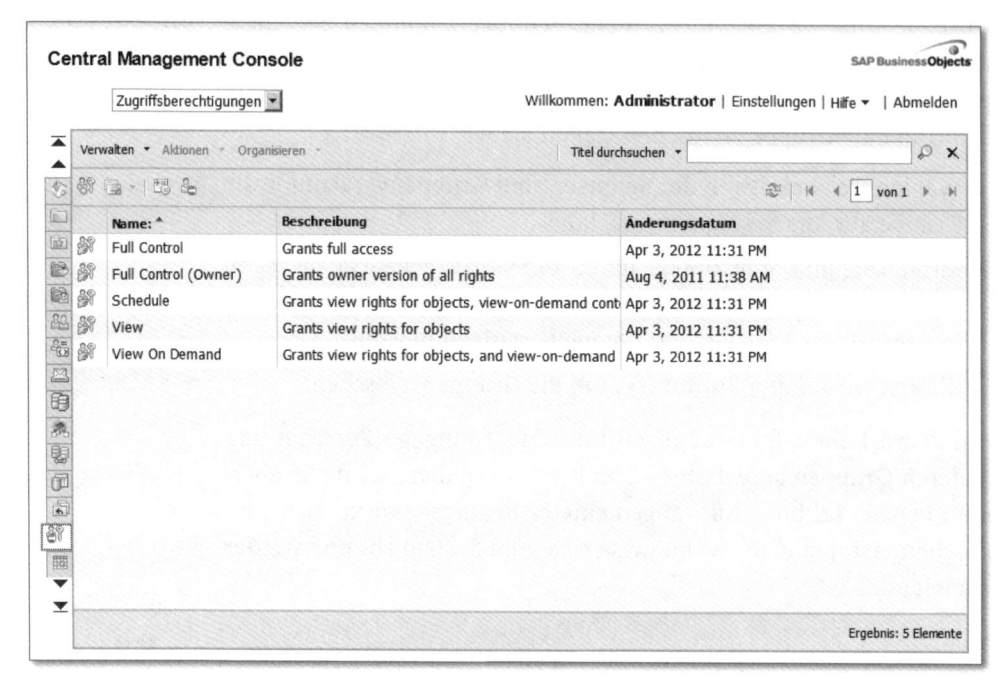

Abbildung 7.15 Einstieg in die Verwaltung der Zugriffsberechtigungen

Kopieren vorhandener Zugriffsberechtigungen

Das Anpassen von vordefinierten Zugriffsberechtigungen kann und muss an Kopien dieser vordefinierten Zugriffsberechtigungen durchgeführt werden. Deshalb ist das Kopieren einer bereits vorhandenen oder vordefinierten Zugriffsberechtigung ein sehr guter Einstieg, wenn Sie nur geringfügige Anpassungen an den Rechten vornehmen müssen und den Großteil der bereits definierten Rechte übernehmen können. Hierzu wählen Sie als Vorlage natürlich eine Zugriffsberechtigung aus, die in ihren Rechten am ähnlichsten zu derjenigen ist, die Sie in der neuen Zugriffsberechtigung abbilden wollen.

Nachdem Sie die Zugriffsberechtigung, die Sie kopieren möchten, per Mausklick im Detailbereich ausgewählt haben, stehen die folgenden Alternativen zur Verfügung, um einen Kopie anzulegen:

▸ Sie navigieren über das Menü ORGANISIEREN • KOPIEREN.
▸ Sie öffnen das Kontextmenü auf der Zugriffsberechtigung und wählen hier ORGANISIEREN • KOPIEREN.
▸ Sie benutzen den Button ORGANISIEREN und verwenden dann die Aktion KOPIEREN.

Nach dem Ausführen der Aktion wird eine Kopie der Zugriffsberechtigung erstellt. Das System vergibt für die Kopie den identischen Namen und fügt zusätzlich eine in Klammern stehende fortlaufende Nummer ein. Falls der vom System gewählte Name identisch mit der vorhandenen Zugriffsberechtigung sein sollte, also keine fortlaufende Nummer enthält, sollten Sie nicht verwundert sein. Hier liegt ein Systemfehler bei der Anzeige im Detailbereich der Zugriffsberechtigungen vor, der im SAP BusinessObjects-Release 4.0 mit dem Feature Pack 5 behoben wurde.

Wenn Sie einen niedrigeren Releasestand verwenden und das aktuellste Feature Pack nicht einspielen können, ist es möglich, die Zugriffsberechtigungen anhand des Änderungsdatums zu unterscheiden. Zudem finden Sie, wie oben bereits beschrieben, in den Eigenschaften der Kopie den Titel der Zugriffsberechtigung mit einer in Klammern fortlaufenden Nummer und eine eindeutige Objekt-ID. Sofern Sie die Berechtigung von einer vordefinierten Zugriffsberechtigung kopiert haben, haben Sie im Kontextmenü nun die Möglichkeit, diese zu löschen und die Rechte zu ändern.

Das Umbenennen einer kopierten oder selbst erstellten Zugriffsberechtigung ist sehr einfach möglich. Klicken Sie die umzubenennende Zugriffsberechtigung im Detailbereich an, und wählen Sie eine der folgenden Aktionen:

Umbenennen einer Zugriffsberechtigung

- Navigieren Sie im Menü zu VERWALTEN • EIGENSCHAFTEN.
- Öffnen Sie das Kontextmenü auf der Zugriffsberechtigung und wählen EIGENSCHAFTEN.
- Benutzen Sie den Button OBJEKTEIGENSCHAFTEN VERWALTEN.

In allen drei Fällen öffnet sich das Dialogfenster EIGENSCHAFTEN und Sie haben die Möglichkeit, unter den ALLGEMEINEN EIGENSCHAFTEN den Titel der Zugriffsberechtigung zu ändern. Wählen Sie SPEICHERN oder SPEICHERN & SCHLIESSEN, um die Änderungen am Titel zu sichern.

Erstellen einer neuen Zugriffsberechtigung

Falls Sie eine Zugriffsberechtigung von Grund auf neu aufbauen wollen, diese sich also deutlich von den bereits bestehenden unterscheidet, legen Sie diese neu im System an. Dies ist wie folgt möglich:

- Im Navigationsmenü wählen Sie NEU • ZUGRIFFSBERECHTIGUNG erstellen.
- Sie wählen im Kontextmenü einer bereits bestehenden Zugriffsberechtigung NEU • ZUGRIFFSBERECHTIGUNG ERSTELLEN.
- Im Detailbereich öffnen Sie das Kontextmenü auf einer freien Fläche und wählen ZUGRIFFSBERECHTIGUNG ERSTELLEN.
- Über den Button NEUE ZUGRIFFSBERECHTIGUNG ERSTELLEN haben Sie ebenso die Möglichkeit, die Funktion auszuführen.

Es wird ein kleines Dialogfenster geöffnet, in dem Sie den Titel und eine kurze optionale Beschreibung zu Ihrer neuen Zugriffsberechtigung vergeben können. In Abbildung 7.16 finden Sie beispielhaft das beschriebene Dialogfenster. Wir haben hier eine Zugriffsberechtigung mit dem Namen REPORTING und einer entsprechenden Kurzbeschreibung erstellt.

Löschen einer Zugriffsberechtigung

Selbst erstellte Zugriffsberechtigungen können Sie aus dem System löschen. Wird die Zugriffsberechtigung an Objekten verwendet, so erhalten Sie im Bestätigungsfenster zum Löschen eine Auflistung jener Objekte, auf die sich das Löschen auswirkt. Wir haben beispielhaft einen Ordner ERGEBNISSE angelegt und die Gruppe GRUPPE_MUSTERMANN mit der oben angelegten Zugriffsberechtigung REPORTING als Sicherheit hinzugefügt. Das gleiche Vorgehen haben wir für die Anwendung WEB INTELLIGENCE wiederholt.

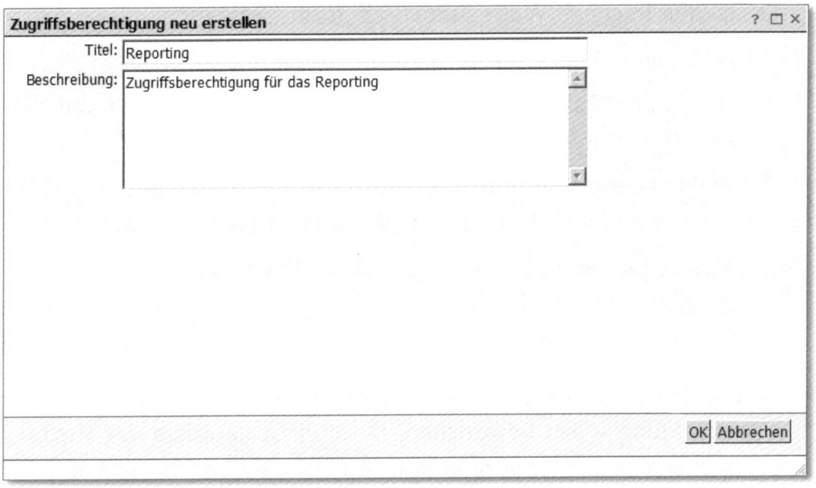

Abbildung 7.16 Anlegen einer neuen Zugriffsberechtigung

In Abbildung 7.17 sehen Sie, dass das System vor dem Löschen die beiden Objekte auflistet, die auf die Zugriffsberechtigung REPORTING verweisen. Wenn Sie das Löschen nicht durchführen möchten, klicken Sie auf den Button ABBRECHEN. Wenn Sie das Löschen ausführen, werden die Verweise an den Objekten automatisch vom System entfernt.

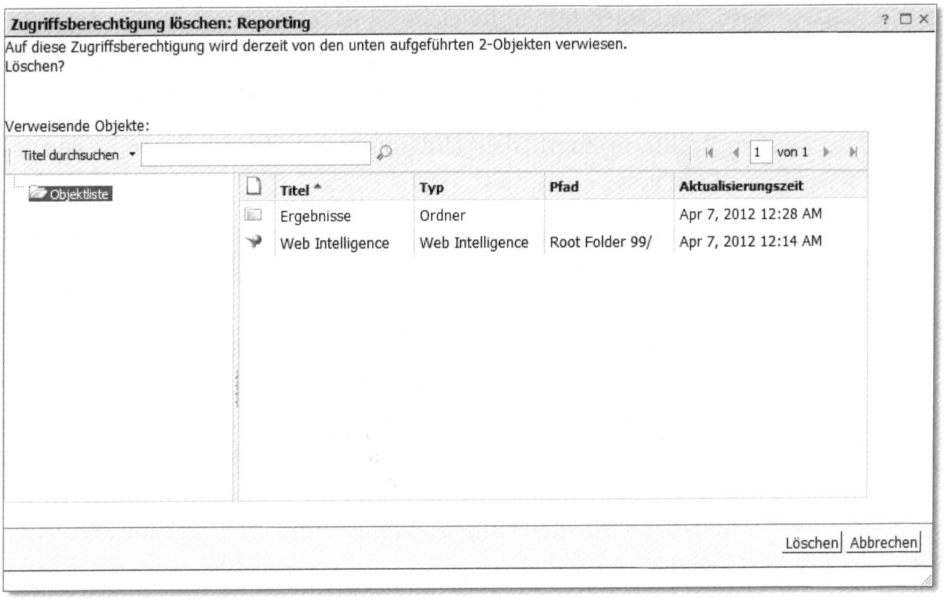

Abbildung 7.17 Löschen einer Zugriffsberechtigung

Es stehen folgende Wege zum Löschen zur Verfügung:

- Markieren Sie im Detailbereich die zu löschende Zugriffsberechtigung und wählen im Navigationsmenü VERWALTEN • ZUGRIFFSBERECHTIGUNG LÖSCHEN.
- Wählen Sie das Kontextmenü auf der zu löschenden Zugriffsberechtigung und klicken Sie auf ZUGRIFFSBERECHTIGUNG LÖSCHEN.
- Markieren Sie im Detailbereich die zu löschende Zugriffsberechtigung und wählen den Button ORGANISIEREN und verwenden dann die Aktion KOPIEREN.

Änderung von Rechten in einer Zugriffsberechtigung

Bisher haben wir lediglich die Änderungsoperationen an der Zugriffsberechtigung selbst besprochen. Wichtig ist natürlich das Hinzufügen, Löschen und Ändern von Rechten in den von Ihnen kopierten und neu angelegten Zugriffsberechtigungen. Empfohlen ist, dass Sie zunächst die allgemeinen globalen und im Anschluss die typspezifischen Rechte zuordnen und festlegen. An dieser Stelle sei auf den Abschnitt 7.4.3, »Typspezifische Berechtigungen«, verwiesen, der sich mit den allgemein globalen und den typspezifischen Rechten beschäftigt. Die allgemeinen globalen Rechte wirken sich, unabhängig vom Typ, auf alle Objekte aus, die typspezifischen Berechtigungen hingegen sind nur für spezifische Objekttypen verfügbar. Sie definieren, ob ein Recht gewährt, verweigert oder nicht angegeben wird, und legen fest, auf welche Objekte das Recht Anwendung finden soll sowie wann die allgemeinen Einstellungen, basierend auf dem jeweiligen Objekttyp, überschrieben werden sollen.

Um Rechte in Zugriffsberechtigungen zu administrieren, gehen Sie wie folgt vor:

1. Wählen Sie die Zugriffsberechtigung aus, bei der die Rechte geändert werden sollen. Gehen Sie im Navigationsmenü auf AKTIONEN • ENTHALTENE RECHTE, klicken im Kontextmenü auf ENTHALTENE RECHTE oder wählen den Button OBJEKTEIGENSCHAFTEN VERWALTEN und anschließend im Navigationsbereich den Punkt ENTHALTENE RECHTE. Es wird ein Dialogfenster mit den enthaltenden effektiven Rechten angezeigt. Wenn die Zugriffsberechtigung neu angelegt wurde, sind keine Rechte enthalten. Wurde sie von einer vordefinierten Zugriffsberechtigung kopiert, finden Sie hier alle Rechte, die auch die Quelle hat.

2. Klicken Sie nun auf den Button Rechte hinzufügen/entfernen.

3. Nun erscheint das Dialogfenster Enthaltene Rechte. In der Navigationsleiste werden die Sammlungen aller Rechte für die Zugriffsebene aufgelistet. Im Detailbereich finden Sie die einzelnen Rechte je Objekttyp aufgelistet. Der Bereich für die allgemeinen globalen Rechte ist standardmäßig für Sie erweitert. Abbildung 7.18 zeigt für die neu angelegte Zugriffsberechtigung Reporting das Dialogfenster Enthaltene Rechte, in dem Sie die Möglichkeit haben, die Rechte zu setzen.

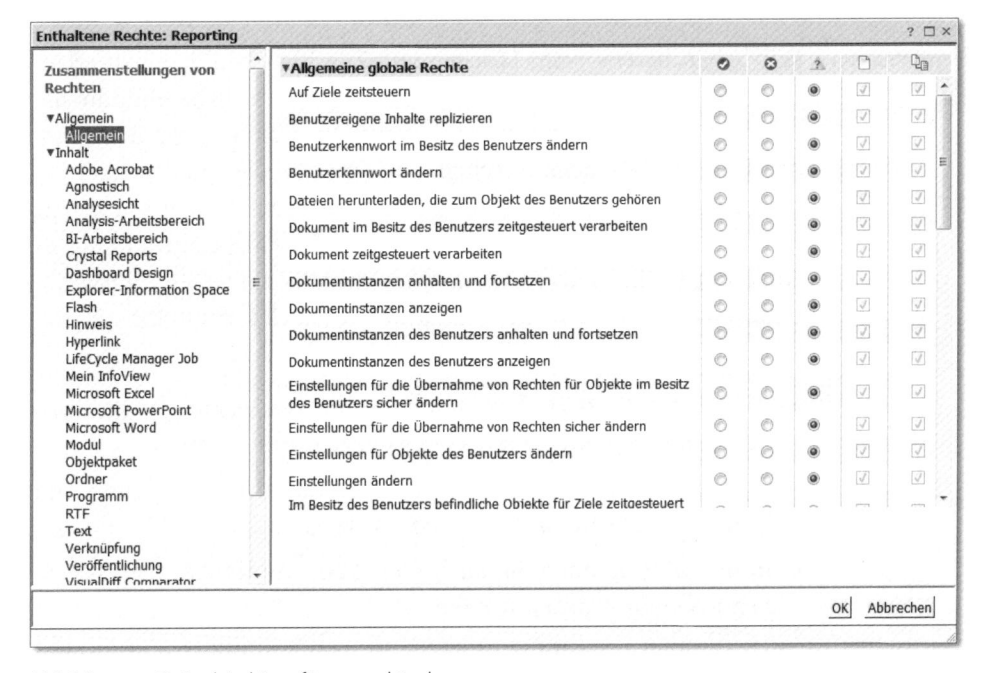

Abbildung 7.18 Rechte hinzufügen und ändern

4. Nun sollten Sie zunächst die allgemeinen globalen Rechte spezifizieren. Wie in Abschnitt 7.4.1, »Zugriffsberechtigungen«, erläutert, können die einzelnen Rechte den Status Gewährt, Verweigert oder Nicht angegeben annehmen. Zudem kann gewählt werden, ob das Recht nur auf das Objekt, nur auf Unterobjekte oder bei beidem angewendet werden soll.

5. Nachdem Sie die allgemeinen globalen Rechte vergeben haben, können Sie die typspezifischen Rechte festlegen. Auch hier nehmen die einzelnen Rechte den Status Gewährt, Verweigert oder Nicht angegeben an, und es kann gewählt werden, ob das Recht

nur auf das Objekt, nur auf Unterobjekte oder bei beidem Anwendung finden soll. Bei einigen Objekttypen können Sie die allgemeinen globalen Rechte außer Kraft setzen und detailliert definieren, wie sich das System bei diesem Objekt verhalten soll. Dazu müssen Sie die Option ALLGEMEINE GLOBALE RECHTE AUSSER KRAFT SETZEN gesondert aktivieren.

6. Die Konfiguration schließen Sie ab, indem Sie auf den Button OK drücken. Das System speichert dann Ihre Eingaben und setzt diese um. Sie gelangen in die Übersicht der enthaltenen effektiven Rechte zurück.

Überprüfen von Beziehungen

Wir haben bereits beim Löschen von Zugriffsberechtigungen erläutert, dass das System eine Liste der Objekte ausgibt, die auf die Zugriffsberechtigung verweisen. Diese Überprüfung der Beziehungen ist nicht nur beim Löschen, sondern auch bei Änderungen an einer Zugriffsberechtigung von großer Bedeutung. Sie müssen sicherstellen, dass keine der an der Zugriffsberechtigung vorgenommenen Änderungen sich in irgendeiner Weise negativ auf Objekte auswirkt. Deshalb können Sie die Beziehungsabfrage auch separat über die folgenden alternativen Wege ausführen:

▸ Wählen Sie die Zugriffsberechtigung aus, und wählen Sie im Navigationsmenü VERWALTEN • TOOLS • BEZIEHUNGEN PRÜFEN.

▸ Öffnen Sie das Kontextmenü auf der Zugriffsberechtigung und wählen Sie TOOLS • BEZIEHUNGEN PRÜFEN.

▸ In der CMC können Sie auch die Aktion ABFRAGEERGEBNISSE im Bereich ORGANISIEREN wählen.

Abbildung 7.19 zeigt die Ergebnisse der Überprüfung von Beziehungen für die Zugriffsberechtigung REPORTING. Diese gleicht sehr der Ausgabe, die wir erhalten haben, als wir die Zugriffsberechtigung löschen wollten. Das Abfrageergebnis ist äußerst hilfreich bei der Verwaltung der Rechte. Sie erhalten die ganzen Objekte an einer zentralen Stelle angezeigt, auf die sich die Zugriffsberechtigung auswirkt.

Voraussetzung für die Erstellung der Liste ist notwendigerweise, dass für Ihr Benutzerkonto die Rechte zur Ansicht dieser Objekte gewährt wurden. Beachten Sie zudem, dass die Abfrage nur diejenigen Objekte anzeigt, für die die Zugriffsberechtigung zugewiesen wurde. Sobald ein Objekt die Zugriffsberechtigung wegen der Vererbung verwendet, wird das Objekt in der Liste nicht ausgegeben.

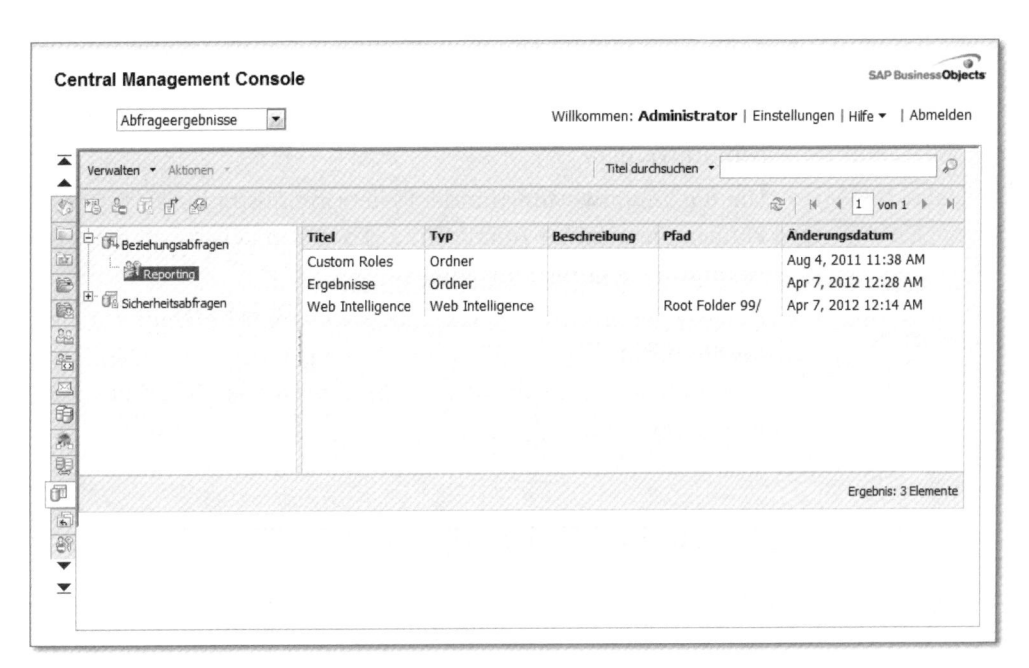

Abbildung 7.19 Überprüfen von Beziehungen

Bevor wir diesen Abschnitt zur Arbeit mit Benutzern, Gruppen und Zugriffsberechtigungen beenden, wollen wir Ihnen folgende Punkte an die Hand geben, die Sie bei der Verwaltung von Rechten berücksichtigen sollten:

- Sie sollten, wenn möglich, immer Zugriffsberechtigungen verwenden, da sich mit diesen die Verwaltung wesentlich vereinfachen lässt.
- Wenn Sie die Rechte und Zugriffsberechtigungen für Ordner der obersten Ebene festlegen, können diese über die Vererbung mit einem minimalen Aufwand an untergeordnete Objekte weitergegeben werden. Dazu zählt, dass Sie eine Auflösung der Vererbung nach Möglichkeit immer vermeiden.
- Auf Ordnerebene sollten Sie geeignete Rechte für Benutzer und Gruppen festlegen. Anschließend veröffentlichen Sie die Objekte in diesem Ordner. Dadurch übernehmen Benutzer oder Gruppen, die Rechte für einen Ordner besitzen, standardmäßig dieselben Rechte für jedes Objekt, das nachfolgend in diesem Ordner veröffentlicht wird.

- Benutzer sollten in Gruppen organisiert werden. Weisen Sie der Gruppe die Zugriffsberechtigungen und Rechte zu. So können neue Benutzer und Änderungen an den Rechten einfacher durchgeführt werden.
- Um die Verantwortung für die Systemadministration zu verteilen, können Sie einzelne Administratorkonten erstellen und diese der Administratorgruppe hinzufügen.
- Der Gruppe EVERYONE/ALLE wird standardmäßig eingeschränkte Rechte für Ordner der obersten Ebene gewährt. Sie sollten diese überprüfen und gegebenenfalls entsprechende Sicherheitsmerkmale zuweisen.

7.6 Authentifizierung

Das SAP BusinessObjects-System bietet unterschiedliche Möglichkeiten an, wie Benutzer sich am System authentifizieren können. Hierfür werden sogenannte Authentifizierungstypen angeboten. Über diese können Sie die verschiedensten Systeme anbinden, die die Verwaltung von Benutzerkonten, Gruppen und Passwörtern übernehmen. Der Authentifizierungstyp ENTERPRISE ist die standardmäßige Methode zur Authentifizierung im SAP BusinessObjects BI-Plattform-System, wird automatisch nach der ersten Installation des Systems aktiviert und kann nicht deaktiviert werden. Bei dieser Methode werden die Benutzerkonten und Gruppen, die Sie zum System hinzufügen, in der Datenbank des SAP BusinessObjects-Systems gespeichert. Die bisherigen Ausführungen in diesem Kapitel haben wir auf Basis der Authentifizierungsmethode ENTERPRISE beschrieben.

Wir wollen an dieser Stelle die Authentifizierungstypen benennen, die Ihnen mit dem SAP BusinessObjects BI-Plattform-System zur Verfügung gestellt werden. Der Einsatz ist natürlich abhängig von den Authentifizierungssystemen und -richtlinien, die in Ihrem Unternehmen verwendet werden. Nach der Vorstellung der Authentifizierungstypen wollen wir, wie in Abschnitt 7.2, »Anlegen eines Benutzers«, bereits angekündigt, die Optionen erläutern, die in der standardmäßigen Authentifizierungsmethode ENTERPRISE mitgebracht werden. Anschließend zeigen wir exemplarisch die Anbindung eines SAP-Systems als Authentifizierungssystem und gehen auf die Möglichkeiten von Aliasen ein.

7.6.1 Verfügbare Authentifizierungstypen

Die SAP BusinessObjects BI-Plattform verfügt in der Auslieferung über eine Vielzahl von Authentifizierungstypen, die Sie verwenden können, um Ihre Authentifizierungssysteme und -quellen anbinden zu können. Von der Reihenfolge her sollten Sie die Benutzerkonten und -gruppen erst einrichten, nachdem Sie entschieden haben, welche Authentifizierungstypen Anwendung finden sollen, und Sie diese eingerichtet und konfiguriert haben. Nachfolgend finden Sie eine Aufstellung der verfügbaren Typen:

- **Enterprise**
  Der Authentifizierungstyp ENTERPRISE ist die standardmäßige Methode zur Authentifizierung. Verwenden Sie diesen Typen, wenn Sie keinen Verzeichnisserver (LDAP oder Windows Active Directory) oder andere Authentifizierungssysteme im Einsatz haben und dennoch eindeutige Konten und Gruppen erstellen möchten.

- **LDAP**
  Wenn Sie einen LDAP-Verzeichnisserver im Einsatz haben, können Sie die dort bestehenden Benutzerkonten und -gruppen in Ihrem SAP BusinessObjects BI-Plattform-System verwenden. Die Anwender können mit ihrem LDAP-Benutzernamen und -kennwort auf SAP BusinessObjects BI-Plattform-Anwendungen zugreifen. Wenn Sie den Authentifizierungstypen LDAP nutzen, ist es nicht mehr notwendig, Benutzer- und Gruppenkonten in der SAP BusinessObjects BI-Plattform neu zu erstellen.

- **Windows Active Directory**
  Gleiches gilt für den Verzeichnisdienst Windows Active Directory. Hier können Sie die bereits vorhandenen Windows AD-Benutzerkonten und -gruppen in der SAP BusinessObjects BI-Plattform nutzen, und die Anwender melden sich mit dem Active Directory-Benutzernamen und -Kennwort am SAP BusinessObjects BI-Plattform-System an. Es ist auch hier nicht mehr notwendig, Benutzer- und Gruppenkonten in der SAP BusinessObjects BI-Plattform neu zu erstellen.

- **SAP**
  Falls Sie bereits ein SAP NetWeaver-System im Einsatz haben, können sich die dort vorhandenen SAP-Benutzer mit Verwendung des SAP-Authentifizierungstypen sowie mit ihrem SAP-Benutzernamen und -Kennwort am SAP BusinessObjects BI-Plattform-System

anmelden. Sie haben die Möglichkeit, Informationen über Benutzerrollen in SAP beizubehalten und diese Rolleninformationen in die SAP BusinessObjects BI-Plattform zu importieren. Diese Rolleninformationen können Sie benutzen, um Rechte für den Zugriff auf Objekte zuzuweisen. Es ist wiederum nicht notwendig, Benutzer- und Gruppenkonten in der SAP BusinessObjects BI-Plattform neu zu erstellen. Wir werden diesen Authentifizierungstypen in Abschnitt 7.6.3, »SAP-Authentifizierungstyp«, näher beschreiben.

- **Oracle E-Business Suite**
  Sie können ein vorhandenes Oracle E-Business Suite-System als Authentifizierungsquelle einsetzen. Dabei nutzen Sie die Oracle E-Business Suite-Rollen und -Benutzer mit ihren Berechtigungen, um sich am SAP BusinessObjects BI-Plattform-System anzumelden. Eine Neuerstellung von Benutzern und Gruppen in der SAP BusinessObjects BI-Plattform ist demzufolge obsolet.

- **Siebel, PeopleSoft Enterprise und JD Edwards EnterpriseOne**
  Identisch verhält es sich mit den Systemen Siebel, PeopleSoft Enterprise und JD Edwards EnterpriseOne. Sollten Sie eines dieser Systeme im Einsatz haben, können Sie es als Quelle für die Authentifizierung am SAP BusinessObjects BI-Plattform-System nutzen. Die Rollen und die Benutzer mit ihren Berechtigungen werden eingesetzt, um sich an den SAP BusinessObjects BI-Plattform-Anwendungen anmelden zu können. Eine Gruppen- und Benutzerpflege ist wiederum obsolet.

Auf die detaillierte Konfiguration jedes einzelnen der genannten Authentifizierungstypen möchten wir an dieser Stelle verzichten. Exemplarisch beschreiben wir dies für die SAP-Authentifizierung in Abschnitt 7.6.3, »SAP-Authentifizierungstyp«.

7.6.2 Enterprise-Authentifizierungstyp

Der Authentifizierungstyp ENTERPRISE ist die standardmäßige Methode zur Authentifizierung im SAP BusinessObjects BI-Plattform-System, wird automatisch nach der ersten Installation des Systems aktiviert und kann nicht deaktiviert werden. Bei dieser Methode werden die Benutzerkonten und Gruppen, die Sie zum System hinzufügen, in der Datenbank des SAP BusinessObjects BI-Plattform-Systems gespeichert. Wir wollen uns in diesem Abschnitt mit den Optionen beschäftigen, die bei diesem Authentifizierungstypen zur Verfügung stehen.

Die Verwaltung der Authentifizierungstypen findet in der CMC-Aktion AUTHENTIFIZIERUNG statt. Sie erreichen die Authentifizierung, indem Sie auf die Aktion AUTHENTIFIZIERUNG unterhalb des Bereichs VERWALTEN navigieren. Alternativ haben Sie die Möglichkeit, auf der linken Symbolleiste in der CMC den Button 🔒 (Authentifizierung) zu betätigen. In der geöffneten Anwendung sehen Sie die im System vorhandenen und installierten Authentifizierungstypen. Mit Klick auf einen der Einträge öffnet sich ein Konfigurations- und Optionsfenster mit unterschiedlichen Reitern und Eingabemöglichkeiten. Die Möglichkeiten sind abhängig von der gewählten Authentifizierungsmethode.

Einstieg in der CMC

Wir wollen uns in diesem Abschnitt mit dem Enterprise-Authentifizierungstypen beschäftigen. Mit Doppelklick auf den Eintrag ENTERPRISE öffnet sich das in Abbildung 7.20 dargestellte Dialogfenster.

Optionen für den Authentifizierungstyp »Enterprise«

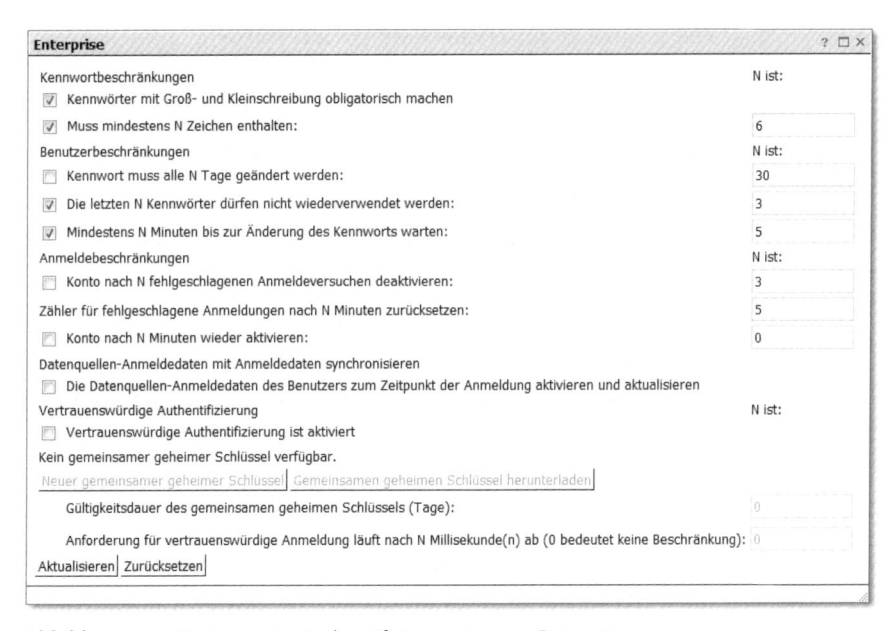

Abbildung 7.20 Optionen im Authentifizierungstypen »Enterprise«

Hier können Sie die nachfolgend beschriebenen Einstellungen vornehmen:

▶ **Kennwortbeschränkungen**
Sie können definieren, ob die Groß- und Kleinschreibung im Kennwort vom System beachtet wird und wie viele Zeichen ein Kennwort enthalten muss.

- **Benutzerbeschränkungen**
  Hier wird definiert, ob das Kennwort regelmäßig in einem bestimmten Zeitraum vom Nutzer geändert werden muss. Des Weiteren können Sie bestimmen, ob und wie viele der letzten Kennwörter nicht wiederverwendet werden dürfen. Außerdem ist es möglich, das System so zu konfigurieren, dass neue Kennwörter nach Eingabe im System sofort oder erst nach einer bestimmten Zeit wieder geändert werden können.

- **Anmeldebeschränkungen**
  Sie können einstellen, dass ein Benutzerkonto nach einer definierten Anzahl von fehlerhaften Anmeldeversuchen deaktiviert wird. Dabei kann bestimmt werden, ob der Zähler für die fehlgeschlagenen Anmeldungen nach einem festzulegenden Zeitintervall zurückgesetzt werden soll. Die automatische Aktivierung eines durch Fehlversuche gesperrten Kontos ist möglich und kann durch das Setzen eines Zeitintervalls konfiguriert werden.

- **Datenquellen-Anmeldedaten**
  Die DATENQUELLEN-ANMELDEDATEN des Benutzers können Sie zum Zeitpunkt der Anmeldung aktivieren und aktualisieren lassen.

- **Vertrauenswürdige Authentifizierung**
  Hier nehmen Sie Einstellung zum Einrichten der vertrauenswürdigen Authentifizierung vor.

Sie sehen, dass Sie die verschiedensten Sicherheitseinstellungen für die Benutzer und deren Kennwörter an die Bedürfnisse Ihres Unternehmens im Authentifizierungstypen ENTERPRISE anpassen können. Standardmäßig sind nach der Installation die in Abbildung 7.20 dargestellten Einstellungen aktiv.

7.6.3 SAP-Authentifizierungstyp

In diesem Abschnitt wollen wir exemplarisch ein SAP NetWeaver-System über den SAP-Authentifizierungstypen als Authentifizierungsquelle an das SAP BusinessObjects BI-Plattform-System anbinden. Bevor Sie die Rollen und Benutzer aus dem SAP NetWeaver-System verwenden können, müssen Sie das System in der Authentifizierungsanwendung integrieren und konfigurieren. Erst dann kann sich das SAP BusinessObjects BI-Plattform-System mit dem SAP NetWeaver-System verbinden, um Rollen zu ermitteln und um SAP-Benutzer zum Authentifizieren zu verwenden.

Lassen Sie uns die Integration und Konfiguration Schritt für Schritt durchgehen:

1. **Benutzer und Berechtigungen im SAP NetWeaver-System**
   Zunächst ist es erforderlich, dass Sie im SAP NetWeaver-System einen Benutzer mit ausreichenden Berechtigungen anlegen, den das SAP BusinessObjects BI-Plattform-System zur Kommunikation nutzen kann. Der Benutzer muss die Rollen und die Rollenzugehörigkeit lesen und den SAP-Benutzer authentifizieren können.

   Legen Sie zunächst einen Benutzer CRYSTAL mit der Transaktion SU01 (Benutzerpflege) an und vergeben Sie ein Kennwort. Dieser Benutzer sollte vom Benutzertyp SYSTEM sein, Sie können aber auch einen DIALOGNUTZER anlegen. Im letzteren Fall melden Sie sich anschließend mit dem Nutzer am System an, um das produktive Kennwort zu setzen. Danach erstellen Sie über die Transaktion PFCG (Rollenpflege) eine Rolle im SAP-System. Vergeben Sie den Namen CRYSTAL_ENTITLEMENT und fügen Sie die in Tabelle 7.6 beschriebenen Berechtigungen manuell ein.

Berechtigungsobjekt	Feld	Werte
S_RFC Berechtigungs- prüfung beim RFC-Zugriff	ACTVT Aktivität	16
	RFC_NAME Name des zu schüt- zenden RFC-Objekts	BDCH, /CRYSTAL/ SECURITY, PRGN_ J2EE, RFC1, SDIFRUN- TIME, STPA, SUNI, SUSO, SUUS, SU_ USER, SYST,
	RFC_TYPE Typ des zu schützen- den RFC-Objekts	FUGR
S_DATASET Berechtigung zum Dateizugriff	ACTVT Aktivität	33, 34
	FILENAME Physischer Dateiname	*
	PROGRAM Programmname mit Suchhilfe	*

Tabelle 7.6 Berechtigungsobjekte für SAP-Benutzer

Berechtigungsobjekt	Feld	Werte
S_USER_GRP Benutzerstammpflege: Benutzergruppen	ACTVT Aktivität	03
	CLASS Benutzergruppe in Benutzerstamm	* (oder entsprechend aufführen)

Tabelle 7.6 Berechtigungsobjekte für SAP-Benutzer (Forts.)

Nachdem Sie die Rolle generiert haben, fügen Sie den SAP-Benutzer CRYSTAL hinzu und sichern die Rolle. Sie haben nun alle Voraussetzungen auf der SAP NetWeaver-Seite erfüllt. Die Namen für den Benutzer und für die Rolle haben wir von der SAP-Hilfe übernommen. Dies sind natürlich nur Vorschläge und können von Ihnen beliebig variiert werden.

2. **Berechtigungssystem hinzufügen**
Melden Sie sich in der CMC an und gehen Sie zur Aktion AUTHENTIFIZIERUNG im Bereich VERWALTEN. Es werden nun die zur Verfügung stehenden Authentifizierungstypen angezeigt. Klicken Sie doppelt auf den Eintrag SAP. Ihnen werden die Einstellungen zum Berechtigungssystem angezeigt. Nach der Installation sollte im Feld NAME DES LOGISCHEN SYSTEMS kein Eintrag vorhanden sein. Ist dies nicht der Fall, klicken Sie den Button NEU.

Abbildung 7.21 SAP-Authentifizierungstyp »Berechtigungssysteme«

Nun versorgen Sie die Felder mit den entsprechenden Informationen. In das Feld SYSTEM tragen Sie die System-ID des SAP NetWeaver-Systems ein. Im Feld CLIENT geben Sie die Mandantennummer ein, in der die SAP-Benutzer und Rollen gespeichert sind. Die Anwendung kombiniert diese beiden Informationen und fügt sie automatisch zur Liste NAMEN DES LOGISCHEN SYSTEMS hinzu. Stellen Sie zusätzlich sicher, dass das Kontrollkästchen DEAKTIVIERT nicht aktiv gesetzt ist.

Nun müssen Sie die Verbindungsinformationen eingeben. Wenn Sie Anmeldegruppen mit Lastausgleich verwenden, geben Sie den MESSAGE-SERVER bzw. NACHRICHTENSERVER und die ANMELDEGRUPPE ein. Falls Sie keinen Lastausgleich verwenden, lassen Sie diese Felder frei und geben den ANWENDUNGSSERVER und die SYSTEMNUMMER an. Schließlich tragen Sie in die Felder BENUTZERNAME den Nutzer »CRYSTAL«, dessen Kennwort und die Sprache ein. Klicken Sie nun auf den Button AKTUALISIEREN. Wenn alle Angaben korrekt sind, werden diese übernommen und das logische System[1] wird angelegt. Wie in Abbildung 7.21 erkennbar, haben wir die Anbindung an ein SAP-System mit der System-ID A64 und dem Mandanten 212 vorgenommen.

3. **Verbindungstest**
Um zu testen, ob die Verbindung zum SAP NetWeaver-System ordnungsgemäß funktioniert, können Sie die Registerkarte ROLLENIMPORT aufrufen. Fehler werden in roter Schrift ausgegeben. Wenn Sie in diesem Fenster in dem Feld VERFÜGBARE ROLLEN eine Liste der Rollen aus Ihrem SAP NetWeaver-System sehen, funktioniert die Verbindung einwandfrei.

Wir haben exemplarisch in unserem SAP NetWeaver-System A64 eine Rolle BOE_REPORTING angelegt und dieser Rolle einen SAP-Benutzer MMUSTERMANN zugeordnet. Der Benutzer selbst kann sich ganz normal im SAP-System A64 bewegen und Transaktionen ausführen.

4. **Rollenimport**
Markieren Sie in der Registerkarte ROLLENIMPORT alle Rollen, die relevant für das SAP BusinessObjects BI-Plattform-System sind,

---

[1] Ein logisches System identifiziert ein System in einem verteilten Umfeld eindeutig. Im SAP-Sinne entspricht jeder Mandant in jedem SAP-System einem logischen System.

und fügen Sie diese zu der Liste IMPORTIERTE ROLLEN hinzu. In unserem Beispiel finden wir in den verfügbaren Rollen die Rolle BOE_REPORTING wieder. Wir haben den Rollenimport für diese Rolle durchgeführt (siehe Abbildung 7.22).

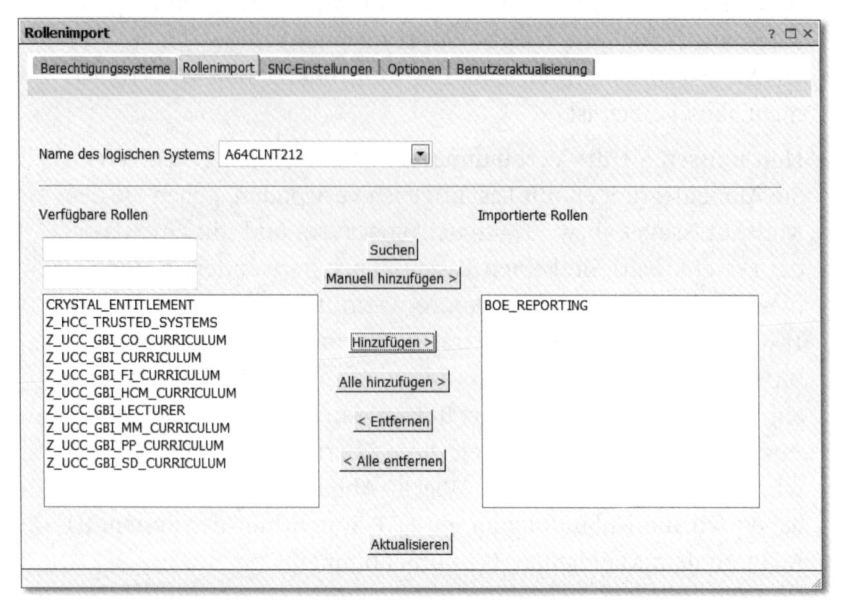

Abbildung 7.22 SAP-Authentifizierungstyp »Rollenimport«

In der Registerkarte SNC-EINSTELLUNGEN nehmen Sie Einstellungen am logischen System für die sichere Kommunikation (SNC) vor.

5. **Optionen für den Authentifizierungstyp »SAP«**
   Die Einrichtung der SAP-Authentifizierungsoptionen findet in der Registerkarte OPTIONEN statt wie in Abbildung 7.23 dargestellt. Das Kontrollkästchen SAP-AUTHENTIFIZIERUNG AKTIVIEREN erlaubt es Ihnen, die SAP-Authentifizierung komplett zu deaktivieren. Falls Sie nur ein bestimmtes SAP-System deaktivieren wollen, nehmen Sie dies am Kontrollkästchen DEAKTIVIERT in der Registerkarte BERECHTIGUNGSSYSTEME vor.

   Unter den ALLGEMEINEN OPTIONEN finden sich die Felder STANDARDSYSTEM und STAMM DES INHALTSORDNERS.

   ▸ Unter dem Feld STANDARDSYSTEM wird Ihnen eine Liste Ihrer SAP-Berechtigungssysteme angezeigt. Wählen Sie hier das System aus, das zur Authentifizierung von Benutzern aufgerufen werden soll, die versuchen, sich mit SAP-Anmeldedaten anzumelden, ohne jedoch ein bestimmtes SAP-System anzugeben.

- Über das Feld STAMM DES INHALTSORDNERS legen Sie fest, an welcher Stelle das SAP BusinessObjects BI-Plattform-System mit der Replikation der BW-Ordnerstruktur in der CMC und im BI Launch Pad beginnen soll. Per Default ist der Wert /SAP/2.0 gesetzt. Um den Ordner zu wechseln, müssen Sie den Namen sowohl in der CMC als auch in der Workbench für die Inhaltsverwaltung ändern.

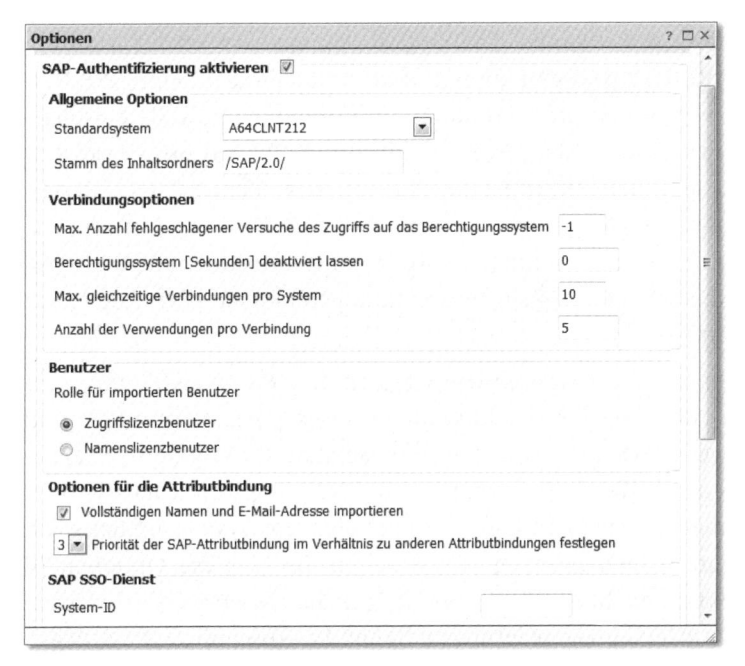

Abbildung 7.23 SAP-Authentifizierungstyp »Optionen«

Des Weiteren können Sie Einstellungen an der Verbindung vornehmen. Mit dem Feld MAX. ANZAHL FEHLGESCHLAGENER VERSUCHE DES ZUGRIFFS AUF DAS BERECHTIGUNGSSYSTEM legen Sie fest, wie viele Versuche unternommen werden sollen, um ein SAP-System für Authentifizierungsanfragen zu kontaktieren:

- Ist der Werte mit –1 angeben, wird das SAP BusinessObjects BI-Plattform-System das Berechtigungssystem so oft wie notwendig kontaktieren.
- Der Wert 0 gibt an, dass nur einmal versucht wird, eine Verbindung herzustellen.

Wie viele Sekunden vor einem Neuversuch zur Authentifizierung der Benutzer gewartet werden soll, können Sie mit dem Feld Berechtigungssystem [Sekunden] deaktiviert lassen einstellen. Ein Wert 60 bedeutet hier, dass das System bei einem Wert 3 im Feld Max. Anzahl fehlgeschlagener Versuche des Zugriffs auf das Berechtigungssystem und dem folgenden vierten Fehlversuch eine Minute lang die Authentifizierungsversuche mit dem SAP NetWeaver-System einstellen würde.

Mit dem Feld Max. gleichzeitige Verbindungen pro System definieren Sie, wie viele Verbindungen zum SAP-System gleichzeitig geöffnet sein können. Die Option Anzahl der Verwendungen pro Verbindung gibt an, wie viele Anmeldungen beim SAP NetWeaver-System pro Verbindung zulässig sind. Falls Sie beispielsweise den Wert 10 für Max. gleichzeitige Verbindungen pro System und den Wert 5 für Anzahl der Verwendungen pro Verbindung festgelegt haben, wird eine Verbindung, über die insgesamt fünf Anmeldungen vorgenommen wurden, von dem SAP BusinessObjects BI-Plattform-System geschlossen und wieder neu geöffnet.

Unter den Benutzeroptionen finden Sie, wie in Abbildung 7.23 dargestellt, zwei Auswahloptionen: Zugriffslizenzbenutzer und Namenslizenzbenutzer. Sie verwenden diese Optionen, um anzugeben, ob die Benutzerkonten zur Nutzung von Zugriffs- oder Namenslizenzen konfiguriert sind. Sofern Ihr System auf Basis von Benutzerrollen lizenziert ist, erhalten Sie hier die Optionen BI Viewer und BI Analyst. Wir haben die Unterschiede zwischen den einzelnen Lizenzierungsoptionen im Abschnitt 7.2, »Anlegen eines Benutzers«, herausgearbeitet.

In den Optionen für die Attributbindung können Sie im Kontrollkästchen Vollständigen Namen und E-Mail-Adresse importieren einstellen, ob die in den SAP-Benutzerkonten verwendeten vollständigen Namen und E-Mail-Adressen importiert werden sollen. Wichtig ist hierbei die Angabe der Prioritätsstufe, die Sie im Feld Priorität der SAP-Attributbindung im Verhältnis zu anderen Attributbindungen festlegen definieren. Wenn die Option auf den Wert 1 festgelegt ist, haben SAP-Attribute immer dann Vorrang, wenn SAP- und andere Authentifizierungstypen (Windows AD und LDAP) aktiviert sind. Bei Einstellung auf den

Wert 3 haben Attribute von anderen aktivierten Authentifizierungstypen Vorrang.

Im unteren Teil von Abbildung 7.23 sehen Sie schließlich, dass es Optionen zum SAP Single-Sign-on gibt. Hier können Sie die System-ID und die Schlüssel für die Nutzung des SSO-Dienstes angeben.

6. **Benutzeraktualisierung**
   Die letzte verfügbare Registerkarte beinhaltet Optionen zur BENUTZERAKTUALISIERUNG. Nach Aktivierung der SAP-Authentifizierung müssen regelmäßige Aktualisierungen von zugeordneten Rollen, die importiert wurden, verarbeitet und ausgeführt werden. Für die Ausführung und zeitgesteuerte Verarbeitung von Aktualisierungen für Rollen aus dem SAP NetWeaver-System stehen die Optionen NUR ROLLEN AKTUALISIEREN und ROLLEN UND ALIASE AKTUALISIEREN zur Verfügung.

   Bei Verwendung der ersten Option werden lediglich die Verknüpfungen zwischen den aktuell zugeordneten Rollen, die bereits importiert wurden, aktualisiert. Wenn Sie diese Option nutzen, werden nur SAP-Rollen aktualisiert und keine neuen Benutzerkonten erstellt.

   Wenn Sie die Option ROLLEN UND ALIASE AKTUALISIEREN wählen, werden nicht nur Verknüpfungen zwischen Rollen aktualisiert, sondern auch neue Benutzerkonten, die zu Rollen im SAP-System zugeordnet sind, für Benutzer-Aliase erstellt.

Ab Feature Pack 5 des SAP BusinessObjects BI-Plattform-Release 4.0 ist die Registerkarte BENUTZERAKTUALISIERUNG nicht mehr vorhanden. Sie finden dann jedoch in den Optionen die Kontrollkästchen BENUTZER AUTOMATISCH IMPORTIEREN sowie ANWENDERSYNCHRONISIERUNG ERZWINGEN. Wenn Sie das Kontrollkästchen BENUTZER AUTOMATISCH IMPORTIEREN aktivieren, werden beim Importieren der Rollen die Benutzerkonten und Benutzerordner für sämtliche Rollenmitglieder erstellt. Bleibt das Kästchen deaktiviert, findet eine dynamische Erstellung der Benutzerkonten und Benutzerordner statt, sobald sich ein Benutzer erstmals mit gültigen SAP-Anmeldedaten anmeldet. Das Kontrollkästchen ANWENDERSYNCHRONISIERUNG ERZWINGEN gibt an, dass SAP-Anwenderkontoinformationen synchronisiert werden, sobald Sie auf der Registerkarte ROLLENIMPORT auf den Button AKTUALISIEREN klicken.

Neuerungen ab Feature Pack 5

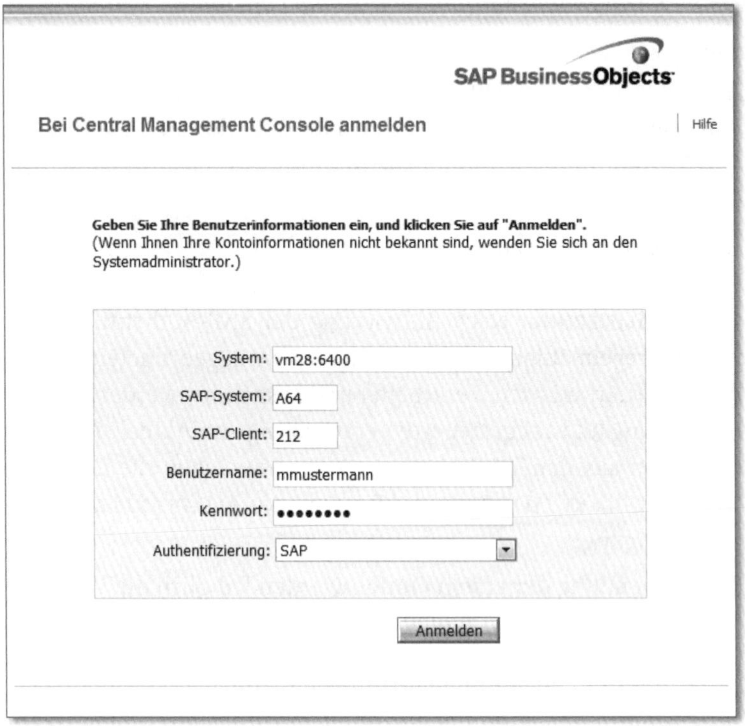

Abbildung 7.24 SAP-Authentifizierungstyp »Testanmeldung an der CMC«

Testversuche Damit ist die Konfiguration des SAP-Authentifizierungstypen abgeschlossen. Wir testen nun, ob wir uns mit dem SAP-Benutzer MMUSTERMANN aus dem SAP NetWeaver-System A64 am SAP BusinessObjects BI-Plattform-System erfolgreich anmelden können. Wie in Abbildung 7.24 dargestellt, müssen Sie als Authentifizierung SAP wählen. Daraufhin verändert sich das Anmeldefenster, und es erscheinen die beiden Felder SAP-SYSTEM und SAP-CLIENT. Diese füllen Sie mit den entsprechenden Werten aus, in unserer Testlandschaft sind dies das SAP-System A64 und der Mandant 212. Wenn die Felder leer gelassen werden, wird das in den OPTIONEN definierte Standardsystem verwendet. Mit Klick auf den Button ANMELDEN wird eine Verbindung zum SAP-System aufgebaut, der Benutzer identifiziert und am System angemeldet.

In der Benutzer- und Gruppenverwaltung können Sie überprüfen, ob die Rollen als Gruppen importiert wurden und ob die Benutzer angelegt sind. Bei importierten Benutzern und Gruppen wird die System-ID, gefolgt von einer Tilde und dem Mandanten (getrennt durch einen Schrägstrich) vorangestellt. Die System-ID und der Mandant sind mit den Werten belegt, die aus Gruppe und Nutzer stammen. Der Benutzer lautet hier A64~212/MMUSTERMANN und die Gruppe A64~212/BOE_REPORTING. In Abbildung 7.25 sehen Sie die importierte SAP-Rolle BOE_REPORTING.

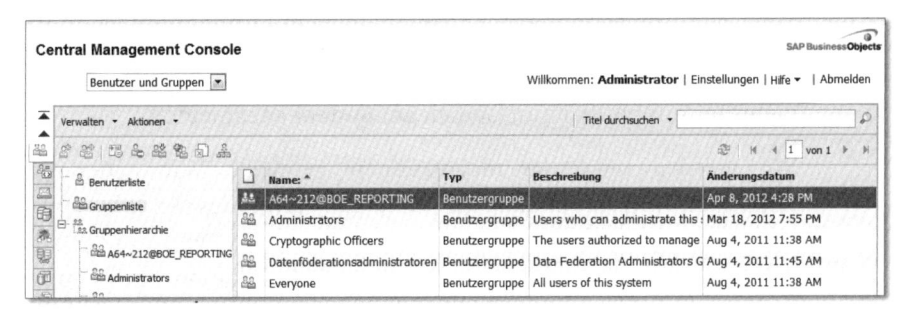

Abbildung 7.25 SAP Authentifizierungstyp »Importierte Rolle«

Der Administrator kann nun genauso wie bei den normalen, originären Gruppen, die über den ENTERPRISE-Authentifizierungstypen angelegt wurden, Zugriffsberechtigungen und erweiterte Rechte vergeben, um den Benutzern Zugriff auf die unterschiedlichsten Objekte des SAP BusinessObjects BI-Plattform-Systems zu geben.

Abbildung 7.26 SAP Authentifizierungstyp »Importierte Nutzer«

In Abbildung 7.26 sehen Sie die Benutzerliste und erkennen, dass der Nutzer MMUSTERMANN aus dem SAP-System A64 und dem Mandanten 212 im SAP BusinessObjects BI-Plattform-System angelegt wurde.

7.6.4 Verwalten von Aliasen

In diesem Abschnitt wollen wir uns mit Aliasen beschäftigen. Gerade in Bezug auf die Verwendung von zusätzlichen Authentifizierungstypen ist diese Funktion sehr hilfreich.

Stellen Sie sich vor, ein Anwender verfügt neben einem Benutzer in der Enterprise-Authentifizierung über einen weiteren in einem SAP NetWeaver-System, das über die SAP-Authentifizierung an das SAP BusinessObjects BI-Plattform-System angebunden ist. Er kann sich also einerseits mittels des Enterprise-Kontos und andererseits über das SAP-Konto anmelden. Mit der Funktion der Aliase können Sie beide Konten miteinander verknüpfen. Der Benutzer hat dann zusätzlich die Möglichkeit, sich mit dem Alias zu authentifizieren und über mehrere Authentifizierungstypen am System anzumelden.

Wo werden die Alias-Informationen gepflegt? Wir hatten in Abschnitt 7.5.1, »Verwaltung von Benutzern«, das Ändern eines bestehenden Benutzers im SAP BusinessObjects BI-Plattform-System ausführlich beschrieben und sind auf die Eigenschaften eines Benutzers eingegangen. In diesen Eigenschaften werden die Alias-Informationen für einen Benutzer gepflegt. Im Lauf dieses Kapitels haben wir zwei Konten im System angelegt:

▶ in der ENTERPRISE-Authentifizierung den Nutzer MMUSTERMANN

▶ in der SAP-Authentifizierung den Nutzer A64~202/MMUSTERMANN

Anderen Benutzer zu einem bestehenden Alias zuweisen

Wir zeigen nun exemplarisch, wie diese beiden Nutzer über einen Alias verbunden werden können. Da beide Benutzer bestehen, müssen wir den Alias des einen Benutzers dem anderen zuweisen. Um dies auszuführen, gehen Sie wie folgt vor:

1. In der CMC wechseln Sie in die Aktion BENUTZER UND GRUPPEN im Bereich ORGANISIEREN.

2. Wählen Sie aus der Benutzerliste den Benutzer aus, zu dem ein Alias hinzugefügt werden soll. In unserem Beispiel ist das der Benutzer des Enterprise-Kontos MMUSTERMANN. Klicken Sie im Menü auf VERWALTEN • EIGENSCHAFTEN, oder benutzen Sie alternativ das Kontextmenü.

3. Im erscheinenden EIGENSCHAFTEN-Dialogfenster finden Sie im unteren Bereich die Alias-Informationen. Sie sehen, dass der Benutzer bereits einen Alias hat. Im Falle unseres Nutzer ist dies secEnterprise:mmustermann. Sie weisen nun über den Button ALIAS ZUWEISEN... den Alias des anderen Benutzers zu. Hierfür klicken Sie in der Liste der verfügbaren Aliase auf den entsprechenden Eintrag und anschließend auf den Button ZUR AUSWAHL HIN-

zufügen. Der Alias erscheint in der Liste der Aliase, die dem Benutzer hinzugefügt werden sollen. In Abbildung 7.27 sehen Sie, wie Sie dem Enterprise-Konto mmustermann den Alias des SAP-Kontos A64~212/MMUSTERMANN zugewiesen haben.

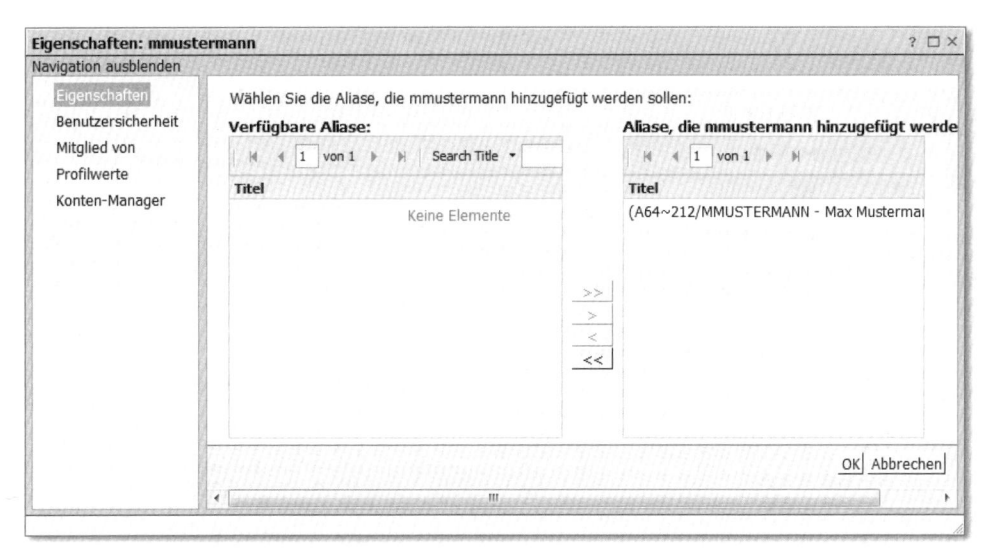

Abbildung 7.27 Zuweisen eines Alias zu einem bestehenden Benutzer

4. Mit einem Klick auf den Button OK kehren Sie in das Dialogfenster für die Eigenschaften des Benutzers zurück. Sie finden nun im unteren Teil die aktualisierten Alias-Informationen: Zusätzlich zu dem Eintrag secEnterprise:mmustermann finden Sie in diesem Beispiel nun den Eintrag secSAPR3:A64~212/MMUSTERMANN (siehe Abbildung 7.28).

5. Um den Vorgang abzuschließen, klicken Sie auf den Button Speichern bzw. Speichern & Schliessen.

Wenn Sie in die Übersicht der Benutzer und Gruppen zurückkehren, wird der Benutzer, den Sie als Alias zu einem anderen bestehenden Benutzer zugeordnet haben, nicht mehr in der Liste der verfügbaren Benutzer vorhanden sein. Dieser erscheint erst wieder, wenn Sie den Alias löschen. Die Gruppenzugehörigkeit des Benutzers, dem Sie den Alias hinzugefügt haben, wurde zudem um die Gruppen des zugefügten Benutzers erweitert.

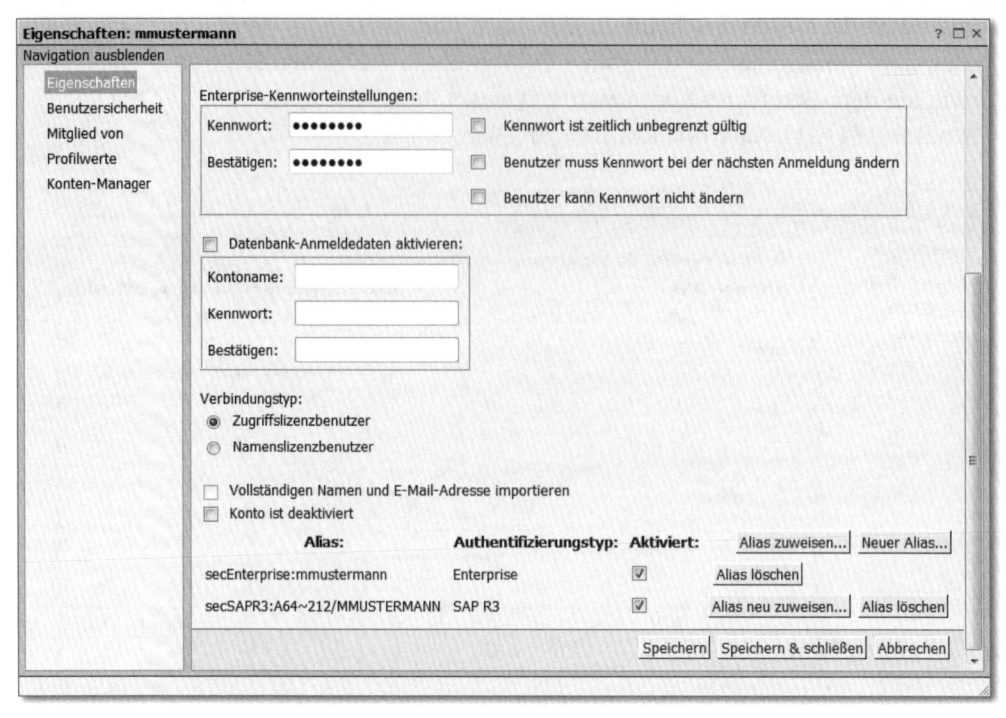

Abbildung 7.28 Alias-Informationen zweier Authentifizierungstypen

Benutzer erstellen und Alias hinzufügen

Neben dem Hinzufügen von Aliasen zu bestehenden Benutzern gibt es noch andere Funktionen, die Sie ausführen können. So können Sie Benutzer erstellen und einen Alias hinzufügen. Hierzu gehen Sie folgendermaßen vor:

1. In der CMC wechseln Sie in die Aktion BENUTZER UND GRUPPEN im Bereich ORGANISIEREN.

2. Erstellen Sie einen neuen Benutzer, indem Sie im Navigationsmenü VERWALTEN • NEU • NEUER BENUTZER wählen.

3. Im erscheinenden Dialogfenster NEUER BENUTZER wählen Sie den Authentifizierungstypen für den Benutzer, beispielsweise SAP R/3, aus und geben den exakten Namen des Benutzerkontos aus dem authentifizierenden System an. Schließlich wählen Sie für die Lizenzierung die korrekte Option aus.

4. Zum Abschluss klicken Sie auf ERSTELLEN bzw. ERSTELLEN & SCHLIESSEN.

> **Benutzer erstellen und Alias hinzufügen** [+]
>
> Voraussetzung hierfür ist, dass der Authentifizierungstyp in der CMC aktiviert ist, das Format des Kontonamens mit dem für den Authentifizierungstyp erforderlichen Format übereinstimmt und dass das Benutzerkonto im Authentifizierungstyp des Drittherstellers vorhanden ist sowie einer Gruppe angehört, die auch im SAP BusinessObjects BI-Plattform-System zugeordnet ist.

Nun wird ein Benutzer zum System hinzugefügt und es wird ihm ein Alias für den ausgewählten Authentifizierungstyp zugewiesen. Wenn wir den SAP-Authentifizierungstypen verwenden, wird der Alias beispielsweise secSAPR3:A64~212/EMUSTERFRAU lauten. Sofern es erforderlich ist, können Sie zu diesem Benutzer weitere Aliase hinzufügen oder zuweisen.

Eine weitere Funktion ist das Erstellen eines neuen Alias für einen vorhandenen Benutzer. Es kann sich hierbei um einen Alias im ENTERPRISE-Authentifizierungstypen oder um einen Alias eines Drittherstellers handeln. Die Voraussetzungen sind hierbei identisch zu denen, die oben für die Benutzerstellung und für das Hinzufügen eines Alias genannt wurden.

Alias erstellen für vorhandenen Benutzer

1. Wechseln Sie in die CMC-Aktion BENUTZER UND GRUPPEN im Bereich ORGANISIEREN.
2. Wählen Sie aus der Benutzerliste den Benutzer aus, zu dem ein Alias hinzugefügt werden soll. Klicken Sie im Menü auf VERWALTEN • EIGENSCHAFTEN oder benutzen Sie alternativ das Kontextmenü.
3. Im unteren Bereich des Dialogfensters EIGENSCHAFTEN klicken Sie bei den Alias-Informationen auf den Button NEUER ALIAS... Im sich öffnenden neuen Fenster geben Sie den Authentifizierungstypen sowie den exakten Namen des Benutzerkontos aus dem authentifizierenden System für den Benutzer an.
4. Klicken Sie anschließend auf AKTUALISIEREN. Sie kehren dann in das Dialogfenster EIGENSCHAFTEN zurück und finden den neuen Alias in den Alias-Informationen des Benutzers.

Natürlich können Sie Aliase nicht nur hinzufügen und erstellen, sondern auch aus dem System entfernen. Beachten Sie hierfür bitte zwei Dinge:

Löschen eines Alias

- Sobald ein Benutzer nur über einen einzigen Alias verfügt und Sie diesen Alias löschen, werden das Benutzerkonto und alle weiteren Informationen sowie Objekte des Benutzers automatisch vom System gelöscht.
- Das Löschen eines Benutzer-Alias verhindert nicht automatisch, dass sich ein Benutzer erneut anmelden kann. Dies ist genau dann der Fall, wenn er weiterhin ein Benutzerkonto in einer anderen aktiven Authentifizierungsquelle hat.

Um einen Alias zu löschen, gehen Sie wie folgt vor:

1. In der CMC wechseln Sie in die Aktion BENUTZER UND GRUPPEN im Bereich ORGANISIEREN.
2. Wählen Sie aus der Benutzerliste den Benutzer aus, zu dem ein Alias gelöscht werden soll. Klicken Sie im Menü auf VERWALTEN • EIGENSCHAFTEN oder benutzen Sie alternativ das Kontextmenü.
3. Im unteren Bereich des Dialogfensters EIGENSCHAFTEN klicken Sie bei den Alias-Informationen auf den Button ALIAS LÖSCHEN. Daraufhin wird der Alias gelöscht.
4. Anschließend klicken Sie auf SPEICHERN bzw. SPEICHERN & SCHLIESSEN, um den Vorgang zu beenden.

Deaktivieren eines Alias

Die letzte Funktion, die wir vorstellen wollen, ist das Deaktivieren eines Alias. Mit der Deaktivierung des Benutzer-Alias des entsprechenden Authentifizierungstypen verhindern Sie, dass sich ein Benutzer über eine bestimmte, aktive Authentifizierungsmethode am System anmelden kann.

1. In der CMC wechseln Sie in die Aktion BENUTZER UND GRUPPEN im Bereich ORGANISIEREN.
2. Wählen Sie aus der Benutzerliste den Benutzer aus, zu dem ein Alias deaktiviert werden soll. Klicken Sie im Menü auf VERWALTEN • EIGENSCHAFTEN, oder benutzen Sie alternativ das Kontextmenü.
3. Im unteren Bereich des Dialogfensters EIGENSCHAFTEN entfernen Sie bei den Alias-Informationen in dem Kontrollkästchen AKTIVIERT den/die Haken für den Alias/die Aliase, den/die Sie deaktivieren möchten.
4. Anschließend klicken Sie auf SPEICHERN bzw. SPEICHERN & SCHLIESSEN, um den Vorgang zu beenden.

> **Alle Aliase eines Benutzers deaktivieren** [+]
> Damit Sie sicher sein können, dass ein Benutzer keinen seiner Aliase mehr zur Anmeldung am SAP BusinessObjects BI-Plattform-System verwenden kann, empfiehlt es sich, alle Aliase dieses Benutzerskontos zu deaktivieren.

7.7 Zusammenfassung

Lassen Sie uns die in diesem Kapitel beschriebenen Erkenntnisse noch einmal kurz zusammenfassen. Die Verwaltung von Benutzern und das Berechtigungsmanagement sind eine sehr zentrale und wichtige Aufgabe für die Systemadministration. Das Anlegen, Ändern, Sperren und Löschen von Benutzern und gleichzeitig die korrekte Vergabe von Zugriffsberechtigungen sowie das Anpassen von Rechten auf die gesamten Inhalte und die Administration des SAP BusinessObjects BI-Plattform-Systems stellt zudem einen bedeutenden Aspekt hinsichtlich der Unternehmenssicherheit dar.

Die Benutzerverwaltung und das Berechtigungsmanagement sind zentrale Routineaufgaben der Systemadministration. In diesem Kapitel haben wir Ihnen die Möglichkeiten gezeigt, die die Benutzer- und Berechtigungsverwaltung Ihres SAP BusinessObjects BI-Plattform-Systems bietet. Wir haben erläutert, wie das Management der Benutzer funktioniert, was die Gruppenverwaltung beinhaltet und wie Sie Berechtigungen für die Benutzer zuweisen können

Zu Beginn des Kapitels haben Sie erfahren, wie Sie Benutzer für den standardmäßig aktivierten Authentifizierungstypen ENTERPRISE im SAP BusinessObjects BI-Plattform-System anlegen. Wir haben die Kennwortoptionen vorgestellt, sind auf die unterschiedlichen Lizenzierungsarten eingegangen und haben die Massenbenutzerpflege diskutiert. Anschließend haben wir das Konzept der Gruppen thematisiert und das Anlegen der Gruppen besprochen. Ebenso haben wir die im System angelegten Standardgruppen vorgestellt.

Benutzer und Gruppen

Abschnitt 7.4, »Berechtigungen«, war im Vergleich zum Rest des Kapitels umfangreicher. Sie haben gelernt, dass im SAP BusinessObjects BI-Plattform-System die Berechtigungen nicht den Benutzern vergeben werden, sondern sie den Objekten, sprich den Anwendungen, Verzeichnissen oder Reports, über Benutzer und Gruppen zuge-

Berechtigungen

ordnet werden. Mit den Zugriffsberechtigungen erhalten Sie als Administrator die Möglichkeit, eine vordefinierte Gruppe von häufig benötigten Berechtigungen sehr einfach, schnell und einheitlich Benutzern und Gruppen zuzuweisen. Nach der Installation sind vordefinierte Zugriffsberechtigungen verfügbar, die Sie sofort nutzen können und Sie haben natürlich auch die Möglichkeit, Zugriffsberechtigungen selbst zu erstellen und einzelne Rechte zu vergeben. Ein weiterer wichtiger Punkt ist die Vererbung. Wir haben hier die Ordner- und die Gruppenvererbung innerhalb des Systems kennengelernt und sehr ausführlich das Überschreiben sowie den Gültigkeitsbereich von Rechten erläutert. Sie haben dann das Konzept der typspezifischen Berechtigungen und damit die Einschränkung von Rechten der Gruppen und Benutzern über den Objekttyp kennengelernt. Im letzten Abschnitt zum Thema »Berechtigungen« haben wir die Delegation der Administration angerissen.

Arbeiten mit Benutzern, Gruppen und Zugriffsberechtigungen — In einem weiteren großen Abschnitt haben wir uns mit der Arbeit mit Benutzern, Gruppen und Zugriffsberechtigungen gewidmet. Damit haben wir an die Neuanlage von Benutzern und Gruppen angeknüpft, die zu Beginn des Kapitels angesprochen wurde. Sie wissen nun, wie Benutzer und Gruppen sowie Zugriffsberechtigungen geändert und gelöscht werden. Bei den Zugriffsberechtigungen haben wir uns zudem mit der Änderung von Rechten beschäftigt.

Authentifizierung — Zu guter Letzt sind wir auf das Thema »Authentifizierung« innerhalb des SAP BusinessObjects BI-Plattform-Systems eingegangen. In den Abschnitten zuvor haben wir mit dem Enterprise-Authentifizierungstypen gearbeitet, der nach der Installation aktiv ist. Sie kennen nun die unterschiedlichen Authentifizierungstypen, die Ihnen im System angeboten werden und es Ihnen ermöglichen, in Ihrem Unternehmen bereits vorhandene Authentifizierungssysteme an das SAP BusinessObjects BI-Plattform-System anzubinden. Besprochen haben wir zudem die Optionen, die Ihnen in der Enterprise-Authentifizierungsart zur Verfügung stehen. Exemplarisch haben wir die Anbindung eines SAP NetWeaver-System als Authentifizierungsquelle beschrieben und sind abschließend auf die Funktion der Aliase eingegangen.

Die Überwachung eines laufenden SAP BusinessObjects BI-Plattform-Servers ist ein wesentlicher Bestandteil im Rahmen des Systembetriebs. In diesem Kapitel stellen wir die Grundlagen dar.

8   Monitoring

Wenn die Betreuung von SAP BusinessObjects BI-Plattform-Systemen in Ihrer Verantwortung liegt, ist es wahrscheinlich, dass früher oder später auch Probleme aus dem Systembetrieb an Sie herangetragen werden. Dies können konkrete und beispielsweise im Browser sichtbare Fehlermeldungen sein. Denkbar sind aber auch weniger spezifische Aussagen wie beispielsweise »Die Anwendung reagiert nicht mehr!«, »Es ist alles zu langsam!« oder auch ein Klassiker wie »Es funktioniert nicht!«. In diesem Fall brauchen Sie eine Anlaufstelle, mit deren Hilfe Sie einen genaueren Blick auf das System werfen können. Hier helfen Ihnen die Möglichkeiten des Monitorings weiter.

Mit dem aktuellen Release stellt SAP BusinessObjects BI-Plattform 4 auch eine Möglichkeit bereit, das System zu überwachen. In Kapitel 5, »Administration mit der Central Management Console und den Client Tools«, sind wir detailliert auf die Werkzeuge und Administrationsaufgaben innerhalb der Central Management Console eingegangen. Dabei haben wir den Bereich ÜBERWACHUNG bisher ausgespart.

Monitoring mit der Central Management Console

8.1   Grundlagen des Monitorings für die SAP BusinessObjects BI-Plattform

Das Monitoring dient der Überwachung des SAP BusinessObjects BI-Plattform-Servers. Das Ziel ist es, einen Überblick darüber zu erhalten, wie gut der Server funktioniert, ob die Performance sich im üblichen Rahmen bewegt und welche Probleme im laufenden Betrieb aufgetreten sind.

Genutzt werden dafür Kennzahlen (KPI, *Key Performance Indicator*), deren jeweiliger Wert schnell Auskunft über den Zustand eines Parameters oder eines bestimmten Bereichs des zu überwachenden Systems gibt. Mit diesen KPIs können Sie nicht nur den jeweils aktuellen Systemzustand überprüfen, sondern dank historischer Werte lässt sich auch die Entwicklung der Vergangenheit betrachten, um so beispielsweise Zeitpunkte oder -räume mit hoher Auslastung zu erkennen. Anhand solcher Betrachtungen können Sie zusätzlich Hinweisen von Nutzern nachgehen, die bereits einige Zeit zurückliegen.

| Monitoring eines SAP BusinessObjects BI-Plattform-Clusters | Auch Cluster-Installationen von SAP BusinessObjects BI-Plattform-Servern können mit der Monitoring-Infrastruktur überwacht werden. Dabei geht die Überwachung primär von einer Instanz aus. Erst im Fehlerfall wird das Monitoring von einem anderem Cluster-Knoten übernommen, der bis dahin inaktiv war. Es wird in diesem Fall empfohlen, primär einen dedizierten Cluster-Knoten für die Überwachung zu konfigurieren. |

| Monitoring mit zentraler Infrastruktur | Die Überwachung anhand der Werkzeuge in der CMC können Sie auf dem SAP BusinessObjects BI-Plattform-Server selbst nutzen. Im Fehlerfall kann es jedoch auch dazu kommen, dass der Server selbst nicht mehr verfügbar ist. Um auch dann noch Daten ablesen zu können und beispielsweise die generelle Verfügbarkeit zu überwachen, ist die Einbindung in eine zentrale Monitoring-Infrastruktur möglich. Wir werden exemplarisch die Konfiguration für die Überwachung mit einem SAP Solution Manager zeigen (siehe Abschnitt 8.3.2). |

8.2 CMC-Monitoring-Funktionen

Die Central Management Console stellt Ihnen ab Release 4 des SAP BusinessObjects BI-Plattform-Servers eine Oberfläche bereit, mit der Sie Ihr System überwachen können. Sie erhalten so einen schnellen Überblick über den aktuellen Zustand und können mögliche Fehlerquellen oder Engpässe identifizieren.

| Monitoring-Bereich öffnen | Um in den Monitoring-Bereich zu gelangen, öffnen Sie zunächst die Central Management Console mit dem Internet Browser (über die URL *http(s)://<host>:<port>/BOE/CMC*). Dort finden Sie in der Spalte VERWALTEN den Eintrag ÜBERWACHUNG (siehe Abbildung 8.1). |

8.2 | CMC-Monitoring-Funktionen

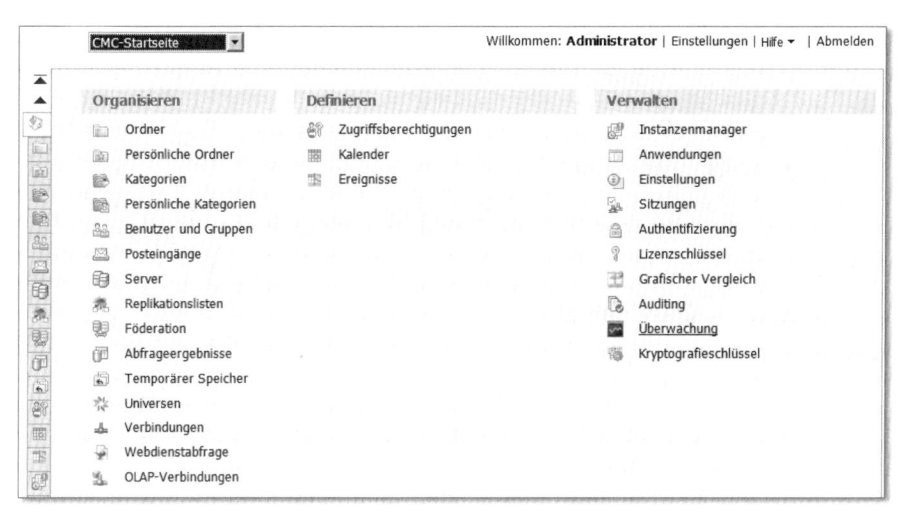

Abbildung 8.1 Aufruf der »Überwachung« auf der Startseite der Central Management Console

Mit einem Klick auf diesen Eintrag gelangen Sie zur Startseite des Monitorings. Dort finden Sie verschiedene Reiter mit Einträgen für die Überwachung. Zu Beginn ist in der Regel der Reiter DASHBOARD geöffnet. Darüber hinaus können Sie die folgenden Reiter aufrufen (siehe Abbildung 8.2):

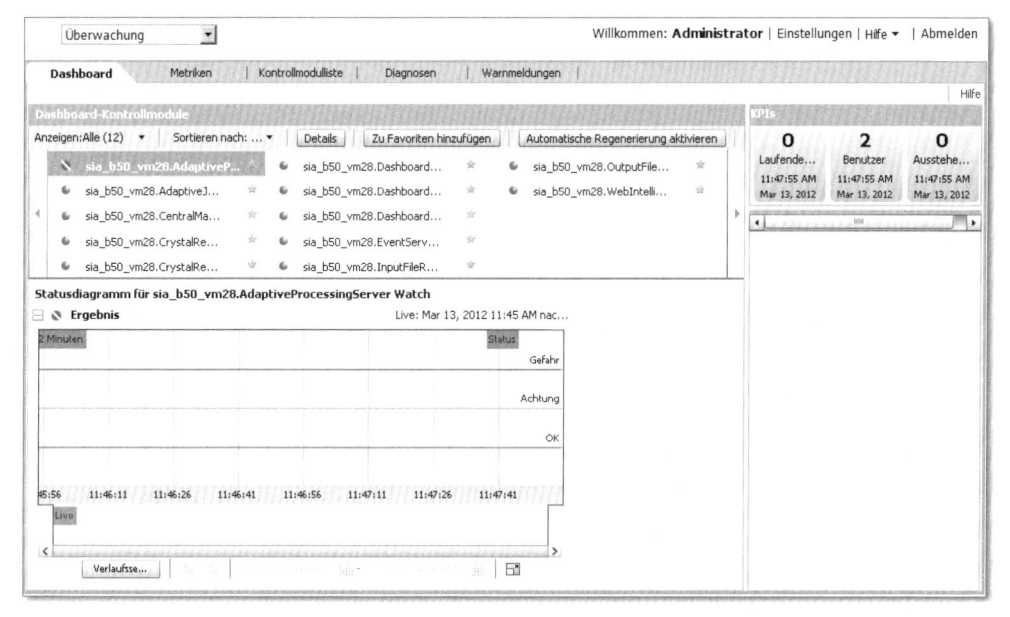

Abbildung 8.2 Dashboard im Monitoring

- Metriken
- Kontrollmodulliste
- Diagnosen
- Warnmeldungen

Die einzelnen Reiter werden nun kurz vorgestellt.

8.2.1 Dashboard

Monitoring Dashboard

Die Seite DASHBOARD bildet den Einstieg in den Bereich ÜBERWACHUNG. Sie erhalten hier eine schnelle Übersicht über den aktuellen Systemzustand (siehe Abbildung 8.2). Sie sehen links oben die Prozesse des SAP BusinessObjects BI-Plattform-Servers. In der Abbildung ist der Adaptive Processing Server nicht aktiv. Sie können hier weitere Informationen aufrufen, indem sie den Adaptive Processing Server mit einem Klick markieren und danach auf den Button DETAILS klicken.

Rechts daneben finden Sie die Standardindikatoren (KPIs). Sie sehen Informationen zu aktuell laufenden Aufträgen, zu noch abzuarbeitenden Aufträgen und zu den aktuell angemeldeten Benutzern.

Unterhalb der Prozessliste finden Sie eine Sicht auf den Verlauf der Status des darüber markierten Prozesses. Zu Beginn wird Ihnen die Live-Sicht gezeigt, d.h. Sie sehen den aktuellen Zustand. Sie können aber mit den Buttons unter dem Diagramm auch historische Daten zu von Ihnen definierten Zeiträumen aufrufen.

8.2.2 Metriken

Metriken

Metriken ermöglichen es Ihnen, eigene Monitore zu erstellen, d.h. zu bestimmen, welche Werte überwacht werden sollen. Metriken existieren für verschiedene Bereiche:

- Abgeleitete Metriken
- Diagnosemetriken
- Hostmetriken
- Servermetriken

Mit dem SAP BusinessObjects BI-Plattform-Server wird Ihnen eine Vielzahl von Metriken zur Verfügung gestellt. Wählen Sie im Bereich

ÜBERWACHUNG den Reiter METRIKEN, um darauf zuzugreifen (siehe Abbildung 8.3).

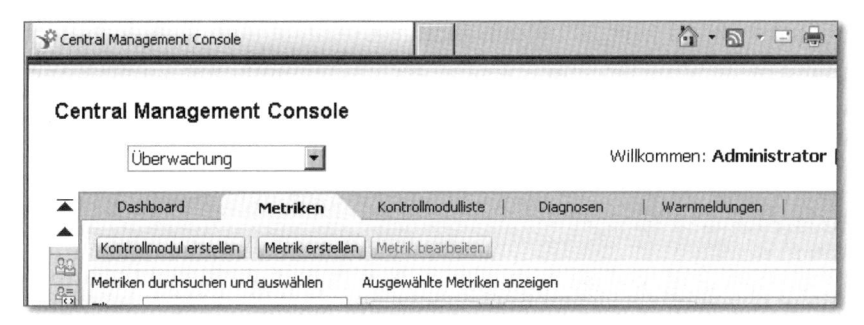

Abbildung 8.3 Zugriff auf »Metriken« im Bereich »Überwachung« der CMC

Hier stehen Ihnen einzelne Metriken bereits vorbereitet zur Verfügung. Sie können darüber Werte des Servers ablesen, insofern das Monitoring dafür aktiviert ist. Sie sehen dort die Bereiche DIAGNOSE, HOST und SERVER. Sollte der Bereich der Hostmetriken fehlen, müssen Sie, um die Hostmetriken zu aktivieren, das Programm SAPOSCOL installieren (siehe Abschnitt 3.8).

Sie können dort auch eigene Metriken erstellen, diese werden als abgeleitete Metriken bezeichnet. Klicken Sie, um eigene Metriken zu erstellen, im Reiter METRIKEN auf den Button METRIK ERSTELLEN. Hier können Sie einen Namen für Ihre eigene Metrik vergeben und danach einen Server wählen, für den Sie eine bestimmte Überwachung hinzufügen wollen. Im Bereich VERFÜGBARE METRIKEN, der sich darunter befindet, werden Ihnen dann alle zugehörigen Metriken angezeigt.

Markieren Sie davon die gewünschte, und klicken Sie dann auf den Pfeil-Button, um die Metrik vom linken Vorrat in den rechten Arbeitsbereich zu übernehmen.

Dort, im Bereich METRIKFORMEL, können Sie diesen dann beispielsweise über ein »+«-Zeichen mit zwei Metriken kombinieren. Wenn Sie anschließend den Button AUSWERTEN betätigen, wird der Button SPEICHERN bzw. SPEICH... aktiv. Jetzt können Sie Ihre abgeleitete Metrik übernehmen und diese selbst auswerten (siehe Abbildung 8.4). Sollte ein Fehler auftreten, wird dies durch einen roten Rahmen angezeigt.

8 | Monitoring

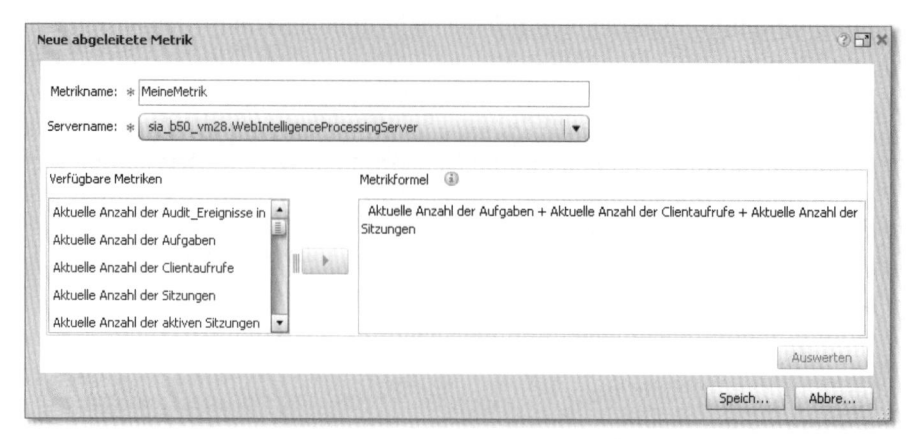

Abbildung 8.4 Konstruiertes Beispiel einer selbst erstellten Metrik

Nach dem Speichern – der Vorgang kann einige Sekunden in Anspruch nehmen – steht Ihnen auf der Einstiegsseite Ihre Metrik zur Verfügung. Sollten Sie diese nicht gleich finden, können Sie den Filter zu Hilfe nehmen und den Namen Ihrer Metrik angeben (siehe Abbildung 8.5).

Abbildung 8.5 Selbst erstellte Metrik in der Übersicht

8.2.3 Kontrollmodule

Mit einem Kontrollmodul nutzen Sie eine bestimmte Menge von Metriken. Sie können definieren, welche der vorhandenen Metriken Sie zusammenfassen wollen und haben damit eine bestimmte Sicht auf einen Bereich Ihres SAP BusinessObjects BI-Plattform-Servers. Hiermit definieren Sie, ab welchen Werten eine Warnung oder ein Alarm ausgegeben wird. Wenn Sie beispielsweise eine Sicht auf Ihren Web Intelligence Processing Server hinzufügen möchten, dann können Sie dies hier tun.

Um ein eigenes Kontrollmodul einzufügen, öffnen Sie wieder den Reiter METRIKEN und wählen dort den Button KONTROLLMODUL ERSTELLEN (siehe Abbildung 8.6)

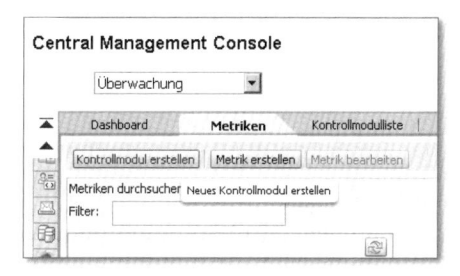

Erstellung eines eigenen Kontrollmoduls

Abbildung 8.6 Erstellung eines eigenen Kontrollmoduls

Danach werden Sie anhand eines Wizards durch die einzelnen Schritte geleitet.

1. Zunächst geben Sie die allgemeinen Eigenschaften an. Wichtig sind hier die Optionen AUF DEM DASHBOARD ANZEIGEN und IN TRENDDATENBANK SCHREIBEN. Sie können mit der Aktivierung jeweils bestimmen, dass die Übersicht einerseits Ihrer Einstiegsseite zugeordnet und dort angezeigt wird und andererseits die Daten für eine spätere Ansicht aufbewahrt werden. Darüber hinaus können Sie wählen, ob Sie eine Regel eingeben wollen, die dann direkt zum Alarm führt, oder ob Sie eine weitere Regel einfügen, die zunächst nur eine Warnung (ACHTUNG) darstellt (siehe Abbildung 8.7).

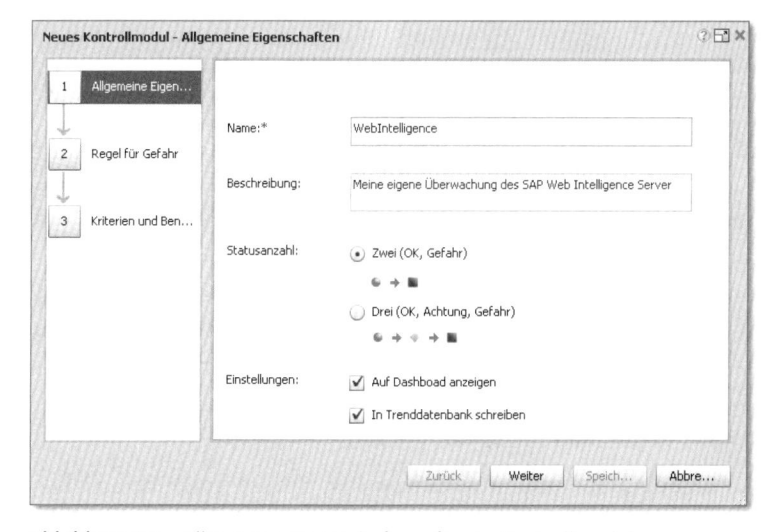

Abbildung 8.7 »Allgemeine Eigenschaften« für ein Kontrollmodul

2. Nun können Sie aus Ihren verfügbaren Metriken wählen. Entscheiden Sie sich für eine Kombination aus den gewünschten Metriken. Wir wählen hier exemplarisch die Anzahl der angemeldeten Benutzer, den Speicherverbrauch (in GB) und die CPU-Auslastung (in Prozent). Die einzelnen Metriken sind über einen UND- oder über den ODER-Operator zusammengefasst. Das bedeutet, dass entweder eine der verknüpften Metriken allein (ODER) oder alle Metriken gemeinsam (UND) für das Erreichen der Gefahrenschwelle notwendig sind.

Abbildung 8.8 zeigt auch den Booleschen Ausdruck unter der grafischen Darstellung. Sie können hier ebenfalls in einem Texteditor Änderungen vornehmen und beispielsweise die Schwellenwerte direkt anpassen. Abbildung 8.8 zeigt, dass wir den Schwellenwert für die CPU-Auslastung auf 20 % gestellt haben. Würde dieser überschritten, würde eine Warnung ausgelöst.

Abbildung 8.8 Verknüpfung der Metriken

Direkt unter dem Texteditor finden Sie die Möglichkeit zu testen, ob das Kontrollmodul zurzeit eine Schwellenwertüberschreitung melden würde. Klicken Sie dafür auf den Button REGENERIEREN (🔄) bei der Option AUSWERTUNG DER GEFAHR ERGIBT AKTUELL:. Danach wird eine Prüfung ausgeführt.

Das Ergebnis ist dann entweder positiv, d.h. es findet keine Überschreitung des Schwellenwertes statt. Dies wird durch das Icon 🟢

kenntlich gemacht. Oder das Ergebnis ist negativ, weil der Schwellenwert insgesamt überschritten wurde. In diesem Fall erscheint dieses Icon: ▪.

Wenn Sie nun auf diese Weise die Konfiguration Ihres Kontrollmoduls vorgenommen haben, können Sie mit einem Klick auf WEITER auf zum nächsten Schritt gelangen.

3. Hier können Sie weitere Einstellungen vornehmen und festlegen, in welchem Fall das Kontrollmodul seinen Status ändert. Eine wichtige Einstellung ist hier die Möglichkeit, einerseits die Benachrichtigung im Falle einer Warnung zu aktivieren und andererseits die Benutzer oder Benutzergruppen zu bestimmen, die per E-Mail informiert werden sollen (siehe Abbildung 8.9). In der Regel sollten Sie hier Ihren aktuellen Benutzer eingetragen finden, Sie können aber mit einem Klick auf VERZEICHNIS eine Übersicht öffnen, in der Sie dann weitere Einträge hinzufügen können.

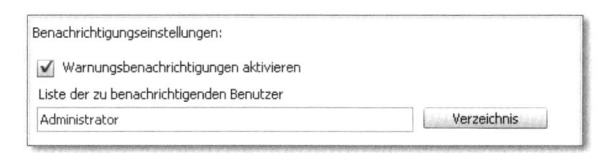

Abbildung 8.9 Konfiguration der Warnung an Nutzer oder Gruppen

4. Hiermit sind Ihre Arbeiten zur Erstellung beendet. Klicken Sie unten rechts auf den Button SPEICHERN. Danach steht Ihnen Ihr neues Kontrollmodul zu Verfügung. Da wir es in den ersten Schritten (siehe Abbildung 8.6) so gewählt haben, wird unsere neue Zusammenstellung sogar im Dashboard der Überwachung mit angezeigt.

Mit der Installation des Servers werden auch vorbereitete Kontrollmodule mit ausgeliefert, die Sie selbst nutzen und konfigurieren können. Wenn Sie den Reiter KONTROLLMODULLISTE wählen (siehe z. B. Abbildung 8.3), gelangen Sie zur Übersicht. Dort sehen Sie auf den ersten Blick den Status der einzelnen Kontrollmodule. Diese werden wie schon gesehen entweder mit einem roten Kästchen oder mit einem grünen Kreis angezeigt. Wie in Abbildung 8.10 gezeigt, sehen Sie in der Spalte TYP zusätzlich, welche Kontrollmodule von Ihnen selbst erstellt wurden oder welche bereits vorhanden waren.

Abbildung 8.10 Bestehende Kontrollmodule der SAP BusinessObjects BI-Plattform-Überwachung

Darüber hinaus können Sie die bestehenden Kontrollmodule ebenfalls bearbeiten oder andere Aktionen vornehmen. Markieren Sie durch einen Klick auf eine Zeile das gewünschte Modul, und wählen Sie dann eine der zur Verfügung stehenden Funktionen. Sie können bezüglich der Kontrollmodule beispielsweise folgende Aktionen durchführen:

- neu erstellen
- bearbeiten
- kopieren
- deaktivieren
- löschen

Darüber hinaus können Sie die E-Mail-Benachrichtigung deaktivieren und sich die Details anzeigen lassen.

8.2.4 Diagnosen

Mithilfe von Diagnosen können Sie bestimmte Systemereignisse simulieren und so beispielsweise bestimmte Vorgänge, die auch spätere Benutzer ausführen werden, vorab testen. Dabei lassen sich Informationen über ein mögliches Serververhalten gewinnen, die Ihnen beispielsweise beim der Anpassung der Konfiguration weiterhelfen können. Abbildung 8.11 zeigt ein Beispiel für eine Liste mit aktuell auf dem SAP BusinessObjects BI-Plattform-Server vorhandenen Diagnosen und ihrem jeweiligen Status.

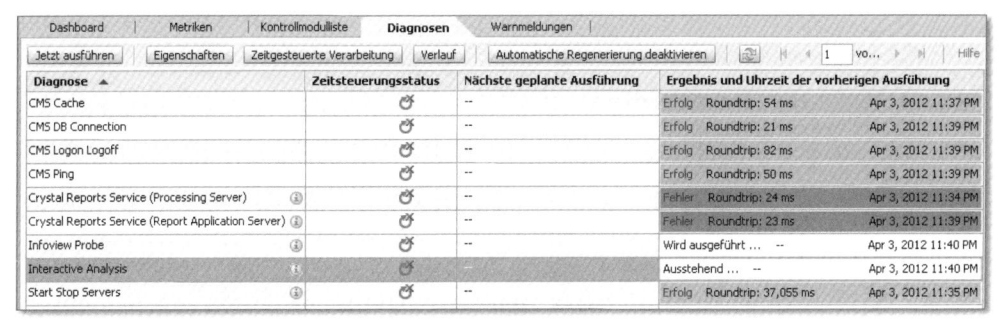

Abbildung 8.11 Diagnosen im SAP BusinessObjects BI-Plattform-Server

Sie können entscheiden, ob Sie die Diagnosen jeweils manuell ausführen, um zu einem bestimmten Zeitpunkt einen Test durchzuführen, oder ob Sie die Diagnosen regelmäßig in bestimmten Abständen einplanen. Die Ergebnisse dieser zeitgesteuerten Diagnoseläufe können dann in Kontrollmodule eingebettet werden.

8.3 CMC-Monitoring aktivieren

Bevor Sie auf das Monitoring zugreifen können, müssen Sie es aktivieren. Dies können Sie in der CMC tun, hierzu gehen Sie folgendermaßen vor:

Vorbereitung des Monitorings

1. Öffnen Sie den Eintrag ANWENDUNGEN im Bereich VERWALTEN auf der Startseite nach der CMC-Anmeldung (siehe Abbildung 8.1).
2. Öffnen Sie dort die EIGENSCHAFTEN (über das Kontextmenü, das Sie mit der rechten Maustaste aufrufen) des Eintrags ÜBERWACHUNGSTOOL.
3. Aktivieren Sie die Option ÜBERWACHUNGSTOOL AKTIVIEREN.
4. Klicken Sie SPEICHERN & SCHLIESSEN.

Darüber hinaus können Sie an dieser Stelle weitere Optionen aktivieren bzw. deaktivieren:

- **RMI-Protokoll für JMX**
  Über die JMX-Schnittstelle können Sie auf die Metriken Ihres SAP BusinessObjects BI-Plattform-Servers zugreifen. Damit wird es Ihnen möglich, Monitoring-Werkzeuge unter Zuhilfenahme einer bereitgestellten API zu nutzen, die Sie eventuell bereits im Einsatz

haben und die Sie auch für dieses neue Element Ihrer Systemlandschaft nutzen wollen.

- **Hostmetriken**
  Wenn Sie diese Option aktivieren, müssen Sie gleichzeitig die ausführbare SAPOSCOL-Binärdatei angeben. Damit wird die Überwachung der von der SAPOSCOL-Binärdatei gesammelten Daten möglich.

SAPOSCOL ist ein Programm, das für Sie die Daten vom Betriebssystem sammelt. Dazu gehören u. a. folgende Daten:

- Arbeitsspeicherverbrauch
- CPU-Nutzung
- Festplattenspeicher

Im folgenden Abschnitt beschreiben wir, Sie diese Software installieren.

8.3.1 Programm SAPOSCOL installieren

Herunterladen der Software

Die Installation des Programms SAPOSCOL ist nicht sehr kompliziert. Sie laden ein Softwarepaket herunter und entpacken es. Danach starten Sie die Installation. Sie müssen keine weitere Konfiguration vornehmen. Gehen Sie folgendermaßen vor, um das Softwarepaket herunterzuladen:

1. Öffnen Sie den Downloadbereich des SAP Service Marketplace unter *http://service.sap.com/swdc*.

2. Navigieren Sie zum Download des Hostagents: SUPPORT PACKAGES AND PATCHES • BROWSE OUR DOWNLOAD CATALOG • SAP TECHNOLOGY COMPONENTS • SAP TECHNOLOGY COMPONENTS • SAP HOST AGENT • <VERSION>.

3. Wählen Sie Ihr Betriebssystem, laden Sie die Datei *SAPHOSTAGENT<Nummer>.SAR* herunter, und speichern Sie das SAR-Archiv in ein Verzeichnis Ihrer Wahl. Grundsätzlich sollten Sie das höchste Support Package wählen.

4. Entpacken Sie das Archiv mit dem Programm SAPCAR (z. B. *SAPCAR.EXE -xvf <Dateiname>*) und stellen Sie die Software dann auf dem Host des SAP BusinessObjects BI-Plattform-Systems bereit. Das SAP-Packprogramm SAPCAR finden Sie ebenfalls im Download-

Bereich des Service Marketplace. Hierfür können Sie die Suchfunktion unter SEARCH FOR SOFTWARE DOWNLOADS nutzen.

Nachdem die Software nun für Sie verfügbar ist, können Sie die Installation starten. In unserem Beispiel, das auf einem Linux–System basiert, nutzen wir das Verzeichnis */usr/sap/hostagent*. Wechseln Sie in Ihr Verzeichnis und starten Sie die Installation, indem Sie den folgenden Befehl starten: `saphostexec -install`. Wenn Sie ein Windows-Betriebssystem nutzen, verwenden Sie an dieser Stelle die Datei *saphostexec.exe*.

Installation des Programms SAPOSCOL

Der Hostagent wird in kurzer Zeit in das Verzeichnis */usr/sap/hostctrl/* installiert. Der Screenshot in Abbildung 8.12 zeigt, dass bereits zuvor ein Hostagent auf dem System vorhanden war, dieser wurde zunächst gestoppt und mit der Neuinstallation auch aktualisiert.

```
vm28:/usr/sap/hostagent # ./saphostexec -install
Install service
Check Installation Path ...
saphostexec is already running (pid=9966). Stopping...Stopped
ok
Copy Executable ...ok
Generate Profile ...ok
Install SYS-V service ...-> Start /usr/sap/hostctrl/exe/saphostexec pf=/usr/sap/hostctrl/exe/host_profile <-
start hostcontrol using profile /usr/sap/hostctrl/exe/host_profile
ok
vm28:/usr/sap/hostagent #
```

Abbildung 8.12 Installation des SAP-Hostagents

Der SAPOSCOL-Prozess wurde bereits gestartet und wird in der Übersicht mit angezeigt.

```
vm28:/usr/sap/hostagent # ps -ef |grep saposcol
root     26820     1  0 18:41 ?        00:00:00 /usr/sap/hostctrl/exe/saposcol -l -w60 pf=/usr/sap/hostctrl/exe/h
ost_profile
root     32217 27823  0 18:48 pts/3    00:00:00 grep saposcol
vm28:/usr/sap/hostagent #
```

Abbildung 8.13 Laufender SAPOSCOL-Prozess in einem Linux-Betriebssystem

Alternativ können Sie mit dem Befehl `saposcol -s` eine detaillierte Statusübersicht des SAPOSCOL-Prozesses anzeigen lassen. Die ausführbare *saposcol*-Datei finden Sie im Unterverzeichnis *exe/*.

8.3.2 Monitoring mit dem SAP Solution Manager

Das Monitoring mit dem SAP Solution Manager ermöglicht Ihnen die Überwachung mit einem zentralen Monitoring-Werkzeug. Genutzt wird hierfür der Wily Introscope Manager. Wenn Sie einen SAP Solution Manager 7.1 nutzen, ist diese Software bereits mit installiert.

8 | Monitoring

Genaue Beschreibungen für die Einrichtung des Monitorings finden Sie in SAP-Hinweis 1540591 (Einrichten von Wily Introscope für SAP BOE 4.0).

Deployment des Management Tool

Zunächst werden wir das Deployment des Management Tools durchführen. SAP-Hinweis 1540591 stellt in seinen Anlagen die Datei *SAP_BOE_40.jar* bereit. Laden Sie sie herunter, und führen Sie das Deployment in Ihrem Wily Enterprise Manager aus:

1. Kopieren Sie die Datei *SAP_BOE_40.jar* in das Verzeichnis *deploy* auf dem Host, auf dem Sie Ihren Wily Enterprise Manager betreiben (z. B.: */usr/sap/ccms/wilyintroscope/deploy*).

2. Der Wily Enterprise Manager erkennt daraufhin das neue Archiv automatisch und verarbeitet es. Sie finden es danach im Verzeichnis */usr/sap/ccms/wilyintroscope/config/modules*.

3. Sollten Sie Ihr Modul dort nicht wiederfinden, können Sie im Unterverzeichnis */usr/sap/ccms/wilyintroscope/logs* in der Datei *IntroscopeManager.log* Informationen zu möglichen Fehlerquellen finden.

Nach dem erfolgreichen Deployment können Sie auch in der Wily Introscope-Oberfläche (hier: WebView) die Einträge für die SAP BusinessObjects 4-Produkte finden (siehe Abbildung 8.14).

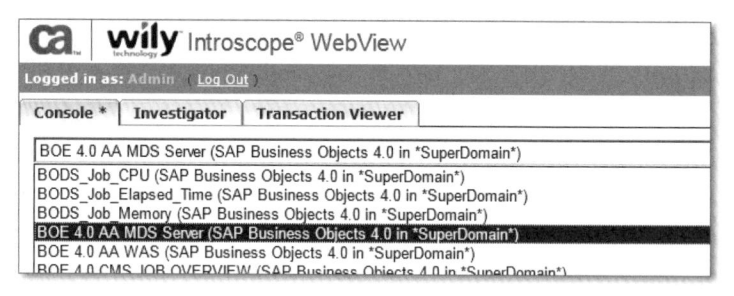

Abbildung 8.14 Einträge für die SAP BusinessObjects BI-Plattform 4 nach dem Deployment

Installation des Introscope Agent

Die Installation des Java Agents für Ihren SAP BusinessObjects BI-Plattform-Server beginnt erneut mit dem Herunterladen der Software. Im Anschluss entpacken Sie das Archiv, und danach können Sie bereits mit der Installation beginnen:

1. Laden Sie die aktuelle Software herunter, wie es in SAP-Hinweis 1418638 beschrieben wird.

2. Entpacken Sie das *ISAGENTS<Version>.SAR*-Archiv. Im Archiv ist ein Unterverzeichnis *wily* enthalten. Kopieren Sie dieses in das Verzeichnis */usr/sap/ccms/* auf dem Host des SAP BusinessObjects BI-Plattform-Systems.

3. Ändern Sie die Berechtigungen der entpackten Dateien, sodass Sie vom Benutzer des SAP BusinessObjects BI-Plattform-Systems ausgeführt werden können.

Danach können Sie beginnen, die notwendigen Einstellungen vorzunehmen.

Die Konfiguration beginnt damit, dass Sie den *Wily Introscope Java Agent* konfigurieren. Dabei handelt es sich um einen Agenten, der die Metriken des SAP BusinessObjects BI-Plattform-Servers auswertet und an den SAP Solution Manager übergibt. Zur Konfiguration gehen Sie folgendermaßen vor:

Konfiguration des Wily Introscope Java Agent for Web App Server

1. Öffnen Sie die Datei *IntroscopeAgent_tomcat.profile* mit einem Editor, sie befindet sich im soeben entpackten *wily*-Verzeichnis.

2. Suchen Sie die Zeile, die mit dem Parameternamen *introscope.autoprobe.directivesFile=* beginnt.

3. Fügen Sie das JAR-Archiv *sap_boe_webapp.jar* hinzu (siehe Abbildung 8.15).

```
# directives files from the specified directories without an app restart,
# as noted above.

introscope.autoprobe.directivesFile=sap_typical.jar,sap_tomcat_typical.jar,sap_tomcat_full.jar,sap_bo_enterprise.jar,sap_boe_webapp.jar

# configuration properties for the setup UI (not used by the agent)
com.san.autoprobe.directives.required=sap_typical.jar,sap_tomcat_typical.jar
```

Abbildung 8.15 Ausschnitt aus der Konfigurationsdatei »IntroscopeAgent<...>.profile«

4. Starten Sie den Tomcat-Applikationsserver neu.

Für zwei Applikationsserver stellt SAP mit den SAP-Hinweisen 1438005 (Apache Tomcat Server) und 1418638 (WebSphere Application Server) genaue Informationen bereit. Allgemeine Informationen zu dieser Konfiguration finden Sie in SAP-Hinweis 1540591.

8.3.3 Sizing

Sollten Sie im Rahmen des Monitorings auf Engpässe stoßen, die darauf hinweisen, dass Parameter wie die Rechenleistung der CPU, des

Sizing einer SAP BusinessObjects BI-Plattform

Arbeits- oder des Festplattenspeichers nicht ausreichen, ist es wahrscheinlich, dass bei der Planung des Aufbaus der Systemlandschaft nicht die korrekten Rahmenbedingungen festgelegt wurden.

Wenn Sie ein neues SAP BusinessObjects BI-Plattform-System installieren, stellt sich also immer auch die Frage, welchen physischen oder virtuellen Server Sie zugrunde legen müssen. Dieses Thema ist zwar einerseits immer sehr schwierig zu handhaben, andererseits lassen sich zuverlässige Angaben zu notwendigen Ressourcen in Bezug auf die CPU-Leistung, den Arbeitsspeicher, den Festplattenverbrauch und auch auf die Netzwerkauslastung aber schwer prognostizieren.

Aus unserer Erfahrung heraus können wir sagen, dass diejenigen, die den Aufbau einer Systemlandschaft beauftragen – in diesem Fall aus SAP BusinessObjects BI-Plattform-Systemen bestehend –, selten genau sagen können, wie viele Benutzer wie oft und wie intensiv die neue Software nutzen werden. Solche Nutzungsprofile benötigen Sie jedoch, um festzulegen, welche Hardware beschafft werden muss oder welche Lizenzen Sie für den Aufbau virtueller Umgebungen kaufen möchten. Selbst wenn Sie einen Cloud-Anbieter für Ihre Zwecke nutzen wollen, benötigen Sie genaue Angaben, um eine künftige finanzielle Belastung bestimmen zu können.

Das Thema ist also recht vielschichtig. Glücklicherweise stellt SAP hierzu einerseits Informationen bereit, mit denen ein manuelles Sizing möglich ist, und andererseits können Sie eine Internetanwendung nutzen, mit der Sie schnell eine erste Aussage treffen können. Die Rede ist in diesem Fall vom Quick Sizer, der auch für andere SAP-Produkte genutzt werden kann.

Beispieldaten für das Sizing Die grundlegenden Daten für das Sizing haben wir bereits kurz genannt. Sie müssen Folgendes wissen:

- wie viele Benutzer etwas tun
- was sie tun
- wie oft sie dies tun

Ein festes Schema für eine Einschätzung zu diesen Fragen gibt es nicht und den jeweiligen Projektverantwortlichen diese Informationen abzuringen, kann sich als ein durchaus schwieriges Unterfangen erweisen. Niemand legt sich im Vorfeld gern fest – und übernimmt damit die Verantwortung, dass später alles passt und wie gewünscht funktioniert. Denn eine zu umfangreiche Ausstattung mit Ressourcen kann sich aus Kostengründen später ebenso negativ auswirken wie eine zu geringe.

Wir wissen in unserem Beispiel, dass insgesamt 1.000 Benutzer auf dem zu planenden SAP BusinessObjects BI-Plattform-Server arbeiten werden. Dies sind die sogenannten *Named User*. Darüber hinaus wissen wir, dass von diesen 1.000 vorhandenen Benutzern maximal 200 gleichzeitig angemeldet und aktiv sein werden. Wir gehen davon aus, dass diese Anwender zu 50 % mit der Web-Intelligence-Anwendung und zu 50 % mit SAP Crystal Reports arbeiten werden.

SAP Quick Sizer

Den Quick Sizer von SAP rufen Sie über folgende URL auf: *http://service.sap.com/quicksizer*. Sie benötigen dafür einen Zugang zum SAP Service Marketplace, dies sollte in der Regel Ihr S-User sein. Klicken Sie dort im Navigationsbaum links auf START QUICK SIZER.

Quick Sizer starten

Abbildung 8.16 Start des Quick Sizers

Nach dem Start können Sie Ihr Sizing-Vorhaben dadurch charakterisieren, dass Sie eine bzw. Ihre Kundennummer angeben und einen Namen für das Sizing-Projekt vergeben. Dies hilft Ihnen später, Ihr Projekt wiederzufinden. Im Startmenü können Sie nicht nur ein Projekt anlegen, sondern es auch wieder aufrufen und sich bestehende Projekte oder Beispiele ansehen. Wenn Sie den Quick Sizer das erste Mal nutzen, können Sie mit einem Klick auf QUICK SIZER FOR BEGINNERS auch eine Dokumentation aufrufen.

Wir erstellen nun ein neues Sizing-Projekt (siehe Abbildung 8.17) und klicken hierfür auf den Button CREATE PROJECT. Die Kundennummer, die Sie verwenden, muss dabei auch tatsächlich existieren.

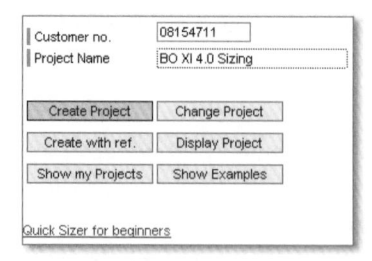

Abbildung 8.17 Menü nach dem Start des Quick Sizers

Nachdem Sie das Projekt angelegt haben, ist es notwendig, dass Sie die für Ihr Sizing relevanten SAP-Produkte auswählen. In unserem Fall wählen wir unter SAP BUSINESSOBJECTS PORTFOLIO den Eintrag SAP BUSINESSOBJECTS BUSINESS INTELLIGENCE. Dort können Sie dann mit einem Klick auf SAP BUSINESSOBJECTS INTELLIGENCE die Eingabemaske für die Projektparameter öffnen (siehe Abbildung 8.18).

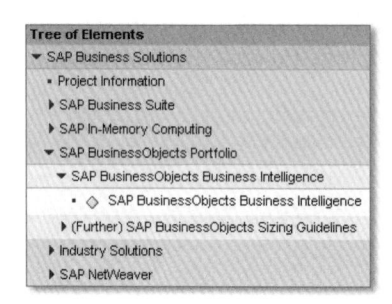

Abbildung 8.18 Produktauswahl im Quick Sizer

Nachdem die Maske sich geöffnet hat, sehen Sie eine Tabelle, in der die einzelnen SAP BusinessObjects Business Intelligence-Anwendungen aufgelistet sind (siehe Abbildung 8.19). Wir haben die Beispielinformationen bereits genannt und interessieren uns hier für 100 parallele Nutzer in der Anwendung Web Intelligence und parallel dazu für weitere 100 Nutzer in SAP Crystal Reports-Anwendungen (hier ist es die Enterprise-Version).

Anhand der Spalten der Tabelle sehen Sie, dass hier noch zwischen der Art der Nutzer unterschieden wird. Auf diese Weise wird die Nutzungsintensität erfasst. Hier werden drei Typen unterschieden:

- **Info**
  Dies sind Nutzer, die nur wenig mit dem Server interagieren. Sie haben eine »Denkzeit« von 300 Sekunden zwischen zwei Interaktionsschritten mit dem Server.

8.3 CMC-Monitoring aktivieren

▶ **Business**
Diese Nutzer sind schon aktiver zwischen zwei Aktionen finden sich jeweils 30 Sekunden.

▶ **Expert**
Diese Nutzer sind sehr aktiv und führen nach je 10 Sekunden die nächste Aktion auf einem Server aus.

Eine weitere Angabe, bezogen auf das Nutzungsprofil, findet sich bei den Prozentangaben weiter rechts in der Tabelle. Hier können Sie Angaben zur Größe der jeweils verarbeiteten Reports machen. Sie können unterscheiden zwischen einfachen (S) mittleren (M) und großen (L) Reports.

Wir nehmen an, dass wir bezüglich der Nutzer detaillierte Informationen erhalten haben. Diese geben wir entsprechend in die Tabelle ein. Was jedoch die Komplexität der Reports angeht, konnte das Projektteam keine Angaben machen, wir gehen deshalb von einer Gleichverteilung aus. Unter der Tabelle finden Sie noch eine Möglichkeit, weitere Informationen zu hinterlegen. Dies nutzen wir, um diese Angabe zu speichern. Auf diese Weise haben wir die Eingangsparameter für das Sizing definiert.

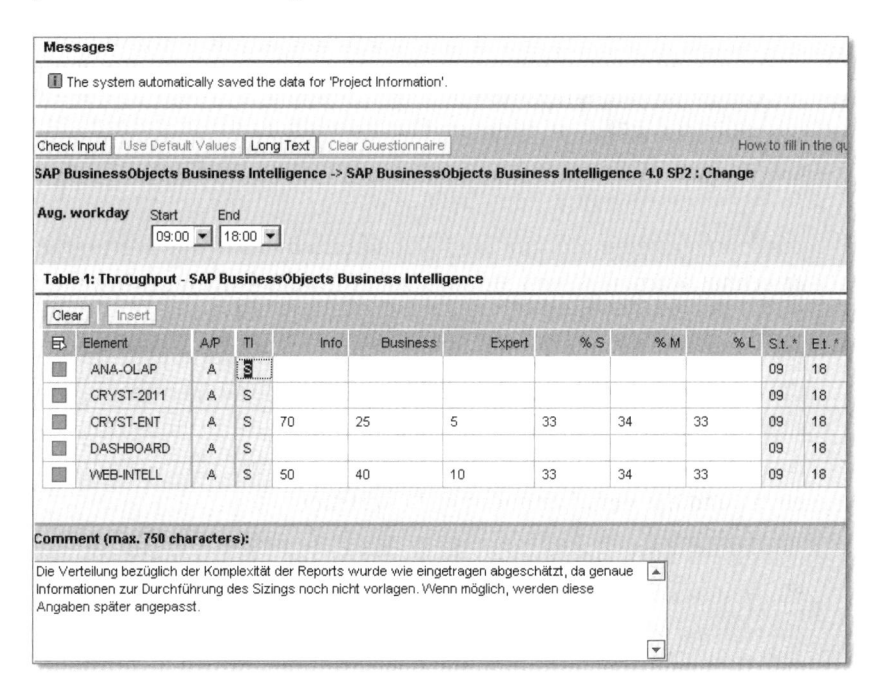

Abbildung 8.19 Eingabeparameter zur Durchführung des Sizings

Sie können mit dem in Abbildung 8.19 gezeigten Button CHECK INPUT Ihre Angaben prüfen lassen. Wenn keine Fehler gefunden wurden, können Sie oben links im Bild verschiedene weitere Funktionen aufrufen (siehe Abbildung 8.20).

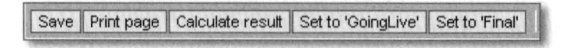

Abbildung 8.20 Obere Menüleiste im Quick Sizer

Wir interessieren uns jetzt für das Ergebnis und klicken deshalb direkt auf den Button CALCULATE RESULT. Sie erhalten sofort ein Ergebnis. Angegeben wird die notwendige CPU-Leistung in SAPS und der insgesamt notwendige Arbeitsspeicher (siehe Abbildung 8.21).

[+] **Was sind SAPS?**

SAPS ist eine Einheit, mit der gemessen bzw. angeben wird, welche Ansprüche an die Leistungsfähigkeit von Prozessoren gestellt werden. Viele Hersteller können angeben, welche Anzahl SAPS ein Prozessor zu leisten in der Lage ist. Weitere Informationen zum Thema SAPS finden Sie hier: http://www.sap.com/solutions/benchmark/sizing/information.epx.

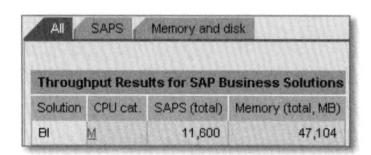

Abbildung 8.21 Anzeige der Ergebnisse des Sizings

Zunächst erhalten Sie nur eine Kurzübersicht über die Werte, die errechnet wurden. Wenn Sie aber auf einen der beiden zusätzlichen Reiter klicken, erhalten Sie weitere Informationen. Der Reiter SAPS gibt Informationen dazu, wie sich die Gesamtanforderungen an die CPU zusammensetzen (siehe Abbildung 8.22). Sie können sehen, wie sich die notwendige Rechenleistung über die SAP BusinessObjects-Anwendungen, die Business-Intelligence-Schicht, die Datenbankebene und die Verarbeitungsschicht verteilen.

Mit einem Klick auf den Link M in der Spalte CPU CAT. können Sie ein weiteres Fenster öffnen. Hier erhalten Sie weitere Informationen zum Thema SAPS, auch bezogen auf einzelne Technologiepartner wie z. B. IBM oder HP.

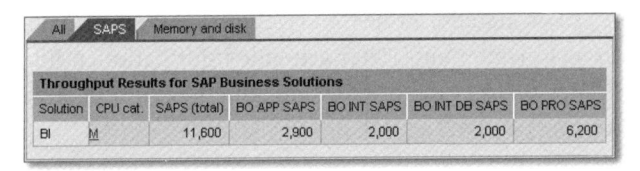

Solution	CPU cat.	SAPS (total)	BO APP SAPS	BO INT SAPS	BO INT DB SAPS	BO PRO SAPS
BI	M	11.600	2.900	2.000	2.000	6.200

Abbildung 8.22 Detailsicht auf die SAPS-Verteilung über die Schichten des SAP BusinessObjects BI-Plattform-Systems

Darüber hinaus können Sie weiterführende Detailinformationen zum Verbrauch des Arbeitsspeichers finden. Klicken Sie dafür auf MEMORY AND DISK. Sie sehen hier ebenfalls eine Aufteilung über die verschiedenen Schichten, die exemplarisch in Abbildung 8.23 dargestellt ist.

Solution	Memory (total, MB)	BO app. tier Memory	BO int. tier Memory	BO int. tier DB Memory	BO pro. tier Memory
BI	47.104	4.096	3.072	2.048	39.936

Abbildung 8.23 Erwarteter Speicherressourcenverbrauch des SAP BusinessObjects BI-Plattform-Servers

Auf die bis hierhin beschriebene Art und Weise können Sie schnell sehen, welche Anforderungen ungefähr notwendig sein können. Beachten Sie bitte, dass wir damit eine Maximalauslastung berechnet haben. Je detaillierter die Angaben zum Sizing gemacht werden, umso sicherer wird Ihre Prognose über die notwendige Ausstattung der Server für Ihre Installation.

In unserem Fall könnte man sich die Frage stellen, ob wirklich so viele Anwender über den angegebenen Zeitraum von 09:00 bis 18:00 Uhr aktiv sind. Auf diese Angabe sind wir bisher nicht konkret eingegangen. Wenn Sie einen erneuten Blick auf Abbildung 8.19 werfen, sehen Sie, dass wir die Standardeinstellung übernommen haben. Dies ist in den beiden rechten Spalten zu sehen. Es ist vermutlich eher wahrscheinlich, dass diese 200 Nutzer nicht den ganzen Tag über aktiv sind. Letztlich wird es Ihnen selten gelingen, wirklich sichere Prognosen zu treffen, dennoch ermöglicht das Sizing es Ihnen, überhaupt eine Planung durchzuführen.

Es sind auch weitere Funktionen im Quick Sizer vorhanden, mit denen Sie beispielsweise mehrere Projekte verwalten, Status vergeben oder bereits zuvor erstellte Projekte erweitern können. Darauf gehen wir jedoch nicht weiter ein. Tiefer gehende Informationen finden Sie in der weiter oben erwähnten Dokumentation zum Beginn dieses Abschnitts.

Manuelles Sizing

Eine Alternative zum Quick Sizer ist das manuelle Sizing. Starten Sie erneut über die URL *http://service.sap.com/quicksizer* die Internetanwendung. Navigieren Sie wieder zum Menüpunkt START QUICK SIZER. In der Produktliste finden Sie dann detaillierte Leitfäden zum Sizing von SAP BusinessObjects-Produkten. Hierin sind auch die Business-Intelligence-Anwendungen enthalten.

Wenn Sie Abbildung 8.24 betrachten, wird Ihnen auffallen, dass hier auch SAP BusinessObjects-Anwendungen aufgelistet sind, die über die SAP BusinessObjects BI-Plattform – und damit über den Fokus dieses Buchs – hinausgehen.

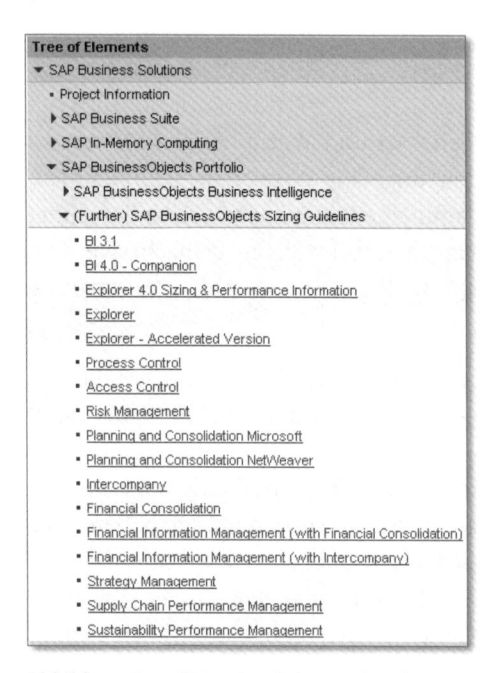

Abbildung 8.24 Sizing-Leitfäden im Quick Sizer

Mit einem Klick auf den jeweiligen Eintrag können Sie Informationen für die jeweilige Software aufrufen. Unter BI 4.0 – COMPANION finden

Sie beispielsweise ein 19-seitiges Dokument, das detaillierte Anleitungen zum Sizing liefert, sodass Sie selbst eine Abschätzung zu diesem Thema vornehmen können. Auch der SAP BusinessObjects Explorer ist dort zu finden. Wenn Sie also ein ausführliches und für Ihre Situation belastbares Sizing ausführen wollen, ist es zu empfehlen, dass Sie die Zeit investieren und diese ausführlichen Leitfäden zu Rate zu ziehen.

Ein anderer Weg zu den angegebenen Leitfäden führt über die URL *http://service.sap.com/sizing*. Im Menübaum finden Sie die jeweiligen Dokumente hinterlegt und können direkt darauf zugreifen (siehe Abbildung 8.25).

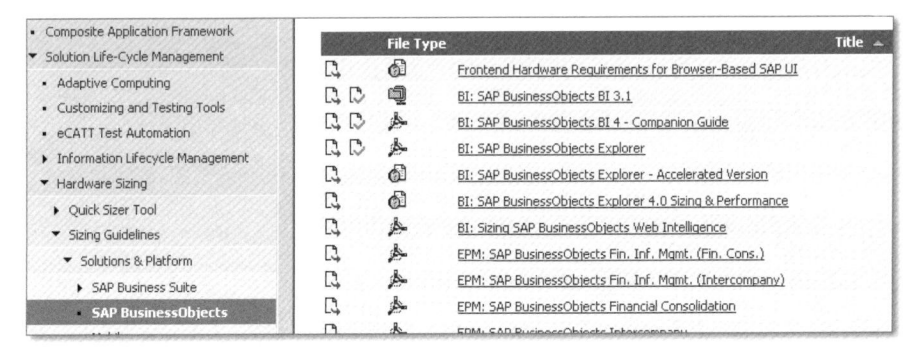

Abbildung 8.25 Liste der zur Verfügung stehenden Dokumentationen

8.4 Zusammenfassung

In diesem Kapitel haben wir Ihnen die Grundlagen des Monitorings für den SAP BusinessObjects BI-Plattform-Server erläutert. Wir haben gezeigt, welche Möglichkeiten sich innerhalb des SAP BusinessObjects BI-Plattform-Servers ergeben und dabei grundlegende Begriffe wie *Metrik*, *Diagnose* oder *Kontrollmodul* erklärt. Wir sind auch darauf eingegangen, was Sie unternehmen müssen, um das Monitoring zu aktivieren.

Da Sie bereits bei kleinen SAP-Systemlandschaften zentrale Lösungen zur Überwachung einsetzen werden, haben wir einige Grundlagen hierzu hinzugefügt. Exemplarisch haben wir, der Ausrichtung dieses Buchs entsprechend, die Integration in die SAP-Lösung Wily Introscope Manager aufgezeigt.

Abschließend sind wir auf das Sizing eingegangen. Wenn Sie also anhand des Monitorings auf Schwierigkeiten aufgrund zu geringer Ressourcen in Bezug auf Arbeitsspeicher oder CPU-Leistung stoßen, finden Sie in diesem Kapitel Hilfestellungen zu diesem Thema, sodass Sie in der Lage sind, bestehende Installationen zu prüfen oder neu zu planen.

Eine der wichtigsten und täglichen Routineaufgaben der Systemadministration ist die Sicherung eines jeden SAP-Systems. Im Fall eines Fehlers und der sich anschließenden Wiederherstellung muss jeder Handgriff sitzen. Wir zeigen im Folgenden, was Sie im Bereich der Datensicherung und -wiederherstellung Ihres SAP BusinessObjects-Systems beachten müssen.

9 Backup, Restore und Recovery

Die Sicherheit der Daten ist für ein Unternehmen unverzichtbar, im schlimmsten Fall kann dem Unternehmen bei Verlust der Daten der Konkurs drohen. Probleme im Hardwarebereich, wie beispielsweise der Defekt des Storage-Systems, führen neben einem Datenverlust zu einem Ausfall und damit zu einer Nichtverfügbarkeit des Systems für die Produktion, den Verkauf und für interne sowie externe Dienstleistungen. Bei einer sogenannten System-Downtime kann jede Stunde – in Bereichen des E-Commerce sogar jede Minute – ein Unternehmen viel Geld kosten. Darüber hinaus sind im Bereich der Datensicherung gesetzliche Vorschriften zu beachten, die beispielsweise eine Langzeitdatenhaltung vorschreiben. Im Falle eines Datenverlusts, auch wenn dieser nur temporär auftritt, können Unternehmen dieser gesetzlichen Anforderung nicht mehr nachkommen.

Wir beschäftigen uns in diesem Kapitel eingehend mit der Sicherung und der Wiederherstellung Ihres SAP BusinessObjects-Systems. Dabei betrachten wir die folgenden Punkte:

- welche Objekte des Systems zu sichern sind
- welche Sicherungsmethoden zur Verfügung stehen
- welche Empfehlungen SAP zur Datensicherung gibt
- zu welchen Fehlersituationen es möglicherweise kommen kann
- welche Wiederherstellungsmethoden zur Verfügung stehen
- inwieweit Systemkopien genutzt und durchgeführt werden können

9 | Backup, Restore und Recovery

9.1 Infrastrukturplanung

Technische und bauliche Vorkehrungen treffen

Beginnen wir zunächst mit der Planung der Rechenzentrumsinfrastuktur und -hardware. Es sollte sowohl technisch als auch baulich alles Mögliche getan werden, um die Wahrscheinlichkeit eines Ausfalls oder einer Havarie auf nahezu null zu senken. Sofern weder die Rechenzentrumsinfrastruktur noch die Hardware vorhanden ist, sich das Rechenzentrum also noch auf dem Reißbrett befindet, ist dies sicherlich einfacher zu realisieren. Neben der redundanten[1] Auslegung von Klimasystemen und der Stromversorgung, die einen durchgehenden Betrieb der Hardware gewährleisten, ist eine Absicherung gegen Brand, Wasser, Erdbeben, Einbruch und andere von außen kommende Kräfte, die eine Zerstörung des Rechnerraums oder des Gebäudes zur Folge haben könnten, ein unbedingtes Muss. Die Hardware selbst sollte zumindest für die produktiv genutzten Systeme redundante Komponenten beinhalten. So können beispielsweise bei einem Ausfall eines Netzteils die Maschine und das darauf laufende SAP-System weiterbetrieben werden.

Räumliche Trennung

Vor allem im Bereich der Datensicherung stellt sich die Frage der Abschottung bzw. der räumlichen Trennung des Datensicherungssystems von der eigentlichen Hardware. Es ist auf keinen Fall sinnvoll, die Sicherungen der Systeme im selben Raum aufzubewahren, in dem die Systeme selbst betrieben werden. Entweder man lagert die Sicherungen, die im gleichen Raum erstellt werden, physisch aus oder die Sicherungen werden von vornherein an einem separaten Ort erstellt und aufbewahrt. Nur so können die Sicherungen benutzt werden, um im Falle einer Havarie die Systeme wiederherzustellen.

Voraussetzungen für die Systemwiederherstellung

Dennoch können, trotz aller vorgenommenen Sicherheitsvorkehrungen und eingebauten Redundanzen, Ausfälle nie ausgeschlossen werden. Für eine Wiederherstellung des SAP-Systems müssen die folgenden Voraussetzungen erfüllt sein:

- Die Datenbank, auf der das SAP BusinessObjects-System läuft, sowie alle benötigten Softwarekomponenten müssen in fest definierten Abständen gesichert werden, und diese Sicherungen müssen im Anschluss kontrolliert werden.

---

[1] »Redundant« meint in diesem Fall das zusätzliche Vorhandensein funktional gleicher oder vergleichbarer Ressourcen eines technischen Systems.

- Die Datenbank und das SAP BusinessObjects-System müssen auf Basis einer solchen Sicherung wiederhergestellt werden können.

Der zuletzt genannte Punkt klingt recht selbstverständlich, erfordert aber von Ihnen als Systemadministrator neben den theoretischen Kenntnissen praktische Vorbereitungen in Form regelmäßiger Wiederherstellungsübungen. Diese sollten von den Systemadministratoren an verschiedensten Fehlerszenarien geübt werden.

Fehler, die das SAP BusinessObjects-System oder – präziser ausgedrückt – die Datenbank beschädigen und damit zu einem Ausfall führen, können in vier verschiedenen Klassen zusammengefasst werden.

Arten von Fehlern

- **Softwarefehler**
  Fehler, die im Betriebssystem, der Datenbanksoftware oder der SAP-Software selbst auftreten, werden als Softwarefehler bezeichnet. Durch das Einspielen von Software-Updates können beispielsweise Folgefehler auftreten, und hierdurch bestehende Daten im System manipuliert und gelöscht werden.

- **Hardwarefehler**
  Treten Fehler oder Defekte in der Rechentechnik, der SAN- und Netzinfrastruktur, den Controllern oder auch den Festplatten auf und führen diese Hardwareausfälle zu Datenverlusten, werden die Fehler dieser Klasse zugeordnet. Eine redundante Auslegung der Komponenten und der Datenspeicher kann die Auswirkungen eines solchen Ausfalls so weit reduzieren, dass die Funktionalität des Systems nicht beeinflusst wird. Wichtig und sinnvoll zugleich ist zudem, dass ein auf die Bedürfnisse des Unternehmens zugeschnittener Service- und Support-Vertrag mit dem Hardwarehersteller der Wahl abgeschlossen wird, um bei größeren Ausfällen die System-Downtime weiter zu minimieren.

- **Bedienfehler**
  Durch fehlerhafte Administration, falsche Berechtigungsvergabe für die Nutzer des Betriebssystems oder der Datenbank sowie innerhalb des SAP BusinessObjects-Systems oder auch durch fehlerhafte Eigenentwicklungen können Daten manipuliert oder gelöscht werden. Diese Fehler treten eindeutig häufiger auf als die in den beiden zuerst genannten Klassen. Durch ein ausgereiftes Sicherheitskonzept und Konzepte wie die Systemlandschaft und die Softwarelogistik, können Bedienfehler nicht verhindert, aber

ihre Auswirkungen minimiert werden. Auszuschließen sind derartige Fehler nie.

- **Externe Einflussfaktoren**
  Hierzu zählen Havarien wie Feuer, Wassereinbruch, Erdbeben oder ein Einbruch in den Rechnerraum oder in das Gebäude, in dem die Hardware untergebracht ist. Wie bereits erwähnt, sollte die Datensicherung auf Hardware durchgeführt werden, die räumlich oder besser noch örtlich getrennt von der produktiv genutzten Rechentechnik betrieben wird. Auch an den Abschluss einer Versicherung, die die genannten externen Einflussfaktoren absichert, sollte gedacht werden.

Die beschriebenen Fehler können im kompletten Lebenszyklus Ihres SAP BusinessObjects-Systems auftreten. Umso wichtiger ist es, dass Sie ein durchdachtes Sicherungskonzept besitzen, das Sie vor dem Verlust Ihrer Daten schützt. Regelmäßige Übungen, in denen Sie das Wiederherstellen Ihrer Systeme an den unterschiedlichsten Fehlerszenarien trainieren, können im Ernstfall die Zeit, in der das System nicht zur Nutzung verfügbar ist, erheblich reduzieren. Im Fall eines Falles sitzt so jeder Handgriff.

9.2 Was ist zu sichern?

Im Folgenden betrachten wir, welche Bestandteile des SAP BusinessObjects-Systems in die Datensicherung aufzunehmen sind und was genau Sie bei der Planung des Sicherungskonzepts beachten müssen.

Kategorien der zu sichernden Objekte

Die zu sichernden Daten können, wie in Abbildung 9.1 dargestellt, in vier verschiedene Kategorien unterteilt werden.

- Objekte der Datenbank[2]
- Objekte der Datenbanksoftware
- Objekte des SAP BusinessObjects-Systems, insbesondere die File Repository Server (FRS)
- Objekte des Betriebssystems

Diese verschiedenen Kategorien betrachten wir im Folgenden genauer.

---

[2] Im Weiteren verwenden wir in diesem Kapitel den Begriff *Datenbank* für die unter dem SAP BusinessObjects-System liegende CMS-Systemdatenbank (Central Management Server) sowie die Auditing Database.

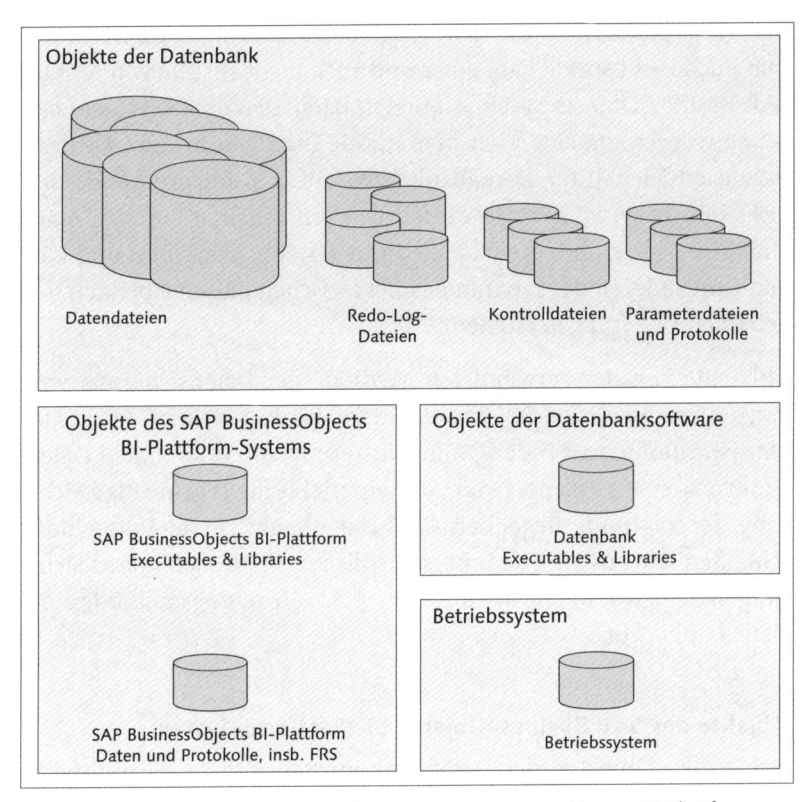

Abbildung 9.1 Datensicherungsobjekte eines SAP BusinessObjects BI-Plattform-System

Objekte der Datenbank

Ganz unabhängig von der zugrunde liegenden Datenbankversion können nahezu immer die nachfolgend aufgelisteten Sicherungsobjekte in einer Datenbank festgestellt werden:

- Datendateien, die die Tabellen mit den relevanten Daten enthalten
- Online- und Offline-Redo-Log-Dateien
- Kontrolldateien, die den Aufbau und den Zustand der Datenbank beinhalten
- Parameterdateien
- Protokolldateien

Die Objekte unterscheiden sich hinsichtlich der Namensgebung von einem Datenbankhersteller zum anderen. Die dahinterstehenden grundlegenden Konzepte einer Datenbank sind jedoch nahezu identisch. Dies gilt auch für die Sicherung der Datenbanken. Da wir in diesem Buch nicht speziell auf eines und auch nicht auf alle von SAP für SAP BusinessObjects-Systeme unterstützten Datenbanksysteme eingehen werden, möchten wir hier auf die Installations- und Konfigurationsleitfäden Ihrer Datenbank bzw. auf das entsprechende SAP PRESS-Buch verweisen[3]. In diesen Quellen erhalten Sie zum einen einen Überblick über die Objekte Ihres Datenbanksystems und können zum anderen das Zusammenspiel zwischen diesen Objekten und der Datensicherung verstehen.

Abhängig von der verwendeten Methode der Datensicherung werden unterschiedliche Objekte der Datenbank gesichert. Aber auch hier ist, zumindest bei der Online-Sicherung, die verwendete Datenbankversion ausschlaggebend. SAP empfiehlt die regelmäßige Sicherung der zugrunde liegenden CMS-Datenbank. Dieser Empfehlung schließen wir uns an. Die unterschiedlichen Methoden dieser Sicherung stellen wir Ihnen in Abschnitt 9.3, »Sicherungsmethoden der Datenbank«, vor.

Objekte des SAP BusinessObjects BI-Plattform-Systems

Zu sichernde Objekte

Neben den Objekten der Datenbank müssen in jedem Fall die FRS gesichert werden. Es ist allerdings für eine schnelle und sichere Wiederherstellung sinnvoll, die nachfolgend aufgelisteten Objekte des SAP BusinessObjects BI-Plattform-Systems über eine Standardbetriebssystemsicherung zu sichern. Im Detail haben wir Ihnen diese Objekte in Kapitel 2, »Ebenen eines SAP-BusinessObjects-BI-Plattform-Servers«, vorgestellt.

▸ Alle ausführbaren Dateien, Skripte, Bibliotheken, Profile, Protokolle, Dateien der FRS und der Tomcat-Server des SAP BusinessObjects BI-Plattform-Servers sind im Verzeichnis *sap_bobj* unterhalb des Installationsverzeichnisses zu finden, also idealerweise unter */usr/sap/<SID>/sap_bobj* (wobei */usr/sap/<SID>/* das Installationsverzeichnis meint).

---

3 Faustmann, Höding, Klein, Zimmermann: *Oracle-Datenbankadministration für SAP*. SAP PRESS, Bonn 2007 (ISBN 978-3-89842-831-6, *www.sap-press.de/1320*). Oder: Bögelsack, Gradl, Mayer, Krcmar: *SAP MaxDB-Administration*. SAP PRESS, Bonn 2008 (ISBN 978-3-89842-730-2, *www.sap-press.de/1127*).

- Andere installierte SAP BusinessObjects-Komponenten wie beispielsweise die Mobility-Komponenten oder Dashboard Analytics, finden sich ebenfalls im Installationsverzeichnis, also beispielsweise unter */usr/sap/<SID>/ Dashboard_Analytics*.
- Das Transportverzeichnis, das bei der Nutzung einer SAP-Transportlandschaft verwendet wird und in dem dann SAP BusinessObjects BI-Plattform-Serverdaten gehalten werden, ist unter */usr/sap/trans* zu finden.

SAP selbst verweist darauf, dass die Input- und Output-Dateien der FRS regelmäßig und zusammen mit der Datenbank gesichert werden sollen. Die Verzeichnisse dieser Dateien sind über die Platzhalter mit den Namen *%DefaultInputFRSDir%* für das Input-Verzeichnis sowie *%DefaultOutputFRSDir%* für das Output-Verzeichnis im System definiert. Sie können diese in der Central Management Console (CMC) in der Anwendung SERVER einstellen.

File Repository Server (FRS)

In der Standardinstallation finden Sie das Input-Verzeichnis unter dem Pfad */usr/sap/<SID>/sap_bobj/data/frsinput/* und das Output-Verzeichnis unter */usr/sap/<SID>/sap_bobj/data/frsoutput/*. Neben diesen Dateien empfiehlt SAP sehr allgemein, das Dateisystem der Maschinen zu sichern, auf dem das SAP BusinessObjects-System installiert ist.

Die Größe der Sicherung kann zwischen 1 GB und 100 GB liegen und hängt stark von der Komplexität des Deployments ab, das Sie tätigen. Da insbesondere die Synchronität zwischen den FRS und der Datenbank sehr wichtig ist, muss die Sicherung des Dateisystems (oder zumindest der FRS) zur gleichen Zeit stattfinden, zu der die Datenbank gesichert wird. Dies ist gerade für die Wiederherstellung bedeutsam. Falls die FSR und die Datenbank nicht simultan abgezogen werden, sind sie unter Umständen nicht synchron. Damit kann die erstellte Sicherung zwar für eine Wiederherstellung benutzt werden, allerdings ist nicht auszuschließen, dass danach eine Inkonsistenz im System existiert. Sie können sich also nicht hundertprozentig auf die Sicherung verlassen. Insbesondere kann es nach einer Wiederherstellung in der Datenbank zu einem höheren Risiko von verwaisten Reportobjekten kommen. Unter »verwaisten Objekten« sind die Datensätze in der Datenbank zu verstehen, die nicht mehr auf eine Input- oder Output-Datei in den FRS zeigen. Wenn ein Nutzer einen solchen Report aufruft, wird eine Fehlermeldung ausgegeben und dem Nutzer ist es nicht möglich, das Objekt zu verwenden.

Synchronität: FRS und Datenbank

Umgekehrt sind fehlende Dateien im FSR nicht so problematisch wie die beschriebene Situation in der Datenbank.

Gesamte Verzeichnisstruktur sichern — Unserer Ansicht nach ist es nicht sinnvoll, bestimmte Unterverzeichnisse auszuschließen und separat zu sichern. Vielmehr empfehlen wir, dass Sie immer die komplette Verzeichnisstruktur unterhalb des Installationsverzeichnisses Ihres SAP BusinessObjects-Systems sowie das Transportverzeichnis, also */usr/sap/<SID>* und */usr/sap/trans* sichern, sofern vorhanden. Neben diesen Pfaden sollten Sie nicht vergessen, die Verzeichnisse und Dateien der Betriebssystemnutzer des SAP BusinessObjects BI-Plattform-Systems und des Datenbanksystems (abhängig von der verwendeten Datenbankversion) zu sichern. Damit ist auch sichergestellt, dass eigene Applikationen und Anpassungen sowie die Auditing-Datenbank gesichert und wiederhergestellt werden können.

Da die Verzeichnisstruktur der SAP NetWeaver-Produkte für das SAP BusinessObjects-System (noch) nicht umgesetzt wurde, müssen Sie auf keine symbolischen Links zwischen den Verzeichnissen achten. So werden bei den SAP NetWeaver-Installationen nicht die ausführbaren Dateien aus dem Verzeichnis */usr/sap/<SID>/SYS/exe*, sondern lediglich die symbolischen Links auf */sapmnt/<SID>/exe* gesichert.

Betriebs- und Datenbanksystem

Datenbankinstallation sichern — Schließlich ist eine Sicherung der Datenbankinstallation (das sind die ausführbaren Dateien und Bibliotheken der Datenbank) sowie der Dateien des Betriebssystems notwendig. Sie können natürlich das Betriebs- und das Datenbanksystem nach einem Verlust durch eine Neuinstallation wieder aufsetzen (ebenso die oben beschriebenen SAP BusinessObjects-Objekte und -Benutzer), müssen aber daran denken, dass Sie mit diesem Weg wertvolle Zeit verlieren und damit die System-Downtime erhöhen. Welche Dateien zur Datenbankinstallation gehören und gesichert werden können, entnehmen Sie dem Installations- und Konfigurationsleitfaden Ihrer Datenbank.

Bei der Sicherung des Betriebssystems sollten Sie bedenken, dass bei einem Ausfall der Festplatte, von der das Betriebssystem gestartet (gebootet) wird, die Wiederherstellung von zuvor mit einer Standarddateisicherung weggeschriebenen Dateien nicht sinnvoll ist. Wenn Sie eine solche Sicherung verwenden, müssen Sie zunächst damit beginnen, das Betriebssystem neu zu installieren. Für die Sicherung des Betriebssystems sollten Sie Produkte des Herstellers oder einer Drittfirma einsetzen, die ein Abbild des Betriebssystems sichern. Von diesem gesicherten Abbild können Sie das System dann bootfähig wiederherstellen.

Wenn Sie die Verzeichnisse des SAP BusinessObjects-Systems und der Datenbank nicht regelmäßig sichern möchten (was wir jedoch empfehlen), sollten Sie auf jeden Fall in folgenden Fällen eine Sicherung durchführen:

Unbedingt durchzuführende Sicherungen

- nach der Installation des SAP BusinessObjects BI-Plattform-Systems mit der zugrundeliegenden Datenbank
- nach einem Upgrade des SAP BusinessObjects BI-Plattform-Systems
- nach einem Upgrade Ihres Datenbanksystems
- nach einem Upgrade Ihres Betriebssystems

Stellen Sie anschließend sicher, dass Sie auf diese Sicherungen immer zugreifen können.

Neben der Systemsicherung, wie wir Sie in den letzten Abschnitten beschrieben haben, besteht die Möglichkeit, die Servereinstellungen und die Business-Intelligence-Objekte, wie Benutzer, Reports, Gruppen oder Universen, zu sichern. Dies ermöglicht es, den SAP BusinessObjects BI-Plattform-Server in einen funktionsfähigen Zustand zurückzusetzen, ohne dass die Datenbank, das Dateisystem oder die Business-Intelligence-Objekte wiederhergestellt werden müssen. Auch die Wiederherstellung von Nutzern, Reports, Gruppen oder Universen ist nach einem versehentlichen Löschen schneller und einfacher möglich. Wir werden uns ab Abschnitt 9.7, »Servereinstellungen und Business-Intelligence-Objekte«, näher mit dieser Möglichkeit beschäftigen. Sie ersetzt jedoch nicht die in den nächsten Abschnitten beschriebene komplette Systemsicherung.

Servereinstellungen und Business Intelligence Content sichern

9.3 Sicherungsmethoden der Datenbank

In diesem Abschnitt setzen wir uns mit den unterschiedlichen Datensicherungsmethoden auseinander. Wie bereits in Abschnitt 9.2, »Was ist zu sichern?«, erwähnt, ist die Synchronität zwischen der Datenbank und den File Repository Servern (FRS) von essenzieller Wichtigkeit.

Deshalb werden wir, obwohl sich dieser Abschnitt im Vordergrund mit der Sicherung der Datenbank beschäftigt, an den entsprechenden Stellen auch auf die »Standardbetriebssystemsicherung« der FRS eingehen. Wir haben in Abbildung 9.2 die unterschiedlichen Methoden der Datenbanksicherung schematisch zusammengestellt.

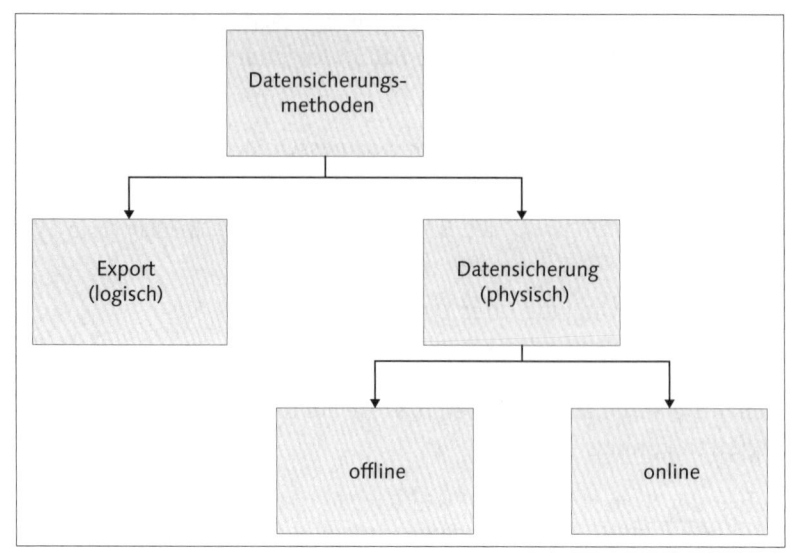

Abbildung 9.2 Datensicherungsmethoden

Logische vs. physische Methoden

Es wird zwischen logischen und physischen Methoden unterschieden. Zu den logischen Methoden zählt der Export der Daten aus der Datenbank des Systems. Die Speicherung der Daten auf ein beliebiges Sicherungsmedium wird den physischen Methoden zugeordnet. Die physische Methode unterscheidet man hinsichtlich des Zustands der Datenbank. Ist die Datenbank heruntergefahren und wird gesichert, spricht man von einer Offline-Datensicherung. Eine Online-Datensicherung wird von einer geöffneten, den Benutzern zur Verfügung stehenden Datenbank durchgeführt. In den folgenden Abschnitten gehen wir auf die einzelnen Methoden noch einmal genauer ein.

9.3.1 Datenexport

Bei einem Datenexport werden Werkzeuge und Funktionen des Datenbankherstellers verwendet, um die Datenbankstrukturen, Indizes und natürlich die Inhalte aus der Datenbank in Dateien zu exportieren. Mithilfe des Datenexports kann die gleiche oder eine andere

Datenbank mit gleichem Dateninhalt per Importmechanismus wieder aufgebaut werden. Eine weitere Möglichkeit, einen Datenexport zu erzeugen, ist die Verwendung von Werkzeugen des Softwareanbieters, der die Struktur und die Daten jeder Tabelle aus der Datenbank liest und damit einen installationsfähigen Export erstellt.

Ein Datenexport ersetzt jedoch in einem keinem Fall die physischen Methoden der Datensicherung, die Sie im weiteren Verlauf dieses Abschnitts noch kennen lernen. Ein wesentlicher Nachteil des Datenexports gegenüber einer physischen Sicherung besteht darin, dass mit der Wiederherstellungsmethode »Import« lediglich der Zustand einer Datenbank wiederhergestellt werden kann, der mit dem Schreiben des Exports festgehalten wurde. Alle Änderungen, die nach einem Export im System und somit an der zugrunde liegenden Datenbank durchgeführt wurden, gehen unweigerlich verloren.

Kein Ersatz für eine physische Sicherung

Logische Exporte und Importe können allerdings sehr gut für die Reorganisation der Datenbank benutzt werden. Strukturinformationen, Indizes und die Daten werden exportiert und reorganisiert. Anschließend erfolgt ein Import in die reorganisierten Objekte.

Anwendungsgebiete: logische Exporte

Darüber hinaus werden Exporte für den Datentransport verwendet. Es können hierbei einzelne Tabellen oder die gesamte Datenbank kopiert werden, um beispielsweise die Systemlandschaft wie Schulungs- und Testsysteme aufzubauen.

Für das SAP BusinessObjects-System wird bisher kein Werkzeug angeboten, um die Datenbank, die FRS und damit das System zu entladen und einen installationsfähigen Export zu erstellen. Für die SAP NetWeaver-basierten Systeme steht hier das Werkzeug *SAPinst* zur Verfügung. Im SAP BusinessObjects-System besteht jedoch die Möglichkeit des Exports der Servereinstellungen und der Business-Intelligence-Objekte (siehe Abschnitt 9.7, »Servereinstellungen und Business-Intelligence-Objekte«). Mithilfe dieses Exports können die Objekte wieder in ein neu installiertes und konfiguriertes SAP BusinessObjects-System importiert werden. Dies kann beispielsweise bei der Migration auf eine neue Hardware sinnvoll sein.

9.3.2 Offline-Datensicherung

Die Offline-Datensicherung, auch als *Cold Backup* bezeichnet, sichert Ihre Datenbank, wenn diese gestoppt ist. Die Datenbankinstanz muss

Cold Backup

also heruntergefahren werden, die Speicherbereiche werden freigegeben und die Prozesse beendet. Die Sicherung der Daten findet auf Dateiebene statt. Unter Zuhilfenahme von Kommandos des Betriebssystems wie beispielsweise `dd` oder `cpio` werden die einzelnen Dateien der Datenbank auf das Sicherungsmedium geschrieben.

Der entscheidende Nachteil dieser Methode ist, dass Sie Ihre Datenbank und das SAP BusinessObjects-System offline nehmen müssen. Damit steht den Anwendern und Kunden das System nicht mehr zur Verfügung. Für Systeme, die 7 mal 24 Stunden pro Woche in Betrieb sein müssen, ist diese Sicherungsmethode demnach keine gute Option. Zu diesem gravierenden Nachteil kommt hinzu, dass die Puffer Ihrer Datenbank bei einem Stopp der Instanz gelöscht werden. Das hat zur Folge, dass Sie erst einmal Performance einbüßen. Erst nach einer gewissen Zeit sind die Puffer wieder optimal gefüllt.

Ablauf der Offline-Sicherung

Wie gestaltet sich nun der Ablauf der Offline-Datensicherung?

1. Zunächst müssen das SAP BusinessObjects-System und die Datenbank heruntergefahren werden. Dies bewirkt, dass keine Zugriffe mehr auf die Datenbankobjekte und das Dateisystem stattfinden, also keine Transaktionen mehr durchgeführt werden.
2. Im nächsten Schritt kann damit begonnen werden, die einzelnen Datenbankobjekte und die FRS auf ein Sicherungsmedium zu schreiben.
3. Nachdem die Sicherung erfolgreich durchgelaufen ist, können die Datenbank und danach das SAP BusinessObjects-System wieder gestartet werden.

Vor- und Nachteile der Offline-Sicherung

Sie erstellen mit einer Offline-Datenbanksicherung zum einen ein konsistentes Backup Ihrer Systemdatenbank. Zum anderen ist die Synchronität zwischen der Datenbank und den FRS sichergestellt, da keine Zugriffe auf das Dateisystem stattfinden können. Sobald Sie allerdings mit dem SAP BusinessObjects-System weiterarbeiten, ist diese Sicherung nicht mehr aktuell. Je weiter Sie sich zeitlich von dieser Sicherung entfernen, desto mehr unterscheidet sich der Datenbestand zwischen dem laufenden System und Ihrer Sicherung auf dem Medium. Sollte aus diversen Gründen nun ein Media Recovery (siehe Abschnitt 9.4.1, »Restore versus Recovery im Datenbankumfeld«) notwendig werden, können Sie nur auf die letzte vollständige Datensicherung zurückgreifen. Alle Änderungen zwischen der letzten

Sicherung und dem Ausfall gehen unweigerlich verloren. Die Situation verschlechtert sich, wenn Sie feststellen sollten, dass Ihr letztes Offline-Backup nicht mehr bzw. nicht mehr fehlerfrei vom Sicherungsmedium gelesen werden kann.

Es besteht allerdings die Möglichkeit, Datenbanken so zu betreiben, dass Redo-Log-Dateien erzeugt werden. Diese Dateien zeichnen jede einzelne Transaktion auf, die in der Datenbank ausgeführt wird und werden zusätzlich zur normalen Sicherung der Datendateien gespeichert. Deshalb stellt sich die Situation bei einer Wiederherstellung in solchen Datenbanken komplett anders dar, denn hier haben Sie die Möglichkeit, mittels der Wiederherstellung der letzten Sicherung der Datenbank und aller erzeugten Redo-Logs die Datenbank bis zur letzten Transaktion vor dem Crash wiederherzustellen. Auch eine fehlerhafte Sicherung dürfte Sie nicht weiter stören, denn Sie können auf eine ältere zurückgreifen und dann die Redo-Log-Dateien, die zwischenzeitlich angefallen sind, vollständig auf die Datenbank applizieren.

Redo-Log-Dateien

Wenn Sie nun an die Synchronität zwischen der Datenbank und dem File System Repository denken, werden Sie schnell feststellen, dass es sehr schwierig ist, im Fall der Verwendung der Redo-Logs beide Datenspeicher synchron wiederherzustellen. Wir werden uns mit diesem Problem näher im folgenden Abschnitt 9.3.3, »Online-Datensicherung«, beschäftigen, da bei der Online-Datensicherung auch mit Redo-Logs gearbeitet wird.

Redo-Logs und Synchronität

Sehr nachteilig an der Offline-Datensicherung ist die eingangs beschriebene Nichtverfügbarkeit Ihres SAP-Systems – und zwar in den Zeiten, in denen ein Backup durchgeführt wird. Dies ist für die allermeisten Anwender inakzeptabel. Von Vorteil insbesondere für die Systemadministration ist, dass die Sicherung der Datenbank und der FRS eine konsistente Kopie des Systems ist.

9.3.3 Online-Datensicherung

Anders als bei der Offline-Datensicherung steht bei der in diesem Abschnitt beschriebenen Online-Datensicherung das SAP BusinessObjects-System den Nutzern während der Datensicherung zur Verfügung. Die Datenbank bleibt also während des Sicherungslaufs weiter geöffnet und damit online, sodass die Nutzer des Systems Ihrer nor-

Hot Backup

malen Arbeit nachgehen können. Diese Sicherungsmethode wird auch als *Hot Backup* bezeichnet.

Lastarme Zeit

Jedoch sollte das Zeitfenster, in dem die Online-Datensicherung stattfindet, in eine lastarme Zeit des Systems gelegt werden. Dies wird in den meisten Fällen nachts sein. Das Sichern der Daten beeinflusst die Performance der genutzten Hardwarekomponenten wie Server, Storage Area Networks (SAN) und Netzwerk und dies kann sich für die Nutzer des SAP BusinessObjects-Systems unter Umständen in längeren Antwortzeiten bemerkbar machen.

Redo-Log-Modus

Bei der Online-Datensicherung muss sich die Datenbank in einem Redo-Log-Modus befinden. Dieser sorgt dafür, dass jede einzelne Transaktion in der Datenbank zusätzlich in den Redo-Log-Dateien aufgezeichnet wird. Befindet sich das Datenbanksystem nicht in diesem Modus, ist es auch nicht möglich, das System per Hot Backup zu sichern. Während eines Online-Backups müssen und werden je nach Last unterschiedlich viele Redo-Log-Dateien geschrieben. Eine Sicherung der Datenbereiche der geöffneten Datenbank und deren anschließende Wiederherstellung ohne das Applizieren der angefallenen Redo-Log-Dateien führen zu einer inkonsistenten Datenbank, die nicht geöffnet werden kann. Darum sind die Redo-Log-Informationen für eine Wiederherstellung des Systems von enormer Wichtigkeit.

Inkonsistenzen in der Datenbanksicherung

Wie es zu den Inkonsistenzen kommt, ist sehr einfach zu erklären: Wir nehmen an, dass die Daten in einer Datenbank in vielen Bereichen abgelegt sind und durch Aktivitäten der auf dem System arbeitenden Benutzer fortlaufend geändert werden. Beginnen wir nun damit, die Datenbereiche der Datenbank kontinuierlich nacheinander auf ein Sicherungsmedium zu schreiben, fehlen in der Sicherung jene Änderungen, die in den bereits gesicherten Datenbereichen eingefügt werden. Sehen wir uns die Ebene der Diskblöcke an, werden die geänderten Datenblöcke in dem Datenbereich nicht mehr berücksichtigt, die der Kopierprozess bereits wegkopiert hat. Unter der Annahme, dass Änderungen gleichmäßig über die einzelnen Datenbereiche geschrieben werden, fehlen im ersten gesicherten Datenbereich viele Änderungen, während im zuletzt gespeicherten Bereich nahezu alle Änderungen eingeschlossen sind. Stellen wir nun die Datenbereiche aufgrund der Sicherung wieder her, sind die Änderungen, die im Lauf des Backups in die einzelnen Datenbereiche geschrieben wurden, nicht vollständig. Die Datenbank ist inkonsistent und die Sicherung somit unbrauchbar.

Um die Datenbank konsistent wiederherstellen zu können, sind die während der Online-Datensicherung erzeugten Redo-Log-Informationen zu berücksichtigen. Eine Online-Sicherung wird genau wie die Offline-Datensicherung durch Betriebssystemkommandos (wie beispielsweise dd oder cpio) unter der Kontrolle von Datenbankwerkzeugen erstellt. Die Kommandos sind nicht Teil der Datenbank und deshalb muss ein Startpunkt gesetzt werden. Dieser Startpunkt »informiert« die Datenbank darüber, dass eine Sicherung durchgeführt wird. Alle nach diesem Zeitpunkt anfallenden Änderungen an den Daten und deren gleichzeitige Aufzeichnung in den Redo-Logs sind für die konsistente Sicherung notwendig.

Sicherstellen der Konsistenz

Bei der Online-Datensicherung werden die folgenden Schritte durchgeführt:

Ablauf der Online-Sicherung

1. Zunächst werden die Datenbereiche für die Sicherung vorbereitet und somit der Startpunkt der Sicherung gesetzt. Die Bereiche können dann über Betriebssystemkommandos kopiert werden, wobei die Nutzer währenddessen normal mit dem System arbeiten und die Änderungen in den Redo-Log-Dateien protokolliert werden.

   Gleichzeitig ist die Sicherung der FRS anzustarten, um beide Datenspeicher in der Sicherung synchron zu halten. Erfahrungsgemäß dauert die Sicherung der FRS länger als die Sicherung der Datenbank. Wir werden später in diesem Abschnitt auf die Sicherstellung der Synchronität eingehen. Ist die Sicherung der Datenbank abgeschlossen, werden die Datenbereiche wieder in den normalen Modus zurückgesetzt.

2. Nun werden die Kontrolldateien, die den Aufbau und den Zustand der Datenbank beinhalten, auf das Sicherungsmedium kopiert.

3. Anschließend erfolgt ein sogenannter Redo-Log-Switch. Bei diesem Switch werden alle Änderungen, die sich noch in der aktuellen offenen Redo-Log-Datei befinden, in eine Offline-Redo-Log-Datei herausgeschrieben. Diese Änderungen sind während der Datensicherung angefallen und somit für eine Wiederherstellung essenziell. In die Offline-Redo-Log-Dateien werden keine Redo-Log-Informationen mehr geschrieben.

4. Nun müssen alle während der Sicherung erzeugten Offline-Redo-Log-Dateien, falls dies nicht schon parallel während der Sicherung der Datenbereiche geschehen ist, auf das Sicherungsmedium geschrieben werden.
5. Im Anschluss können nun die Parametrisierungs- und die Protokolldateien der Datenbank gesichert werden.

Mit dem Vorbereiten der Datenbereiche zur Sicherung kann sich das interne Verhalten der Datenbank ändern. Bei Oracle wird für jeden Datensatz in den Redo-Log-Dateien nicht nur ein After-Image des geänderten Datensatzes protokolliert, sondern es wird auch ein Before-Image des gesamten Oracle-Datenblocks, in dem sich der veränderte Datensatz befindet, aufgezeichnet. Zudem findet ein Einfrieren der Transaktionsnummer statt, die bei jeder Datenbanktransaktion hochgezählt wird. Damit weisen alle Datendateien die gleiche Nummer auf und zwar jene, die zu Beginn der Sicherung aktuell war.

Transaktionsnummer einfrieren

Das Einfrieren der Transaktionsnummer (z. B. bei Oracle und DB2) ist notwendig, da dem Datenbanksystem nicht bekannt ist, wann das Betriebssystem den Header einer Datendatei sichert. Wenn die Nummer nicht festgehalten würde, könnte diese in jeder der gesicherten Datendateien unterschiedlich sein, je nachdem, wann die Datei geschrieben wurde. Ein korrektes Applizieren der Redo-Log-Informationen, die die Transaktionsnummern beinhalten, auf die Datenbereiche ist dann nicht möglich.

Before-Images

Before-Images der betroffenen Blöcke der Redo-Log-Dateien werden gespeichert, um die Inkonsistenzen bei einer Sicherung durch einen sogenannten *Block-Split* zu umgehen.

[+] **Block-Split**

Ist der Betriebssystemblock kleiner als der Datenbankblock, werden bei einer Sicherung der Datenbereiche immer nur Teile eines Blocks fortgeschrieben. Der Datenbankblock wird nicht als eine ganze Einheit gesichert.

Block-Splits können schnell zu Inkonsistenzen des Datenbankblocks in der Sicherung führen: Zunächst wird nur ein Teil eines Datenbankblocks über einen Betriebssystemblock gesichert. Danach findet über eine Nutzeraktivität eine Änderung des kompletten Datenbankblocks statt. Anschließend werden die restlichen noch nicht gesicherten

Teile des geänderten Datenbankblocks kopiert. Der wiederhergestellte Datenbankblock hätte dann einen Datenteil, in dem die Änderungen nicht vorhanden sind, und einen Datenteil, bei dem die Änderungen enthalten sind.

Hier kommen die Before-Images der Datenbankblöcke zum Tragen: Bei der Wiederherstellung einer Sicherung mit den oben beschriebenen gesplitteten Blöcken können aus der Aufzeichnung der Ursprungsblöcke und der dort erfolgten Änderungen die inkonsistenten Blöcke überschrieben und geändert werden. Die Datenbank wird dann konsistent.

<small>Before-Images und Block-Split</small>

Zeichnet die von Ihnen verwendete Datenbank die Before-Images der Datenbankblöcke auf, nimmt die Anzahl der Redo-Log-Dateien zu, die während der Sicherung erstellt und gesichert werden. Neben den After- werden zusätzlich die beschriebenen Before-Images in den Redo-Log-Dateien gespeichert. Auch aus diesem Grund sollten Sie eine Sicherung zu lastarmen Zeiten planen: Sie schränken damit die »Produktion« der besonderen Redo-Log-Informationen ein. Wichtig ist zudem, dass Sie nur die Datenbereiche Ihrer Datenbank in den Sicherungsmodus setzen, die aktuell auf ein Medium gespeichert werden. Somit reduzieren Sie die Redo-Log-Informationen mit Before-Images auf aktuell zu sichernde Datenbereiche.

Wir haben schon mehrfach über die Synchronität der Datenbank und der FRS gesprochen. Bei der Offline-Datensicherung war die Synchronität dadurch gegeben, dass keine Transaktionen mehr auf die Datenbank und die FRS schreiben konnten. Bei der soeben vorgestellten Online-Sicherung ist dies, wie dargestellt, nicht der Fall; die Weiterarbeit mit dem System ist ja gerade gewünscht. Das Problem, das im Fall der Online-Sicherung auftreten kann, ist, dass die Datenbank und die FRS gerade in einem Änderungsmoment gesichert werden, beide also nicht mehr synchron sind. Insbesondere die schon erwähnte längere Sicherungszeit der FRS gegenüber der Datenbank kann zu Inkonsistenzen führen, da Änderungen an den FRS während der Sicherung nicht in dessen Kopie mit aufgenommen werden.

<small>Konsistenz mit den File Repository Servern</small>

Die nachfolgend aufgelisteten Änderungsoperationen können Inkonsistenzen zwischen Datenbank und FRS bei der Wiederherstellung verursachen und haben folgende Konsequenzen:

<small>Inkonsistenzen verursachende Änderungen</small>

- Ein Nutzer oder ein Job fügt ein Dokument oder eine Dokumentinstanz (Webi, CR etc.) dem System hinzu. Die Folge ist, dass das Hinzufügen der Dokumente nicht in einem InfoView angezeigt wird.
- Ein Nutzer oder ein Job löscht ein Dokument oder eine Dokumentinstanz aus dem System. Die Folge des Löschens ist, dass die Dokumente zwar in einem InfoView erscheinen, aber nicht geöffnet werden können.
- Ein Nutzer oder ein Job ändert ein Dokument. Die Folge ist, dass dennoch die Version des Dokuments angezeigt wird, die in der Sicherung enthalten ist.

Repository Diagnostic Tool (RDT)

Diese Fälle haben jedoch nicht zur Folge, dass das System instabil läuft. Aber der Nutzer, der diese Dokumente angelegt/geändert hatte, erhält eine entsprechende Fehlermeldung bzw. findet seine Änderungen in den Dokumenten nicht. Um Fehlermeldungen zu verhindern, ist es möglich, nach einem Restore und Recovery der beiden Datenspeicher das Repository Diagnostic Tool (RDT) auszuführen. Wir werden in Abschnitt 4.4.2 näher auf dieses Werkzeug eingehen.

Snapshots oder Split-Mirrors

Inkonsistenzen zwischen der Datenbank und den FRS können also unter anderem verhindert oder zumindest reduziert werden, wenn während der Sicherung der beiden Datenspeicher die oben aufgelisteten Operationen nicht durchgeführt werden. Dies kann einerseits reduziert werden, indem die Sicherung, wie bereits erwähnt, in einer niedrigen Lastphase erfolgt, andererseits kann es komplett verhindert werden, indem die Technik des Snapshots oder des Split-Mirrors aus dem Bereich des Storage Area Networks (SAN) Anwendung finden. Diese Technik werden wir in Abschnitt 9.6, »Sicherungsstrategien«, näher beschreiben.

Wir haben uns die Synchronität zwischen den beiden Datenspeichern bisher nur im Zeitraum der Sicherung angesehen. Eine weitere und tiefere Ebene ist die der abgeschlossenen Datenbanktransaktionen, die ja sowohl bei der Online- als auch bei der Offline-Sicherung eine Wiederherstellung der Datenbank bis zum Zeitpunkt des Ausfalls ermöglichen. Wir möchten Sie hier auf Abschnitt 9.5, »Wiederherstellungsszenarien«, verweisen, wo wir noch einmal detaillierter auf die Synchronität bei der Wiederherstellung eingehen.

9.4 Wiederherstellungsmethoden

Nachdem wir in den letzten Abschnitten beschrieben haben, welche Objekte des SAP BusinessObjects-Systems zu sichern sind, wie eine Sicherung der zugrunde liegenden Datenbank durchgeführt werden kann und wie die Synchronität zwischen Datenbank und den FRS sichergestellt wird, gehen wir nun auf die unterschiedlichen Wiederherstellungsmethoden ein.

Wenn das System wiederhergestellt werden muss, sollten Sie natürlich zunächst feststellen, was der Grund des Systemausfalls bzw. des Datenverlustes war sowie in welchem Zustand Ihre Datenbank, der FRS und das restliche Dateisystem Ihres SAP BusinessObjects BI-Plattform-Servers sind. Danach sollten Sie sich darüber Gedanken machen, welche Methode am besten geeignet ist, um Ihr SAP BusinessObjects-System am schnellsten wieder in einen nutzbaren Zustand zurückzuversetzen.

Grundsätzliches

Sind Sie sich im Unklaren darüber, wie der Zustand des Systems ist, wie Sie die Ursachensuche durchführen müssen oder wie das System wiederhergestellt werden kann, sollten Sie sich Hilfe holen. Meist liegen die Kosten, die zusätzlich durch den Ausfall eines solchen Systems in Folge eines falsch durchgeführten und/oder verzögerten Wiederherstellens entstehen, höher als die Beratungskosten, die Ihnen in Rechnung gestellt werden. Die Wiederherstellung kann ein kompliziertes Verfahren sein, das von Werkzeugen der SAP, des jeweiligen Datenbankherstellers oder auch von weiteren Software- und Hardwareherstellern unterstützt wird.

Bei einer Wiederherstellung sind Kenntnisse in den unterschiedlichsten Bereichen gefragt. Regelmäßig durchgeführte Wiederherstellungsübungen an einem Testsystem oder in einem Sandbox-System sind sehr hilfreich, um das erforderliche Wissen aufzubauen und zu festigen. Dabei sollte das Übungssystem im Bereich der installierten Hardware, der Datenbank und auch des SAP BusinessObjects-Releases möglichst identisch mit dem produktiven System sein. Sobald sich Änderungen in dieser Landschaft ergeben, beispielsweise durch eine Hardware- oder Datenbankmigration oder durch einen Release-Wechsel der SAP BusinessObjects-Software oder der Datenbank, raten wir Ihnen, die Wiederherstellungsübung schnellstmöglich im Anschluss an diese Umstellungsarbeiten durchzuführen.

Wiederherstellung üben

9.4.1 Restore versus Recovery im Datenbankumfeld

Abgrenzung der Begriffe

Lassen Sie uns zunächst einige Grundbegriffe klären. Wenn Sie im Kreis Ihrer Kollegen einmal nach einer Definition der Begriffe *Restore* und *Recovery* im Datenbankumfeld fragen, erhalten Sie mit hoher Sicherheit sehr unterschiedliche Antworten. Wir wollen an dieser Stelle beide Begriffe voneinander abgrenzen.

- **Restore**
  Unter dem Begriff *Restore* versteht man das Wiederherstellen einer, mehrerer oder aller Datenbankdateien eines Datenbanksystems. Dabei wird in Anlehnung an die Datensicherungsmethoden zwischen dem logischen und dem physischen Restore unterschieden.
  - Der *logische Restore* erfolgt mit den zuvor per Export ausgelagerten Daten sowie mithilfe von Datenbankwerkzeugen oder Werkzeugen des Softwareanbieters. Sie erinnern sich sicherlich, dass für das SAP BusinessObjects-System ein solches Werkzeug noch nicht angeboten wird (siehe Abschnitt 9.3.1, »Datenexport«).
  - Unter dem *physischen Media Restore* wird das Zurückspielen der Datenbankdateien von einem Sicherungsmedium verstanden. Man unterscheidet hier zwischen einem Full Restore (vollständig) und einem Partial Restore (teilweise).
    Ein *Full Media Restore* gibt an, dass alle Dateien des Sicherungslaufs auf Ihr Festplattensystem zurückgeschrieben werden.
    Einige ausgewählte (genau die korrupten) Datendateien werden hingegen bei einem *Partial Media Restore* wiederhergestellt. In Abbildung 9.3 können Sie die beschriebene Unterscheidung im linken Teil erkennen.

- **Recovery**
  Das *Recovery* wird immer dann notwendig, wenn entweder kein Restore möglich ist oder wenn durch ein zuvor durchgeführtes Restore ein inakzeptabler Datenverlust aufgrund veralteter Daten entsteht, der nur durch einen Recovery-Lauf wettgemacht werden kann. Es gibt zwei Arten des Recovery, die in Abbildung 9.3 im rechten Teil dargestellt sind.
  - Dies ist zum einem das *Instance Recovery*. Es wird immer dann ausgeführt, wenn alle Datendateien physisch vorhanden und nicht defekt sind. Dies kann zum Beispiel eintreten, wenn es zu einem Ausfall der Energieversorgung kam, die Änderungen zwar ordentlich in die Redo-Logs, jedoch nicht in die Daten-

bankdateien geschrieben wurden. Das Instance Recovery erfolgt automatisch beim Öffnen der Datenbank.

▸ Sollte allerdings eine Datendatei fehlerhaft oder gelöscht, und diese durch ein Media Restore wiederhergestellt worden sein, so muss ein *Media Recovery* erfolgen.

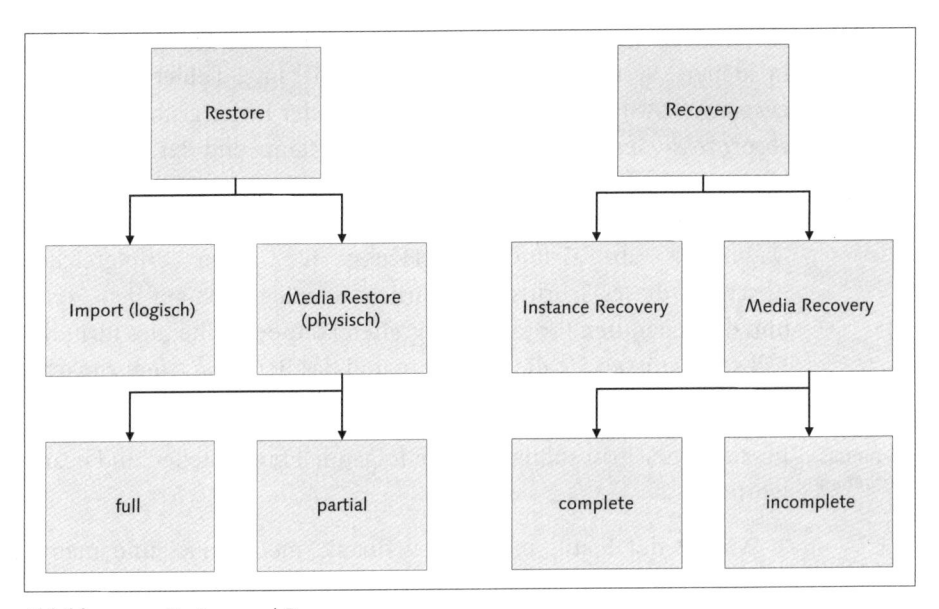

Abbildung 9.3 Restore und Recovery

Beim Media Recovery werden ebenfalls zwei unterschiedliche Arten unterschieden, das Complete Recovery (vollständig) und das Incomplete Recovery (unvollständig).

▸ *Complete Recovery* bedeutet, dass alle Redo-Log-Informationen bis zum Zeitpunkt des Systemausfalls appliziert werden und somit bis auf die nicht abgeschlossenen Transaktionen der Nutzer kein Datenverlust entsteht. Voraussetzung ist, dass alle Redo-Log-Informationen lückenlos von der letzten erfolgreichen Datensicherung bis zum Ausfall zur Verfügung stehen und wiederhergestellt werden können.

▸ *Incomplete Recovery* meint hingegen, dass die Redo-Log-Informationen bis zu einem beliebigen Zeitpunkt vor dem Ausfall wiederhergestellt werden. Dies ist dann der Fall, wenn nicht alle Redo-Log-Informationen lückenlos zum Applizieren zur Verfügung stehen oder aber zwar vorhanden sind, jedoch nicht gewollt ist, dass diese bis zum Ausfall angewandt werden sollen.

9.4.2 Schritte der Wiederherstellung

Nachdem wir nun den Unterschied zwischen Restore und Recovery herausgearbeitet haben, gehen wir auf die Schritte ein, die Sie bei der Wiederherstellung Ihres SAP BusinessObjects-Systems und insbesondere Ihrer Datenbank sowie Ihrer FRS durchführen müssen.

Fehlerprotokolle und Trace-Dateien analysieren

Im allerersten Schritt sollten Sie die verschiedenen Fehlerprotokolle, in denen Systemmeldungen und signifikante Fehlernachrichten gespeichert werden, sowie Trace-Dateien (der Hintergrund- und Nutzerprozesse der Hardware, des Betriebssystems und der Datenbank) kontrollieren und analysieren. Wo sich die Protokolle befinden, hängt von der verwendeten Hardware, dem Betriebssystem und der Datenbank ab. Grundvoraussetzung für einen erfolgreichen Abschluss dieses Schritts ist natürlich, dass Sie noch auf den Server und die genannten Protokolle zugreifen können. Sollte dies nicht der Fall sein, müssen Sie die Hardware und das Betriebssystem zunächst in einen funktionsfähigen Zustand versetzen.

Fragen für das weitere Vorgehen

Im zweiten Schritt sollten Sie sich folgende Fragen stellen und beantworten:

1. Wie ist der Status meiner Datenbank, meiner FRS und meines Dateisystems? Sind diese noch verfügbar?
2. Welche Art von Fehler ist aufgetreten? Liegt ein Medien- oder ein Nutzerfehler vor?
3. Sind Dateien der Datenbank, der FRS oder des Dateisystems beschädigt?
4. Welcher Typ von Datenbankdateien ist betroffen (Datendateien, Kontrolldateien oder Redo-Logs)?
5. Wenn ein Medienfehler aufgetreten ist, ist Soft- oder Hardware-RAID eingerichtet und verfügbar? Welchen Status hat der RAID-Verbund?
6. Steht eine Standby-Datenbank oder eine andere Hochverfügbarkeitslösung wie z. B. eine Split-Mirror-Datenbank zur Verfügung?

Wurde der Fehler durch einen Nutzer verursacht, sind die Datenbank, die FRS und das Dateisystem in den meisten Fällen weiterhin verfügbar und in der Regel auch funktionsfähig. Bevor Sie mit einer Wiederherstellung der Datenbank beginnen, sollten Sie das System stoppen und eine komplette Offline-Datensicherung der Datenbank und auch des kompletten Dateisystems durchführen.

Im Fall eines Medienfehlers müssen Sie die betroffene defekte Hardware austauschen, sofern Sie dies nicht bereits getan haben, um überhaupt wieder auf den Server zugreifen zu können, und die Dateisysteme so anlegen, wie diese vor dem Auftreten des Fehlers aussahen. Wenn möglich, sichern Sie vor dem Austausch der Hardware die Datenbankobjekte, auf die Sie noch zugreifen können. Diese können Sie, wenn die Datenbank später wiederhergestellt ist und läuft, immer noch löschen. Die Sicherung der defekten Datenbank und Dateisystems benötigen Sie dann, wenn ein Recovery-Lauf fehlerhaft ist und Sie von vorn beginnen müssen.

Im dritten Schritt können Sie schließlich die Wiederherstellung starten. In Tabelle 9.1 haben wir die unterschiedlichsten Wiederherstellungsszenarien einer Datenbank zusammengestellt. Sie können anhand der Fehlerquelle und des Ziels der Wiederherstellung ein geeignetes Szenario zum Restore und Recovery Ihrer Datenbank auswählen. Wir werden in Abschnitt 9.5, »Wiederherstellungsszenarien«, anhand eines Beispiels detailliert auf die unterschiedlichen Alternativen eingehen.

Fehler	Ziel	Szenario
Medienfehler, wie z. B. ein Disk-Crash	Wiederherstellen bis zum Zeitpunkt des Ausfalls	Complete Database Recovery
Nutzer- oder Softwarefehler	Wiederherstellen zu einem bestimmten Zeitpunkt vor dem Auftreten des Fehlers	Database Point-in-Time Recovery
Nutzer- oder Softwarefehler in einer Komponente einer MCOD[4]-Datenbank	Wiederherstellen der betroffenen Komponente zu einem bestimmten Zeitpunkt vor dem Auftreten des Fehlers	Tablespace Point-in-Time Recovery

Tabelle 9.1 Datenbankwiederherstellungsszenarien

---

4 Sie können in eine bestehende Datenbank eines SAP-Systems weitere SAP-Systeme installieren und nutzen. Weitere Informationen finden Sie im SAP-Hinweis 388866 und unter *http://service.sap.com/mcod*.

Fehler	Ziel	Szenario
Medienfehler, Nutzer- oder Softwarefehler, aber: Alle Kopien der Redo-Logs sind unwiderruflich verloren, jedoch ist die Sicherung der Datendateien vorhanden. Oder: Die Sicherung wurde unmittelbar vor dem Ausfall der Datenbank durchgeführt.	Wiederherstellen der gesamten Datenbank in dem Zustand, wie er bei der letzten Datensicherung bestand	Database Reset

Tabelle 9.1 Datenbankwiederherstellungsszenarien (Forts.)

FRS und Wiederherstellung

In Abschnitt 9.3, »Sicherungsmethoden der Datenbank«, haben wir bei dem Thema »Synchronität« lediglich den Zeitraum der Sicherung beider Datenspeicher angesehen. Ein wesentlicher Vorteil der Verwendung der Redo-Log-Informationen sowohl bei der Online- als auch bei der Offline-Sicherung ist der, dass die so betriebene Datenbank bei einem Ausfall bis zur letzten abgeschlossenen Transaktion wiederhergestellt werden kann. Dies spiegelt sich in den in Tabelle 9.1 dargestellten Wiederherstellungsszenarien wider. Wenn wir uns die Konsistenz der beiden Datenspeicher Datenbank und FRS bei einer Wiederherstellung ansehen – unter der Maßgabe, dass ein *Complete Database Recovery* stattfinden soll und die FRS beschädigt sind –, kommen wir zwangsläufig zu dem Schluss, dass beide nicht synchron wiederhergestellt werden können. Dies kann nur geschehen, wenn die in Abschnitt 9.3.3, »Online-Datensicherung« beschriebenen Änderungsoperationen ausgeschlossen werden können. Dies ist allerdings nahezu unwahrscheinlich.

Detailliertere Betrachtung

Wir betrachten diesen Fall zum besseren Verständnis noch einmal detaillierter: Sie gehen davon aus, dass Sie mit der Sicherung der Datenbank und der FRS einen konsistenten Zustand auf Ihrem Sicherungsmedium haben. Nun arbeiten die Nutzer auf dem SAP BusinessObjects-System weiter, die Datenbank erzeugt Redo-Log-Informationen, die in den Redo-Log-Dateien gespeichert und ebenfalls gesichert werden. Darüber hinaus finden Änderungsoperationen statt, die Dateien im Input- und Output-Verzeichnis der FRS schreiben/ändern oder löschen. Nun kommt es zum Ausfall des Systems, es sind sowohl die Datenbank als auch die FRS gelöscht. Sie stellen die Datenbank aus der konsistenten Sicherung wieder her und applizieren alle Redo-Log-Dateien bis zur letzten abgeschlossenen Transaktion. Nun stellen Sie die FRS wieder her.

Hiervon haben Sie nur den Stand der konsistenten Sicherung und nicht jene Änderungen, die bis zum Ausfall des Systems durchgeführt werden – da ja keine Sicherung der Änderungen, wie bei den Datenbanken, durchgeführt wird/werden kann. Die Nutzer müssten also dann mit den Inkonsistenzen zwischen der Datenbank und den FRS leben. Wie bereits beschrieben, beeinflusst diese Inkonsistenz nicht die Stabilität des Systems. Um Fehlermeldungen zu vermeiden, sollte das Repository Diagnostic Tool (RDT) ausgeführt werden. Ein Datenverlust muss allerdings hingenommen werden.

Anders stellt sich die Situation dar, wenn die FRS nicht beschädigt sind. Denn dann sind alle Änderungen vorhanden, die nach der konsistenten Sicherung an den FRS durchgeführt wurden. Die Datenbank kann nun bis zur letzten abgeschlossenen Transaktion wiederhergestellt werden und beide Datenspeicher sollten synchron sein und keine Inkonsistenzen aufweisen. Der Aufruf des Repository Diagnostic Tools sollte dann keine Fehler zeigen.

Den Fall, dass die FRS beschädigt sind und die Datenbank einwandfrei läuft haben, wir in Abschnitt 9.4.5, »Wiederherstellung der File Repository Server«, separat beschrieben.

Sehen wir uns bezüglich des oben beschriebenen Problems noch einmal die Wiederherstellungsszenarien an, können wir diese in drei Gruppen einteilen:

Drei Gruppen von Szenarien

1. Szenarien, bei denen ein Datenverlust in der Datenbank hingenommen werden muss, bei denen aber keine Inkonsistenzen zwischen der Datenbank und den FRS bestehen
2. Szenarien, bei denen kein Datenverlust in der Datenbank besteht, aber möglicherweise Inkonsistenzen zwischen den Datenspeichern auftreten könnten, da die FRS beschädigt wurden
3. Szenarien, bei denen kein Datenverlust in der Datenbank und keine Inkonsistenzen zwischen den Datenspeichern bestehen, da die FRS nicht beschädigt wurden

Zur ersten Gruppe zählt der Database Reset. In die zweite und die dritte Gruppe kann das Complete Database Recovery eingeordnet werden. Database Point-in-Time Recovery sowie Tablespace Point-in-Time Recovery können je nach Wiederherstellungszeitpunkt in die ersten beiden Gruppen einsortiert werden. Entspricht der Zeitpunkt der Wiederherstellung dem Ende der Sicherung (identisch zum Database Reset), sind die Szenarien der ersten Gruppe zuordenbar. Wird ein beliebiger Zeitpunkt gewählt, so kann u.U. eine Inkonsistenz zwischen der Datenbank und den FRS vorliegen. Dann würden diese Szenarien in die zweite Gruppe einsortiert. Der Zustand der FRS ist bei den letzten beiden genannten Szenarien und dem beliebigen Wiederherstellungszeitpunkt unerheblich, da die FRS immer mehr Änderungen beinhalten können als die Datenbank und somit die Synchronität nicht gewährleistet ist.

9.4.3 Wiederherstellung einer offline-gesicherten Datenbank

Bei der Wiederherstellung einer Datenbank, die offline gesichert wurde, muss zunächst unterschieden werden, in welchem Betriebsmodus die Datenbank läuft. Wir beschreiben zunächst den Fall, dass die Datenbank keine Redo-Log-Dateien schreibt.

Offline-Sicherung ohne Redo-Logs und FRS

Wie bereits erläutert, werden in diesem Modus die anfallenden Redo-Log-Informationen nicht archiviert. Somit gehen die Änderungen verloren, die durch die Arbeit mit dem System entstehen. Werden nun einzelne oder mehrere Datendateien oder gar die gesamte Datenbank beschädigt, muss die komplette Datenbank aus der Offline-Sicherung wiederhergestellt werden; es findet also ein Full-Restore statt. Alle Änderungen, die im produktiven Betrieb des Systems nach dieser Sicherung stattfanden, sind nicht vorhanden und damit unwiderruflich verloren. Hierin liegt der gravierende Nachteil des Datenbankbetriebs in einem Modus, der keine Redo-Log-Informationen schreibt: Sie werden unter keinen Umständen alle Daten wiederherstellen können. Ihre Datenbank kann nur bis zum Zeitpunkt der letzten erfolgreichen Sicherung zurückgespielt werden. Ein Recovery der Änderungen bis zur letzten Transaktion ist nicht möglich.

Was ist in diesem Fall hinsichtlich der Synchronität der Datenbank und der FRS zu beachten? Sie müssen nach oder während des *Full-Restores* der Datenbank auch die FRS über eine Standardbetriebssystemwiederherstellung zurückspielen. Nur so ist sichergestellt, dass beide Datenspeicher wieder synchron sind. Da das SAP Business-Objects-System und die Datenbank während der Erstellung der Sicherung offline waren, ist die Synchronität der Datenspeicher in der erzeugten Sicherungskopie gegeben. Ein Ausführen des Repository Diagnostic Tools sollte keine Inkonsistenzen melden.

Befindet sich die Datenbank in einem Modus, in dem die Redo-Log-Informationen geschrieben und archiviert werden, ist es natürlich möglich, die Datenbank bis zur letzten ausgeführten Transaktion wiederherzustellen. Dafür müssen zunächst die fehlerhaften Datendateien aus der letzten erfolgreichen Sicherung zurückgeschrieben werden. Es findet also ein *Partial Restore* statt. Die Datenbank ist nach der Wiederherstellung inkonsistent. Sie können sie weder öffnen noch mit ihr arbeiten. Um einen konsistenten Zustand zu erreichen, müssen Sie alle Änderungen über die erzeugten Redo-Log-Dateien auf die einzeln wiederhergestellten Datendateien applizieren lassen. Wenn das Recovery erfolgreich durchläuft, sind alle Änderungen bis zur letzten Transaktion vor dem Crash in der Datenbank erhalten. Man spricht dann von einem *Complete Recovery*.

Offline-Sicherung mit Redo-Logs und FRS

Alternativ ist es natürlich möglich, dass Sie alle Datendateien aus der letzten Sicherung zurückspielen, also ein *Full-Restore* durchführen. Die Datenbank befindet sich dann in einem konsistenten Zustand (also genauso wie im ersten beschriebenen Fall); Sie können die Datenbank öffnen und damit arbeiten. Allerdings fehlen alle Änderungen, die zwischen der zurückgespielten Sicherung und dem Crash erzeugt wurden. Deshalb ist es notwendig, dass Sie die zwischen der Sicherung und dem Crash erzeugten Redo-Log-Informationen auf die Datenbank anwenden. Sie führen dann auch wieder ein *Complete Recovery* durch. Sollte ein Nutzerfehler vorliegen, möchten Sie sicherlich nicht alle protokollierten Änderungen zurückspielen, sondern kurz vor dem Fehler stoppen. Dann führen Sie ein *Incomplete Recovery* durch.

Was müssen Sie nun in diesem Fall im Zusammenhang mit den FRS beachten? Sofern die FRS beschädigt wurden, stellen Sie diese nach oder während der Wiederherstellung der Datenbank und des Applizierens der Redo-Log-Dateien aus der letzten Sicherung wieder her. Die Synchronität zwischen den beiden Datenspeichern ist dann unter Umständen nicht mehr gegeben, da lediglich die Änderungen der Datenbank aufgezeichnet und gesichert wurden. Die FRS hingegen sind auf dem Stand der letzten Sicherung. Sie müssen in diesem Fall das Repository Diagnostic Tool ausführen, um Fehlermeldungen bei

File Repository Server

der Arbeit zu vermeiden. Es kann also ein nicht mehr umkehrbarer Datenverlust entstehen, mit dem die Nutzer umgehen müssen. Das SAP BusinessObjects-System läuft hingegen stabil und wird nicht beeinträchtigt.

Sind die FRS jedoch nicht beschädigt worden, sind alle Änderungen vorhanden und die Synchronität zwischen den Datenspeichern ist nach dem Restore und Recovery der Datenbank gegeben. Weitere Informationen finden Sie hierzu in Abschnitt 9.4.2, »Schritte der Wiederherstellung«.

9.4.4 Wiederherstellung einer online-gesicherten Datenbank

Wie Sie bereits zu Beginn dieses Kapitels gelernt haben, ist die Grundvoraussetzung zur Durchführung einer Online-Datensicherung, dass die Datenbank in einem Modus betrieben wird, in dem Redo-Log-Informationen geschrieben und archiviert werden. Wie bei der Wiederherstellung einer offline-gesicherten Datenbank im Redo-Log-Modus können alle Änderungen bis zur letzten Transaktion zurückgeholt werden. Die Lückenlosigkeit der Redo-Informationen ist dabei notwendige Voraussetzung.

Nach einem Crash müssen zu allererst die fehlerhaften Datendateien vom Sicherungsmedium zurückgespielt werden. Auch hier unterscheiden wir wieder zwischen einem Partial und einem Full Restore. Im Unterschied zur wiederhergestellten Datenbank aus einer Offline-Datensicherung mittels eines Full Restores ist die wiederhergestellte Datenbank aus einer Online-Datensicherung nicht konsistent. Sie können mit der Datenbank nicht arbeiten. Es besteht die Notwendigkeit, die während der Sicherung angefallenen Redo-Log-Informationen zu applizieren. Danach ist die Datenbank zwar konsistent, aber es fehlen immer noch all jene Änderungen, die zwischen der Datensicherung und dem Crash erzeugt und gesichert wurden. Sie können all diese Änderungen auf die Datenbank anwenden, womit Sie dann ein *Complete Recovery* durchführen, oder aber das Recovery früher abbrechen. Dann führen Sie ein *Incomplete Recovery* durch.

Complete oder Incomplete Recovery

Das Restore und Recovery aus einer Online-Sicherung ist technisch und auch zeitlich aufwendiger, da die während der Sicherung erzeugten Redo-Log-Dateien zusätzlich appliziert werden müssen. Bei eini-

Online-Sicherung: zeitlich aufwendiger

gen Datenbanksystemen werden zudem während der Sicherung quantitativ mehr Redo-Log-Dateien erzeugt, da zusätzlich zu den Änderungen die Before-Images der Datenbankblöcke gespeichert werden. Diese erhöhte Anzahl an Redo-Log-Dateien verlängert die Zeit der Wiederherstellung der Datenbank.

Die FRS müssen im Fall einer Beschädigung nach oder während der Wiederherstellung der Online-Sicherung und dem Applizieren der Redo-Log-Informationen wiederhergestellt werden. Nach der Wiederherstellung ist die Synchronität zwischen Datenbank und FRS unter Umständen nicht vorhanden: Es können Inkonsistenzen bestehen, da nur die Änderungen in der Datenbank aufgezeichnet und gesichert wurden. Die FRS hingegen sind auf dem Stand der letzten Sicherung. Der Status entspricht also der Wiederherstellung einer offline-gesicherten Datenbank und dem anschließenden Applizieren der Redo-Log-Dateien.

Online-Sicherung und FRS

Auch hier entsteht ein nicht umkehrbarer Datenverlust, mit dem die Nutzer umgehen müssen. Das SAP BusinessObjects-System läuft stabil. Sie müssen das Repository Diagnostic Tool ausführen, um Fehlermeldungen bei der Arbeit zu vermeiden. Beachten Sie, dass die getätigte Sicherung womöglich von vornherein nicht konsistent ist, da die Nutzer ja weiterhin mit dem System arbeiten können und Daten sowohl in der Datenbank als auch in den FRS ablegen. Das bedeutet auch, dass eine Wiederherstellung ohne Applizieren der Redo-Log-Informationen, die zwischen der Sicherung und dem Crash angefallen sind, keine Garantie für eine Synchronität der beiden Datenspeicher ist. Dies ist also anders als bei der offline-gesicherten Datenbank. Vergleichen Sie hierzu auch Abschnitt 9.4.2, »Schritte der Wiederherstellung«.

Sobald die FRS allerdings nicht beschädigt wurden, sind alle Änderungen darin vorhanden und die Synchronität zwischen den Datenspeichern ist nach dem Restore und Recovery der Datenbank gegeben.

9.4.5 Wiederherstellung der File Repository Server

Bisher sind wir implizit immer davon ausgegangen, dass die Datenbank defekt ist und wir mit der Wiederherstellung der Datenbank, sei es nun aus einer Online- oder einer Offline-Sicherung, die unbeschädigten FRS wiederherstellen müssen. Natürlich kann auch genau der umgekehrte Fall eintreten: Die Datenbank ist in Ordnung und die FRS gehen verloren oder es werden einige Dateien daraus gelöscht. Wichtig ist, wie auch in den bisher vorgestellten Methoden, dass die Datenbank und die FRS synchron sind und es möglichst keine Inkonsistenzen gibt.

Zwei Möglichkeiten Ist die Datenbank in Ordnung und lediglich die FRS sind defekt, stehen Ihnen zwei verschiedene Wege zur Verfügung:

1. Sie stellen nur die FRS wieder her und belassen die Datenbank in ihrem Zustand. Da Sie die Änderungen, die zwischen der letzten Sicherung und dem Crash des FRS-Dateisystems nicht gesichert haben und die Datenbank die Änderungen noch beinhaltet, erhalten Sie hier einen inkonsistenten Zustand. Hier ist wiederum das Repository Diagnostic Tool anzuwenden, um Fehlermeldungen zu vermeiden. Auf jeden Fall verlieren die Nutzer hier Daten.

2. Sie stellen sowohl die FRS als auch die Datenbank wieder her und erhalten, je nach Art der Sicherung, einen konsistenten oder inkonsistenten Zustand zwischen den beiden Datenspeichern (siehe Abschnitte 9.4.3, »Wiederherstellung einer offline-gesicherten Datenbank«, und 9.4.4, »Wiederherstellung einer online-gesicherten Datenbank«).

Sie sehen, dass sich im Grunde genommen nichts am Wiederherstellungsprozess ändert. Wesentlich ist, dass die Datenbank und die FRS, wenn möglich, synchron sind.

9.5 Wiederherstellungsszenarien

Die in Abschnitt 9.4.2, »Schritte der Wiederherstellung«, kurz dargestellten Restore- und Recovery-Szenarien finden bei der Wiederherstellung der beschädigten Datenbank Anwendung. Wir werden auf den folgenden Seiten anhand eines Ausfallszenarios die Unterschiede und die Gemeinsamkeiten der einzelnen Szenarien vorstellen und dabei immer auf die Konsistenz zwischen der Datenbank und den FRS eingehen. Auch hier sei noch einmal angemerkt, dass diese Szenarien auch Anwendung finden können, wenn lediglich die FRS und nicht die Datenbank beschädigt sind.

Abbildung 9.4 zeigt einen Fehlerfall, an dem wir die unterschiedlichen Restore- und Recovery-Szenarien exemplarisch durchgehen werden.

Ausgangssituation

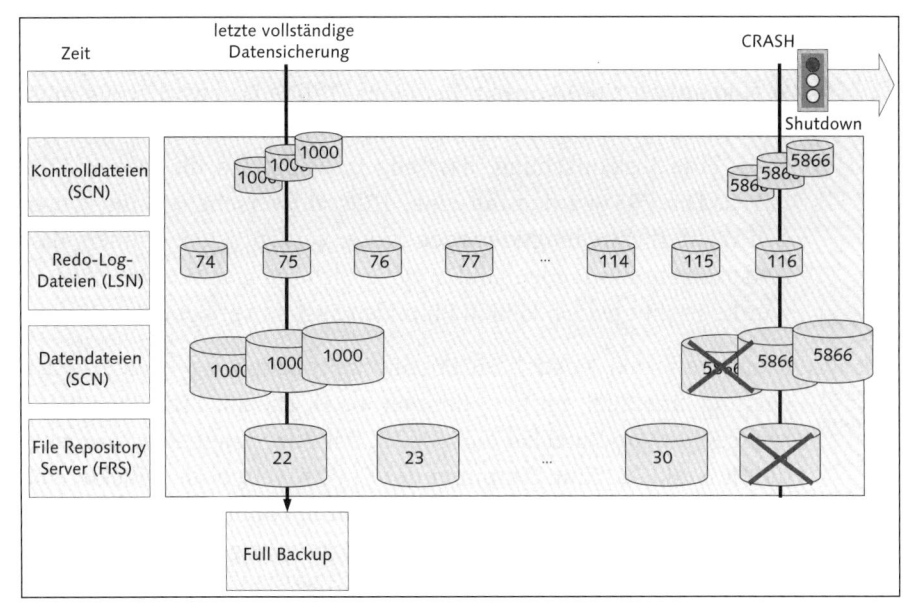

Abbildung 9.4 Crash – eine Datendatei und die FRS sind fehlerhaft

Der Pfeil im oberen Teil der Abbildung gibt die Zeitlinie an. Unterhalb des Pfeils finden Sie die FRS sowie die unterschiedlichen Objekte der Datenbank: die Kontrolldateien, die Redo-Log-Dateien und die Datendateien. Wir haben die einzelnen Objekte mit Zahlen beschriftet. Auf diese Weise finden Sie, begrifflich an eine Oracle-Datenbank angelehnt, bei den Redo-Log-Dateien eine *Log Sequence Number* (LSN). Über die LSN wird jede Redo-Log-Datei eindeutig und fortlaufend nummeriert.

Log Sequence Number (LSN)

Darüber hinaus haben wir die Kontrolldateien und die Datendateien mit einer *System Change Number* (SCN), wieder angelehnt an Oracle, beschriftet. Die SCN ist ein interner und eindeutiger Transaktionszähler. Bei jedem Datenbank-Commit wird die SCN intern hochgezählt und zusammen mit der Änderung in die Redo-Log-Datei und in die Datendatei geschrieben, in der der Datensatz hinzugefügt bzw. geändert wurde. Die Zuordnung der Datendatei zur letzten SCN wird ebenfalls in der Kontrolldatei gespeichert. Daraus ist dann ersichtlich, bis zu welcher Transaktion die Datendatei im Falle eines Restores

System Change Number (SCN)

wiederhergestellt werden muss. In der Redo-Log-Datei finden wir demnach eine Sammlung von Änderungen, versehen mit SCNs, die alle über eine eindeutige LSN definiert sind. Der Einfachheit halber sind die SCN in Abbildung 9.4 identisch.

Im Fall einer vollständigen Online-Datensicherung ist dies (dass die SCN identisch sind) korrekt. Bei einer Offline-Datensicherung muss das nicht der Fall sein. Auch beim dargestellten Crash der Datenbank ist es eine Vereinfachung, dass alle Datendateien die gleiche SCN haben. Die FRS wurden mit einer Hilfszahl versehen, damit wir in den Wiederherstellungsszenarien besser verdeutlichen können, dass Änderungen stattfanden und welche Sicherung zurückgeschrieben wurde. Es gibt jedoch keinen im realen System verwendeter Zähler.

Zeitpunkt der letzten Datensicherung

Alle Datenbankobjekte besitzen zum Zeitpunkt der letzten Datensicherung eine SCN mit der Nummer 1000. Die zur Sicherung gehörende Redo-Log-Datei hat die LSN 75. Das File System Repository hat die Hilfszahl 22. Zum Zeitpunkt des Crashs weisen die Objekte eine SCN 5886 auf, die Redo-Log-Datei ist mit der Nummer 116 beschriftet und in das FSR wurden einige Änderungen geschrieben, sodass wir unseren Hilfszähler auf den Wert 31 erhöht haben. Die Datenbank verliert in unserem Fall eine Datendatei und die FRS werden komplett gelöscht. Die Ursache ist beispielsweise ein Festplattenfehler. Die Datenbank ist heruntergefahren und es ist nicht möglich, diese aufgrund der fehlenden Datendatei wieder zu öffnen.

9.5.1 Partial Restore und Complete Recovery

Kommen wir nun zum ersten Szenario, das wir auf den beschriebenen Zustand der Datenbank anwenden. Wie in Abbildung 9.5 dargestellt, werden über ein *Partial Restore* die defekte Datendatei der Datenbank sowie die kompletten FRS wiederhergestellt.

Nach dem Restore weist diese Datendatei eine SCN von 1000 auf. Ein Öffnen der Datenbank ist nicht möglich, allerdings kann die Instanz bereits gestartet und die Kontrolldateien, die den Aufbau und den Zustand der Datenbank beinhalten, können gelesen werden. Dieser Status wird als Mount bezeichnet. In diesem ist ein Recovery möglich. Da alle Redo-Log-Dateien (LSN 116) zur Verfügung stehen, können Änderungen bis zur letzten durchgeführten Transaktion vor dem Ausfall angewendet werden.

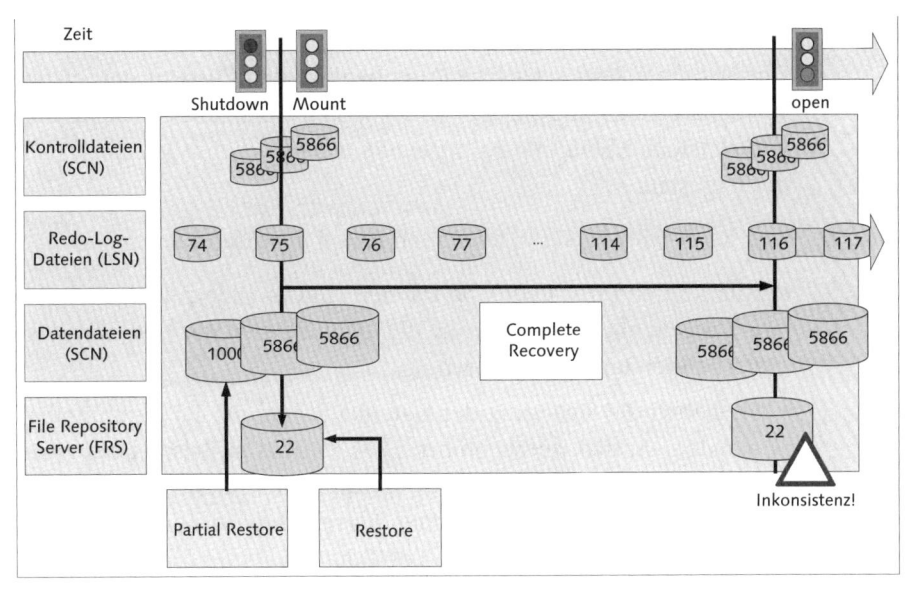

Abbildung 9.5 Partial Restore und Complete Recovery

Es wird also ein *Complete Recovery* durchgeführt. Nach dem Recovery kann die Datenbank geöffnet werden. Die FRS wurden wieder auf den Stand der Sicherung zurückgesetzt. Sie weisen die Hilfszählernummer 22 auf. Alle Änderungen an den FRS, die seit der letzten Sicherung durchgeführt wurden, sind verloren. Zwischen der Datenbank und den FRS bestehen zudem Inkonsistenzen, sie sind also nicht mehr synchron.

Dieses Szenario kann eingesetzt werden, wenn vereinzelte Datendateien ausgefallen sind und die Daten bis zum Zeitpunkt des Ausfalls wiederhergestellt werden sollen. Es tritt kein Datenverlust in der Datenbank auf, da alle mit Commit abgeschlossenen Transaktionen wiederhergestellt werden. Die Wiederherstellung zu einem früheren Zeitpunkt (z. B. LSN 100) ist bei diesem Verfahren nicht möglich, da alle anderen, nicht defekten Datendateien bereits Änderungen beinhalten, die im Redo-Log 116 gespeichert wurden. Datenbank und FRS sind nicht mehr synchron. Sie müssen das Repository Diagnostic Tool ausführen, um Fehlermeldungen bei der Arbeit zu vermeiden. Es entsteht ein nicht umkehrbarer Datenverlust, mit dem die Nutzer umgehen müssen.

Anwendung

9.5.2 Database Reset

Der *Database Reset* setzt Ihre Datenbank in den Zustand der letzten verfügbaren Offline- oder konsistenten Online-Datensicherung zurück (siehe Abbildung 9.6). Die FRS werden ebenso komplett wiederhergestellt.

Anwendung   Den Reset werden Sie in folgenden Fällen durchführen:

- Alle Kopien Ihrer Redo-Log-Dateien sind unwiderruflich verloren gegangen, aber die Sicherung der Datendateien der Datenbank ist vorhanden und funktioniert.
- Sie haben die Sicherung der Datenbank und der FRS unmittelbar vor dem Ausfall durchgeführt. Dies kann zum Beispiel bei einer Migration auf eine neue Hardware der Fall sein. Sie ersparen sich dann das Rücksichern aus einer älteren Datensicherung und das Applizieren zahlreicher Redo-Log-Dateien.
- Sie betreiben Ihre Datenbank in einem Modus, in dem keine Redo-Log-Informationen erzeugt werden.
- Sie wollen auf jeden Fall sicherstellen, dass die FRS und die Datenbank synchron und keine Inkonsistenzen vorhanden sind.

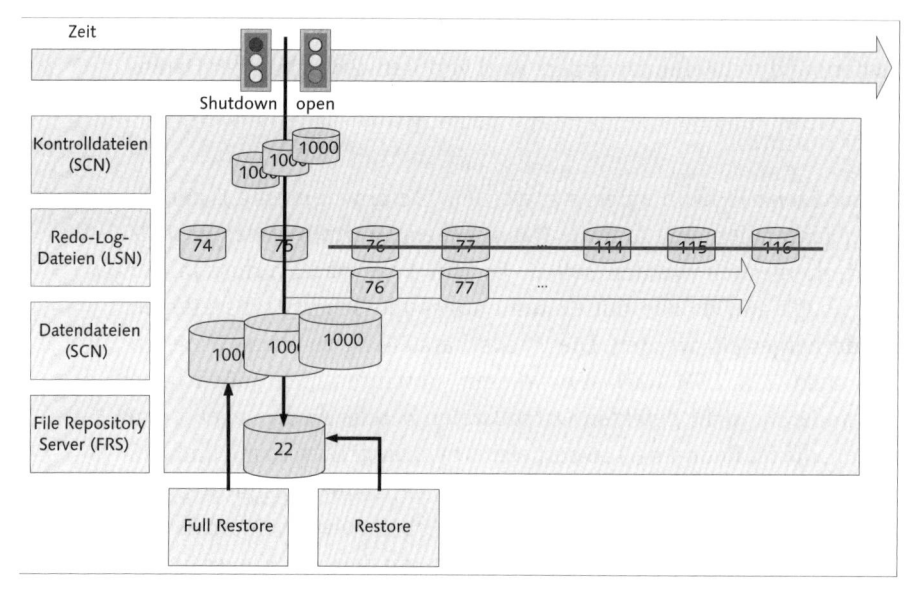

Abbildung 9.6 Database Reset

In Abbildung 9.6 ist die Funktionsweise des Database Reset dargestellt. Im Fall einer Offline-Sicherung der Datenbank wird diese zusammen mit den FRS zurückgespielt. Es findet ein Full Restore statt. Nach erfolgreichem Durchlauf wird die Datenbank (die dann ja bereits konsistent ist) geöffnet. Die Nutzer können wieder mit dem System arbeiten, oder es kann die oben genannte Migration erneut begonnen werden. Wie bereits erwähnt, bestehen in diesem Fall keine Inkonsistenzen mit den FRS.

Offline-Sicherung

Basiert das Full Restore auf einer Online-Sicherung, ist die Datenbank nach dem Wiederherstellen noch nicht konsistent. Sie wird in den Status MOUNT gebracht, und es müssen alle Redo-Log-Informationen, die während der Online-Sicherung angefallen sind, angewendet werden. Dadurch wird ein konsistenter Zustand erreicht und die Datenbank kann geöffnet werden. Die FRS sind in diesem Fall u. U. nicht synchron, da das SAP BusinessObjects-System während der Sicherung benutzt werden und Änderungen in die FRS schreiben konnte. Diese Änderungen sind in dem Restore des Dateisystems nicht enthalten und führen zu einer Inkonsistenz zwischen den beiden Datenspeichern (siehe Abschnitt 9.4.2, »Schritte der Wiederherstellung«). Die Datenbank schreibt in unserem Beispiel die Redo-Log-Dateien, beginnend mit der LSN 76, weiter. Alte, noch vorhandene Redo-Logs mit den gleichen LSN werden überschrieben. Bei diesem Szenario tritt ein Datenverlust bei der Datenbank und den FRS auf. Je größer die Zeitspanne zwischen der letzten Sicherung und dem Ausfall ist, desto größer ist der Datenverlust bei der Wiederherstellung mit dem Database Reset.

Online-Sicherung

9.5.3 Point-in-Time Recovery

Ein *Point-in-Time Recovery* kann bei Fehlern, die durch die Nutzer oder die Software selbst verursacht wurden, Anwendung finden. Point-in-Time meint dabei, dass die Datenbank bis zu einem bestimmten Zeitpunkt oder bis zu einer bestimmten Redo-Log-Datei wiederhergestellt wird. Auch ist es denkbar, dass bei einer Wiederherstellung aufgrund eines Mediafehlers ein gewisser zeitlicher »Abstand« bis zum Zeitpunkt des Ausfalls der Hardware gehalten wird. Die FRS werden, wie in allen anderen Szenarien, komplett wiederhergestellt, da sie vollständig verloren gegangen sind.

Anwendung

Database Point-in-Time Recovery

Abbildung 9.7 zeigt ein *Database Point-in-Time Recovery*. Dieses Szenario kann alternativ auch als ein Full Restore und Incomplete Recovery bezeichnet werden. Zunächst werden sämtliche Datendateien der Datenbank vom Band zurückgeschrieben. Wichtig ist, dass die Kontrolldateien nicht verändert werden, damit etwaige strukturelle Veränderungen in der Datenbank, die sich zwischen der letzten Datensicherung und dem Ausfall ergeben haben, noch einmal nachgezogen werden können. Diese Änderungen werden nicht in den Redo-Log-Dateien festgehalten.

Nachdem der Restore abgeschlossen ist, wird die Datenbank in den Status MOUNT gefahren und die Redo-Log-Dateien werden bis zur angegebenen LSN (im Beispiel 100) bzw. bis zum angegebenen Zeitpunkt auf die Datendateien appliziert. Ist dieser Vorgang abgeschlossen, kann die Datenbank mit dem SQL-Befehl *Open Resetlogs* wieder gestartet werden. Dabei werden die Redo-Log-Dateien zurückgesetzt, da diese aufgrund eines unvollständigen Recoverys nicht mehr gebraucht werden. Die LSN wird dabei auf eins gesetzt. Und die Datenbank wird geöffnet und ist wieder für die Nutzung verfügbar.

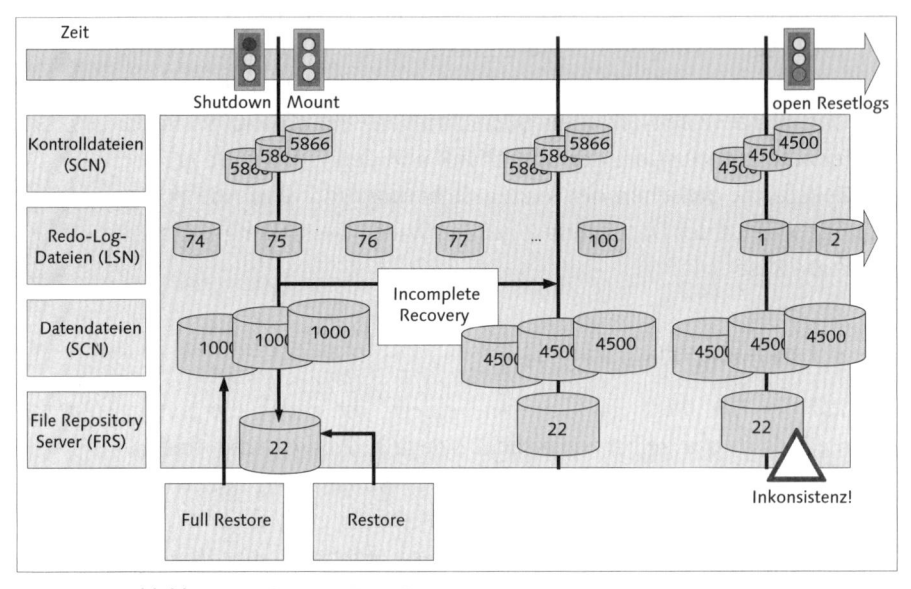

Abbildung 9.7 Point-in-Time Recovery

Die Daten der Datenbank werden bis zum Nutzer- oder Softwarefehler wiederhergestellt. Man kann demnach von einem geringen Datenverlust sprechen. Die FRS werden von der letzten Sicherung wiederhergestellt, alle Änderungen sind wiederum verloren gegangen. Datenbank und FRS sind bei diesem Szenario wieder in einem inkonsistenten Zustand. Sie müssen das Repository Diagnostic Tool ausführen, um Fehlermeldungen bei der Arbeit zu vermeiden. Es entsteht auch hier ein nicht umkehrbarer Datenverlust, mit dem die Nutzer umgehen müssen.

Neben dem Database Point-in-Time Recovery existiert ein *Tablespace Point-in-Time Recovery*. Ein solches Recovery findet bei Datenbanken statt, die mehrere SAP-Systeme aufnehmen können. Dies wird als *Multiple Components in One Database* (MCOD) bezeichnet. Man kann mit diesem Szenario die einzelne Komponente wiederherstellen, die beispielsweise durch einen Nutzerfehler oder durch ein Upgrade unbrauchbar wurde – ohne Einfluss auf die anderen Komponenten, die sich in der gleichen MCOD-Datenbank befinden.

Component Point-in-Time Recovery

Dabei stellen Sie zunächst mit einem Restore alle Datendateien des Komponentensystems wieder her. Danach werden alle Redo-Log-Dateien bis zu dem von Ihnen gewünschten Zeitpunkt appliziert und der Datenverlust kann, wie bereits beim Database Point-in-Time Recovery, weitgehend minimiert werden. Die Datenbank muss in diesem Fall wieder mit `Open Resetlogs` geöffnet werden. Beachten Sie, dass die komplette Datenbank bei der Wiederherstellung einer Komponente offline genommen werden muss und somit die (unbeschädigten) MCOD-Systeme ebenfalls nicht zur Verfügung stehen. Datenbank und FRS sind wie im Fall des Database Point-in-Time Recovery nicht synchron.

9.5.4 Full Restore und Complete Recovery

Dieses Szenario ist dem Partial Restore und Complete Recovery sehr ähnlich. In Abbildung 9.8 ist der Ablauf der Wiederherstellung dargestellt. Neben den FRS werden über ein Full Restore alle Datendateien der Datenbank wiederhergestellt; diese weisen danach alle die SCN 1000 auf. Die Kontrolldateien sollten wieder für den Fall von strukturellen Änderungen beibehalten werden. Danach folgt ein Complete Recovery. Ebenso wie beim Partial Restore und Complete Recovery können hier alle Daten wiederhergestellt werden, die per Commit vor dem Ausfall in die Redo-Log-Dateien geschrieben wurden.

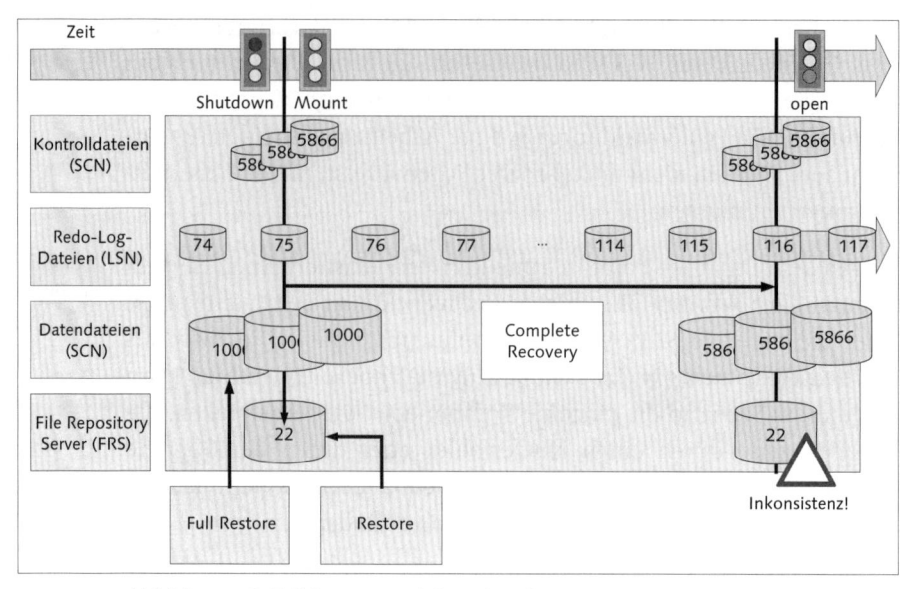

Abbildung 9.8 Full Restore und Complete Recovery

Anwendung
: Das Szenario *Full Restore und Complete Recovery* wenden Sie an, wenn alle Datendateien gelöscht wurden oder defekt sind bzw. Sie die Datenbank bis kurz vor dem Ausfall wiederherstellen möchten. Der Unterschied zum Partial Restore liegt in der Laufzeit der Wiederherstellung, da hier alle Datendateien wiederhergestellt werden müssen. Allerdings können Sie sich vor dem Start des Recoverys immer noch für das Point-in-Time-Szenario entscheiden.

Die FRS und die Datenbank sind, wie im Fall des Partial Restore und Complete Recovery, nicht mehr synchron. Sie müssen das Repository Diagnostic Tool ausführen, um Fehlermeldungen bei der Arbeit zu vermeiden. Es entsteht auch hier ein nicht umkehrbarer Datenverlust.

9.5.5 Disaster Recovery

Datenbank und FRS sind verloren gegangen
: Ein *Disaster Recovery* wenden Sie dann an, wenn die gesamte Datenbank mit den Daten-, Kontroll-, Redo-Log-, Parameter-, Profil- und Protokolldateien sowie die FRS verloren gegangen sind. Bei einem Disaster Recovery werden zunächst nicht die eigentlichen Datenbankdateien, sondern die Profile und Protokolle genutzt.

Die Datenbank wird dann soweit vorbereitet, dass ein anschließendes Database Point-in-Time Recovery oder ein Database Reset sie wieder in einen funktionsfähigen Zustand versetzt. Wie Sie wissen, gehen jedoch in beiden Fällen Daten der Datenbank verloren. Ein Complete Recovery kann aufgrund der fehlenden Kontrolldateien nicht durchgeführt werden.

Das Disaster Recovery sollten Sie nur anwenden, wenn Sie ein Experte in der Administration Ihres Datenbanksystems sind, von allen Aktivitäten in den durchzuführenden Phasen vollste Kenntnis haben und die anderen Recovery-Szenarien nicht ausführbar sind. Beachten Sie, dass Sie bei falscher Ausführung des Disaster Recoverys einen Datenverlust und weitere Downtime verursachen können.

Expertenwissen ist gefragt!

Für das Disaster Recovery müssen folgende Voraussetzungen erfüllt sein:

Voraussetzungen

- Die SAP BusinessObjects-Software und die Datenbanksoftware sind neu installiert oder können aus einer Sicherung wiederhergestellt werden
- Die Dateisysteme sind genauso konfiguriert, wie diese vor dem Ausfall angelegt und montiert waren.

Sobald Sie die Parameter und Protokolldateien wiederhergestellt haben, können Sie ein Database Point-in-Time Recovery oder ein Database Reset anwenden und die Datenbankdateien vom Sicherungsmedium zurückspielen. Die Wahl zwischen den beiden Szenarien hängt dabei von folgenden Faktoren ab:

Database Point-in-Time Recovery oder Database Reset?

- von der Anzahl der zur Verfügung stehen Redo-Log-Dateien seit der letzten Sicherung
- von der Zeitspanne, wie lange die erfolgreiche letzte synchrone Sicherung der Datenbank und der FRS seit dem Ausfall der Datenbank zurückliegt
- von der Anzahl der Änderungen, die in die FRS geschrieben wurden, nun fehlen und Inkonsistenzen hervorrufen

In jedem Fall müssen Sie, nachdem Sie die Datenbank und die FRS wiedergestellt haben, das Repository Diagnostic Tool starten, um sicherzustellen, dass keine Inkonsistenzen zwischen den beiden Datenspeichern existieren und bestehende beseitigt werden.

9.6 Sicherungsstrategien

Dieser Abschnitt soll, neben grundlegenden Hinweisen, die Konzepte und Strategien der Datensicherung beschreiben. Zudem wollen wir weitere Techniken kurz vorstellen, die ein Sichern von großen und hochverfügbaren SAP-Systemen möglich macht.

[+] **Größe von SAP BusinessObjects-Systemen**

Das SAP BusinessObjects-System allein ist in der Standardinstallation sehr klein. Die Datenbank und das Dateisystem umfassen, abhängig von Betriebssystem und Datenbank-Release, 20 GB bis 50 GB Speicherplatz. Man spricht von großen Systemen und Datenbanken, wenn 500 GB bis 10 TB und mehr Festplattenplatz benötigt werden.

Warum nehmen wir die Techniken, um große und hochverfügbare Systeme zu sichern, dann in dieses Buch mit auf? Sie haben die Möglichkeit, das SAP BusinessObjects-System in eine bestehende Datenbank zu installieren, zum Beispiel in die Ihres SAP NetWeaver Business Warehouse-Systems. Dann erreichen Sie mit dieser MCOD-Installation u.U. sehr schnell die genannte Größe, und wir geben Ihnen mit diesem Abschnitt Hinweise an die Hand, wie Sie mit diesen Datenmengen umgehen können. Sie finden zudem die Snapshot- und die Split-Mirror-Technik erläutert, die eine konsistente Sicherung der Datenbank und der FRS möglich macht.

9.6.1 Grundlegende Hinweise und Konzepte

Sicherungsfrequenz — Wie oft sollte eine vollständige Sicherung der Datenbank durchgeführt werden? Die *Frequenz* einer vollständigen Datensicherung Ihres SAP BusinessObjects-Systems ist abhängig vom Aktivitätsgrad in Ihrem System bzw. in Ihrer Datenbank und den FRS. Wenn viele Datensätze eingefügt und viele Änderungen durchgeführt werden, wird eine sehr große Anzahl von Redo-Log-Dateien bzw. Dateien im Dateisystem der FRS geschrieben. Dies hat zur Folge, dass im Fall eines Fehlers und einer damit verbundenen Wiederherstellung sowie eines Recoverys einerseits sehr viel Zeit benötigt wird, um die Redo-Log-Dateien wiederherzustellen und auf die Datendateien zu applizieren. Andererseits können, je größer der Abstand zwischen zwei Sicherungen der FRS ist, Änderungen verloren gehen und damit Inkonsistenzen aufgrund der nicht mehr vorhandenen Synchronität der Datenbank und der FRS entstehen. Werden also viele vollständige Sicherungen durchgeführt, wird die Anzahl der Redo-Log-Dateien, die für ein Recovery benötigt werden, verkleinert und die Inkonsistenzen zwischen den Datenspeichern reduziert. Weiterhin reduziert ein häufigeres Sichern den Datenverlust, der durch ein Fehlen bzw. den Verlust von Redo-Log-Dateien auftreten könnte.

Je größer allerdings das Datenvolumen der zu sichernden Datenbank wird, desto schwieriger ist es, die vollständigen Sicherungen in einem *Zeitfenster* (dem sogenannten Backup Window) unterzubringen, das für die Durchführung einer Sicherung festgelegt wurde.

Wenn Sie eine Redo-Log-Datei verlieren und diese Datei nicht in der empfohlenen zweiten Sicherung wiederfinden sollten, so können Sie die Datenbank keinem Complete Recovery unterziehen. Dann besteht lediglich die Möglichkeit, die Datenbank bis zur Lücke in der Sequenz der Redo-Log-Dateien wiederherzustellen. Es tritt Datenverlust ein. Von allergrößter Wichtigkeit ist demnach die zweifache Sicherung der anfallenden Redo-Log-Dateien auf zwei unabhängigen Sicherungsmedien. So stellen Sie sicher, dass bei Ausfall eines Bandes noch eine Kopie dieser Dateien vorhanden ist.

Zweifachsicherung der Redo-Log-Dateien

An dieser Stelle sei auf den *Archiver Stuck* verwiesen. Elementar ist die kontinuierliche Überwachung und die Sicherung des Verzeichnisses, in dem die Redo-Log-Dateien archiviert werden. Die Kapazität dieses Archiveverzeichnisses ist nicht unbegrenzt. Ihre Nutzer arbeiten im SAP BusinessObjects-System und Ihre Datenbank arbeitet eine Transaktion nach der anderen ab und archiviert kontinuierlich die Redo-Log-Dateien in das Archiveverzeichnis. Ist kein Platz mehr in dem Verzeichnis verfügbar, kann das Datenbanksystem keine Redo-Logs archivieren. Die Datenbank wartet nun so lange mit der Abarbeitung weiterer Datenbanktransaktionen, bis wieder Redo-Log-Dateien in das Verzeichnis geschrieben werden können. Dieses hier umschriebene Problem ist unter dem Namen »Archiver Stuck« bekannt. Für die Benutzer wird der Archiver Stuck durch einen absoluten Stillstand des Systems und Timeouts sichtbar. Das System hängt.

Archiveverzeichnis Archiver Stuck

Aus diesem Grund muss das Verzeichnis überwacht und je nach Füllstand oder ständig gesichert sowie geleert werden. Wie oft Sie eine Sicherung der archivierten Redo-Log-Dateien anstoßen müssen, hängt ganz von der Anzahl der Aktivitäten im SAP BusinessObjects-

Sicherung der archivierten Redo-Log-Dateien

System ab. Werden viele Redo-Log-Informationen geschrieben, fallen quantitativ mehr Redo-Logs an. Je größer das Archiveverzeichnis ist, desto später tritt bei hoher Last ein Archiver Stuck auf. Die Zahl hängt von der konkreten Auslastung des Systems und der Performance der Hardware ab.

In diesem Zusammenhang ist es wichtig zu erwähnen, dass die Exklusivität eines Sicherungslaufwerks für die Sicherung von Redo-Log-Dateien gewährleistet wird. Fatal wäre es, wenn ein Sicherungslaufwerk, das die Redo-Log-Dateien sichert, durch eine Sicherung der Datendateien oder gar der FRS mehrere Stunden belegt ist.

Aufbewahrungszeitraum

Sie sollten mehrere vollständige Sicherungen der FRS und der Datenbank sowie die dazugehörigen Sicherungen der Redo-Log-Dateien aufbewahren. Damit stellen Sie sicher, dass Sie die FRS und die Datenbank auch dann wiederherstellen können, wenn beispielsweise die letzte vollständige Sicherung verloren gegangen ist. Es besteht dann für die Datenbank die Möglichkeit, die Datendateien aus der vorletzten Sicherung wiederherzustellen und alle Redo-Log-Dateien zu applizieren:

- von der vorletzten Sicherung
- von dem Zeitraum zwischen der vorletzten und der verloren gegangenen Sicherung
- von der verloren gegangenen Sicherung selbst
- von dem Zeitraum ab der verloren gegangenen Sicherung

File Repository Server

Problematischer wird es, wenn die Sicherung der FRS verloren geht und eine ältere Version wiederhergestellt werden muss. Wenn viele Änderungen in den FRS durchgeführt wurden, ergeben sich mehr Inkonsistenzen zwischen Datenbank und FRS.

SAP empfiehlt in den Leitfäden für die Administration von SAP BusinessObjects als Best Practice eine regelmäßige Sicherung der Datenbank und der FRS. Zudem wird empfohlen, die Servereinstellungen und die Business-Intelligence-Objekte regelmäßig zu exportieren, damit dieser immer dann wiederhergestellt werden kann, wenn Teile der Objekte korrupt sind oder fehlen. Damit umgehen Sie die Wiederherstellung der kompletten Datenbank und der FRS. Auf den Export gehen wir in Abschnitt 9.7, »Servereinstellungen und Business-Intelligence-Objekte«, ein.

Wir wollen an dieser Stelle, die vorgeschlagene Regelmäßigkeit bei der Sicherung des Systems weiter präzisieren und Ihnen den *28-Tage-Sicherungszyklus* vorstellen. Dieser wird von SAP für die SAP NetWeaver-basierten Systeme vorgeschlagen (SAP befürwortet bei den SAP NetWeaver-basierten Systemen einen Rhythmus von mindestens 14, besser jedoch von 28 Tagen). Wir möchten diesen Rhythmus hier auf die SAP BusinessObjects-Systeme anpassen. Der Zyklus definiert den Zeitraum, in dem eine Sicherung aufbewahrt wird, die auf ein Medium geschrieben wurde. Nach Ablauf des Zeitraums wird das Medium mit der Sicherung freigegeben und steht für die Durchführung der nächsten Sicherung zur Verfügung. Es findet dann ein Überschreiben der Daten auf dem Sicherungsmedium statt.

28-Tage-Sicherungszyklus

Wenn Sie diesen Zyklus auf das SAP BusinessObjects-System anwenden, dann sollten Sie Folgendes durchführen:

- täglich eine Online-Datensicherung der Datenbank und eine Standarddateisicherung der FRS
- einmal in der Woche (jedoch mindestens einmal im Zyklus) eine Offline-Datensicherung der Datenbank und der FRS
  Diese Sicherung sollte zu einem Zeitpunkt erstellt werden, an dem das System nicht genutzt wird (wie z. B. an einem Wochenende)
- täglich die Offline-Redo-Log-Dateien wegschreiben – je nach Aufkommen der Redo-Log-Dateien und immer nach der Online- und Offline-Datensicherung
  Beachten Sie, dass die Sicherung auf zwei separaten Bändern durchgeführt wird.
- mindestens einmal im Zyklus eine Überprüfung (Verify) einer Offline-Sicherung auf physikalische Fehler und ein Verify der Datenbank auf logische Fehler
  Die Medien mit der verifizierten Offline-Sicherung sollten aus dem Pool für den Sicherungszyklus genommen und für eine Langzeitspeicherung gesondert aufbewahrt werden. Die herausgenommenen Medien müssen mit neuen ersetzt werden, damit es nicht zu einem Engpass kommt.

Obgleich es u.U. nicht mehr notwendig ist, können Sie zusätzliche Sicherungen durchführen, wenn die Struktur der Datenbank geändert wurde. Wenn Sie solche Sicherungen durchführen, sollten Sie die Bänder für eine Langzeitspeicherung vorsehen.

[+] Anmerkung: Speicherdauer für Sicherungen

Unter Umständen schreibt der Gesetzgeber vor, wie lange Sicherungen in einem solchen Langzeitpool gespeichert werden. Dies muss bei der Projektierung und dem Kauf von technischem Equipment für die Aufbewahrung solcher Sicherungen Berücksichtigung finden.

28-Tage-Sicherungszyklus

○ tägliche Sicherung der File Repository Server und Online-Datensicherung der Datenbank sowie der Redo-Log-Dateien

■ wöchentliche Offline-Datensicherung der File Repository Server, der Datenbank und der Redo-Log-Dateien, mind. einmal im Zyklus ein Verify

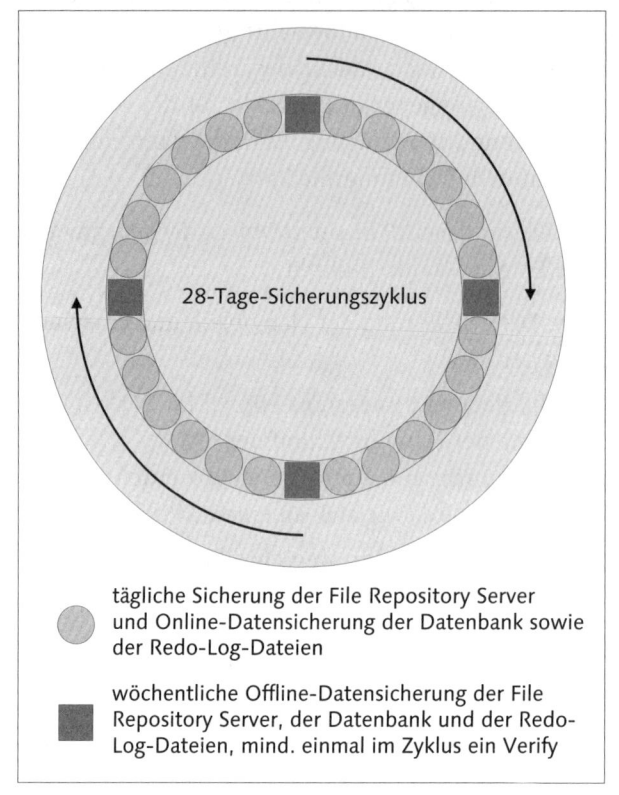

Abbildung 9.9 28-Tage-Sicherungszyklus

Der von SAP für NetWeaver-basierte Systeme empfohlene Sicherungszyklus wurde auf die Besonderheit des SAP BusinessObjects-Systems angepasst, d.h. an die Tatsache, dass es einen FRS gibt und diese synchron mit der Datenbank gehalten werden müssen, und ist in Abbildung 9.9 zu sehen.

9.6.2 Große Datenbanken und deren Sicherung

Der 28-Tage-Sicherungszyklus beinhaltet zwar alle wesentlichen Forderungen, die man an die Sicherheit der Daten stellen muss, kann aber kaum für Systeme genutzt werden, deren Datenbanken sehr groß sind und demzufolge nicht innerhalb eines Sicherungsfensters gesichert werden können. Dies kann z. B., wie in Abschnitt 3.1.2 beschrieben, auf Installationen von SAP BusinessObjects in einer bereits bestehenden Datenbank eines anderen SAP-Produkts zutreffen.

Da es durchaus sinnvoll ist, ein SAP BusinessObjects-System in ein bestehendes SAP-System als zusätzliche Komponente mit aufzunehmen, wollen wir auf den nächsten Seiten die häufig auftretenden Probleme bei der Sicherung von großen Datenbanken und deren Lösung diskutieren. Wenn Sie eine Stand-alone-Installation Ihres SAP BusinessObjects-Systems durchgeführt haben, ist dies sicherlich nicht von größerem Interesse. Allerdings verweisen wir an dieser Stelle noch einmal kurz auf die bereits in Abschnitt 9.3.3, »Online-Datensicherung«, erwähnten SAN-Techniken, die ein synchrones Sichern von Datenbank und den FRS ermöglichen.

Von einer großen Datenbanken wird gesprochen, wenn diese eine Größe von 500 GB bis 10 TB oder mehr hat. In diesem Fall ist es kaum möglich, die Datenbank mithilfe des 28-Tage-Sicherungszyklus zu sichern.

Bei der Sicherung von solchen Datenbanken treten grundlegende Probleme auf. Dies sind folgende:

Probleme bei der Sicherung großer Datenbanken

- **Performance**
  Bei einer Sicherung werden die Ressourcen des Datenbankservers belastet. Dies sind vor allem die CPU, die System- und I/O-Busse sowie die Festplatten- und Bandcontroller. In der Zeit, in der eine Sicherung der Datenbank durchgeführt wird, können u. U. nur eingeschränkte Aktionen im SAP-System ausgeführt werden.

- **Zeit**
  In der Regel werden die Sicherungen durchgeführt, wenn keine Last auf den Systemen vorhanden ist, demnach häufig in der Nacht. Je größer allerdings eine Datenbank wird, desto mehr Zeit wird für deren komplette Sicherung benötigt. Es kann vorkommen, dass die Sicherung in den normalen Tagesrhythmus hineinläuft und das System merklich verlangsamt.

- **Datenvolumen**
  Wie im vorherigen Punkt schon beschrieben, beeinflusst das Datenvolumen die Sicherungszeit. Wenn die Datenbank zu groß

9 | Backup, Restore und Recovery

wird, kann sie nicht mehr im vorgegebenen Sicherungsfenster weggeschrieben werden.

Sicherungsgeschwindigkeit

Wie große Datenbanken gesichert werden können, hängt von unterschiedlichen Faktoren ab. So spielen beispielsweise die Kapazität und der Durchsatz der Bandlaufwerke eine entscheidende Rolle. Wenn die Bandlaufwerke eine hohe Durchsatzrate haben, können bei paralleler Nutzung mehrerer Laufwerke größere Datenvolumen gesichert werden. Abhängig davon sind aber auch die Zugriffszeit und die Anzahl der Festplatten, auf denen die Datenbank gespeichert ist, der maximale Durchsatz des System- und I/O-Busses und die Performance der verwendeten Betriebssystemwerkzeuge, die die Daten letztendlich fortschreiben. Sie sollten beachten, dass die Skalierbarkeit der Datensicherung begrenzt ist. Die Performance bei der Datensicherung steigt nicht in der Proportion, wie Sie Bandlaufwerke hinzufügen. Je mehr Laufwerke Sie verwenden, desto größer wird die Zeit, die jedes einzelne Gerät zur Sicherung benötigt.

Hardware für große DB-Systeme

Die Konfiguration der Hardware für sehr große Datenbanksysteme und deren Sicherung muss im Vorfeld sehr detailliert und vollständig geplant werden. Für eine solche Sicherung müssen mehrere Bandwechsel in angeschlossenen Laufwerken getätigt und vor allem müssen in dem Sicherungspool mehrere hundert Bänder bereitgehalten und verwaltet werden. Hier sollte die Anschaffung von Band-Jukeboxen, Robotern oder Autoloadern in Betracht gezogen werden.

Arten der Sicherung

Es gibt mehrere Alternativen, wie Sie eine zeitliche Entzerrung herbeiführen oder die Menge an Daten während der Sicherung erheblich reduzieren können. Dazu zählen die folgenden:

- Inkrementelle Sicherungen
- Partielle Sicherungen
- Zwei-Phasen-Sicherungen
- Snapshot-Techniken
- Standby-Datenbanken
- Split-Mirror-Datenbanken

In Tabelle 9.2 haben wir die Lösungen mit ihren Vor- und auch Nachteilen aufgelistet.

Lösung	Vorteile	Nachteile
Inkrementelle Sicherung Nur Änderungen seit der letzten Vollsicherung werden auf das Sicherungsmedium geschrieben.	▸ Reduktion der zu sichernden Datenmenge und der benutzten Bänder ▸ Laufzeit einer Sicherung wird verringert ▸ Reduktion der Redo-Log-Informationen, die während einer Online-Sicherung anfallen	▸ Erhöht die Zeit, die für die Wiederherstellung gebraucht wird. ▸ Unter Umständen müssen für einige DB-Systeme Kataloge in gesonderten Datenbanken gehalten werden (erhöhter Hardwarebedarf und Administrationsaufwand).
Partielle Sicherung Die Sicherung wird über mehrere Sicherungsfenster verteilt, wobei pro Sicherung ein vom Administrator definierter Pool an Datendateien mithilfe einer Online-Sicherung fortgeschrieben wird Das Wochenende sollte für eine komplette Online-Sicherung genutzt werden. Der Administrator zeichnet für die Aufteilung verantwortlich.	▸ Partielle Sicherungen benötigen weniger Zeit, sodass diese täglich durchgeführt werden können. ▸ Wiederherstellung ist jederzeit möglich, wenn alle notwendigen Redo-Log-Dateien zur Verfügung stehen. ▸ Sehr schnelle Wiederherstellung, wenn nur Teile einer Datenbank vom Ausfall betroffen sind, da nur diese Dateien zurückgespielt werden müssen.	▸ Wiederherstellung der kompletten Datenbank dauert sehr lange, da alle partiellen Sicherungen zurückgespielt werden müssen. ▸ Alle Datendateien im Zyklus der partiellen Sicherungen müssen einmal gesichert werden (hohe Fehleranfälligkeit). ▸ Wenn keine komplette Sicherung im lastarmen Zeitraum möglich ist, ist die Konsequenz der fehlenden Datendateien eklatant (keine Wiederherstellung möglich). ▸ Abhängigkeit von Redo-Log-Dateien ist sehr hoch, bei Verlust steigt das Risiko des Datenverlustes erheblich.
Zwei-Phasen-Sicherung In der ersten Phase wird auf Festplatte gesichert, in der zweiten Phase werden die Sicherungen auf Bändern fortgeschrieben.	▸ Sicherung auf Festplatte wesentlich schneller ▸ Schnellere Wiederherstellung, falls die Daten noch auf der Festplatte verfügbar ▸ Wiederherstellung vom Band kann direkt in die Verzeichnisse der Datenbank erfolgen	▸ höhere Hardwareanforderungen an Festplattenplatz ▸ Für die einmalige Zwischenspeicherung in der ersten Phase ist maximal noch einmal so viel Speicherplatz notwendig, wie die Datenbank groß ist. ▸ Durchführung von zwei Sicherungen ist notwendig

Tabelle 9.2 Lösungen zur Sicherung von großen Datenbanken

Lösung	Vorteile	Nachteile
Snapshot-Techniken (Lösung von Hardwarepartnern in Zusammenarbeit mit SAN-Systemen) Auf der Ebene des I/O-Systems werden alle Daten eines Zeitpunkts dauerhaft eingefroren. Anlegen des Snapshots dauert nur einige Sekunden, in der keine Nutzung der Datenbank möglich ist. Die geänderten Daten werden als neue Version abgelegt.	▸ sehr schnelle Erzeugung einer Festplattensicherung ▸ Mehrere Snapshots von verschiedenen Zeitpunkten sind möglich. ▸ Weniger zusätzlicher Platzbedarf als bei der Split-Mirror-Technik, da nur die geänderten Blöcke doppelt abgelegt werden. ▸ Schnellere Wiederherstellung der Datenbank ist möglich, wenn der Snapshot länger aufgehoben wird	▸ Sicherung des Snapshots läuft im gleichen Speichersystem wie die Produktivdatenbank, damit ist ein Ressourcenkonflikt möglich. ▸ Beim Auftreten von Blockkorruptionen durch Hardwareprobleme können die Snapshots möglicherweise repliziert werden.
Standby-Techniken Zwei identische Server mit je einer installierten Datenbank (primär die produktive Datenbank und eine Standby-Datenbank als Recovery-System) werden eingerichtet. Änderungen der primären und produktiven Datenbank werden mit zeitlicher Verzögerung auf die Standby-Datenbank übertragen. Im Fehlerfall findet ein Takeover statt, d.h. die Standby-Datenbank wird produktiv.	▸ Fehlerrate ist sehr gering (alle Komponenten des Systems sind zweimal und damit redundant vorhanden) ▸ Downtime bei einem Ausfall ist sehr kurz (Takeover ist möglich, sobald die letzten Änderungen der produktiven Datenbank in die Standby-Datenbank geschrieben sind) ▸ Reduktion der Last auf der produktiven Datenbank auf null, da Sicherung von der Standby-Datenbank auf separater Hardware erfolgt.	▸ Hohe Kosten: Alle Hard- und Softwarekomponenten sind doppelt vorhanden, zusätzliche Rechenzentrumsinfrastruktur und ihr Betrieb ist notwendig, Software für Switchover muss beschafft werden ▸ Hoher Aufwand für die Systemadministration, da zusätzliche Hardware, Datenbanksystem sowie Switchover-Software betreut werden muss. ▸ Hohe Anforderung an eine Switchover-Software, da die Umschaltung einer die SAP-Instanz konfiguriert und gewartet werden muss.

Tabelle 9.2 Lösungen zur Sicherung von großen Datenbanken (Forts.)

Lösung	Vorteile	Nachteile
Split-Mirror-Techniken Auf Ebene des SAN-Systems wird ein Spiegel (eine identische Kopie der Festplatten, auf denen sich die Datenbank befindet) zwischen den Festplatten eingerichtet, sodass die Änderungen an den Datendateien gespiegelt werden. Realisierung findet über Hardware statt. Der Spiegel wird für die Durchführung einer Sicherung von einem separaten Server aufgelöst.	▸ sehr schnelle Sicherung, da das Auflösen des Spiegels im Sekundenbereich liegt ▸ Reduktion der Last bei der Sicherung auf dem Server, der die produktive Datenbank fährt ▸ schnelles Erzeugen einer Festplattensicherung (für Systemkopien)	▸ Höhere Kosten: es wird genauso viel Festplattenplatz vorgehalten, wie die produktive Datenbank groß ist; ein zusätzlicher Sicherungsserver ist notwendig, es fallen weitere Kosten für die Rechenzentrumsinfrastruktur und deren Betrieb an. ▸ Höherer Aufwand für die Systemadministration, da ein zusätzlicher Server betrieben und Hard- und Software für den Spiegel installiert und gewartet werden muss. ▸ zusätzlicher Aufwand für Split-Software und Hardware zur Spiegelung

Tabelle 9.2 Lösungen zur Sicherung von großen Datenbanken (Forts.)

In die Lösungen aus Tabelle 9.2 müssen Sie immer die Sicherung der FRS mit einbeziehen, damit eine vollständige Wiederherstellung des Systems möglich ist. Eine synchrone Sicherung ohne Inkonsistenzen zwischen der Datenbank und dem FRS erhalten Sie mithilfe der Snapshot-Technik und der Split-Mirror-Technik. Da die Standby-Datenbanken nicht direkt auf SAN-Technologie aufbauen, ist zu untersuchen, inwieweit die vom Hersteller angebotene Software auch Änderungen in einem Dateisystem auf einem anderen Server synchronisieren kann. Die anderen vorgestellten Alternativen bieten keine hundertprozentige Sicherheit, dass die Datenspeicher synchron gesichert werden.

Bisher haben wir lediglich über Sicherungen von produktiven Systemen gesprochen. Die Daten von Test- und Entwicklungssystemen, wie wir Sie in Kapitel 6, »Einbindung in die SAP Systemlandschaft«, beschrieben haben, müssen unter Umständen nicht so oft gesichert werden. Der Sicherungszyklus ist hier vor allem abhängig von der Nutzungshäufigkeit dieser Systeme. Man kann davon ausgehen, dass

Entwicklungs- und Testsysteme

diese Systeme kaum rund um die Uhr benutzt werden und somit ist eine Offline-Datensicherung möglich.

Bei Testsystemen reicht es aus, eine Wiederherstellung von der letzten erfolgreich durchgeführten Offline-Sicherung durchzuführen. Dann können Sie die Datenbank in einem Modus betreiben, in dem keine Redo-Log-Informationen geschrieben werden, und Sie können auf die Sicherung von Redo-Log-Dateien verzichten. Die Strategie wird bei Ihren Entwicklungssystemen ganz anders aussehen, da Sie hier hohen Wert auf die Sicherung sämtlicher Entwicklungs- und Customizing-Arbeiten legen werden. In diesem Fall betreiben Sie die Datenbank in einem Modus, der Redo-Log-Informationen schreibt und sichern diese kontinuierlich auf zwei Bändern fort.

In beiden Fällen können Sie selbstverständlich alternativ die sehr sichere Strategie verwenden, wie sie Sie bei Ihrem produktiven System fahren.

9.7 Servereinstellungen und Business-Intelligence-Objekte

Wir hatten bereits eingangs erwähnt, dass neben der Systemsicherung, also der Sicherung der Datenbank, der FRS und der restlichen Dateisysteme, Funktionen bereitstehen, die sowohl die Servereinstellungen als auch die kompletten Business-Intelligence-Objekte des SAP BusinessObjects-Systems sichern. An dieser Stelle sei noch einmal angemerkt, dass diese Funktionen nicht die bereits beschriebene komplette Systemsicherung ersetzen.

Eine Wiederherstellung der Servereinstellungen ermöglicht es Ihnen, den SAP BusinessObjects BI-Plattform-Server in einen funktionsfähigen Zustand zurückzusetzen, ohne dass die Datenbank, die FRS und das Dateisystem oder die Business-Intelligence-Objekte wiederhergestellt werden müssen. Auch die Wiederherstellung von Nutzern, Reports, Gruppen oder Universen ist bei einem versehentlichen Löschen schneller und einfacher möglich.

Aber auch eine komplette Systemwiederherstellung kann über das Zurückspielen der Business-Intelligence-Objekte durchgeführt werden. Dies ist dann notwendig, wenn keine Sicherung der Datenbank und der FRS existiert. Das System muss dann komplett neu installiert und konfiguriert werden, um schließlich die Business-Intelligence-Objekte zurückspielen zu können. Zudem kann ein »Klonen« von Systemen über den Umweg der Sicherung und Wiederherstellung der Business-Intelligence-Objekte in Verbindung mit der vorgelagerten Installation des neuen Systems vorgenommen werden.

9.7.1 Sicherung von Servereinstellungen

Beginnen wir zunächst mit den Servereinstellungen des SAP BusinessObjects-Systems. SAP empfiehlt, diese auch regelmäßig zu sichern, insbesondere dann, wenn Sie an der Topologie Ihres SAP BusinessObjects-Systems etwas ändern. Dies schließt das Erzeugen, Umbenennen, Verschieben und Löschen von Nodes sowie das Erzeugen und Löschen von Servern ein.

Regelmäßige Sicherung

Sie sollten die Servereinstellungen immer in folgenden Fällen sichern:

Sicherung in folgenden Fällen

- bevor Sie irgendeine Änderung daran vornehmen
- sobald Sie mit Ihren neuen Einstellungen zufrieden sind

Bei der Sicherung der Einstellung wird eine sogenannte BIAR-Datei erzeugt. Diese Datei sollten Sie in die regelmäßige Prozedur Ihrer Systemsicherung mit einschließen, zumindest jedoch sollten Sie diese Datei auf einen anderen Server, ein anderes Dateisystem (separate Festplatten vorausgesetzt) oder Speichergerät kopieren.

Mit welchen Werkzeugen können Sie eine Sicherung der Servereinstellungen Ihres SAP BusinessObjects-Systems erstellen? Es stehen Ihnen hierfür der CCM sowie ein Skript mit dem Namen *BackupCluster* zur Verfügung. Aussehen und Start unterscheiden sich je nach verwendetem Betriebssystem der zuvor genannten Werkzeuge.

Werkzeuge

Betriebssystem Windows

Um den CCM unter dem Betriebssystem Windows aufzurufen, wählen Sie im Startmenü unter SAP BUSINESSOBJECTS ENTERPRISE XI 4.0 • SAP BUSINESSOBJECTS ENTERPRISE • CENTRAL CONFIGURATION MANAGER. Abbildung 9.10 zeigt beispielhaft die gestartete Anwendung.

9 | Backup, Restore und Recovery

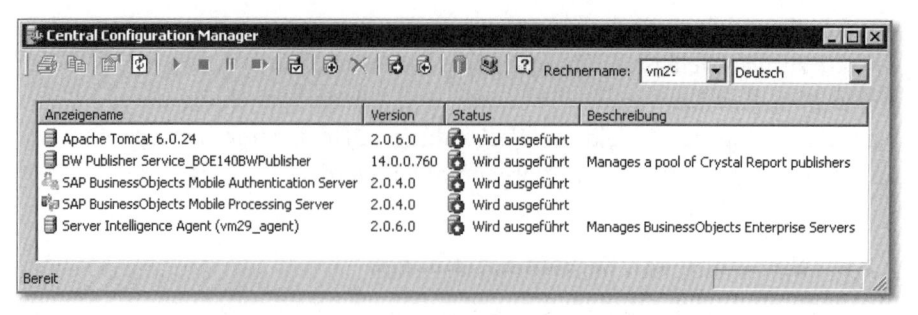

Abbildung 9.10 Central Configuration Manager unter Windows

Vorgehensweise   Mithilfe der folgenden Schritte sichern Sie die Servereinstellungen des gesamten Clusters. Es ist nicht möglich, die Einstellungen einzelner Server zu sichern.

1. Wählen Sie den Button SERVERKONFIGURATION SICHERN und daraufhin erscheint der Assistent zur Sicherung der Serverkonfiguration. Klicken Sie WEITER>, um zum nächsten Bildschirm zu gelangen.

2. Sie können nun spezifizieren, ob Sie einen vorhandenen und ausgeführten CMS verwenden oder einen neuen temporären CMS starten möchten:

   ▸ Um die Servereinstellungen von einem System zu sichern, das läuft, wählen Sie die Option VORHANDENEN AUSGEFÜHRTEN CMS VERWENDEN.

   ▸ Wenn Sie die Servereinstellungen von einem System sichern möchten, das nicht läuft, wählen Sie die Option NEUEN TEMPORÄREN CMS STARTEN.

   Wählen Sie nun WEITER>.

3. Wenn Sie einen temporären CMS ausgewählt haben, muss der CCM unbedingt auf der Maschine gestartet werden, auf der das nicht laufende CMS-System lokal installiert ist. Für die Zeit der Sicherung wird der temporäre CMS automatisch gestartet und nach der Fertigstellung beendet. Geben Sie in dem neuen Bildschirm eine Portnummer für den temporären CMS an. Sie sollten hier eine Nummer angeben, die ungleich der Nummer ist, die für das existierende, nicht laufende CMS-System genutzt wird. So stellen Sie sicher, dass sich keine Nutzer an das SAP BusinessObjects-System anmelden, während Sie die Servereinstellungen sichern oder wiederherstellen.

Zusätzlich zu der Portnummer müssen Sie die Datenbankverbindung spezifizieren. Mit einem Klick auf den Button FESTLEGEN erscheint ein Auswahlfenster der verfügbaren Datenbanktreiber. Wählen Sie hier die von Ihnen verwendete Datenbank aus, und geben Sie im nächsten Fenster die notwendigen Verbindungsinformationen, wie Hostname, Port, Datenbankname, Nutzer und Passwort ein. Klicken Sie dann auf WEITER>.

4. Im nächsten Fenster werden Sie nach dem Nutzer, der die Administrationsberechtigung hat, und dessen Passwort gefragt. Geben Sie die entsprechenden Informationen ein und wählen Sie wiederum WEITER>.

5. Nun müssen Sie das Verzeichnis und den Dateinamen der BIAR-Datei angeben. Zur komfortableren Verzeichnisauswahl können Sie den Button »…« drücken. Wir empfehlen Ihnen, in den Dateinamen beispielsweise das Datum aufzunehmen, an dem die Sicherung erstellt wird. Achten Sie darauf, dass Sie die Dateiendung *biar* explizit im Auswahlfenster mit angeben. Klicken Sie dann auf WEITER>.

6. Nun erscheint der Bildschirm BESTÄTIGUNG (siehe Abbildung 9.11), der noch einmal alle Informationen zusammenfasst, die Sie im Wizard angegeben haben. Wenn Ihre Eingaben korrekt sind, drücken Sie den Button FERTIG STELLEN.

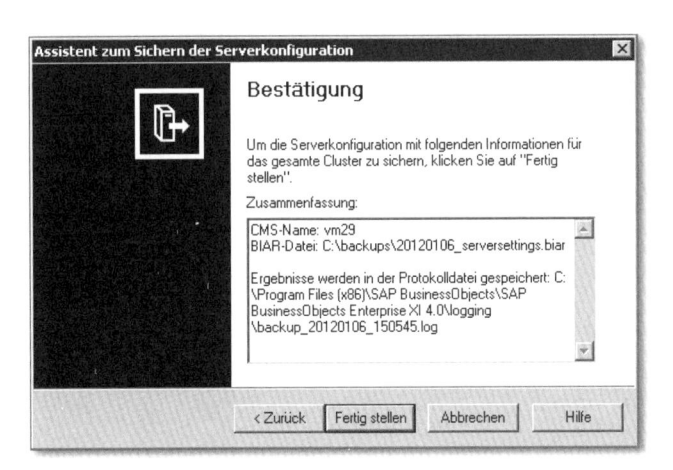

Abbildung 9.11 Wizard für die Sicherung der Servereinstellung

7. Wenn die Sicherung erfolgreich durchgelaufen ist, erhalten Sie eine Meldung mit Verweis auf eine detaillierte Protokolldatei (siehe Abbildung 9.12). Sollten Fehler bei der Sicherung auftreten, können Sie in diesem Protokoll nach der Ursache suchen.

Central Configuration Manager

Serverkonfiguration erfolgreich gesichert.

Weitere Informationen finden Sie in der Protokolldatei: C:\Program Files (x86)\SAP BusinessObjects\SAP BusinessObjects Enterprise XI 4.0\logging\backup_20120106_150545.log

Abbildung 9.12 Erfolgsmeldung nach dem Sichern der Einstellungen

Der CCM sichert die Servereinstellungen des gesamten Clusters. Es ist nicht möglich, die Einstellungen eines einzelnen individuellen Servers zu sichern. Wenn Sie die Servereinstellungen in einer Umgebung sichern möchten, in der SSL angeschaltet ist und verwendet wird, müssen Sie dieses vorher im CCM deaktivieren. Nach der Sicherung kann die Verwendung von SSL wieder aktiviert werden.

Betriebssystem Unix

Auf Unix-Betriebssystemen starten Sie den CCM über ein Shell-Skript. Sie rufen das Skript auf, indem Sie im Verzeichnis *<Installationsverzeichnis>/sap_bobj* die Datei *serverconfig.sh* starten. Es erscheint dann das in Abbildung 9.13 dargestellte Menü. Sie können im CCM bequem mit den angegebenen Zahlenwerten interagieren. Es ist aber auch in einigen Fällen möglich, die Vorschlagswerte in die Eingabefelder zu schreiben.

```
----------------------------------------------------------
            SAP BusinessObjects
What do you want to do?

1 - Add node
2 - Delete node
3 - Modify node
4 - Move node
5 - Back up server configuration
6 - Restore server configuration
7 - List all nodes

[quit(0)]
----------------------------------------------------------
[7]
```

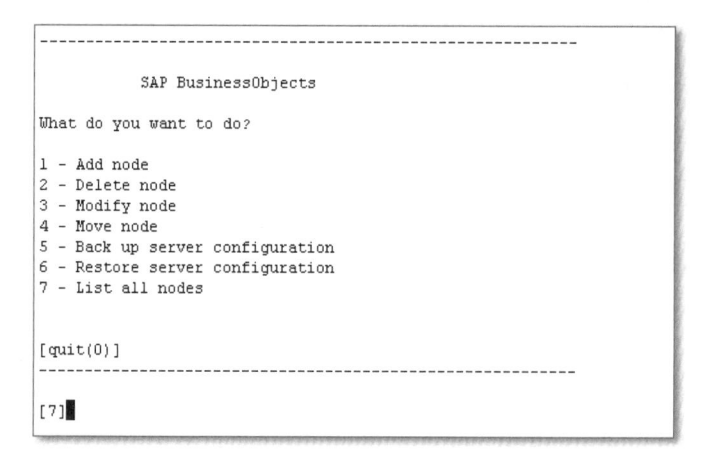

Abbildung 9.13 Central Configuration Manager unter Unix

Um die Sicherung der Servereinstellungen Ihres SAP Business-Objects-Systems durchzuführen, gehen Sie wie folgt vor:

Vorgehensweise

1. Wählen Sie im Menü den Punkt 5 BACK UP SERVER CONFIGURATION aus.

2. Im nächsten Bildschirm können Sie spezifizieren, ob Sie einen vorhandenen und ausgeführten CMS verwenden oder einen neuen temporären CMS starten möchten:
   - Um die Servereinstellungen von einem laufenden System zu sichern, wählen Sie die Option EXISTING.
   - Wenn Sie die Servereinstellungen von einem System sichern wollen, das nicht läuft, wählen Sie die Option TEMPORARY.

3. Haben Sie die Einrichtung eines temporären CMS ausgewählt, muss das Skript unbedingt auf der Maschine gestartet werden, auf der das nicht laufende CMS lokal installiert ist. Für die Zeit der Sicherung wird der temporäre CMS automatisch gestartet und nach der Fertigstellung beendet. Im neuen Bildschirm werden Sie nach einer Portnummer für den temporären CMS gefragt. Sie sollten auch hier eine Nummer angeben, die ungleich der Nummer ist, die für das existierende, nicht laufende CMS genutzt wird. So stellen Sie sicher, dass sich keine Nutzer an das SAP BusinessObjects-System anmelden, während Sie die Servereinstellungen sichern oder wiederherstellen.

   Nach Eingabe der Portnummer geben Sie an, welche Datenbankversion Sie verwenden. Das Skript checkt den Datenbank-Client und wenn dieser gefunden wurde, geben Sie im nächsten Bildschirm den Alias-Datenbanknamen an. Danach werden Nutzername und Passwort für die Verbindung zur Datenbank abgefragt.

4. Nun werden Sie nach dem CMS gefragt, mit dem Sie sich verbinden wollen. Geben Sie den Namen und den Port des CMS an. Zusätzlich müssen Sie noch einen Nutzer, der Administrationsberechtigung hat, und dessen Passwort eingeben. Das Skript kontrolliert, ob es sich mit den Informationen am CMS anmelden kann.

5. Nun müssen Sie das Verzeichnis und den Dateinamen der BIAR-Datei angeben. Wir empfehlen Ihnen auch hier, in den Dateinamen beispielsweise das Datum aufzunehmen, an dem die Sicherung erstellt wird. Achten Sie darauf, dass Sie die Dateiendung *biar*

mit angeben. Das Skript gibt ansonsten eine entsprechende Fehlermeldung aus.

6. Nun erscheint der Bildschirm CONFIRMATION, wie in Abbildung 9.14 zu sehen. Dieser fasst noch einmal die Informationen zusammen, die Sie angegeben haben. Wenn Ihre Eingaben korrekt sind, bestätigen Sie dies, indem Sie YES eingeben.

```
             SAP BusinessObjects

* Confirmation *

The following information will be used to back up the server configuration for t
he entire cluster.

CMS Name: vm28
BIAR File: /backups/20120108_serversettings.biar

Results will be stored in the log file: /usr/sap/B50/sap_bobj//logging/backup_20
120108_202054.log

Do you want to back up the server configuration for the entire cluster?

[yes(3)/no(2)/back(1)/quit(0)]
--------------------------------------------------------------

[yes]
```

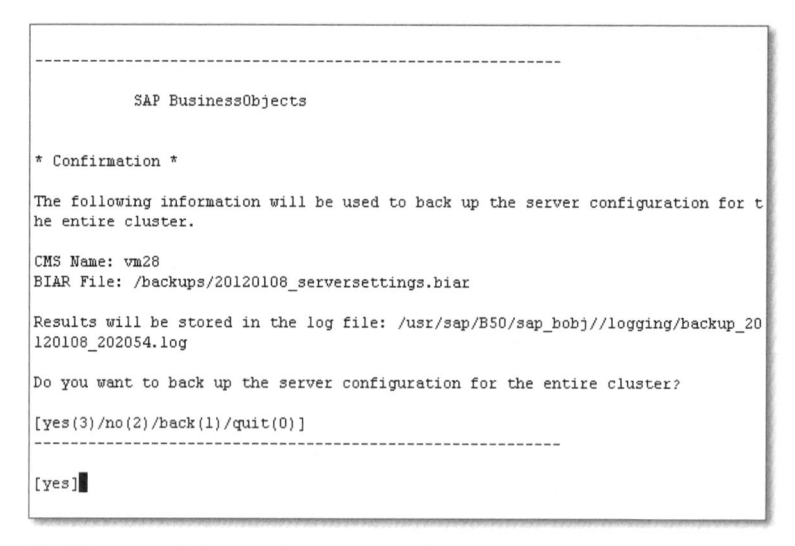

Abbildung 9.14 Sicherung der Servereinstellung unter Unix

7. Wenn die Sicherung erfolgreich durchgelaufen ist, erhalten Sie eine Meldung mit dem Verweis auf eine detaillierte Protokolldatei (siehe Abbildung 9.15). Sollten Fehler bei der Sicherung auftreten, können Sie in diesem Protokoll nach der Ursache suchen.

```
Backing up server configuration...
..........Successfully backed up server configuration.
View the log file for more details: /usr/sap/B50/sap_bobj//logging/backup_201201
08_215525.log

Press Enter to continue...
```

Abbildung 9.15 Erfolgreiche Meldung beim Sichern der Einstellungen

Wie der CCM unter dem Betriebssystem Windows sichert der CCM unter Unix die Servereinstellungen des gesamten Clusters. Es ist nicht möglich, die Einstellungen eines einzelnen individuellen Servers zu sichern. Wenn Sie die Servereinstellungen in einer Umgebung sichern möchten, in der SSL angeschaltet ist und verwendet wird, müssen Sie dieses vorher im CCM deaktivieren. Nach der Sicherung kann die Verwendung von SSL wieder aktiviert werden.

Sicherung per Skript

Eine weitere Möglichkeit, die Einstellungen des SAP BusinessObjects BI-Plattform-Servers zu sichern, besteht in der Verwendung eines bereitgestellten Sicherungsskripts. Unter Windows finden Sie das Skript *BackupCluster.bat* im Verzeichnis *<Installationsverzeichnis>\SAP BusinessObjects Enterprise XI 4.0\win64_x64\scripts*. Auf dem Betriebssystem Unix befindet sich die Datei *backupcluster.sh* unter *<Installationsverzeichnis>/sap_bobj/enterprise_xi40/<platform64>/scripts*.

Windows und Unix

Mithilfe des Skripts können Sie die Sicherung der Servereinstellungen sowohl unter dem Betriebssystem Windows als auch unter Unix-Betriebssystemen ohne Dialog durchführen und somit auch automatisieren, d. h. regelmäßig über den Betriebssystemhintergrund einplanen. Wichtig ist, dass Sie die erzeugte BIAR-Datei in die regelmäßige Prozedur Ihrer Systemsicherung mit einschließen.

Ausführung ohne Dialog

Ihnen stehen verschiedene Parameter zur Verfügung, die Sie beim Aufruf des Skripts mitgeben können. Wir haben die Parameter in Tabelle 9.3 zusammengefasst.

Name	Beschreibung	Beispiel
-backup	Pfad und Name der BIAR-Datei	-backup "/backups/serversettings.biar"
-cms	Hostname der Maschine, auf der das CMS läuft; falls der Port nicht Default ist (6400), muss dieser angegeben werden	-cms mycms:6400
-username	Nutzername eines Administrator-Accounts	-username Administrator
-password	Passwort des obigen Administrator-Accounts	-password xyz123

Tabelle 9.3 Parameter für das Skript »BackupCluster«

Falls Sie die Servereinstellungen von einem System sichern möchten, das nicht läuft, können Sie, wie auch schon bei den Werkzeugen, die im Dialog benutzt werden, einen temporären CMS anlegen. Hierfür stehen Ihnen die in Tabelle 9.4 aufgelisteten Parameter zur Verfügung.

Name	Beschreibung	Beispiel
-usertempcms	Erstellt ein temporäres CMS	-usertempcms
-cmsport	Die zu verwendende Portnummer	-cmsport 7000
-dbdriver	Datenbanktreiber für die CMS Datenbank, möglich sind folgende Werte: ▸ db2databasesubsystem ▸ maxdbdatabasesubsystem ▸ mysqldatabasesubsystem ▸ oracledatabasesubsystem ▸ sqlserverdatabasesubsystem ▸ sybasedatabasesubsystem	-dbdriver db2databasesubsystem
-connect	Verbindungsdaten in einer Zeichenkette, aufgrund der Einschränkung in der Eingabeaufforderung sind Exponentialzeichen vor einem Leerzeichen, einem Gleichzeichen und Semikolon zu setzen	-connect "DSN^=BO_CMS^;UID^=connect^;PWD^=password^;HOSTNAME^=dbs^;PORT^=3300"

Tabelle 9.4 Parameter für ein temporäres CMS

Noch eine Anmerkung zu den Exponentialzeichen, die Sie in der Eingabeaufforderung verwenden müssen: Sie können alternativ eine Batch-Datei anlegen, die das Skript *BackupCluster.bat* enthält und hinter der Sie alle zusätzlichen Parameter angeben. Hier müssen Sie Exponentialzeichen nicht mit angeben. Sie starten dann die von Ihnen angelegte Batch-Datei.

9.7.2 Wiederherstellung von Servereinstellungen

In diesem Abschnitt wollen wir uns mit der Wiederherstellung der Servereinstellungen beschäftigen. Auch hierfür stehen Ihnen der CCM sowie ein Skript zur Verfügung. Aussehen und Start des CCM unterscheiden sich je nach Betriebssystem. Voraussetzung für eine erfolgreiche Wiederherstellung ist, dass die gesicherte BIAR-Datei zur Verfügung steht und auch die aktuelle Konfiguration des Servers enthält. Wie auch schon bei der Sicherung von Servereinstellungen ist es nicht möglich, die Konfiguration eines einzelnen Servers wiederherzustellen. Das bedeutet, dass Sie mit einer Wiederherstellung die Einstellungen des gesamten Clusters zurücksetzen. Zudem müssen Sie in einer Umgebung, in der SSL konfiguriert und benutzt wird, dieses vor Beginn der Wiederherstellung im CCM deaktivieren. Nach der Wiederherstellung kann die Verwendung von SSL wieder aktiviert werden.

Betriebssystem Windows

Um den CCM unter dem Betriebssystem Windows aufzurufen, wählen Sie im Startmenü SAP BUSINESSOBJECTS ENTERPRISE XI 4.0 • SAP BUSINESSOBJECTS ENTERPRISE • CENTRAL CONFIGURATION MANAGER. Mithilfe der folgenden Schritte stellen Sie die Servereinstellungen des gesamten Clusters wieder her:
Vorgehensweise

1. Stoppen Sie zunächst alle Knoten auf allen Maschinen des Clusters, für den Sie die Serverkonfiguration wiederherstellen.

2. Rufen Sie nun wie beschrieben den CCM auf der Maschine auf, auf der das CMS installiert ist.

3. Wählen Sie nun den Button SERVERKONFIGURATION WIEDERHERSTELLEN. Nun wird der Wizard zur Wiederherstellung der Server-Konfiguration gestartet. Klicken Sie auf WEITER>.

4. Im nächsten Bildschirm werden Sie nach einer Portnummer für das temporäre CMS gefragt. Zudem müssen Sie die Datenbankverbindung spezifizieren. Mit Klick auf den Button FESTLEGEN erscheint ein Auswahlfenster der verfügbaren Datenbanktreiber. Wählen Sie hier die von Ihnen verwendete Datenbank aus und geben im nächsten Fenster die notwendigen Verbindungsinformationen, wie Hostname, Port, Datenbankname, Nutzer und Passwort, ein. Unter Umständen wird auch der Clusterschlüssel abgefragt. Klicken Sie auf WEITER>.

5. Anschließend geben Sie die Anmeldedaten für den CMS ein, der zur Wiederherstellung verwendet werden soll. Hierfür werden ein Nutzer mit Administratorberechtigung und das dazugehörige Passwort benötigt. Wenn Sie alle Informationen angegeben haben, klicken Sie auf WEITER>.

6. Nun müssen Sie den Pfad und den Namen der BIAR-Datei angeben, aus der Sie die Servereinstellungen wiederherstellen wollen. Sie können hierzu das Dateiauswahldialogfenster benutzen, indem Sie auf den Button »...« drücken. Mit dem Klick auf WEITER> wird die Datei gelesen.

9 | Backup, Restore und Recovery

7. Sie erhalten nun ein Fenster, das den Inhalt der ausgewählten BIAR-Datei anzeigt. Hier können Sie prüfen, welche Knoten und welche Server in der Sicherung enthalten sind. In Abbildung 9.16 sehen beispielhaft diesen Bildschirm.

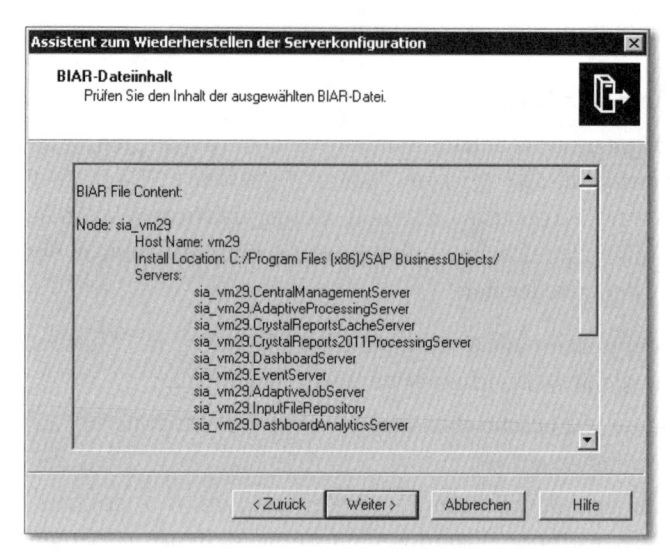

Abbildung 9.16 BIAR-Dateiinhalt bei der Wiederherstellung

8. Anschließend erhalten Sie eine Zusammenfassung der getätigten Angaben im Bildschirm BESTÄTIGUNG. Kontrollieren Sie nun noch einmal alle getätigten Eingaben. Ist alles korrekt, klicken Sie auf FERTIGSTELLEN.

9. Es wird eine Warnmeldung erscheinen, die Sie darüber informiert, dass alle Werte mit denen aus der BIAR-Datei überschrieben werden. Wenn Sie also die Aktion mit dem Button YES fortsetzen, werden die aktuellen Einstellungen des bisherigen Servers überschrieben.

10. Sobald die Wiederherstellung durchgelaufen ist, erhalten Sie in einem Popup eine entsprechende Nachricht. Hier finden Sie auch den Pfad und den Namen der Protokolldatei, die diese Wiederherstellungsaktion protokolliert hat. Falls Fehler auftraten, können Sie hier die Fehlersuche beginnen. Mit Klick auf den Button OK schließen Sie den Wizard.

Knoten und Server, die in Ihrer Sicherung, aber nicht im System existieren, werden durch die Wiederherstellung angelegt. Umgekehrt werden die Knoten und Server gelöscht, die im System existieren, aber nicht in Ihrer BIAR-Datei vorhanden sind.

Sie müssen nach der Wiederherstellung der Servereinstellungen die Knoten auf jeder Maschine in Ihrem Cluster wieder anlegen (siehe hierzu auch Abschnitt 4.5.1). Nutzen Sie diese Option jedoch nur, wenn ein Knoten auf keiner der Maschinen im Cluster vorhanden ist. Mit dem Ausführen der Funktion wird die Existenz der Knoten in der Datenbank des CMS geprüft. Ist der Knoten vorhanden, wird er auf dem lokalen Host wieder angelegt. Im umgekehrten Fall wird ein neuer Knoten mit den Standardservern, die auf dem Host existieren, angelegt.

Betriebssystem Unix

Unter dem Betriebssystem Unix sieht der Prozess der Wiederherstellung sehr ähnlich aus. Sie rufen den Central Configuration Manager (CCM) über ein Skript auf, indem Sie im Verzeichnis *<Installationsverzeichnis>/sap_bobj* die Datei *serverconfig.sh* starten. Folgende Schritte sind nun auszuführen:

Vorgehensweise

1. Stoppen Sie zunächst alle Knoten auf allen Maschinen des Clusters, für den Sie die Serverkonfiguration wiederherstellen
2. Rufen Sie nun, wie eingangs beschrieben, den CCM auf der Maschine auf, auf der das CMS installiert ist.
3. Wählen Sie den Punkt 6 RESTORE SERVER CONFIGURATION aus.
4. Im nächsten Bildschirm geben Sie die Portnummer für das temporäre CMS ein. Nach dieser Eingabe spezifizieren Sie, welche Datenbankversion Sie verwenden. Das Skript checkt den Datenbank-Client und wenn dieser gefunden wurde, geben Sie im nächsten Bildschirm den Alias-Datenbanknamen an. Danach werden Nutzername und Passwort für die Verbindung zur Datenbank abgefragt.
5. Anschließend geben Sie die Anmeldedaten für den CMS ein, der zur Wiederherstellung verwendet werden soll. Hierfür werden ein Nutzer mit Administratorberechtigung und das dazugehörige Passwort benötigt.
6. Nun müssen Sie den Pfad und den Namen der BIAR-Datei angeben, aus der Sie die Servereinstellungen wiederherstellen wollen.

7. Im nächsten Bildschirm CONFIRMATION werden alle Eingaben zusammengefasst. Kontrollieren Sie diese noch einmal. Ist alles korrekt, bestätigen Sie dies, indem Sie YES eingeben.
8. Es wird eine Warnmeldung erscheinen, die Sie darüber informiert, dass alle Werte mit denen aus der BIAR-Datei überschrieben werden. Wenn Sie also die Aktion mit YES fortsetzen, werden die aktuellen Einstellungen des bisherigen Servers überschrieben.
9. Sobald die Wiederherstellung durchgelaufen ist, erhalten Sie eine entsprechende Nachricht. Hier finden Sie auch den Pfad und den Namen der Protokolldatei, in der diese Wiederherstellungsaktion protokolliert wurde. Falls Fehler auftraten, können Sie in dieser die Ursache finden.

Das Verhalten des CCM unter Unix ist identisch zu dem unter Windows: Knoten und Server, die in Ihrer Sicherung, aber nicht im System existieren, werden durch die Wiederherstellung angelegt. Umgekehrt werden die Knoten und Server gelöscht, die im System existieren, aber nicht in Ihrer BIAR-Datei vorhanden sind.

Auch die Wiederanlage der Knoten auf jeder Maschine des Clusters muss im Anschluss durchgeführt werden. Nutzen Sie diese Option jedoch nur, wenn ein Knoten auf keiner der Maschinen im Cluster vorhanden ist. Mit dem Ausführen der Funktion wird die Existenz des Knotens in der Datenbank des CMS geprüft. Ist der Knoten vorhanden, wird er auf dem lokalen Host wieder angelegt. Im umgekehrten Fall wird ein neuer Knoten mit den Standardservern angelegt, die auf dem Host existieren.

Wiederherstellung per Skript

Unix und Windows Neben dem CCM gibt es die Möglichkeit, die Einstellungen des SAP BusinessObjects BI-Plattform-Servers über ein Skript wiederherzustellen. Unter Windows finden Sie das Skript *RestoreCluster.bat* im Verzeichnis *<Installationsverzeichnis>\SAP BusinessObjects Enterprise XI 4.0\win64_x64\scripts*. Auf dem Betriebssystem Unix befindet sich die Datei *restorecluster.sh* unter *<Installationsverzeichnis>/sap_bobj/enterprise_xi40/<platform64>/scripts*.

Mithilfe des Skripts können Sie die Wiederherstellung der Servereinstellungen sowohl unter dem Betriebssystem Windows als auch unter Unix-Betriebssystemen identisch zu seinem Sicherungspedant ohne

Dialogführung durchführen. Es stehen verschiedene Parameter zur Verfügung, die Sie beim Aufruf des Skripts mitgeben müssen. Wir haben die Parameter in Tabelle 9.5 zusammengefasst.

Name	Beschreibung	Beispiel
-restore	Pfad und Name der BIAR-Datei	-restore "/backups/serversettings.biar"
-username	Nutzername eines Administrator-Accounts	-username Administrator
-password	Passwort des obigen Administrator-Accounts	-password xyz123
-displaycontents	Zeigt eine Liste der Nodes und Server an, die die BIAR-Datei enthält	-displaycontents "/backups/serversettings.biar"

Tabelle 9.5 Parameter für das Skript »RestoreCluster«

Die Option displaycontent sollten Sie benutzen, bevor Sie die eigentliche Wiederherstellung der Servereinstellungen starten. Hiermit wird der Inhalt der BIAR-Datei angezeigt. Dies ist identisch zum CCM, der vor der eigentlichen Wiederherstellung ein separates Dialogfenster anzeigt, das Sie bestätigen müssen (siehe Abbildung 9.16). Für die Wiederherstellung ist das Anlegen eines temporären CMS notwendig. Der hierfür zur Verfügung stehenden Parameter haben wir bereits in Tabelle 9.4 beschrieben.

Option »displaycontent«

9.7.3 Sicherung von Business-Intelligence-Objekten

Nachdem wir in den letzten beiden Abschnitten auf die Sicherung und Wiederherstellung der Servereinstellungen eingegangen sind, möchten wir uns nun mit den Möglichkeiten der Sicherung der Business-Intelligence-Objekte aus dem SAP BusinessObjects BI-Plattform-Server beschäftigen.

Für die Sicherung der Business-Intelligence-Objekte wird die Lifecycle Management Console verwendet, die wir Ihnen bereits in Abschnitt 5.4.1 vorgestellt haben. Wir wollen an dieser Stelle kurz darstellen, wie Sie Teile oder den gesamten Inhalt des Systems in eine sogenannte LCMBIAR-Datei exportieren können. Sie können diese Datei sowohl händisch auf dem Dateisystem als auch auf einem FTP-Server ablegen. In beiden Fällen sollten Sie, wie auch schon bei der

LCMBIAR-Datei

9 | Backup, Restore und Recovery

Sicherung der Servereinstellungen, die Datei in Ihrem Sicherungsprozess mit einbinden oder zumindest die Sicherung auf einen anderen Server, ein anderes Dateisystem (separate Festplatten vorausgesetzt) oder Speichergerät kopieren.

Lifecycle Management Console

Die Lifecycle Management Console ist eine Browseranwendung, die über die URL *http://<Hostname>:<Port>/BOE/LCM* aufgerufen werden kann. Es erscheint ein Anmeldefenster, in dem ein Nutzer mit entsprechenden Berechtigungen und ein Passwort eingegeben werden müssen. Nach erfolgreicher Anmeldung erhalten Sie den Einstiegsbildschirm, wie er in Abbildung 9.17 dargestellt ist.

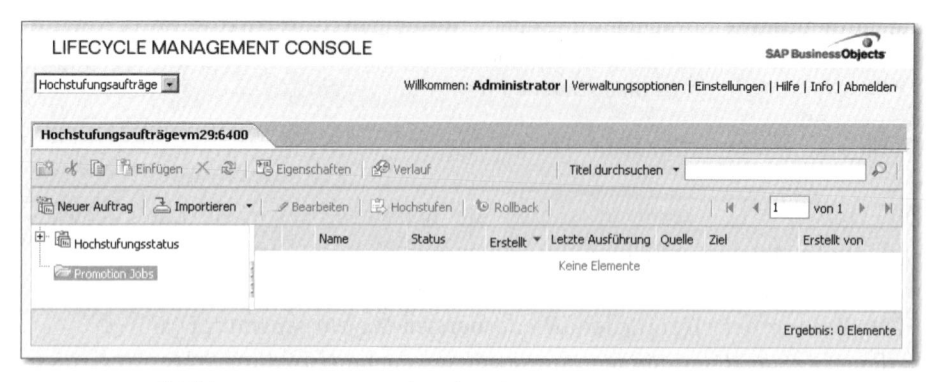

Abbildung 9.17 Einstieg in die Lifecycle Management Console

Vorgehen beim Objekt-Export

Sie haben nun die Möglichkeit, einen neuen Auftrag anzulegen, der die von Ihnen gewünschten Objekte aus dem System in eine LCM-BIAR-Datei exportiert. Gehen Sie wie folgt vor:

1. Klicken Sie auf NEUER AUFTRAG. Es wird eine neue Registerkarte geöffnet. Geben Sie den Namen des Auftrags, eine Beschreibung, gegebenenfalls Schlüsselwörter und den Speicherort an. Sie haben auch die Möglichkeit, Ihren neuen Auftrag von einem bereits bestehenden zu kopieren.

   Des Weiteren müssen Sie die Quelle angeben, aus der die Objekte geladen werden sollen. Hierfür können Sie das Drop-down-Menü benutzen. Sie werden den CMS finden, an dem Sie aktuell angemeldet sind (und von dem Sie die Sicherung durchführen möchten) und haben aber zudem die Wahl, sich zu einem anderen zu verbinden.

   Schließlich müssen Sie noch das Ziel auswählen. Hier steht Ihnen wieder ein Drop-down-Menü zur Verfügung. Um die Objekte in einer Datei zu sichern, wählen Sie AUSGABE IN LCMBIAR-DATEI aus. Des Weiteren stehen Ihnen als Ziele Ihr eigener CMS sowie weitere zur Verfügung, an denen Sie sich anmelden können. Zum Abschluss drücken Sie den Button ERSTELLEN.

2. Nun wird ein Fenster mit dem Titel OBJEKTE AUS DEM SYSTEM HINZUFÜGEN angezeigt.

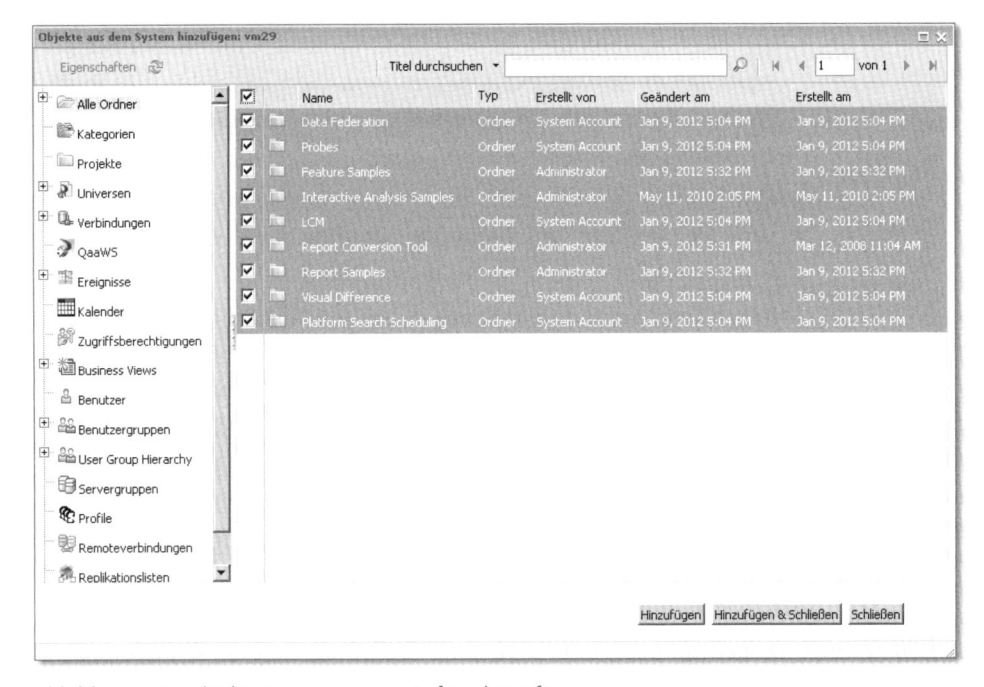

Abbildung 9.18 Objekte in einen neuen Auftrag hinzufügen

Auf der linken Seite befinden sich alle Objektgruppen der Business-Intelligence-Objekte. Sobald Sie eine Gruppe auswählen, erscheinen auf der rechten Seite alle Objekte, die zu dieser Gruppe gehören (siehe Abbildung 9.18). Sie haben nun die Möglichkeit, alle Objekte auszuwählen und diese dem Auftrag über den Button HINZUFÜGEN anzuhängen.

Beachten Sie, dass Sie nach Auswahl der Objekte und vor dem Wechsel in eine andere Gruppe diesen Button immer betätigen, da sonst die Auswahl auf Objekte nicht übernommen wird. Bereits hinzugefügte Objekte werden grau dargestellt. Wenn Sie also in eine Gruppe, die Sie bereits bearbeitet haben, zurückspringen, erkennen Sie die dort getätigte Auswahl durch die graue Schrift.

Wenn Sie mit der Auswahl der zu sichernden Objekte fertig sind, klicken Sie auf HINZUFÜGEN & SCHLIESSEN bzw. SCHLIESSEN. Es erscheint nun das Detailfenster zu Ihrem Auftrag (in der Registerkarte befindet sich dessen Name) und Sie sehen alle Objekte, die Sie hinzugefügt haben.

3. Nun haben Sie die Möglichkeit, den bisherigen Stand zu sichern, Objekte zu löschen und natürlich weitere hinzuzufügen, Abhängigkeiten zu verwalten und den Auftrag hochzustufen. Bei der Verwaltung der Abhängigkeiten, ermitteln Sie die Objekte, die abhängig von Ihrer Auswahl sind und unbedingt in die Sicherung mit aufgenommen werden sollten.

4. Sind alle Objekte korrekt ausgewählt, kann der Auftrag hochgestuft werden. Dies geschieht über den Button HOCHSTUFEN in der Übersicht aller Aufträge oder in der Detailansicht des Auftrages.

Es wird ein neues Fenster ausgegeben wie in Abbildung 9.19 angezeigt. Sie können die auf der linken Seite angebotenen Funktionen abarbeiten. Zuerst wird Ihnen die Zusammenfassung des Auftrags angezeigt. Hier sehen Sie noch einmal die Quelle (Ihr CMS) und das Ziel (die LCMBIAR-Datei) und die ausgewählten Objekte. Über die Aktivierung der Kennwortverschlüsselung und die Eingabe eines Kennworts können Sie Ihren Export vor Fremdzugriff sichern.

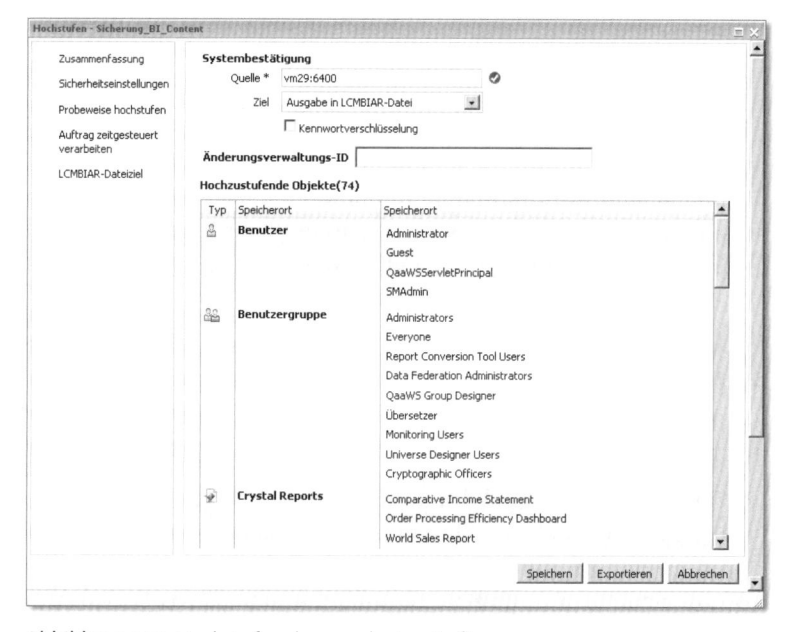

Abbildung 9.19 Hochstufen des angelegten Auftrags

Die Funktion SICHERHEIT ermöglicht es, die Objekte mit den verbundenen Rechten hochzustufen. Mit der Funktion PROBEWEISE HOCHSTUFUNG kann die Hochstufung zunächst getestet werden, um sicherzustellen, dass vor der tatsächlichen Hochstufung der Objekte alle notwendigen Vorkehrungen getroffen werden können. Diese Funktion steht Ihnen jedoch nur zur Verfügung, wenn die Objekte in einen anderen CMS hochgestuft werden. In unserem Fall des Exports in eine LCMBIAR-Datei ist der Button ausgegraut.

Einstellungen, die Sie unter AUFTRAG ZEITGESTEUERT VERARBEITEN vornehmen, haben bei einem Export in eine LCMBIAR-Datei keine Funktion. Leider ist dies in diesem Bildschirm nicht explizit beschrieben. Anders ist es beim Hochstufen in einen anderen CMS. Dann können Sie einstellen, wann und in welcher Regelmäßigkeit der Auftrag abgearbeitet werden soll. Je nach Auswahl im Drop-down-Menü erhalten Sie unterschiedliche Möglichkeiten der zeitlichen Steuerung. Es ist also auch möglich, einen regelmäßigen Export der Objekte einzuplanen sowie damit den Vorgang zu automatisieren und große Aufträge dann auszuführen, wenn die Last auf dem Server am geringsten ist.

In LCMBIAR-DATENZIEL können Sie entscheiden, ob die Datei auf dem Dateisystem oder auf einem FTP-Server abgelegt wird. Bei Auswahl des FTP-Servers sind die Verbindungsdaten zu pflegen.

Mit dem Button SPEICHERN werden die getroffenen Einstellungen abgespeichert. Sollten Sie ein anderes CMS verwenden, in dem die ausgewählten Objekte hochgestuft werden, bewirkt ein Speichern gleichzeitig das Hochstufen. Um die LCMBIAR-Datei zu erzeugen, klicken Sie auf den Button EXPORTIEREN. Im Falle der Nutzung des FTP-Servers wird die Datei dorthin übertragen. Wenn Sie das Dateisystem wählen, erscheint ein Popup und fordert Sie zum Speichern der Datei auf.

9.7.4 Wiederherstellung von Business-Intelligence-Objekten

Die Wiederherstellung der Business-Intelligence-Objekte erfolgt wie die Sicherung über die Lifecycle Management Console. Grundlegende Voraussetzung für eine erfolgreiche Wiederherstellung ist,

Gesicherte LCMBIAR-Datei muss verfügbar sein

dass die gesicherte LCMBIAR-Datei zur Verfügung steht und zudem die aktuellen Business-Intelligence-Objekte des Systems enthält.

Vorgehensweise Im Folgenden wollen wir Schritt-für-Schritt beschreiben, wie Sie die gesicherten Objekte aus einer LCMBIAR-Datei wiederherstellen können.

1. Rufen Sie zuerst die Lifecycle Management Console über die URL *http://<Hostname>:<Port>/BOE/LCM* auf, und melden Sie sich mit einem Nutzer mit entsprechenden Berechtigungen an. Im Einstiegsbild sehen Sie einen Button IMPORTIEREN. Wenn Sie auf diesen klicken, erhalten Sie zwei weitere Funktionen: LCMBIAR IMPORTIEREN und DATEI ÜBERSCHREIBEN. Für den Import der Business-Intelligence-Objekte wählen Sie die erste Funktion. Es erscheint ein Popup-Fenster, in welchem die zu importierende LCMBIAR-Datei angegeben werden muss. Die Suche und Auswahl kann über ein entsprechendes Dialogfenster erfolgen.

2. Sobald die Datei ausgewählt und die Auswahl mit OK bestätigt wurde, erscheint ein Fenster, in dem Sie einen neuen Auftrag anlegen. Dabei können Sie den Namen des Auftrags nicht ändern. Es ist genau der, den Sie für die Sicherung der LCMBIAR-Datei eingegeben haben. Existiert in Ihrem CMS der Sicherungsauftrag noch, haben Sie die Wahl, diesen zu überschreiben. Geben Sie eine Beschreibung, gegebenenfalls Schlüsselwörter und den Speicherort ein.

   Die Quelle ist bereits mit dem Wert VON DATEI vorausgewählt. Sie haben an dieser Stelle noch einmal die Möglichkeit, eine andere LCMBIAR-Datei zu wählen. Als Ziel geben Sie den CMS ein, an dem Sie aktuell angemeldet sind (und auf dem Sie die Wiederherstellung durchführen wollen). Allerdings haben Sie auch hier die Möglichkeit über das Drop-down-Menü eine Verbindung zu einem anderen CMS zu erstellen.

   Zum Abschluss drücken Sie den Button ERSTELLEN.

3. Es erscheint nun das Detailfenster zu dem eben angelegten Auftrag. Der Name der Registerkarte ist identisch zu der Bezeichnung, die Sie beim Erstellen des Auftrags vergeben haben. Sie sehen nun alle Objekte, die gesichert wurden und sich nun in der LCMBIAR-Datei befinden. Nun haben Sie die Möglichkeit, Abhängigkeiten zu verwalten und den Auftrag hochzustufen. Dies geschieht über den

Button HOCHSTUFEN in der Detailansicht des Auftrags oder in der Übersicht aller Aufträge.

Wie in Abbildung 9.20 dargestellt ist, wird ein neues Fenster HOCHSTUFEN – <NAME DES AUFTRAGES> ausgegeben. Sie können die auf der linken Seite angebotenen Funktionen abarbeiten. Zu allererst wird Ihnen die Zusammenfassung des Auftrags angezeigt. Hier sehen Sie die Quelle VON DATEI und als Ziel Ihr CMS. Des Weiteren besteht die Möglichkeit, sich an einem anderen CMS anzumelden. Im unteren Teil des Bildschirms sehen Sie die Objekte, die hochgestuft, also in das System geladen werden.

- Die Funktion SICHERHEIT ermöglicht es, die Objekte mit den verbundenen Rechten hochzustufen.
- Mit der Funktion PROBEWEISE HOCHSTUFUNG kann die Hochstufung zunächst getestet werden, um sicherzustellen, dass vor der tatsächlichen Hochstufung der Objekte alle notwendigen Vorkehrungen getroffen werden können. Diese Funktion steht Ihnen nun zur Verfügung, da die Objekte ja in ein CMS hochgestuft werden.
- Unter AUFTRAG ZEITGESTEUERT VERARBEITEN können Sie einstellen, wann und in welcher Regelmäßigkeit der Auftrag abgearbeitet werden soll. Im Drop-down-Menü können Sie unterschiedliche Möglichkeiten der zeitlichen Steuerung auswählen.
- Mit dem Button SPEICHERN werden die getätigten Einstellungen abgespeichert.
- Wenn Sie HOCHSTUFEN wählen, wird die LCMBIAR-Datei mit ihren Objekten zum gewählten Zeitpunkt in den CMS importiert.

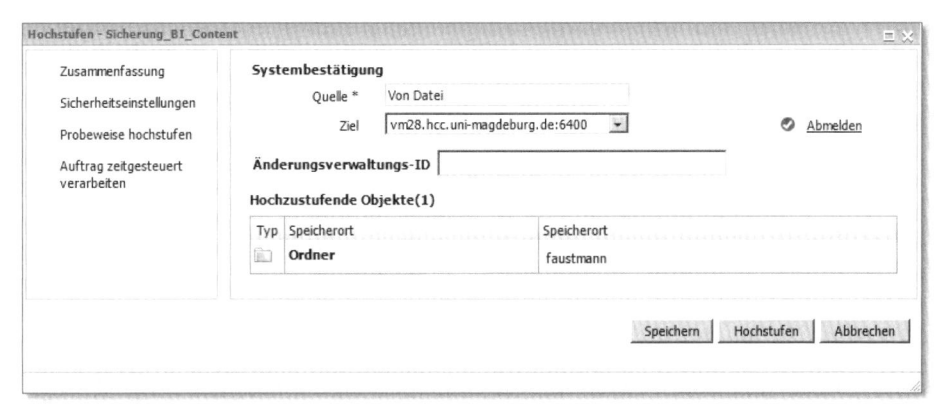

Abbildung 9.20 Hochstufen des Auftrags bei der Wiederherstellung

In der Übersicht der Aufträge sind der Status und die letzte Ausführung des Auftrags ablesbar. Hier können Sie also sehr schnell erkennen, ob der Auftrag und die Objekte in das System importiert wurden. Über den Button VERLAUF finden Sie zudem ein detaillierteres Protokoll der Ausführung.

9.8 Zusammenfassung

Fassen wir die in diesem Kapitel dargelegten Erkenntnisse kurz zusammen. Die Sicherheit der Daten ist für ein Unternehmen unverzichtbar. Daten dürfen auf keinen Fall und unter keinen Umständen verloren gehen. Die Sicherung der Datenbank, des SAP BusinessObjects-Systems, des Betriebssystems sowie deren professionelle Wiederherstellung sind zwei der wesentlichsten und wichtigsten Aufgaben des Administrators. Neben dem Aspekt des Datenverlusts ist zudem der der System-Downtime zu betrachten. Jede Minute, die das produktive System nicht verfügbar ist, kann viel Geld kosten.

Systemsicherung vs. Sicherung der Business-Intelligence-Objekte

Sie haben in diesem Kapitel den Unterschied zwischen einer Systemsicherung, also der Sicherung der Datenbank, der FRS und der restlichen Dateisysteme, und der Sicherung der Servereinstellungen sowie der Business-Intelligence-Objekte kennengelernt. Die Wiederherstellung der Servereinstellungen ermöglicht es Ihnen, den SAP BusinessObjects BI-Plattform-Server in einen funktionsfähigen Zustand zurückzusetzen, ohne dass die Datenbank, die FRS und das Dateisystem oder die Business-Intelligence-Objekte wiederhergestellt werden müssen. Auch die Wiederherstellung von Nutzern, Reports, Gruppen oder Universen bei einem versehentlichen Löschen ist schneller und einfacher möglich. Die regelmäßige Sicherung der Servereinstellungen und der Business-Intelligence-Objekte sollte jedoch auf keinen Fall die komplette Systemsicherung ersetzen. Im Fall eines Defekts muss bei deren Nichtvorhandensein eine Neuinstallation und Konfiguration der Maschine und des SAP BusinessObjects BI-Plattform-Servers stattfinden und es müssen schließlich die Business-Intelligence-Objekte zurückgespielt werden.

Hot Backup vs. Cold Backup

Des Weiteren haben wir die Unterschiede und damit die Vor- und Nachteile zwischen einer Offline- und Online-Sicherung besprochen. Nachteilig an der Offline-Datensicherung ist die Nichtverfügbarkeit des SAP-Systems zu den Zeiten, an denen die Sicherung durchgeführt wird. Dies ist für die allermeisten Anwender inakzeptabel. Von Vorteil, insbesondere für die Systemadministration, ist, dass bei dieser Sicherung die Konsistenz zwischen der Datenbank und der FRS sichergestellt ist. Bei einer Online-Sicherung hingegen bleibt das System am Laufen und die Nutzer können weiterhin damit arbeiten. Dies ist ein ganz wesentlicher Vorteil. Nachteilig ist hingegen, dass unter Umständen die Datenbank und die FRS gerade in einem Änderungsmoment gesichert werden, beide Datenspeicher also nicht mehr synchron sind. Die Folge ist, dass ein Nutzer, der Dokumente angelegt/geändert hat, eine entsprechende Fehlermeldung erhält bzw. seine Änderungen in den Dokumenten nicht findet. Inkonsistenzen können mit dem Repository Diagnostic Tool gefunden und beseitigt werden. Dabei entsteht ein nicht umkehrbarer Datenverlust, mit dem die Nutzer umgehen müssen. Das System läuft hingegen stabil.

Bei den Wiederherstellungsmethoden haben Sie den Unterschied zwischen Restore und Recovery sowie zwischen der Wiederherstellung einer Offline- und einer Online-Datensicherung kennengelernt. Dabei sind wir immer auf die Konsistenz zwischen der Datenbank und den FRS eingegangen. Anhand eines ausgewählten Fehlerszenarios wurden die gängigen Wiederherstellungsszenarien im Datenbankumfeld beschrieben und dabei wiederum die Synchronität zu den FRS nicht aus den Augen verloren. Die dargestellten Szenarien sind: *Restore und Recovery der Systemsicherung*

▶ Partial Restore and Complete Recovery
▶ Database Reset
▶ Point-in-Time Recovery
▶ Full Restore and Complete Recovery
▶ Disaster Recovery

Ein weiterer Teil des Kapitels beschäftigte sich mit den Sicherungsstrategien. Der von SAP für NetWeaver-basierte Systeme empfohlene 28-Tage-Sicherungszyklus wurde mit den Besonderheiten des SAP BusinessObjects-Systems angepasst. Da es durchaus sinnvoll ist, ein SAP BusinessObjects-System in ein bestehendes SAP-System als zusätzliche Komponente mit aufzunehmen, haben wir die Probleme bei der Sicherung von großen Datenbanken erörtert und Lösungen diskutiert, die Zeit oder auch das Datenvolumen einer Sicherung reduzieren können. Dazu gehören unter anderem: *Sicherungsstrategien*

- inkrementelle Sicherungen
- partielle Sicherungen
- Zwei-Phasen-Sicherungen
- Snapshot-Techniken
- Standby-Datenbanken
- Split-Mirror-Datenbanken

Aber auch für die Stand-alone-Installation Ihres SAP BusinessObjects-Systems sind die vorgestellten SAN-Techniken, die ein synchrones Sichern von Datenbank und den FRS ermöglichen, eine hervorragende Sicherungsalternative.

Die SAP BusinessObjects BI-Plattform und ihre Systemumgebung können aufgrund verschiedener Anforderungen und Implementierungsmöglichkeiten sehr vielfältig sein. Dementsprechend vielfältig sind auch mögliche Fehlerquellen. Wir geben Hinweise, wie und wo Sie Hilfe finden.

10 Problemanalyse und -beseitigung

Aus unserer Erfahrung heraus können wir sagen, dass die Fehlerursachen und -quellen in SAP BusinessObjects-Systemen sehr vielfältig sein können. Sie können in den Datenbanken, Applikationsservern und Betriebssystemen liegen, die verwendet werden.

Über diese verschiedenen Systeme hinaus, die Ursache für Fehler und Fehlverhalten sein können, können ebenfalls viele unterschiedliche Clients verwendet werden. Die Nutzer können beispielsweise mit den verschiedenen Internetbrowsern auf die Anwendungen wie zum Beispiel die Central Management Console (CMC) oder das BI Launch Pad zugreifen. Nicht alle Browserversionen werden unterstützt, aber selbst unter den verschiedenen unterstützten Versionen oder Produkten kann es zu unterschiedlichen Verhaltensweisen kommen.

Zusätzlich ist es jedoch auch so, dass unterschiedliche Client-Software beim Anwender installiert und genutzt werden kann. Dabei handelt es sich beispielsweise um Crystal Reports, den Web Intelligence Desktop Client oder SAP BusinessObjects Dashboards. Tritt in diesen Desktop Clients ein Fehler auf, kommen verschiedene neue Faktoren hinzu, die bei der Fehlersuche beachtet werden müssen: Liegt die Fehlerursache eventuell im Betriebssystem des Benutzers? Tritt der Fehler im Netzwerk auf? Ist doch etwas im zentralen SAP BusinessObjects-System falsch konfiguriert?

Wir möchten Ihnen in diesem Kapitel helfen, auftretende Probleme selbst zu analysieren und gegebenenfalls zu lösen sowie anhand von Fehlermeldungen über verschiedene Quellen selbst Lösungen zu suchen bzw. die Hilfe des SAP Supports in Anspruch zu nehmen. Wir werden zunächst darauf eingehen, an welcher Stelle Sie Log- und Trace-Dateien finden können, die Ihnen Hinweise zu möglichen Fehlerursachen geben oder eine aussagekräftige Fehlermeldung bereitstellen. Sollten Sie dabei nicht erfolgreich sein, ist es teilweise möglich, die Konfiguration so anzupassen, dass genauere Informationen zum Server und zur Fehlersituation dokumentiert werden. Dies kann entweder für Administratoren oder für die Mitarbeiter des SAP Supports hilfreich sein.

Im Anschluss daran beschreiben wir für Sie die üblichen Möglichkeiten zur Informationsbeschaffung im Fehlerfall. Beginnen möchten wir aber mit einem typischen Beispiel eines Fehlers.

10.1 Beispiel eines häufig auftretenden Fehlers

Nehmen wir an, das Browserfenster erscheint so, wie es in Abbildung 10.1 zu sehen ist, nachdem Sie sich an der CMC über den Firefox Internetbrowser angemeldet haben.

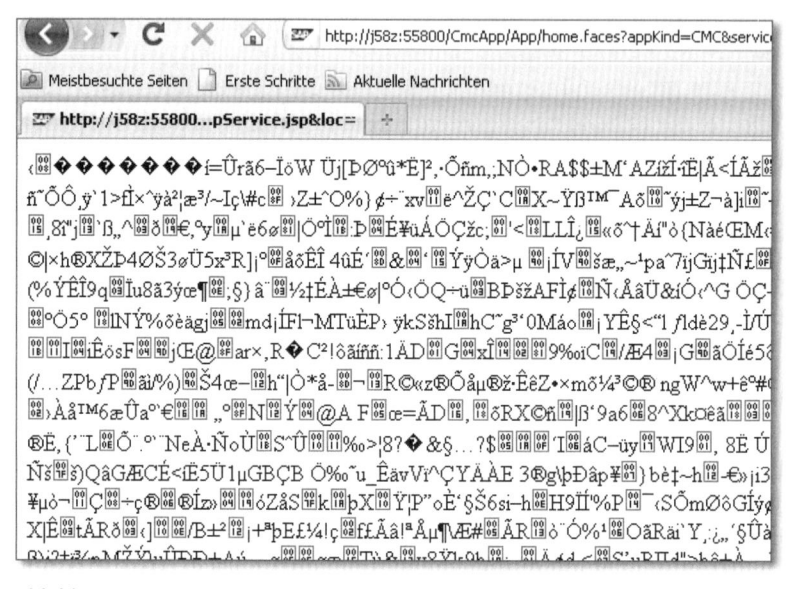

Abbildung 10.1 Beispielhafter Fehler in einem SAP BusinessObjects-System

Der Fehler ist in diesem Fall folgender: Es handelt sich um eine Einstellung, die im zugrunde liegenden SAP NetWeaver Application Server Java zu finden ist. Um den Fehler zu beheben, muss im Visual

Administrator die Einstellung des Parameters AlwaysCompressed unter dem Pfad CLUSTER • SERVER • SERVICES • HTTP PROVIDER im Reiter PROPERTIES auf den Wert FALSE geändert werden (siehe Abbildung 10.2).

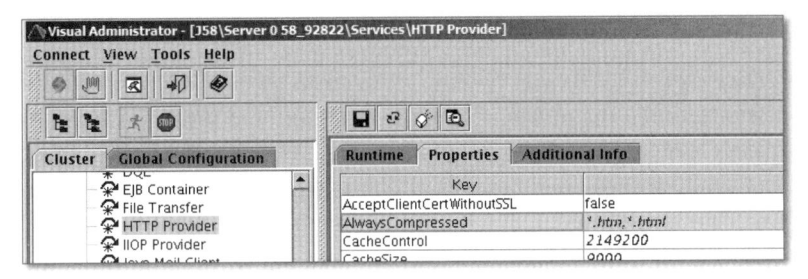

Abbildung 10.2 Einstellung im Visual Administrator eines SAP NetWeaver AS Java

Das Problem lag also an dieser Stelle nicht in der SAP BusinessObjects-Software selbst, sondern im Application Server, der für die Webanwendungen verwendet wurde. Dieses Beispiel zeigt bereits, wie vielfältig die Ursachen für Probleme sein können. Es wurde in diesem Fall durch den SAP BusinessObjects-Support zügig gelöst.

10.2 Informationen zu möglichen Fehlerquellen: Protokollierung von Log- und Trace-Informationen

Die für die Behebung von Fehlern notwendigen Informationen erhalten Sie nicht immer anhand der Fehlermeldung selbst. Es ist daher notwendig, den Server so zu konfigurieren, dass er möglichst viele und natürlich auch hilfreiche Informationen bereitstellt. Dies geschieht für die jeweiligen Log-Dateien, wir beschreiben nun, wie Sie diese Einstellungen vornehmen können.

Der Informationsgehalt der Log-Dateien hängt davon ab, welches Log-Level (auch Trace-Log-Level oder Protokollierungsebene genannt) jeweils konfiguriert wurde. Es existieren vier Levels:

Detailgrad der Log-Informationen

- **Hoch**
  Alle Informationen der Systemüberwachung werden in den Log-Dateien hinterlegt. Es findet keine Aussonderung von Meldungen, Warnungen oder Fehlern statt.

- **Mittel**
  Hier werden die meisten Informationen über Statusänderungen und Warnungen mit einbezogen. Fehler werden generell protokolliert, jedoch werden keine detaillierten Meldungen mehr gespeichert.

- **Niedrig**
  Hier werden die meisten Statusnachrichten und Warnungen ignoriert. Wichtige Status wie beispielsweise Stop und Start der überwachten Komponenten werden weiterhin protokolliert.

- **Keine**
  In diesem Fall werden keine Informationen in den Log-Dateien hinterlegt. Dies hängt jedoch von der der Wichtigkeit der jeweiligen Ereignisse ab, denn eine Überwachung findet weiterhin statt und kritische Ereignisse werden weiterhin protokolliert.

Es ist wichtig, dass der Detailgrad den aktuellen Bedürfnissen angepasst wird. Gerade bei produktiven bzw. stark genutzten Systemen kann eine zu hohe Einstellung des Log-Levels die Performanz des SAP BusinessObjects BI-Plattform-Systems spürbar negativ beeinflussen – aufgrund der starken Belastung des zugrunde liegenden Speichersystems und der Rechenleistung des genutzten Servers.

Steuerung der Protokollierung von Systeminformationen

Die Protokollierung von Log-Daten kann über die Datei *BO_trace.ini* gesteuert werden. Diese Datei wird unter folgenden Pfaden gespeichert.

- **Windows**
  <Installationsverzeichnis>\ SAP BusinessObjects Enterprise XI 4.0\ conf

- **Unix**
  <Installationsverzeichnis>/sap_bobj/enterprise_xi40/conf/

Die Datei ist bereits nach der Installation gut gefüllt. Die meisten Einträge sind zwar inaktiv, da sie durch ein // am Anfang der Zeile auskommentiert sind, dennoch helfen die Inhalte weiter, indem sie mögliche Konfigurationen kommentieren. Die folgende Abbildung zeigt einen Ausschnitt aus der Datei *BO_trace.ini*:

```
//===========================================================================
// Default values (for all processes)
// active: trace is enabled for current process if active is true
//
//active      = false;              initial default value is false
// importance: importance threshold over which messages can be traced
//importance = m;                   initial default value is m (ie '==')
//                                  possible values are '<<','<=','==','>=','>>'
//                                  and xs, s, m, l, xl
//                                  '<<' is the most disk consuming choice
// alert: auto activation of severe traces is enabled for if alert is true
//
//alert       = true;               initial default value is true
// severity: severity threshold over which messages can be traced
//
//severity = 'E';                   initial default value is error (ie 'E')
//                                  possible values are ' ','W','E','A'
//                                  and success, warning, error, assert
//                                  ' ' is the most disk consuming choice
// size: maximal size (in KB) over which a new _trace.log file is created
//
//size        = 10000;              default value is 10000 (10MB)
// keep_num: when a new _trace.log file is created, the last N old _trace.logs are kept
//
//keep_num    = 0;                  default value is 0
//                                  possible values are N > 0, or -1 to keep all old files
// administrator: annotation of output log file by administrator
//
//administrator = "hello";          default value is ""
//                                  this string will be inserted into log file
//                                  when (display_mask & field_administrator)!=0
//
//                                  to show administrator: uncomment next line
//                                  display_mask |= field_administrator;
```

Abbildung 10.3 Ausschnitt der Datei »BO_trace.ini«

Wie anhand der Einstellungen in Abbildung 10.3 bereits teilweise erkennbar ist, sind folgende Parameter in der Datei *BO_trace.ini* von Bedeutung.

- **Parameter »active«**
  Dieser Parameter legt fest, ob überhaupt Nachrichten in den Trace-Dateien protokolliert werden sollen. Mögliche Werte sind hier true oder false. Die Standardeinstellung ist false.

- **Parameter »importance«**
  Hierüber wird die Menge der protokollierten Nachrichten bestimmt. Wenn die Nachrichten den hier eingestellten Grad der Wichtigkeit erreichen, werden Sie für die Protokollierung vorgesehen (wenn die globale Einstellung auf true eingestellt ist). Mögliche Werte sind xs, s, m, l und xl. Der Wert xs führt dazu, dass Informationen von geringer Bedeutung berücksichtigt werden, die gesamte Informationsmenge ist also hoch. Am anderen Ende der Skala steht xl, hier werden nur die wichtigsten Informationen protokolliert. Alternativ können auch die weniger sprechenden Werte <<, <=, ==, >= oder >> genutzt werden. << entspricht hier xs und >> steht für xl. Die Standardeinstellung ist jeweils mittel, also == bzw. m.

- **Parameter »alert«**
  Hier kann `true` oder `false` eingesetzt werden. Damit wird entschieden, welche Meldungen in den Trace-Dateien festgehalten werden. Wird die Einstellung mit `true` festgelegt, werden die im Folgenden unter `severity` bestimmten Meldungen beachtet. Dies ist auch die Standardeinstellung. Die Parametereinstellung *false* hingegen führt dazu, dass die Meldungen nicht berücksichtigt werden.

- **Parameter »severity«**
  Die Nachrichten können vom Typ »Erfolgreich«, »Warnung«, »Fehler« oder »Assert« sein. Die möglichen Werte dieses Parameters können – in gleicher Reihenfolge – mit `leer (Keine Eingabe)`, `W`, `E` oder `A` gekennzeichnet werden.

- **Parameter »size«**
  Mit diesem Parameter bestimmen Sie die Anzahl der Nachrichten, die eine Log-Datei enthalten wird. Von 1000 an aufwärts sind alle Werte möglich. Bei Erreichen der Nachrichtenzahl wird automatisch eine Log-Datei erstellt. Die Standardeinstellung ist 100000.

- **Parameter »keep_num«**
  Der ganzzahlige Parameter legt fest, wie viele der Log-Dateien beibehalten werden, bevor die ältesten Log-Dateien durch neue überschrieben werden. Die Standardeinstellung 0 sorgt dafür, dass alle Dateien aufbewahrt werden.

- **Parameter »administrator«**
  Mit diesem Eintrag können Sie eine Zeichenkette definieren, die in die Log-Dateien übernommen wird. Dies können Sie zum Beispiel nutzen, um in bestimmten Situationen zusätzlich Informationen hinzuzufügen.

- **Parameter »log_dir«**
  Grundsätzlich werden die Log-Dateien unter *<Installationsverzeichnis>/sap_bobj/logging* gespeichert, Sie können hier jedoch auch ein abweichendes Verzeichnis angeben.

- **Parameter »always_close«**
  Hier können Sie einstellen, ob eine Log-Datei vom System geöffnet bleibt oder ob Sie nach jedem Log-Eintrag wieder geschlossen werden soll. Ist der Wert auf `on` eingestellt, werden die Dateien entsprechend nach jedem Log-Eintrag geschlossen und damit auch wieder freigegeben.

Die Einstellungen, die Sie in dieser Datei vorgenommen haben, wirken sich auf den gesamten SAP BusinessObjects BI-Plattform-Server aus, d.h. sie gelten für alle verwalteten Serverprozesse. Es ist in der Datei *BO_trace.ini* aber auch möglich, Einstellungen für einzelne Serverprozesse vorzunehmen. In diesem Fall können Sie mit einer *If-Anweisung* auch Einstellungen für einzelne Server bestimmen.

Abbildung 10.4 zeigt exemplarisch, wie für den Web-Intelligence-Verarbeitungsdienst zusätzliche Einstellungen vorgenommen wurden. Die Einstellungen, die Sie hier vornehmen, überschreiben die Einstellungen zum Tracing, die Sie eventuell in der CMC vorgenommen haben. Dieser Einstellung widmen wir uns im folgenden Abschnitt.

```
if (process == "b50_vm28.WebIntelligenceProcessingServer")
{
active = true;
importance = 'xs'
alert = true;
severity = 'W';
}
```

Abbildung 10.4 Parametrisierung eines einzelnen Serverprozesses für das Tracing in »BO_trace.ini«

Die CMC haben Sie bereits in Kapitel 5, »Administration mit der Central Management Console und den Client Tools«, kennengelernt. Mit der CMC haben Sie eine weitere Möglichkeit (neben der Datei *BO_trace.ini*), die Log-Level für zu überwachende SAP BusinessObjects BI-Plattform-Serverprozesse einzustellen, um Informationen zu gewinnen.

Überwachung der Serverprozesse

Gehen Sie folgendermaßen vor, um die Überwachung der Serverprozesse über die CMC einzustellen:

1. Öffnen Sie zunächst die SERVERLISTE unter SERVER auf der Startseite.
2. Klicken Sie auf EIGENSCHAFTEN im Kontextmenü des gewünschten Serverprozesses.
3. Wählen Sie im Abschnitt mit der Bezeichnung ABLAUFVERFOLGUNGSPROTOKOLL-DIENST die Protokollierungsebene, wie sie oben beschrieben wurde (siehe Abbildung 10.5).

10 | Problemanalyse und -beseitigung

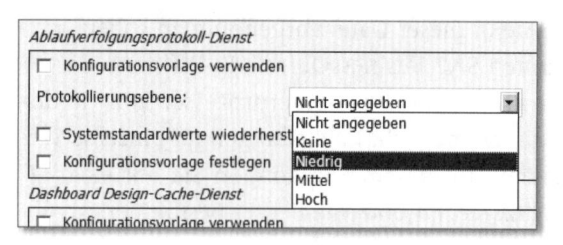

Abbildung 10.5 Trace-Level für Serverprozess einstellen

4. Klicken Sie auf SPEICHERN & SCHLIESSEN.

[+] **Log-Level für mehrere Serverprozesse einstellen**

Dieses Verfahren kann auch gleichzeitig für mehrere Servereinträge in der Liste durchgeführt werden. Öffnen Sie dafür die Liste wie beschrieben, markieren Sie dann aber vor dem Öffnen von EIGENSCHAFTEN im Kontextmenü mehrere Einträge, indem Sie die `Ctrl`-Taste gedrückt halten und die gewünschten Server auswählen.

Überwachung der Webanwendungen

Bisher haben wir über das Monitoring der Serverprozesse gesprochen. In Kapitel 2, »Ebenen eines SAP BusinessObjects BI-Plattform-Servers«, haben wir aber festgehalten, dass es als weitere Schicht des Applikationsservers eben auch die Webanwendungen gibt, über die Sie auf den Server zugreifen und damit die Serverprozesse nutzen.

Die Log-Dateien liegen in der Regel im Standardverzeichnis des jeweiligen Benutzers, der das SAP BusinessObjects BI-Plattform-System gestartet hat. Gespeichert werden sie dort unter folgender Bezeichnung:

SBOPWebapp_<Anwendungsname>_<Server-IP-Adresse>_<Port>.

Abbildung 10.6 zeigt die vorhandenen Dateien auf einem Linux-Betriebssystem im Verzeichnis des Benutzers *b50adm*.

```
/home/b50adm
b50adm@vm28:~> ll
total 28
drwxrwxr-x  3 b50adm sapsys 4096 2011-08-04 11:33 b50adm
drwxr-xr-x  6 b50adm sapsys 4096 2011-08-04 12:00 LCM_repository
drwxr-xr-x  2 b50adm sapsys 4096 2011-08-04 12:09 SBOPWebapp_BIlaunchpad_141.44.39.26_8080
drwxr-xr-x  2 b50adm sapsys 4096 2011-08-04 13:45 SBOPWebapp_CMC_141.44.39.26_8080
drwxr-xr-x  2 b50adm sapsys 4096 2011-09-07 08:50 SBOPWebapp_ws_141.44.39.26_8080
drwxr-xr-x 44 b50adm sapsys 4096 2011-08-12 11:18 sqllib
-rwxr-xr-x  1 b50adm sapsys 1059 2011-08-04 11:37 Uninstall_DB2.sh
b50adm@vm28:~>
```

Abbildung 10.6 Trace-Dateien für Webanwendungen eines BusinessObjects BI-Plattform-Servers

Die drei Dateien, die in Abbildung 10.6 mit dem Präfix *SBOPWebapp* beginnen, enthalten die Log-Nachrichten des Servers. Die Protokollierung der Informationen steht für die Anwendungen *Central Management Console, BI Launch Pad, Web Service* und *Dokument öffnen* zur Verfügung.

Auch für das Logging der Webanwendungen können Sie Einstellungen bezüglich des Detailgrads vornehmen. Gehen Sie hierfür folgendermaßen vor:

| Konfiguration des Loggings für Webanwendungen

1. Melden Sie sich an der CMC an.
2. Öffnen Sie dort den Bereich ANWENDUNGEN.
3. Wählen Sie den Eintrag ABLAUFVERFOLGUNSPROTOKOLL-EINSTELLUNGEN im Kontextmenü der gewünschten Anwendung (siehe Abbildung 10.7).

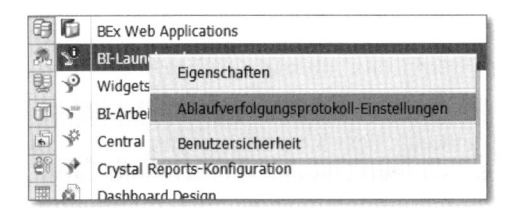

Abbildung 10.7 Kontextmenü der Anwendung »BI Launch Pad« in der CMC

4. In der sich öffnenden Oberfläche finden Sie nun die Möglichkeit, eine der zuvor beschriebenen Stufen der Protokollierung zu wählen: von KEINE bis zu HOCH (siehe Abbildung 10.8).

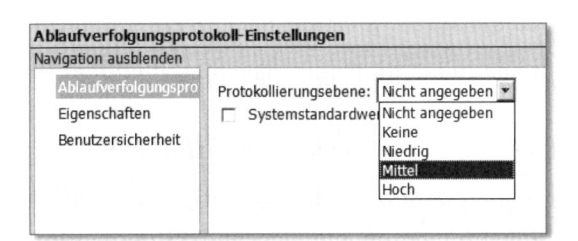

Abbildung 10.8 Protokollierung einer Anwendung, Detailgrade

5. Klicken Sie nun auf SPEICHERN & SCHLIESSEN.

[+] **Allgemeine Einstellung**

Auch an dieser Stelle können Sie die gewünschten Einstellungen wieder anhand der Datei *BO_trace.ini* vornehmen. Diese Einstellungen wirken sich auch auf die Webanwendungen aus.

10.3 Ablageorte der Log-Dateien für Server beeinflussen

Wenn Sie dies wünschen, können Sie die Orte im Dateisystem selbst bestimmen, an denen die Log-Dateien abgelegt werden. Es ist beispielsweise denkbar, dass Sie die Log-Dateien auf ein gesondertes Dateisystem schreiben wollen, das vom Dateisystem des Servers oder von dessen Datenbank getrennt ist. Dies kann sinnvoll sein, wenn Sie anhand dieser getrennten Dateisysteme etwa sicherstellen möchten, dass die Performanz des SAP BusinessObjects BI-Plattform-Servers nicht dadurch beeinflusst wird, dass Sie viele Informationen in die Log-Dateien schreiben (z. B. durch eine Hoch eingestellte Protokollierungsebene). Es ist auch denkbar, dass Sie verhindern möchten, dass das Dateisystem des Servers zu 100 Prozent gefüllt wird und dadurch die Verfügbarkeit des Hosts beeinflusst ist.

Es sind darüber hinaus noch weitere Szenarien denkbar. Wichtig für Sie ist, dass Sie im entscheidenden Moment wissen, dass Sie die Log-Dateien gezielt speichern können.

Ablageorte der Log-Dateien einzelner Server Prozesse bestimmen

Wenn Sie die Ablageorte der Log-Dateien auf der Ebene einzelner Serverprozesse ändern möchten, ist erneut die Central Management Console (CMC) Ihre erste Anlaufstelle. Gehen Sie folgendermaßen vor:

1. Öffnen Sie in der CMC zunächst die Serverliste unter Server auf der Startseite.

2. Klicken Sie auf Eigenschaften im Kontextmenü des gewünschten Servers oder führen Sie einen Doppelklick auf den gewünschten Server aus.

3. Ändern Sie im Abschnitt Befehlszeilenparameter den Parameter `-loggingPath`, indem Sie nach einem Leerzeichen das gewünschte Speicherziel der zugehörigen Log-Datei angeben. In Abbildung 10.9 wurde z. B. `_/myLoggingLocation/` ergänzt.

```
Befehlszeilenparameter
-loggingPath /myLoggingLocation/
```

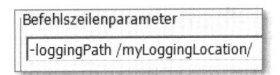

Abbildung 10.9 Parameteranpassung für einen einzelnen Server

4. Klicken Sie danach auf Speichern & Schliessen.
5. Die Anzeige wechselt automatisch wieder zur Serverliste und Sie erkennen an einem roten Fähnchen, dass dieser Server eine veraltete Konfiguration aufweist (siehe Abbildung 10.10):

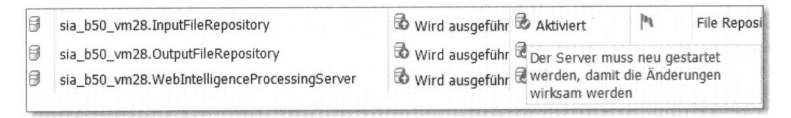

sia_b50_vm28.InputFileRepository	Wird ausgeführ	Aktiviert		File Reposi
sia_b50_vm28.OutputFileRepository	Wird ausgeführ	Der Server muss neu gestartet		
sia_b50_vm28.WebIntelligenceProcessingServer	Wird ausgeführ	werden, damit die Änderungen wirksam werden		

Abbildung 10.10 Veraltete Serverkonfiguration nach Parameteränderung

Dies bedeutet nichts anderes, als dass Sie den Serverprozess neu starten müssen, um die Konfigurationsänderung zu aktivieren.

6. Öffnen Sie mit einem Rechtsklick auf die betroffene Zeile der Liste das Kontextmenü und wählen Sie dort Server neu starten. In der Spalte Status können Sie den Text wird beendet… lesen, und nach einer Aktualisierung der Anzeige erscheint oben rechts der Button Regenerieren.

Treten nun Log-Ereignisse auf, die protokolliert werden müssen, werden diese in das zuletzt angegebene Verzeichnis geschrieben. Beachten Sie aber, dass dafür auch eine Protokollierungsebene gesetzt sein muss. Das bedeutet, wenn Sie das Log-Verzeichnis ändern, warten Sie eventuell vergebens auf die gewünschten Informationen, wenn Sie nicht die zuvor beschriebene Protokollierungsebene der Ablaufverfolgung zumindest auf Niedrig eingestellt haben. Hat alles geklappt, präsentieren sich Ihnen die Informationen beispielsweise wie in Abbildung 10.11.

```
-rw-r--r--  1 b50adm sapsys  82770 Jan  3 21:16 fileserver_sia_b50_vm28.InputFileRepository_29018_2012_01_03_20_15_53_179_trace.glf
-rw-r--r--  1 b50adm sapsys  85697 Jan  3 21:16 fileserver_sia_b50_vm28.InputFileRepository_30109_2012_01_03_20_16_00_754_trace.glf
-rw-r--r--  1 b50adm sapsys 119941 Jan  3 21:16 fileserver_sia_b50_vm28.InputFileRepository_30671_2012_01_03_20_16_17_034_trace.glf
vm28:/myLoggingLocation #
```

Abbildung 10.11 Neue Log-Dateien im neuen Verzeichnis

Wenn Sie die Speicherung der Log-Dateien generell in andere Verzeichnisse vornehmen möchten, können Sie dies mithilfe der im vorherigen Abschnitt beschriebenen Datei *BO_trace.ini* mit dem dort verfügbaren Parameter *log_dir* erreichen.

10.4 Quellen und Hilfen zur Fehlerbehebung

Es gibt verschiedene Quellen und Hilfen zur Fehlerbehebung, mit denen Sie Fehler finden können. Insofern Sie bereits ein erfahrener Administrator oder Anwender von SAP-Anwendungen sind, sollten Ihnen diese Wege bereits geläufig sein. Für alle Neueinsteiger in das Feld der SAP-Systemadministration beschreiben wir hier die Standardvorgehensweisen zur Nutzung des SAP Supports.

Anlaufpunkte zur Fehlerbehebung

Wir werden auf den folgenden Seiten diese drei Anlaufpunkte genauer beleuchten:

- SAP Service Marketplace: Hinweissuche
- SAP Service Marketplace: Eröffnen einer Support-Meldung
- SAP Community Network

Wir werden in den nächsten Abschnitten ein Beispiel für die Informationsbeschaffung über alle drei Möglichkeiten hinweg verfolgen. Dabei nehmen wir an, dass Sie versuchen, sich bei einem neu installierten System an der CMC über den Internetbrowser anzumelden. Diese Anmeldung schlägt leider fehl; es wird eine Fehlermeldung ausgegeben, die den `HTTP-Fehler 500` zurückgibt. Die Ursache dieses Fehlers ist, dass die Webanwendungen entweder nicht oder falsch installiert wurden. Für dieses Beispiel versuchen wir nun exemplarisch, über die drei oben genannten Wege Informationen zu finden.

10.4.1 SAP Service Marketplace: Hinweissuche

SAP-Hinweise

SAP-Hinweise stellen eine der wichtigsten Informationsquellen im Fehlerfall dar. Es werden in SAP-Hinweisen beispielsweise Vorgehensweisen zur Problemlösung dokumentiert, die entweder seitens SAP proaktiv bereitgestellt werden oder aber durch Kunden bzw. Nutzer an SAP herangetragen wurden. Auch andere Informationen aus den verschiedensten Bereichen werden dort bereitgestellt.

Aufbau der SAP-Hinweise

Ein SAP-Hinweis hat auch im Bereich »SAP BusinessObjects« in den meisten Fällen einen standardisierten Aufbau, d.h. die folgenden Abschnitte folgen in einem Dokument aufeinander:

- **Symptom**
  In diesem ersten Abschnitt werden die Fehlerbeschreibung oder der Inhalt des SAP-Hinweises beschrieben.

- **Environment**
  Hier wird die Systemumgebung beschrieben, auf die sich der Inhalt bezieht.
- **Cause**
  In diesem Bereich finden Sie eine Beschreibung der Ursache eines möglichen Fehlers.
- **Resolution**
  Der letzte oder eventuell vorletzte Abschnitt zeigt Ihnen, wie Sie den zuvor beschriebenen Fehler beheben können.
- **Keywords**
  In vielen SAP-Hinweisen werden weitere Schlüsselworte hinterlegt, die sich auf dieses Problem beziehen können.

Viele SAP-Hinweise liegen in mehreren Sprachen vor, bei Fragen zu SAP BusinessObjects werden Sie jedoch oftmals nur auf englische Ausführungen treffen. Es ist auch möglich, dass ein Hinweis nicht alle der oben genannten Bereiche enthält oder aber im Gegenteil zusätzliche Gliederungspunkte eingefügt wurden. Der Detaillierungsgrad der Ausführungen kann sehr unterschiedlich sein; einige Hinweise sind sehr gründlich geschrieben, andere machen es notwendig, dass Sie sich weitere Informationsquellen erschließen.

Wenn wir etwa für das exemplarische Problem, das zu Beginn dieses Abschnitts beschrieben wurde, nach SAP-Hinweisen suchen, ist die Suchmaske für SAP-Hinweise wie folgt zu erreichen:

SAP-Hinweis für das Beispiel

1. Öffnen Sie den SAP Service Marketplace über die URL *http://service.sap.com/support* und melden Sie sich mit Ihrem S-User an. (Beachten Sie auch den im nächsten Kasten stehenden Hinweis bezüglich der Anmeldung.)
2. Klicken Sie in der oberen Navigationsleiste auf HELP&SUPPORT.
3. Klicken Sie anschließend auf SEARCH FOR SAP NOTES.
4. Im Anschluss öffnet sich die Suchmaske für SAP-Hinweise. Geben Sie dort als Suchbegriffe beispielsweise »CMC Status 500« ein.
5. Abbildung 10.12 zeigt exemplarisch das Ergebnis einer Hinweissuche. Sie sehen dort die betroffene Komponente in der Spalte APPLICATION AREA, eine Hinweisnummer in der Spalte rechts daneben sowie eine Kurzbeschreibung. Dies sind die wesentlichen Informationen. Der erste Eintrag unter Hinweisnummer 1578810 klingt schon recht vielversprechend, Sie können den Hinweis mit einem Klick auf die Kurzbeschreibung öffnen.

10 | Problemanalyse und -beseitigung

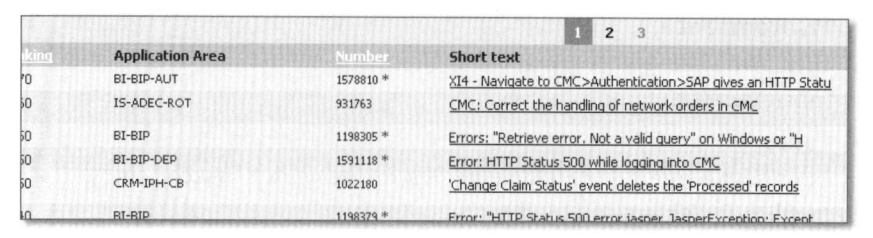

Abbildung 10.12 Ergebnis einer Suche in SAP-Hinweisen

Ergebnisliste

6. In einem Popup-Fenster öffnet sich nun der Hinweis. Sie können diesen lesen und haben mit etwas Glück die gewünschte Information bzw. Anleitung zur Fehlerbehebung gefunden.

In unserem Beispiel war das Ergebnis mit einer Liste aus drei Seiten und insgesamt 26 Hinweisen noch recht überschaubar. Sollten Sie auf eine unüberschaubare Anzahl an Suchergebnissen treffen, können Sie diese anhand einiger Optionen links neben der Trefferliste gut einschränken. Sie haben dort u.a. die Möglichkeit, die Suchergebnisse hinsichtlich des zugrunde liegenden SAP-Produkts zu verfeinern, wie in Abbildung 10.13 gezeigt.

Abbildung 10.13 Suchergebnisse der SAP-Hinweissuche verfeinern

Wir haben Ihnen hier den Zugriff auf die *klassischen* SAP-Hinweise beschrieben. Der Hinweis Nummer 1578810 wurde damit gefunden. Wenn Sie in Schritt 3 der oben angeführten Vorgehensbeschreibung nicht auf SEARCH FOR SAP NOTES klicken, sondern den Eintrag links daneben wählen, öffnen Sie SAP xSEARCH. Diese Suchfunktion bietet einige zusätzliche Funktionen wie beispielsweise eine Auto-Vervollständigung der Suchbegriffe während der Eingabe. Sie werden auch dort SAP-Hinweise finden, diese Suche bezieht jedoch auch noch anderen Datenquellen wie passende Dokumente der SAP-Dokumentation mit ein. Die Präsentation der Ergebnisliste unterscheidet sich von der zuvor beschriebenen SAP-Hinweissuche und der möglichen Verfeinerung der Suchergebnisse durch die links neben den Suchergebnissen präsentierte Struktur. Sie können in dieser Struktur Suchergebnisse aus verschiedenen Bereichen wählen. Testen Sie für die Suche im Rahmen der Problembehebung beide Suchmasken und entscheiden Sie dann.

Anmeldung am SAP Service Marketplace mit Zertifikat [+]

Nachdem Sie sich das erste Mal mit Ihrem neuen S-User am SAP Service Marketplace angemeldet haben, werden Sie feststellen, dass Ihre Anmeldedaten mehrfach erfragt werden. Dies empfindet man schnell als störend. Sie können dies umgehen, indem Sie ein Zertifikat auf Ihrem lokalen Rechner installieren und sich damit anmelden. Gehen Sie so vor:

- Rufen Sie die Startseite des Support-Bereichs im SAP Service Marketplace unter *http://service.sap.com/support* auf.
- Öffnen Sie dort links in der senkrechten Navigationsleiste den Eintrag BENEFIT FROM SINGLE SIGN-ON... (siehe Abbildung 10.14).

Abbildung 10.14 Installation eines Anmeldezertifikats im SAP Service Marketplace

- Geben Sie auf der folgenden Seite nach Aufforderung Ihr Kennwort erneut ein und klicken Sie auf den Button APPLY FOR SAP PASSPORT, und bestätigen Sie die folgenden Abfragen.

Es wird dadurch ein Zertifikat generiert und für den jeweiligen Internetbrowser installiert. Wenn Sie verschiedene Browser nutzen, führen Sie diese Aktionen für jedes dieser Produkte aus.

> **[!] Nutzung von Zertifikaten**
>
> Installieren Sie ein Zertifikat nur, wenn Sie mit einem persönlichen Benutzerkonto am Windows- oder Linux-PC angemeldet sind. Jeder, der Zugriff auf den PC mit dem gleichen Benutzerkonto hat, kann künftig mit diesem Zertifikat eine Anmeldung am SAP Service Marketplace vornehmen.

10.4.2 SAP Service Marketplace: Öffnen einer Meldung beim SAP Support

Hilfe bei verschiedenen Themen

Wenn Sie auch mit verschiedenen Informationsquellen nicht in der Lage sind, selbst ein Problem zu lösen, können Sie eine Meldung beim SAP Support eröffnen. Hier wird Ihnen geholfen, wenn Sie für eines der folgenden Themen Hilfe benötigen:

- Produktfehler für ein SAP-Produkt
- Bestellung von SAP-Software mit physischer Lieferung
- Anfragen bezüglich Lizenzschlüsseln
- technische Probleme mit dem SAP Service Marketplace

Dabei ist es für Sie wichtig zu beachten, dass nicht jeder auftretende Fehler im Systembetrieb auch tatsächlich ein Produktfehler ist, der durch den SAP Support gelöst werden muss. Sollten Sie den Fehler selbst durch fehlende oder falsche Konfiguration hervorgerufen haben, kann es passieren, dass Sie vom SAP Support den Hinweis erhalten, dass Ihre Anfrage eine kostenpflichtige Beratungsleistung sei, die nicht über diesen Support-Weg abgewickelt werden kann.

Manchmal geschieht dies, bevor und manchmal nachdem Sie die Lösung für Ihr Problem erhalten haben. Nach unserer persönlichen Erfahrung ist das Ablehnen eines Hilfeersuchens aufgrund eines solchen Verweises auf Beratungsleistung gerade im Bereich »SAP BusinessObjects« sehr selten. Teilweise sind die Grenzen zwischen diesen beiden Bereichen auch fließend.

Problemmeldung anlegen

Sollten Sie also eine Problemmeldung beim SAP Support anlegen wollen, können Sie dies wie folgt tun[1]:

1. Öffnen Sie den SAP Service Marketplace unter *http://service.sap.com/support*.

---

[1] Wir gehen bei den folgenden Beschreibungen nur auf die wichtigen Optionen bzw. Einstellungen ein, die notwendig sind, um Ihnen das Öffnen Ihrer ersten Meldung zu ermöglichen.

2. Klicken Sie dort auf HELP & SUPPORT und dann auf REPORT A PRODUCT ERROR. Über die URL *http://service.sap.com/message* kommen Sie auch direkt zu dieser Internetanwendung.

3. Hier können Sie die ersten Daten angeben, die zur Bearbeitung Ihrer Anfrage notwendig sind: Wählen Sie entweder Ihre Kundennummer, ein SAP-Produkt (in diesem Fall SAP BusinessObjects) oder eine Installationsnummer, oder geben Sie eine System-ID an, um das SAP-System zu finden, zu dem Sie eine Anfrage anlegen möchten. Alternativ können Sie auch einen verwendeten Lizenzschlüssel angeben. Ein Klick auf den Button SEARCH startet dann die Suche nach den unter diesen Daten angelegten Systemen.

4. Wählen Sie aus der Ergebnisliste das relevante System aus. Abbildung 10.15 zeigt einige Systeme, die gefunden wurden. Wählen Sie das entsprechende System mit einem Klick auf die System-ID in der ersten Spalte aus.

Syster	System Numl	System Name	Type	Installation I	Installation Name	Customi	Cu
B57	311417917	B57	PROD	20495500	Enterpr. Query, Reporting&Anal	27479	Ot
BOB	311124233		TEST	20495500	Enterpr. Query, Reporting&Anal	27479	Ot
BOB	311153718	B01	TRAIN	20495500	Enterpr. Query, Reporting&Anal	27479	Ot
DSH	311548542	SBOP Dashboard	TEST	20495500	Enterpr. Query, Reporting&Anal	27479	Ot
EXP	311394900	EXP32	TEST	20495500	Enterpr. Query, Reporting&Anal	27479	Ot

Abbildung 10.15 System für Support-Meldung auswählen

5. Nachdem Sie ein System gewählt haben, öffnet sich eine neue Maske. Auf dieser legen Sie noch nicht die Meldung selbst an, sondern Sie geben dort Suchbegriffe ein und legen eine Anwendungskomponente fest. Diese Komponente bestimmt später u. a., welchem Support-Team Ihre Anfrage zugeordnet werden wird. Da Sie im vorhergehenden Schritt bereits SAP BusinessObjects als Produkt festgelegt haben, werden Ihnen nur die relevanten Komponenten zur Auswahl angezeigt. Da Sie anhand des im vorherigen Abschnitt gefundenen Hinweises bereits wissen, dass Sie entweder die Komponente BI-BIP-AUT oder BI-BIP-DEP wählen können, könnten Sie sich hier bereits für diese Komponente entscheiden, also eine sehr detaillierte Auswahl treffen. Die Information zur jeweiligen Komponente finden Sie in den Suchergebnissen bei der SAP-Hinweissuche. Sollte Ihnen aber die notwendige Information darüber fehlen, können Sie auch andere Komponenten wählen, die Ihnen passend erscheinen, im Zweifels-

fall werden diese an das korrekte Support-Team weitergeleitet. Je genauer und korrekter Sie aber die Komponente spezifizieren, desto eher werden Sie zum richtigen Ansprechpartner gelangen und so die Bearbeitung Ihrer Support-Anfrage beschleunigen.

6. Klicken Sie auf WEITER, nachdem Sie Suchbegriffe eingegeben und die Komponente spezifiziert haben. Sie erhalten dann eine Liste mit möglicherweise passenden SAP-Hinweisen, die Ihnen helfen sollen, das Problem zu beheben. Es kann auch sein, dass keine Hinweise gefunden werden. Wir nehmen an, dass dies der Fall ist und fahren deshalb mit einem Klick auf MELDUNG ANLEGEN fort.

7. Im Bereich KLASSIFIZIERUNG beginnt die eigentliche Erstellung der Nachricht. Sie haben nun die Möglichkeit die Kopfdaten für die Meldung anzupassen.

    - *Sprache*
      Die Sprache wird vorausgewählt, Sie können sie aber ändern. In den meisten Fällen ist der SAP BusinessObjects-Support nach unserer Erfahrung jedoch englischsprachig.

    - *Komponente*
      Auch wenn die Möglichkeit besteht, für die Komponente eine Suchmaske zu öffnen, können Sie diese hier nicht mehr ändern.

    - *Priorität*
      Ein besonderes Augenmerk ist auf die Priorität zu legen. Vorausgewählt ist immer MEDIUM bzw. MITTEL. Sie können zwischen NIEDRIG, MITTEL, HOCH und SEHR HOCH wählen. Sollten Sie eine Support-Anfrage mit hoher Priorität erstellen wollen, müssen Sie hier schon begründen, inwiefern Ihre Geschäftsprozesse beeinflusst oder ein wichtiges Go-Live-Projekt beeinträchtigt ist. Gehen Sie sorgfältig mit diesen Prioritäten um. Sollte es einmal sein, dass die Priorität einer Meldung sich während der Bearbeitung ändert, können Sie diese auch noch nachträglich selbst ändern oder durch den Support-Mitarbeiter ändern lassen.

8. Im Bereich DETAILLIERTE PROBLEMBESCHREIBUNG geben Sie Folgendes ein:

    - Zunächst geben Sie einen sprechenden KURZTEXT, der beim Meldungsbearbeiter als »Betreff« erscheint, ein.

    - Wichtiger ist dann der LANGTEXT. Sie können hier eine Nachricht an den SAP Support senden und Ihr Problem umreißen und Ihre Situation schildern.

- Im nächsten Textfeld ZU REPRODUZIERENDE SCHRITTE können Sie möglichst genau die Schritte auflisten, die zum Fehler führen. Dies kann eine sehr kurze, aber auch eine sehr lange Auflistung sein.
- Danach können Sie Ihrer Meldung weitere ANHÄNGE hinzufügen. Dies können Logdateien, Screenshots oder andere hilfreiche Zugaben sein. Eventuell müssen Sie diese Dateien aufgrund von Größen- oder Dateiendungen-Beschränkungen packen. Darauf werden Sie gegebenenfalls beim Hochladen hingewiesen.

Empfehlung der Autoren	[+]

Hierzu möchten wir Ihnen einen Hinweis geben: Beachten Sie – trotz der Anonymität des Internets –, dass Ihre Meldung von einem Menschen entgegengenommen wird, dessen Motivation sicherlich steigt, wenn ihn eine freundliche und den Regeln höflicher Kommunikation folgende Nachricht erreicht.

9. Im Bereich ANSPRECHPARTNER UND MITTEILUNGEN können Sie nun neben Ihren – automatisch eingetragenen Daten – weitere Ansprechpartner hinterlegen. Dies ist beispielsweise dann sinnvoll, wenn Sie selbst nicht erreichbar sind. Erfahrungsgemäß greifen die Mitarbeiter des SAP BusinessObjects-Support etwas schneller zum Telefon und rufen Sie zur Problemlösung an, als dies bei anderen SAP-Produkten der Fall ist.

10. Nachdem Sie alle Daten eingegeben haben, können Sie die Meldung entweder sichern, später weiter bearbeiten oder senden, oder Sie senden die Meldung mit einem Klick auf MELDUNG SENDEN sofort.

Damit haben wir die wichtigsten Schritte zur Erstellung einer Support-Anfrage beschrieben. Der SAP Support wird nun auf Ihre Anfrage antworten. Sie erhalten dann eine Nachricht per E-Mail und gegebenenfalls auch per SMS (wenn Sie Ihre Rufnummer hinterlegt haben) und können die Meldung anschließend über Ihre Inbox unter *http://service.sap.com/inbox* wieder aufrufen. Sie finden dort Lösungshinweise oder auch Rückfragen, sodass Sie die Fehlerursache im Dialog mit einem Support-Mitarbeiter bearbeiten können.

10.4.3 SAP Community Network

SAP Community Network
SAP betreut im Internet eine große englischsprachige Community. Sie können dort in Blogs lesen, das Forum durchstöbern oder selbst schreiben. Sie finden Hinweise auf Testversionen, Anleitungen, Präsentationen und Beispiele. Teilweise ist das SAP Community Network (SCN) auch mit den SAP-Internetseiten, der Hinweissuche oder dem SAP Service Marketplace vernetzt. Es gibt also eine Vielzahl von Möglichkeiten, Informationen zu finden. Genau dies macht es aber anfangs auch schwierig, sich zu orientieren und zum Ziel zu gelangen. Dennoch sollten Sie die Mühe nicht scheuen und sich dort einarbeiten. Es lohnt sich.

Einstieg in das SCN
Wir versuchen Ihnen nun ein paar Hinweise dazu zu geben. Öffnen Sie zunächst die URL *http://scn.sap.com*. Danach öffnet sich die Startseite.

Abbildung 10.16 Startseite des SCN

Sie können Teile des SCN anonym aufrufen, teilweise ist es jedoch notwendig, dass Sie sich anmelden. Dies können Sie tun, indem Sie Ihren eventuell vorhandenen S-User nutzen. Sie können dort aber auch kostenlos ein neues Benutzerkonto einrichten. Klicken Sie dafür auf den entsprechenden Link. Zur Drucklegung dieses Textes finden Sie diesen Link oben rechts im Bereich MEMBER LOGIN. Klicken Sie dort auf NOT A MEMBER?, werden Sie auf die Registrierungsseite weitergeleitet.

Anmeldung im SCN

Wir können hier nicht die gesamte Vielzahl der Informationsmöglichkeiten darstellen, möchten aber auf zwei Bereiche eingehen, die Ihnen weiterhelfen können, wenn Sie Hilfe suchen:

- Forum
- Forensuche

Das Forum enthält sehr viele Informationen. Gerade Neulinge dürften hier Hinweise zu den Problemen finden, über die schon andere Anwender gestolpert sind. Teilweise werden dort auch sehr spezielle Probleme diskutiert. Es gibt keine Garantie dafür, ob Sie hier für Ihr Anliegen Informationen finden oder dass Sie Hilfe für ein Problem bekommen. Aber Sie können Fragen platzieren, die vom Support nicht beantwortet werden können, da es sich um Beratungsleistungen handelt (weil sie beispielsweise die Konfiguration eines SAP-Produkts betreffen).

Forum

Sie öffnen das Forum, indem Sie auf den Link FORUMS in der Menüleiste klicken.

Forum Categories		
Business Process Expert	Industries	Community Discussions
Service-Oriented Architecture (SOA)	Application Server	Integration and Certification Center (ICC)
SAP Solutions	ABAP Development	Chinese: 中文论坛 / 中文論壇
SAP Business One	Emerging Technologies	Japanese: 日本語フォーラム
SAP NetWeaver	Scripting Languages	Korean: 한국어 포럼
Database & OS Platforms	Business Intelligence (BusinessObjects / Crystal Solutions)	Portuguese: Português
Portal	Business Intelligence SDK (BusinessObjects / Crystal Solutions)	Spanish: Español
Enterprise Information Management	University Alliances	

Abbildung 10.17 Forenübersicht im SCN

Dann werden Sie auf die Übersichtsseite des Forums weitergeleitet. Es gibt dort etliche Unterforen für einzelne Anwendungsfälle oder SAP-Produkte. Es existiert auch ein Bereich für Business Intelligence,

SAP BusinessObjects eingeschlossen. Wenn Sie auf den Link dazu klicken, erscheint eine weitere – wesentlich detailliertere – Übersicht. Dort können Sie nach Ihrer Anmeldung eigene Themen eröffnen, um Hilfe zu erhalten. Teilweise gibt es sehr schnell Rückmeldungen, teilweise kann es etwas dauern, manchmal bleiben Fragen auch unbeantwortet. Letzteres ist jedoch eher die Ausnahme.

Im Forum gibt es ein Punktesystem. Wenn Sie dort Antworten erhalten, können Sie Punkte vergeben, je nachdem, wie hilfreich diese Antworten waren. Das ist eine gute Möglichkeit, sich dafür erkenntlich zu zeigen, dass man kostenlos Hilfe erhalten hat. Ist eine Frage einmal beantwortet, können Sie diese am Ende als beantwortet markieren. Wenn Sie eine Problemlösung selbst finden, nachdem Sie ein Thema eröffnet haben, ist es sinnvoll, wenn Sie die Lösung dort veröffentlichen. So können andere Nutzer davon profitieren, wenn sie durch eine Suche auf Ihr Thema treffen.

Suche im SCN — Damit sind wir dann auch beim zweiten wichtigen Element für Einsteiger im Rahmen einer Lösungssuche angekommen: Die Suche im SCN. Sie können im Suchfeld oben rechts Begriffe eingeben und die Ergebnisse im Nachgang filtern.

Abbildung 10.18 Suchfenster auf der Startseite im SCN

Auf der nachfolgenden Seite erhalten Sie nun eine Ergebnisliste, deren Ergebnisse Sie dann anhand der Navigationsstruktur links weiter unterteilen können. Sie finden dort, wie unten gezeigt, oftmals Treffer aus den Diskussionsforen, da andere Nutzer wahrscheinlich schon auf die gleichen Probleme gestoßen sind. Weiterhin können Sie dort aber auch Hilfestellungen in Blogs, Präsentationen oder anderen Artikeln finden.

Quellen und Hilfen zur Fehlerbehebung | **10.4**

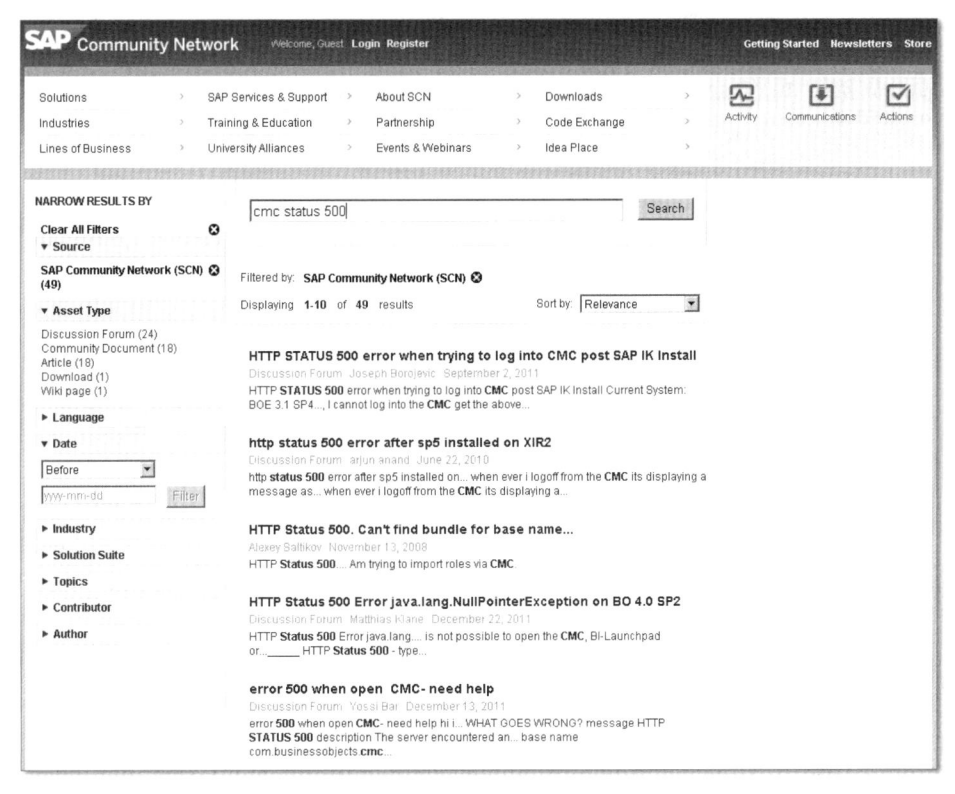

Abbildung 10.19 Suchergebnisse im SCN

> **Informationen aus dem SCN** [+]
>
> Einen Hinweis möchten wir aus unserer Erfahrung heraus noch geben. Eine Vielzahl von Nutzern ist im SCN gleichzeitig aktiv und damit ist natürlich auch die Spanne der adressierten SAP-Produkte und Releasestände hoch.
>
> Bitte prüfen Sie deshalb bei Anleitungen, Hinweisen oder sonstigen Informationen, die Sie für Ihre Systemumgebung nutzen möchten, ob diese auf Ihr jeweiliges Szenario anwendbar sind und vor allem, ob die gefundenen Informationen für das von Ihnen verwendete Release auch relevant und aktuell sind.

Damit haben wir nur an der Oberfläche der Möglichkeiten des SCN gekratzt. Sie finden dort noch viele andere Inhalte, die weit über die Problembehebung hinausgehen. Wenn Sie beispielsweise den Bereich BUSINESS ANALYTICS wählen, finden Sie viele Informationen zum Thema »SAP BusinessObjects«. Es lohnt sich, dort weiter zu stöbern.

10.5 Zusammenfassung

Konfiguration der Log-Informationen

In diesem Kapitel haben wir Ihnen gezeigt, wie Sie ein SAP BusinessObjects BI-Plattform-System so konfigurieren, dass Log-Informationen bereitgestellt werden. Dabei sind wir auf die Konfigurationsmöglichkeiten im SAP-System eingegangen und haben zusätzlich beschrieben, wie Sie anhand von Konfigurationsdateien ähnliche Einstellungen vornehmen. Wir haben auch bestimmt, welche Log-Dateien existieren und wo Sie diese finden können.

Hilfe im Fehlerfall

Im Anschluss haben wir beschrieben, wie Sie anhand der gefundenen Informationen vorgehen, um in SAP-Hinweisen Hilfe zur Problembeseitigung zu finden. Sollte auch dies nicht weiterhelfen, haben wir zwei weitere Möglichkeiten der Informationsgewinnung aufgezeigt. Sie wissen nun, wie Sie vorgehen müssen, um eine Meldung beim SAP Support anzulegen. Alternativ haben wir die Nutzung des SAP Community Networks vorgeschlagen und die Möglichkeiten dieser Internetseite umrissen.

Nachwort

Sie haben das Buch nun ganz oder zumindest teilweise gelesen, und wir hoffen, dass wir Ihre Erwartungen erfüllen konnten. Es war unser Ziel, Einsteigern in das Thema »SAP BusinessObjects BI-Plattform-Administration« zu helfen. Dafür wurde Wissen strukturiert, das unserer Meinung nach wichtig für Sie ist. Dabei haben wir uns darauf konzentriert, die notwendigen Inhalte abzudecken und Spezialthemen zumindest zu umreißen. Wir haben möglichst sorgfältig gearbeitet und hoffen, dass nur wenige Fehler in den Texten verblieben sind. Wir konnten natürlich nicht alle wichtigen Informationen zusammenstellen; die genannten Bezeichnungen, aufgelisteten Pfade, Handlungsanweisungen oder Abbildungen können zudem im Verlauf der Zeit Änderungen erfahren.

Wir möchten dieses Buch deshalb mit einem Hinweis auf die Originaldokumentationen von SAP zu diesem Thema abschließen. Sie finden dort die jeweils aktuellen Informationen, die Ihnen Sicherheit für Ihre Projekte und die Einrichtung einer produktiven Landschaften geben. Nach der Lektüre dieses Buchs sollten Sie mit dem erworbenen Wissen in der Lage sein, die umfangreichen und komplexen Dokumente nutzbringend einzusetzen.

Suchen Sie das SAP Help Portal auf, und klicken Sie dort auf ANALYTICS. Nun können Sie links im Bild den Bereich BUSINESS INTELLIGENCE und darunter BUSINESS INTELLIGENCE PLATTFORM (ENTERPRISE) wählen. Dort stehen Ihnen Leitfäden zu den verschiedensten Themen zur Verfügung, und der Umfang dieser Dokumentationen wird sukzessive erweitert. Spätestens dort sollten Sie Antworten auf noch offene Fragen finden.

Mit diesem Hinweis schließen wir dieses Werk ab und wünschen Ihnen viel Erfolg bei der Arbeit mit der SAP BusinessObjects BI-Plattform.

Die Autoren

André Faustmann studierte Wirtschaftsinformatik an der Otto-von-Guericke-Universität Magdeburg. Seit dem Jahr 2000 arbeitet er im SAP University Competence Center (SAP UCC) Magdeburg und zeichnet dort für das Hosting der verschiedensten SAP-Lösungen, die für Universitäten, Fachhochschulen, Berufsakademien und Berufsschulen in Deutschland, Europa, im Mittleren Osten sowie in Afrika betrieben werden, verantwortlich. Seine langjährigen Erfahrungen im Umgang mit SAP-Systemen reichen dabei vom Release 4.6 bis zum aktuellen SAP NetWeaver 7.3. Er ist zertifizierter Technology Consultant SAP NetWeaver AS sowie SAP NetWeaver Portal & Knowledge Management.

Michael Greulich ist Wirtschaftsinformatiker und begann seine Karriere 2009 als wissenschaftlicher Mitarbeiter im SAP University Competence Center Magdeburg. Dort arbeitet er als zertifizierter SAP NetWeaver-Berater im Bereich der Basisadministration mit den Schwerpunkten SAP Solution Manager sowie SAP BusinessObjects. Als Leiter des Einführungsprojekts eines SAP UCC Service Desk für mehr als 400 nationale sowie internationale Institutionen mit insgesamt mehr als 85.000 Nutzern konnte er viele Facetten des Projektmanagements kennenlernen.

Die Autoren

André Siegling hat im Jahr 2006 das Studium der Wirtschaftsinformatik an der Otto-von-Guericke-Universität Magdeburg abgeschlossen. Seit 2004 ist er am SAP University Competence Center der Otto-von-Guericke-Universität im Team SAP-Basisadministration tätig. Dort betreut er als zertifizierter SAP NetWeaver Technology Consultant die SAP-Systemlandschaft für Nutzer von Bildungseinrichtungen aus Deutschland, Europa, dem Mittleren Osten sowie Afrika. Dabei konnte er Erfahrung mit den ERP-Releases seit SAP R/3 Enterprise bis hin zu den neuen Produkten SAP NetWeaver Composition Environment (CE) oder SAP NetWeaver Process Integration (PI) sowie den SAP BusinessObjects-Lösungen sammeln.

Torsten Urban ist Diplom-Wirtschaftsinformatiker sowie »SAP Certified Technology Associate – System Administration (Oracle DB) with SAP NetWeaver 7.0« und promoviert derzeit an der Otto-von-Guericke-Universität Magdeburg im Themenbereich des Application Service Providing. Davor war er bereits während und nach dem Studium als Basisadministrator im SAP University Competence Center Magdeburg tätig, wo er sich unter anderem mit den Aufgaben der Server-, Datenbank- und SAP-Systemadministration beschäftigte. Zudem leistete er einen Beitrag zum Entstehen des SAP PRESS-Buches »Praxishandbuch SAP-Administration« (SAP PRESS 2010). Zuletzt arbeitete er als SAP-Consultant bei der Hönigsberg & Düvel Datentechnik GmbH, wo er unter anderem ABAP-Anwendungen mitentwickelte.

Index

A

ABAP-Softwarelogistik 284
Abfrage 223
Abfrageeditor 218
Abhängigkeiten verwalten 255
Advanced Analysis 25, 29
Alias 381
   Benutzer erstellen 384
   deaktivieren 386
   erstellen 385
   löschen 385
   zuweisen zu Benutzer 382
Änderungs- und Transportsystem (CTS) 286
   Änderungsauftrag 288
   Aufgabe 288
   Change Request 288
   Customizing 288
   Mandant 286
   Paket $TMP 296
   Task 288
   TMS 287
   Transport Organizer 286
   Workbench 288
Anwendungsprotokollierungsebene 240
Applikationsschicht 42
Archiver Stuck → Sicherungsstrategie
Aufträge hochstufen 253
Authentifizierung 233, 368, 371
   Alias 381
   Enterprise 370
   Methode 234
   Option 371, 376
   SAP 372
   Typ 369
   Verfahren 234

B

Backup Domain Controller 292
Backup → Sicherung
Befehlszeilenparameter 270
Benutzer
   Alias 381
   Änderung 354
   Anmeldebeschränkung 372
   Benutzerbeschränkung 372
   Benutzerrolle 333
   Enterprise-Authentifizierung 371
   Guest-Konto 356
   Kennwort 332
   Kennwortbeschränkung 371
   Kennwortoption 332
   löschen 356
   Massenbenutzerpflege 334
   Namenslizenz 332
   neu anlegen 330
   SAP-Authentifizierung 372
   Standardbenutzer 330
   Übersicht 329, 354
   Verbindungstyp 332
   Verwaltung 329, 354
   Zugriffslizenz 332
Benutzerrolle 333
   BI Analyst 333
   BI Viewer 333
Benutzerverwaltung 329, 354
Berechtigung 337
   erweiterte Rechte 341
   typspezifische Rechte 349
   Übernahme 342
   Vererbung 342
   Zugriffsberechtigung 338, 360
Berichtskonvertierungs-Tool 210
Betriebssystem 53
BEx-Webintegration 246
BI Launch Pad 330, 356, 377
BIAR Engine Command Line Tool 167
   biarengine.jar 168
   BIARExport.properties 168
   Eigenschaften 168
   Eigenschaftsdatei 168
   große Datenmengen 170
   Steuerung 168
   verfügbare Eigenschaften 168
BIAR-Datei 130, 169–170, 254
BI-Launch-Pad-Einstellungen 241

BOE.WAR 184
  BI Launch Pad 189
  CMC 191
  globale Einstellungen 186
  OpenDocument 190
  Speicherort 185
  Webanwendung 185
BOLM → CTS+
Business Analyst 260
Business Elements 213, 216
Business Expert 260
Business Information Viewer 260
Business Intelligence 24
Business View 216
Business View Manager 211, 214
Business-Intelligence-Objekt 462
BusinessObjects License Measurement Tool (BOLMT) 261
Business-Schicht 223

C

Central Configuration Manager (CCM) 139, 148, 463
  Anmeldeinformation 147
  Assistenten 144
  Benutzeroberfläche 140
  BIAR-Datei 463, 469
  ccm.config 152, 155
  ccm.exe 139, 145
  ccm.sh 148
  Eigenschaften 143
  Eigenschaften der SIA-Knoten 143
  grafisch 140
  Kommandozeilenparameter 140, 146
  Kommandozeilenwerkzeug 145
  Kontextmenü 142
  Server verwalten 143
  ServerConfig 466, 473
  Unix 466, 473
  Windows 463, 471
Central Management Console (CMC) 232, 328, 334, 337, 354, 371, 382
  CMS-Benutzerkonto 76
  CMS-Port 76
  Einstellung 238

Central Management Server (CMS) 52, 54, 127
  Anmeldeinformation 143
  CMS-Datenbank 50, 54, 127, 131, 133, 163
  temporärer CMS 145, 154
ClearCase 259
Client Tools 210
Client-Schicht 211
Close Coupling 300, 317
Cluster 49–51
  Cluster Key 130, 132
  Flexibilität 51
  horizontale Skalierung 53
  Lastausgleich 52
  Redundanz 53
  Skalierbarkeit 51
  Skalierung 52
  vertikale Skalierung 52
  Zuverlässigkeit 51
Cluster Key 50, 76
CMC → Central Management Console
CMC-Monitoring
  aktivieren 399
  Funktion 390
cmsdbsetup.sh 151
  Funktion 151
  Menü 152
Cold Backup → Sicherung
Complete Upgrade 113
Crawling-Frequenz 243
Crystal Reports Cache Server 274
Crystal Reports Processing Server 274
CTS → Änderungs- und Transportsystem (CTS)
CTS+ 283, 297, 312
  Applikationstyp BOLM 312
  Close Coupling 300, 317
  CTS_BROWSER 306
  CTSDEPLOY 306
  CTS-Deploy-Web-Service 297, 306, 321
  CTS-Deploy-Web-Service-Client 297–298, 306, 321
  CTS-Export-Client 300, 320
  CTS-Plug-in 300, 303, 305
  DeployProxy 306
  Freigabe 324
  Importservice 301, 321

CTS+ (Forts.)
   LCM_SOURCE_CMS_SID_MAPPING
      310
   LCM-Web-Frontend 297, 301, 308,
      321
   Loose Coupling 317
   LPCONFIG 298, 307
   Non-ABAP-Objekt 297
   Non-ABAP-System 311
   RFC-Verbindungspflege 306
   SICF 306
   Software-Logistik-Toolset 297, 302
   Transport Organizer Web UI 297,
      299, 306, 323
   Transportweg 315
   Voraussetzung 302

D

Daemon-Prozess 136
Dashboard 392
Dashboard Design Cache Server 275
Dashboard Design Processing Server 275
Data Source Name 164
Datei 489
Datenanalyse 28
Datenbank-Client 53
Datenbankschicht 43
Datenbanksoftware 53
Datenföderations-Administrations-Tool 217–218
Datengrundlage
   Business View Manager 216
   Information Design Tool 222
   Unternehmensschicht 213
Datenschicht 211
Datensicherungsmethode 421
   Export 422
   offline 423
   online 425
Datenverbindung 216
Datenvisualisierung 26
Diagnose 392
Dienstkategorie 263
Diskussionsforen 241
dynamische Datenverbindung 216

E

Eingabeaufforderung cd 135
Enterprise Informationen Management 24
Enterprise Performance Management 22
Entwurfsressource 221
erweitertes CTS → CTS+
Event Server 281

F

File Repository Server 416, 431, 436, 445, 447–450, 452, 454
   Inkonsistenz 429
   Synchronität 419, 425, 427, 429, 436, 438–439, 441
   Wiederherstellung 436, 441
FRS → File Repository Server

G

gesicherte Verbindung 222
Gruppe
   ändern 357
   anlegen 336
   löschen 359
   Standardgruppe 335
   Überblick 334
   Übernahme 343
   Übersicht 335, 357
   Vererbung 343
   Verwaltung 335, 357
Guest-Konto 356

H

Hinweissuche 496
Hostagent 401
Hot Backup 426

I

Index-Gebietsschema 243
Indizierungsebene 245
Information Design Tool 219
Inkonsistenz 133, 161
   File Repository Server 134

Inkonsistenz (Forts.)
    Metadaten 134
inkrementelles Upgrade 113
Input File Repository Server 280
Installation
    Applikationsserver 81
    Datenbank 81, 123
    Installationsprogramm starten 72
    Installationsszenarien 47
    Installationstyp 74
    Installationsverzeichnis 71–72
    manuelles Deployment 84
    mit bestehender Datenbank 83
    Port 77
    stille 79
    zusätzliche Komponente 86
Interactive Analysis 224

J

Job Server 276

K

Kennwort 332
Key Performance Indicator 390, 392
Knoten (Serverliste) 263
Kommandozeilenwerkzeug 138
Konfigurationsdatei 133
    allgemeine Konfigurationsdatei 133
    webanwendungsbezogene
        Konfigurationsdatei 133
Kontrollmodul 394
Kontrollmodul erstellen 395
Kontrollmodulliste 392, 397

L

Lastausgleich → Cluster
LCM → Lifecycle Management
    Console
LCMBIAR-Datei 254
LDAP (Authentifizierungsmethode)
    234
Lebenszyklusmanagement 252
Lifecycle Management Console 284,
    321, 475
    LCMBIAR 475

Lifecycle Management Console
    (Forts.)
    Sicherung Business-Intelligence-
        Objekte 475
    Wiederherstellung Business-
        Intelligence-Objekte 479
Lifecycle Management Console Web
    Frontend 297, 301, 308, 321
Lifecycle-Manager 75
Lizenzschlüssel 73, 260
Lizenzvermessung 261
Log Sequence Number 443
Log-Datei, Ablageort 494
Log-Information 487
lokale Verbindung 221
loose Coupling 317

M

Management Tier 42
Mandant 286
manuelles Sizing 410
Massennutzerpflege 334
MCOD → Multiple Components in
    One Database
Meldung 500
Metrik 392
Microsoft Windows-Dienst 135
    Anzeigename 139
    Dienstname 139
    Eigenschaften 137
    starten 137
    stoppen 137
Microsoft-Management-Console-
    Snap-In 136
Monitoring 389
    Dashboard 392
    Diagnose 398
    Grundlagen 389
    Metrik 393
    Programm SAPOSCOL 400
    SAP Solution Manager 401
Multiple Components in One
    Database 449

Index

N

Named-User-Lizenz 260, 332

O

Objekt übertragen 134
Offline-Datensicherung → Sicherung
OLAP Analysis 25
Online-Datensicherung → Sicherung
Optimierungsplan 218
Ordner
  Übernahme 345
  Vererbung 345
Output File Repository Server 280

P

parallele Implementierung 113
Parameter 223
Plattformsuche 242
Platzhalter 148
  Plattform 148
  Systemidentifikation (SID) 148
Präsentationsschicht 41
Problemanalyse 485
Problembeseitigung 485
  Fehlerquellen ermitteln 487
  Quellen und Hilfen 496
Processing Tier 42
Product Availability Matrix 45
Programm SAPOSCOL 400

Q

Quick Design Wizard 229
Quick Sizer 404–405

R

RDT → Repository Diagnostic Tool
Rechte
  erweiterte 341
  Gültigkeitsbereich 348
  typspezifische 349
  Übernahme 342
  überschreiben 345
  Vererbung 342

Recovery 413, 432
  Complete 433
  Incomplete 433
  Instance 432
  Media 433
Report Application Server 277
Reporting 25
Repository 231
Repository Diagnostic Tool 161, 430, 437, 441, 445
  boe_reposcan 162
  ergänzende Optionen 165
  Kommandozeilenparameter 163
  Optionen bei geclustertem CMS 165
  Optionen für SSL 166
  Parameterdatei 166
  reposcan.exe 162
Restore 413, 432
  Full 432
  Partial 432
Rollback 256

S

SAP BusinessObjects BI-Plattform 15, 32
  Deinstallation 118
  Installation 67–68, 80, 101
  Lebenszyklus 67
  Patchen/Support Packages 99
SAP BusinessObjects Client Tools
  Deinstallation 123
  Installation 87
  Patchen 108
SAP BusinessObjects Dashboards 26
SAP BusinessObjects Dashboards patchen 110
SAP BusinessObjects Enterprise 24
SAP BusinessObjects Explorer 31, 89
  Installation 89
  Patchen 106
  Software Download 90
  starten 92
SAP BusinessObjects-Produktportfolio 21
SAP Community Network 504
SAP Crystal Reports 25
SAP Crystal Reports patchen 110
SAP Download Basket 70

Index

SAP Download Manager 70
SAP HOST Agent 97
SAP NetWeaver AS Java 82
SAP NetWeaver Business Warehouse 81
SAP Passport 98
SAP Service Marketplace 496
   Hinweissuche 496
   Meldung und Support 500
   Zertifikat 499
SAP Solution Manager 93, 303, 320
SAP Solution Manager, Monitoring 401
SAP Support 500
SAPinst 423
SAPS 408
SAP-Transportverzeichnis → Transportmanagementsystem
sc
   sc config 138
   sc GetKeyName 139
Server
   aktivieren 129
   deaktivieren 129
   File Repository Server 164
   klonen 267
   starten 126, 129
   stoppen 127, 129
Server Intelligence Agent 76
serverconfig.sh 153
   Menü 153
   Name des SIA-Knotens 152
Servereinstellung 248, 462
Servergruppe 263, 270
Servergruppenliste 263
Serverkonfiguration 128
Serverliste 263
Serverprozess überwachen 491
Serverstatus 263
SIA-Knoten 50, 127, 136
   anlegen 131
   löschen 131
   Startvorgang 127
   Stoppvorgang 128
   umbenennen 131
   verschieben 131
   wiederanlegen 131
Sicherheit 215
Sicherheitseinstellung 215

Sicherung 413, 423, 425
   Backup 52, 130–131, 151
   Backup-Cluster 469
   Before-Image 429
   Betriebssystem 420
   Block-Split 428
   Business-Intelligence-Objekt 421, 475
   CCM 463, 466
   Export 422
   große Datenbank 457
   Inkonsistenz 426
   inkrementelle Sicherungen 458
   Lifecycle Management Console 475
   Methode 421
   Objekt 416
   offline 423
   online 425
   partielle Sicherungen 458
   Redo-Log 425–426
   Servereinstellung 421, 463
   Snapshot-Technik 430, 458
   Split-Mirror-Datenbank 430, 458
   Standby-Datenbank 458
   Zusammenfassung 482
   Zwei-Phasen-Sicherung 458
Sicherungsobjekt
   Betriebssystem 420
   Central Management Server 417
   Datenbank 417
   Datenbanksoftware 420
Sicherungsstrategie 452
   28-Tage-Sicherungszyklus 455
   Archiver Stuck 453
   Aufbewahrungszeitraum 454
   Entwicklungssystem 461
   Fehlerart 415
   Frequenz 452
   Langzeitspeicherung 455
   Rechenzentrumsinfrastruktur 414
   Sicherungsfenster 453
   Testsystem 461
   Zweifachsicherung 453
Sizing 403
Skalierung → Cluster
Skript 155, 157
   AddNote.bat/addnode.sh 158
   bobjrestart.sh 156
   env.sh 156

Skript (Forts.)
  env-local.sh 156
  initlaunch.sh 156
  MoveNode.bat/movenode.sh 159
  Parameter 158, 160
  RemoveNode.bat/removenode.sh 159
  sekundäres 156
  setup.sh 156
  setupinit.sh 157
  Speicherort 157
  Vorlagen 155
Software herunterladen 69
Software-Logistik-Toolset 297, 302
Solution Manager Diagnostics Agent 78, 94
Standardbenutzer 330
Standardgruppe 335
SubVersion 259
Support-Package-Deinstallation 121
Support-Package-Installation 99, 103, 109
Synchronität → File Repository Server
System Change Number 443
System Downtime 413
System install 74
System Landscape Directory 93
Systemidentifikation (SID) 71
Systeminformation protokollieren
  steuern 488
  Unix 488
  Windows 488
Systemkopie 112
Systemlandschaft 284

T

Tabelle RSPOR_T_PORTAL 251
Testversion 260
TMS → Transportmanagementsystem
Translation Server 226
Transportmanagementsystem 287, 310, 325
  Backup Domain Controller 292
  Belieferungssystem 293
  Belieferungsweg 292, 294, 316
  Importqueue 325
  Integrationssystem 293
  Konsolidierungssystem 293
  Konsolidierungsweg 292, 294, 316

Transportmanagementsystem (Forts.)
  Non-ABAP-Objekt 297
  Non-ABAP-System 311
  QA-Genehmigungsverfahren 297
  Standardsystemverbund 315
  Standardtransportschicht 294
  STMS 298, 310, 312, 314, 318, 323
  TP-Parameter 314, 317–319
  Transport Domain Controller 291, 299, 304
  Transport Organizer Web UI 297, 306, 323
  Transportdomäne 291
  Transportgruppe 291
  Transportschicht 293
  Transportverzeichnis 289, 324, 419
  Transportweg 292, 315
  Unterverzeichnis 289
Transportverzeichnis → Transportmanagementsystem
Trenddatenbank 395

U

Übernahme
  aufheben 348
  Gruppe 343
  Gültigkeitsbereich von Rechten 348
  Ordner 345
  überschreiben von Rechten 345
Übersetzungsmanagement-Tool 225
Überwachung 389
Überwachung aktivieren 399
Universe Design Tool 227
Universum 219
Unternehmensschicht 211–212
Upgrade 113, 167
Upgrade-Management-Tool 113–114
User install 74

V

Verbindung zu BW überprüfen 249
Verbindungstyp 332
Verbindungsverknüpfung (Information Design Tool) 222
Vererbung
  aufheben 348
  Gruppenvererbung 343

Vererbung (Forts.)
  Gültigkeitsbereich von Rechten 348
  Ordervererbung 345
  Rechte überschreiben 345
Versionsverwaltung 259
Verwaltungsbereich 262
VMS-Einstellung 259
vollqualifizierter Servername 146, 150

W

Warnmeldung 392
Warnmeldungseinstellung 242
WDeploy 86, 171, 308
  allgemeine Konfigurationsdatei 178
  ergänzende Eigenschaft 177
  Funktion 172
  Kommandozeilenparameter 174–175
  Kommandozeilenwerkzeug 173
  Konfigurationsdatei 178
  Massenverarbeitung 175
  menügesteuert 171
  webanwendungsbezogene Konfigurationsdateien 178
  webanwendungsserverbezogene Konfigurationsdatei 178
Web Intelligence Processing Server 279
Web Tier 42
Webanwendung 132, 184
  deinstallieren 132
  Deployment 75, 103
  implementieren 132
  Logging konfigurieren 493
  Patch 103
  überwachen 492
Webanwendungsserver 50, 175
Web-Intelligence-Einstellung 242
Wert »all« 146, 149–150
Werteliste 223
Widgets 230
Wiederherstellung 413
  Business-Intelligence-Objekt 479
  CCM 471, 473
  Database Point-in-Time Recovery 448
  Database Reset 446
  Disaster Recovery 450

Wiederherstellung (Forts.)
  File Repository Server 436, 445, 447–450
  Full Restore u. Complete Recovery 449
  Lifecycle Management Console 479
  Log Sequence Number 443
  Methode 431
  Multiple Components in One Database 449
  Offline-Sicherung 438
  Online-Datensicherung 440
  Open Resetlogs 448–449
  Partial u. Complete Recovery 444
  Point-in-Time Recovery 447
  Recovery 432
  Repository Diagnostic Tool 445
  Restore 432
  Restore-Cluster 474
  Servereinstellung 470
  System Change Number 443
  System-Downtime 413, 451
  Szenarien 435, 442
  Tablespace Point-in-Time Recovery 449
  Übung 431
  Vorgehen 434
  Zusammenfassung 482
Wiederherstellungsmethode 431
Wiederherstellungsszenarien 442
Wily Introscope 402
  Integration 78
  Java Agent 403
  WebView 402

X

XLIFF 226

Z

Zugriffsberechtigung 338, 360
  Beziehung prüfen 366
  eigene 341
  erstellen 362
  kopieren u. umbenennen 360–361
  löschen 362
  Rechte ändern 364
Zugriffslizenzbenutzer 332

MITMACHEN & GEWINNEN!

SAP PRESS

Sagen Sie uns Ihre Meinung und gewinnen Sie einen von 5 SAP PRESS-Buchgutscheinen, die wir jeden Monat unter allen Einsendern verlosen. Zusätzlich haben Sie mit dieser Karte die Möglichkeit, unseren aktuellen Katalog und/oder Newsletter zu bestellen. Einfach ausfüllen und abschicken. Die Gewinner der Buchgutscheine werden persönlich von uns benachrichtigt. Viel Glück!

▶ **Wie lautet der Titel des Buches, das Sie bewerten möchten?**

▶ **Wegen welcher Inhalte haben Sie das Buch gekauft?**

▶ **Haben Sie in diesem Buch die Informationen gefunden, die Sie gesucht haben? Wenn nein, was haben Sie vermisst?**
- ☐ Ja, ich habe die gewünschten Informationen gefunden.
- ☐ Teilweise, ich habe nicht alle Informationen gefunden.
- ☐ Nein, ich habe die gewünschten Informationen nicht gefunden. Vermisst habe ich:

▶ **Welche Aussagen treffen am ehesten zu?** (Mehrfachantworten möglich)
- ☐ Ich habe das Buch von vorne nach hinten gelesen.
- ☐ Ich habe nur einzelne Abschnitte gelesen.
- ☐ Ich verwende das Buch als Nachschlagewerk.
- ☐ Ich lese immer mal wieder in dem Buch.

▶ **Wie suchen Sie Informationen in diesem Buch?** (Mehrfachantworten möglich)
- ☐ Inhaltsverzeichnis
- ☐ Marginalien (Stichwörter am Seitenrand)
- ☐ Index/Stichwortverzeichnis
- ☐ Buchscanner (Volltextsuche auf der Galileo-Website)
- ☐ Durchblättern

▶ **Wie beurteilen Sie die Qualität der Fachinformationen nach Schulnoten von 1 (sehr gut) bis 6 (ungenügend)?**
☐ 1 ☐ 2 ☐ 3 ☐ 4 ☐ 5 ☐ 6

▶ **Was hat Ihnen an diesem Buch gefallen?**

▶ **Was hat Ihnen nicht gefallen?**

▶ **Würden Sie das Buch weiterempfehlen?**
☐ Ja ☐ Nein
Falls nein, warum nicht?

▶ **Was ist Ihre Haupttätigkeit im Unternehmen?**
(z.B. Management, Berater, Entwickler, Key-User etc.)

▶ **Welche Berufsbezeichnung steht auf Ihrer Visitenkarte?**

▶ **Haben Sie dieses Buch selbst gekauft?**
- ☐ Ich habe das Buch selbst gekauft.
- ☐ Das Unternehmen hat das Buch gekauft.

KATALOG & NEWSLETTER

▸ Ja, bitte senden Sie mir kostenlos den neuen **Katalog**. Für folgende SAP-Themen interessiere ich mich besonders: (Bitte Entsprechendes ankreuzen)

■ Programmierung
■ Administration
■ IT-Management
■ Business Intelligence
■ Logistik
■ Marketing und Vertrieb
■ Finanzen und Controlling
■ Personalwesen
■ Branchen und Mittelstand
■ Management und Strategie

▸ Ja, ich möchte den **SAP PRESS-Newsletter** abonnieren. Meine E-Mail-Adresse lautet:

www.sap-press.de

Absender

◂ Firma

◂ Abteilung

◂ Position

◂ Anrede   Frau ☐   Herr ☐

◂ Vorname

◂ Name

◂ Straße, Nr.

◂ PLZ, Ort

◂ Telefon

◂ E-Mail

Datum, Unterschrift

Teilnahmebedingungen und Datenschutz:
Die Gewinner werden jeweils am Ende jeden Monats ermittelt und schriftlich benachrichtigt. Mitarbeiter der Galileo Press GmbH und deren Angehörige sind von der Teilnahme ausgeschlossen. Eine Barablösung der Gewinne ist nicht möglich. Der Rechtsweg ist ausgeschlossen. Ihre freiwilligen Angaben dienen dazu, Sie über weitere Titel aus unserem Programm zu informieren. Falls sie diesen Service nicht nutzen wollen, genügt eine E-Mail an **service@galileo-press.de**. Eine Weitergabe Ihrer persönlichen Daten an Dritte erfolgt nicht.

Antwort

SAP PRESS
c/o Galileo Press
Rheinwerkallee 4
53227 Bonn

Bitte freimachen!

SAP PRESS